Moderne Webanwendungen mit ASP.NET MVC und JavaScript

2. Auflage

Moderne Webanwendungen mit ASP.NET MVC und JavaScript

ASP.NET MVC im Zusammenspiel mit Web APIs und JavaScript-Frameworks

Manfred Steyer & Holger Schwichtenberg

O'REILLY®
Beijing · Cambridge · Farnham · Köln · Sebastopol · Tokyo

Manfred Steyer · Holger Schwichtenberg

Lektorat: Ariane Hesse, Köln
Korrektorat: Dorothee Klein, Karin Baeyens, Siegen
Satz: mediaService, Siegen, www.mediaservice.tv
Umschlaggestaltung: Michael Oreal, Köln
Produktion: Karin Driesen, Köln
Druck und buchbinderische Verarbeitung: Digital Print Group O. Schimek GmbH, Nürnberg

Bibliografische Information Der Deutschen Nationalbibliothek
Die Deutsche Nationalbibliothek verzeichnet diese Publikation in der
Deutschen Nationalbibliografie; detaillierte bibliografische Daten
sind im Internet über *http://dnb.ddb.de* abrufbar.

ISBN: 978-3-95561-740-0

2.Auflage 2014

c/o dpunkt.verlag GmbH
Wieblinger Weg 17
D-69123 Heidelberg

15 14 13 12 11 10 9 8 7 6 5 4 3 2

Inhalt

Vorwort

Das Web hat sich verändert. Während für gute Webanwendungen vor rund 10 Jahren noch die Regel galt, so viele Aufgaben wie möglich auf dem Server zu erledigen, machen moderne Web-Systeme exzessiv von clientseitigen Techniken, allen voran JavaScript, Gebrauch, um die Benutzerfreundlichkeit zu steigern und sich so von Konkurrenz-Produkten abzuheben. Dank HTML 5 können nun auch offlinefähige Webanwendungen entwickelt werden, sodass Webtechniken eine ernstzunehmende Alternative zu klassischen Plattformen für die Entwicklung von Desktop-Clients darstellen. Darüber hinaus werden moderne Webanwendungen den klassischen mehrschichtigen Anwendungen, die sich auf bereitgestellte Services abstützen und von ihnen gezielt Informationen beziehen, immer ähnlicher.

Auch im Bereich mobiler Endgeräte spielen moderne Websysteme eine wichtige Rolle, zumal sie derzeit sowie in absehbarer Zukunft die einzige Technologie zur Entwicklung plattformübergreifender Lösungen darstellen: Egal ob auf dem iPhone, auf der Android-Plattform oder unter Windows (Phone) 8: Webtechnologien werden überall unterstützt.

Das vorliegende Buch präsentiert einen Technologie-Mix, mit dem .NET-Entwickler solche modernen Webanwendungen entwickeln können. Dabei wird auf serverseitige Technologien wie ASP.NET MVC, ASP.NET Web API oder das Entity Framework ebenso eingegangen wie auf clientseitige Konzepte, ohne die die beschriebene Art von Anwendungen nicht möglich wäre. Zu diesen clientseitigen Technologien zählen jQuery, jQuery Mobile, TypeScript sowie HTML-5-APIs für offinefähige Webanwendungen. Daneben widmet dieses Buch dem populären JavaScript-Framework AngularJS, das die Erstellung JavaScript-getriebener Anwendungen erleichtert und ein großes Augenmerk auf die Aspekte Testbarkeit und Wartbarkeit legt, ein eigenes Kapitel. Auch das Thema Sicherheit wird umfangreich behandelt, indem neben klassischen Szenarien auch auf erweiterte Ansätze wie Single-Sign-On und die Delegation von Rechten eingegangen wird. Hierzu geht das vorliegende Werk nicht nur auf moderne und weit verbreitete Protokolle wie OAuth 2.0 und Open Id Connect ein, sondern zeigt auch auf, wie diese Protokolle mit den jüngsten Neuerungen im Bereich der ASP.NET-Familie implementiert werden können. Eine Diskussion über Dependency Injection zur Steigerung der Testbarkeit am Ende des Buchs rundet den vermittelten Stoff ab.

Für wen dieses Buch gedacht ist

Das Buch richtet sich an Softwareentwickler, die bereits grundlegende Erfahrung mit .NET und C# sowie mit Webtechnologien, allen voran JavaScript, HTML und HTTP, haben und moderne Web-Anwendungen entwickeln wollen.

Zielsetzung des Buchs

Zielsetzung dieses Buchs ist es, dem Leser zu zeigen, wie die eingangs erwähnten Technologien eingesetzt werden können, um moderne Web-Anwendungen zu schaffen. Der Fokus liegt dabei auf den Konzepten, die hinter diesen Technologien stehen. Dazu spielt dieses Buch eine Vielzahl an Beispielen durch.

Es ist nicht das Ziel dieses Buchs, ein erschöpfendes Nachschlagewerk für die Vielzahl der von den genannten Frameworks bereitgestellten Klassen und Methoden zu sein. Für eine erschöpfende Auflistung sämtlicher Funktionen wird, gerade bei den clientseitigen Technologien, auf die umfangreichen frei verfügbaren Online-Referenzen verwiesen. Darüber hinaus gehen die Autoren auch davon aus, dass der Leser mit wenig Aufwand herausfinden kann, in welchem Namensraum bzw. in welcher Assembly sich eine erwähnte Klasse befindet, sofern diese nicht ohnehin durch die in Visual Studio verwendeten Vorlagen eingebunden wurden.

Unterschiede zur ersten Auflage

Das Buch wurde in Hinblick auf die nachfolgend genannten Framework-Versionen aktualisiert und erweitert. Die Beschreibung des JavaScript-Frameworks *knockout.js* wurde durch ein umfangreiches Kapitel, welches auf das mächtigere und weiter verbreitete Framework *AngularJS* eingeht, ersetzt. Der überwiegende Teil des Kapitels zum Thema Sicherheit wurde neu geschrieben, sodass es sich am neu eingeführten Framework *ASP.NET Identity* und dem Projekt Katana (*Microsoft.Owin*) orientiert. Auch die Möglichkeiten im Hinblick auf Self-Hosting-Szenarien werden nun vor dem Hintergrund von *Katana* beschrieben. Einige kleinere Kapitel wurden zusammengelegt und Leser-Feedback eingearbeitet. Daneben wurde das Kapitel zu JavaScript erweitert, sodass es nun unter anderem auf *Twitter Bootstrap*, *IndexedDb*, *Promises* und *Globalize* eingeht. Aus Platzgründen findet sich das Kapitel zu den Internet-Informationsdiensten (IIS) nicht mehr in dieser zweiten Auflage, zumal es auch stärker in den Bereich der Administration fällt. Es steht den Lesern jedoch über den Leserservice – weitere Informationen finden Sie am Ende des Vorworts – zum Download zur Verfügung.

Typografische Konventionen

In diesem Buch haben wir die folgenden typografischen Konventionen verwendet:

Kursiv:
: Steht für Internet-Adressen wie zum Beispiel Domain-Namen und URLs sowie für neue Begriffe, wenn sie definiert werden.

`Nichtproportionalschrift`
: Um die Lesbarkeit des Textes zu verbessern, werden Dateinamen, Funktionen, Methoden, Eigenschaften u.a. in Nichtproportionalschrift abgesetzt.

Dieses Symbol weist auf einen Tipp, einen Vorschlag oder eine allgemeine Anmerkung hin.

Dieses Symbol weist auf eine Warnung hin.

Behandelte Versionen

Das Buch behandelt Microsoft .NET Framework 4.5.1, ASP.NET MVC 5.1, ASP.NET Web API 2, ASP.NET SignalR 2 sowie Entity Framework 6.1 und AngularJS 1.2. Die verwendete Entwicklungsumgebung ist Visual Studio 2013.

Express-Editionen

Microsoft bietet neben Visual Studio auch noch eine Produktfamilie unter dem Titel »Visual Studio Express Editionen« an. Bei den Express-Editionen handelt es sich um größere Bausteine, die aus Visual Studio herausgebrochen wurden und jeweils für einen speziellen Anwendungsfall bereitstehen. Diese Express-Editionen sind kostenlos auf der Microsoft-Website (*http://www.microsoft.com/visualstudio/eng/products/visual-studio-express-products*) beziehbar. Sie können ohne Gebühren unbegrenzt verwendet werden. Die Express-Editionen reichen für die wichtigsten Anwendungstypen aus und die meisten der hier beschriebenen Aspekte können damit realisiert werden. Aus Platzgründen geht dieses Buch jedoch nicht auf die Unterschiede zwischen der verwendeten Version, welche oben genannt wurde, und den kostenfreien Express-Editionen ein.

Verwendete Programmiersprache

Das vorliegende Buch verwendet serverseitig die Programmiersprache C# sowie clientseitig JavaScript.

Alle Leser, die serverseitig lieber mit Visual Basic .NET arbeiten, können die abgedruckten Beispiele sehr einfach mit kostenlosen Werkzeugen nach Visual Basic .NET konvertieren. Informationen dazu findet man unter *http://www.dotnetframework.de/tools.aspx*.

Sprachversion

Dieses Buch beschreibt die englische Version von Visual Studio, weil inzwischen viele deutsche Entwickler (einschließlich der Autoren) die englische Version der Software bevorzugen, zumal die Übersetzungen ins Deutsche oft holprig sind und die Fehlermeldungen nur schwerer verständlich machen. Anwender einer anderen Sprachversion können über den Befehl `Tools | Options | Environment | International Settings` weitere Sprachpakete herunterladen und einrichten. Weiterhin sei noch darauf hingewiesen, dass die Anordnung der Menüs und auch einige Tastaturkürzel von den gewählten Einstellungen in Visual Studio abhängen. Alle Ausführungen in diesem Buch beziehen sich auf die Umgebungseinstellung *Common Settings*, die bei der Installation des Produkts ausgewählt werden kann.

Leserservice

Den Lesern dieses Buchs werden von den Autoren folgende Serviceleistungen im Rahmen einer zugangsbeschränkten Website angeboten.

Der URL für den Zugang zum Leser-Portal lautet: *http://www.dotnetframework.de/leser*. Bei der Anmeldung müssen Sie das Kennwort *Into Darkness* angeben.

Downloads: Sie können alle in diesem Buch vorgestellten Codebeispiele hier herunterladen. Hier finden Sie außerdem ein Bonuskapitel zu den Internet-Informationsdiensten.

Diskussionsrunde: Ein webbasiertes Forum bietet die Möglichkeit, Fragen an die Autoren zu stellen. Bitte beachten Sie jedoch, dass dies eine freiwillige Leistung der Autoren ist und kein Anspruch auf eine kostenlose Betreuung besteht.

Newsletter: Alle registrierten Leser erhalten zwei- bis viermal jährlich einen Newsletter mit aktuellen Terminen und Publikationshinweisen.

Leserbewertung: Vergeben Sie Noten für dieses Buch und lesen Sie nach, was andere Leser von diesem Buch halten.

Errata: Trotz eines jahrelang erprobten Vorgehensmodells und der dreifachen Qualitätskontrolle (Co-Autor, Fachlektor, Verlag) ist es möglich, dass sich einzelne Fehler in dieses Buch eingeschlichen haben. Im Webportal können Sie nachlesen, welche Fehler gefunden wurden. Sie können hier auch selbst Fehler melden, die Ihnen auffallen.

Danksagungen

Unseren Dank für ihre Mitwirkung an diesem Buch möchten wir aussprechen an

- unsere Familienangehörigen, allen voran und in alphabetischer Reihenfolge *Felix*, *Heidi*, *Kerstin* und *Maja*, die uns neben unserem Hauptberuf das Umfeld geschaffen haben, auch an manchen Abenden und Wochenenden an diesem Buch zu arbeiten
- *Hans-Peter Grahsl* von der FH CAMPUS 02, der wertvolles Feedback zum Kapitel über AngularJS gegeben hat, und *Arno Hollosi* von der FH CAMPUS 02, der regelmäßig im Zuge von Diskussionen wichtige Aspekte und Sichtweisen einbringt
- die Microsoft Press-Lektoren *Thomas Braun-Wiesholler* und *René Majer*, die die erste Auflage dieses Buchs von der Verlagsseite aus betreut haben
- die O'Reilly-Lektorin *Ariane Hesse*, die die vorliegende zweite Auflage dieses Buchs betreut hat
- den Fachlektor *Uwe Thiemann*, der alle Texte inhaltlich geprüft hat
- die Korrektorinnen *Dorothee Klein* und *Karin Baeyens*, die das Buch sprachlich verbessert haben und
- *Gerhard Alfes* von mediaService, der sich um die optischen Aspekte des Buchs gesorgt hat

Graz & Essen, im März 2014

Manfred Steyer & Holger Schwichtenberg

Über www.IT-Visions.de

Die beiden Autoren arbeiten bei der Firma *www.IT-Visions.de* als Softwarearchitekten, Softwareentwickler, Trainer und Berater für .NET-Techniken. www.IT-Visions.de ist ein Verbund der deutschen Top-Experten im Bereich der Microsoft-Produkte und -Technologien, insbesondere .NET. Unter Leitung und Mitwirkung des bekannten .NET-Experten Dr. Holger Schwichtenberg bietet *www.IT-Visions.de*:

- Strategische und technische Beratung
- Konzepte, Machbarkeitsstudien und Reviews
- Coaching bei Entwicklungsprojekten
- Technischen Support vor Ort und via Telefon, E-Mail oder Web-Konferenz
- Individuell zugeschnittene technische Vor-Ort-Schulungen und anforderungsorientierte Workshops
- Öffentliche Seminare (in Kooperation mit dem Heise-Verlag), siehe *www.dotnet-akademie.de*

Die Schwestergesellschaft *5Minds IT-Solutions GmbH & Co. KG* bietet Softwareentwicklung (Prototypen und komplette Lösungen) sowie den Verleih von Softwareentwicklern.

Zu den Kunden gehören neben vielen mittelständischen Unternehmen auch Großunternehmen wie z.B. E.ON, Bertelsmann, EADS, Siemens, MAN, Bayer, VW, Bosch, ThyssenKrupp, Merkle, Fuji, Festo, Deutsche Post, Deutsche Telekom, Fielmann, Roche, HP, Jenoptik, Hugo Boss, Zeiss, IKEA, diverse Banken und Versicherungen sowie mehrere Landesregierungen.

Firmenwebsites: *http://www.IT-Visions.de* und *http://www.5minds.de*

Über den Autor Manfred Steyer

Manfred Steyer ist Trainer und Berater bei *www.IT-Visions.de* sowie verantwortlich für den Fachbereich Software Engineering der Studienrichtung IT und Wirtschaftsinformatik an der FH CAMPUS 02 in Graz.

Er schreibt für das windows.developer magazin (vormals dot.net magazin) sowie Heise Developer und ist Buchautor bei O'Reilly, Microsoft Press sowie Carl Hanser. Manfred hat berufsbegleitend IT und IT-Marketing in Graz sowie Computer Science in Hagen studiert und kann auf mehr als 15 Jahre an Erfahrung in der Planung und Umsetzung von großen Applikationen zurückblicken. Er ist ausgebildeter Trainer für den Bereich der Erwachsenenbildung und spricht regelmäßig auf Fachkonferenzen.

In der Vergangenheit war Manfred Steyer mehrere Jahre für ein großes österreichisches Systemhaus tätig. In der Rolle als Bereichsleiter hat er gemeinsam mit seinem Team Geschäftsanwendungen konzipiert und umgesetzt.

Sein Weblog erreichen Sie unter *www.softwarearchitect.at*.

Seine E-Mail-Adresse lautet *m.steyer@IT-Visions.at*.

Über den Autor Dr. Holger Schwichtenberg

- Studienabschluss Diplom-Wirtschaftsinformatik an der Universität Essen
- Promotion an der Universität Essen im Gebiet komponentenbasierter Softwareentwicklung
- Seit 1996 selbstständig als unabhängiger Berater, Dozent, Softwarearchitekt und Fachjournalist
- Leiter des Berater- und Dozententeams bei *www.IT-Visions.de*
- Leitung der Softwareentwicklung im Bereich Microsoft/.NET bei der 5minds IT-Solutions GmbH & Co. KG (*www.5minds.de*)
- 60 Fachbücher bei Microsoft Press, Addison-Wesley und dem Carl Hanser-Verlag und mehr als 700 Beiträge in Fachzeitschriften
- Gutachter in den Wettbewerbsverfahren der EU gegen Microsoft (2006–2009)
- Ständiger Mitarbeiter der Zeitschriften iX (seit 1999), dotnetpro (seit 2000) und Windows Developer (seit 2010) sowie beim Online-Portal *heise.de* (seit 2008)
- Regelmäßiger Sprecher auf nationalen und internationalen Fachkonferenzen (z.B. TechEd, Microsoft IT Forum, BASTA, BASTA-on-Tour, Advanced Developers Conference, .NET-Entwicklerkonferenz, OOP, VS One, Wirtschaftsinformatik, Net.Object Days, Windows Forum, DOTNET-Konferenz, XML-in-Action)
- Zertifikate und Auszeichnungen von Microsoft:
  - Microsoft Most Valuable Professional (MVP)
  - Microsoft Certified Solution Developer (MCSD)
- Thematische Schwerpunkte:
  - Microsoft .NET Framework, Visual Studio, C#, Visual Basic
  - .NET-Architektur/Auswahl von .NET-Technologien
  - Einführung von .NET Framework und Visual Studio/Migration auf .NET
  - Webanwendungsentwicklung mit IIS, ASP.NET und AJAX
  - Enterprise .NET, verteilte Systeme/Webservices mit .NET
  - Relationale Datenbanken, XML, Datenzugriffsstrategien
  - Objektrelationales Mapping (ORM), insbesondere ADO.NET Entity Framework
  - Windows PowerShell (WPS) und Windows Management Instrumentation (WMI)
- Ehrenamtliche Community-Tätigkeiten:
  - Vortragender für die International .NET Association (INETA)
  - Betrieb diverser Community-Websites *www.dotnetframework.de*, *www.entwickler-lexikon.de*, *www.windows-scripting.de*, *www.aspnetdev.de* u.a.
- Weblog: *http://www.dotnet-doktor.de*
- Kontakt: *hs@IT-Visions.de* sowie Telefon 0201 649590-0

KAPITEL 1

ASP.NET MVC

ASP.NET MVC ist ein Framework aus der ASP.NET-Familie, welches zum einen das weit verbreitete MVC-Muster implementiert und dem Entwickler zum anderen die volle Kontrolle über die gerenderten Webseiten gibt. Es erlaubt das dynamische Rendern von Ressourcen wie z.B. HTML-Seiten auf der Serverseite. Dieses Kapitel zeigt, wie dieses Framework eingesetzt wird.

Architektur

Bevor die ersten Codebeispiele folgen, beschäftigt sich dieser Abschnitt mit verschiedenen Überlegungen zum MVC-Muster. Darüber hinaus wird auf das MVVM-Muster (Model-View-ViewModel, auch als Model-View-Presenter bekannt) eingegangen, da dieses heutzutage häufig in Kombination mit MVC eingesetzt wird.

Model-View-Controller (MVC)

Die Abkürzung MVC steht für Model-View-Controller, ein Pattern, das ursprünglich bei Xerox für die Trennung von Logik und Präsentation entwickelt wurde. Es sieht vor, dass eine Applikation in drei Teile aufgeteilt wird: Model, View und Controller (Abbildung 1-1).

Das Modell entsprach dabei ursprünglich den fachlichen Daten sowie den darauf operierenden Routinen. Da diese beiden Aspekte heutzutage in der Regel voneinander getrennt werden, wird das Modell häufig lediglich mit den Daten der Applikation assoziiert und die Operationen für diese Daten, wie Laden, Speichern oder das Durchführen von Berechnungen, in eigene Klassen ausgelagert. Die Aufgabe der View ist das Anzeigen von Models sowie das Entgegennehmen von Benutzereingaben. Der Controller stellt das Bindeglied zwischen Modell und View dar: Er nimmt Anfragen sowie Benutzereingaben entgegen und wählt zur Abarbeitung der Anfrage eine passende Routine aus. Anschließend wird eine View ausgewählt sowie die anzuzeigenden Daten in Form eines Models an diese übergeben.

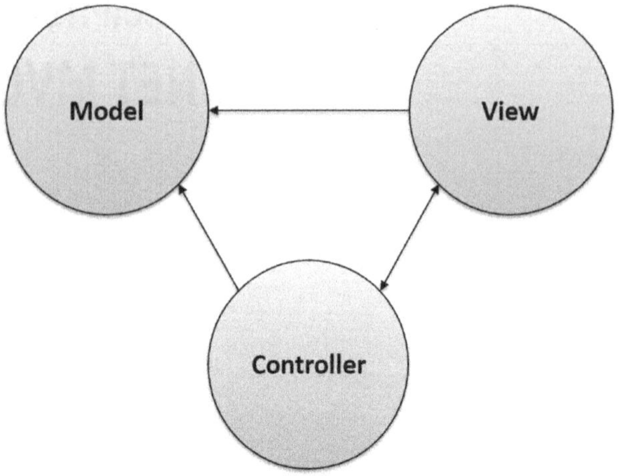

Abbildung 1-1: Das MVC-Muster

Durch diese Trennung können die einzelnen Teile separat wiederverwendet werden. Beispielsweise müssten bei einem Produkt, welches an das Design verschiedener Kunden anzupassen ist, lediglich die Views ausgetauscht bzw. modifiziert werden. Daneben erleichtert es das gleichzeitige Unterstützen verschiedener Benutzerschnittstellen – zum Beispiel eine für Mitarbeiter, eine weitere für Kunden und eine für mobile Endgeräte. Durch die Verteilung der einzelnen Aufgaben auf die Komponenten Modell, View und Controller wird auch eine eventuell gewünschte Arbeitsteilung vereinfacht. Webdesigner könnten sich beispielsweise um die View kümmern, Entwickler um den Controller sowie um die von ihm angestoßenen Routinen und Datenbankexperten um das Modell, welches sich ggf. auf einen O/R-Mapper, wie das ADO.NET Entity Framework, stützt. Da die gesamte Logik durch den Controller widergespiegelt wird, wird auch das Testen sowie das Automatisieren von Tests erleichtert.

Überblick über MVVM (Model-View-ViewModel)

Da dieselben fachlichen Daten in unterschiedlichen Views häufig unterschiedlich angezeigt werden, sieht das Muster *MVVM* (*Model-View-ViewModel*) vor, dass jede View ein eigenes Modell erhält, welches als *ViewModel* bezeichnet wird. Dieses basiert auf einem oder mehreren Models und bereitet deren Daten für die Verwendung innerhalb der View auf. Zusätzlich kann es auch Berechnungen durchführen oder benachbarte Objekte in einer »flachen« Struktur anbieten.

Beispielsweise könnte so für eine Rechnung auch die Anzahl der stattgefundenen Mahnungen über eine Eigenschaft angeboten oder die von der View zu verwendende Hintergrundfarbe in Hinblick auf das Hervorheben mehrfach gemahnter Rechnungen ermittelt werden. Darüber hinaus ist es auch nicht unüblich, im ViewModel Methoden zu hinterlegen, welche sich um die Verarbeitung der Daten (Validieren, Speichern, Laden, Berechnungen) kümmern oder die damit verbundenen Verarbeitungsvorgänge zumindest anstoßen, indem sie an die entsprechenden Klassen weiterdelegieren.

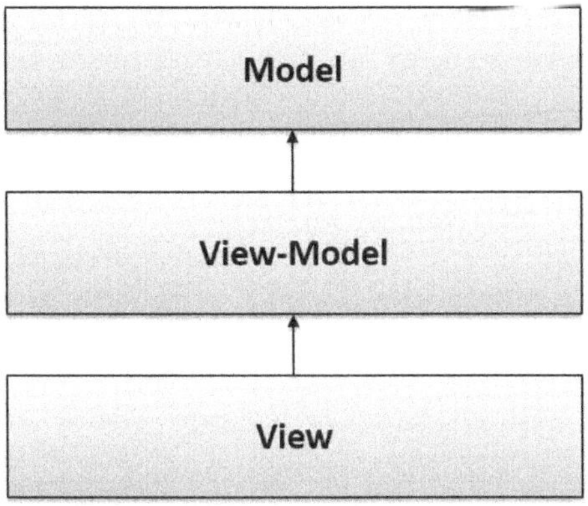

Abbildung 1-2: Das Muster MVVM (Model-View-ViewModel)

Beim Modell im Sinne von MVC handelt es sich somit, zumindest bei größeren Anwendungen, häufig um ein View-Modell, welches Daten für eine bestimmte View oder eine Gruppe von Views zur Verfügung stellt.

Erste Schritte mit ASP.NET MVC

Zur Einführung in ASP.NET MVC zeigt dieser Abschnitt, wie damit eine einfache Webanwendung zur Verwaltung von Hotels erstellt werden kann. Damit Sie einen guten Überblick erhalten, werden viele Themen, die in den folgenden Abschnitten detailliert erläutert werden, an dieser Stelle nur gestreift. Zur Vereinfachung kommt keine Datenbank, sondern lediglich eine statische Liste zum Einsatz. Diese erlaubt es Ihnen, sich an dieser Stelle voll und ganz auf ASP.NET MVC zu konzentrieren.

ASP.NET MVC-Projekt anlegen

Um eine ASP.NET-MVC-Anwendung zu erzeugen, wählt der Entwickler in Visual Studio 2013 die Projektvorlage *Web | ASP.NET Web Application*. Daraufhin wird er aufgefordert, sich für ein Framework aus der ASP.NET-Familie zu entscheiden. Die Wahl fällt dabei auf MVC. Im unteren Bereich kann der Entwickler weitere Frameworks auswählen, die im Projekt zusätzlich zu ASP.NET MVC zum Einsatz kommen sollen. Davon muss, um den Ausführungen in diesem Kapitel folgen zu können, jedoch kein Gebrauch gemacht werden. Nach dem Bestätigen dieser Auswahl erzeugt Visual Studio ein neues ASP. NET MVC-Projekt. Die Struktur eines solchen Projekts ist in Abbildung 1-3 dargestellt.

Dabei fallen drei Ordner auf: *Models*, *Views* und *Controllers*. Der Ordner *Controller* beinhaltet die einzelnen Controller-Klassen, deren Namen per Definition auf `Controller` enden. Beispielsweise stellt die Projektvorlage *Internet Application* einen *HomeController* für die Startseite sowie einen *AccountController* für das Registrieren und Anmelden von Benutzern zur Verfügung. Der Ordner *Models* beherbergt die einzelnen Modellimplementierungen. Dabei handelt es sich in der Regel um Klassen, welche Konzepte aus dem Bereich der Anwendung repräsentieren, zum Beispiel Hotels bei einer Anwendung zur Verwaltung von Hotels.

Abbildung 1-3: Verzeichnisstruktur eines ASP.NET MVC-Projekts

Der Ordner `Views` ist in weitere Ordner unterteilt, wobei jeder Ordner die Views eines bestimmten Controllers beinhaltet und auch dessen Namen (ohne die Endung Controller) übernimmt. Der Ordner `Views/Home` beinhaltet zum Beispiel die Views, an die der `HomeController` delegiert; `Views/Account` jene, die der `AccountController` nutzt. Die einzige Ausnahme ist der Ordner `Shared` – er beinhaltet Views, welche von sämtlichen Controllern verwendet werden können, darunter allgemeine Fehlerseiten oder Layoutseiten, die für eine einheitliche Darstellung der einzelnen Views sorgen.

Um einen neuen Controller hinzuzufügen, kann der Befehl `Add | Controller` aus dem Kontextmenü des Ordners `Controllers` verwendet werden; um eine neue View hinzuzufügen, der Befehl `Add | View` aus dem Kontextmenü des Ordners `Views` bzw. eines darunter liegenden Ordners. Zum Anlegen eines neuen Models existiert hingegen kein eigener Befehl, da es sich hierbei in der Regel um herkömmliche Klassen handelt, die keine gemeinsamen Charakteristika aufweisen, wie z.B. gemeinsame Basisklassen.

Modell anlegen

Für die hier beschriebene erste Beispielanwendung wird im Ordner `Models` eine Klasse `Hotel` (Beispiel 1-1) angelegt. Wenn auch die Projektvorlage diesen Ordner für Models vorsieht, kann der Entwickler einen beliebigen Ordner hierfür verwenden. Es wäre auch möglich, Models in anderen Namensräumen oder gar Assemblies zu hinterlegen.

Beispiel 1-1: Einfaches Model

```
public class Hotel
{
    public int HotelId { get; set; }
    public string Bezeichnung { get; set; }
    public int Sterne { get; set; }
}
```

Zum Laden und Speichern von Hotels wird darüber hinaus unterhalb des Projektordners ein Ordner `Data` mit einer `HotelRepository`-Klasse eingerichtet (Beispiel 1-2). Um das Beispiel einfach zu halten, verwaltet es Hotels in einer statischen Liste anstatt in einer Datenbank, sodass sich der Leser auf ASP. NET MVC konzentrieren kann und sich nicht darüber hinaus noch mit Aspekten des Datenbankzugriffs, welche in Kapitel 6 behandelt werden, belasten muss.

Beispiel 1-2: Repository für Hotels

```
public class HotelRepository
{
    private static List<Hotel> hotels = new List<Hotel>();

    static HotelRepository()
    {
        hotels.Add(new Hotel { HotelId = 1, Bezeichnung = "Hotel zur Post", Sterne = 2 });
        hotels.Add(new Hotel { HotelId = 2, Bezeichnung = "Hotel Rebstock", Sterne = 3 });
        hotels.Add(new Hotel { HotelId = 3, Bezeichnung = "Wellness Hotel", Sterne = 4 });
    }

    public List<Hotel> FindAll()
    {
        return hotels;
    }

    public Hotel FindById(int id)
    {
        return hotels.Where(h => h.HotelId == id).FirstOrDefault();
    }

    public void Delete(int hotelId)
    {
        var hotel = FindById(hotelId);
        hotels.Remove(hotel);
    }

    public void Save(Hotel h)
    {
        if (h.HotelId == 0)
        {
            // Neues Hotel einfügen
            hotels.Add(h);
            h.HotelId = hotels.Max(htl => htl.HotelId) + 1;
        }
        else
        {
            // Bestehendes Hotel aktualisieren
            var hotel = FindById(h.HotelId);
            hotel.Bezeichnung = h.Bezeichnung;
```

```
                hotel.Sterne = h.Sterne;
            }
        }
    }
```

Controller anlegen

Zum Anlegen des Controllers für das hier betrachtete Beispiel wählt der Entwickler aus dem Kontext-Menü des Ordners `Controllers` den Befehl `Add | Controller`. Für die Erstellung der hier beschriebenen Beispielanwendung wird die Vorlage `Empty MVC Controller` gewählt, sodass der Entwickler gezwungen ist, die benötigten Methoden selbst einzurichten.

Den Controller-Namen legt er passend zum Modell auf `HotelController` fest. Nachdem er das Dialogfeld bestätigt hat, richtet Visual Studio eine neue Controller-Klasse ein, welche von der Basisklasse `Controller` erbt. Alternativ dazu könnte der Entwickler diese Klasse auch von `ControllerBase` erben lassen oder stattdessen das Interface `IController` implementieren. In der Praxis wird dies selten gemacht, da dieses Verhalten mit dem Verlust jenes Komforts, der durch die Basisklasse `Controller` geboten wird, einhergeht.

Die öffentlichen Methoden der Controller-Klassen nennen sich Action-Methoden. Sie werden auf einen URL abgebildet und liefern per Definition eine Instanz von `ActionResult` zurück. Der URL, auf den sie standardmäßig abgebildet werden, lautet auf `/controller/action`, wobei `controller` für den Namen des Controllers (ohne die Endung `Controller`) sowie `action` für den Namen der Action-Methode steht. Die Methode `Index` in Beispiel 1-3 wird demnach angestoßen, wenn der Anwender auf den URL */hotel/index* zugreift. Da es sich bei Index um den standardmäßig verwendeten Methodennamen handelt, könnte der Benutzer alternativ dazu auch nur auf */hotel* zugreifen. Der standardmäßige Controller-Name lautet im Übrigen auf `Home`, was auch der Grund dafür ist, dass ohne Angabe eines URLs die Action-Methode `Index` im Controller `HomeController` angestoßen wird, welche zur Anzeige der Startseite führt.

> Soll eine Methode nicht als Action-Methode herangezogen werden, kann diese mit dem Attribut *NonAction* annotiert werden. Soll innerhalb des URLs eine vom Methodennamen abweichende Bezeichnung verwendet werden, kann diese über das Attribut *ActionName*, mit dem die jeweilige Action-Methode zu markieren ist, festgelegt werden.

Die Action-Methode `Index` im betrachteten Controller lädt sämtliche Hotels über das eingerichtete `HotelRepository` und erzeugt anschließend mit der von `Controller` geerbten Hilfsmethode `View` ein `ActionResult`, welches ASP.NET MVC anweist, eine View zu rendern. Den Namen dieser View übergibt sie als erstes Argument, das von der View anzuzeigende Modell – eine Liste mit Hotels – als zweites Argument. Da sie als Namen der View `Index` angibt, sucht ASP.NET MVC im `View`-Ordner des Controllers, der den Namen `/Views/Hotel` trägt, nach dieser View. Wird das Framework dort nicht fündig, wird die Suche nach der View `Index` im Ordner `/Views/Shared` fortgesetzt. Bleibt auch dieser Anlauf erfolglos, erhält der Aufrufer eine Fehlermeldung.

Da der Name der gewünschten View dem Namen der Action-Methode gleicht (beide nennen sich `Index`), kann der Entwickler beim Aufruf der Methode `View` auch den Namen der View weglassen. Das Ergebnis dieses Aufrufs, welcher durch den Kommentar am Ende der Methode `Index` angedeutet wird, wäre dasselbe: ASP.NET MVC würde trotzdem nach einer View mit dem Namen `Index` Ausschau halten.

Beispiel 1-3: Einfacher Controller zum Abfragen von Hotels

```
public class HotelController : Controller
{
    // Mapping auf: /Hotel/Index
    //              /Hotel
    public ActionResult Index()
    {
        var rep = new HotelRepository();
        var hotels = rep.FindAll();
        return View("Index", hotels);
        // return View(hotels);
    }
}
```

View anlegen

Um die in Beispiel 1-3 referenzierte View nur für den gezeigten Controller bereitzustellen, müssen Sie sie im Verzeichnis `/Views/Hotels` einrichten. Um sich hierbei von Visual Studio unterstützen zu lassen, führen Sie einen Rechtsklick auf dem Inhalt der Action-Methode aus und wählen anschließend den Befehl `Add View` (Abbildung 1-4). Daraufhin zeigt Visual Studio ein Dialogfeld an, über das der Entwickler Eckdaten zur anzulegenden View bekannt geben kann (Abbildung 1-5). Abgesehen vom Namen kann nun festgelegt werden, welche Vorlage für die neue View zu verwenden ist. Beispielsweise existieren Vorlagen für Übersichtslisten und Detailansichten. Stützt sich eine Vorlage auf ein Model, muss der Entwickler auch eine Model-Klasse auswählen.

Die Option `Create as partial view` gibt an, ob die neue View als sogenannte partielle View, welche in andere Views eingebettet wird, einzurichten ist. Mit der Option `Use a layout page` gibt der Entwickler an, dass das Ergebnis der View in eine Layoutseite, welche immer wiederkehrende Elemente wie Menüeinträge oder eine Fußzeile beinhaltet, eingebettet werden soll. Wählt der Entwickler diese Option aus, ohne eine Layout-Seite im sich darunter befindlichen Eingabefeld anzugeben, verwendet Visual Studio eine standardmäßige Layoutseite. Weitere Infos zu Layoutseiten finden Sie im Abschnitt »Layoutseiten«.

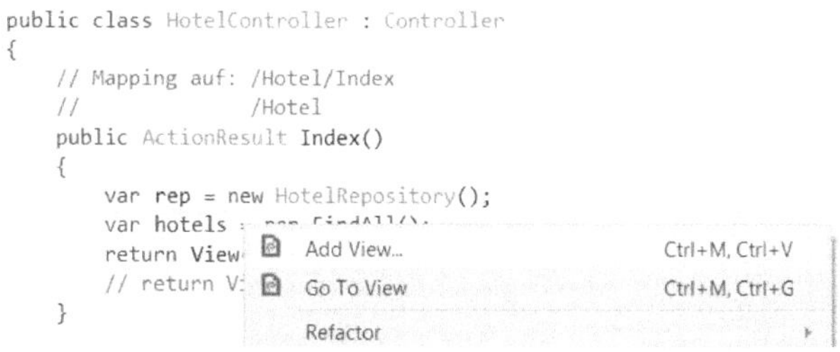

Abbildung 1-4: Kontextmenübefehl zum Hinzufügen einer neuen View

Um eine View für die zuvor beschriebene Action-Methode `Index` aus dem eingerichteten `HotelController` anzulegen, vergibt der Entwickler den Namen `Index`. Daneben wählt er die Vorlage *List* sowie das Model `Hotel` aus. Nach dem Bestätigen der Eingaben richtet Visual Studio im Verzeichnis `/Views/Hotel` eine View mit dem Namen `Index.cshtml` ein. Würde Visual Basic verwendet, hätte die View den Namen `Index.vbhtml`. Beispiel 1-4 zeigt den Inhalt dieser View.

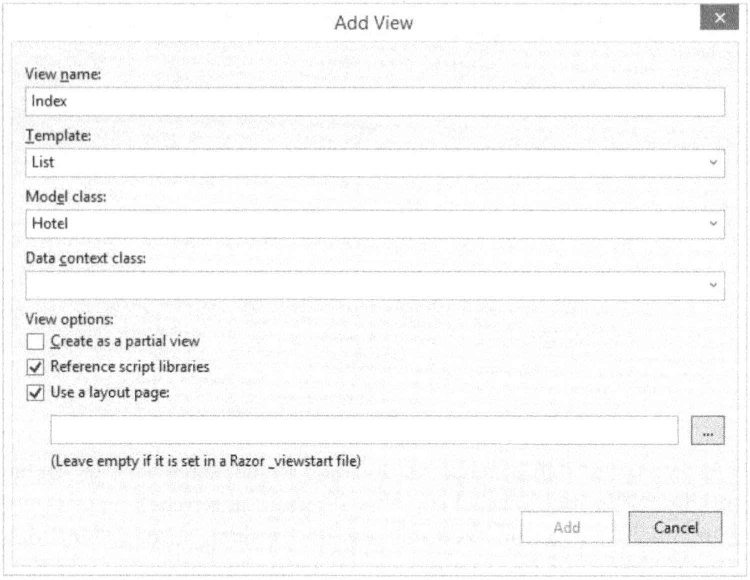

Abbildung 1-5: Neue View einfügen

Zum Rendern einer View greift ASP.NET MVC auf eine sogenannte View-Engine zurück. Die standardmäßig verwendete View-Engine, welche sich im Lieferumfang von ASP.NET MVC befindet, nennt sich Razor. Anweisungen, die mit einem `@` beginnen, sowie Anweisungen, die sich innerhalb von `@{ ... }` befinden, führt Razor im Zuge des Renderings aus. Alle anderen Zeilen werden in Form von HTML-Markup direkt ausgegeben.

> Die einzelnen von Visual Studio verwendeten Vorlagen finden sich unter *C:\Program Files (x86)\Microsoft Visual Studio 12.0\Common7\IDE\Extensions\Microsoft\Web\Mvc\Scaffolding\Templates*, sofern Visual Studio auf Laufwerk C: installiert ist. Die dort vorhandenen Ordner gruppieren die Templates nach Anwendungsfall. Beispielsweise erwartet Visual Studio im Ordner *MvcView* die Vorlagen, welche eine View für ein bestimmtes Model erzeugen. Ein Beispiel dafür ist die zuvor beschriebene Vorlage *List*, welche eine Übersichtsliste für eine Auflistung mit Model-Instanzen erzeugt. Daneben beinhaltet der Ordner *MvcViewWithoutModel* Vorlagen für Views, deren Aufbau sich nicht an einem Model orientiert. Ordner, die mit dem Präfix *ApiController* beginnen, enthalten Vorlagen für Controller. Die Vorlagen stehen standardmäßig in einer Version für C# sowie in einer Version für VB.NET zur Verfügung. Die C#-Versionen weisen die Endung *cs.t4* auf; die VB.NET-Versionen verwenden hingegen die Endung *vb.t4*. Das Kürzel *t4* steht für die gleichnamige Technologie, die Microsoft schon seit einigen Jahren für die Erzeugung von Code-Vorlagen einsetzt.
>
> Um diese Vorlagen für ein eigenes Projekt zu erweitern oder abzuändern, erzeugt der Entwickler innerhalb des Projekts den Ordner *CodeTemplates* und kopiert den Inhalt des oben genannten Ordners dort hinein. Anschließend kann er die Vorlagen abändern und erweitern. Legt er zum Beispiel im Ordner *CodeTemplates\MvcView* eine Kopie von *Edit.cs.t4* mit dem Namen *Edit2.cs.t4* an, steht ihm beim Erzeugen einer neuen View auch dieses Template zur Verfügung.

Die Anweisung `@model` legt den Typ des darzustellenden Modells auf `IEnumerable<FirstSteps.Models.Hotel>` fest. Die View erwartet demnach als Modell eine Auflistung mit `Hotel`-Objekten. Dies macht die

View zu einer streng typisierten View und erlaubt es dem Entwickler, über die Eigenschaft `Model` sämtliche übergebenen `Hotel`-Instanzen in diesem Modell zu iterieren. Beispielsweise könnte er durch die folgende Anweisung für jedes Hotel im übergebenen Modell einen Absatz bestehend aus der Eigenschaft Bezeichnung und Sterne ausgeben lassen, wobei die beiden Eigenschaften in der Ausgabe durch ein Komma getrennt dargestellt würden.

```
@foreach(var h in Model) { <p>@h.Bezeichnung, @h.Sterne</p> }
```

Da der Typ des Models bekannt ist, unterstützt Visual Studio das Formulieren dieser Anweisung mittels IntelliSense. Wie von Geisterhand scheint Razor die Grenzen zwischen den Codefragmenten, die serverseitig im Zuge des Renderings zur Ausführung gebracht werden, und jenen, die direkt in Form von HTML-Markup auszugeben sind, zu erkennen. Beispielsweise erkennt Razor, dass die schließende geschweifte Klammer am Ende zur serverseitigen `foreach`-Anweisung gehört, oder dass das Komma, welches die Bezeichnung von den Sternen trennt, direkt in das Markup auszugeben ist. Dass Razor hierzu klare Regeln verwendet, die man glücklicherweise in den meisten Fällen nicht beachten muss, wird später im Abschnitt »Razor« aufgezeigt.

Legt der Entwickler mit `@model` den Typ des Models nicht fest, wird `Model` zur dynamischen Eigenschaft, für die der Entwickler natürlich von Visual Studio auch kein IntelliSense erhält. Wie bei dynamischen Eigenschaften üblich, kann auch der Compiler nicht prüfen, ob durchgeführte Zugriffe möglich sind. Vielmehr winkt er alle Zugriffe durch und Fehler werden erst zur Laufzeit durch eine Ausnahme abgemahnt.

Die Anweisung `ViewBag.Title` legt den Seitentitel, den die Layoutseite im Kopfbereich der HTML-Seite auszugeben hat, fest. Die Hilfsmethode `@Html.ActionLink` erzeugt einen Link, der die Beschriftung `Create New` trägt und auf die Action-Methode `Create` des zuletzt verwendeten Controllers verweist. Über eine Überladung dieser Methode könnte der Entwickler auch einen anderen Controller referenzieren.

Standardmäßig lautet der URI, der von dieser Methode verwendet wird, `/Hotel/Create`, weswegen der Entwickler in Versuchung kommen könnte, den entsprechenden HTML-Befehl für einen solchen Link direkt in der View zu platzieren. Da man allerdings über die Konfiguration die Art und Weise, wie URLs auf Action-Methoden abzubilden sind, ändern kann, erscheint es sinnvoller, diese Hilfsmethode, welche den tatsächlichen URL aufgrund dieser Konfigurationseinstellungen ermittelt, heranzuziehen.

`@Html.DisplayNameFor` rendert den Namen einer Eigenschaft, der in Form eines Lambda-Ausdrucks übergeben wird. Dieser Lambda-Ausdruck bildet eine Instanz des Typs `Hotel` auf die gewünschte Eigenschaft ab. Bei `model` handelt es sich dabei um den frei wählbaren Parameternamen dieses Lambda-Ausdrucks.

Den anzuzeigenden Namen könnte man zwar an dieser Stelle auch direkt hinterlegen, allerdings gibt ASP.NET MVC dem Entwickler die Möglichkeit, direkt im Modell Metadaten, wie eben die anzuzeigenden Eigenschaftsnamen, zu platzieren. Und genau diese Bezeichnung würde `DisplayNameFor` in Erfahrung bringen und ausgeben. Somit könnte der Entwickler beispielsweise festlegen, dass das Feld Sterne in der GUI als Hotelkategorie bezeichnet werden soll und `DisplayNameFor` würde hierfür einheitlich diese Bezeichnung zu Tage fördern.

Die betrachtete View iteriert mit einer `foreach`-Schleife durch das Modell, wobei es sich um eine Auflistung mit `Hotel`-Objekten handelt. Pro Hotel gibt sie die Eigenschaften `Bezeichnung` und `Sterne` aus. Hierzu würden die Anweisungen `@item.Bezeichnung` bzw. `@item.Sterne` reichen. Stattdessen verwendet die View jedoch die Hilfsmethode `DisplayFor`, an die die auszugebende Eigenschaft als Lambda-Ausdruck übergeben wird. Der Grund dafür liegt in der Tatsache, dass der Entwickler pro `Model`-Eigenschaft eine Vorlage definieren kann, mit der die Eigenschaft angezeigt werden soll. Existiert für eine Eigenschaft keine solche Vorlage, prüft ASP.NET MVC, ob für den Datentyp der Eigenschaft eine Vorlage vorliegt. Standardmäßig existiert zum Beispiel eine Vorlage für boolesche Felder, die diese in Form eines nicht editierbaren Kontrollkästchens (ausgefüllt entspricht `true`, leer entspricht `false`) anzeigt. Weitere Informationen hierzu finden Sie im Abschnitt »Vorlagen für Felder und Models«.

Am Ende rendert die betrachtete View auch noch drei Links, welche auf die (noch nicht existierenden) Controller-Methoden `Edit`, `Details` und `Delete` verweisen und dieselbe Beschriftung tragen. Die Eigenschaften des übergebenen anonymen Objekts werden in die generierten Links in Form von URL-Parametern integriert. Eigenschaften mit der Bezeichnung `id` kommt dabei jedoch eine Sonderstellung zu: Sie werden standardmäßig in den URL eingefügt. Der Action-Link mit der Beschriftung `Edit` würde somit auf den URL */Hotel/Edit/7* verweisen, sofern die Eigenschaft `id` den Wert 7 aufwiese. Dies ist aus Sicht von ASP.NET MVC (beim Einsatz der Standardeinstellungen) gleichbedeutend mit */Hotel/Edit?id=7*. Da die erste Variante von Suchmaschinen bevorzugt wird – zumal HTTP davon ausgeht, dass jede Ressource ihren eigenen URL besitzt – nimmt ASP.NET MVC damit vorlieb. Alle anderen Parameter werden standardmäßig jedoch immer an den URL angehängt. Hieße der zu übergebende Parameter zum Beispiel `HotelNr`, würde die Hilfsmethode `ActionLink` hierfür den folgenden URL rendern: */Hotel/Edit?HotelNr=7*.

Beispiel 1-4: Einfache View zum Anzeigen von Hotels

```
@model IEnumerable<FirstSteps.Models.Hotel>

@{
    ViewBag.Title = "Index";
}

<h2>Index</h2>

<p>
    @Html.ActionLink("Create New", "Create")
</p>
<table>
    <tr>
        <th>
            @Html.DisplayNameFor(model => model.Bezeichnung)
        </th>
        <th>
            @Html.DisplayNameFor(model => model.Sterne)
        </th>
        <th></th>
    </tr>

@foreach (var item in Model) {
    <tr>
        <td>
            @Html.DisplayFor(modelItem => item.Bezeichnung)
        </td>
        <td>
            @Html.DisplayFor(modelItem => item.Sterne)
        </td>
        <td>
```

```
            @Html.ActionLink("Edit", "Edit", new { id=item.HotelId }) |
            @Html.ActionLink("Details", "Details", new { id=item.HotelId }) |
            @Html.ActionLink("Delete", "Delete", new { id=item.HotelId })
        </td>
    </tr>
}

</table>
```

Webanwendung testen

Um die erzeugte Webseite zu testen, führt der Entwickler das Projekt aus. Dies bewirkt, dass Visual Studio einen Webserver startet. In Visual Studio 2012 handelt es sich dabei um IIS Express. Visual Studio öffnet auch ein Browserfenster mit der Starseite der Anwendung. Indem der Entwickler an den URL im Browser */hotel/index* (bzw. alternativ dazu nur */hotel*, da index die standardmäßig verwendete Action-Bezeichnung ist) anhängt, gelangt er zur soeben entwickelten Hotelseite (Abbildung 1-6). Die einzelnen Links führen zwar noch ins Nirvana, aber dieses Problem lässt sich durch das Bereitstellen weiterer Action-Methoden beheben.

Bei Betrachtung der Seite fällt auch auf, dass das Ergebnis der View in eine Layoutseite eingebettet wurde. Diese definiert zum Beispiel die Kopfzeile mit einem Menü oder die Fußzeile mit einem beispielhaften Copyright-Hinweis. Technisch gesehen basiert diese Layoutseite auf dem Projekt Twitter Bootstrap (*http://getbootstrap.com/*). Dabei handelt es sich um eine Sammlung von Scripts und CSS-Layouts, die die Erstellung von Webanwendungen unterstützt, welche sich flexibel an unterschiedliche Bildschirmauflösungen anpassen. Dies wird unter anderem ersichtlich, wenn der Benutzer das Browserfenster, wie in Abbildung 1-7 gezeigt, verkleinert. In diesem Fall ersetzt Bootstrap das Menü durch eine links oben angezeigte Schaltfläche, mit der das Menü bei Bedarf eingeblendet wird. Weitere Informationen zu Twitter Bootstrap finden Sie im dritten Kapitel.

Abbildung 1-6: Demoanwendung in Aktion

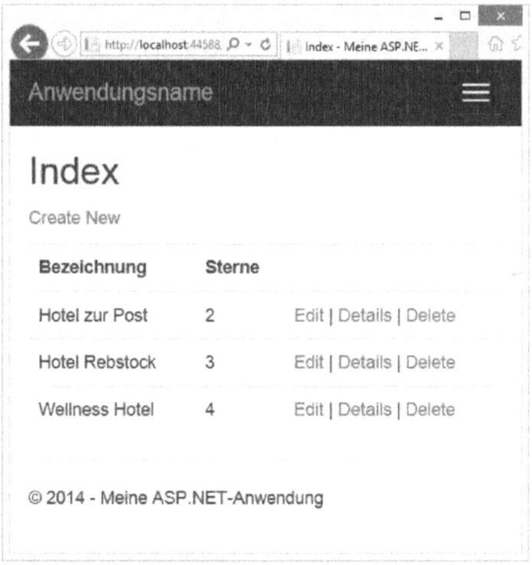

Abbildung 1-7: Automatische Anpassung an Bildschirmauflösung dank Bootstrap

Einträge editieren

Zum Abschluss dieses ersten Rundgangs durch ASP.NET MVC soll noch gezeigt werden, wie die Möglichkeit zum Editieren von Hotels zur hier betrachteten Beispielanwendung hinzugefügt werden kann. Dazu wird zunächst der Controller um zwei Action-Methoden erweitert: Die eine lädt das zu editierende Hotel und bringt es mit einer View innerhalb eines HTML-Formulars zur Anzeige. Die zweite nimmt die Daten aus dem Formular entgegen und aktualisiert damit das Hotel in der statischen Liste.

Beispiel 1-5 zeigt diese beiden Methoden neben der bereits besprochenen Methode `Index`. Beide tragen den Namen `Edit`. Die erste nimmt als Parameter die ID des zu editierenden Hotels entgegen. ASP.NET MVC weist diesem Parameter die ID aus dem URL zu. Dies funktioniert im Übrigen für sämtliche URL-Parameter, deren Namen den Parametern der Action-Methode gleichen. Anschließend lädt die Action-Methode anhand dieser ID das Hotel mithilfe von `HotelRepository` und delegiert anschließend unter Verwendung der geerbten Hilfsmethode `View` an eine View weiter, welche dieses Hotel als Modell übergeben bekommt. Da beim Aufruf der Methode `View` kein Viewname angegeben wird, verwendet ASP.NET MVC den Namen der aktuellen Action-Methode, `Edit`, als Viewname. Somit erwartet das Framework eine View namens `Edit` im Ordner `/Views/Hotel` bzw., falls es dort nicht fündig wird, in `/Views/Shared`.

Die zweite Action-Methode, welche ebenfalls den Namen `Edit` trägt, nimmt eine Instanz von `Hotel` entgegen. Wird diese Methode von ASP.NET MVC angestoßen, versucht es, dieses Hotel aus den übersendeten Parametern, deren Ursprung im HTML-Formular liegt, zusammenzusetzen. Der Entwickler muss sich somit nicht mehr um die wenig spannende, jedoch umso fehleranfälligere Aufgabe des Auslesens und Konvertierens von Parametern kümmern.

Die betrachtete Action-Methode speichert das übergebene Hotel mithilfe von `HotelRepository` und bringt es anschließend erneut zur Anzeige. Über die Eigenschaft `ViewBag.Message` lässt sie der View darüber hinaus eine anzuzeigende Nachricht zukommen.

Bei der Eigenschaft `ViewBag` handelt es sich um ein dynamisches Objekt, welches der Entwickler nach Belieben mit eigenen Eigenschaften bestücken kann. Verwendung findet es immer dann, wenn neben dem eigentlichen Modell noch weitere Informationen, wie zum Beispiel Vorschlagswerte oder eben Nachrichten, an die View zu übermitteln sind. Als dynamisches Objekt bringt `ViewBag` sämtliche Vor- und Nachteile der dynamischen Programmierung mit sich. Der Vorteil liegt in der gewonnenen Flexibilität. Der Nachteil liegt in der Umgehung des Typsystems.

Alternativ zur Verwendung der Eigenschaft `ViewBag` könnte der Entwickler im betrachteten Fall auch ein eigenes View-Modell einrichten, das mit einer Eigenschaft auf das Hotel und mit einer anderen Eigenschaft auf eine eventuell anzuzeigende Nachricht verweisen würde. Generell scheint es eine gute Idee zu sein, sich am Beginn eines Projekts mit seinen Kollegen abzustimmen, ob bzw. wie der Ansichtsbehälter (`ViewBag`) verwendet werden soll.

Damit ASP.NET MVC entscheiden kann, wann welche der beiden `Edit`-Methoden aufzurufen ist, wurde die zweite mit dem Attribut `HttpPost` annotiert. Das bedeutet, dass diese nur dann herangezogen werden soll, wenn der Aufruf über das HTTP-Verb `POST` erfolgt, was zum Beispiel der Fall ist, wenn Formulardaten übersendet werden. Ruft der Anwender die Seite über `GET` auf, zum Beispiel indem er einem Link folgt oder die Adresse der Seite direkt eingibt, kommt die andere Methode zur Ausführung. Neben `HttpPost` stehen analoge Attribute für `GET`, `PUT` und `DELETE` zur Verfügung. Sie nennen sich entsprechend `HttpGet`, `HttpPut` bzw. `HttpDelete`.

Beispiel 1-5: Einfache View zum Anzeigen von Hotels

```
public class HotelController : Controller
{
    // Mapping auf: /Hotel/Index
    //              /Hotel
    public ActionResult Index()
    {
        var rep = new HotelRepository();
        var hotels = rep.FindAll();
        return View("Index", hotels);
        // return View(hotels);
    }
    // Zum Editieren abrufen
    public ActionResult Edit(int id)
    {
        var rep = new HotelRepository();
        var hotel = rep.FindById(id);
        return View(hotel);
    }

    // Zum Speichern des Hotels
    [HttpPost]
    public ActionResult Edit(Hotel h)
    {
        var rep = new HotelRepository();
        rep.Save(h);
        ViewBag.Message = "Hotel wurde gespeichert!";
        return View(h);
    }

}
```

Um die noch fehlende View zu ergänzen, klickt der Entwickler abermals mit der rechten Maustaste in eine der beiden `Edit`-Methoden und wählt anschließend den Kontextmenü-Befehl `Add View`. Als Viewnamen hinterlegt er nun `Edit`, als Modellklasse abermals `Hotel` und als Template wählt er nun `Edit`, sodass das Grundgerüst für ein Formular zum Editieren von Hotels generiert wird.

Nachdem der Entwickler das Dialogfeld bestätigt hat, richtet Visual Studio unter */Views/Hotel* eine View mit dem Namen `Edit.cshtml` ein (Beispiel 1-6). Mit der `model`-Direktive zu Beginn gibt die View an, dass sie als Modell eine `Hotel`-Instanz erwartet. Mit der Hilfsmethode `Html.BeginForm` wird ein `form`-Tag gerendert. Da keine Parameter angegeben werden, erzeugt diese Methode ein `form`-Tag, welches im Zuge des Absendens die erfassten Daten mittels `POST` an jenen URL sendet, von dem aus das Formular ursprünglich abgerufen wurde. Im betrachteten Fall handelt es sich hierbei um den URL */Hotel/Edit*.

Der Entwickler kann durch Überladungen dieser Methode angeben, dass die Daten an einen anderen URL zu senden sind bzw. dass ein anderes HTTP-Verb heranzuziehen ist. Dazu kann er zum Beispiel den Namen eines Controllers bzw. den Namen einer Action-Methode dieses Controllers angeben.

Darüber hinaus besteht die Möglichkeit, URL-Parameter in Form eines dynamischen Objekts anzuhängen. Generell empfiehlt sich ein Blick auf die unterschiedlichen Überladungen der zur Verfügung stehenden Hilfsmethoden. Da `Html.BeginForm` innerhalb einer `using`-Anweisung Verwendung findet, wird am Ende dieser das schließende `form`-Tag gerendert. Alternativ dazu könnte der Entwickler an der gewünschten Stelle auch auf die Methode `Html.EndForm` zurückgreifen.

Innerhalb des Formulars rendert die View mithilfe der Methode `Html.ValidationSummary` eine eventuelle Validierungsfehlermeldung. Erfasst der Anwender zum Beispiel für die Eigenschaft Sterne einen Wert, der nicht nach `int` konvertiert werden kann, ergibt sich ein Validierungsfehler, der von der betrachteten Methode ausgegeben wird. Indem die View `true` übergibt, zeigt sie an, dass sie lediglich Fehlermeldungen anzeigen soll, die sich auf das gesamte Modell, nicht aber nur auf einzelne Eigenschaften beziehen. Für die Ausgabe von feldbezogenen Fehlermeldungen kommt hingegen unmittelbar neben den einzelnen Eingabefeldern die Hilfsmethode `Html.ValidationMessageFor` zum Einsatz. Weitere Informationen zum Validieren von Eingaben finden sich im Abschnitt »Validieren von Benutzereingaben«.

Mit `Html.HiddenFor` rendert die View ein verstecktes Feld, in dem die `HotelId` platziert wird. Somit kann die `HotelId` zwar nicht editiert werden, jedoch wird sie beim Absenden des Formulars mit den anderen Parametern an die adressierte `Action`-Methode übertragen, sodass diese weiß, welches Hotel zu aktualisieren ist. `Html.LabelFor` rendert Beschriftungsfelder und `Html.EditorFor` Eingabefelder für die einzelnen Eigenschaften. Standardmäßig erzeugt `Html.EditorFor` Kontrollkästchen für boolesche Eigenschaften sowie Eingabefelder in allen anderen Fällen. Allerdings kann der Entwickler für bestimmte Eigenschaften oder auch nur für bestimmte Datentypen Vorlagen definieren, die `EditorFor` verwendet. Somit kann er sicherstellen, dass dieselben Felder immer auf dieselbe Weise editiert werden können. Mehr dazu findet sich im Abschnitt »Vorlagen für Felder und Models«.

Neben `EditorFor` stehen noch weitere Hilfsmethoden zur Verfügung, mit denen der Entwickler den Feldtyp des zu rendernden Felds bestimmten kann. Neben der bereits beschriebenen Methode `HiddenFor` sind dies `TextBoxFor`, `TextAreaFor`, `CheckBoxFor`, `RadioButtonFor`, `DropDownListFor` und `ListBoxFor`. Die Namen dieser Methoden korrelieren mit jenen HTML-Tags, welche sie rendern. Darüber hinaus existieren auch Varianten dieser Methoden ohne die Endung `For`. Diese bieten dieselben Möglichkeiten, erwarten jedoch die anzuzeigende Modelleigenschaft in Form eines Strings. Da in diesem Fall der Compiler nicht zur Prüfung verwendet werden kann, werden diese Varianten in der Regel gemieden.

> Steht der Wert eines Eingabefelds sowohl über das Model als auch in Form eines via POST übersendeten Parameters zur Verfügung, wählen die HTML-Helper zum Rendern von Eingabefeldern letztere Option. Dies ist häufig das gewünschte Verhalten, vor allem dann, wenn der Benutzer ein Formular absendet und seine Eingaben daraufhin erneut anzuzeigen sind. Darüber hinaus erlaubt dieses Verhalten in Kombination mit der Validierung von Eingaben, dass der Benutzer jene Daten, die er vor dem Absenden des Formulars eingetragen hat und die nicht korrekt validiert werden konnten, nochmals zur Korrektur präsentiert bekommt.
>
> Ist der Entwickler mit diesem Verhalten nicht einverstanden, steht es ihm frei, das Eingabefeld manuell zu rendern:
>
> ```
> <input name="x" value="@Model.Bezeichnung" />
> ```

Am Ende definiert die View einen Submit-Button, einen Link, der zurück zur Übersicht aller Hotels führt, sowie eine Sektion, die den Namen `Scripts` trägt. Sektionen sind benannte Seitenfragmente, die innerhalb der Layoutseite an einer wohldefinierten Stelle eingefügt werden.

Die standardmäßig von der Projektvorlage `Internet-Application` eingerichtete Layoutseite rendert zum Beispiel am Ende die Sektion `Scripts`, welche per Definition JavaScript-Anweisungen beinhaltet. Mit `@Scripts.Render` wird ein `Script`-Tag erzeugt, welches verschiedene JavaScript-Dateien einbindet. Im betrachteten Fall dienen diese der Validierung von Eingaben.

Beispiel 1-6: View zum Editieren eines Hotels

```
@model FirstSteps.Models.Hotel

@{
    ViewBag.Title = "Edit";
}

<h2>Edit</h2>

@using (Html.BeginForm()) {
    @Html.ValidationSummary(true)

    <fieldset>
        <legend>Hotel</legend>

        @Html.HiddenFor(model => model.HotelId)

        <div class="editor-label">
            @Html.LabelFor(model => model.Bezeichnung)
        </div>
        <div class="editor-field">
            @Html.EditorFor(model => model.Bezeichnung)
            @Html.ValidationMessageFor(model => model.Bezeichnung)
        </div>

        <div class="editor-label">
            @Html.LabelFor(model => model.Sterne)
        </div>
        <div class="editor-field">
```

```
            @Html.EditorFor(model => model.Sterne)
            @Html.ValidationMessageFor(model => model.Sterne)
        </div>

        <p>
            <input type="submit" value="Save" />
        </p>
    </fieldset>
}

<div>
    @Html.ActionLink("Back to List", "Index")
</div>

@section Scripts {
    @Scripts.Render("~/bundles/jqueryval")
}
```

Um die über ViewBag übertragene Nachricht in der View anzuzeigen, fügt der Entwickler noch das Quellcodefragment aus Beispiel 1-7 an der gewünschten Position ein.

Beispiel 1-7: Zugriff auf ViewBag über View

```
@if (ViewBag.Message != null)
{
    <p>
        <b>@ViewBag.Message</b>
    </p>
}
```

Die meisten HTML-Hilfsmethoden bieten eine Überladung, welche ein Dictionary mit HTML-Attributen und deren Werten entgegennimmt. Diese HTML-Attribute werden samt ihrer Werte in das generierte Markup übernommen. Um den Schreibaufwand zu reduzieren, bieten diese Hilfsmethoden auch noch eine weitere Überladung, welche anstatt des Dictionaries ein Objekt entgegennimmt. Die Idee dahinter ist, dass der Entwickler an diese Parameter ein anonymes Objekt übergibt, wobei die Eigenschaften dieses Objekts in Form von HTML-Attributen gerendert werden.

Beispielsweise führt der Aufruf von

```
@Html.LabelFor(model => model.Sterne, new { style="color:red" })
```

dazu, dass LabelFor den folgenden Markup rendert:

```
<label for="Sterne" style="color:red">Sterne</label>
```

Vorschlagswerte über Dropdown-Listenfelder anbieten

Dieser letzte Abschnitt dieses ersten Streifzugs durch die Möglichkeiten von ASP.NET MVC zeigt, wie Vorschlagswerte über Dropdown-Listenfelder bereitgestellt werden können. Im Zuge dessen wird das Textfeld zum Erfassen der Eigenschaft Sterne durch ein Dropdown-Listenfeld ersetzt.

Damit ASP.NET MVC beim Rendern von Dropdown-Listenfeldern unterstützen kann, muss der Entwickler die Vorschlagswerte in Form einer Auflistung mit SelectListItem-Instanzen bereitstellen. Beispiel 1-8 verwendet zum Aufbereiten dieser Auflistung die private Methode CreateSterne. Darüber hinaus wurden beide Edit-Methoden erweitert, sodass diese Vorschlagswerte über ViewBag an die View übermittelt werden. Dabei ist darauf zu achten, dass die Eigenschaft im Ansichtsbehälter nicht denselben Namen aufweisen darf wie die Eigenschaft im Modell. Aus diesem Grund wurde für erstere der Name SterneAuswahl und nicht etwa Sterne gewählt.

Beispiel 1-8: Bereitstellen von Vorschlagswerten

```
public class HotelController : Controller
{
    // Mapping auf: /Hotel/Index
    //              /Hotel
    public ActionResult Index()
    {
        var rep = new HotelRepository();
        var hotels = rep.FindAll();
        return View("Index", hotels);
        // return View(hotels);
    }

    private List<SelectListItem> CreateSterne()
    {
        var item1 = new SelectListItem();
        item1.Value = "1";
        item1.Text = "Ein Stern, Tourist";

        var item2 = new SelectListItem();
        item2.Value = "2";
        item2.Text = "Zwei Sterne, Standard";

        var item3 = new SelectListItem();
        item3.Value = "3";
        item3.Text = "Drei Sterne, Komfort";

        var item4 = new SelectListItem();
        item4.Value = "4";
        item4.Text = "Vier Sterne, First Class";

        var item5 = new SelectListItem();
        item5.Value = "5";
        item5.Text = "Fünf Sterne, De Luxe";

        var items = new List<SelectListItem> { item1, item2, item3, item4, item5 };
        return items;
    }

    // /Hotel/Edit?id=4711
    // /Hotel/Edit/4711
    public ActionResult Edit(int id)
    {
        // Zum Editieren abrufen
        var rep = new HotelRepository();
        var hotel = rep.FindById(id);

        ViewBag.SterneAuswahl = CreateSterne();

        return View(hotel);
    }

    [HttpPost]
```

```
    public ActionResult Edit(Hotel h)
    {
        var rep = new HotelRepository();
        rep.Save(h);
        ViewBag.Message = "Hotel wurde gespeichert!";

        ViewBag.SterneAuswahl = CreateSterne();

        return View(h);
    }

}
```

Damit diese Vorschlagswerte auch in der View zum Rendern eines Dropdown-Listenfelds herangezogen werden, ersetzt der Entwickler dort den Aufruf von

```
@Html.EditorFor(model => model.Sterne)
```

durch den folgenden Aufruf:

```
@Html.DropDownListFor(model =>model.Sterne, (IEnumerable<SelectListItem>)ViewBag.SterneAuswahl)
```

Der explizite Cast in den Typ `IEnumerable<SelectListItem>` ist dabei nötig, da ansonsten aufgrund des dynamischen Charakters von `ViewBag` der Compiler den Typ des zweiten Arguments nicht herausfinden und somit auch nicht auf die gewünschte Überladung von `DropDownListFor` schließen kann.

Das Ergebnis dieser Maßnahme findet sich in Abbildung 1-8.

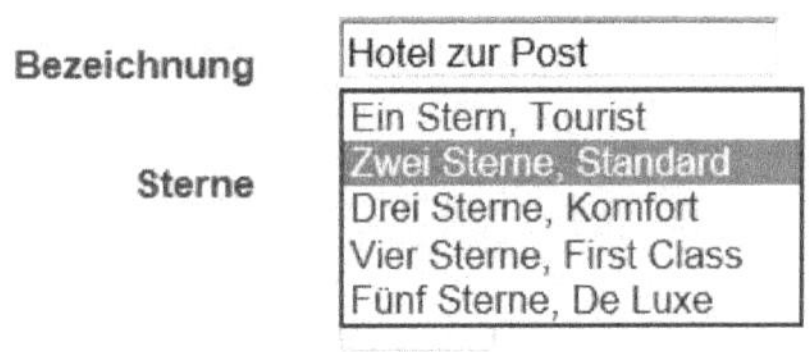

Abbildung 1-8: Dropdown-Listenfeld zum Editieren der Eigenschaft Sterne

Liegen die Vorschlagswerte in Form von Objekten vor, können sie auch alternativ zum hier gezeigten Vorgehen unter Verwendung einer `SelectList` in eine Auflistung mit `SelectListItems` umgewandelt werden. Beispiel 1-9 demonstriert dies unter Verwendung der Klasse `HotelKlassifikation`. Die Methode `CreateSterne` legt sich zunächst eine Liste mit `HotelKlassifikation`-Instanzen zurecht. In einem für den Produktiveinsatz geplanten System könnte diese Liste aus der Datenbank geladen werden.

`CreateSterne` übergibt anschließend diese Liste an den Konstruktor von `SelectItemList`. Im Zuge dessen gibt sie auch den Namen der Eigenschaft an, die intern zu verwenden ist (`Sterne`) sowie jene Eigenschaft, deren Inhalt im Dropdown-Listenfeld angezeigt werden soll (`Bezeichnung`). Eine weitere Überladung dieses Konstruktors nimmt auch den Wert des standardmäßig auszuwählenden Elements entgegen (zum Beispiel 2, wenn standardmäßig der Wert mit der Klassifikation »2 Sterne« vorgeschlagen werden soll).

Bei der auf diesem Weg erzeugten `SelectItemList` handelt es sich bereits um die benötigte Auflistung mit `SelectListItem`-Instanzen, zumal `SelectItemList` von `IEnumerable<SelectListItem>` erbt. Somit kann sie als solche zurückgeliefert werden und genau so wie die Auflistung im zuvor betrachteten Beispiel Verwendung finden.

Beispiel 1-9: Vorschlagswerte über SelectList aufbereiten

```
class HotelKlassifikation
{
    public HotelKlassifikation(int sterne, string bezeichnung)
    {
        this.Sterne = sterne;
        this.Bezeichnung = bezeichnung;
    }

    public int Sterne { get; set; }
    public string Bezeichnung { get; set; }
}

[...]

private IEnumerable<SelectListItem> CreateSterne()
{
    var k1 = new HotelKlassifikation(1, "Tourist");
    var k2 = new HotelKlassifikation(2, "Standard");
    var k3 = new HotelKlassifikation(3, "Superior");
    var k4 = new HotelKlassifikation(4, "First Class");
    var k5 = new HotelKlassifikation(5, "De Lux");

    var list = new List<HotelKlassifikation> { k1, k2, k3, k4, k5 };

    var selectList = new SelectList(list, "Sterne", "Bezeichnung");
    return selectList;
}
```

Neben der Klasse `SelectList` existiert auch eine Klasse `MultiSelectList`, welche der Entwickler analog zur `SelectList` verwenden kann, um mit dem HTML-Helper `ListBoxFor` eine Auswahlliste zu rendern, die eine Mehrfachauswahl zulässt.

Controller

Nachdem der prinzipielle Aufbau einer ASP.NET MVC-Applikation besprochen wurde, zeigt dieser Abschnitt einige weiterführende Möglichkeiten für die Implementierung von Controllern.

Models entgegennehmen

Wie bereits im einführenden Beispiel gezeigt wurde, kann ASP.NET MVC die beim Aufruf übergebenen Parameter verwenden, um eine Instanz eines Models zu erzeugen. Möglich wird dies durch die sogenannte Modellbindung (engl. Model Binder). Beispiel 1-10 demonstriert dies.

Beispiel 1-10: Controller, welcher ein Model entgegennimmt

```
[HttpPost]
public ActionResult Edit(Hotel h)
{
    [...]
    return View();
}
```

Um zu bestimmen, welche Parameter an die Eigenschaften des Modells gebunden werden sollen, kann der jeweilige Parameter mit dem Attribut `Bind` annotiert werden. Beispiel 1-11 demonstriert die Verwendung, indem mit der Eigenschaft `Exclude` angegeben wird, dass die `HotelId` beim Binden der Parameter nicht berücksichtigt werden soll. Sollen mehrere Eigenschaften ausgeschlossen werden, können diese durch Kommata getrennt angeführt werden.

Als Alternative zu `Exclude` steht auch eine Eigenschaft `Include` zur Verfügung. Wird diese verwendet, werden nur die angeführten Eigenschaften gebunden. Damit lässt sich verhindern, dass ein Aufrufer Werte für solche Parameter einschleusen kann, die nicht von außerhalb modifiziert werden sollen. Darüber hinaus kann mit `Prefix` angegeben werden, dass die zu bindenden Parameter einen bestimmten Präfix aufweisen müssen.

Beispiel 1-11: Die Modellbindung beeinflussen

```
public ActionResult Edit([Bind(Exclude = "HotelId")]Hotel h) { […] }
```

Nicht immer ist es wünschenswert, eine neue Modellinstanz von ASP.NET MVC erstellen zu lassen. In manchen Situationen ist es beispielsweise notwendig, die Modellinstanz aus einer Datenbank zu laden, um sie anschließend mit den übertragenen Parametern zu aktualisieren. In diesen Fällen kann die Auflistung `FormCollection` als Parameter verwendet werden. ASP.NET MVC überträgt sämtliche beim Auftrag übertragene Parameter in diese Auflistung. Anschließend können diese mit der geerbten Methode `TryUpdateModel` von `FormCollection` in ein beliebiges Objekt übertragen werden (vgl. Beispiel 1-12). Daneben existieren noch weitere Überladungen von `TryUpdateModel`, welche die Angabe der vom Attribut `Bind` bekannten Parameter `Exclude`, `Include` und `Prefix` erlauben.

Beispiel 1-12: Manuelles Anstoßen der Modellbindung

```
[HttpPost]
public ActionResult Edit(FormCollection fc)
{
    Hotel h = […];
    this.TryUpdateModel(h, fc);
    […]
}
```

View auswählen

Bis jetzt wurde die Methode `View` verwendet, um ein `ActionResult` zu erzeugen, mit dem angezeigt wurde, dass an die View mit dem Namen der Action-Methode weiterdelegiert werden soll. Soll eine andere View Verwendung finden, kann, wie in Beispiel 1-13 gezeigt, deren Name als Parameter an `View` übergeben werden. Daneben existiert auch eine Überladung, welche den View-Namen sowie das zu verwendende Modell entgegennimmt. Die angegebene View muss sich entweder im View-Ordner des Controllers oder im View-Ordner `Shared` befinden.

Beispiel 1-13: Angabe der gewünschten View

```
public ActionResult Create()
{
    […]
    return View("Details");
}
```

Neben der Methode `View` existieren noch weitere Methoden, mit welchen das Ergebnis eines Aufrufs beeinflusst werden kann. All diese haben gemeinsam, dass sie eine Instanz einer Subklasse von `ActionResult` zurückliefern, welche zum gewünschten Verhalten führt. Tabelle 1-1 informiert über die Methoden dieser Klasse.

Tabelle 1-1: Methoden zur Beeinflussung des Ergebnisses

Methode	**Beschreibung**
Content	Liefert den angegebenen String als Ergebnis der Anfrage zurück
File	Veranlasst einen Download als Ergebnis
JavaScript	Gibt den angegebenen String als JavaScript-Code zurück, der auf dem Client ausgeführt wird
Json	Liefert das angegebene Modell JSON-formatiert zurück
PartialView	Verwendet eine partielle View, um einen Teil einer Seite zu rendern
Redirect	Leitet die aktuelle Anfrage zu dem angegebenen URL um
RedirectPermanent	Wie `Redirect`, verwendet jedoch den HTTP-Statuscode für eine permanente Umleitung, die zum Beispiel Suchmaschinen dazu bringt, den Sucheintrag mit dem Ziel der Umleitung zu verknüpfen
RedirectToAction	Leitet die aktuelle Anfrage an die angegebene Action-Methode um
RedirectToActionPermanent	Wie `RedirectToAction`, verwendet jedoch den HTTP-Statuscode für eine permanente Umleitung, die zum Beispiel Suchmaschinen dazu bringt, den Sucheintrag mit dem Ziel der Umleitung zu verknüpfen
RedirectToRoute	Leitet die aktuelle Anfrage zu dem URL um, der zur angegebenen Route passt
RedirectToRoutePermanent	Wie `RedirectToRoute`, verwendet jedoch den HTTP-Statuscode für eine permanente Umleitung, die zum Beispiel Suchmaschinen dazu bringt, den Sucheintrag mit dem Ziel der Umleitung zu verknüpfen

Neben diesen Hilfsmethoden existieren noch ein paar Derivate von `ActionResult`, die der Entwickler bei Bedarf manuell instanziieren muss. `HttpStatusCodeResult` gibt zum Beispiel einen anzugebenden HTTP-Statuscode zurück. `HttpNotFoundResult` retourniert hingegen den Statuscode für `Not Found`.

Auf Ausnahmen reagieren

Es besteht auch die Möglichkeit, für eventuell ausgelöste Ausnahmen eine View zu definieren, welche auf den aufgetretenen Fehler hinweist. Dazu wird, wie in Beispiel 1-14 demonstriert, mit dem Attribut `HandleError` der Typ einer Ausnahme auf eine View gemappt. Wird dieses Attribut auf eine Controller-Klasse angewandt, gilt es für jede einzelne Action-Methode dieser Klasse.

Beispiel 1-14: Festlegen von Views für Ausnahmen

```
[HandleError(ExceptionType=typeof(ArgumentException), View="Error")]
public ActionResult List() { […] }
```

Damit die hier angegebene View auch tatsächlich angezeigt wird, muss der Entwickler in der Datei `web.config` die Eigenschaft `mode` des Elements `system.web/customErrors` auf `On` oder auf `RemoteOnly` setzen:

```
<customErrors mode="RemoteOnly"/>
```

Die Einstellung `On` bewirkt, dass die angegebene View beim Auftreten der angegebenen Exception immer angezeigt wird. Bei Einsatz der Einstellung `RemoteOnly` ist dies jedoch nur dann der Fall, wenn der Aufruf nicht vom Webserver aus erfolgt ist. Somit wird sichergestellt, dass Entwickler, welche lokal testen, anstatt dieser View eine Fehlerseite mit aussagekräftigen Fehlerinformationen erhalten.

URL-Mapping beeinflussen (Routing)

Action-Methoden werden auf URLs abgebildet. Beispielsweise verweist der URL */hotel/edit* standardmäßig auf die Action-Methode `Edit` in `HotelController`. Verantwortlich für diese Abbildung sind sogenannte Routen.

Die aktuellen Projektvorlagen sehen eine Klasse `RouteConfig` mit einer statischen Methode `RegisterRoutes` im Ordner `App_Start` für die Definition von Routen vor. Damit `RegisterRoutes` beim Start der Webanwendung zur Ausführung gebracht wird, rufen die Projektvorlagen diese Methode innerhalb der Methode `Application_Start` auf, welche sich in der Klasse `MvcApplication` befindet. Die Klasse `MvcApplication` findet sich wiederum per Definition in der Datei `global.asax`, welche im Root jeder ASP.NET-Anwendung vorhanden sein sollte.

Beispiel 1-15 zeigt die Definition der standardmäßig vorhandenen Route. Beim ersten Parameter handelt es sich um den Namen der Route, beim zweiten um den URL der Route inkl. Platzhalter für die Namen des Controllers und der Action-Methode.

Darüber hinaus findet sich am Ende der Route der Parameter `id`. Der beim Aufruf für diesen Parameter angegebene Wert wird einem eventuell vorhandenen gleichnamigen Parameter der Action-Methode zugewiesen. Ein Aufruf von `Hotel/Edit/7` führt somit beispielsweise dazu, dass die Action-Methode `Edit` eines `Controllers` mit dem Namen `HotelController` aufgerufen wird, wobei – sofern vorhanden – dem Parameter `id` dieser Methode der Wert `7` zugewiesen wird.

Beim dritten Parameter handelt es sich im betrachteten Beispiel um ein anonymes Objekt, welches die Standardwerte der in der Route definierten Parameter angibt. Daraus ist ersichtlich, dass standardmäßig die Action-Methode `Index` sowie der Controller `Home` angenommen wird, sofern diese Daten beim Aufruf weggelassen werden. Dadurch, dass für `id` der Standardwert `UrlParameter.Optional` festgelegt wird, wird ASP.NET MVC angezeigt, dass dieser Parameter auch fehlen darf und dass in diesem Fall kein Standardwert heranzuziehen ist.

Beispiel 1-15: Standardroute

```
routes.MapRoute(
    name: "Default",
    url: "{controller}/{action}/{id}",
    defaults: new { controller = "Home", action = "Index", id = UrlParameter.Optional }
);
```

Ein Beispiel für eine benutzerdefinierte Route findet sich in Beispiel 1-16. Sie erlaubt es, die Parameter `a` und `b` direkt im URL durch Beistriche getrennt anzugeben. Für den Namen des Controllers sieht diese Route keinen Platzhalter im URL vor. Deswegen muss dieser zwingend im Rahmen der Standardwerte angegeben werden. Darüber hinaus werden mit dem vierten Parameter von `MapRoute` die gültigen Werte für die einzelnen Parameter im URL durch Angabe regulärer Ausdrücke eingeschränkt. Der reguläre Ausdruck `\d+` erwartet beliebig viele Ziffern, jedoch mindestens eine. Ein auf diese Route passender Aufruf wäre zum Beispiel `Calculator/Add/1,2`.

Beispiel 1-16: Benutzerdefinierte Route

```
routes.MapRoute(
    "CalcRoute",
    "Calculator/{action}/{a},{b}",
    new { controller="Calc" },
```

```
        new { a=@"\d+", b=@"\d+" }
    );
```

Ein weiteres Beispiel einer benutzerdefinierten Route findet sich in Beispiel 1-17. Hier wird ein Parameter nach dem Schema `{*Parametername}` definiert. Das bedeutet, dass der gesamte restliche URL dem definierten Parameter zugewiesen werden soll. Ein Beispiel für einen zu dieser Route passenden Aufruf ist `Calculator/Interpreter/2komma5mal2/runden`. Dieser Aufruf würde bewirken, dass der Wert `2komma5mal2/runden` an den Parameter `restlicheUrl` übergeben wird.

Beispiel 1-17: Eine weitere benutzerdefinierte Route

```
routes.MapRoute(
    "CalcRoute2",
    "Calculator/Interpreter/{*restlicheUrl}",
    new { controller = "Calc", action = "Interpretiere" }
);
```

In manchen Situationen möchte man den Routingmechanismus ganz umgehen und die angeforderte Adresse auf die ursprüngliche Weise durch die ASP.NET-Laufzeitumgebung interpretieren lassen. In diesen Fällen kann die Methode `IgnoreRoute` herangezogen werden. Beispiel 1-18 demonstriert den Einsatz dieser Methode. Der gezeigte Aufruf, welcher sich standardmäßig in der Methode `RegisterRoutes` befindet, bewirkt, dass Aufrufe von Dateien mit der Endung `axd` nicht geroutet werden.

Beispiel 1-18: Routen ignorieren

```
routes.IgnoreRoute("{resource}.axd/{*pathInfo}");
```

Da sich die URLS, die auf Action-Methoden verweisen, durch nachträgliches Anpassen der Routen ändern können, ist der Entwickler gut beraten, sie nicht direkt im Code zu hinterlegen. Stattdessen kann er die Methoden der Klasse `UrlHelper` verwenden. Eine Instanz von `UrlHelper` steht in Controllern, welche von der Basisklasse Controller erben, sowie in sämtlichen Views über die Eigenschaft `Url` zur Verfügung. Die Methode *Action* nimmt den Namen einer Action-Methode, den Namen eines Controllers sowie Routing-Parameter entgegen und liefert eine URL, welche auf die adressierte Action-Methode verweist, retour. Bei den Routing-Parametern handelt es sich um Name/Wert-Paare, welche in die URL aufgenommen werden. Entspricht der Name eines solchen Name/Wert-Paars einem Platzhalter der Route, wird dieser durch den entsprechenden Wert ersetzt. Ansonsten hängt *Action* das Name/Wert-Paar als `Url`-Parameter an die URL an. Die Routing-Parameter können entweder als Dictionary oder als anonymes Objekt übergeben werden. Beim Einsatz von anonymen Objekten repräsentieren die Eigenschaften des anonymen Objekts die Routing-Parameter:

```
var url = Url.Action("Detail", "Flug", new { flugId=4711 });
```

Neben Action bietet der `UrlHelper` auch eine Methode `RouteUrl`, welche den Namen einer Route sowie die Routing-Parameter, welche in diese Route eingesetzt werden sollen, erwartet:

```
var flugUrl = Url.RouteUrl("FlugRoute", new { flugId = 4711 });
```

Asynchrone Controller

Für das Abarbeiten von Anfragen bekommen Applikationen, welche in IIS ausgeführt werden, einen Thread aus einem Threadpool zugewiesen. Um zu verhindern, dass langlaufende Anfragen diese Threads blockieren, besteht die Möglichkeit, einen eigenen Thread zur Abarbeitung der Action-Methode abzuspalten. Nachdem dieser die ihm zugewiesenen Aufgaben vollendet hat, muss das

Framework benachrichtigt werden, damit es einen neuen Thread aus dem Threadpool anfordern kann, welcher zum Beispiel eine View rendert und diese als Antwort zum Aufrufer sendet.

Controller, die solche Methoden anbieten, werden als asynchrone Controller bezeichnet. Diese erben von `AsyncController` und weisen für asynchrone Anfragen ein Methodenpaar namens `XXXAsync` und `XXXCompleted` auf, wobei `XXX` einen Platzhalter für einen frei zu wählenden Namen darstellt. Die erste Methode wird zu Beginn der Abarbeitung aufgerufen und hat die Aufgabe, einen Thread abzuspalten. Die zweite Methode wird nach Abarbeitung der Aufgabe durch den Thread aufrufen, um ein geeignetes `ActionResult` auszuwählen.

Da lediglich für diese beiden Methoden Threads aus dem IIS-Threadpool herangezogen werden, werden diese Threads von der eigentlichen langlaufenden Aufgabe, welche von einem eigenen Thread ausgeführt wird, nicht blockiert und können somit zur Bedienung weiterer Anfragen verwendet werden.

Damit die Laufzeitumgebung weiß, wann `XXXCompleted` ausgeführt werden kann, inkrementiert `XXXAsync` einen internen Zähler für jeden abgespaltenen Thread. Die einzelnen Threads dekrementieren diesen Zähler nach Vollendung ihrer Aufgaben wieder, sodass er den Ursprungswert (0) aufweist, sobald alle Threads beendet wurden. Dies zeigt der Laufzeitumgebung an, dass auch die asynchrone Abarbeitung der Anfrage fertiggestellt wurde, woraufhin `XXXCompleted` angestoßen wird.

Beispiel 1-19 zeigt die Implementierung eines asynchronen Controllers. `AddAsync` nimmt zwei zu addierende Integer entgegen und erhöht den internen Zähler durch Aufruf von `AsyncManager.OutstandingOperations.Increment` auf den Wert 1. Anschließend werden die beiden Parameter in einem `Object`-Array verpackt. Dies ist notwendig, da an Threads lediglich ein einziger Parameter übergeben werden kann. Danach wird ein neuer Thread, welcher die Methode `DoStuff` ausführt, abgespalten. Diese holt die beiden zu addierenden Werte aus dem übergebenen `Object`-Array, simuliert eine langlaufende Aufgabe durch Aufruf von `Thread.Sleep` und addiert anschließend die beiden Werte.

Das Ergebnis wird im Dictionary `AsyncManager.Parameters` abgelegt und der interne Zähler wird wieder dekrementiert. Da der interne Zähler somit wieder den Wert 0 aufweist, führt das Framework die zur aufgerufenen `Action`-Methode passende `Completed`-Methode aus, die im betrachteten Beispiel den Namen `AddCompleted` trägt. Die einzelnen Parameter dieser Methode werden mit den Werten aus dem zuvor verwendeten Dictionary `AsyncManager.Parameters` bestückt.

Beispiel 1-19: Implementierung eines asynchronen Controllers

```
public class AsyncSampleController : AsyncController
{
    public void AddAsync(int a, int b)
    {
        AsyncManager.OutstandingOperations.Increment();
        object parameter = new object[] { a, b};

        Thread t = new Thread(new ParameterizedThreadStart(DoStuff));
        t.Start(parameter);
    }

    public ActionResult AddCompleted(int result)
    {
        ViewData["result"] = result;
        return View();
    }
```

```
    public void DoStuff(object o)
    {
        object[] parameter = (object[])o;
        int a = (int)parameter[0];
        int b = (int)parameter[1];

        Thread.Sleep(10000);

        int result = a + b;
        AsyncManager.Parameters["result"] = result;
        AsyncManager.OutstandingOperations.Decrement();
    }

}
```

Vereinfachte Implementierung asynchroner Controller ab .NET 4.5

Auch die in .NET 4.5 eingeführten Konzepte zur asynchronen Programmierung sind in ASP.NET MVC angekommen. Action-Methoden können damit nun auf einfache Weise asynchron bereitgestellt werden (Beispiel 1-20). Somit wird der ursprüngliche IIS-Thread frei und kann sich um weitere Anfragen kümmern.

Beispiel 1-20: Asynchroner Controller

```
public async Task<ActionResult> Reisen(string ziel, Datum datum) {
    var hotelService = new HotelService();
    var flugService = new FlugService();

    var model = new ReiseModel {
        Hotels = await hotelService.GetHotelsAsync(ziel, datum),
        Fluege = await flugService.GetFluegeAsync(ziel, datum)
    };

    return View("ReiseAngebote", model);
}
```

Asynchrone Action-Methoden können auch inklusive der von ihnen angestoßenen asynchronen Methoden unter Verwendung der mit .NET 4 eingeführten `CancellationToken` abgebrochen werden, wenn die von ihnen beanspruchte Zeit einen definierten Schwellwert überschreitet (Beispiel 1-21). Der Schwellwert ist dabei mit dem Attribut `AsyncTimeout` anzugeben, die im Falle eines Abbruchs anzuzeigende Fehlerseite mit `HandleError`. Außerdem ist die Signatur der Action-Methode um einen Parameter vom Typ `CancellationToken` zu erweitern, wobei sich das Framework um die Erzeugung und Übergabe dieses Tokens kümmert. Damit im Falle eines Abbruchs auch die angestoßenen asynchronen Methoden beendet werden, ist das `CancellationToken` auch an diese weiterzureichen.

Beispiel 1-21: Asynchroner Controller mit Cancellation-Token

```
[AsyncTimeout(3000)]
[HandleError(ExceptionType = typeof(TaskCanceledException), View = "TimedOut")]
public async Task<ActionResult> ReisenWithCancellation(
               string ziel, DateTime datum, CancellationToken cToken) {

    var hotelService = new HotelService();
    var flugService = new FlugService();
```

```
        var model = new ReiseModel {
            Hotels = await hotelService.GetHotelsAsync(ziel, datum, cToken),
            Fluege = await flugService.GetFluegeAsync(ziel, datum, cToken)
        };

        return View("ReiseAngebote", model);
    }
```

Views

Dieser Abschnitt beschreibt weiterführende Techniken für die Entwicklung von Views. Dazu wird auf die mit Version 3 eingeführte View-Engine Razor sowie auf die Möglichkeiten zum Bereitstellen von Layoutseiten und partiellen Views eingegangen. Darüber hinaus wird gezeigt, wie Views für mobile Anwendungen bereitgestellt werden können sowie wie der Entwickler die Performance von Webanwendungen mittels Bundling und Minification erhöhen kann.

Razor

Die View-Engine, welche seit ASP.NET MVC 3 zum Rendern von Views standardmäßig zum Einsatz kommt und den Namen Razor trägt, verwendet das Symbol `@`, um serverseitige Anweisungen einzuleiten. Es wird dabei entweder einer Kontrollstruktur oder einer Variable bzw. Eigenschaft oder Methode vorangestellt, deren (Rückgabe-)Wert an Ort und Stelle in die View zu übernehmen ist. Das Schöne daran ist, dass Razor Werte, die es auf diese Weise ausgibt, immer HTML-codiert, was Sicherheitslücken und anderen ungewollten Effekten vorbeugt. Möchte der Entwickler einen Text ohne HTML-Codierung ausgeben, muss er auf die Funktion `Html.Raw` zurückgreifen:

```
@Html.Raw("<b>Html-formatierter Text</b>")
```

Anweisungen, die keinen Wert liefern, können auf diese Weise nicht aufgerufen werden. Allerdings können diese in Blöcken, die der Entwickler zur serverseitigen Ausführung markiert, platziert werden:

```
@{
    ViewBag.Title = "Hotels";
    RenderAction("MyAction")
      int i = 7;
}
```

Das Symbol `@` wird auch zum Einleiten von Direktiven verwendet, die in der Regel am Beginn einer Datei platziert werden. Die Direktive `@model` wurde bereits in der Einführung verwendet. Sie legt fest, von welchem Typ das Modell ist. Mit

```
@model FirstSteps.Models.Hotel
```

legt der Entwickler zum Beispiel fest, dass das Modell der aktuellen View vom Typ `FirstSteps.Models.Hotel` ist. Eine weitere nützliche Direktive ist die Direktive `@using`. Sie erlaubt es, die benötigten Namensräume zu referenzieren und kann somit mit dem gleichnamigen Schlüsselwort in C# verglichen werden. Die Angabe von

```
@using FirstSteps.Models
```

bindet zum Beispiel den Namensraum `FirstSteps.Models` ein. Mit Vorsicht zu genießen ist die Direktive `@functions`. Sie erlaubt es, innerhalb eines Blocks beliebige Methoden zu definieren:

```
@functions {
    private bool HaveLuck(bool needLuck) { return !needLuck; }
}
<b>Lucky:</b> @HaveLuck(true)
```

Bei ihrer Verwendung in Views darf man sich zu Recht fragen, ob dadurch nicht zu viel Logik in die View verlagert wird bzw. ob diese Logik nicht woanders besser aufgehoben wäre. In Razor-Helper oder in Vorlagen (siehe den folgenden Abschnitt »Razor-Helper«) kann sie hingegen schon zur Lesbarkeit beitragen.

Möchte der Entwickler tatsächlich das Symbol @ ausgeben, muss er es doppelt angeben. Die Anweisung

```
m.steyer@@it-visions.de
```

würde demnach zur Ausgabe der Email-Adresse m.steyer@it-visions.de führen. In einigen wenigen Fällen tut sich Razor schwer damit, das Ende eines Methodennamens zu entdecken. Dies ist beispielsweise bei

```
@Model.Vorname.Steyer@@it-visions.de
```

der Fall. Hier kann Razor nicht entdecken, dass Steyer keine Eigenschaft von Vorname ist, sondern lediglich ein Text, den es auszugeben gilt. Abhilfe schafft hier das Setzen von Klammern:

```
@(Model.Vorname).Steyer@@it-visions.de
```

Razor erkennt an den meisten Stellen automatisch den Übergang zwischen serverseitigem Code und clientseitigem Markup. Bei der Anweisung

```
@for(int i=0; i<10; i++) { <b>@i</b> }
```

wird zum Beispiel erkannt, dass die schließende geschweifte Klammer zur serverseitigen Schleife gehört, sowie, dass es sich beim b-Tag um Markup handelt, der auszugeben ist. Die Logik dahinter ist vom Prinzip her einfach: Immer dann, wenn ein Tag beginnt, geht Razor davon aus, dass nun ein clientseitiger Block folgt. Dies ist auch der Grund, warum

```
@for(int i=0; i<10; i++) { Hallo Welt! }
```

nicht korrekt ausgeführt werden kann, denn »Hallo Welt« befindet sich nicht in einem Tag und wird somit als serverseitiger Befehl wahrgenommen. Um dieses Problem zu umgehen, müsste der Entwickler diesen Text in einem beliebigen Tag kapseln. Bietet sich kein Tag an, kann er auf das von Razor vorgegebene Tag text zurückgreifen:

```
@for(int i=0; i<10; i++) { <text>Hallo Welt!</text> }
```

Dieses Tag erlaubt es Razor, den Beginn von clientseitigen Elementen zu erkennen. Darüber hinaus filtert Razor das Tag, sodass es sich nicht in der Ausgabe wiederfindet.

Eine sehr angenehme Eigenschaft von Razor ist die Tatsache, dass die Tilde (~) in Pfadangaben durch den Pfad des Roots der aktuellen Webanwendung ersetzt wird. Ist das Root der Webanwendung zum Beispiel /myApp, so wird eine Angabe von

```
<img src="~/img/myImage.png">
```

durch

```
<img src="/myApp/img/myImage.png">
```

ersetzt.

Zu guter Letzt erlaubt Razor auch die Definition von serverseitigen Kommentaren. Diese werden durch die Sequenz @* eingeleitet sowie mit *@ beendet:

```
@* Das ist ist ein Kommentar *@
```

Razor-Helper

Immer wiederkehrende Aufgaben können mit Unterstützung von Razor in eigene sogenannte Helper ausgelagert werden. Im Wesentlichen handelt es sich dabei um Methoden, die mithilfe von Razor entwickelt werden. Razor-Helper werden innerhalb von Views mit dem Schlüsselwort `@helper` eingeleitet. Das nachfolgende Beispiel zeigt zum Beispiel die Definition des Helpers `RenderLogo`, welches den Namen eines Logos entgegennimmt und damit ein Image-Tag rendert.

```
@helper RenderLogo(string name) {
    <img src="@name"  width= "64" height= "64"  />
}
```

Anschließend kann der Helper wie eine serverseitige Methode an den gewünschten Stellen aufgerufen werden:

```
<div class="logos">
   @RenderLogo("beeindruckend.jpg")
</div>
```

Um einen Helper für alle Views bereitzustellen, definiert ihn der Entwickler in einer Datei, welche die Endung `cshtml` (oder `vbhtml`) aufweist und sich im globalen Projektverzeichnis `App_Code` befindet. Angenommen, die Datei trägt den Namen `LogoHelper` und beherbergt den Helper `RenderLogo`, so kann der Entwickler auf diesen Helper in sämtlichen Razor-Views durch Angabe von `@LogoHelper.RenderLogo` zurückgreifen. Würde sich die Datei in einem Ordner namens `App_Code/MyHelpers` befinden, könnte der Entwickler `RenderLogo` hingegen über `@MyHelpers.LogoHelper.RenderLogo` zur Ausführung bringen. Somit lassen sich Helper beliebig strukturieren.

Layoutseiten

Um allgemeine Seitenelemente wie Menüleisten, Designelemente oder Fußzeilen nicht in jeder einzelnen View wiederholen zu müssen, bietet Razor das Konzept von Layoutseiten. Es handelt sich dabei um HTML-Seiten mit Platzhaltern, in die die gerenderten Views eingebettet werden.

Beispiel 1-22 zeigt eine einfache Layoutseite. Im `div`-Element mit der ID `menucontainer` werden hier einige Links, welche zu Navigationszwecken auf allen Seiten erscheinen sollen, ausgegeben. Im `div`-Element mit der ID `main` wird die View-Engine durch Aufruf der Methode `RenderBody` angewiesen, die aufgerufene Seite zu rendern.

Beispiel 1-22: Einfache Layoutseite

```
<html>

[...]

<body>

    <div class="page">
```

```
        <div id="header">

            [...]

            <div id="menucontainer">

                <ul id="menu">
                    <li>@Html.ActionLink("Home", "Index", "Home")</li>
                    <li>@Html.ActionLink("About", "About", "Home")</li>
                </ul>

            </div>

        </div>

        <div id="main">
            @RenderBody()
        </div>

    </div>

</body>
</html>
```

Ergänzend zur Verwendung von RenderBody kann die Methode RenderSection zum Rendern von benannten Bereichen, die ebenfalls in den einzelnen Views zu hinterlegen sind, herangezogen werden. Beispiel 1-23 demonstriert dies, indem auf die beiden Abschnitte pageTitle und links verwiesen wird. Da für die Eigenschaft required des Abschnitts links der Wert false festgelegt wurde, müssen Seiten, die auf die betrachtete Layoutseite verweisen, diesen nicht beinhalten.

Beispiel 1-23: Layoutseite mit benannten Sektionen

```
<div id="main">
    <h2>@RenderSection("pageTitle")</h2>
    <div>@RenderSection("links", required:false)</div>
    <div>@RenderBody()</div>
</div>
```

Eine diese Layoutseite referenzierende View findet sich in Beispiel 1-24. Diese View referenziert die Layoutseite explizit, indem sie zu Beginn die Eigenschaft Layout auf den Pfad der gewünschten Layoutseite setzt. Die Inhalte der beiden Abschnitte links und pageTitle werden dabei mit @section eingeleitet.

Beispiel 1-24: Anwendung einer Layoutseite mit benannten Sektionen

```
@{
    View.Title = "Index";
    Layout = "~/Views/Shared/OtherLayout.cshtml";
}

<table>
    [...]
</table>

@section links {
    Wichtige Links
    <ul>
```

```
        <li><a href="http://softwarearchitekt.at">Softwarearchitekt</a></li>
            <li><a href="http://software-engineer.biz">Softwareengineer</a></li>
        <ul>
}

@section pageTitle {
    Hamsterliste
}
```

Das direkte Angeben der gewünschten Layoutseite durch das Setzen der Eigenschaft `Layout` ist eher unüblich. Beim Einsatz der Projektvorlagen `Internet-Application`, `Intranet-Application` und `Mobile Application` wird standardmäßig die Layoutseite `/Views/Shared/_Layout.cshtml` herangezogen. Diese Seite ist jedoch nicht hartcodiert. Vielmehr ist es so, dass sich unter `/Views` eine Datei `_ViewStart.cshtml` befindet – und die wird per Definition in jede View eingebunden. Der Inhalt dieser Datei beschränkt sich beim Einsatz der genannten Vorlagen auf die folgenden Zeilen, welche die Layoutseite `/Views/Shared/_Layout.cshtml` referenzieren.

```
@{
    Layout = "~/Views/Shared/_Layout.cshtml";
}
```

Möchte der Entwickler für bestimmte Views eine eigene `_ViewStart.cshtml` definieren, muss er lediglich im Verzeichnis dieser View eine eigene `_ViewStart.cshtml` anlegen. Wird ASP.NET MVC im Verzeichnis der View hingegen nicht fündig, setzt es so lange die Suche auf der nächsthöheren Ordnerebene fort, bis es im Ordner `/Views` angelangt ist.

Partielle Views

Partielle Views sind Views, welche in andere Views eingebunden werden. Beispiel 1-25 zeigt eine sehr einfache partielle View. Sie legt den Typ des Modells auf `string` fest und rendert den Inhalt dieses Strings zwischen zwei `hr`-Tags.

Beispiel 1-25: Einbinden einer partiellen View

```
@model string
<hr />
    @Model
<hr />
```

Um solch eine partielle View in eine andere View einzubinden, verwendet der Entwickler die HTML-Hilfsmethode `Html.Partial`. Als erstes Argument übergibt er den Namen der partiellen View; als zweites optionales Argument übergibt er einen Wert, der innerhalb der partiellen View als Modell dienen soll:

```
@Html.Partial("CopyRight", model: "(c) 2013, Manfred Steyer")
```

`Html.Partial` rendert die partielle View und liefert ihr Ergebnis als String retour. Da die Methode mit einem vorangestellten `@` aufgerufen wurde, gibt Razor diesen String anschließend in die aktuelle View aus. Bei großen partiellen Views kann das Herumreichen von Strings Performanceeinbußen mit sich bringen. In diesem Fall bietet sich der Einsatz von `Html.RenderPartial` an. Diese Methode nimmt dieselben Parameter wie Partial entgegen und schreibt die gerenderte partielle View direkt in das Ergebnis der aktuellen View – ohne Umweg über einen String, der an Razor weitergereicht wird. Da diese

Methode jedoch keinen Rückgabewert hat, muss sie innerhalb eines serverseitigen Blocks ausgeführt werden:

```
@{ Html.RenderPartial("CopyRight", model: "(c) 2013, Manfred Steyer"); }
```

Neben `Partial` und `RenderPartial` stehen auch noch die Methoden `Action` und `RenderAction` zur Verfügung. Diese stoßen eine `Action`-Methode an, welche eine partielle View liefert und binden anschließend diese partielle View ein. Analog zu `Partial` gibt `Action` eine Zeichenfolge zurück. `RenderAction` schreibt hingegen direkt in das Ergebnis der View. Zur Demonstration beinhaltet Beispiel 1-26 eine `Action`-Methode, welche mit `PartialView` eine partielle View rendert. Als Modell übergibt sie der View einen String. Damit dieser String nicht als Name der anzustoßenden View interpretiert wird, wird er nach `object` gecastet.

Beispiel 1-26: Einbinden einer partiellen View

```
public ActionResult CopyRight()
{
    var model = (object)"(c) 2013, Manfred Steyer";
    return PartialView(model);
}
```

Um diese Action-Methode innerhalb einer View aufzurufen und die von ihr gerenderte partielle View anschließend einzubinden, verwendet der Entwickler die Hilfsmethode `Action`:

```
@Html.Action("CopyRight")
```

Als Parameter wird dabei der Name der Action-Methode übergeben. Standardmäßig wird diese Action-Methode im gerade verwendeten Controller erwartet. Überladungen dieser Methode geben dem Entwickler jedoch die Möglichkeit, die Namen anderer Controller anzugeben und im Zuge dessen URL-Parameter zu spezifizieren. Das nachfolgende Codeschnipsel führt beispielsweise zum Aufruf der Action-Methode `CopyRight` aus dem Controller `Info`. Dabei werden die Parameter `id` und `name` übergeben, welche im Rahmen eines anonymen Objekts anzugeben sind.

```
@Html.Action("CopyRight", "Info", new { id: 17, name: "test" })
```

Vorlagen für Felder und Models

Damit dieselben Eigenschaften einheitlich auf dieselbe Weise dargestellt werden, erlaubt ASP.NET MVC das Definieren von Vorlagen. Die Hilfsmethoden `Html.EditorFor` und `Html.DisplayFor` verwenden diese Vorlagen, um Eingabefelder zu rendern; `DisplayFor` rendert eine nicht editierbare Ausgabe. Das Framework bringt für diesen Zweck bereits ein paar wenige Vorlagen mit. Diese bewirken zum Beispiel, dass `EditorFor` für boolesche Eigenschaften ein Kontrollkästchen rendert. Bei der Auswahl der heranzuziehenden Vorlage gehen diese Methoden wie folgt vor:

- Hat der Entwickler beim Aufruf über eine entsprechende Überladung der Methode den Namen einer Vorlage übergeben, wird diese verwendet:

  ```
  @Html.EditorFor(model => model.Infos, templateName: "MultilineText")
  ```

- Ansonsten wird geprüft, ob der Entwickler in den Metadaten der Eigenschaft den Namen einer Vorlage hinterlegt hat. Dies kann er zum Beispiel mit den Attributen `UIHint` und `DataType` tun. Ist dem so, wird eine Vorlage mit dem Namen genutzt, der mit `UIHint` bzw. mit dem durch `DataType` definierten Typ bestimmt wurde:

```
public class HotelInfo
{
    [UIHint("CustomDataType")]
    public string Infos { get; set; }

    [DataType(DataType.MultilineText)]
    public string Lage { get; set; }
}
```

- Ansonsten wird geprüft, ob eine Vorlage mit dem Namen des Datentyps der jeweiligen Eigenschaft existiert. Falls ja, wird diese herangezogen.
- Ansonsten wird die Eigenschaft wie ein String gerendert.

ASP.NET MVC erwartet Vorlagen zum Editieren von Feldern im `Views`-Verzeichnis des jeweiligen Controllers (z.B. `/Views/Hotel`) oder unter `/Views/Shared` in einem Ordner namens `EditorTemplates`. Die Vorlagen für die Anzeige erwartet es an entsprechender Stelle innerhalb eines Ordners `DisplayTemplates` (vgl. Beispiel 1-9).

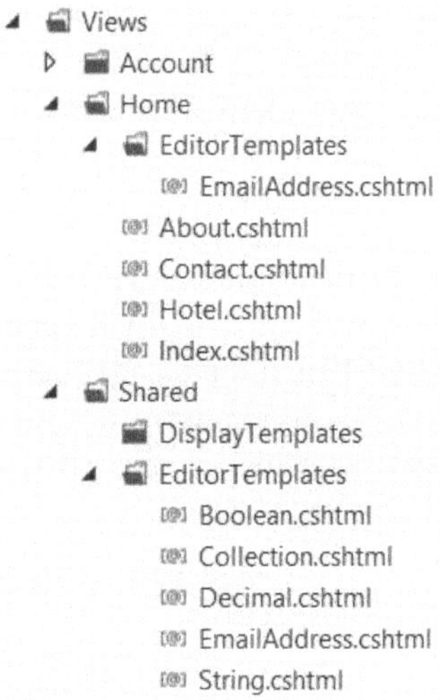

Abbildung 1-9: Projektstruktur mit Vorlagen

Bei den Vorlagen handelt es sich um partielle Views. Innerhalb dieser partiellen Views kann der Entwickler Informationen über die anzuzeigende Eigenschaft mit `ViewData.ModelMetadata` in Erfahrung bringen. `ViewData.ModelMetadata.PropertyName` liefert zum Beispiel den Namen der Eigenschaft; `ViewData.ModelMetadata.Model` hingegen ihren Wert, wobei sich der Name `Model` in diesem Fall wirklich nur auf die jeweilige Eigenschaft bezieht.

Beispiel 1-27 beinhaltet ein Beispiel für eine Vorlage zum Editieren von booleschen Werten. Damit es standardmäßig Verwendung findet, muss es sich im Verzeichnis `EditorTemplates` befinden und den Namen *Boolean.cshtml* aufweisen. Das Template rendert zwei Felder: das eine mit der Beschriftung Ja, das andere mit der Beschriftung Nein. Der tatsächlich ausgewählte Wert wird in einem verstecken Feld gespeichert, welches mit `Html.Hidden` gerendert wird. Beim Aufruf dieser Methode wird als Name des Felds ein Leerstring übergeben. Dies veranlasst das Framework, den Namen der darzustellenden Eigenschaft für den Namen des versteckten Felds heranzuziehen. Bei einem Klick auf eines der beiden

Felder wird die jeweils aktivierte Option mittels JavaScript hervorgehoben und der neue Wert (`true` oder `false`) im verstecken Feld verstaut.

Beispiel 1-27: Vorlage für booleschen Wert

```
@helper ShowJsBooleanField(string onColor, string offColor) {

    string yesBg;
    string noBg;
    string propertyName = ViewData.ModelMetadata.PropertyName;
    string yesButtonId = "div_" + propertyName + "_yes";
    string noButtonId = "div_" + propertyName + "_no";
    bool value = Convert.ToBoolean(ViewData.ModelMetadata.Model);

    if (ViewData.ModelMetadata.Model == null || !value) {
        yesBg = offColor;
        noBg = onColor;
    }
    else {
        yesBg = onColor;
        noBg = offColor;
    }


    <div id="@yesButtonId" style="background-color:@yesBg; text-align:center; cursor:pointer;
         width:50px;height:20px; border: 1px solid black; display:inline-block;">Ja</div>
    <div id="@noButtonId" style="background-color:@noBg; text-align:center; cursor:pointer;
         width:50px;height:20px; border: 1px solid black; display:inline-block">Nein</div>
    @Html.Hidden("", value)

    <script>
        $(function () {

            // Event-Handler für Mousedown auf "Nein"
            $("#@noButtonId").mousedown(function () {
                $("#@noButtonId").css("background-color", "@onColor");
                $("#@yesButtonId").css("background-color", "@offColor");
                $("#@propertyName").val("false");
            });

            // Event-Handler für Mousedown auf "Ja"
            $("#@yesButtonId").mousedown(function () {
                $("#@noButtonId").css("background-color", "@offColor");
                $("#@yesButtonId").css("background-color", "@onColor");
                $("#@propertyName").val("true");
            });

        });

    </script>
}

@ShowJsBooleanField("#6699FF", "white")
```

Neben Eigenschaften können auch vollständige Modelle unter Verwendung von Vorlagen gerendert werden. Hierfür stehen analog zu den bereits für Eigenschaften bekannten Hilfsmethoden die Methoden `Html.EditorForModel` und `Html.DisplayForModel` zur Verfügung. Standardmäßig rendern sie sämtliche Eigenschaften des Modells unter Verwendung der für sie gefundenen Vorlagen. Die Reihenfolge der Eigenschaften legt der Entwickler über das Attribut `Display` fest, indem er damit die einzelnen Eigenschaften annotiert und die Eigenschaft `Order` auf eine entsprechende Ordnungszahl setzt. Um eine Eigenschaft zu unterdrücken, ist sie hingegen mit `[ScaffoldColumn(false)]` zu annotieren.

Um das Standardverhalten von `Html.EditorForModel` und `Html.DisplayForModel` zu überschreiben, kann der Entwickler beim Aufruf eine zu verwendende Template übergeben. Solch eine Template kann entweder auf ein bestimmtes Modell zugeschnitten oder generischer Natur sein. Im letzten Fall würde es unter Verwendung der Metadaten sowie unter Verwendung der Reflektion die einzelnen Felder durchlaufen und rendern.

Eine weitere Möglichkeit zur Definition einer benutzerdefinierten Vorlage für Modelle ist das Bereitstellen einer Vorlage mit dem Namen des Modells oder einer seiner Basistypen, wie zum Beispiel `object`.

Views für mobile Anwendungen

Ab Version 4 unterstützt ASP.NET MVC mehrere Varianten einer View für unterschiedliche Gerätetypen. Verwendet der Aufrufer einen mobilen Browser, versucht ASP.NET MVC eine View zu finden, deren Namen dem vom Controller angegebenen Namen entspricht, jedoch zusätzlich auf `.Mobile` endet. Wird beispielsweise die View `Index` angefordert, kommt bei mobilen Browsern die View `Index.Mobile.cshtml` zum Einsatz, sofern C# und Razor Verwendung finden. Existiert diese nicht, wird – wie bisher – auf `Index.cshtml` zurückgegriffen. Diese View ist es auch, die standardmäßig für nicht mobile Browser herangezogen wird. Auf dieselbe Art wird vorgegangen, um eingebundene partielle Views oder Layout-Views zu lokalisieren.

Weitere Weichenstellungen für Views können in der Datei `app.config` innerhalb der Methode `Application_Start` festgelegt werden, indem der Entwickler hier ein Kriterium angibt, das sich auf den aktuellen `HttpContext` bezieht, sowie ein Suffix für die Namen der Views. Dazu kommt die statische Eigenschaft `DisplayModes.Modes` zum Einsatz. Beispiel 1-28 legt zum Beispiel fest, dass das Suffix `iPhone` heranzuziehen ist, wenn der String `iPhone` im Kopfzeileneintrag `UserAgent` vorkommt. Ersteres wird als Argument an den Konstruktor von `DefaultDisplayMode` übergeben, Letzteres als Lambda-Ausdruck an dessen Eigenschaft `ContextCondition`. Wird nun über ein iPhone die View `Index` angefordert, kommt `Index.iPhone.cshtml` zum Einsatz, sofern sie existiert. Ansonsten wird mit `Index.cshtml` vorlieb genommen.

Beispiel 1-28: Definition eines Endgeräts

```
protected void Application_Start()
{
    AreaRegistration.RegisterAllAreas();

    RegisterGlobalFilters(GlobalFilters.Filters);
    RegisterRoutes(RouteTable.Routes);

    DisplayModes.Modes.Insert(0, new DefaultDisplayMode("iPhone")
    {
        ContextCondition = (context => context.Request.UserAgent.IndexOf
            ("iPhone", StringComparison.OrdinalIgnoreCase) >= 0)
    });
}
```

Soll der Benutzer die Möglichkeit bekommen, auf eine andere Ansicht umzuschalten, kann die Eigenschaft `UserAgent`, die an und für sich den verwendeten Browser beschreibt, mit einem benutzerdefinierten Wert überschrieben werden. Hierzu stellt ASP.NET MVC zwei Überladungen der Methode `HttpContext.SetOverriddenBrowser` (vgl. Beispiel 1-29) zur Verfügung. Eine der beiden Überladungen nimmt einen Wert der Enumeration `BrowserOverride` entgegen und legt den `UserAgent` auf einen standardmäßigen mobilen bzw. auf einen standardmäßigen nicht-mobilen Browser fest. Für ersteren wird der Wert `BrowserOverride.Mobile` verwendet; für die nicht-mobile Version der Wert `BrowserOverride.Desktop`.

Diese Variante können Sie nutzen, wenn Sie zwischen der mobilen und nicht-mobilen Darstellung der Seite wechseln möchten, ohne sich mit den konkreten Browser-Beschreibungen belasten zu müssen. Die zweite Überladung legt die heranzuziehende Browserbeschreibung als String fest. Der auf diese Weise festgelegte Wert kann über `HttpContext.GetOverriddenUserAgent` abgerufen werden.

Um diesen Wert wieder zu entfernen, sodass wieder der vom Browser gesendete Wert zur Wahl der View herangezogen wird, kommt `HttpContext.ClearOverriddenBrowser` zum Einsatz. Zum Abfragen der Möglichkeiten des festgelegten Browsers kann `HttpContext.GetOverriddenBrowser` verwendet werden.

Beispiel 1-29: Überschreiben der Browser-Einstellung

```
public ActionResult SetOverriddenBrowser(string browser)
{
    if (browser == "mobile")
    {
        HttpContext.SetOverriddenBrowser(BrowserOverride.Mobile);
    }
    else if(browser == "desktop") {
        HttpContext.SetOverriddenBrowser(BrowserOverride.Desktop);
    }
    else {
        HttpContext.SetOverriddenBrowser(browser);
    }
    ViewBag.OverriddenBrowser = HttpContext.GetOverriddenUserAgent();
    return View("Index");
}
```

Zwischen unterschiedlichen Ansichten wechseln

Möchten Sie eine Webanwendung entwickeln, welche sowohl an klassische als auch an mobile Plattformen angepasst ist, können Sie ein Projekt mit der Vorlage `Internet-Application` erstellen und durch Einbinden des NuGet-Pakets `jQuery.Mobile.MVC` das Framework jQuery Mobile nachrüsten.

Fügt der Entwickler dieses zum aktuellen Projekt hinzu, richtet Visual Studio unter anderem auch einen Controller sowie eine partielle View `_ViewSwitcher` ein, welche auf mobilen Endgeräten den Wechsel zwischen der mobilen Ansicht und der nicht-mobilen Ansicht erlauben. Diese partielle View wird auch in der standardmäßig verwendeten Layoutseite `_Layout` mittels `@Html.Partial("_ViewSwitcher")` eingebunden.

Minification und Bundling

Websites bestehen heutzutage häufig aus zahlreichen größeren CSS- und JavaScript-Dateien. Gerade beim Laden über langsame Netzwerkverbindungen (z.B. in Mobilfunknetzwerken) wird dies zum Problem. ASP.NET 4.5 bietet zwei Instrumente zur Beschleunigung:

- CSS- und JavaScript-Dateien können vor der Übertragung zum Client verkleinert werden, indem Leerräume und Kommentare aus dem Quellcode entfernt werden.
- Mehrere CSS- und JavaScript-Dateien können vor der Übertragung zu einer Datei zusammengefasst werden. Durch die Reduzierung der Anzahl der HTTP-Anfragen wird die Übertragung einer Webseite beschleunigt.

Zum Konfigurieren dieser Möglichkeiten, die sich *Minification* und *Bundling* nennen, sehen die Projektvorlagen eine Klasse `BundleConfig` im Ordner `App_Start` vor. Sie weist eine statische Methode `RegisterBundles` auf. Diese wird beim Start der Webanwendung zur Ausführung gebracht, indem sie von der Methode `Application_Start` in der Datei `global.asax` aufgerufen wird. Bei diesem Aufruf übergibt sie die statische Auflistung `BundleTable.Bundles`, welche per Definition sämtliche registrierte Bundles beinhaltet.

Beispiel 1-30 zeigt einen Teil der Methode `RegisterBundles`, welche von der Projektvorlage *Internet-Application* eingerichtet wurde. An den Konstruktor von `ScriptBundle` übergibt sie den Namen des Bundles. Mit `Include` werden die einzelnen Dateien angegeben, die zum Bundle hinzuzufügen sind. Bei der Angabe dieser Dateinamen kann der Entwickler Platzhalter verwenden. Ein Stern (*) steht zum Beispiel für eine beliebige Zeichenkette; der Platzhalter `{version}` für eine Versionsnummer. Die vordefinierte Liste an Bundles kann der Entwickler nach Belieben erweitern.

Beispiel 1-30: Standardmäßig eingerichtete Bundles

```
public static void RegisterBundles(BundleCollection bundles)
{
    bundles.Add(new ScriptBundle("~/bundles/jquery").Include(
                "~/Scripts/jquery-{version}.js"));

    bundles.Add(new ScriptBundle("~/bundles/jqueryui").Include(
                "~/Scripts/jquery-ui-{version}.js"));

    bundles.Add(new ScriptBundle("~/bundles/jqueryval").Include(
                "~/Scripts/jquery.unobtrusive*",
                "~/Scripts/jquery.validate*",
                "~/Scripts/methods_de.js"));
   [...]
}
```

Wird in einer View über ein Script-Tag auf den Namen eines Bundles mit JavaScript-Dateien oder über einen Link-Tag auf den Namen eines Bundles mit CSS-Dateien verwiesen, erhält der Browser diese Dateien mit einer einzigen Anfrage in einer »minificated« Form. Dabei ist auch darauf zu achten, dass Bundles mit HTTP-Kopfzeilen ausgeliefert werden, die den Browser ermutigen, sie zu cachen.

Jedes Bundle besitzt eine Auflistung mit Transformationen, die vor der Auslieferung auf das Bundle angewandt werden. Standardmäßig befindet sich in dieser Auflistung eine Transformation zum Minifizieren von JavaScript- bzw. CSS-Dateien. Wollte der Entwickler auf die Minifizierung unter bestimmten Umständen verzichten, könnte er in `global.asax` sämtliche registrierte Bundles in der statischen

Auflistung BundleTable.Bundles iterieren und deren Transformationen entfernen (Beispiel 1-31).

Beispiel 1-31: Transformationen bei sämtlichen Bundles entfernen

```
const bool DO_NOT_TRANSFORM = true;
if (DO_NOT_TRANSFORM) {
    foreach (var bundle in BundleTable.Bundles)
    {
        bundle.Transforms.Clear();
    }
}
```

Models

Dieser Abschnitt geht auf Details zur Gestaltung von Models ein. Er zeigt, wie der Entwickler Metadaten sowie Validierungsregeln für einzelne Eigenschaften hinterlegen kann. Darüber hinaus wird auch auf die Möglichkeiten einer manuellen Validierung eingegangen.

Metadaten im Model festlegen

Der Entwickler hat die Möglichkeit, für Modelleigenschaften Metadaten festzulegen, die zur Laufzeit beispielsweise das Verhalten von Hilfsmethoden bestimmen. Beispiel 1-32 demonstriert dies, indem die Eigenschaft Sterne mit dem Attribut Display und DisplayFormat annotiert wird. Mit Display wird jener Name festgelegt, der von den Hilfsmethoden DisplayNameFor und LabelFor für diese Eigenschaft auszugeben ist. Mit DisplayFormat wird das standardmäßig von Hilfsmethoden heranzuziehende Ausgabeformat für Werte der Eigenschaft Sterne beschrieben. Darüber hinaus wird mit der Eigenschaft ApplyFormatInEditMode festgelegt, dass dieses Ausgabeformat auch im Zuge des Editierens zu verwenden ist.

Beispiel 1-32: Metadaten mit Display und DisplayFormat festlegen

```
public partial class Hotel
{
    public int HotelId { get; set; }

    [Required]
    [StringLength(30, ErrorMessage = "{0} darf aus max. {1} Zeichen bestehen")]
    public string Bezeichnung { get; set; }

    [Range(0, 5, ErrorMessage = "{0} muss im Wertebereich zwischen {1} und {2} liegen")]
    [Display(Name="Hotelkategorisierung")]
    [DisplayFormat(DataFormatString="0.00", ApplyFormatInEditMode=true)]
    public int Sterne { get; set; }
}
```

HTML-Text übermitteln

Aus Sicherheitsgründen verbietet ASP.NET das Übersenden von HTML-formatiertem Text. Für ausgewählte Attribute kann der Entwickler dies jedoch erlauben. Dazu muss er diese innerhalb des Models mit AllowHtml annotieren (siehe Beispiel 1-33).

Beispiel 1-33: HTML-Text für ausgewählte Eigenschaften erlauben

```
public class News
{
    public string Title { get; set; }

    [AllowHtml]
    public string Text { get; set; }
}
```

Validieren von Benutzereingaben

Für das Validieren von Benutzereingaben sind zwei Ansätze vorgesehen. Entweder findet die Validierung im Controller statt oder sie erfolgt deklarativ, indem das Modell mit Validierungsattributen annotiert wird. Dieser Abschnitt geht auf diese beiden Möglichkeiten ein.

Manuelles Validieren

Wurde durch benutzerdefinierte Validierungslogiken ein Eingabefehler entdeckt, kann dieser an die Methode `ViewData.ModelState.AddModelError` zur Zwischenspeicherung übergeben werden (Beispiel 1-34). Als erster Parameter wird der Name das Felds, auf das sich der Fehler bezieht, angegeben; als zweiter Parameter die Fehlermeldung.

Beispiel 1-34: Manuelles Validieren von Benutzereingaben

```
public ActionResult Edit(Hotel h)
{
    if (Hotel.Sterne < 0)
    {
        ViewData.ModelState.AddModelError("Sterne", "Sterne darf nicht kleiner 0 sein!");
    }
    [...]
    return View();
}
```

Zum Anzeigen der hinterlegten Validierungsfehler können die Methoden `ValidationSummary` und `ValidationMessageFor` verwendet werden. `ValidationSummary` gibt sämtliche Fehlermeldungen aus; `ValidationMessageFor` gibt die Fehlermeldung für die über einen Lambda-Ausdruck angegebene Eigenschaft aus. Für Fälle, in denen die Fehlermeldung nicht über einen Lambda-Ausdruck, sondern lediglich über einen String referenziert werden soll, kann die Methode `ValidationMessage` herangezogen werden.

Beispiel 1-35 demonstriert die Verwendung von `ValidationSummary` und `ValidationMessageFor`. Damit eine eventuelle Fehlermeldung nicht doppelt angezeigt wird, wird mit dem zweiten Parameter von `ValidationMessageFor` angegeben, dass das Vorhandensein einer Fehlermeldung lediglich durch Ausgabe eines Sternchens angezeigt werden soll.

Beispiel 1-35: Ausgabe eines Validierungsfehlers

```
@Html.ValidationSummary("Die folgenden Fehler sind aufgetreten:")
[...]
<div class="editor-field">
   @Html.TextBoxFor(model => model.Eintritt)
   @Html.ValidationMessageFor(model => model.Eintritt, "*")
</div>
```

Deklaratives Validieren

Während in Version 1 von ASP.NET MVC das Validieren von Benutzereingaben manuell implementiert werden musste, bietet das Framework ab Version 2 die Möglichkeit, Validierungsregeln für Modelle mithilfe von Attributen festzulegen. Das Framework kümmert sich dabei selbstständig um die Validierung nach den festgelegten Regeln.

Validierungsattribute

Für die Eigenschaften der in Beispiel 1-36 gestellten Modellklasse wurden mit Attributen Validierungsregeln definiert. Es handelt sich dabei um Klassen, welche von `ValidationAttribute` ableiten und, wie gezeigt, entweder eine Fehlermeldung beinhalten oder einen Verweis auf eine Ressourcendatei (siehe den Abschnitt »Über Ressourcedateien mehrsprachige Inhalte bereitstellen«), in der die Fehlermeldung zu finden ist. Darüber hinaus bieten die meisten Validierungsattribute auch noch die Möglichkeit der Parametrisierung. Der Wert 30 bei Verwendung des Attributs `StringLength` im betrachteten Beispiel schränkt die maximale Länge des zu erfassenden Strings auf 30 Zeichen ein. Mit `Range` wird hingegen der erlaubte Wert auf den Wertebereich zwischen 0 und 5 eingeschränkt.

Damit bereits bekannte Eigenschaften nicht innerhalb der Fehlermeldung wiederholt werden müssen, unterstützten sie Platzhalter. `{0}` steht in der Regel für den Namen der zu validierenden Eigenschaft; alle weiteren Platzhalter repräsentieren die einzelnen Parameter, die der Entwickler für das Validierungsattribut angegeben hat. Das Ergebnis des hier gezeigten Beispiels kann sich zur Laufzeit wie in Abbildung 1-10 dargestellt gestalten. Tabelle 1-2 gibt einen Überblick über die zur Verfügung stehenden Validierungsattribute.

Beispiel 1-36: Verwendung von Validierungsattributen

```
public class Hotel
{
    public int HotelId { get; set; }

    [Required]
    [StringLength(30, ErrorMessage="{0} darf aus max. {1} Zeichen bestehen")]
    public string Bezeichnung { get; set; }

    [Range(0,5, ErrorMessage="{0} muss im Wertebereich zwischen {1} und {2} liegen")]
    public int Sterne { get; set; }
}
```

Abbildung 1-10: Validierungsfehler

Tabelle 1-2: Zur Verfügung stehende Validierungsattribute

Validierungsattribut	Beschreibung
MaxLength	Prüft auf eine maximale Länge
MinLength	Prüft auf eine minimale Länge

Tabelle 1-2: Zur Verfügung stehende Validierungsattribute (Fortsetzung)

Validierungsattribut	Beschreibung
Range	Prüft, ob sich der zu validierende Wert in einem bestimmten Wertebereich befindet
RegularExpression	Validiert die annotierte Eigenschaft mit regulären Ausdrücken
Required	Markiert die annotierte Eigenschaft als Pflichtfeld
StringLength	Prüft auf eine maximale Textlänge
Compare	Prüft, ob zwei Eigenschaften denselben Wert haben. Wird zum Beispiel verwendet, wenn ein Passwort bei der Vergabe doppelt zu erfassen ist.
Remote	Bringt eine serverseitige Validierungs-Routine per AJAX zur Ausführung (siehe den Abschnitt »Remotevalidierung«)
CreditCard	Prüft, ob der zu validierende Wert eine Kreditkartennummer ist
EMailAdress	Prüft, ob der zu validierende Wert eine E-Mail-Adresse ist
Url	Prüft, ob der zu validierende Wert ein URL ist
Phone	Prüft, ob der zu validierende Wert eine gültige (US-)Telefonnummer ist
FileExtensions	Prüft, ob der zu validierende Wert ein Dateiname mit einer bestimmten Endung ist

Damit die Validierungen auch clientseitig durchgeführt werden können, sind die Skript-Dateien `jquery-x.x.x.js`, `jquery.validate.js` und `jquery.validate.unobtrusive.js` einzubinden. Dabei gilt *x.x.x* als Platzhalter für die verwendete Versionsnummer. Die von Visual Studio gebotene Projektvorlage übernimmt diese Aufgabe standardmäßig, wobei es die beiden zuletzt genannten Dateien über das Bundle `bundles/jquery` einbindet.

Validierungsattribute in Metadatenklassen auslagern

Werden die Modellklassen, zum Beispiel unter Verwendung eines O/R-Mappers wie dem Entity Framework, generiert, ist es nicht ratsam, sie um Validierungsattribute zu erweitern, da diese bei einer erneuten Generierung überschrieben werden. In solchen Fällen kann der Entwickler die zu validierenden Eigenschaften in eigenen sogenannten Metadatenklassen nachbilden und dort mit den gewünschten Validierungsattributen versehen. Zur Vereinfachung muss er die Eigenschaften auch nicht 1:1 nachbilden, sondern kann stattdessen öffentliche Member vom Typ `object` erstellen. Lediglich die Namen müssen übereinstimmen.

Um die Metadatenklasse mit der Modellklasse in Beziehung zu setzen, legt der Entwickler für diese eine partielle Klasse an. Diese annotiert er mit `MetadataType`, wobei er an dieses Attribut den Typ der Metadatenklasse übergibt. Dieses Spielchen setzt jedoch voraus, dass es sich beim generierten Modell auch um eine partielle Klasse handelt. Beispiel 1-37 beinhaltet ein Beispiel für dieses Vorgehen.

Beispiel 1-37: Implementierung einer Metadatenklasse

```
class HotelMetaData
{
    [Required]
    [StringLength(30, ErrorMessage = "{0} darf aus max. {1} Zeichen bestehen")]
    public object Bezeichnung;

    [Range(0, 5, ErrorMessage = "{0} muss im Wertebereich zwischen {1} und {2} liegen")]
    public object Sterne;
}
```

```
[MetadataType(typeof(HotelMetaData))]
public partial class Hotel
{
}
```

Benutzerdefinierte Validierungsattribute

Um benutzerdefinierte Validierungsattribute bereitzustellen, leitet der Entwickler von der Basisklasse `ValidatationAttribute` ab und überschreibt deren Methode `IsValid`. Diese bekommt vom Framework den zu validierenden Wert sowie einen `ValidationContext` mit weiteren Informationen über den aktuellen Validierungsvorgang übergeben, wie z.B. den Namen der zu validierenden Eigenschaft oder die Werte der anderen Eigenschaften.

Liefert diese Methode die Konstante `ValidationResult.Success` zurück, zeigt der Validator an, dass die Validierung erfolgreich war. Gibt `IsValid` hingegen ein `ValidationResult` zurück, weist sie damit auf einen Validierungsfehler hin. Beim Erzeugen einer Instanz von `ValidationResult` ist als erster Parameter die Fehlermeldung sowie als zweiter Parameter ein Array mit den Namen der von der Fehlermeldung betroffenen Eigenschaften zu übergeben. Ein Beispiel für ein benutzerdefiniertes Validierungsattribut findet sich in Beispiel 1-38.

Beispiel 1-38: Benutzerdefinierte Validierungsattribute implementieren

```
public class SternValidator: ValidationAttribute
{
    protected override ValidationResult IsValid(object value, ValidationContext validationContext)
    {
        int v = (int)value;

        if (v >= 0 && v <= 5)
        {
            return ValidationResult.Success;
        }

        var error = "Sterne müssen zwischen 0 und 7 sein!";
        var result = new ValidationResult(error, new[]{"Sterne"});
        return result;
    }
}
```

Serverseitige deklarative Validierung

ASP.NET MVC führt sämtliche Validierungsattribute aus, bevor die jeweilige Action-Methode angestoßen wird. Innerhalb der Action-Methode ist es jedoch die Aufgabe des Entwicklers, in Erfahrung zu bringen, ob das übergebene Modell korrekt validiert werden konnte. Dies kann durch Prüfen der Eigenschaft `ModelState.IsValid` bewerkstelligt werden. Hat diese Eigenschaft den Wert `true`, war die Validierung erfolgreich; `false` zeigt hingegen an, dass Validierungsfehler vorliegen. Beispiel 1-39 bricht beim Erkennen eines Validierungsfehlers die Ausführung der Action-Methode ab und delegiert stattdessen an eine View weiter, welche die fehlerhaften Werte anzeigt und den Anwender auffordert, diese zu korrigieren.

Beispiel 1-39: Reagieren auf Validierungsergebnis

```
[HttpPost]
public ActionResult Create(Hotel h)
{
    if (!ModelState.IsValid) return View(h);

    Debug.WriteLine("Täusche Speichern vor: " + h.Bezeichnung);

    return View("Success")
}
```

Clientseitige Validierung

Zusätzlich zur serverseitigen Validierung stoßen viele der im Lieferumfang von .NET enthaltenen Validierungsattribute auch eine clientseitige Validierung mittels JavaScript an. Diesen Komfort erhält der Entwickler ohne zusätzlichen Aufwand. Allerdings erfolgt die Validierung standardmäßig gegen Konventionen aus dem englischsprachigen Raum.

Glücklicherweise basiert die JavaScript-Validierung auf dem populären Framework jQuery Validation, für welches im Download unter *http://bassistance.de/jquery-plugins/jquery-plugin-validation/* Lokalisierungsdateien mit Fehlermeldungen und Validierungslogiken für die verschiedensten Sprachen zur Verfügung stehen. Um die Validierung beispielsweise in Hinblick auf deutsche Konventionen stattfinden zu lassen, bindet der Entwickler die Datei `methods_de.js` aus diesem Download in die Webanwendung und dort ins Bundle `~/bundles/jqueryval` ein:

```
bundles.Add(new ScriptBundle("~/bundles/jqueryval").Include(
                        "~/Scripts/jquery.unobtrusive*",
                        "~/Scripts/jquery.validate*",
                        "~/Scripts/methods_de.js"));
```

Die Bereitstellung von clientseitigen Validierungsroutinen für benutzerdefinierte Validierungsattribute gestaltet sich jedoch ein wenig aufwändiger und wird im dritten Kapitel erörtert, nachdem dort ausgewählte Aspekte von JavaScript sowie JavaScript-APIs besprochen wurden. Möchte der Entwickler die clientseitige Validierung hingegen deaktivieren, setzt er die Einstellung `ClientValidationEnabled` in der Datei `web.config` auf `false`.

Remotevalidierung

Einige Validierungen können ausschließlich serverseitig erfolgen. Ein Beispiel dafür ist eine Prüfung gegen bestimmte Datensätze einer Datenbank. Damit diese serverseitigen Validierungen auch bereits am Client vor dem Absenden der Daten angestoßen werden können, bietet ASP.NET MVC seit Version 3 die Möglichkeit einer sogenannten Remotevalidierung, welche sich auf AJAX abstützt. Im Hintergrund kommt dabei das populäre JavaScript-Framework `jQuery` zum Einsatz.

Um von dieser Möglichkeit Gebrauch zu machen, wird zunächst eine Action-Methode bereitgestellt, welche den zu validierenden Wert entgegennimmt. Optional kann diese Methode auch noch weitere Werte entgegennehmen, die gemeinsam mit dem zu validierenden Wert erfasst werden (Beispiel 1-40). Diese Action-Methode führt die Validierung durch und liefert, je nachdem, ob die Validierung erfolgreich war oder nicht, `true` oder `false` in Form von JSON retour.

Beispiel 1-40: Action-Methode für die Remotevalidierung

```
public ActionResult ValidateTitle(string title, string text)
{
    if (title == null) title = "";
    if (text == null) text = "";

    if (title == "Unknown Title")
          return Json(false, JsonRequestBehavior.AllowGet);

    if (text == title)
          return Json(false, JsonRequestBehavior.AllowGet); ;

    return Json(true, JsonRequestBehavior.AllowGet);;
}
```

Anschließend kann das zu validierende Feld, wie in Beispiel 1-41 gezeigt, mit `Remote` annotiert werden. Im betrachteten Fall werden der Name der Action-Methode sowie der Name des Controllers übergeben. Zusätzlich wird die im Falle einer fehlgeschlagenen Validierung anzuzeigende Fehlermeldung sowie die zu verwendende HTTP-Methode übergeben. Möchte der Entwickler, dass ASP.NET MVC neben dem zu validierenden Wert auch die Werte weiterer Felder an die Validierungsmethode weiterreicht, muss er deren Namen kommasepariert innerhalb der Eigenschaft `AdditionalFields` anführen.

Beispiel 1-41: Einsatz des Validierungsattributs Remote

```
public class News
{
    [Remote("ValidateTitle", "News",
            ErrorMessage = "Titel ist ungültig!",
            HttpMethod = "POST",
            AdditionalFields= "Text")]
    public string Title { get; set; }

    [AllowHtml]
    public string Text { get; set; }
}
```

Validieren unterbinden

Möchte der Entwickler beim Aufruf bestimmter Action-Methoden eine Validierung verhindern, kann er diese mit dem Attribut `ValidateInput` annotieren und dessen `Parameter` auf `false` setzen:

```
[ValidateInput(false)]
public ActionResult Delete(News n) { [...] }
```

Globalisierung

Dieser Abschnitt zeigt, wie man Webprojekte für die Verwendung mit unterschiedlichen Sprachen bzw. in unterschiedlichen Ländern anpassen kann. Dazu wird auf die Möglichkeit, die Sprach- bzw. Ländereinstellungen zu beeinflussen, genauso eingegangen wie auf den Einsatz von Ressourcedateien, mit denen Texte in unterschiedlichen Sprachen bereitgestellt werden können. Darüber hinaus informiert dieser Abschnitt auch darüber, wie der Entwickler die Codierung von gerenderten Views beeinflussen kann.

Sprach- und Ländereinstellungen festlegen

Für die Formatierung von Werten zieht ASP.NET zwei Eigenschaften heran: `UICulture` und `Culture`. Erstere wird innerhalb von Views verwendet, Letztere von Methoden wie `DateTime.ToString` oder `DateTime.Parse`. In der Regel werden diese beiden Eigenschaften auf denselben Wert gesetzt. Bei diesem kann es sich entweder um ein Sprachkürzel (z.B. *de* für Deutsch oder *en* für Englisch) oder um die Kombination aus einem Sprachkürzel und einem Länderkürzel (z.B. *de-AT* für österreichisches Deutsch, *de-DE* für Bundesdeutsch, *en-UK* für britisches Englisch oder *en-US* für jenes Englisch, das in den USA gesprochen wird) handeln. Auch die Validierung von Eingaben wird von diesen Werten beeinflusst. So werden Datumswerte bei Verwendung der Culture *en-US* im Format *Monat/Tag/Jahr* erwartet, während sie bei Verwendung von *en-UK* im Format *Tag/Monat/Jahr* vorzuliegen haben.

> Der Model-Binder ist beim Parsen von Datumswerten sehr tolerant. Liegt das Datum zum Beispiel nicht in dem Format vor, das beim Einsatz der aktuellen Culture erwartet wird, versucht er trotzdem – soweit es geht – einen gültigen Datumswert daraus abzuleiten. So wird zum Beispiel das ISO-Format *Jahr-Monat-Tag* in der Regel ebenso unterstützt wie Datumswerte, die sich zwar an der aktuellen Culture orientieren, jedoch die falschen Trennzeichen verwenden (z.B. *Monat.Tag.Jahr* anstatt *Monat/Tag/Jahr* bei *en-US*).

Die standardmäßig heranzuziehenden Werte für `UICulture` und `Culture` können in der Datei `web.config` unter *system.web/globalization* gesetzt werden:

```
<system.web>
    <globalization uiCulture="de-DE" culture="de-DE"/>
    [...]
</system.web>
```

Legt der Entwickler hier jeweils den Wert `auto` fest, verwendet ASP.NET jenen Wert, den der jeweils aufrufende Browser über den HTTP-Kopfzeileneintrag *Accept-Language* als bevorzugte Sprache bzw. Sprache/Länder-Kombination an den Webserver übersendet.

Programmatisch können diese Werte über die Eigenschaften `Thread.CurrentThread.CurrentCulture` bzw. `Thread.CurrentThread.UICurrentCulture`, welche den Typ `System.Globalization.CultureInfo` aufweisen, gesetzt werden. Dabei ist jedoch zu beachten, dass die auf diesem Weg vorgenommenen Einstellungen nicht über Seitenaufrufe hinweg gespeichert werden und somit am Beginn jedes einzelnen Seitensaufrufs erneut zu setzen sind. Hierfür bietet es sich an, innerhalb der Datei `global.asax` eine Methode `Application_AcquireRequestState` einzurichten. Sofern diese existiert, ruft sie ASP.NET bei jeder Anfrage auf. Beispiel 1-42 demonstriert dies.

Beispiel 1-42: CurrentCulture und CurrentUICulture beim Aufruf jeder Seite setzen

```
protected void Application_AcquireRequestState(object sender, EventArgs args)
{
    var culture = new CultureInfo("de-DE");
    Thread.CurrentThread.CurrentCulture = culture;
    Thread.CurrentThread.CurrentUICulture = culture;

}
```

Wenn ASP.NET die Methode `Application_AcquireRequestState` aufruft, steht bereits der Session-State (siehe Kapitel 7) zur Verfügung. Somit können im Zuge des Logins für den aktuellen Benutzer die bevorzugten Einstellungen als Session-Variable hinterlegt werden.

Über Ressourcedateien mehrsprachige Inhalte bereitstellen

Zum Bereitstellen mehrsprachiger Inhalte bieten sich neben Datenbanken auch die von .NET unterstützten Ressourcedateien an, welche mit der Item-Template `Resource File` angelegt werden können. Bei Ressourcedateien handelt es sich im Wesentlichen um eine Auflistung von Name/Wert-Paaren, für welche der Entwickler auch einen Kommentar hinterlegen kann (Abbildung 1-11).

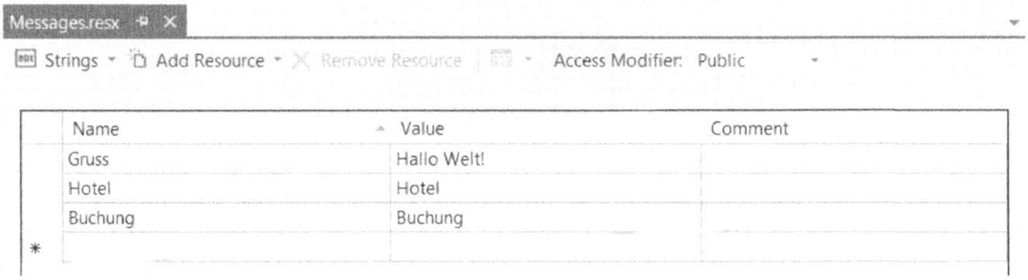

Abbildung 1-11: Ansicht einer Ressourcedatei in Visual Studio

Technisch gesehen sind Ressourcedateien lediglich XML-Dateien mit der Endung `resx`. Aus diesen Dateien generiert Visual Studio gleichnamige Klassen und spendiert diesen pro Name/Wert-Paar eine Eigenschaft. Damit sowohl Views als auch andere Klassen, wie Controller, darauf zugreifen können, sollte der Entwickler die Eigenschaft `Access Modifier` auf `Public` setzen (vgl. Abbildung 1-11).

Von jeder Ressourcedatei kann der Entwickler mehrere Varianten für unterschiedliche Regionen bzw. Kulturen erstellen. Deren Namen müssen per Definition dem Aufbau `Name.Sprache-Land.resx` bzw. `Name.Sprache.resx` aufweisen. Die Variante der Datei `Message.resx` für österreichisches Deutsch hat demnach den Namen `Message.de-AT.resx`, jene für Bundesdeutsch `Messages.de-DE.resx`. Gäbe es eine Variante, welche deutsche Einträge unabhängig vom jeweiligen Land beinhalten würde, hieße sie *Messages.de.resx*.

Beim Zugriff auf die Eigenschaften der generierten Klassen entscheidet die aktuelle Kultur (engl. Culture), welche über `Thread.CurrentThread.CurrentCulture` abgerufen bzw. gesetzt werden kann, aus welcher Variante der jeweiligen Ressourcedatei der Wert zu lesen ist. Handelt es sich bei dieser zum Beispiel um de-DE, so wird im hier betrachteten Beispiel zunächst auf die Inhalte von `Messages.de-DE.resx` zugegriffen. Existiert diese Datei nicht oder beinhaltet sie den jeweiligen Eintrag nicht, so wird die Suche in der Datei `Messages.de.resx` fortgesetzt. Ist auch dieses Unterfangen erfolgslos, versucht es .NET mit der Datei `Messages.resx`.

Die nachfolgende Zeile zeigt, wie der Entwickler über die generierte Klasse auf einen Eintrag der Resource-Datei zugreifen kann:

```
var buchung = MyApp.Resources.Messages.Buchung;
```

Hierbei wird davon ausgegangen, dass sich der Standard-Namespace der Anwendung `MyApp` nennt, sowie, dass die Ressourcedatei mit dem Namen Messages in einem Ordner `Resources` abgelegt wurde.

Der Zugriff über Razor-Views erfolgt analog dazu:

```
@MyApp.Resources.Messages.Buchung;
```

Neben dem typisierten Zugriff kann der Entwickler auf Einträge einer Ressourcedatei auch durch Angabe eines String-Parameters, der den Namen des Eintrags beinhaltet, zugreifen:

```
MyApp.Resources.Messages.ResourceManager.GetString("Buchung");
```

> ASP.NET sieht für Ressourcedateien die globalen Ordner `App_GlobalResources` sowie `App_LocalResources` vor. Der Einsatz dieser Ordner ist jedoch nicht empfehlenswert, da die sich darin befindlichen Dateien von ASP.NET kompiliert werden. Ein Zugriff darauf über Anwendungen, die nicht im Kontext von ASP.NET ausgeführt werden, darunter Unit-Tests, Windows-Anwendungen bzw. -Services, ist somit nicht möglich.
>
> Während sämtliche Validierungsattribute die Möglichkeit bieten, die anzuzeigenden Fehlermeldungen aus Ressourcedateien zu laden, sucht man beim Attribut Display danach vergebens. Möchte der Entwickler auch dieses Attribut lokalisieren, muss er davon ableiten und die dafür notwenige Logik in der so erhaltenen Subklasse von Display manuell bereitstellen.
>
> Neben Strings können die Werte von Einträgen in Ressourcedateien auch Bilder oder sonstige Dateien beinhalten.

Codierung festlegen

Standardmäßig rendert ASP.NET sämtliche Views unter Verwendung von Unicode (UTF-8) und erwartet auch übermittelte Werte in dieser Kodierung. Somit werden Probleme mit fremden Zeichen weitestgehend vermieden. Der Entwickler kann diese Einstellung jedoch in der Datei `web.config` ändern. Die nachfolgenden Einstellungen legen zum Beispiel fest, dass anstatt UTF-8 die Kodierung ISO-8859-1 heranzuziehen ist, wobei es sich um den standardisierten Zeichensatz für West-Europa handelt:

```
<system.web>
  <globalization responseEncoding="ISO-8859-1" requestEncoding="ISO-8859-1"/>
</system.web>
```

Analog dazu können diese Einstellungen auch pro Anfrage über `Request.ContentEncoding` bzw. `Response.ContentEncoding` verändert werden. Dies sollte jedoch nur dann gemacht werden, wenn der Entwickler einen wirklich guten Grund dafür hat, zumal die Standardeinstellung in den meisten Fällen am einfachsten zu verwenden ist.

Areas

Um große Anwendungen wartbarer zu gestalten, bietet ASP.NET MVC seit Version 2 die Möglichkeit, ein Webprojekt in sogenannte Areas aufzuteilen. Eine Area ist ein Teilprojekt, welches möglichst eigenständig entwickelt werden kann. Abbildung 1-12 zeigt eine mögliche Ordnerstruktur für solche Projekte. Die einzelnen Areas befinden sich hierbei unterhalb des Ordners `Areas`, wobei jede Area ähnlich wie ein ASP.NET MVC-Projekt organisiert ist. So finden sich in beiden hier gezeigten Areas beispielsweise die Ordner `Controllers` und `Views` wieder. Zusätzlich existiert eine Standardarea, deren Controller und Views sich, wie bei Area-freien Projekten auch, in den gleichnamigen Ordnern unterhalb des Projektordners befinden.

Visual Studio unterstützt Sie im Projektmappen-Explorer beim Hinzufügen einer neuen Area mit dem Befehl `Add | Area`, den Sie aus dem Kontextmenü des Projekts auswählen.

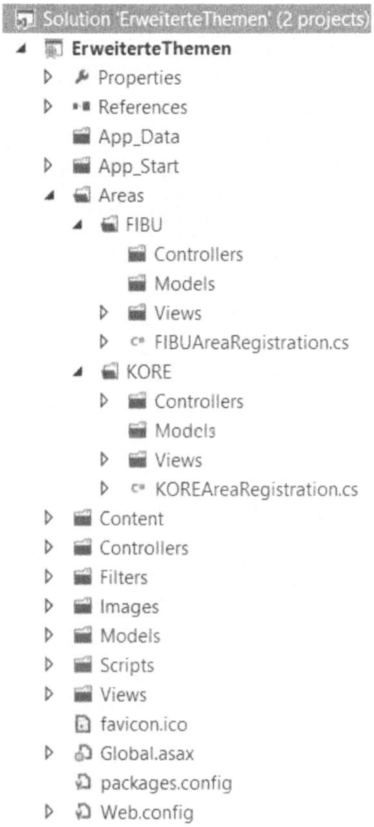

Abbildung 1-12: Ordnerstruktur eines Projekts mit Areas

Jede Area ist angehalten, Informationen über ihre Routen preiszugeben. Dies erfolgt über eine Subklasse von `AreaRegistration`. Beispiel 1-43 demonstriert dies. Die zu überschreibende Eigenschaft `AreaName` liefert den Namen der Area; die zu überschreibende Methode `RegisterArea` trägt die Routen der jeweiligen Area mittels `MapRoute` in den übergebenen `Context` ein. Dabei ist zu beachten, dass mit dem letzten Parameter die Namensräume der Controller der jeweiligen Area bekanntgegeben werden.

Beispiel 1-43: Bereitstellen von Informationen für eine Area

```
public class KOREAreaRegistration : AreaRegistration
{
    public override string AreaName
    {
        get
        {
            return "KORE";
        }
    }
```

```
    public override void RegisterArea(AreaRegistrationContext context)
    {
        context.MapRoute(
            "KORE_default",
            "KORE/{controller}/{action}/{id}",
            new { action = "Index", id = URLParameter.Optional }
        );
    }
}
```

Damit diese Angaben auch Beachtung finden, ist in der Methode `Application_Start` in der `Global.asax` die Methode `AreaRegistration.RegisterAllAreas` aufzurufen (Beispiel 1-44). Diese durchsucht das Projekt nach Subklassen von `AreaRegistration`, instanziiert diese und erweitert die Routendefinition mit der entsprechenden Implementierung von `RegisterArea`.

Beispiel 1-44: Registrierung aller Areas via RegisterAllAreas

```
protected void Application_Start()
{
    AreaRegistration.RegisterAllAreas();
    [...]
}
```

Bei Area-übergreifenden Verweisen ist nun auch der Name der Zielarea anzugeben. Dabei handelt es sich um jenen String, welcher von der Eigenschaft `AreaName` der jeweiligen Implementierung von `AreaRegistration` zurückgeliefert wird (Beispiel 1-43). Handelt es sich bei der Zielarea um die Standardarea, so kann dies durch einen Leerstring angegeben werden. Beispiel 1-45 demonstriert dies. Der erste Link verweist auf die Standardarea; der zweite auf die Area mit dem Namen `FutterManagement`. Dabei sind jeweils über den letzten Parameter die gewünschten HTML-Attribute als Instanz von `HtmlAttributes` zu übergeben, damit sich der Compiler für die richtige Überladung entscheidet. Da diese Angabe im betrachteten Beispiel nicht benötigt wird, wird lediglich `null` übergeben.

Beispiel 1-45: Area-übergreifende Links

```
@Html.ActionLink(
    "Hamster", "Index", "Hamster",
    new { area = "" }, null)

@Html.ActionLink(
    "Futter", "Index", "Futter",
    new { area = "FutterManagement" }, null)
```

Befindet sich in einer benannten Area sowie in der Standardarea jeweils ein Controller mit demselben Namen, scheitert ASP.NET MVC, sobald dieser Controller innerhalb der Standardarea adressiert wird. Der Grund dafür liegt in der Tatsache, dass sich benannte Areas hierarchisch betrachtet unterhalb der Standardarea befinden. Geht ASP.NET MVC nun innerhalb der Standardarea auf die Suche nach dem Controller, wird es zwei Mal fündig – einmal im `Controllers`-Namespace der Standardarea und einmal im `Controllers`-Namespace der benannten Area, welche sich hierarchisch gesehen auch unterhalb der Standardarea befindet.

Um dieses Problem zu umgehen, können die Routen der Standardarea, welche innerhalb von `App_Start/RouteConfig` definiert werden, mit dem Namensraum des Ordners `Controllers` in der Standardarea versehen werden. Dies bewirkt, dass ASP.NET MVC die Suche nach einem Controller für die Standardarea auf diesen Namensraum beschränkt:

```
routes.MapRoute(
    name: "Default",
    url: "{controller}/{action}/{id}",
    defaults: new { controller = "Home", action = "Index", id = UrlParameter.Optional },
    namespaces: new[] { "ErweiterteThemen.Controllers" }
);
```

Filter

Kommt es zur Abarbeitung einer ASP.NET MVC-Anfrage, werden in der Regel zunächst eine Action-Methode sowie dann eine View, welche das Ergebnis rendert, ausgeführt. Filter bieten die Möglichkeit, vor und zwischen diesen Schritten benutzerdefinierte Logiken zur Ausführung zu bringen, wobei ein Filter auf beliebig viele Seiten angewandt werden kann. Beispielsweise könnte ein Filter definiert werden, welcher für alle Seiten eines bestimmten Verzeichnisses vor der Ausführung der Action-Methode prüft, ob der aufrufende Benutzer angemeldet ist und, falls dem nicht so ist, an ein Login-Formular weiterdelegiert, ohne die Anfrage weiter zu bearbeiten.

Überblick

ASP.NET MVC bietet fünf Arten von Filtern an: Authentifizierungsfilter werden vor allen anderen Filtern ausgeführt, um herauszufinden, um wen es sich beim aktuellen Benutzer handelt. Autorisierungsfilter werden danach, jedoch noch vor Abarbeitung der adressierten Action-Methode ausgeführt, um herauszufinden, ob der Benutzer die nötigen Rechte für die Action-Methode aufweist. Action-Filter kommen vor und nach der Ausführung der Action-Methode zum Einsatz; Ergebnisfilter werden vor und nach dem Ausführen des Action-Ergebnisses (zum Beispiel vor und nach dem Rendern der View) verwendet und Ausnahmefilter, nachdem eine Ausnahme ausgelöst wurde.

Umsetzung

Implementiert wird ein Filter, indem eine Klasse bereitgestellt wird, welche zum einen von `FilterAttribute` erbt und zum anderen mindestens eine Schnittstelle implementiert, die mit einer der vier Filterarten assoziiert wird. Durch das Erben von `FilterAttribut` kann der Filter als Attribut verwendet werden und somit die Action-Methoden, auf welche der Filter angewandt werden soll, damit annotiert werden. Informationen über die Schnittstellen sowie deren Methoden finden sich in Tabelle Tabelle 1-3.

Tabelle 1-3: Für die Implementierung von Filtern bereitgestellte Schnittstellen

Schnittstelle	Methode	Beschreibung
IAuthenticationFilter	OnAuthentication	Wird ausgeführt, bevor die Anfrage abgearbeitet wird, um herauszufinden, um wen es sich beim aktuellen Benutzer handelt
	OnAuthenticationChallenge	Wird nach der Abarbeitung einer Abfrage ausgeführt. Wird z.B. verwendet, um zu prüfen, ob dem Benutzer der Zugriff verweigert wurde (HTTP-Statuscode 401; Unauthorized), und um ihn in diesem Fall ggf. auf eine Login-Seite umzuleiten.

Tabelle 1-3: Für die Implementierung von Filtern bereitgestellte Schnittstellen (Fortsetzung)

Schnittstelle	Methode	Beschreibung
IAuthorizationFilter	OnAuthorization	Wird ausgeführt, bevor die Anfrage abgearbeitet wird, um herauszufinden, ob der aktuelle Benutzer auf die gewünschte Ressource zugreifen darf
IActionFilter	OnActionExecuting	Wird vor der Action-Methode ausgeführt
	OnActionExecuted	Wird nach der Action-Methode ausgeführt
IResultFilter	OnResultExecuting	Wird vor dem Action-Ergebnis (z.B. View) ausgeführt
	OnResultExecuted	Wird nach dem Action-Ergebnis (z.B. View) ausgeführt
IExceptionFilter	OnException	Wird ausgeführt, wenn eine Ausnahme ausgelöst wurde

> Zum Implementieren eines Filters, der von `FilterAttribute` ableitet und ausgewählte Methoden von `IActionFilter` und `IResultFilter` implementiert, steht dem Entwickler die abstrakte Basisklasse `ActionFilterAttribute` zur Verfügung.

Jeder Filtermethode wird von ASP.NET MVC eine Instanz einer Subklasse von `ControllerContext` übergeben, welche Informationen über den aktuellen Stand der Abarbeitung der jeweiligen Anfrage bietet. Unter anderem beinhaltet diese Instanz auch eine Eigenschaft `Result` vom Typ `ActionResult`. Durch das Setzen dieser Eigenschaft kann die Filtermethode das darzustellende Ergebnis beeinflussen. Daneben beinhaltet diese Instanz auch eine Eigenschaft `ExceptionHandled`. Wird diese auf `true` gesetzt, wird angezeigt, dass sich der Filter um eine aufgetretene Ausnahme gekümmert hat und somit die Abarbeitung der Anfrage fortgesetzt werden kann.

Beispiel 1-46 zeigt eine beispielhafte Filterimplementierung, welche alle vier Filterschnittstellen implementiert und einige Informationen zum aktuellen Zustand der Abarbeitung ausgibt. Die Verwendung der zuvor diskutierten Eigenschaften `Result` und `ExceptionHandeled` wird dabei durch Kommentare angedeutet. Damit einfacher ersichtlich ist, welche Methode von welcher der vier Schnittstellen vorgegeben wird, wurden diese explizit implementiert.

Beispiel 1-46: Beispielhafter Filter, welcher einige der von ASP.NET MVC erhaltenen Informationen ausgibt

```
public class DemoFilter:
    FilterAttribute, IAuthorizationFilter,
    IActionFilter, IResultFilter, IExceptionFilter
{

    void IAuthorizationFilter.OnAuthorization(AuthorizationContext filterContext)
    {
        // filterContext.Result = ...

        Debug.WriteLine("IAuthorizationFilter.OnAuthorization");
        Debug.WriteLine("  User: " + filterContext.HttpContext.User.Identity.Name);
        Debug.WriteLine("  Controller: " + filterContext.Controller.ToString());
        Debug.WriteLine("  Action: " + filterContext.ActionDescriptor.ActionName);
        Debug.WriteLine("");

    }

    void IActionFilter.OnActionExecuting(ActionExecutingContext filterContext)
    {
```

```
        Debug.WriteLine("IActionFilter.OnActionExecuting");
        Debug.WriteLine("  User: " + filterContext.HttpContext.User.Identity.Name);
        Debug.WriteLine("  Controller: " + filterContext.Controller.ToString());
        Debug.WriteLine("  Action: " + filterContext.ActionDescriptor.ActionName);
        Debug.WriteLine("");

    }

    void IActionFilter.OnActionExecuted(ActionExecutedContext filterContext)
    {

        Debug.WriteLine("IActionFilter.OnActionExecuted");
        Debug.WriteLine("  User: " + filterContext.HttpContext.User.Identity.Name);
        Debug.WriteLine("  Controller: " + filterContext.Controller.ToString());
        Debug.WriteLine("  Action: " + filterContext.ActionDescriptor.ActionName);
        Debug.WriteLine("  Exception: " + filterContext.Exception);
        Debug.WriteLine("  ExceptionHandeled: " + filterContext.ExceptionHandled);

        Debug.WriteLine("");

    }

    void IResultFilter.OnResultExecuting(ResultExecutingContext filterContext)
    {
        Debug.WriteLine("IResultFilter.OnResultExecuting");
        Debug.WriteLine("  User: " + filterContext.HttpContext.User.Identity.Name);
        Debug.WriteLine("  Controller: " + filterContext.Controller.ToString());
        Debug.WriteLine("  Result: " + filterContext.Result.ToString());
        Debug.WriteLine("");
    }

    void IResultFilter.OnResultExecuted(ResultExecutedContext filterContext)
    {
        Debug.WriteLine("IResultFilter.OnResultExecuted");
        Debug.WriteLine("  User: " + filterContext.HttpContext.User.Identity.Name);
        Debug.WriteLine("  Controller: " + filterContext.Controller.ToString());
        Debug.WriteLine("  Result: " + filterContext.Result.ToString());
        Debug.WriteLine("  Exception: " + filterContext.Exception);
        Debug.WriteLine("  ExceptionHandeled: " + filterContext.ExceptionHandled);
        Debug.WriteLine("");
    }

    void IExceptionFilter.OnException(ExceptionContext filterContext)
    {
        Debug.WriteLine("IExceptionFilter.OnException");
        Debug.WriteLine("  User: " + filterContext.HttpContext.User.Identity.Name);
        Debug.WriteLine("  Controller: " + filterContext.Controller.ToString());
        Debug.WriteLine("  Result: " + filterContext.Result.ToString());
        Debug.WriteLine("  Exception: " + filterContext.Exception);
        Debug.WriteLine("  ExceptionHandeled: " + filterContext.ExceptionHandled);
        Debug.WriteLine("");

        // filterContext.ExceptionHandled = true;
    }
}
```

Filter auf Controller und Action-Methoden anwenden

Um einen Filter auf eine Action-Methode anzuwenden, ist diese mit der Filterimplementierung zu annotieren. Beispiel 1-47 demonstriert dies. Alternativ dazu kann auch eine Controller-Klasse mit einem Action-Filter annotiert werden. Dies bewirkt, dass der Filter für jede einzelne Action-Methode der jeweiligen Controller-Klasse herangezogen wird.

Beispiel 1-47: Anwenden eines Filters

```
[DemoFilter]
public ActionResult Edit(int? id)
{
    [...]
}
```

Globale Filter

Seit Version 3 können Filter auch als globale Filter definiert werden. Globale Filter werden bei sämtlichen Aufrufen berücksichtigt. Dazu ist eine Instanz des gewünschten Filters in der statischen Auflistung `GlobalFilters.Filters` zu hinterlegen. Wie bei allen Konfigurationseinstellungen, die programmatisch getroffen werden, sollte auch diese Aufgabe beim Start der Webanwendung erledigt werden. Dazu bietet sich die Methode `Application_Start` der Klasse `MvcApplication` in der Datei *global.asax* an. Die Projektvorlagen sehen an dieser Stelle sogar einen Einsprungspunkt vor, indem sie dort die statische Methode `FilterConfig.RegisterGlobalFilters` aufrufen, welche für genau diese Aufgaben gedacht ist.

Authentifizierungsfilter

Obwohl sich das achte Kapitel ausführlich der Authentifizierung und Autorisierung von Benutzern widmet, zeigt bereits hier Beispiel 1-48 die Funktionsweise eines Authentifizierungsfilters. Die Methode `OnAuthentication` prüft, ob der Aufrufer den URL-Parameter `accessCode` übergeben hat. Ist dem so und beinhaltet dieser einen gültigen Wert, schließt `OnAuthentication` auf den damit assoziierten Benutzer und hinterlegt unter `filterContext.Principal` ein `Principal`-Objekt, welches diesen Benutzer beschreibt: Das `Identity`-Objekt legt den Namen des Benutzers fest und das String-Array die Rollen, die dem Benutzer zugewiesen sind. Innerhalb der später ausgeführten Action-Methode kann der Entwickler über die geerbte Eigenschaft `User` oder über die statische Eigenschaft `Thread.CurrentPrincipal` auf dieses `Principal`-Objekt zugreifen.

Konnte `OnAuthentication` den Benutzer nicht authentifizieren, wird die Eigenschaft `filterContext.Principal` nicht gesetzt, was dazu führt, dass der Benutzer als anonymer Benutzer behandelt wird. Ob der Benutzer als anonymer Benutzer die Möglichkeiten der adressierten Action-Methode nutzen kann, liegt an eventuell registrierten Autorisierungsfiltern sowie an der Action-Methode selbst, zumal diese über die Möglichkeit verfügt, den Aufruf jederzeit mit `return` zu beenden.

Die Methode `OnAuthenticationChallenge` prüft, ob der Benutzer aufgrund fehlender Zugriffsrechte von einer Action-Methode abgewiesen wurde. Dies ist dann der Fall, wenn das aktuelle Result ein `HttpUnauthorizedResult` ist und dieses den Status-Code 401 (Unauthorized) aufweist. In diesem Fall leitet `OnAuthenticationChallenge` den Benutzer zu einer anderen Seite um.

Eine einfache Möglichkeit, um anzugeben, dass eine Action-Methode nur von authentifizierten Benutzern aufgerufen werden darf, besteht darin, diese Methode oder den ganzen Controller mit dem Attribut `Authorize` zu annotieren. Mehr dazu sowie über die Möglichkeiten, die ASP.NET im Bereich Sicherheit bietet, finden Sie in Kapitel 8.

Beispiel 1-48: Beispielhafter AuthenticationFilter

```
public class CustomAuthenticationFilter: FilterAttribute, IAuthenticationFilter
{
    public void OnAuthentication(AuthenticationContext filterContext)
    {
        var code = filterContext.HttpContext.Request.QueryString["accessCode"];
        if (!string.IsNullOrEmpty(code) && code == "123456")
        {
            filterContext.Principal = new GenericPrincipal(
                                        new GenericIdentity("MaxMuster"),
                                        new string[] { "Manager", "Entwickler" });
        }
    }

    public void OnAuthenticationChallenge(AuthenticationChallengeContext filterContext)
    {
        var result = filterContext.Result as HttpUnauthorizedResult;
        if (result != null && result.StatusCode == 401)
        {
            filterContext.HttpContext.Response.Redirect("/Error/NoAccess");
        }
    }
}
```

Als Alternative zu `AuthenticationFilter` stellt Kapitel 8 die Authentication-Middleware-Komponenten vor. Diese haben den Vorteil, dass sie für sämtliche ASP.NET-basierten Frameworks und nicht nur für ASP.NET MVC eingesetzt werden können.

ASP.NET Web API

Egal ob auf mobilen Geräten, in Webbrowsern oder bei Cloud-Services, egal ob auf der Java-Plattform, unter PHP oder .NET: HTTP wird überall unterstützt. Dies ist auch der Grund dafür, dass Services auf dem Vormarsch sind, die direkt auf HTTP basieren und auf aufwändige aus der Welt der verteilten Programmierung bekannte Protokolle wie SOAP verzichten.

Bei ASP.NET Web API handelt es sich um ein sehr leichtgewichtiges Framework zur Entwicklung HTTP-basierter Services. Anders als bei der mit .NET ab Version 3 ausgelieferten Windows Communication Foundation (WCF) wird dabei das darunter liegende Protokoll nicht verborgen und abstrahiert, sondern ein direkter Zugriff auf die Möglichkeiten von HTTP gewährt. Da ASP.NET Web API auch um einiges leichtgewichtiger und somit auch weniger komplex als WCF ist, kommt dieses junge Framework der ASP.NET-Familie bevorzugt in Projekten zum Einsatz, die sich auf die Kommunikation via HTTP beschränken und die umfangreiche Protokollunterstützung von WCF nicht benötigen.

Dieses Kapitel geht auf ASP.NET Web API ein und zeigt anhand vieler Beispiele die gebotenen Möglichkeiten. Zuvor grenzt dieses Kapitel jedoch, um Missverständnisse zu vermeiden, den Begriff Web-API und HTTP-Service vom häufig in diesem Kontext verwendeten Begriff REST ab.

REST, WebAPIs und HTTP-Services

Der Begriff REST (Representational State Transfer) wird häufig in einem Atemzug mit den Begriffen Web-APIs und HTTP-Services genannt. Seinen Ursprung hat dieser Begriff in der Doktorarbeit von Roy Fielding, der auch federführend an der Spezifikation von HTTP 1.1 beteiligt war. Seine Absicht war es, die Erfolgsmerkmale von HTTP zu abstrahieren. Das Ergebnis dieser Bemühung ist ein Architekturstil, den er als REST bezeichnet. Somit ist REST streng genommen nicht an HTTP gebunden, sondern kann mit jedem Protokoll, dass die in dieser Arbeit beschriebenen Merkmale aufweist, implementiert werden. In der Praxis beschränken diese Merkmale den Architekten in der Regel auf die Verwendung von HTTP.

Der Architekturstil REST sieht unter anderem vor, dass jede Ressource einen URL hat. Beispiele für solche URLs sind *http://.../flights/7* oder *http://.../flights/7/tickets/8*. Hingegen werden URLs, wie *http://.../getFlight?id=7* oder *http://.../getTicket?flight=7&id=8* nicht als »REST-ful« angesehen, zumal sie keine Ressourcen, sondern Operationen widerspiegeln. Das bedeutet nicht, dass URL-Parameter per se beim Einsatz von REST nicht erlaubt wären. Sie dürfen verwendet werden, allerdings im Sinne des

Erfinders, zum Beispiel, um Auflistungen zu filtern. Ein Beispiel dafür ist der URL *http://.../flights/graz-frankfurt?maxPreis=500.*

Der Einsatz von REST sieht auch vor, dass die bereitgestellten Services zustandslos sind. Das bedeutet, dass sie keine (sitzungsbezogenen) Daten speichern dürfen. Dies ist mittlerweile generell gute Praxis, zumal zustandslose Services einfacher zur Lastaufteilung auf mehrere Server verteilt werden können. Beim Einsatz sitzungsloser Services kann der Benutzer bei jedem Zugriff auf einen Server geroutet werden, der momentan am wenigsten ausgelastet ist.

Auch die Tatsache, dass sich der Benutzer aussuchen kann, in welcher Form er die adressierten Ressourcen vom Server erhält, ist ein Merkmal von REST. HTTP sieht dazu zum Beispiel den im Rahmen dieses Kapitels beschriebenen Header *Accept* vor. Über *Accept* kann der Benutzer angeben, dass er die adressierten Daten in Form von JSON oder XML erhalten möchte. Browser machen das auch. Jeder Browser gibt dem Server über den Header *Accept* Bescheid, dass er HTML unterstützt. Verfügt der Browser zusätzlich z.B. über ein PDF-Plug-In, kann er den Server durch einen entsprechenden *Accept-Header* auch auf die Möglichkeit zur Verarbeitung von PDF-Dateien hinweisen.

Ein Merkmal von REST, das häufig übersehen wird, ist die Tatsache, dass REST den Einsatz von Hypermedia vorsieht. Das bedeutet, dass die abgerufenen Daten auf die damit verknüpften Daten verweisen, indem sie – analog zu Hyperlinks in HTML – auf deren URLs verweisen.

All diese Merkmale, die REST ausmachen, können mit ASP.NET Web API implementiert werden. Allerdings ist der Entwickler dafür verantwortlich, dies auch zu tun. Beispielsweise kann sich der Entwickler gegen REST-ful URLs entscheiden, pro Ressource nur ein Datenformat erlauben oder auf den Einsatz von Hyperlinks im Rahmen der retournierten Daten verzichten. In diesen Fällen kann streng betrachtet nicht mehr von REST gesprochen werden, obwohl dies landläufig häufig nicht so genau genommen wird. Aus diesem Grund bevorzugen einige Entwickler den Begriff Web-API oder HTTP-Service. Das vorliegende Werk verwendet durchgängig letztere Bezeichnung.

Einen einfachen HTTP-Service erstellen

Möchte man HTTP-Services über einen Webserver zur Verfügung stellen, sind diese in einem ASP.NET MVC 4-Projekt anzulegen. Alternativ dazu kann sich der Entwickler auch, wie weiter unten beschrieben, selbst um das Hosting kümmern. In diesen Fällen wird ein eigener Webserver, der im Lieferumfang der Web-API enthalten ist, in einer benutzerdefinierten Anwendung gestartet.

HTTP-Services leiten von `ApiController` ab (siehe Beispiel 2-1). Die vom Entwickler bereitgestellten Methoden dieser Klassen stellt Web-API unter Beachtung bestimmter Konventionen via HTTP bereit. Beginnt der Name einer Methode zum Beispiel mit `Get`, kann sie über das HTTP-Verb `GET` erreicht werden. Dieses kommt per Definition immer dann zum Einsatz, wenn Daten abgerufen werden sollen, und es wird zum Beispiel immer dann von einem Webbrowser herangezogen, wenn der Benutzer angibt, zu einer bestimmten Adresse navigieren zu wollen. Dasselbe gilt analog für `POST`, `PUT` und `DELETE`. Hierbei steht `POST` für das Erzeugen von Ressourcen am Server, `PUT` für das Aktualisieren und `DELETE` für das Löschen.

Weicht der Name einer Methode von dieser Konvention ab, kann diese über die Attribute `HttpGet`, `HttpPost`, `HttpPut` und `HttpDelete` mit den entsprechenden Verben assoziiert werden (siehe `FindHotelsBySterne` in Beispiel 2-1). Weitere Verben können mit dem Attribut `AcceptVerbs` zugewiesen werden. Beispiele dafür finden sich in Beispiel 2-2, wo unter anderem das benutzerdefinierte Verb `ECHO` der Methode Echo zugewiesen wird. Der Einsatz von AcceptVerbs verhindert jedoch nicht, dass die Web-API zusätzlich auch die erwähnten Konventionen anwendet. Aus diesem Grund könnte der Aufrufer die Methode GetImplementationInfo in Beispiel 2-2 sowohl über INFO als auch über GET erreichen. Damit GET nicht automatisch zugewiesen wird, wird hier jedoch unter Verwendung des Attributes ActionName angegeben, dass intern der Name ImplementationInfo anstatt von GetImplementationInfo zu verwenden ist.

Parameter und Rückgabewerte

Die Werte der Übergabeparameter von Action-Methoden entnimmt die Web-API den gleichnamigen URL-Parametern oder der via HTTP übersendeten Nutzlast. Dabei gilt die Regel, dass primitive Datentypen und jene, die sich für den Entwickler so anfühlen (String, TimeSpan, DateTime, Guid, Decimal) als URL-Parameter erwartet werden. Komplexe Typen erwartet die Web-API hingegen im Rahmen der Nutzlast, wobei standardmäßig lediglich ein Objekt über die Nutzdaten übergeben werden kann. Die Web-API unterstützt auch Überladungen von Methoden. Der von einer Methode zurückgelieferte Wert wird immer im Rahmen der Nutzlast zurückgeliefert.

Daten, die über die Nutzlast via HTTP zum Dienst oder zum Client übertragen werden, werden standardmäßig unter Verwendung von JSON dargestellt. Auf Wunsch des Clients kann die Darstellung auch via XML erfolgen. Daneben unterstützt ASP.NET Web API auch jene Formate, die Browser verwenden, wenn sie Formularinhalte an einen Web-Server übertragen (siehe den Abschnitt »Web-API und HTML-Formulare«) sowie, ab Version 2.1, die unter *http://bsonspec.org/* beschriebene Variante für eine binäre Darstellung von JSON.

Auch binäre Daten, welche ohne weitere Formatierung übersendet werden, können eingesetzt werden. Dazu ist der Typ Stream als Übergabeparameter und/oder Rückgabewert heranzuziehen. Weitere Formate unterstützt die Web-API, wie weiter unten beschrieben, unter Verwendung von benutzerdefinierten Formatierern. Um die Darstellungsart für die übermittelten Daten anzugeben, kann der Aufrufer den HTTP-Header Content-Type verwenden. Analog dazu kann er mittels Accept angeben, in welchem Format er den Rückgabewert erwartet.

Beispiel 2-1: Einfacher auf einer Web-API basierender Dienst

```
public class HotelsController : ApiController
{
    public Hotel GetHotel(int id)
    {
        var rep = new HotelRepository();
        var hotel = rep.FindById(id);
        if (hotel == null) throw new HttpResponseException(HttpStatusCode.NotFound);

        return hotel;
    }

    public Hotel PostHotel(Hotel hotel)
    {
        var rep = new HotelRepository();
        rep.Create(hotel);
        return hotel;
    }

    [HttpGet]
```

```
        public List<Hotel> FindHotelsBySterne(int minSterne)
        {
            var rep = new HotelRepository();
            var hotels = rep.FindBySterne(minSterne);
            return hotels;
        }

        [...]
    }
```

Beispiel 2-2: Konventionen überschreiben

```
    public class HotelsController : ApiController
    {
        [...]

        [AcceptVerbs("ECHO")]
        public List<Hotel> EchoHotels(List<Hotel> hotels)
        {
            return hotels;
        }

        [AcceptVerbs("INFO")]
        [ActionName("ImplementationInfo")]
        public string GetImplementationInfo()
        {
            [...]
        }
    }
```

Der Entwickler kann die Web-API anweisen, einen Parameter eines primitiven Typs in der übersendeten Nutzlast zu erwarten. Dazu annotiert es diesen Parameter mit dem Attribut `FromBody`. Um anzugeben, dass ein Parameter eines komplexen Typs mithilfe eines URL-Parameters übergeben wird, muss dieser hingegen mit `FromUri` gekennzeichnet werden. Um ein Objekt über URL-Parameter zu übergeben, muss der Aufrufer pro Eigenschaft einen Parameter einrichten. Als Präfix für den Parameternamen kann (muss aber nicht) der Name des Parameters verwendet werden.

Beim Einsatz der Signatur

```
public string Get([FromUri]Hotel h)
```

könnte der Aufrufer somit das erwartete Hotel wie folgt übergeben:

Variante 1: *...?Bezeichnung=Hotel+Mama&Sterne=12&HotelId=1*

Variante 2: *...?h.Bezeichnung=Hotel+Mama&h.Sterne=12&h.HotelId=1*

Mischen darf der Entwickler diese beiden Varianten jedoch nicht.

Auch das Übergeben komplexer Objekt ist möglich. Um dies zu demonstrieren, wird hier davon ausgegangen, dass die Klasse `Hotel` um eine Eigenschaft `Manager` des folgenden Typs erweitert wird:

```
public class Person { public string Name { get; set; } }
```

Um den Namen des Managers zu übergeben, könnte der Aufrufer nun folgende URLs verwenden:

- *...?Manager.Name=Susi*
- *...?h.Manager.Name=Susi*

Handelt es sich bei der Eigenschaft `Manager` um eine Auflistung, kann der Aufrufer die folgenden Schreibweisen nutzen, die an den Einsatz von Arrays erinnern:

- *...?Manager[0].Name=Max&Manager[1].Name=Anna*
- *...?h.Manager[0].Name=Max&Manager[1].Name=Anna*

Würde die Action-Methode hingegen eine Auflistung mit Hotels erwarten, würden die folgenden Parameter eine Übergabe über den URL erlauben:

- *...?[0].HotelId=1&[0].Bezeichnung=Hotel+Mama&[1].HotelId=2&[1].Bezeichnung=Brauner+Hirsch*
- *...?h[0].HotelId=1&h[0].Bezeichnung=Hotel+Mama&h[1].HotelId=2&h[1].Bezeichnung=Brauner+Hirsch*

HTTP-Services konfigurieren

Für das Konfigurieren von auf einer Web-API basierenden HTTP-Services bietet sich die Datei *global.asax* an. Diese beinhaltet eine Klasse mit Methoden, welche ASP.NET beim Eintreten bestimmter Ereignisse aufruft. Beispielsweise ist hier eine Methode `Application_Start` vorgesehen, welche beim Hochfahren der Anwendung im Webserver zur Ausführung kommt. Bei Verwendung der Visual Studio-Vorlage für Web-API-Projekte wird hier die statische Methode `WebApiConfig.Register` aufgerufen, welche für sämtliche Einstellungen gedacht ist, die ASP.NET Web API betreffen. Diese Methode definiert Routen, welche URLs auf `ApiController` abbilden.

Standardmäßig wird, wie in Beispiel 2-3 gezeigt, eine Route mit dem Namen `DefaultAPI` eingerichtet. Diese legt fest, dass `ApiController` über den URL `api/{controller}/{id}` erreichbar sind, wobei `{controller}` ein Platzhalter für den Name des `ApiController`-Objekts ist; mit `{id}` wird ein beliebiger Wert bezeichnet, der einem eventuell vorhandenen Methodenprameter `id` zugewiesen wird. Wird zum Beispiel

http://servername:port/api/Hotel/17

unter Verwendung von `GET` angefordert, führt dies bei Verwendung des Controllers aus Beispiel 2-1 dazu, dass die Web-API die Methode `GetHotel` aufruft und für den Parameter `id` den Wert 17 übergibt. Dabei fällt auf, dass in dem URL lediglich der Name `Hotel` und nicht `HotelController` vorkommt – die Endung `Controller` wird also weggelassen. Der URL

http://servername:port/api/Hotel?id=17

führt zur selben Action-Methode, wobei in diesem Fall die ID explizit als URL-Parameter angeführt wird. Da die Web-API auch Methodenüberladungen unterstützt, könnte der Aufrufer hingegen den URL

http://servername:port/api/Hotel?minSterne=3

heranziehen, um die Methode `FindHotelsBySterne` aus Beispiel 2-1 zur Ausführung zu bringen.

Die Methode `WebApiConfig.Register` bietet sich auch für die Konfiguration weiterer Web-API-bezogener Aspekte an. Über die statische Eigenschaft `GlobalConfiguration.Configuration` kann hierzu ein Objekt, welches die aktuelle Konfiguration repräsentiert, abgerufen werden.

Beispiel 2-4 nutzt dieses Objekt, um mit der Eigenschaft `IncludeErrorDetailPolicy` das Verhalten der Web-API beim Auftreten von Ausnahmen im Programmcode zu konfigurieren. Der festgelegte Wert `Always` definiert, dass Fehlermeldungen in solchen Fällen immer übertragen werden sollen. Dies kann zwar für die Diagnose von Fehlern nützlich sein, bietet jedoch potenziellen Angreifern auch eine Menge Informationen. Aus diesem Grund ist es eine gute Idee, im Produktivbetrieb die Einstellung `LocalOnly` oder `Never` heranzuziehen. Erstere legt fest, dass Fehlermeldungen nur dann übertragen werden, wenn sich der Aufrufer auf demselben Rechner wie der Service befindet, was im Zuge der Entwicklung in der Regel der Fall ist. `Never` gibt hingegen an, dass Fehlermeldungen nie übertragen werden.

Beispiel 2-3: Standard-Route

```
public static class WebApiConfig
{
    public static void Register(HttpConfiguration config)
    {
        config.Routes.MapHttpRoute(
            name: "DefaultApi",
            routeTemplate: "api/{controller}/{id}",
            defaults: new { id = RouteParameter.Optional }
        );
    }
}
```

Beispiel 2-4: Web-API-Konfiguration

```
GlobalConfiguration
            .Configuration
            .IncludeErrorDetailPolicy = IncludeErrorDetailPolicy.Always;
```

HTTP-Services mit Fiddler testen

Zum Testen von HTTP-Services bieten sich Anwendungen an, die ein direktes Versenden und Empfangen von HTTP-Nachrichten erlauben. Eine hierfür sehr beliebte Implementierung stellt Fiddler dar (*http://fiddler2.com*). Neben dem direkten Versenden von Nachrichten kann damit auch die HTTP-basierte Kommunikation anderer Anwendungen, wie zum Beispiel des Internet Explorers, überwacht werden.

Abbildung 2-1 zeigt zum Beispiel eine in Fiddler formulierte HTTP-Anfrage, welche beim in Beispiel 2-1 dargestellten Dienst Hotels abruft. Dabei kommt das Verb `GET` zum Einsatz. Mit dem Kopfzeileneintrag `Accept` wird angegeben, dass JSON als Antwortformat erwartet wird. Die dazugehörige Antwort findet sich in Beispiel 2-5.

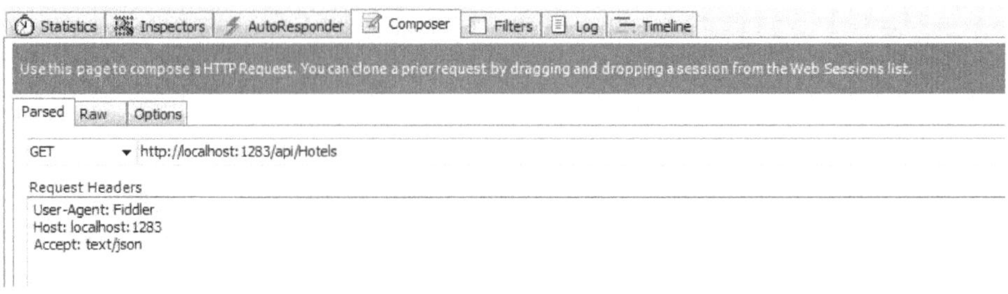

Abbildung 2-1: Daten mit Fiddler von einem HTTP-Service abrufen

Beispiel 2-5: HTTP basierte Antwort mit JSON

```
HTTP/1.1 200 OK
[…]
Content-Type: text/json; charset=utf-8
Connection: Close
Content-Length: 57

[{"Bezeichnung":"Hotel zur Post","HotelId":1,"Sterne":3}]
```

Alternativ dazu findet sich in Abbildung 2-2 eine auf `POST` basierende Anfrage, welche im Gegensatz zum zuvor betrachteten Beispiel auch Daten an den Service sendet. Der Kopfzeileneintrag `Content-Type` zeigt hier an, dass die übersendeten Daten, welche im Feld `Request Body` zu finden sind, in Form von JSON vorliegen. Mit `Accept` wird wieder angezeigt, dass die Antwort ebenfalls JSON-formatiert sein soll.

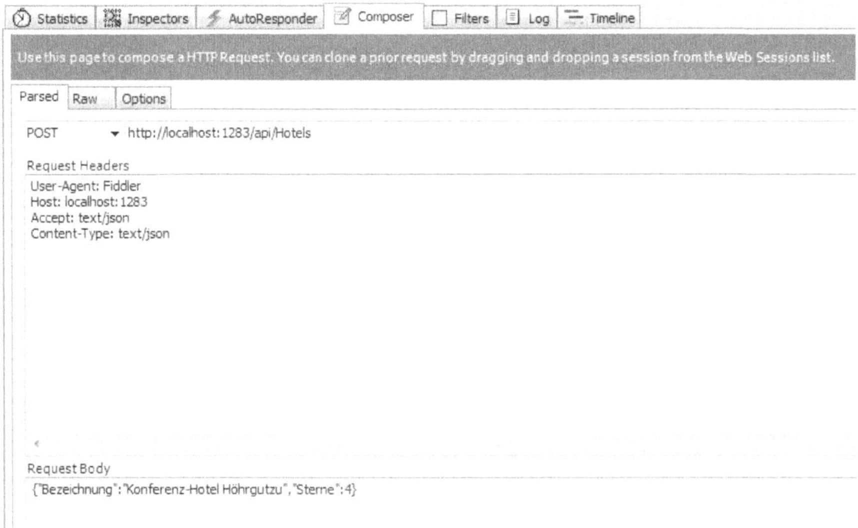

Abbildung 2-2: Daten mit Fiddler an einen HTTP-Service senden

Mehr Kontrolle über HTTP-Nachrichten

Bei den bis dato betrachteten Beispielen konnte der Entwickler lediglich die Nutzlast der Antwortnachricht durch Angabe eines entsprechenden Typs für den Rückgabewerte beeinflussen. Darüber hinaus konnte er nur auf ausgewählte Parameter der Anfrage über die Parameter der Action-Methode zugreifen. Ein Zugriff auf weitere Parameter oder Kopfzeilen ist auf diese Weise nicht möglich. Dieser Abschnitt zeigt, wie der Entwickler die gesamte Antwort-Nachricht beeinflussen kann und wie er auf die vollständige Anfrage Zugriff erlangt.

Antworten mit HttpResponseMessage beeinflussen

Um mehr Kontrolle über die von der Web-API via HTTP versendeten Nachrichten zu erhalten, liefert der Entwickler anstatt des eigentlichen Rückgabewerts eine Instanz von `HttpResponseMessage` zurück. Beispiel 2-6 demonstriert dies. Die darin enthaltene Methode `Post` nimmt eine `HotelBuchung` entgegen und speichert diese. Anschließend erzeugt es eine HttpResponseMessage und legt den HTTP-Statuscode auf den für diese Fälle vorgesehenen Wert Created (201) fest. Anschließend setzt sie den Kopfzeileneintrag Location auf jenen URL, unter dem die soeben angelegte Ressource ab sofort zu finden ist. Am Ende liefert sie die HttpResponseMessage zurück. In diesem Fall liefert die Web-API abgesehen von den definierten Kopfzeilen keine Daten zurück.

Beispiel 2-6: Antwort mit HttpResponseMessage beeinflussen

```
class BuchungenController: ApiController {
    public HttpResponseMessage Post(HotelBuchung buchung)
    {
        var rep = new HotelBuchungRepository();
        rep.Create(buchung);

        var response = new HttpResponseMessage(HttpStatusCode.Created);
        string uri = Url.Route(null, new { id = buchung.HotelBuchungId });
        response.Headers.Location = new Uri(Request.RequestUri, uri);

        return response;
    }
    [...]
}
```

Während ASP.NET Web API beim Aufruf der soeben betrachteten Methode lediglich Kopfzeilen retour liefert, finden sich im Ergebnis der Methode in Beispiel 2-7 auch Nutzdaten wieder. Sie erzeugt unter Verwendung der Eigenschaft Request, die die aktuelle Anfrage repräsentiert, ein HttpResponse-Objekt als Antwort. Im Zuge dessen übergibt sie den gewünschten Status-Code sowie die im Rahmen der Nutzdaten zu übertragenden Informationen. Bei diesen handelt es sich um eine Liste mit Buchungen. Anschließend legt sie ausgewählte Kopfzeileneinträge für die Antwort fest und liefert diese zurück.

Beispiel 2-7: Beeinflussung der zurückgelieferten Kopfzeileneinträge

```
public HttpResponseMessage GetByHotel(int hotelId)
{
    var rep = new HotelBuchungRepository();
    var buchungen = rep.FindByHotel(hotelId);


    var response =
          Request.CreateResponse<List<HotelBuchung>>(
                            HttpStatusCode.OK, buchungen);

    response.Headers.CacheControl = new CacheControlHeaderValue();
    response.Headers.CacheControl.NoCache = true;

    return response;

}
```

Objekte der Klasse HttpResponseMessage verweisen über ihre Content-Eigenschaft auf die zurückzugebenden Nutzdaten. Diese Eigenschaft ist vom Typ HttpContent. Im zuletzt betrachteten Beispiel erzeugt Request.CreateResponse eine Instanz von ObjectContent, die die Liste mit den abgerufenen Buchungen ummantelt, und weist diese Content zu.

Bei ObjectContent handelt es sich um eine von mehreren Subklassen von HttpContent. Wie der Name vermuten lässt, besteht die Aufgabe dieser Klasse darin, die an den Aufrufer zu sendenden Objekte zu repräsentieren. Bei der direkten Instanziierung dieser Klasse muss der Entwickler einen sogenannten Formatter angeben, der das Übertragungsformat bestimmt.

Bei der Erzeugung über Request.CreateResponse muss er hingegen keinen Formatter angeben. In diesem Fall wählt ASP.NET Web API einen passenden Formatter unter Berücksichtigung jenes Formates, welches der Aufrufer in Form eines eventuellen Accept-Headers angefordert hat. Beispielsweise kann über die Header der Anfrage durch Angabe von Accept: text/json JSON als Antwortformat erbeten werden. Standardmäßig unterstützt ASP.NET Web API XML und JSON.

Neben ObjectContent bietet ASP.NET MVC noch weitere HttpContent-Derivate: ByteArrayContent, StreamContent, StringContent, FormUrlEncodedContent, MultipartContent. Die ersten drei veranlassen den Download des Inhalts eines Byte-Arrays, eines Streams oder eines Strings; FormUrlEncodedContent liefert URL-kodierte Schlüssel/Wert-Paare zurück (z.B. Parameter1=Wert1& Parameter2=Wert2) und MultipartContent liefert mehrere Ergebnisse zurück, die allesamt durch jeweils ein weiteres HttpContent-Derivat repräsentiert werden. Eine Subklasse von MultipartContent ist MultipartFormDataContent, welche bei Dateiuploads über HTML-Formulare zum Einsatz kommt.

Während die Thematik rund um Dateiuploads und MultipartContent weiter unten besprochen wird, demonstriert das nachfolgende Codefragment den Einsatz der Eigenschaft Content unter Verwendung einer StringContent-Instanz.

```
var r = new HttpResponseMessage();
r.Content = new StringContent("Hallo Welt");
return r;
```

Obwohl HTTP auf Protokollebene nicht zwischen unterschiedlichen Arten von Kopfzeilen unterscheidet, teilt HttpResponseMessage diese auf zwei Objekte auf. Unter Headers findet der Entwickler jene Kopfzeilen, die sich auf die Nachricht beziehen; unter Content.Headers jene, die die übersendeten Nutzdaten beschreiben. Diese Eigenschaften weisen weitere Eigenschaften für die durch HTTP definierten Kopfzeilen auf. Beispielsweise findet sich, wie im letzten Listing gezeigt, der Wert der Kopfzeile Location unter Headers.Location. Sofern diese Objekte für eine gewünschte Kopfzeile eine Eigenschaft anbieten, ist diese heranzuziehen. Ansonsten verwendet der Entwickler die Methode Headers.Add, um ein Name/Wert-Paar als Kopfzeileneintrag in die Antwort aufzunehmen.

Anfragen als HttpRequestMessage darstellen

Analog zum Zugriff auf die Kopfzeilen der Antwortnachricht kann der Entwickler auch auf die Kopfzeilen der Anfragenachricht zugreifen. Diese ist vom Typ HttpRequestMessage und kann innerhalb eines ApiController-Objekts über dessen Eigenschaft Request erreicht werden. Alternativ dazu kann der Entwickler einen Parameter dieses Typs definieren. In diesem Fall injiziert ASP.NET Web API beim Aufruf der Action-Methode das Request-Objekt in diesen Parameter. Beispiel 2-8 demonstriert den Einsatz dieses Objekts. Wie das Request-Objekt stellt es die durch HTTP definierten Kopfzeilen über die Eigenschaft Headers bzw. Content.Headers zur Verfügung. Sofern diese Objekte für eine gewünschte Kopfzeile eine Eigenschaft anbieten, ist diese heranzuziehen. Ansonsten verwendet der Entwickler die Methode Headers.GetValues.

Beispiel 2-8: Über Request auf Header der Anfrage zugreifen

```
string lang = null;
double? quality = null;

var langHeader = Request.Headers.AcceptLanguage.FirstOrDefault();
if (langHeader != null)
{
    lang = langHeader.Value;
    quality = langHeader.Quality;
}

string customHeader = Request.Headers.GetValues("MyCustomHeader").FirstOrDefault();

var contentType = Request.Content.Headers.ContentType.MediaType;
```

Dass die übermittelten Nutzdaten nicht zwangsläufig in typisierter Form gelesen werden müssen, veranschaulicht Beispiel 2-9. Die hier gezeigte Methode `Put` liest die Nutzdaten über einen Stream und gibt sie zu Demonstrationszwecken im Debugfenster aus. Da es sich bei der Methode `ReadAsStreamAsync` um eine Erweiterungsmethode handelt, muss der Namespace `System.Net.Http` eingebunden werden, damit sie zur Verfügung steht.

Beispiel 2-9: Übersendete Daten als Stream lesen

```
public void Put(int id)
{
    var stream = Request.Content.ReadAsStreamAsync().Result;

    using (var r = new StreamReader(stream)) {
        Debug.WriteLine(r.ReadToEnd());
    }
}
```

HttpRequestMessage und HttpResponseMessage am Beispiel Conditional Get

Beispiel 2-10 veranschaulicht, wie die Objekte `HttpRequestMessage` und `HttpResponseMessage` zur Implementierung eines bedingten GET (engl. conditional get) herangezogen werden können. »Bedingtes GET« bedeutet, dass der Aufrufer eine Ressource nur dann haben möchte, wenn eine bestimmte Bedingung erfüllt ist, beispielsweise wenn die Ressource seit dem letzten Abruf geändert wurde. Dazu gibt der Aufrufer zum Beispiel über den Kopfzeileneintrag `If-None-Match` ein sogenanntes Entity-Tag (`ETag`) an.

Ein Entity-Tag steht für den aktuellen Zustand einer Ressource und muss sich per Definition ändern, wenn jemand die Ressource ändert. Hierbei kann es sich zum Beispiel um einen Hashwert, den Zeitstempel der letzten Änderung oder um eine Versionsnummer handeln. Weist die angeforderte Ressource nach wie vor das angegebene Entity-Tag auf, muss sie nicht erneut über das Netzwerk übertragen werden. Diesen Umstand zeigt der Dienst durch den HTTP-Status `Not Modified` (304) an. Hat sich jedoch das Entity-Tag und somit auch die gewünschte Ressource in der Zwischenzeit geändert, liefert der Dienst diese zurück, wobei das aktuelle Entity-Tag innerhalb der Kopfzeilen positioniert wird.

Beispiel 2-10: Bedingtes GET

```
private string Quote(string str)
{
```

```
        return "\"" + str + "\"";
    }

    public HttpResponseMessage Get(int id, HttpRequestMessage request)
    {
        var rep = new HotelBuchungRepository();
        var buchung = rep.FindById(id);

        if (buchung == null)
        {
            return this.Request.CreateResponse(HttpStatusCode.NotFound);
        }

        var etag = Quote(buchung.Version.ToString());
        var ifNoneMatchHeader = request.Headers.IfNoneMatch.FirstOrDefault();
        if (ifNoneMatchHeader != null && ifNoneMatchHeader.Tag == etag)
        {
            return this.Request.CreateResponse(HttpStatusCode.NotModified);
        }

        var response = this.Request.CreateResponse<HotelBuchung>(
                                              HttpStatusCode.OK, buchung);

        response.StatusCode = HttpStatusCode.OK;
        response.Headers.CacheControl = new CacheControlHeaderValue();
        response.Headers.CacheControl.NoCache = true;
        response.Headers.ETag = new EntityTagHeaderValue(etag);
        return response;
    }
```

Antworten über IHttpActionResult zurückgeben

Neben dem HttpResponseMessage-Objekt, das die gesamte zurückzugebende HTTP-Antwort beschreibt, und einem Wert, der im Rahmen der Nutzdaten einer von der Web-API generierten Standardantwort serialisiert wird, kann der Entwickler seit Version 2 von ASP.NET Web API auch ein Objekt zurückgeben, welches die Schnittstelle IHttpActionResult implementiert. Diese Schnittstelle gibt die Methode ExecuteAsync vor, die ein CancellationToken entgegennimmt und eine HttpResponseMessage zurückliefert. Diese Methode nutzt die Web-API, um die HttpResponseMessage, welche zur Erzeugung der HTTP-basierten Antwort heranzuziehen ist, zu verwenden. Über das CancellationToken kann die Web-API angeben, dass die aktuelle Anfrage abzubrechen ist.

Durch den Einsatz von Implementierungen von IHttpActionResult kann der Entwickler wiederkehrende Aufgaben zur Erzeugung von Antwortnachrichten zusammenfassen. Die Implementierung, die in Beispiel 2-10 zu sehen ist, erzeugt zum Beispiel eine typische HTTP-Antwort, welche nach der Erzeugung einer neuen Ressource zurückgegeben wird. Sie beinhaltet den Status-Code 201 (Created) und eine Header-Location, die jenen URL beinhaltet, unter dem die soeben erzeugte Ressource künftig zu finden ist.

Beispiel 2-11: Antwort über IHttpActionResult

```
public class RessourceCreatedActionResult : IHttpActionResult
{
    private Uri location;
```

```
    public RessourceCreatedActionResult(Uri location)
    {
        this.location = location;
    }

    public Task<HttpResponseMessage> ExecuteAsync(
                                CancellationToken cancellationToken)
    {
        var response = new HttpResponseMessage(HttpStatusCode.Created);
        response.Headers.Location = location;
        return Task.FromResult(response);
    }
}
```

Die Web-API verfügt bereits über einige Implementierungen dieser Schnittstelle: `UnauthorizedResult` gibt zum Beispiel den Statuscode 401 (Unauthorized), `BadRequestResult` den Statuscode 400 (BadRequest), `OkResult` den Statuscode 200 (OK) und `StatusCodeResult` einen beliebigen anzugebenden Statuscode zurück. Daneben gibt ein `ResponseMessageResult` eine anzugebende `HttpResponseMessage` zurück, was der direkten Rückgabe einer `HttpResponseMessage` gleich kommt.

HTTP-Services über HttpClient konsumieren

Web-API-basierte Services können mit jedem Client, der HTTP unterstützt, konsumiert werden. Unter JavaScript bietet sich dazu der Einsatz von Bibliotheken, wie `jQuery`, an (siehe Kapitel 3). Für .NET-basierte Clients stellt die Web-API mit der Klasse `HttpClient` ein neues, vereinfachtes Programmiermodell für solche Szenarien zur Verfügung. Wie viele neue Programmiermodelle ist auch dieses asynchron und hilft somit, Anwendungen zu schreiben, die jederzeit auf Benutzereingaben reagieren. Aus diesem Grund kommen dabei die mit .NET 4.0 eingeführten Tasks immer wieder zum Einsatz.

Um sicherzustellen, dass sämtliche Bibliotheken, die für den Einsatz von `HttpClient` benötigt werden, referenziert sind, empfiehlt sich das Einbinden des NuGet-Packages `Microsoft.AspNet.WebApi.Client`. Im Zuge dessen wird auch die von ASP.NET Web API zur JSON-Serialisierung herangezogene freie Bibliothek `JSON.Net` eingebunden. Da sich `HttpClient` teilweise auf Erweiterungsmethoden stützt, sollte darüber hinaus der Namespace `System.Net.Http` mit einer entsprechenden `using`-Anweisung eingebunden werden.

Beispiel 2-12 zeigt einen einfachen Client, der unter Verwendung von `HttpClient` auf den in diesem Kapitel gezeigten Hoteldienst zugreift. Dazu fordert dieser mit `GetAsync` den gegebenen URL an. Der Rückgabewert dieser Methode ist ein Task, welcher eine asynchrone Operation repräsentiert. Mit `ContinueWith` gibt der Client einen Lambda-Ausdruck an, der auszuführen ist, wenn dieser Task beendet wurde. Als Parameter nimmt dieser Ausdruck den fertiggestellten Task entgegen und gibt mittels `Result.Content.ReadAsAsync` an, dass das Ergebnis geparst in ein `IEnumerable<Hotel>` umgewandelt werden soll. Dies resultiert in einem weiteren asynchronen Task, welcher wiederum mit `ContinueWith` erweitert wird. Der dazu verwendete Lambda-Ausdruck nimmt das `Result`, bei dem es sich nun um das gewünschte `IEnumerable<Hotel>` handelt, entgegen und gibt die darin enthaltenen Hotels aus.

Dabei ist zu beachten, dass der Entwickler die Klasse `Hotel` am Client selber erstellen muss. Kommt sowohl am Client als auch am Server .NET zum Einsatz, könnte er die Klasse auch kopieren oder diese in eine Assembly auslagern, die sowohl beim Client als auch beim Server eingebunden ist. Dieser Umstand ist der Tatsache geschuldet, dass es keinen akzeptierten Standard gibt, um HTTP-basierte

Services formal zu beschreiben. Somit besteht, im Gegensatz zur SOAP-Welt, wo Webdienste durch WSDL-Dokumente beschrieben werden, leider auch nicht die Möglichkeit, die benötigten Klassen oder gar Proxys am Client zu generieren.

Beispiel 2-12: Ressource mit HttpClient abrufen

```
var client = new HttpClient();

var url = "http://localhost:1283/api/Hotels";

// Simple Get
client.GetAsync(url).ContinueWith(getTask =>
{
    getTask.Result
            .Content.ReadAsAsync<IEnumerable<Hotel>>()
            .ContinueWith(readTask =>
    {
        var hotels = readTask.Result;
        foreach (var hotel in hotels)
        {
            Console.WriteLine(hotel.Bezeichnung);
        }

    });
});
Console.WriteLine("Aktion wird im Hintergrund ausgeführt...");
Console.ReadLine();
```

Der Einsatz von solchen asynchronen APIs mag an dieser Stelle ein wenig kompliziert erscheinen. Die aufwändige Handhabung von Tasks gestaltet sich ab .NET 4.5 bei Verwendung asynchroner Methoden, die die neuen Schlüsselwörter `async` und `await` nutzen, um einiges einfacher. Beispiel 2-13 demonstriert dies, indem es die Logik von Beispiel 2-12 unter Verwendung dieser neuen Schlüsselwörter implementiert. Die gezeigte Methode wurde mit dem Schlüsselwort `async` definiert. Das bedeutet, dass sie beim ersten Auftreten von `await` im Hintergrund ausgeführt wird, um den aktuellen Thread nicht zu blockieren.

Beispiel 2-13: HttpClient unter Verwendung von async und await nutzen

```
static async void SimpleGet()
{
    var client = new HttpClient();

    var url = "http://localhost:1307/api/Hotels";

    var response = await client.GetAsync(url);
    var hotels = await response.Content.ReadAsAsync<IEnumerable<Hotel>>();

    foreach (var hotel in hotels)
    {
        Console.WriteLine(hotel.Bezeichnung);
    }
}
```

Um Kopfzeileneinträge an den Server zu senden, müsste der Entwickler Gebrauch von der Auflistung `DefaultRequestHeaders` des `HttpClients` machen. Die hier hinterlegten Parameter werden bei jedem nachfolgenden Aufruf in die Nachricht eingebunden. Das folgende Schnipsel demonstriert deren Einsatz.

```
client.DefaultRequestHeaders.AcceptLanguage.Add(
            new StringWithQualityHeaderValue("de-DE"));
```

Analog zu GetAsync stehen auch weitere Methoden für den Einsatz der Verben POST, PUT und DELETE zur Verfügung. Diese nennen sich PostAsync, PutAsync und DeleteAsync. Weitere Verben können mit SendAsync verwendet werden. Alternativ zur Methode ReadAsAsync, welche die Nutzlast in ein Objekt umwandelt, kann auch die Methode ReadAsStringAsync, welche die Nutzlast als Zeichenfolge zurückliefert, oder die Methode ReadAsStreamAsync, welche über einen Stream Zugriff auf die Nutzlast gewährt, herangezogen werden. Daneben kann mit ReadAsByteArrayAsync ein Byte-Array angefordert werden und ReadAsMultipartAsync erlaubt den Zugriff auf eine mehrteilige MIME-basierte Nachricht. Neben der Eigenschaft Content, die die Nutzlast repräsentiert, erhält der Entwickler über die Eigenschaft Header Zugriff auf Kopfzeileneinträge oder über StatusCode auf den vom Server gemeldeten HTTP-Status.

Ein Beispiel für den Einsatz von SendAsync findet sich in Beispiel 2-14. Dieses Beispiel macht deutlich, dass SendAsync mehr Kontrolle über die Anfrage und Antwort erlaubt, indem diese als HttpRequestMessage und HttpResponseMessage explizit dargestellt werden. Im betrachteten Fall wird ein HotelBuchung-Objekt an den Dienst gesendet. Im Zuge dessen werden die für die Antwort bevorzugten Sprachen über den Kopfzeileneintrag Accept-Language angegeben.

Beispiel 2-14: Details einer Anfrage beeinflussen

```
private async static void SendBuchung()
{
    var url = "http://localhost:1307/api/Buchungen";

    var buchung = new HotelBuchung
    {
        HotelId = 1,
        Vorname = "Max",
        Nachname = "Muster"
    };

    var client = new HttpClient();

    var request = new HttpRequestMessage();
    request.Content = new ObjectContent<HotelBuchung>(buchung,
                                        new JsonMediaTypeFormatter());
    request.Content.Headers.ContentType = new MediaTypeHeaderValue("text/json");


    request.Method = HttpMethod.Post;
    request.RequestUri = new Uri(url);

    request.Headers.AcceptLanguage.Add(
                new StringWithQualityHeaderValue("de-DE"));
    request.Headers.AcceptLanguage.Add(
                new StringWithQualityHeaderValue("de-AT"));

    var response = await client.SendAsync(request);

    Console.WriteLine("Status: " + response.StatusCode);
    Console.WriteLine("Location: " + response.Headers.Location);
}
```

Routen

Action-Methoden werden über Routen auf URLs abgebildet. Neben der in den letzten Abschnitten verwendeten Standardroute `/api/controller/id` kann der Entwickler noch weitere Routen einrichten, die es zum Beispiel erlauben, Ressourcen einen eindeutigen URL zuzuweisen.

Benutzerdefinierte Routen über die Konfiguration festlegen

Web-API gestattet die Definition von benutzerdefinierten Routen. Diese sind unter Verwendung der Methode `MapHttpRoutes` in der Datei `App_Start/WebApiConfig.cs` innerhalb von `Register` zu definieren. In Beispiel 2-15 wird zum Beispiel festgelegt, dass die Methoden des in den vorangegangenen Abschnitten besprochenen `BuchungenControllers` über `api/Hotels/{hotelId}/Buchungen/{id}` erreichbar sind. Dies schließt die Verwendung der Standardroute, die in derselben Datei definiert wird, jedoch nicht aus.

Bei `{hotelId}` handelt es sich hierbei um einen Platzhalter für einen Wert, der einem gleichnamigen Übergabeparameter der jeweiligen Methode übergeben wird. `{id}` stellt ebenfalls einen solchen Platzhalter dar. Im Gegensatz zu `{hotelId}` ist dieser, wie im Parameter `defaults` angegeben, optional.

Beispiel 2-15: Benutzerdefinierte Route

```
[...]
    routes.MapHttpRoute(
        name: "BuchungenByHotelRoute",
        routeTemplate: "api/Hotels/{hotelId}/Buchungen/{id}",
        defaults: new { controller = "Buchungen", id = RouteParameter.Optional }
    );
[...]
```

Attributbasiertes Routing

Das attributbasierte Routing, das seit ASP.NET Web API 2 zur Verfügung steht, erlaubt das Festlegen von Routen über Attribute, mit denen der Entwickler Controller und deren Methoden annotiert. Ein Beispiel dafür findet sich in Beispiel 2-16. Mit `RoutePrefix` wird festgelegt, dass die URLs, über die die Methoden des betrachteten Controllers erreicht werden sollen, mit `webapi` beginnen. Global definierte Routen, wie die zuvor erwähnte Route `/api/Controller/id`, werden dadurch nicht beeinflusst und gelten somit nach wie vor. Daneben führt `HttpGet` pro Methode einen URL an, der an das mit `RoutePrefix` festgelegte Präfix angehängt wird. Diese URLs können Platzhalter beinhalten, welche in geschweiften Klammern stehen. Der Inhalt dieser geschweiften Klammern muss dem Namen eines Parameters der Methode entsprechen. Im betrachteten Beispielcode führt somit ein GET-basierter Aufruf des URLs */webapi/hotels/3/buchungen* zur Ausführung der Methode `GetByHotel`, wobei die Web-API in Zuge dessen den Wert 3 an den Parameter `hotelId` übergibt. Um `RoutePrefix` zu ignorieren, ist ein URL mit einer Tilde einzuleiten. Der URL *~/hotels/3/buchungen* würde somit das Präfix `webapi` übersteuern, sodass die hier betrachtete Methode über */hotels/3/buchungen* erreichbar wäre.

Analog zu `HttpGet` bieten nun auch alle anderen Attribute, die das Festlegen von HTTP-Verben für Methoden erlauben, die Möglichkeit, eine Route zu definieren. Dabei handelt es sich unter anderem um `HttpPost`, `HttpPut`, `HttpDelete`, aber auch um `AcceptVerbs`.

Um zu verhindern, dass ähnliche Routen miteinander konkurrieren, kann der Entwickler für Platzhalter Einschränkungen festlegen. Bei der Methode `GetHotelById` in Beispiel 2-16 wurde zum Beispiel dem Platzhalter `id` die Einschränkung `int` zugewiesen. Dies bewirkt, dass sich ASP.NET Web API nur für diese Route entscheidet, wenn der als `id` übergebene Wert einem Integer entspricht. Eine Liste mit sämtlichen Einschränkungen ist in Tabelle 2-1 aufgeführt, die der Dokumentation von ASP.NET Web API entnommen wurde.

Tabelle 2-1: Einschränkungen für Routen

Einschränkung	Beschreibung	Beispiel
`alpha`	Prüft auf Zeichen (A-Z, a-z)	`{x:alpha}`
`bool`	Prüft auf boolesche Werte (`true`, `false`)	`{x:bool}`
`datetime`	Prüft auf Datumswerte	`{x:datetime}`
`decimal`	Prüft auf Dezimalwerte	`{x:decimal}`
`double`	Prüft auf Double-Werte	`{x:double}`
`float`	Prüft auf Float-Werte	`{x:float}`
`guid`	Prüft auf GUIDs	`{x:guid}`
`int`	Prüft auf Integer (32 Bit)	`{x:int}`
`length`	Prüft die Länge eines Strings	`{x:length(6)}` `{x:length(1,20)}`
`long`	Prüft auf Long-Werte (64 Bit)	`{x:long}`
`max`	Prüft Integer auf einen maximalen Wert	`{x:max(10)}`
`maxlength`	Prüft einen String auf eine maximale Länge	`{x:maxlength(10)}`
`min`	Prüft Integer auf einen minimalen Wert	`{x:min(10)}`
`minlength`	Prüft einen String auf eine minimale Länge	`{x:minlength(10)}`
`range`	Prüft, ob sich ein Integer in einem bestimmten Wertebereich befindet	`{x:range(10,50)}`
`regex`	Prüft gegen einen regulären Ausdruck	`{x:regex(^\d{3}-\d{3}-\d{4}$)}`

Möchte der Entwickler mehrere Einschränkungen auf einen Platzhalter anwenden, so führt er diese jeweils durch einen Doppelpunkt getrennt an. Die Route `hotels/{id:int:min(1)}` legt so zum Bespiel fest, dass für den Parameter `hotels` sowohl die Einschränkung `int` als auch die Einschränkung `min` gilt. Letztere nimmt einen Parameter entgegen und bewirkt, dass die Web-API nur URLs mit einer ID akzeptiert, deren Wert 1 oder größer ist. Mehrere Parameter können kommasepariert angeführt werden.

Dass der Entwickler auch Standardwerte und optionale Parameter im Rahmen von attributbasierten Routen festlegen kann, zeigt im betrachteten Listing die Methode `GetByParams`. Um einem Parameter den gesamten restlichen URL zuzuweisen, ist dieser mit einem Stern einzuleiten. Dies veranschaulicht die Methode `PerformCustomQuery`. Hier wird festgelegt, dass zum Beispiel beim Aufruf des URLs */webapi/customQuery/x/y/z* der Wert `x/y/z` an den Parameter `query` zu übergeben ist.

Beispiel 2-16: Attributbasiertes Routing

```
[RoutePrefix("webapi")]
public class HotelController: ApiController
{
    [HttpGet("hotels/{hotelId}/buchungen")]
```

```
        public List<Buchung> GetByHotel(int hotelId)
        {
            [...]
        }

        [HttpGet("hotels/{id:int}", RouteName = "GetHotelById")]
        public List<Hotel> GetHotelById(int id)
        {
            [...]
    }

        [HttpGet("buchungen/{all=false}/{nachname?}/{vorname?}/{flag?}")]
        public List<Buchung> GetByParams(bool all, string nachname = null,
                                string vorname = null, int? flag = null)
        {
            [...]
        }

        // Auch hier sind Einschränkungen möglich
        [HttpGet("customQuery/{*query}")]
        public string PerformCustomQuery(string query)
        {
            [...]
        }

    }
```

Damit attributbasierte Routen tatsächlich auch von ASP.NET Web API berücksichtigt werden, ist der Entwickler angehalten, beim Start der Webanwendung die Methode `MapHttpAttributeRoutes` bei der verwendeten `HttpConfiguration` aufzurufen. Diese wertet die Attribute aus und erzeugt mit den so gewonnenen Informationen Einträge in der globalen `RouteTable`. Bei Einsatz der Vorlage für ASP.NET Web API bietet sich zum Aufruf dieser Methode die Klasse `WebApiConfig` im Ordner *App_Start* an. Möchte der Entwickler den global definierten Routen den Vorzug geben, sollte er `MapHttpAttributeRoutes` erst nach deren Definition zur Ausführung bringen.

Als Ergänzung zu den vordefinierten Einschränkungen kann der Entwickler aber auch benutzerdefinierte Einschränkungen bereitstellen. Dazu ist lediglich die Schnittstelle `IHttpRouteConstraint` zu implementieren sowie innerhalb der von dieser Schnittstelle definierten Methode `Match` die gewünschte Einschränkung zu implementieren. Diese Methode bekommt von der Web-API Informationen über den angeforderten URL übergeben und liefert einen Boolean, der Auskunft darüber gibt, ob dieser URL mit der Einschränkung konform geht.

Ein Beispiel dafür zeigt Beispiel 2-17. Die darin zu findende Implementierung prüft, ob der für den Platzhalter hinterlegte Wert ein positiver Integer ist. Möchte der Entwickler einer Einschränkung Parameter übergeben, muss er der Implementierung von `IHttpRouteConstraint` einen Konstruktor spendieren, der diese Einschränkungen entgegennimmt.

Beispiel 2-17: Eigene Routeneinschränkung

```
public class PositiveIntConstraint : IHttpRouteConstraint
{
    public bool Match(
                HttpRequestMessage request,
                IHttpRoute route,
                string parameterName,
```

```
                IDictionary<string, object> values,
                HttpRouteDirection routeDirection)
    {
        if (!values.ContainsKey(parameterName)) return false;

        var value = values[parameterName];

        int intValue;

        bool success = int.TryParse(value.ToString(), out intValue);

        if (!success) return false;
        if (intValue < 0) return false;

        return true;
    }
}
```

Um die Web-API von einer solchen benutzerdefinierten Einschränkung in Kenntnis zu setzen, übergibt der Entwickler der Methode `MapHttpAttributeRoutes`, mit der wie oben angemerkt das attributbasierte Routing aktiviert wird, einen `ConstraintResolver`, der Kenntnis über die benutzerdefinierte Einschränkung hat. Hierzu bietet sich der `DefaultInlineConstraintResolver` an, der Kenntnis über sämtliche standardmäßig vorhandenen Einschränkungen besitzt. Das nachfolgende Schnipsel demonstriert dies. Es instanziiert einen `DefaultInlineConstraintResolver`, fügt dessen Auflistung `ConstraintMap` die benutzerdefinierte Einschränkung hinzu und legt fest, dass diese im Rahmen des URL-Mappings als `positiveInt` bezeichnet wird. Anschließend wird an `MapHttpAttributeRoutes` der `ConstraintResolver` übergeben:

```
var constraintResolver = new DefaultInlineConstraintResolver();
constraintResolver.ConstraintMap.Add("positiveInt",
                                     typeof(PositiveIntConstraint));
config.MapHttpAttributeRoutes(new HttpRouteBuilder(constraintResolver));
```

Weiterführende Schritte mit der Web-API

Nachdem die letzten Abschnitte gezeigt haben, wie man einen einfachen HTTP-Service mit ASP.NET Web API entwickelt, beschäftigt sich dieser Abschnitt mit weiterführenden Aspekten wie dem Definieren benutzerdefinierter Routen, dem Hinterlegen von Querschnittsfunktionen, die von allen oder vielen Diensten benötigt werden, und der Implementierung benutzerdefinierter Formate jenseits von XML und JSON.

Dynamische Parameter

In Fällen, in denen der Entwickler keine eigene Klasse für das Objekt erstellen möchte, das eine Action-Methode zurückliefert, kann er auch ein anonymes Objekt erzeugen und dieses als `object` zurückgeben (Beispiel 2-18).

Beispiel 2-18: Anonymes Objekt als Rückgabewert

```
public object Get()
{
    return new
```

```
    {
        Version = 0.9
    };
}
```

Wird JSON als Übergabeformat verwendet, kann das übersendete JSON-Objekt auch generisch als `JObject` dargestellt werden (siehe Beispiel 2-19). Dieses bietet über Indexer Zugriff auf die einzelnen Eigenschaften. Das betrachtete Beispiel prüft, ob die Eigenschaft `All` die Zeichenkette `true` aufweist sowie in weiterer Folge, ob es eine Eigenschaft `Settings.IncludeEMail` mit dem Wert `true` gibt.

Beispiel 2-19: Generische Darstellung von JSON-Objekten mit JToken

```
public object Post(JObject value)
{

    if (value["All"].ToString().ToLower() == "true")
    {

        string email = "";
        JToken includeEMail = null;
        JToken settings = value["Settings"];
        if (settings != null) includeEMail = settings["IncludeEMail"];

        if (includeEMail != null && includeEMail.ToString().ToLower() == "true")
        {
            email = "vorname.nachname@domain.siehe.oben";
        }
        else
        {
            email = "";
        }


        var response = new
        {
            Version = 0.9,
            Autor = "Manfred Steyer",
            URL = "www.softwarearchitekt.at",
            EMail = email
        };


        return response;

    }

    return new {
        Version = 0.9
    };


}
```

Tracing

ASP.NET Web API verwendet einen anpassbaren Tracing-Mechanismus, um Nachrichten über durchgeführte Aktionen zu protokollieren. Um die protokollierten Informationen zu erhalten, implementiert der Entwickler das Interface `ITraceWriter` (Beispiel 2-20) sowie deren Methode `Trace`, an welche ASP.NET Web API die einzelnen Informationen übergibt. Im betrachteten Beispiel werden die erhaltenen Informationen lediglich mit `Debug.WriteLine` im Debugfenster ausgegeben. Alternativ dazu könnte der Entwickler an dieser Stelle die Daten in einer Protokolldatei oder in einer Datenbank ablegen bzw. an ein Protokollierungsframework der Wahl delegieren.

Interessant ist auch die Tatsache, dass zunächst nur die wichtigsten Daten der zu protokollierenden Nachricht zur Verfügung stehen. Dabei handelt es sich um die aktuelle `HttpRequestMessage`, eine Nachrichtenkategorie sowie ein Level, das den Schweregrad der Nachricht (`Debug`, `Info`, `Warn`, `Error`, `Fatal`) anzeigt. Aufgrund dieser Informationen kann die Implementierung entscheiden, ob weitere Details der Nachricht ermittelt werden sollen. Falls dem so ist, erzeugt sie – wie in der betrachteten Implementierung gezeigt – mit den genannten Daten einen `TraceRecord` und übergibt diesen an die übergebene `Action`. Diese hat die Aufgabe, den `TraceRecord` mit Details zu befüllen. Dadurch, dass diese Aufgabe von einer Action wahrgenommen wird, muss das Ermitteln von Details nur dann durchgeführt werden, wenn die Nachricht auch wirklich protokolliert werden soll. In allen anderen Fällen wird auf diese Aufgabe zugunsten der Performance verzichtet.

Beispiel 2-20: Benutzerdefinierter TraceWriter

```
public class CustomTraceWriter : ITraceWriter
{
    public void Trace(HttpRequestMessage request, string category,
                      System.Web.Http.Tracing.TraceLevel level, Action<TraceRecord> traceAction)
    {
        TraceRecord record = new TraceRecord(request, category, level);
        traceAction(record);
        Debug.WriteLine(category + ": " + level + " " + record.Message);
    }
}
```

Um den benutzerdefinierten `TraceWriter` zu registrieren, verwendet der Entwickler das nachfolgende Schnipsel, welches er zum Beispiel in der Methode `WebApiConfig.Register` platziert:

```
config.Services.Replace(typeof(ITraceWriter), new SimpleTracer());
```

Der auf diese Weise registrierte `TraceWriter` kann auch von den einzelnen `Action`-Methoden verwendet werden. Das folgende Schnipsel zeigt, wie dies bewerkstelligt wird:

```
Configuration.Services.GetTraceWriter().Info(Request, "Kategorie123", "Hallo Welt!");
```

Request Batching

Eine gute Praktik beim Entwurf verteilter Anwendungen ist das Bereitstellen von grobgranularen Services, welche möglichst viele logische Anfragen im Rahmen einer einzigen Anfrage entgegennehmen. Somit wird die Anzahl der benötigten Anfragen reduziert und die Performance der Anwendung gesteigert.

In dieselbe Kerbe schlägt die Möglichkeit des Request-Batchings, welche seit Version 2 von ASP.NET Web API bereitgestellt wird und das Zusammenfassen mehrerer HTTP-Anfragen zu einer einzigen erlaubt. Um diese Möglichkeit zu nutzen, muss der Entwickler beim Start der Anwendung, zum Beispiel innerhalb der Klasse `WebApiConfig` im Ordner `App_Start`, eine Route registrieren, die sich auf einen `BatchHandler` abstützt. Im Lieferumfang der Web-API befindet sich der `DefaultHttpBatchHandler`, der Batching unter Verwendung des weitverbreiteten MIME-Typs `multipart` realisiert. Um weitere Darstellungsformen für Nachrichten zu unterstützen, die aus weiteren Nachrichten bestehen, kann der Entwickler einen benutzerdefinierten `BatchHandler` durch das Ableiten von `HttpBatchHandler` bereitstellen.

Die Anwendung des `DefaultHttpBatchHandlers` demonstriert Beispiel 2-21. Um Konflikte mit der Standard-Route zu vermeiden, sollte die hier betrachtete Route, welche den URL *api/$batch* verwendet, vor der Standardroute definiert werden.

Da der Handler die einzelnen Anfragen, die er im Zuge einer Anfrage erhält, an die Web-API delegieren muss, benötigt er Zugriff auf diese. Deswegen wird im betrachteten Listing das Objekt `GlobalConfiguration.DefaultServer` an seinen Konstruktor übergeben. Der `DefaultHttpBatchHandler` bietet dem Entwickler über die Eigenschaft `ExecutionOrder` auch die Möglichkeit, festzulegen, ob die einzelnen Anfragen hintereinander (`BatchExecutionOrder.Sequential`) oder parallel (`BatchExecutionOrder.NonSequential`) zur Ausführung zu bringen sind.

Beispiel 2-21: Batch-Handler registrieren

```
var batchHandler = new DefaultHttpBatchHandler(
                            GlobalConfiguration.DefaultServer);

batchHandler.ExecutionOrder = BatchExecutionOrder.Sequential;

// Vor Hauptroute definieren, weil sonst $batch als Controller erkannt wird ...

config.Routes.MapHttpBatchRoute(
    routeName: "WebApiBatch",
    routeTemplate: "api/$batch",
    batchHandler: batchHandler);
```

Ist eine Route für das Batching erst mal eingerichtet, kann der Entwickler an den damit assoziierten URL eine Anfrage senden, die weitere Anfragen beinhaltet (siehe Beispiel 2-22). Beim Einsatz des `DefaultHttpBatchHandler` wird solch eine Anfrage durch eine `HttpRequestMessage` repräsentiert, welche als Verb POST sowie als Content eine Instanz von `MultipartContent` verwendet. Da sich der Contenttyp `multipart/mixed` für diese Anfrage anbietet, ist `mixed` an den Konstruktor von `MultipartContent` zu übergeben. `MultipartContent` werden die einzelnen Anfragen in Form eines `HttpMessageContent` zugewiesen, wobei an den Konstruktor von `HttpMessageContent` die jeweilige `HttpRequestMessage` zu übergeben ist.

Die Antwort, die die Web-API für eine Batching-Anfrage generiert, beinhaltet auch einen `MultipartContent`, der die Antworten für die gemeinsam übermittelten Anfragen enthält. Diese befinden sich in der Auflistung `Contents`.

Beispiel 2-22: Batches versenden und empfangen

```
private static async Task BatchDemo()
{
    var client = new HttpClient();
    var batchUrl = baseAddress + "/api/$batch";
    var batchRequest = new HttpRequestMessage(HttpMethod.Post, batchUrl);
```

```
        var content = new MultipartContent("mixed");

        batchRequest.Content = content;

        var request1 = CreateBuchungRequest("Klara", "Fall", DateTime.Now);
        content.Add(new HttpMessageContent(request1));

        var request2 = CreateBuchungRequest("Nico", "Laus", DateTime.Now);
        content.Add(new HttpMessageContent(request2));

        var urlToAllBuchungen = string.Format("{0}/webapi/buchungen", baseAddress);
        var request3 = new HttpRequestMessage(HttpMethod.Get, urlToAllBuchungen);

        content.Add(new HttpMessageContent(request3));

        var response = await client.SendAsync(batchRequest);
        var responseContent = await response.Content.ReadAsMultipartAsync();

        foreach (var part in responseContent.Contents)
        {
            HttpResponseMessage responsePart =
                                  await part.ReadAsHttpResponseMessageAsync();
            // do something with response
        }
    }

    private static HttpRequestMessage
            CreateBuchungRequest(string vorname, string nachname, DateTime date)
    {
        var url = baseAddress + "/webapi/hotels/1/buchungen";
        var request = new HttpRequestMessage(HttpMethod.Post, url);

        var buchung = new Buchung();
        buchung.Datum = date;
        buchung.Vorname = vorname;
        buchung.Nachname = nachname;

        request.Content = new ObjectContent<Buchung>(
                                    buchung,
                                    new JsonMediaTypeFormatter(),
                                    "text/json");

        return request;
    }
```

Cross Origin Resource Sharing (CORS)

Die sogenannte Same-Origin-Policy verhindert, dass eine Browseranwendung beispielsweise via JavaScript auf Services von fremden Websites zugreift und schränkt somit mögliche Angriffsszenarien ein. Eine fremde Website in diesem Sinne wird durch einen URL definiert, bei dem das Protokoll, die Domäne oder der Port abweicht. Der Mechanismus Cross Origin Resource Sharing (CORS) erlaubt es, diese Einschränkung aufzuweichen. Dazu muss der aufzurufende Service über entsprechende HTTP-Header anzeigen, dass er einem Aufruf durch eine fremde Browseranwendung zustimmt.

ASP.NET Web API bietet seit Version 2 eine Unterstützung für CORS. Um diese Unterstützung zu nutzen, bindet der Entwickler das NuGet-Paket `Microsoft.AspNet.WebApi.Cors` ein. Danach ruft er im Zuge des Starts der Webanwendung die Methode `EnableCors` bei der verwendeten `HttpConfiguration` auf. Bei Verwendung der von Visual Studio angebotenen Projektvorlage bietet sich hierfür die Klasse `WebApiConfig` im Ordner `App_Start` an (siehe Beispiel 2-23).

Beispiel 2-23: CORS-Unterstützung aktivieren

```
public static class WebApiConfig
{
    public static void Register(HttpConfiguration config)
    {
        [...]
        config.EnableCors();
        [...]
    }
}
```

Anschließend sind jene Methoden, welche über CORS-Anfragen erreichbar sein sollen, mit `EnableCors` zu annotieren (siehe Beispiel 2-24). Mit dem Parameter `origins` werden kommasepariert die einzelnen URLs angeführt, für deren Browser-Anwendungen CORS-Anfragen erlaubt werden sollen. `headers` beinhaltet kommasepariert die HTTP-Header, die im Rahmen von CORS-Anfragen akzeptiert werden. Analog dazu kann der Entwickler mit `methods` kommasepariert die HTTP-Verben angeben, für die CORS-Anfragen zu erlauben sind.

Was die Antwortnachrichten einer CORS-betrifft, gestatten Browser den darin ausgeführten Browseranwendungen standardmäßig lediglich Zugriff auf die Header `Cache-Control`, `Content-Language`, `Content-Type`, `Expires`, `Last-Modified` sowie `Pragma`. Weitere Header der Antwort, auf die die Browseranwendung zugreifen können soll, sind mit dem Parameter `exposedHeaders` kommasepariert anzuführen. Bei allen Parametern von `EnableCors` kann auch ein Stern angeführt werden. Dies bewirkt, dass sämtliche Origins, Header bzw. Methoden erlaubt werden.

Beispiel 2-24: CORS für Methode aktivieren

```
[EnableCors(origins: "http://localhost:1246",
            headers: " accept,content-type,origin,my-header",
            methods: "*",
            exposedHeaders: "TEST")]
[HttpGet("info")]
public HttpResponseMessage Info()
{
    var response = new HttpResponseMessage();
    response.Content = new StringContent("Hallo Welt!");
    response.Headers.Add("TEST", "Hallo Welt!");
    return response;
}
```

Um eine Instanz von `EnableCors` standardmäßig mit sämtlichen Methoden zu assoziieren, kann der Entwickler diese Instanz an die Methode `HttpConfiguration.EnableCors` übergeben, mit der die CORS-Unterstützung aktiviert wird. Diese Standardeinstellung kann anschließend übersteuert werden, indem einzelne Methoden mit `EnableCors` annotiert werden.

Validieren

Die an eine Operation übersendeten Daten können auf dieselbe Weise wie Modelle mit ASP.NET MVC validiert werden. Informationen darüber finden sich in Kapitel 1.

Querschnittsfunktionen implementieren

Dieser Abschnitt stellt zwei Konzepte vor, mit denen der Entwickler verhindern kann, dieselben Codestellen immer und immer wieder zu implementieren: Handler und Filter.

Message-Handler

Um zu verhindern, dass der Entwickler allgemeine Logiken, wie Sicherheits-Prüfungen oder Protokollierungen, in jeder Methode wiederholen muss, kann er diese in Subklassen von `DelegatingHandler` auslagern. Die gewünschte Logik ist dabei innerhalb der zu überschreibenden Methode `SendAsync` zu hinterlegen.

Einen Handler umsetzen

Ein Beispiel dafür findet sich in Beispiel 2-25. Der hier gezeigte `LoggingHandler` gibt Informationen über den aktuellen Methodenaufruf im Debugfenster aus. Anschließend wird `base.SendAsync` aufgerufen. Diese Methode veranlasst die Web-API, den nächsten konfigurierten `DelegatingHandler` zur Ausführung zu bringen. Existiert kein weiterer `DelegatingHandler`, stößt `base.SendAsync` die eigentliche Dienstmethode an. Somit sind Aktionen, die vor dem Ausführen der Dienstmethode stattfinden sollen, vor diesem Aufruf zu platzieren und jene, die die Web-API erst danach zur Ausführung bringen soll, danach.

Beispiel 2-25: Benutzerdefinierter Handler

```
public class LoggingHandler : DelegatingHandler
{
    protected override Task<HttpResponseMessage> SendAsync(HttpRequestMessage request,
                                                          System.Threading.
CancellationToken cancellationToken)
    {
        Debug.WriteLine("Begin Request: {0} {1}", request.Method, request.RequestUri);
        return base.SendAsync(request, cancellationToken);
    }
}
```

Ein weiteres Beispiel für einen `DelegatingHandler` weist der `LimitResultMessageHandler` in Beispiel 2-26 auf. Er prüft, ob die angestoßene Action-Methode ein `IEnumerable` zurückgeliefert hat. Ist dem so, limitiert er dessen Inhalt auf die ersten drei Einträge.

Beispiel 2-26: MessageHandler zum Limitieren der abgefragten Datenmenge

```
public class LimitResultMessageHandler : DelegatingHandler
{

    protected override async System.Threading.Tasks.Task<HttpResponseMessage> SendAsync(
                                                        HttpRequestMessage request,
                                   System.Threading.CancellationToken cancellationToken)
```

```
    {
        var response = await base.SendAsync(request, cancellationToken);

        var objectContent = response.Content as ObjectContent;
        if (objectContent == null) return response;

        var collection = objectContent.Value as IEnumerable<object>;
        if (collection == null) return response;

        if (collection.Count() > 3)
        {
            return request.CreateResponse(
                            response.StatusCode,
                            collection.Take(3),
                            objectContent.Formatter);
        }

        return response;
    }
}
```

Auch benutzerdefinierte `DelegatingHandler` müssen der Web-API bekannt gemacht werden. Hierfür bietet sich abermals die Methode `WebApiConfig.Register` an. Den dazu heranzuziehenden Methodenaufruf zeigt Beispiel 2-27.

Beispiel 2-27: Handler registrieren

```
GlobalConfiguration.Configuration
                      .MessageHandlers.Add(new MethodOverrideHandler());
GlobalConfiguration.Configuration.MessageHandlers.Add(new LoggingHandler());
```

Handler mit HttpClient verwenden

Auch clientseitig können Handler zum Ausführen allgemeiner Querschnittsfunktionen herangezogen werden. In diesem Fall ist jedoch nicht von `DelegatingHandler`, sondern von `MessageProcessingHandler` abzuleiten (Beispiel 2-28). Zusätzlich müssen die Methoden `ProcessRequest` und `ProcessResponse` aufgerufen werden. Wie die Namen schon vermuten lassen, ruft der `HttpClient` die Methode `ProcessRequest` auf, bevor er eine Anfrage sendet, und `ProcessResponse`, nachdem er eine Antwort empfangen hat.

Beispiel 2-28: Protokollierungshandler

```
class LoggingMessageHandler : MessageProcessingHandler
{
    public LoggingMessageHandler() : base() { }

    public LoggingMessageHandler(MessageProcessingHandler h) : base(h) { }

    protected override HttpRequestMessage ProcessRequest(HttpRequestMessage request,
                                        System.Threading.CancellationToken cancellationToken)
    {
        Debug.WriteLine("Request: " + request.RequestUri.ToString());
        return request;

    }
```

```
    protected override HttpResponseMessage ProcessResponse(HttpResponseMessage response,
                                        System.Threading.CancellationToken cancellationToken)
    {
        Debug.WriteLine("Response: " + response.StatusCode);
        return response;
    }
}
```

Ein weiterer Unterschied zu `DelegatingHandler` besteht darin, dass beim Einsatz von `MessageHandler` manuell eine Aufrufkette zu erzeugen ist – serverseitig kümmert sich die API darum. Am Ende dieser Kette muss sich eine Instanz von `HttpClientHandler` befinden. Dieser Handler kümmert sich um die Verarbeitung der empfangenen Nachricht. Beispiel 2-29 demonstriert dies, indem es eine zweiteilige Kette erzeugt, die aus dem zuvor gezeigten `LoggingMessageHandler` und dem obligatorischen `HttpClientHandler` besteht. Der erste Knoten dieser Kette wird anschließend an den Konstruktor von `HttpClient` übergeben.

Beispiel 2-29: HttpClient mit Handler nutzen

```
// Handler instanziieren und verketten
var handler = new LoggingMessageHandler
{
    InnerHandler = new HttpClientHandler()
};

// Client erzeugen
var client = new HttpClient(handler);

// Liste mit Formatter bereitstellen
var formatters = new List<MediaTypeFormatter>();
formatters.Add(new FlatFileFormatter());

// Accept-Header auf text/csv setzen
client.DefaultRequestHeaders.Accept.Add(
                  new MediaTypeWithQualityHeaderValue("text/csv"));

var url = "http://localhost:1307/api/Hotels";

// Daten anfordern
var response = await client.GetAsync(url);
var hotels = await response.Content.ReadAsAsync<IEnumerable<Hotel>>(formatters);

foreach (var hotel in hotels)
{
    Console.WriteLine(hotel.Bezeichnung);
}
```

Als Alternative zum manuellen Erzeugen von Handlerketten kann der Entwickler auch die Methode `Create` der statischen `HttpClientFactory` verwenden. Diese verkettet die übergebenen Handler und platziert am Ende den obligatorischen `HttpClientHandler`. Mit dieser Kette erzeugt sie anschließend einen `HttpClient` und gibt ihn zurück:

```
var client = HttpClientFactory.Create(new LoggingMessageHandler());
```

An `Create` können dabei beliebig viele Handler übergeben werden, zumal diese Methode unter anderem ein Parameter-Array mit Handlern erwartet.

Filter

Neben Handlern kann der Entwickler auch Filter zur Realisierung von Querschnittsfunktionen einsetzen. Dieser Abschnitt geht auf die Unterschiede zum Handler-Konzept ein und zeigt, wie der Filtermechanismus genutzt werden kann.

Überblick

Das Konzept der Filter in ASP.NET Web API, welches dem gleichnamigen Konzept aus ASP.NET MVC gleicht, kann im Gegensatz zu Handlern nur serverseitig verwendet werden. Dafür kann der Entwickler Filter gezielt für ausgewählte Operationen aktivieren. Ein weiterer Unterschied zu Handlern ist, dass es vier verschiedene Filterarten gibt: Authentifizierungsfilter, Autorisierungsfilter, Aktionsfilter und Ausnahmefilter. Um Verwechslungen mit der MVC-Welt zu vermeiden, muss der Entwickler darauf achten, die Komponenten aus dem Namensraum `System.Web.Http` und nicht die entsprechenden Gegenstücke aus dem Namensraum `System.Web.Mvc` zu verwenden.

Authentifizierungsfilter (engl. authentication filter) haben die Aufgabe, herauszufinden, welcher Benutzer hinter der aktuellen Anfrage steht. Autorisierungsfilter (engl. authorization filter) kommen zum Einsatz, wenn geprüft werden soll, ob der aktuelle Benutzer die adressierte Operation ausführen darf. Liefert der Filter zum Beispiel eine `SecurityException`, wird die Operation nicht ausgeführt.

Ausnahmefilter (engl. exception filter) werden von der Web-API aktiviert, wenn Ausnahmen auftreten. Sie können eingesetzt werden, um Fehler zu protokollieren. Aktionsfilter (engl. action filter) werden hingegen eingesetzt, um Logiken vor und/oder nach der eigentlichen Dienstoperation zur Ausführung zu bringen.

Zur Implementierung von Filtern leitet der Entwickler von einer Basisklasse ab, die ASP.NET Web API für die gewünschte Filterart vorsieht. Tabelle 2-2 gibt eine Übersicht über diese Klassen und die im Zuge des Ableitens zu überschreibenden Methoden.

Tabelle 2-2: Übersicht über die Filterarten

Klasse	Methode	Beschreibung
`AuthorizationFilterAttribute`	`OnAuthorization`	Wird ausgeführt, bevor die Anfrage abgearbeitet wird
`ActionFilterAttribute`	`OnActionExecuting`	Wird vor der Action-Methode ausgeführt
	`OnActionExecuted`	Wird nach der Action-Methode ausgeführt
`ExceptionFilterAttribute`	`OnException`	Wird ausgeführt, wenn eine Ausnahme ausgelöst wurde
`IAuthenticationFilterAttribute`	`AuthenticateAsync`	Aufrufer authentifizieren
	`ChallangeAsync`	Authentifizierung auffordern

Filter umsetzen

Ein Beispiel für eine Implementierung der drei Filterarten findet sich in Beispiel 2-30. Die implementierten Methoden nehmen Informationen zum aktuellen Operationsaufruf über den übergebenen Kontext entgegen und geben diese aus. Stattdessen könnten Filter auch die einzelnen Kontexteigenschaften abändern bzw. im Fehlerfall eine Ausnahme auslösen.

Beispiel 2-30: Beispielhafte Filter

```
public class SampleExceptionFilterAttribute : ExceptionFilterAttribute
{
    public override void OnException(HttpActionExecutedContext actionExecutedContext)
    {
        Debug.WriteLine("SampleExceptionFilterAttribute.OnException");
        Debug.WriteLine("Exception: " + actionExecutedContext.Exception.Message);
    }
}

public class SampleAuthorizationFilterAttribute : AuthorizationFilterAttribute
{
    public override void OnAuthorization(System.Web.Http.Controllers.HttpActionContext actionContext)
    {
        Debug.WriteLine("SampleAuthorizationFilterAttribute.OnAuthorization");
        Debug.WriteLine("Authorization-Header" + actionContext.Request.Headers.Authorization);
    }
}

public class SampleActionFilterAttribute : ActionFilterAttribute
{

    public override void OnActionExecuting(System.Web.Http.Controllers.HttpActionContext actionContext)
    {
        var request = actionContext.Request;
        var response = actionContext.Response;
        var action = actionContext.ActionDescriptor;
        var actionArguments = actionContext.ActionArguments;
        var modelState = actionContext.ModelState;

        Debug.WriteLine("SampleActionFilterAttribute.OnActionExecuting");
        Debug.WriteLine("HTTP Method: " + request.Method);
        Debug.WriteLine("Uri: " + request.RequestUri);
        Debug.WriteLine("ActionName: " + action.ActionName);
        Debug.WriteLine("ReturnType: " + action.ReturnType);
        Debug.WriteLine("Arguments: " + actionArguments.Count);
        Debug.WriteLine("IsValid: " + modelState.IsValid);

    }

    public override void OnActionExecuted(HttpActionExecutedContext actionExecutedContext)
    {
        var request = actionExecutedContext.Request;
        var response = actionExecutedContext.Response;
        var actionContext = actionExecutedContext.ActionContext;
        var exception = actionExecutedContext.Exception;

        Debug.WriteLine("SampleActionFilterAttribute.OnActionExecuting");
        Debug.WriteLine("HTTP Method: " + request.Method);
        Debug.WriteLine("Uri: " + request.RequestUri);
        Debug.WriteLine("ActionName: " + actionContext.ActionDescriptor.ActionName);

        if (exception != null)
        {
            Debug.WriteLine("Exception: " + exception.Message);
        }
```

```
            if (response != null && response.Content != null)
            {
                Debug.WriteLine("Content: " + response.Content.ReadAsStringAsync().Result);
            }

        }
    }
```

Filter als Attribute einsetzen

Beispiel 2-31 zeigt, dass Filter angewendet werden können, indem ApiController oder Dienstoperationen damit annotiert werden. Wird ein ApiController annotiert, kommt der Filter für sämtliche Operationen des Controllers zum Einsatz; ansonsten lediglich für die jeweilige Operation.

Beispiel 2-31: Filter anwenden, indem Controller bzw. Operationen damit annotiert werden

```
[SampleAuthorizationFilter]
public class FilterSampleController : ApiController
{
    private static string value = "42";
    [SampleActionFilter]
    public string Get()
    {
        return value;
    }
    public void Post([FromUri] string newValue) {

        if (string.IsNullOrEmpty(newValue)) throw new ArgumentException("Darf nicht null oder leer
sein!");
        value = newValue;
    }
}
```

Filter über FilterProvider bereitstellen

Eine weitere Möglichkeit zum Anwenden von Filtern stellt die Implementierung von FilterProvider dar. Bei einem FilterProvider handelt es sich um eine Klasse, welche die Schnittstelle IFilterProvider realisiert. Dieses Interface gibt die Methode GetFilter vor. Immer, wenn eine Dienstoperation angestoßen werden soll, ruft ASP.NET Web API diese Methode auf und übergibt Informationen über den gewünschten Aufruf. Die Aufgabe von GetFilter besteht darin, sämtliche Filter zu ermitteln, die im Zuge des jeweiligen Aufrufs zu verwenden sind, und diese zurückzuliefern.

Ein Beispiel dafür findet sich in Beispiel 2-32. Es beinhaltet einen FilterProvider, welcher prüft, ob der Aufrufer gerade eine POST-Anfrage an FilterSampleController sendet. Ist dem so, wird eine Instanz von FilterInfo erzeugt, die auf ein neues SampleExceptionFilterAttribute verweist. Anschließend wird dieses FilterInfo-Objekt innerhalb einer Liste zurückgegeben.

Beispiel 2-32: Filterprovider

```
public class CustomFilterProvider: IFilterProvider
{
    public IEnumerable<FilterInfo> GetFilters(System.Web.Http.HttpConfiguration configuration, System.
Web.Http.Controllers.HttpActionDescriptor actionDescriptor)
    {
        var result = new List<FilterInfo>();
```

```
        if (actionDescriptor.ActionName == "Post" && actionDescriptor.ControllerDescriptor.
    ControllerType == typeof(FilterSampleController))
        {
            var filterInfo = new FilterInfo(new SampleExceptionFilterAttribute(), FilterScope.Action);
            result.Add(filterInfo);
        }

        return result;
    }
}
```

Damit ASP.NET Web API einen `FilterProvider` einsetzt, muss ihn der Entwickler bei der Konfiguration registrieren, zum Beispiel innerhalb der Methode `WebApiConfig.Register`. Das nachfolgende Schnipsel zeigt, wie dies für den zuvor betrachteten `CustomFilterProvider` bewerkstelligt werden kann:

```
config.Services.Add(typeof(IFilterProvider), new CustomFilterProvider());
```

Wie dieses Schnipsel vermuten lässt, können beliebig viele `FilterProvider` auf diese Weise registriert werden.

Filter als globale Filter registrieren

Soll ein Filter bei sämtlichen Dienstoperationen zum Einsatz kommen, besteht auch die Möglichkeit, ihn in der Konfiguration unter Verwendung der Eigenschaft `Filter` zu registrieren:

```
config.Filters.Add(new SampleActionFilterAttribute());
```

Interfaces für Filter

Als Alternative zum Ableiten von den zuvor besprochenen Basisklassen kann der Entwickler auch die Schnittstellen `IExceptionFilter`, `IAuthorizationFilter` und `IActionFilter` implementieren. Auf diesem Weg können Filter bereitgestellt werden, die gleichzeitig mehrere Filterarten darstellen bzw. auch von anderen Klassen abgeleitet werden können. Sollen die auf diesem Weg entwickelten Filter auch als Attribute eingesetzt werden, muss der Entwickler jedoch zusätzlich von der Klasse `FilterAttribute` ableiten.

Authentifizierungsfilter

Seit Version 2 bietet ASP.NET Web API auch Authentifizierungsfilter (`AuthenticationFilter`) zum Authentifizieren von Benutzern. Hierbei geht es darum, herauszufinden, ob der Benutzer jener Benutzer ist, der er vorgibt zu sein. Diese Filter werden vor allen `AuthorizationFilter`-Instanzen ausgeführt, die wiederum prüfen, ob der authentifizierte Benutzer die nötigen Rechte besitzt.

Im Gegensatz zu allen anderen Filtern steht für `AuthenticationFilter` keine abstrakte Basisklasse zur Verfügung. Stattdessen muss sich der Entwickler mit der Schnittstelle `IAuthenticationFilter` zufrieden geben. Diese weist zwei zu implementierende Methoden auf: `AuthenticateAsync` und `ChallengeAsync`. `AuthenticateAsync` wird beim Aufruf einer Seite angestoßen und hat die Aufgabe zu prüfen, ob der Benutzer jener Benutzer ist, der er vorgibt zu sein. War dieses Vorhaben erfolgreich, sollte diese Methode ein Objekt vom Typ `IPrincipal`, das diesen Benutzer beschreibt, dem übergebenen Kontext zuweisen.

`ChallengeAsync` kann verwendet werden, um einem nicht authentifizierten Benutzer über eine entsprechende HTTP-Kopfzeile anzuzeigen, auf welche Weise er sich authentifizieren kann. Dieser Filter macht derzeit noch einen sehr spartanischen Eindruck, zumal er dem Entwickler nur wenige Möglichkeiten bietet. Dieser hat weder die Möglichkeit, auf einfache Weise auf die übergebenen URL-Parameter zuzugreifen, noch kann er herausfinden, ob dem Aufrufer der Zugriff verweigert wurde, um in diesem Fall innerhalb von `ChallengeAsync` die besprochene HTTP-Kopfzeile der Antwort hinzuzufügen. Der Grund dafür mag darin liegen, dass Microsoft dieses Konzept lediglich nutzt, um an andere Authentifizierungsmechanismen, die in Kapitel 8 vorgestellt werden, zu delegieren.

Auch wenn der Entwickler in erster Linie mit den in Kapitel 8 gezeigten Mechanismen zum Authentifizieren von Benutzern vorlieb nehmen sollte, zumal diese unabhängig vom genutzten ASP.NET-basierten Framework verwendet werden können, veranschaulicht dieser Abschnitt der Vollständigkeit halber die Funktionsweise eines Authentifizierungsfilters. Das Beispiel hier geht davon aus, dass sich der Aufrufer mit einem benutzerdefinierten Authentifizierungsschema beim HTTP-Service anmeldet. Dieses sieht vor, dass folgende HTTP-Kopfzeile im Rahmen der Anfragen übersendet wird:

```
Authorization: Access-Key 12345678901
```

Dieser von HTTP vorgesehene `Authorization`-Eintrag besteht aus zwei Teilen: Der erste Teil gibt Auskunft über die Art der Authentifizierung; der zweite Teil beinhaltet jene Information, mit der der Benutzer nachweist, wer er ist. Die Art der Authentifizierung, auch Authentifizierungsschema genannt, nennt sich in diesem Bespiel `Access-Key`; bei der Information handelt es sich um einen Schlüssel, den der Aufrufer im Vorfeld erhalten hat. Kann der Benutzer nicht erfolgreich authentifiziert werden, erhält er im Rahmen der Antwort über die Kopfzeile `WWW-Authenticate: Access-Code` den Hinweis, dass er sich über das Authentifizierungsschema `Access-Code` zu erkennen geben soll.

Die Implementierung in Beispiel 2-33 realisiert die Schnittstellen `FilterAttribute` und `IAuthenticationFilter`. Innerhalb von `AuthenticateAsync` prüft sie, ob der gewünschte Kopfzeileneintrag übergeben wurde. Hier fällt einmal mehr auf, dass die Web-API für bekannte Kopfzeileneinträge ein eigenes Objektmodell bietet. Konnte sie den Benutzer authentifizieren, weist sie `context.Principal` ein Prinzipalobjekt zu, welches den Benutzer beschreibt. Dieses Objekt beinhaltet eine Identität mit einem Namen sowie die Rollen des Benutzers. Innerhalb von Action-Methoden kann dieses `Principal`-Objekt über die geerbte Eigenschaft `User` sowie über die statische Eigenschaft `Thread.CurrentPrincipal` abgerufen werden. Konnte der Benutzer nicht erfolgreich authentifiziert werden, stehen zwei Möglichkeiten zur Auswahl: Entweder der Benutzer wird sofort abgewiesen oder der Filter gibt dem Benutzer die Möglichkeit, sein Glück als (vorerst) anonymer Benutzer zu versuchen. Um den ersten Fall zu realisieren, würde der Entwickler, wie hier mit einem Kommentar angedeutet, der Eigenschaft `context.ErrorResult` ein Objekt vom Typ `UnauthorizedResult` zuweisen. Dabei handelt es sich um eine Implementierung von `IHttpActionResult`, welche dem Aufrufer mit dem oben genannten Kopfzeileneintrag über die möglichen Authentifizierungsschemata in Kenntnis setzt. Liegt ein `ErrorResult` vor, bricht die Web-API die Ausführung der Anfrage ab und führt stattdessen das `ErrorResult` aus.

Das hier gezeigte Beispiel implementiert den anderen Fall, wo der Benutzer als anonymer Benutzer sein Glück versucht. Die Methode `ChallengeAsync` prüft, ob er erfolgreich war. Um dies zu tun, benötigt sie die aktuelle `HttpResponseMessage` und die bekommt sie, indem sie das über den Kontext angebotene `IHttpActionResult` mit dem Namen `Result` ausführt. Weist die auf diesem Weg erhaltene `HttpResponseMessage` den Statuscode `Unauthorized` auf, hat die Action-Methode der Wahl den Zugriff durch den anonymen Benutzer verweigert. In diesem Fall ersetzt `ChallengeAsync` das `Result`-Objekt durch ein `UnauthorizedResult`, welches Auskunft über die unterstützten Authentifizierungsschemata gibt. Andernfalls wird das Result durch ein `ResponseMessageResult` ersetzt, welches die `HttpResponseMessage` zum Aufrufer transportiert.

Beispiel 2-33: Einfacher Authentication-Filter

```
public class SampleAuthenticationFilter :
                System.Web.Http.Filters.FilterAttribute,
                System.Web.Http.Filters.IAuthenticationFilter
{
        public async System.Threading.Tasks.Task AuthenticateAsync(
                                HttpAuthenticationContext context,
                                System.Threading.CancellationToken cancellationToken)
        {

            if (context.Request.Headers.Authorization != null
                && !string.IsNullOrEmpty(context.Request.Headers.Authorization.Scheme)
                && !string.IsNullOrEmpty(context.Request.Headers.Authorization.Parameter)
                && context.Request.Headers.Authorization.Scheme == "Access-Key"
                && context.Request.Headers.Authorization.Parameter == "1234567890")
            {
                    context.Principal = new GenericPrincipal(
                                                new GenericIdentity("MaxMuster"),
                                                new string[] { "Manager", "Admin", "Dev" });
                    return;
            }
            // context.ErrorResult = new UnauthorizedResult(new[] {
                        new AuthenticationHeaderValue("Access-Code") }, context.Request);
        }

        public async System.Threading.Tasks.Task ChallengeAsync(
                              HttpAuthenticationChallengeContext context,
                              System.Threading.CancellationToken cancellationToken)
        {
            var response = await context.Result.ExecuteAsync(cancellationToken);

            if (response.StatusCode == System.Net.HttpStatusCode.Unauthorized)
            {
                context.Result = new UnauthorizedResult(new[] {
                                      new AuthenticationHeaderValue("Access-Code") }, context.
Request);
                return;
            }

            context.Result = new ResponseMessageResult(response);
        }

}
```

Eine einfache Möglichkeit, um anzugeben, dass eine Action-Methode nur von authentifizierten Benutzern aufgerufen werden darf, besteht darin, diese Methode oder den ganzen Controller mit dem Attribut `Authorize` zu annotieren. Mehr dazu sowie über die Möglichkeiten, die ASP.NET im Bereich Sicherheit bietet, finden Sie in Kapitel 8.

Filterüberschreibungen

Filter können auf verschiedenen Ebenen definiert werden: Globale Filter gelten für sämtliche Action-Methoden, Filter, die mit einem Controller assoziiert werden, für alle Action-Methoden dieses Controllers, und Filter, die für eine Action-Methode definiert werden, nur für diese Action-Methode. Filterüberschreibungen erlauben es, sämtliche Filter einer Art, die auf höherer Ebene definiert wurden, auf der Ebene der Controller- bzw. Action-Methoden außer Kraft zu setzen.

ASP.NET Web API stellt dazu die Attribute OverrideActionFiltersAttribute, OverrideAuthenticationAttribute, OverrideAuthorizationAttribute und OverrideExceptionFiltersAttribute zur Verfügung. Wendet der Entwickler beispielsweise OverrideActionFiltersAttribute auf eine Action-Methode an, so setzt die Web-API beim Aufruf dieser Action-Methode sämtliche Action-Filter außer Kraft, welche global oder auf der Ebene des Controllers dieser Action-Methode definiert wurden. Dieselben Attribute bietet auch ASP.NET MVC an. Daneben findet man hier auch ein OverrideResultFiltersAttribute zum Überschreiben von Result-Filtern, die es bei ASP.NET Web API nicht gibt.

Da die Attribute sowohl in der MVC- als auch in der Web-API-Welt dieselben Namen aufweisen, ist darauf zu achten, die richtigen Namespaces zu verwenden: Die Attribute für ASP.NET Web API befinden sich im Namespace System.Web.Http; die Attribute für ASP.NET MVC im Namespace System.Web.Mvc.

Sämtliche hier genannten Attribute implementieren die Schnittstellen IOverrideFilter, die sich für MVC im Namespace System.Web.Mvc.Filters und für die Web-API im Namespace System.Web.Http.Filters befindet. Diese Schnittstelle definiert die Methode FiltersToOverride, welche den Typ der zu überschreibenden Filter zurückgibt. Somit könnte der Eindruck entstehen, dass der Entwickler die Möglichkeit hat, nur ausgewählte Filter einer Art, zum Beispiel nur einen bestimmten Action-Filter und nicht alle Filter, die IActionFilter implementieren, zu überschreiben. Leider ist dies derzeit nicht möglich oder anders formuliert: Lediglich die Typen von IActionFilter, IAuthenticationFilter, IAuthorizationFilter, IExceptionFilter und IResultFilter sind sinnvolle Rückgabewerte der genannten Methode.

Benutzerdefinierte Formate unterstützen

ASP.NET Web API unterstützt in erster Linie JSON und XML. Allerdings kann der Entwickler eine Unterstützung für weitere Formate wie zum Beispiel CSV bereitstellen. Dieser Abschnitt zeigt, wie dies zu bewerkstelligen ist, und wie diese Formate client- sowie serverseitig genutzt werden können.

Formatter implementieren

Um serverseitig eine Unterstützung für ein eigenes Format bereitzustellen, implementiert der Entwickler eine Subklasse von MediaTypeFormatter bzw. BufferedMediaTypeFormatter. Erstere sieht den Einsatz asynchroner Methoden zum Lesen und Schreiben von Objekten vor. Deren Subklasse BufferedMediaTypeFormatter macht diese asynchrone API über synchrone Methoden zugänglich.

Ein Beispiel dafür stellt der FlatFileFormatter in Beispiel 2-34 dar. Dieser bietet die Möglichkeit, eine List<Hotel> als CSV-Datei zu serialisieren sowie Daten, die in diesem Format vorliegen, wieder als List<Hotel> zu deserialisieren.

Im Konstruktor wird der zu verwendende Mime-Typ auf `text/csv` festgelegt. Dies veranlasst die Web-API dazu, den `FlatFileFormatter` immer dann in Erwägung zu ziehen, wenn mit Daten dieses Mime-Typs gearbeitet werden soll. Durch weitere analoge Aufrufe könnten mit dem vorliegenden `FlatFileFormatter` auch weitere Mime-Typen assoziiert werden.

Die überschriebenen Methoden `CanReadType` und `CanWriteType` zeigen an, dass der `FlatFileFormatter` lediglich Objekte des Typs `List<Hotel>` (de)serialisieren kann; die Methoden `OnWriteStream` und `OnReadStream` legen die zum Serialisieren bzw. Deserialisieren zu verwendende Logik fest.

Beispiel 2-34: Formatter für CSV-Dateien

```
public class FlatFileFormatter : BufferedMediaTypeFormatter
{
    public FlatFileFormatter()
    {
        this.SupportedMediaTypes.Add(new MediaTypeHeaderValue("text/csv"));
    }

    public override bool CanReadType(Type type)
    {
        return typeof(IEnumerable<Hotel>).IsAssignableFrom(type);
    }

    public override bool CanWriteType(Type type)
    {
        return typeof(IEnumerable<Hotel>).IsAssignableFrom(type);
    }

    public override object ReadFromStream(Type type, Stream readStream,
                                          System.Net.Http.HttpContent content,
                                          IFormatterLogger formatterLogger)
    {
        var hotels = new List<Hotel>();
        StreamReader r = new StreamReader(readStream);

        string line;
        while ((line = r.ReadLine()) != null)
        {
            if (line.Trim() == "") continue;
            var cols = line.Split(',');
            var hotel = new Hotel
            {
                HotelId = Convert.ToInt32(cols[0]),
                Bezeichnung = cols[1],
                Sterne = Convert.ToInt32(cols[2])
            };
            hotels.Add(hotel);
        }

        return hotels;
    }

    public override void WriteToStream(Type type, object value,
                         Stream writeStream, System.Net.Http.HttpContent content)
    {
        var hotels = (IEnumerable<Hotel>)value;
```

```
            if (hotels == null) return;

            StreamWriter w = new StreamWriter(writeStream);
            foreach (Hotel h in hotels)
            {
                w.WriteLine(h.HotelId + "," + h.Bezeichnung + "," + h.Sterne);
            }
            w.Flush();

        }
    }
```

Damit die Web-API einen benutzerdefinierten `MediaTypeFormatter` verwenden kann, ist der Entwickler angehalten, diesen zu registrieren. Dazu bietet sich abermals die Methode `WebApiConfig.Register` an. Beispiel 2-35 zeigt den dafür benötigten Aufruf.

Beispiel 2-35: Benutzerdefinierten Formatter registrieren

```
[…]
GlobalConfiguration.Configuration.Formatters.Add(new FlatFileFormatter());
[…]
```

Um einen Formatter in Aktion zu erleben, kann Fiddler herangezogen werden, zumal der Entwickler damit via HTTP Anfragen generieren kann. Abbildung 2-3 zeigt einen solchen Aufruf sowie eine dazu passende Antwort in Fiddler. Dabei ist zu beachten, dass das gewünschte Format bei der Anfrage im Kopfzeileneintrag `Accept` angegeben wurde.

Abbildung 2-3: Mittels Fiddler Informationen im CSV-Format anfordern

Formatter mit HttpClient verwenden

Um auch clientseitig Formate jenseits von JSON und XML beim Senden von Anfragen heranzuziehen, hinterlegt der Entwickler beim Erzeugen einer `ObjectContent`-Instanz den gewünschten Formatter. Das nachfolgende Schnipsel führt den von der Web-API bereitgestellten `JsonMediaTypeFormatter` an.

```
var request = new HttpRequestMessage();
request.Content = new ObjectContent<HotelBuchung>(buchung,
                                        new JsonMediaTypeFormatter());
```

Eine Liste der Formatter, die beim Deserialisieren der empfangenen Daten Verwendung finden sollen, kann darüber hinaus beim Aufruf von `ReadAsync` angegeben werden (Beispiel 2-36). Den Mime-Typ der zu sendenden Nachricht gibt der Entwickler über den Kopfzeileneintrag `Content-Type` an; jenen, den er sich für die Antwort erwartet, mittels `Accept`.

Beispiel 2-36: HttpClient mit Formattern nutzen

```
// Client erzeugen
var client = new HttpClient();

// Liste mit Formattern bereitstellen
var formatters = new List<MediaTypeFormatter>();
formatters.Add(new FlatFileFormatter());

// Accept-Header auf text/csv setzen
client.DefaultRequestHeaders.Accept.Add(
            new MediaTypeWithQualityHeaderValue("text/csv"));

var url = "http://localhost:1307/api/Hotels";

// Daten anfordern
var response = await client.GetAsync(url);
var hotels = await response
                        .Content
                        .ReadAsAsync<IEnumerable<Hotel>>(formatters);

foreach (var hotel in hotels)
{
    Console.WriteLine(hotel.Bezeichnung);
}
```

Serialisierung beeinflussen

ASP.NET Web API bietet standardmäßig einen JSON- sowie einen XML-Serializer. Diese können, zum Beispiel zur Vermeidung von Interoperabilitätsproblemen, angepasst werden.

JSON-Serializer konfigurieren

Details der Serialisierung sowie den zu verwendenden JSON- bzw. XML-Serializer kann der Entwickler über die globale Konfiguration anpassen – als Ort für diese Anpassungen bietet sich, wie so häufig, die Methode `WebApiConfig.Register` an. Beispiel 2-37 demonstriert einige Einstellungsmöglichkeiten für jenen Serializer, der standardmäßig vom `JsonFormatter` herangezogen wird.

`UseDataContractJsonSerializer` definiert, ob der aus WCF bekannte `DataContractJsonSerializer` zum Einsatz kommen soll. Obwohl diese Einstellung aus Gründen der Kompatibilität zu WCF-basierten Systemen sinnvoll erscheint, sollte sie gerade bei Neuentwicklungen auf ihren Standardwert `false` belassen werden. Dies hat zur Folge, dass ASP.NET Web API auf den mächtigeren Serializer aus dem freien Projekt `JSON.Net`, welches mit der Web-API ausgeliefert wird, zurückgreift.

`DateTimeZoneHandling` legt fest, welche Zeitzone bei der Übertragung von Datumswerten zu verwenden ist. Die im betrachteten Fall verwendete Option `DateTimeZoneHandling.Local` bewirkt, dass ASP.NET Web API Uhrzeiten als lokale Uhrzeiten (unter Berücksichtigung der Einstellungen am Server) inkl. Zeitzonenoffset überträgt. Alternativen sind `DateTimeZoneHandling.Utc` sowie `DateTimeZoneHandling.RoundtripKind`. Erstere konvertiert Uhrzeiten immer nach UTC; Letztere erhält die Zeitzone, die der Client übersendet hat.

Eine der wohl wichtigsten Eigenschaften, die den Umgang mit Datumswerten beeinflusst, ist `DateFormatHandling`. Sie legt fest, wie Datumswerte in JSON dargestellt werden sollen und adressiert somit die Problemstellung, dass die JSON-Spezifikation keine Aussage darüber macht. Die Option `IsoDateFormat`, welche auch den Standardwert darstellt, bewirkt, dass ASP.NET Web API Datumswerte wie in XML üblich nach ISO 8601 darstellt. Ein Beispiel dafür ist *2013-01-20T21:00:00+01:00*. Das *T* trennt dabei den Datumsteil von der Uhrzeit und am Ende wird ein eventueller Zeitzonenoffset angehängt. Bei +01:00 handelt es sich um das Offset für die mitteleuropäische Zeit (MEZ), welche von der Standardzeit (UTC) um eine Stunde abweicht.

Eine Alternative hierzu stellt die Option `MicrosoftDateFormat` dar. Sie legt fest, dass jene Darstellung für Datumswerte heranzuziehen ist, die Microsoft-Frameworks im Zuge der JSON-Serialisierung in der Vergangenheit verwendet haben. Zugunsten der allgemein akzeptierten ISO-Repräsentation sollte der Entwickler diese Einstellung nur nutzen, wenn das entwickelte System zu solchen Systemen kompatibel sein muss.

Eine weitere Eigenschaft, die in Beispiel 2-37 verwendet wird, ist `Formatting`. Wird sie auf `Formatting.Indented` gesetzt, kommen – zur besseren Lesbarkeit – Zeilenschaltungen und Einrückungen zum Einsatz. Ansonsten verzichtet der JSON-Serializer darauf.

Beispiel 2-37: JSON-Serialisierung anpassen

```
var jf = GlobalConfiguration.Configuration.Formatters.JsonFormatter;
jf.UseDataContractJsonSerializer = false;
jf.SerializerSettings.DateTimeZoneHandling =
                            Newtonsoft.Json.DateTimeZoneHandling.Local;
jf.SerializerSettings.DateFormatHandling =
                            Newtonsoft.Json.DateFormatHandling.IsoDateFormat;
// jf.SerializerSettings.DateFormatHandling =
                            Newtonsoft.Json.DateFormatHandling.MicrosoftDateFormat;
jf.SerializerSettings.Formatting = Newtonsoft.Json.Formatting.Indented;
```

XML-Serializer konfigurieren

Ähnlich wie der Serializer, der standardmäßig vom `JsonFormatter` verwendet wird, kann auch jener, der standardmäßig vom XML-Formatter herangezogen wird, konfiguriert werden. Beispiel 2-38 demonstriert dies. Die Option `UseXmlSerializer` legt fest, ob der `XmlSerializer`, der seit .NET 1.0 mit von der Partie ist, zum Serialisieren heranzuziehen ist. Wird diese Option auf `false` gesetzt, kommt der `DataContractSerializer`, der auch von der WCF genutzt wird, zum Einsatz. `Ident` gibt darüber hinaus darüber Auskunft, ob zur besseren Lesbarkeit Einrückungen verwendet werden sollen.

Beispiel 2-38: XML-Serialisierung anpassen

```
var xf = GlobalConfiguration.Configuration.Formatters.XmlFormatter;

xf.UseXmlSerializer = true;
xf.Indent = true;
```

Eigenschaften von der Serialisierung ausschließen

Um festzulegen, dass der JSON-Serializer bestimmte Eigenschaften nicht serialisieren soll, annotiert sie der Entwickler mit dem Attribut `JsonIgnore`. Damit der `XmlSerializer` das Attribut ebenfalls nicht serialisiert, ist es mit `XmlIgnore` zu annotieren. Beim Einsatz des aus der WCF bekannten `DataContractSe-`

rializer- bzw. DataContractJsonSerializer-Objekts wird die jeweilige Eigenschaft hingegen nicht mit DataMember annotiert. Beispiel 2-39 demonstriert dies mit der Klasse Abteilung, deren Eigenschaft Budget in keinem der soeben beschriebenen Fälle serialisiert wird.

Beispiel 2-39: Serialisierung von Eigenschaften durch Annotationen unterdrücken

```
[DataContract]
public class Abteilung
{
    [DataMember(Name="AbteilungsName", IsRequired=true)]
    public String Bezeichnung { get; set; }

    [DataMember]
    public Mitarbeiter Manager { get; set; }

    [JsonIgnore]
    [XmlIgnore]
    public string Budget{ get; set; }
}
```

Zirkuläre Referenzen serialisieren

Da sowohl XML als auch JSON prinzipiell Daten in hierarchischer Form repräsentieren, sind Fälle, in denen zwei Elemente gegenseitig aufeinander verweisen, problematisch. Diese Problemstellung wird durch die beiden Klassen in Beispiel 2-40 veranschaulicht: Die Klasse Mitarbeiter verweist auf die Klasse Abteilung und die Klasse Abteilung verweist über die Eigenschaft Manager zurück auf die Klasse Mitarbeiter. Bei einer strikten hierarchischen Serialisierung würde sich eine Endlosschleife ergeben.

Beispiel 2-40: Zirkuläre Verweise

```
public class Mitarbeiter
{
    public String Name { get; set; }
    public Abteilung Abteilung { get; set; }
}
public class Abteilung
{
    public String Bezeichnung { get; set; }
    public Mitarbeiter Manager { get; set; }
    public string Budget{ get; set; }
}
```

Um dieses Problem zu umgehen, müssen die verwendeten Serializer angewiesen werden, Referenzen zu verwenden, anstatt referenzierte Elemente an Ort und Stelle zu platzieren und somit ggf. zu wiederholen. Der Serializer des JsonFormatters kann über seine Eigenschaft PreserveReferencesHandling zu diesem Verhalten bewegt werden (Beispiel 2-41).

Beispiel 2-41: Referenzen aktivieren

```
var jf = GlobalConfiguration.Configuration.Formatters.JsonFormatter;
[…]
jf.SerializerSettings.PreserveReferencesHandling = PreserveReferencesHandling.All;
```

Setzt der Entwickler diese Eigenschaft auf die Option PreserveReferencesHandling.All, vergibt der Serializer jedem serialisierten Objekt eine ID und Verweise auf diese Objekte werden unter Angabe dieser IDs modelliert. Beispiel 2-42 demonstriert dies, indem es das Ergebnis der JSON-Serialisierung der Mitarbeiterin Susi Sorglos zeigt, welche Managerin der eigenen Abteilung ist. Dabei fällt auf, dass der Serialisierer zum Darstellen von IDs die einzelnen Objekte um eine Eigenschaft `$id` erweitert hat. Zum Darstellen von Verweisen hat er darüber hinaus die Eigenschaft `$ref` eingeführt.

Beim Einsatz dieser Lösung ist zu beachten, dass es sich hierbei um eine Erweiterung von JSON.Net handelt, welche somit nicht von allen Kommunikationspartnern verstanden wird.

Beispiel 2-42: JSON-Objekt mit Referenzen

```
{
    "$id": "1",
    "Name": "Susi Sorglos",
    "Abteilung": {
       "$id": "2",
       "Bezeichnung": "Abteilung Einkauf",
       "Manager": {
           "$ref": "1"
       }
    }
}
```

Der `DataContractSerializer` bietet für XML-Dokumente mit zirkulären Verweisen zwei ähnliche Lösungsansätze. Zum einen kann der Entwickler bei der Definition eines Datenvertrags angeben, dass Verweise auf diesen Datenvertrag durch Angabe von IDs aufzulösen sind. Dazu legt er die Eigenschaft `IsReference` des Attributs `DataContract` auf `true` fest (siehe Beispiel 2-43).

Beispiel 2-43: Referenzen für Datenverträge aktivieren

```
[DataContract(IsReference = true)]
public class Abteilung
{
    [DataMember(Name="AbteilungsName", IsRequired=true)]
    public String Bezeichnung { get; set; }

    [DataMember]
    public Mitarbeiter Manager { get; set; }

    [JsonIgnore]
    [XmlIgnore]
    public string Budget{ get; set; }
}

[DataContract(IsReference = true)]
public class Abteilung
{
    [DataMember]
    public String Bezeichnung { get; set; }

    [DataMember]
    public Mitarbeiter Manager { get; set; }
}
```

Alternativ dazu kann der Entwickler pro Datenvertrag in der globalen Konfiguration einen vorkonfigurierten `DataContractSerializer` hinterlegen. Damit diese Serializer zum Auflösen von Verweisen ID-Referenzen einsetzen, übergibt er den Wert `true` an den Konstruktor-Parameter `preserveObjectReferences` (Beispiel 2-44).

Beispiel 2-44: Vorkonfigurierte Serializer registrieren

```
var dcsAbteilung = new DataContractSerializer(typeof(Abteilung), null,
                          int.MaxValue, false,
                          /* preserveObjectReferences: */ true, null);
xf.SetSerializer<Abteilung>(dcsAbteilung);

var dcsMitarbeiter = new DataContractSerializer(typeof(Mitarbeiter), null,
                          int.MaxValue, false,
                          /* preserveObjectReferences: */ true, null);
xf.SetSerializer<Mitarbeiter>(dcsMitarbeiter);
```

Binary JSON (BSON)

Seit Version 2.1 befindet sich im Lieferumfang von ASP.NET Web API ein Formatierer namens *BsonMediaTypeFormatter*, der eine kompakte Darstellung der versendeten Daten mittels BSON (*http://bsonspec.org/*) erlaubt. BSON steht für Binary JSON und bietet aufgrund einer kompakten und binären Darstellung eine effizientere Kommunikation als JSON. Der Nachteil von BSON liegt in der Tatsache, dass es nicht allzu weit verbreitet ist und man somit nicht davon ausgehen kann, dass jeder Kommunikationspartner in der Lage ist, BSON zu verarbeiten.

Da der *BsonMediaTypeFormatter* nicht standardmäßig von Web API verwendet wird, muss er, wie die benutzerdefinierten Formatierer, manuell registriert werden (siehe den Abschnitt »Benutzerdefinierte Formate unterstützen«). Der *BsonMediaTypeFormatter* bietet dieselben Einstellungen wie der Formatierer `JsonMediaTypeFormatter` und hört standardmäßig auf den Content-Type *application/bson*.

Web-API und HTML-Formulare

Neben der Tatsache, dass ASP.NET Web API XML- und JSON-basierte Daten empfangen und senden kann, besteht auch die Möglichkeit, Daten in jenen Formaten entgegenzunehmen, in denen Browser sie senden. Somit können Action-Methoden auch als Ziel von HTML-basierten Formularen dienen.

Einfache Formularfelder übermitteln

Die standardmäßig eingerichteten Formatter binden die übersendeten Felder eines HTML-Formulars an die Übergabeparameter der angestoßenen Action-Methode. Daneben kann auch mit `Request.Content.ReadAsFormDataAsync` eine Auflistung mit sämtlichen Formularparametern abgerufen werden (siehe Beispiel 2-45).

Beispiel 2-45: Daten eines HTML-Formulars lesen

```
public async Task<string> Post()
{
    if (Request.Content.IsFormData())
    {
        var formData = await Request.Content.ReadAsFormDataAsync();
        return formData["message"];
    }
    return "No Message!";
}
```

Dateiupload via HTML-Formular

Um Dateiuploads, die von einem HTML-Formular aus erfolgen, verarbeiten zu können, muss ASP.NET Web API dazu gebracht werden, mit Daten umzugehen, die sich am Mime-Typ `multipart/form-data` orientieren. Dieser Mime-Type sieht vor, dass die übersendeten Informationen in mehrere Sektionen geteilt werden, wobei jede Sektion einen eigenen Mime-Type aufweisen kann. Diese Sektionen beinhalten zum Beispiel die hochzuladenden Dateien oder auch die Inhalte von Formularfeldern.

Zum Lesen einer solchen Nachricht verwendet der Entwickler die Methode `Content.ReadAsMultipartAsync` des aktuellen `Request`-Objekts (Beispiel 2-46). An diese kann er eine Instanz einer Subklasse von `MultipartStreamProvider` übergeben, wobei diese die Art der Verarbeitung der übersendeten Daten festlegt.

Im betrachteten Fall kommt ein `MultipartFormDataStreamProvider` zum Einsatz. Dieser speichert die hochgeladenen Daten in jenem Ordner, den der Entwickler über dessen Konstruktor festgelegt hat. Darüber hinaus hält er die Daten von Formularfeldern im Hauptspeicher vor und macht sie über die Eigenschaft `FormData` zugänglich. Die Auflistung `FileData` beinhaltet daneben Informationen über die hochgeladenen Dateien, welche im spezifizierten Verzeichnis abgelegt wurden.

Die einzelnen Einträge sind vom Typ `MultipartFileData`, welcher zwei Eigenschaften aufweist: `LocalFileName` repräsentiert den vollständigen Namen der hochgeladenen Datei im festgelegten Uploadordner des Servers; `Headers` liefert Kopfzeileneinträge, welche der Browser für die jeweilige Datei übersendet hat. Über den Kopfzeileneintrag `Content-Disposition` kann zum Beispiel jener Name, den die Datei auf der Clientseite hat, ermittelt werden; der Kopfzeileneintrag `Content-Type` gibt hingegen Auskunft über das Dateiformat (über `Content-Type`) der Datei. Im betrachteten Beispiel werden diese Informationen zur Demonstration im Debugfenster ausgegeben. Beispiel 2-47 zeigt zur Demonstration jene Ausgaben, die beim Hochladen einer ZIP-Datei entstanden sind. Eine HTML-Seite zum Testen dieser Action-Methode findet sich in Beispiel 2-48.

Beispiel 2-46: File-Upload bearbeiten

```
public async Task<string> Post()
{
    if (!Request.Content.IsMimeMultipartContent("form-data"))
    {
        throw new HttpResponseException(HttpStatusCode.UnsupportedMediaType);
    }

    var formDataProvider = new
            MultipartFormDataStreamProvider(@"c:\temp\bilder");
    var bodyParts = await
            Request.Content.ReadAsMultipartAsync(formDataProvider);

    var hotelId = bodyParts.FormData["hotelId"];
    Debug.WriteLine("HotelId: " + hotelId);

    foreach (var file in bodyParts.FileData)
    {
        Debug.WriteLine("File: " + file.LocalFileName);
        foreach (var h in file.Headers)
        {
            var array = h.Value as IEnumerable<string>;
            if (array != null) {
```

```
                Debug.WriteLine("    Header: " + h.Key + ": " + string.Join("|", array));
            }
            else {
                Debug.WriteLine("    Header: " + h.Key + ": " + h.Value);
            }

        }
    }

    return bodyParts.FileData.Count + " Dateien für Hotel #" + hotelId + " hochgeladen!";

}
```

Beispiel 2-47: Ausgabe der übersendeten Daten

```
HotelId: 333
File: c:\temp\bilder\BodyPart_2dc6a787-06f1-4dff-91cc-d1f48cf7d6e6
   Header: Content-Disposition: form-data; name="data";
                    filename="C:\Users\steyer\Desktop\ExtendingMVC.zip"
   Header: Content-Type: application/x-zip-compressed
```

Beispiel 2-48: HTML-Formular für Dateiupload

```
<!DOCTYPE HTML>
<html>
    <head>
        <title>Hotel-Bilder</title>

    </head>
    <body>

        <form
            method="POST"
            action="http://localhost:1307/api/Bilder"
            enctype="multipart/form-data">

            <div>
                HotelId
            </div>
            <div>
                <input name="hotelId" >
            </div>
            <div>
                Bilder:
            </div>
            <div>
                <input name="data" type="file" multiple>
            </div>
            <input type="submit" />

        </form>

    </body>

</html>
```

Neben dem `MultipartFormDataStreamProvider` existieren noch ein paar weitere Implementierungen, die in solchen Szenarien verwendet werden können. Tabelle 2-3 gibt Aufschluss darüber.

Tabelle 2-3: MultipartStreamProvider-Derivate

Implementierung	Beschreibung
MultipartMemoryStreamProvider	Speichert sämtliche Teile der Nachricht im Hautspeicher und stellt diese in Form von `MemoryStream`-Objekten bereit
MultipartFileStreamProvider	Speichert sämtliche Teile der Nachricht im Dateisystem
MultipartFormDataStreamProvider	Speichert nur hochgeladene Dateien im Dateisystem; Formularfelder werden im Hauptspeicher vorgehalten
MultipartRelatedStreamProvider	Unterstützt den Mime-Typ `Multipart/Related` (RFC 2387), bei dem einzelne Nachrichtenteile aufeinander verweisen können (zum Beispiel eine XML-Nachricht im ersten Teil auf ein Bild im zweiten Teil)

Fortschritt ermitteln

Zum Ermitteln des Fortschritts eines Upload- bzw. Downloadvorgangs bietet ASP.NET Web API einen `ProgressMessageHandler` (Beispiel 2-49). Wie alle anderen `MessageHandler` auch, ist dieser mit allen anderen zu verwendenden Handlern zu verketten, wobei sich am Ende dieser Kette ein `HttpClientHandler` befinden muss. Nachdem er sie erzeugt hat, übergibt der Entwickler diese `MessageHandler`-Kette an den Konstruktor von `HttpClient`.

Der Eigenschaft `HttpReceiveProgress` von `ProgressMessageHandler` weist er zusätzlich eine Methode zu, die laufend über den Fortschritt eines Downloads informiert werden soll (siehe Beispiel 2-50). Diese Methode erhält bei jedem Aufruf ein Argument vom Typ `HttpProgressEventArgs`, das Zugriff auf Informationen, welche den aktuellen Fortschritt repräsentieren, gewährt. Die Eigenschaft `ProgressPercentage` enthält zum Beispiel den Grad der Fertigstellung in Prozent. Im betrachteten Fall wird dieser Wert ausgegeben, sofern er sich seit dem letzten Aufruf der Benachrichtigungs-Methode geändert hat.

> Die Verwendung von `ProgressMessageHandler` schließt den Einsatz von Streaming aus.

Um sich über den Fortschritt eines Uploadvorgangs informieren zu lassen, geht der Entwickler analog vor. Allerdings verwendet er hierzu die Eigenschaft `HttpSendProgress` anstatt von `HttpReceiveProgress`.

Beispiel 2-49: Einsatz von ProgressMessageHandler

```
static async void DownloadDemo()
{
    var progressMessageHandler = new ProgressMessageHandler()
    {
        InnerHandler = new HttpClientHandler()
    };

    progressMessageHandler.HttpReceiveProgress +=
                    progressMessageHandler_HttpReceiveProgress;

    HttpClient client = new HttpClient(progressMessageHandler);

    var response = await client.GetAsync("http://localhost:1307/api/Bilder");
    var stream = await response.Content.ReadAsStreamAsync();

    Console.WriteLine("Habe Stream erhalten!");
```

```
        long bytes = 0;

        using (FileStream fs =
                    new FileStream(@"c:\temp\download.dat", FileMode.Create))
        {
            int b;
            while ((b = stream.ReadByte()) != -1)
            {
                fs.WriteByte((byte)b);
                bytes++;
                if (bytes % (200 * 1024) == 0)
                {
                    Console.WriteLine(bytes / 1024 + " KB gelesen ...");
                }
            }
        }
        Console.WriteLine("Fertig gelesen");

    }
```

Beispiel 2-50: Ereignisbehandlungsroutine für ProgressMessageHandler

```
static int progress = -1;
[...]
static void progressMessageHandler_HttpReceiveProgress(
                                object sender, HttpProgressEventArgs e)
{
    if (progress == e.ProgressPercentage) return;
    Console.WriteLine(e.ProgressPercentage + "% heruntergeladen");
    progress = e.ProgressPercentage;
}
```

Feingranulare Konfiguration

Bis dato waren sämtliche beschriebenen Konfigurationseinstellungen global und wirkten sich somit auf sämtliche Controller aus. Dieser Abschnitt zeigt, wie Konfigurationseinstellungen für bestimmte Controller hinterlegt werden können.

Controllerbasierte Konfiguration

Obwohl die globale Konfiguration von ASP.NET Web API in vielen Fällen ausreicht, gibt es Situationen, in denen Einstellungen lediglich für einen einzelnen oder wenige Controller vorgenommen werden sollen. In diesen Situationen besteht die Möglichkeit, die Schnittstelle `IControllerConfiguration` zu implementieren (Beispiel 2-51). Dieses gibt die Methode `Initialize` vor, welche die Konfiguration eines bestimmten Controllers übernimmt. Dazu übergibt ASP.NET Web API einen Parameter vom Typ `HttpControllerSettings` sowie einen `HttpControllerDescriptor`. An ersteren sind die gewünschten Konfigurationseinstellungen zu übergeben; Letzterer bietet Informationen über den zu konfigurierenden Controller.

Im betrachteten Fall entfernt `Initialize` den ersten Formatter – es handelt sich dabei um den JSON-Formatter – und ersetzt die zu verwendende `ITraceWriter`-Implementierung durch eine benutzerdefinierte, die – um das Beispiel kurz zu halten – von der eigenen Klasse bereitgestellt wird. Dazu wird der benutzerdefinierte `ITraceWriter` implementiert und somit auch eine Methode `Trace` bereitgestellt.

Beispiel 2-51: Controllerbasierte Konfiguration

```
public class CustomConfig : Attribute, IControllerConfiguration, ITraceWriter
{
    public void Initialize(HttpControllerSettings controllerSettings,
                                HttpControllerDescriptor controllerDescriptor)
    {
        controllerSettings.Formatters.RemoveAt(0);
        controllerSettings.Services.Replace(typeof(ITraceWriter), this);
    }

    public void Trace(HttpRequestMessage request, string category,
                      System.Web.Http.Tracing.TraceLevel level, Action<TraceRecord> traceAction)
    {
        TraceRecord record = new TraceRecord(request, category, level);
        traceAction(record);
        Debug.WriteLine(category + ": " + level + " " + record.Message);
    }
}
```

Da die betrachtete Implementierung darüber hinaus auch von der Basisklasse `Attribute` erbt, kann sie zum Annotieren der zu konfigurierenden Controller herangezogen werden (Beispiel 2-52).

Beispiel 2-52: Einsatz einer controllerbasierten Konfiguration

```
[CustomConfig]
public class MiniBarController : ApiController
{

    public double GetPrice(int hotelId, int roomNumber)
    {
        return 42;
    }

}
```

Routenbasierte Konfiguration

Auch auf der Ebene von Routen kann der Entwickler die Standardkonfiguration variieren. Dazu hat er die Möglichkeit, einer Route eine Kette von `MessageHandler`-Objekten zuzuordnen. Beispiel 2-53 weist zum Beispiel der Route `BuchungenByHotelRoute` eine Kette bestehend aus einem `LimitResultMessageHandler` und einem `HttpControllerDispatcher` zu. Dabei ist zu beachten, dass Ketten dieser Art immer mit einem `HttpControllerDispatcher` abzuschließen sind, da dieser die entsprechende Action-Methode anstößt.

Beispiel 2-53: Konfiguration auf der Ebene einer Route

```
public static void RegisterRoutes(RouteCollection routes)
{
    routes.IgnoreRoute("{resource}.axd/{*pathInfo}");


    var handler = new LimitResultMessageHandler()
    {
        InnerHandler = new HttpControllerDispatcher(GlobalConfiguration.Configuration)
    };
```

```
    routes.MapHttpRoute(
        name: "BuchungenByHotelRoute",
        routeTemplate: "api/Hotels/{hotelId}/Buchungen",
        defaults: new { controller = "Buchungen" },
        constraints: null, // Notwendig, damit richtige Überladung gewählt wird!
        handler: handler
    );

    [...]
}
```

KAPITEL 3

JavaScript-Frameworks

Während der Einsatz von JavaScript in den ersten Tagen des Webs nicht gerne gesehen wurde, wird diese Sprache heutzutage sehr intensiv von modernen Webanwendungen genutzt. Die Gründe dafür liegen unter anderem in der Tatsache, dass JavaScript viele Möglichkeiten zur Steigerung der Benutzerfreundlichkeit bietet. Daneben ist JavaScript in Kombination mit HTML und CSS die einzige Technologie, die auf allen mobilen und klassischen Plattformen zur Umsetzung von Anwendungen zur Verfügung steht. Natürlich greifen heute auch ASP.NET-Webanwendungen gerne auf JavaScript zurück, weshalb wir dieser Sprache in diesem Buch ein ganzes Kapitel widmen.

Um die Komplexität, die mit der Erstellung von JavaScript-basierten Anwendungen einhergeht, zu reduzieren, wurden zahlreiche Frameworks geschaffen, darunter das Framework jQuery, welches mittlerweile den Stellenwert eines de-facto Standards geniest. Microsoft hat diesen Trend erkannt und liefert deswegen gemeinsam mit seinen Web-Frameworks etablierte freie JavaScript-Frameworks aus, darunter neben jQuery auch jQuery UI, jQuery Mobile und modernizr. Darüber hinaus wurde mit TypeScript eine Sprache geschaffen, welche zum einen Typsicherheit bietet und zum anderen nach JavaScript übersetzt wird und somit den Einsatz der dynamischen Sprache JavaScript erheblich vereinfacht.

Das vorliegende Kapitel soll und kann keine Konkurrenz zu den umfangreichen Dokumentationen der behandelten freien Frameworks darstellen, sondern stellt vielmehr einen Überblick sowie eine Erläuterung der zugrunde liegenden Konzepte dar, sodass der Leser bei Bedarf gezielt in diesen Dokumentationen nachschlagen kann.

Bevor das vorliegende Kapitel diese Konzepte vorstellt, wendet es sich einigen Sprachmerkmalen von JavaScript zu, die für das Verständnis dieser Frameworks essenziell sind. Es wird dabei davon ausgegangen, dass der Leser grundlegende Kenntnisse über JavaScript mitbringt, zumal eine Einführung in diese Sprache den Rahmen des vorliegenden Werks sprengen würde. Weitere frei verfügbare Informationen zu JavaScript sowie eine Übersicht über sämtliche Objekte und Funktionen können darüber hinaus zum Beispiel unter *http://www.w3schools.com/js/default.asp* gefunden werden.

Die Informationen in diesem Kapitel, allen voran die Informationen zu JavaScript als Multiparadigmensprache, jQuery und Promises, bilden das Fundament für die Behandlung des in Kapitel 4 beschriebenen JavaScript-basierten Anwendungsframeworks AngularJS, das die Umsetzung moderner Webanwendungen erheblich vereinfacht.

JavaScript als Multiparadigmen-Sprache

Um JavaScript, aber vor allem populäre JavaScript-Frameworks, effektiv nutzen zu können, muss man sich vor Augen halten, dass es sich hierbei nicht – wie vielerorts vermutet – um eine Teilmenge der objektorientierten Sprache Java, sondern vielmehr um eine eigenständige Sprache handelt, welche verschiedene Paradigmen in sich vereint. Aus diesem Grund betrachtet dieser Abschnitt die Sprache JavaScript aus dem Blickwinkel jener Paradigmen, die sie in sich vereint.

Die prozedurale Seite von JavaScript

Das wohl bekannteste Paradigma, das sich in der Sprache JavaScript wiederfindet, ist der prozedurale Ansatz: Befehle können zu Funktion kombiniert und bei Bedarf zur Ausführung gebracht werden. Der Name Funktion wird hierbei unabhängig von der Tatsache verwendet, ob ein Wert zurückgeliefert wird.

Beispiel 3-1 zeigt ein Beispiel dafür. Hier wird die Funktion `calcZins` definiert. Da es sich bei JavaScript um eine dynamische Sprache handelt, werden weder die Typen der verwendeten Parameter bzw. Variablen noch der Datentyp des Rückgabewerts festgelegt. Allerdings gehört es zum guten Ton, Variablen mit dem Schlüsselwort var zu deklarieren und ihren Gültigkeitsbereich somit auf die aktuelle Funktion[1] zu beschränken. Dies führt im betrachteten Fall dazu, dass `result` lediglich innerhalb der Funktion `calcZins` bekannt ist. Verwendet der Entwickler eine Variable, ohne sie vorher zu deklarieren, wird diese von JavaScript als globale Variable angesehen. Aus Gründen der Wartbarkeit sollte davon jedoch abgesehen werden. Neuere Versionen von JavaScript können sogar dazu gebracht werden, solche Fälle zu verbieten (mehr Informationen zu diesem Mechanismus, der *Strict Mode* genannt wird, finden sich später in diesem Kapitel im Abschnitt »Die modulare Seite von JavaScript«).

Beispiel 3-1: Einfache JavaScript-Funktion

```
<html>
<head>
    <title></title>

    <script language="javascript">

        function calcZins(k, p, t) {
            var result = k * p * t / 36000;
            return result;
        }

        var result = calcZins(200,2,360);
        alert("Ergebnis: " + result);

    </script>
</head>
[...]
</html>
```

1 Variablen sind unter JavaScript nach ihrer Deklaration mit var tatsächlich innerhalb der gesamten Funktion, in der sie deklariert wurden, sichtbar. Um den Gültigkeitsbereich einer Variablen auf den Block (z.B. auf den Schleifenkörper oder auf den jeweiligen Zweig einer Bedingung) zu beschränken, in dem sie deklariert wurde, bieten neuere JavaScript-Interpreter das Schlüsselwort let (`let x = 10;` anstatt `var x = 10;`).

Ein weiteres Beispiel für eine Funktion in JavaScript bietet Beispiel 3-2. Im Gegensatz zum zuvor betrachteten Beispiel handelt es sich hier um eine Funktion, die eine weitere Funktion aufruft.

Beispiel 3-2: Weitere JavaScript-Funktion

```
function showZins(k, p1, p2) {
    var msg = k + " bei ...\n\n";

    for (var p = p1; p <= p2; p++) {
        var zins = calcZins(k, p, 360);
        msg += "    " + p + "% p.a.: " + zins + "\n";
    }

    alert(msg);
}

showZins(500, 1, 3);
```

Anders als in C# muss der Entwickler nicht sämtliche Parameter beim Aufruf einer Funktion angeben. Parameter, die nicht übergeben wurden, weisen innerhalb der Funktion den Wert `undefined` auf. Da JavaScript-Interpreter die Werte `undefined`, `0` und `null` bei logischen Vergleichen wie `false` sowie alle anderen Werte wie `true` behandeln, kann der Entwickler wie in Beispiel 3-3 gezeigt sehr einfach prüfen, ob ein Wert (der von den genannten drei Werten abweicht) für einen Parameter vorliegt. Um direkt gegen den Wert `undefined` zu prüfen, kann auch, wie mit dem Kommentar in Beispiel 3-3 angedeutet, der Operator `typeof` herangezogen werden.

Beispiel 3-3: Optionale Parameter

```
function calcZins(k, p, t) {

    if (!t) t = 360;
    // if (typeof t == 'undefined') t = 360;


    var result = k * p * t / 36000;
    return result;
}
```

> Der Operator `typeof` liefert einen String mit einem der folgenden Werte: `undefined`, `object`, `boolean`, `number`, `string`, `function` und `xml`. Der Wert `xml` wird für Objekte verwendet, die XML-basierende Informationen repräsentieren und durch den hinter JavaScript stehenden ECMAScript-Standard definiert werden, verwendet. Der Wert `object` wird hingegen für alle anderen Objekte sowie für den Wert `null` zurückgegeben. Um den Typ eines Objekts näher zu bestimmen, kann der Entwickler, wie später noch gezeigt wird, den Operator `instanceof` heranziehen.

Neben benutzerdefinierten Funktionen bietet JavaScript auch einen Satz an vordefinierten Funktionen (siehe Beispiel 3-4): `parseInt` wandelt eine Zeichenkette in einen Integer um; bei `parseFloat` handelt es sich hingegen beim Zieldatentyp um eine Fließkommazahl. Die Funktion String erzeugt einen String und `isNaN` prüft, ob es sich beim übergebenen Element um keine Zahl (Not a Number) handelt. Zu den »Nicht-Zahlen« gehören zum Beispiel Strings, aber auch zum Beispiel nicht definierte Werte, wie zum Beispiel das Ergebnis einer Division durch Null.

Beispiel 3-4: Ausgewählte vordefinierte Funktionen

```
var two = parseInt("2");
var twoPointTwo = parseFloat("2.2");
var someString = String(two + twoPointTwo);
alert(someString);

var isSevenNaN = isNaN("seven");
alert("isSevenNaN: " + isSevenNaN);

var isThisNaN = isNaN(1 / 0);
alert("isThisNaN: " + isSevenNaN);

var is42NaN = isNaN(42);
alert("is42NaN: " + is42NaN);
```

Die Operatoren == und *!=* sind unter JavaScript toleranter wie unter C#, zumal sie auch dann von Gleichheit ausgehen, wenn die beiden Werte nach einer Typumwandlung gleich wären. Aus diesem Grund liefert der Ausdruck *("1" == 1)* den Wert *true*. Möchte der Entwickler dies verhindern, kann er auf die Operatoren === und *!==* zurückgreifen, welche sowohl den Inhalt als auch die Typen vergleichen.

Die funktionale Seite von JavaScript

Die Tatsache, dass es sich bei JavaScript auch um eine funktionale Sprache handelt, dürfte weniger bekannt sein. Beispiel 3-5 demonstriert dies. Die Funktion `forEach` erwartet zwei Parameter: ein Array sowie eine Funktion, die für jeden Eintrag im Array aufzurufen ist. Dies ist möglich, da unter JavaScript Funktionen gleichzeitig auch Objekte sind. Als solche können sie Variablen zugewiesen, aber auch an andere Funktionen weitergereicht werden.

Bei `showItem` handelt es sich um eine weitere Funktion, die den übergebenen Wert darstellt und `myInts` ist ein Array mit vier vordefinierten Werten, wobei hier auffällt, dass JavaScript-Arrays eckige Klammern verwendet. Interessant wird es, wenn man den Aufruf von `forEach` betrachtet: Als erstes Argument übergibt das betrachtete Beispiel das Array, als zweites die Funktion `showItem`. Hätte der Entwickler an dieser Stelle stattdessen `showItem()` (man achte auf die runden Klammern) geschrieben, würde der JavaScript-Interpreter die Funktion an dieser Stelle ausführen und ihren Rückgabewert an `forEach` übergeben.

Beispiel 3-5: Die Funktion forEach erwartet für den Parameter action eine weitere Funktion

```
function forEach(ary, action) {
    for (var i = 0; i < ary.length; i++) {
        action(ary[i]);
    }
}

function showItem(item) {
    alert(item);
}

var myInts = [1, 2, 3, 4];

forEach(myInts, showItem);
```

Der Entwickler kann Funktionen, die an andere Funktionen übergeben werden, auch an Ort und Stelle definieren, ohne einen Funktionsnamen zu vergeben (Beispiel 3-6). Daneben besteht auch die Möglichkeit, Variablen Funktionen zuzuweisen (Beispiel 3-7). Wird die Variable wie eine Funktion behandelt, indem ihr runde Klammern nachgestellt werden, bringt der JavaScript-Interpreter die Funktion, auf die die Variable verweist, zur Ausführung.

Beispiel 3-6: Anonyme Funktion

```
forEach(myInts, function (item) {
    alert(item);
});
```

Beispiel 3-7: Funktionen können von Variablen repräsentiert werden

```
var fn = function (item) {
    alert(item);
}

forEach(myInts, fn);
fn("Hallo Welt");
```

Ähnlich wie mit Lambda-Ausdrucken in C# wird auch bei Einsatz des Schlüsselworts `function` ein sogenannter Closure (Funktionsabschluss) gebildet. Das bedeutet, dass Funktionen Zugriff auf alle Variablen haben, die sich in sämtlichen übergeordneten Gültigkeitsbereichen (Scopes) befinden.

Die Funktion `createLamp` in Beispiel 3-8 erzeugt zum Beispiel eine neue Funktion, die der Variablen `controller` zugewiesen wird. Diese Funktion hat nun Zugriff auf die Variable `dimFactor`, zumal sie in einem übergeordneten Gültigkeitsbereich definiert wurde. Deswegen sowie aufgrund der Tatsache, dass diese Funktion zurückgeliefert wird, zerstört der Interpreter diese lokale Variable nicht nach der Ausführung von `createLamp`. Vielmehr wird sie bei jedem Aufruf dieser zurückgelieferten Funktion verwendet (siehe Beispiel 3-9). Somit wird eine »private Variable« geschaffen, die im betrachteten Fall nur dieser Funktion zur Verfügung steht und außerhalb dieser nicht direkt eingesehen oder verändert werden kann.

Beispiel 3-8: Definition von Closures

```
function createLamp(lampId) {
    var dimFactor = 0;

    var controller = function (command) {
        switch (command) {
            case 'dimUp':
                if (dimFactor < 100) {
                    dimFactor = dimFactor + 10;
                }
                alert(lampId + ": " + dimFactor);
                break;

            case 'dimDown':
                if (dimFactor > 0) {
                    dimFactor = dimFactor - 10;
                }
                alert(lampId + ": " + dimFactor);
                break;

            case 'dimFactor':
```

```
                default:
                    return dimFactor;

            }
        }

        return controller;
    }
```

Beispiel 3-9: Einsatz von Closures

```
var lamp1 = createLamp("Lamp #1");
var lamp2 = createLamp("Lamp #2");

lamp1("dimUp");
lamp1("dimUp");
lamp1("dimUp");
lamp1("dimDown");

lamp2("dimUp");
```

Die objektorientierte Seite von JavaScript

Dieser Abschnitt widmet sich der objektorientierten Seite von JavaScript. Dazu zeigt er Möglichkeiten zum Definieren von Objekten und Konstruktorfunktionen, die eine Alternative zu den in JavaScript nicht verbundenen Klassen darstellen. Daneben erörtert dieser Abschnitt auch Möglichkeiten zur Erstellung von Vererbungshierarchien in JavaScript sowie Ansätze zum Erstellen von Namensräumen.

Objekte mit JSON beschreiben

Die einfachste Möglichkeit zum Definieren von Objekten stellt der Einsatz der JavaScript Object Notation (JSON) dar (Beispiel 3-10). Objekte werden dabei durch geschweifte Klammern beschrieben und Objekteigenschaften in Form von Name/Wert-Paaren, die durch einen Doppelpunkt zu trennen sind. Bei den Werten kann es sich um atomare Werte handelt (z.B. Strings, die in Anführungszeichen gehalten werden), um weitere Objekte (in geschweiftem Klammern) oder um Arrays (in eckigen Klammern). Dasselbe gilt für Werte, die sich innerhalb von Arrays wiederfinden.

Beispiel 3-10: Objekte mit JSON beschreiben

```
var flugBuchung = {
    Von: "Graz",
    Nach: "Mallorca",
    Passagiere: [
        {
            Vorname: "Max",
            Nachname: "Muster"
        },
        {
            Vorname: "Susi",
            Nachname: "Sorglos"
        }
    ],
    Bezahlung: {
        Art: "Kreditkarte",
        Betrag: 250,
```

```
            Bezahlt: true
        }
    };

    alert(flugBuchung.Von + " - " + flugBuchung.Nach);
    alert("Bezahlt: " + flugBuchung.Bezahlung.Bezahlt);
    alert("Anzahl Passagiere: " + flugBuchung.Passagiere.length);
    alert("Nachname 1. Passagier: " + flugBuchung.Passagiere[0].Nachname);
```

Konstruktorfunktionen

Anders als die meisten objektorientierten Sprachen kennt JavaScript das Konzept von Klassen nicht. Als Alternative dazu kommen hier sogenannte Konstrukturfunktionen zum Einsatz (Beispiel 3-11). Eine Konstruktorfunktion hat die Aufgabe, ein Objekt zu erzeugen. Dazu weist sie jene Eigenschaften, die das zu erzeugende Objekt aufweisen soll, der Pseudovariablen `this` zu. Eigenschaften können dabei auch auf Funktionen (Methoden) verweisen, die das zu erzeugende Objekt anbieten soll. Da sich der Wert von `this` im Zuge der Ausführung der Konstruktorfunktion ändern kann, hat es sich eingebürgert, dessen Wert am Beginn der Funktion in einer anderen Variablen abzulegen und fortan diese zu verwenden.

Beispiel 3-11 definiert zur Demonstration eine Konstruktorfunktion Person, welche die Variable `self` als Ersatz für `this` verwendet und dem zu erzeugenden Objekt die Eigenschaften `vorname`, `nachname` sowie `vollerName` zuweist, wobei letztere auf eine Funktion verweist.

Um ein Objekt mit einer Konstruktorfunktion zu erzeugen, wird die Methode, wie am Ende von Beispiel 3-11 demonstriert, unter Verwendung des Operators `new` aufgerufen. Das Ergebnis wird im betrachteten Fall der Variablen `rudi` zugewiesen. Über den Punktoperator greift das Beispiel anschließend auf die Eigenschaften des Objekts zu. Im Zuge dessen wird die Funktion `vollerName` zur Ausführung gebracht.

Beispiel 3-11: Konstruktorfunktion

```
function Person(vorname, nachname) {
    var self = this;
    self.vorname = vorname;
    self.nachname = nachname;

    self.vollerName = function () {
        return self.vorname + " " + self.nachname;
    }
}

var rudi = new Person("Rudolf", "Rentier");
alert(rudi.vorname);
alert(rudi.nachname);
alert(rudi.vollerName());
```

Jene Eigenschaften, die innerhalb der Konstruktor-Methode über `this` zugewiesen werden, können mit öffentlichen Membern in C# verglichen werden – jeder hat darauf Zugriff. Um private Member, auf die im Fall von JavaScript lediglich das Objekt[2] selbst Zugriff hat, zu definieren, sollte man sich

2 Wenig bekannt ist die Tatsache, dass auf private Member unter C# nicht nur das definierende Objekt, sondern auch andere Objekte derselben Klasse sowie auch deren statische Methoden Zugriff haben.

daran erinnern, dass mit dem Schlüsselwort `function` ein Closure erzeugt wird, der seinen Kontext einschließt (siehe den Abschnitt »Die funktionale Seite von JavaScript«).

Eine Variable, die der Entwickler innerhalb der Konstruktorfunktion definiert, kann somit auch von sämtlichen Funktionen des erzeugten Objekts verwendet werden, sofern er auch diese, wie im betrachteten Beispiel, innerhalb der Konstruktorfunktion hinterlegt. Ein Beispiel dafür findet man in Beispiel 3-12. Während die Eigenschaft `inhaber` über `this` zugewiesen wird und somit öffentlich ist, handelt es sich bei `guthaben` und `protokoll` um Variablen der Konstruktorfunktion. Somit sind sie außerhalb dieser nicht sichtbar, können jedoch als private Variablen auch von den einzelnen Funktionen verwendet werden. Beispiel 3-13 demonstriert die Verwendung dieser Konstruktorfunktion sowie des damit erzeugten Objekts.

Beispiel 3-12: Konstruktorfunktion für Objekt mit öffentlichen und privaten Eigenschaften

```
function Konto(inhaber, startGuthaben) {
    var self = this;
    self.inhaber = inhaber;

    var guthaben = startGuthaben;
    var protokoll = [];

    var addToProtocol = function (action, betrag, text) {

        // push fügt ein neues Element am Ende des Arrays ein

        protokoll.push({
            aktion: "ein",
            betrag: betrag,
            text: text
        });
    }

    self.einzahlen = function (betrag, text) {
        addToProtocol("EIN", betrag, text);
        guthaben += betrag;
    }

    self.abheben = function (betrag, text) {
        addToProtocol("AUS", betrag, text);
        guthaben -= betrag;
    };

    self.getGuthaben = function () {
        return guthaben;
    }

    self.getProtokoll = function () {
        return protokoll;
    }

}
```

Beispiel 3-13: Einsatz einer Konstruktorfunktion

```
var myKonto = new Konto("Susi Sorglos", 200);
```

```
myKonto.einzahlen(50);
myKonto.abheben(30);

var guthaben = myKonto.getGuthaben();
var protokoll = myKonto.getProtokoll();

// Sinnlos, denn das vom Konto verwendete Guthaben ist
// in einer anderen Variablen 'guthaben' gespeichert ...
// myKonto.guthaben = 33;

alert(guthaben);
```

Objekte als Dictionaries

Ein weiteres wissenswertes Detail zu Objekten unter JavaScript ist die Tatsache, dass diese streng genommen assoziative Arrays (»Dictionaries«) sind, die die Namen der Eigenschaften auf deren Werte abbilden. Demonstriert wird dies u.a. durch Beispiel 3-14, welches auf die Eigenschaften eines Kontos sowohl über den Punktoperator als auch über die von Arrays bekannte Schreibweise zugreift. Da es sich hierbei jedoch um ein assoziatives Array handelt, kommen für die Indizes Zeichenfolgen zum Einsatz.

Beispiel 3-14: Objekte als assoziative Arrays nutzen

```
// Objekte sind assoziative Arrays ("Dictionaries")

alert(myKonto.inhaber);
alert(myKonto["inhaber"]);

alert(myKonto.getGuthaben());
alert(myKonto["getGuthaben"]());
```

Dies bedeutet aber auch, dass man lediglich ein Objekt anlegen muss, um ein assoziatives Array zu erhalten. Um sämtliche Schlüssel zu ermitteln, kann die in Beispiel 3-15 gezeigte `for...in`-Schleife herangezogen werden. Im Gegensatz zur `foreach`-Schleife in C# iteriert diese Schleife nicht die Werte, sondern tatsächlich die Menge der Schlüssel. Deswegen müssen im betrachteten Fall die Werte durch erneuten Zugriff auf das Array via `punkte[key]` in Erfahrung gebracht werden.

Beispiel 3-15: Objekte sind assoziative Arrays

```
var punkte = {};

punkte["max"] = 99;
punkte["susi"] = 111;

alert(punkte["max"]);

for (var key in punkte) {
    alert(key + ": " + punkte[key]);
}
```

Vererbung

Zum Aufbau von Vererbungshierarchien bietet sich unter JavaScript die Verwendung von Prototypen an. Ein Prototyp ist ein Objekt, welches einer Konstruktorfunktion zugewiesen wird. Kann der JavaScript-Interpreter eine Eigenschaft in einem Objekt nicht finden, durchsucht er dessen Prototyp (genauer: den Prototyp der Konstruktorfunktion). Wird er auch dort nicht fündig, wird die Suche beim Prototyp des Prototyps fortgesetzt. Dieses Spielchen wird fortgesetzt, bis er an der Spitze der Prototypkette angekommen ist.

Beispiel 3-16 spendiert auf diesem Weg der von JavaScript vorgegebenen Konstruktorfunktion `Array` eine zusätzliche Funktion `each`. Instanziiert der Entwickler nun ein neues Array-Objekt und ruft er bei diesem die Funktion `each` auf, so wird der JavaScript-Interpreter innerhalb dieses Objekts nicht fündig. Aus diesem Grund durchsucht er anschließend den Prototyp und stößt auf die dort eingerichtete Funktion, die er daraufhin ausführt.

Beispiel 3-16: Den Prototyp einer bestehenden Klasse erweitern

```
Array.prototype.each = function (fn) {
    var ary = this;
    for (var i = 0; i < ary.length; i++) {
        fn(ary[i]);
    }
}

var myArray = new Array(3, 2, 1);

myArray.each(function (item) { alert(item); });

var ok = myArray instanceof Array;
```

Um herauszufinden, ob ein Objekt im Sinne von Prototypen einen bestimmten Typ aufweist, kann der Entwickler den Operator `instanceof` verwenden. Im betrachteten Listing wird damit geprüft, ob es sich bei der Variable `myArray` um ein Objekt des Typs `Array` handelt. Dies ist dann der Fall, wenn `myArray` direkt vom Typ `Array` ist oder wenn sich `Array` in der Kette der Prototypen von `myArray` befindet.

Bei der Verwendung von Prototypen ist darauf zu achten, dass sämtliche Objekte eines Typs auf ein und dasselbe Prototypobjekt verweisen. Weist der Prototyp einen Zustand auf, wird dieser somit von sämtlichen Objekten, die diesen Prototyp verwenden, geteilt. Dies entspricht statischen Variablen in Sprachen, wie Java oder C#. Attribute, die nicht statisch sein sollen, müssen somit erneut im erbenden Objekt definiert werden. Für vom Prototyp »geerbte« Funktionen gilt dies jedoch nicht, da JavaScript den Wert `this` bei der Ausführung einer Funktion im Prototyp nach wie vor auf das eigentliche Objekt zeigen lässt. Somit nutzen Funktionen, die sich im Prototyp befinden, den Zustand des gerade verwendeten Objekts.

Ein weiteres Beispiel für die Umsetzung von Vererbung findet sich in Beispiel 3-17. Hier wird die Vererbung zunächst ohne die Verwendung von Prototypen hergestellt. Stattdessen ruft die Konstruktorfunktion `GiroKonto` die Konstruktorfunktion `Konto` auf. Dies geschieht jedoch nicht auf dem herkömmlichen Weg, sondern durch Verwendung der Funktion `call`. An diese übergibt der Entwickler als ersten Parameter jenen Wert, der im Rahmen der Abarbeitung von `Konto` über `this` erreichbar sein soll. Da das betrachtete Beispiel das `this` von `GiroKonto` übergibt, richtet die aufgerufene Funktion `Konto` im Objekt, das von `GiroKonto` konstruierten wird, jene Eigenschaften ein, die auch ein `Konto` aufweist. Somit existieren sämtliche Eigenschaften des Kontos auch im `GiroKonto`-Objekt. Dies bewirkt, dass jedes `GiroKonto`-Objekt seinen eigenen Kontostand hat, anstatt sich gemeinsam mit allen anderen `GiroKonto`-Objekten den Kontostand des Prototypen teilen zu müssen. Der Aufruf der Konstruktorfunktion `Konto` kann auch mit dem Aufruf des Superkonstruktors in Sprachen, wie Java oder C#, verglichen werden, zumal er auch die Initialisierung der von `Konto` geerbten Aspekte bewirkt.

Zusätzlich definiert das betrachtete Beispiel für Girokonten eine eigene Funktion abheben und »überschreibt« somit die »geerbte«. Da diese Funktion jedoch jene, die sie überschrieben hat, aufruft, sichert das betrachtete Beispiel davor den Wert von abheben, indem abheben der Variablen base_abheben zugewiesen wird.

Der Vollständigkeit halber legt das hier diskutierte Beispiel eine neue Instanz von Konto als Prototyp von GiroKonto fest. Da die Konstruktorfunktion GiroKonto die Konstruktorfunktion Konto aufruft, und somit GiroKonto-Objekte sämtliche Eigenschaften eines Kontos besitzen, wäre dies hier nicht zwingend notwendig. Allerdings erlaubt dies dem Entwickler, zur Laufzeit über instanceof herauszufinden, dass ein GiroKonto auch ein Konto ist. Daneben erhält auf diese Weise jedes GiroKonto auch jene Funktionen, die – analog zu Beispiel 3-16 – nachträglich dem Prototypen von Konto hinzugefügt werden. Beim nachträglichen Hinzufügen von Funktionen auf diese Art muss der Entwickler jedoch beachten, dass solche Funktionen keinen Zugriff auf über Closures realisierte private Variablen haben. Eine solche Variable ist beispielsweise der Kontostand.

Beispiel 3-17: Vererbung über Prototypen

```
function GiroKonto(inhaber, startGuthaben, limit) {
    var that = this;
    Konto.call(this, inhaber, startGuthaben);

    var base_abheben = that.abheben;

    that.abheben = function (betrag, text) {
        base_abheben(betrag, "*" + text + "*");
    }
}

GiroKonto.prototype = new Konto();

var gk = new GiroKonto("Susi", 100, 300);
gk.abheben(99, "test");
alert(gk.getGuthaben());
```

Der Vollständigkeit halber demonstriert Beispiel 3-18 eine Alternative zur Realisierung der Vererbung über Prototypen. Bei dieser Variante besteht keine Möglichkeit, private Member mit den Mitteln der funktionalen Programmierung nachzubilden, weswegen die weiteren Abschnitte dieses Kapitels diese Schreibweise auch nicht nutzen. Jeder Member ist bei dieser Variante öffentlich, wobei Member, die vom Konsumenten der Klasse nicht verwendet werden sollen, mit einem initialen Unterstrich gekennzeichnet sind. Dies hindert den Konsumenten aber nicht daran, diese Member zu nutzen. Es stellt lediglich eine Konvention dar.

Die Konstruktorfunktionen richten bei dieser Variante lediglich die Attribute des Objekts ein. Die Funktionen werden dem jeweiligen Prototypen zugewiesen. Dies ist bei der Konstruktorfunktion Konto ein Objekt vom Typ Object und beim GiroKonto ein Objekt vom Typ Konto. Die Konstruktorfunktion GiroKonto ruft wie im letzten Beispiel über call die Konstruktorfunktion Konto auf und übergibt dabei ihr eigenes this. Dies hat zur Folge, dass das GiroKonto dieselben Eigenschaften wie das Konto erhält. Somit ist sichergestellt, dass jedes GiroKonto einen eigenen Inhaber, ein eigenes Guthaben und ein eigenes Protokoll hat. Würde der Entwickler an dieser Stelle die Funktion Konto nicht aufrufen, würde jede GiroKonto-Instanz auf die Member des Prototypen verweisen.

Die Funktionen des Girokontos werden über die Prototypenkette gefunden. Da beim Aufruf von Funktionen innerhalb der Prototypen die Pseudovariable this jedoch immer auf das eigentliche Objekt und nicht auf einen der Prototypen verweist, nutzen diese Funktionen den Zustand des Girokontos.

Beispiel 3-18: Alternative Variante zur Vererbung über Prototypen

```
function Konto(inhaber, startGuthaben) {
    this._inhaber = inhaber;
    this._guthaben = startGuthaben;
    this._protokoll = [];
}

Konto.prototype._addToProtocol = function (action, betrag, text) {
    // push fügt ein neues Element am Ende des Arrays ein
    this._protokoll.push({
        aktion: "ein",
        betrag: betrag,
        text: text
    });
}

Konto.prototype.einzahlen = function (betrag, text) {
    this._addToProtocol("EIN", betrag, text);
    this._guthaben += betrag;
}

Konto.prototype.abheben = function (betrag, text) {
    this._addToProtocol("AUS", betrag, text);
    this._guthaben -= betrag;
};

Konto.prototype.getGuthaben = function () {
    return this._guthaben;
}

Konto.prototype.getProtokoll = function () {
    return this._protokoll;
}

function GiroKonto(inhaber, startGuthaben, limit) {
    Konto.call(this, inhaber, startGuthaben);
}

GiroKonto.prototype = new Konto();

// abheben sichern, da es gleich überschrieben wird
GiroKonto.prototype.base_abheben = GiroKonto.prototype.abheben;

GiroKonto.prototype.abheben = function (betrag, text) {
    if (betrag <= this._guthaben) {
        this.base_abheben(betrag, "*" + text + "*");
    }
}

var gk = new GiroKonto("susi", 100, 300);
gk.abheben(90, "test");
alert(gk.getGuthaben());
```

Elemente mit Namespaces organisieren

Sprachen, wie C#, verwenden Namespaces zum Organisieren von Klassen. Ein direktes Gegenstück dazu existiert in JavaScript zwar nicht, allerdings kann dieses Konzept durch Objekte nachgebildet werden. In Beispiel 3-19 wird auf diese Weise zum Beispiel ein Namespace `sample.oop.konto` nachgebildet. Eine weitere Möglichkeit zum Definieren von Namensräumen wird in diesem Kapitel im Abschnitt »Die modulare Seite von JavaScript« besprochen.

Beispiel 3-19: Namespaces über Objekte nachbilden

```
// Definition
sample = {};
sample.oop = {};
sample.oop.konto = {};
sample.oop.konto.GiroKonto = GiroKonto;
sample.oop.konto.Konto = Konto;
sample.oop.konto.Dauerauftrag = function (von, zu, betrag) {

    var self = this;

    self.von = von;
    self.zu = zu;
    self.betrag = betrag;

    self.ausfuehre = function () {
        // what ever ...
    }
}

// Verwendung

var kto = sample.oop.konto; // Alias

var gk = new kto.GiroKonto("Susi Sorglos", 200, 200);
gk.einzahlen(50, "Taschengeld von der Oma ...");
```

Ausgewählte vordefinierte Objekte

Um nicht ganz bei null starten zu müssen, bietet JavaScript dem Entwickler einige vordefinierte Objekte. Eine gute Übersicht darüber sowie eine detaillierte Referenz sämtlicher Funktionen findet man unter anderem unter *http://www.w3schools.com/jsref*. An dieser Stelle werden drei ausgewählte Objekte, die man ständig benötigt, besprochen: `String`, `Date` und `Array`.

Ein Beispiel für die Verwendung von `String` findet man in Beispiel 3-20. Es zeigt, dass die Instanziierung eines `String`-Objekts mittels `new` dasselbe ist wie das Zuweisen eines neuen Strings. Daneben demonstriert es, dass `length` die Länge des String widerspiegeln kann und `substr` ein Teil aus der Zeichenkette extrahiert. Das erste Argument ist dabei der Startindex, wobei 0 für das erste Zeichen steht, 1 fur das zweite etc., und das zweite Argument spiegelt die Länge des zu extrahierenden Teilstrings wider.

Beispiel 3-20: Mit Strings arbeiten

```
var str;

str = new String("Hallo Welt!");
```

```
str = "Hallo Welt!";  // kürzere Variante der Zeile darüber

alert("length: " + str.length);
alert("" + str.substr(6, 5)); // Ergebnis: Welt
```

Die Verwendung von `Date` demonstriert Beispiel 3-21. Es erzeugt zunächst ein `Date`-Objekt, ohne einen Wert an die Konstruktorfunktion zu übergeben. Aus diesem Grund wird dafür der aktuelle Zeitpunkt herangezogen. Es fällt auch auf, dass `Date` für sämtliche Teile, welche ein Datum ausmachen, einen Getter anbietet. Um diese Werte zu ändern, können »gleichnamige« Setter herangezogen werden (z.B. `now.setDate(1)`). Die Funktion `getDate` liefert den aktuellen Tag (z.B. 20 für den 20. Januar 1900); `getMonth` liefert das Monat des Datums, wobei hier bei 0 zu zählen begonnen wird.

Darüber hinaus demonstriert das besprochene Beispiel, dass die Konstruktorfunktion `Date` auch die einzelnen Bestandteile des zu erzeugenden Datums entgegennehmen kann, sowie, dass mit `toLocaleDateString`, `toLocaleTimeString` und `toLocaleString` Funktionen existieren, die das Datum gemäß der am ausgeführten Client installierten Ländereinstellungen in Form eines Strings zurückliefern.

Beispiel 3-21: Mit Datumswerten arbeiten

```
var now = new Date();

var date = now.getDate()
var month = now.getMonth() + 1;
var year = now.getFullYear();

var day = now.getDay();

var hour = now.getHours();
var minute = now.getMinutes();
var second = now.getSeconds();


var past = new Date(2000, 0, 1, 5, 6, 7); // 2000-01-01 05:06:07
var millis = now.getTime() - past.getTime();

alert("millis: " + millis);

alert("toLocaleDateString: " + now.toLocaleDateString());
alert("toLocaleString: " + now.toLocaleString());
alert("toLocaleTimeString: " + now.toLocaleTimeString());
```

Beispiel 3-22 gibt einen Überblick über die Verwendung von Arrays. Zunächst demonstriert es, dass die Erzeugung eines Array-Objekts mit der Konstruktorfunktion `Array` dasselbe bewirkt wie der Einsatz von eckigen Klammern. Da Arrays in JavaScript dynamisch wachsen, können neue Elemente hinten angefügt werden, indem einer freien Indexposition ein Element zugewiesen wird. Im betrachteten Fall wird zunächst mit `length` die Länge des Arrays ermittelt. Da der erste Eintrag mit dem Index 0 assoziiert ist, stellt diese Länge somit die erste freie Position dar. Das Listing zeigt aber auch, dass dies auch mit `push` bewerkstelligt werden kann. Die Funktion `pop` entfernt hingegen das letzte Element und liefert es zurück. Analog dazu fügt `unshift` ganz vorne ein Element ein und `shift` entfernt das erste Element und gibt es zurück.

Beispiel 3-22: Mit Arrays arbeiten

```
var lotto;
```

```
lotto = [];
lotto = new Array(); // Führt zum selben Ergebnis, wie die Zeile darüber

lotto = [1, 2, 3];
lotto = new Array(1, 2, 3); // Führt zum selben Ergebnis, wie die Zeile darüber

lotto = new Array();
var len = lotto.length;
lotto[len] = 20; // Hinten anhägen

lotto.push(1);  // Hinten anhängen
lotto.push(10); // Hinten anhängen

var x = lotto.pop(); // Letztes Element entfernen und zurückliefern
alert("pop: " + x);

for(var i = 0; i<lotto.length; i++) {
    console.log(i + ": " + lotto[i]);
}

lotto.unshift(999);  // Vorne hinzufügen
lotto.shift(); // Erstes Element entfernen und zurückliefern
```

JSON-basierte Strings

Ruft der Entwickler bei einem HTTP-Service Informationen ab, werden diese häufig in Form von JSON übersendet. Somit liegt dem Entwickler nach dem Aufruf des Services ein String vor, der via JSON ein Objekt beschreibt. Für die Arbeit mit solchen Strings bieten moderne Browser ein Objekt namens JSON an. Für ältere Browser kann der Entwickler dieses Objekt mit Skripts, die sich unter *http://www.json.org/* finden, nachrüsten.

Beispiel 3-23 demonstriert den Einsatz des JSON-Objekts, indem es mit der Funktion `parse` einen JSON-basierten String in ein Objekt umwandelt sowie aus diesem Objekt danach wieder mit der Funktion `stringify` einen JSON-basierten String erstellt. Dabei wird berücksichtigt, dass bei JSON-Strings per Definition auch die Namen der Eigenschaften in doppelten Hochkommata gehalten sind.

Beispiel 3-23: Mit JSON arbeiten

```
var person = JSON.parse("{\"name\":\"max\", \"adresse\": \"dort\" }");
alert(person.name); // max
var personString = JSON.stringify(person);
alert(personString); // {"name":"max","adresse":"dort"}
```

Eine Herausforderung, die sich beim Arbeiten mit JSON-Strings ergibt, ist die Darstellung von Datumswerten, zumal die JSON-Spezifikation nicht festlegt, wie Datumswerte zu kodieren sind. Aus diesem Grund werden Datumswerte häufig als String kodiert. Als Format bietet sich ISO 8601 an, das auch in XML zum Einsatz kommt. Beispiel 3-24 veranschaulicht den Aufbau eines solchen Strings anhand der Eigenschaft `geboren`. Er beinhaltet einen Datumsanteil, eine Uhrzeit sowie ein Zeitzonen-offset, wobei der Datumsanteil von der Uhrzeit durch ein *T* getrennt ist. Das Offset kann ein positives oder ein negatives Vorzeichen haben. Das hängt davon ab, ob die jeweilige Zeitzone östlich oder westlich des Nullmeridians liegt. Der Offset *+01:00* steht beispielsweise für Mitteleuropäische Zeit (MEZ). Leider kennt die Funktion `JSON.parse` dieses Format nicht, weswegen sie Strings, die dieses Format verwenden, nicht als `Date`-Objekte, sondern eben nur als Strings behandeln (Beispiel 3-24).

Beispiel 3-24: Datumswerte sind bei JSON lediglich Strings

```
var jsonString = "{\"name\":\"max\", \"adresse\": \"dort\", \"geboren\":\"1970-02-10T18:21:49.536+01:
00\" }";
var person = JSON.parse(jsonString);
var isDate = person.geboren instanceof Date; // false
```

Allerdings gibt `JSON.parse` dem Entwickler die Möglichkeit, als zweiten Parameter eine Funktion zu übergeben, die den von `JSON.parse` ermittelten Wert in den Datentyp der Wahl umwandelt. Beispiel 3-25 veranschaulicht das. Die an `JSON.parse` übergebene Funktion nimmt den Namen der gerade geparsten Eigenschaft sowie deren Wert entgegen und prüft, ob es sich dabei um einen String handelt. Ist dem so, prüft es mit der freien Bibliothek *moment.js* (*http://momentjs.com/*), ob es sich bei diesem String um ein Datum handelt. Wird der Wert als Datum erkannt, liefert die betrachtete Funktion ein `Date`-Objekt zurück, welches sie mit `toDate` erstellt. In allen anderen Fällen wird der übergebene `value` ohne Änderungen zurückgegeben. Durch Einsatz dieser Funktion erhält die Eigenschaft `geboren` des geparsten Objekts nun eine `Date`-Instanz.

Beispiel 3-25: Datumswerte parsen

```
var jsonString = "{\"name\":\"max\", \"adresse\": \"dort\", \"geboren\":\"1970-02-10T18:21:49.536+02:
00\" }";


var person = JSON.parse(jsonString, function (key, value) {
    if (typeof value == "string") {
        var date = moment(value);
        if (date.isValid()) {
            return date.toDate(); // Date-Objekt
        }
    }
    return value;
});

var isDate = person.geboren instanceof Date; // true
alert(isDate);
alert(person.geboren.getFullYear());
```

Da viele Frameworks die Funktion `JSON.parse` verwenden, ist es wünschenswert, diese Funktion durch eine Variante zu ersetzen, die standardmäßig Datumswerte korrekt parst, sodass der Entwickler auch beim Einsatz dieser Frameworks in den Genuss von `Date`-Instanzen kommt. Das Beispiel in Beispiel 3-26 zeigt, wie dies bewerkstelligt werden kann. Es definiert eine Funktion `JSON.useDateParser`, welche eine Referenz auf die Originalfunktion `JSON.parse` in `JSON.original_parse` speichert. Anschließend überschreibt sie die Eigenschaft `JSON.parse` mit einer Funktion, die einen String entgegennimmt und diesen an `JSON.original_parse` weiterreicht. Dabei übergibt diese Funktion auch die zuvor diskutierte Funktion zum Parsen von `Date`-Objekten.

Ruft der Entwickler die Funktion `JSON.useDateParser` auf, berücksichtigt jeder weitere Aufruf von `JSON.parse` Datumswerte, ohne dass der Entwickler die gezeigte Funktion explizit übergeben muss.

Beispiel 3-26: Datumswerte standardmäßig parsen

```
JSON.useDateParser = function () {
    JSON.original_parse = JSON.parse;

    JSON.parse = function (jsonString) {
```

```
        return JSON.original_parse(jsonString, function (key, value) {
            if (typeof value == "string") {
                var date = moment(value);
                if (date.isValid()) {
                    return date.toDate(); // Date-Objekt
                }
            }
            return value;
        });

    };
}

JSON.useDateParser();

var jsonString = "{\"name\":\"max\", \"adresse\": \"dort\", \"geboren\":\"1970-02-10T18:21:49.536+02:
00\" }";
var person = JSON.parse(jsonString);

var isDate = person.geboren instanceof Date; // true
alert(isDate);
alert(person.geboren.getFullYear());
```

Beim Umwandeln eines Objekts mit `Date`-Eigenschaften in einen JSON-String unter Verwendung von `JSON.stringify` muss sich der Entwickler keine Gedanken über die Darstellung von Datumswerten machen, zumal `JSON.stringify` standardmäßig `Date`-Objekte als String im hier gezeigten ISO-Format serialisiert.

Ausnahmen

JavaScript bietet eine zu C# analoge Grammatik für das Auslösen und Behandeln von Ausnahmen (engl. exceptions), wobei jeder beliebige Wert, auch Strings und Zahlen, als Exception ausgelöst werden kann. Beim Abfangen einer Exception können aufgrund des dynamischen Charakters von JavaScript keine Typen angegeben werden. Darüber hinaus bietet JavaScript `Error`-Objekte, über die Fehlermeldungen transportiert werden können und welche auch einen Stacktrace bieten. Diese Objekte werden von JavaScript selbst verwendet und eigenen sich (als Basis) für Objekte, die eigene Exceptions repräsentieren.

```
try {
    // throw 42; // Wäre in JavaScript erlaubt
    throw new Error("Test");
}
catch (ex) {
    alert(ex.message);
    alert(ex.stack);
}
finally {
    alert("fertig!");
}
```

Die modulare Seite von JavaScript

Da Funktionen ihren eigenen Gültigkeitsbereich (Scope) besitzen, können sie zum Definieren von Modulen, die voneinander abgeschottet sind, herangezogen werden. In der Regel soll jedes Modul jedoch nur einmal existieren. Deswegen hat sich hierfür der Einsatz von anonymen Funktionen, die sofort nach ihrer Deklaration ausgeführt werden, eingebürgert. Dies wird mit der Schreibweise

```
(function() { … })();
```

erreicht. Das erste äußere Klammernpaar umschließt die Funktion, das abschließende Klammernpaar bringt es zur Ausführung. Beispiel 3-27 zeigt ein Beispiel dafür. Sowohl die Variable `info` als auch die beiden Funktionen `sum` und `alertInfo` sind nur innerhalb des Moduls sichtbar – außerhalb des Moduls existieren sie nicht.

Beispiel 3-27: Module über sich selbst ausführende, anonyme Funktionen definieren

```
 (function () {
    var info = "Hallo Welt";
    function sum(a, b) { return a + b; }
    function alertInfo() { alert(info); }

})();
```

Da ein Modul, welches lediglich private Inhalte hat, nicht sonderlich nützlich ist, muss ein Weg gefunden werden, um ausgewählte Teile des Moduls öffentlich zugänglich zu gestalten. Eine Lösung für dieses Problem stellt die Verwendung eines Übergabeparameters dar. Wird diesem Parameter ein Objekt übergeben, kann der Code innerhalb des Moduls dieses Objekt um alle Funktionen und Eigenschaften anreichern, die öffentlich verfügbar sein sollen. Ein Beispiel dafür ist in Beispiel 3-28 abgebildet.

Die dort verwendete anonyme Funktion erwartet über den Parameter `root` ein Objekt. Dieses erweitert es um die Funktionen `sum` und `sayHello`. Da das »leere« Objekt `tools` an diesen Parameter übergeben wird, können die beiden Funktionen anschließend per `tools.sum` oder `tools.sayHello` aufgerufen werden. Die Variable `info`, welche von `sayHello` verwendet wird, ist hingegen nach wie vor lediglich innerhalb des Moduls definiert und kann somit außerhalb nicht verändert werden.

Beispiel 3-28: Ausgewählte Elemente veröffentlichen

```
var tools = {};

(function (root) {
    var info = "Hallo Welt";

    root.sum = function(a, b) { return a + b; }
    root.sayHello = function() { alert(info); }
})(tools);

var sum = tools.sum(1,2);
alert(sum);
tools.sayHello();
```

Die hier gezeigte Möglichkeit zum Definieren von Modulen mittels anonymen, sich selbst ausführenden Funktionen wird sowohl vom populären JavaScript-Framework *jQuery* als auch bei der Entwicklung von Windows Apps mittels JavaScript eingesetzt.

Neuere JavaScript-Interpreter unterstützen einen sogenannten Strict-Modus. Dieser verbietet einige Sprachkonstrukte, die in der Vergangenheit immer wieder zu Problemen geführt haben, darunter die Verwendung globaler Variablen ohne deren Deklaration sowie die Funktion `eval`, welche JavaScript-Code, der in Form eines Strings übergeben wird, direkt ausführt und somit die Tore für Schadcode öffnet.

Aktiviert wird dieser Strict-Modus, indem, wie in Beispiel 3-29 demonstriert, in der ersten Zeile einer Funktion ein String mit dem Inhalt `use strict` definiert wird. Da es sich hierbei lediglich um einen String, der keiner Variablen zugewiesen wird, handelt, hat dies keinen Seiteneffekt und wird auch von älteren JavaScript-Interpretern akzeptiert.

Auch wenn der Strict-Modus pro Funktion aktiviert werden kann, hat es sich doch eingebürgert, dies auf der Ebene von Modulen zu tun.

Beispiel 3-29: Modul, welches im Strict-Modus ausgeführt wird

```
(function () {
    "use strict";

    // x = 5; // Fehler

})();
```

JavaScript debuggen

JavaScript-Routinen können auch direkt in allen gängigen Browsern debuggt werden. Um eine JavaScript-Routine zum Beispiel direkt im IE zu debuggen, startet der Entwickler IE direkt (also nicht über Visual Studio) und betätigt nach dem Aufrufen der zu debuggenden Seite F12. In den auf diesem Weg aufgerufenen *F12 Developer Tools* kann er Haltepunkte setzen und anschließend per Klick auf `Debuggen starten` mit dem Debuggen loslegen. Danach kann er mit den aus Visual Studio bekannten Tastenkürzeln bzw. Symbolen Schritt für Schritt den Programmablauf verfolgen und dabei die aktuellen Werte von Variablen sowie die aktuellen Ergebnisse von Ausdrücken einsehen (siehe Abbildung 3-1).

Abbildung 3-1: JavaScript im IE debuggen

jQuery

Nachdem in den vorangegangenen Abschnitten JavaScript beleuchtet wurde, widmet sich der Rest dieses Kapitels verschiedenen etablierten JavaScript-APIs, die dem Entwickler den Einsatz von JavaScript erleichtern. Den Anfang macht das sehr leichtgewichtige Framework `jQuery`, welches den Umgang mit Ereignissen, das dynamische Modifizieren von Seiten, das Nachladen von Daten via AJAX sowie die Entwicklung von Animationen vereinfacht.

Die Tatsache, dass es zum einen sehr einfach zu benutzen und zum anderen auch sehr mächtig ist sowie immer wiederkehrende Aufgaben automatisiert, dürften dazu beigetragen haben, dass es heutzutage als de-facto Standard betrachtet werden kann. Dieser Abschnitt gibt einen Überblick über die Funktionsweise von `jQuery`. Für eine Auflistung sämtlicher angebotener Funktionen empfiehlt sich ein Blick in die offizielle Dokumentation unter *www.jquery.com*.

Wrapper-Objekte

Ein grundlegendes Merkmal von `jQuery` ist, dass es Wrapper für JavaScript-Objekte bietet. Dabei handelt es sich um Objekte, welche die eigentlichen JavaScript-Objekte kapseln und für diese zusätzliche Funktionen anbieten. Um für ein bestehendes Objekt einen Wrapper zu erhalten, übergibt der Entwickler dieses an die von `jQuery` bereitgestellte Funktion `$`. Beispiel 3-30 übergibt zum Beispiel ein Array-Objekt an diese Funktion und erhält auf diesem Weg den Wrapper. Dieser bietet unter anderem eine Funktion `each` an, welche das Array iteriert. Pro Iteration ruft sie die übergebene anonyme Funktion auf und übergibt den aktuellen Index (0, 1, 2, 3 etc.) sowie den aktuellen Eintrag.

Beispiel 3-30: Wrapper-Element eines Arrays verwenden

```
var ary = new Array("A", "B", "C");

$(ary).each(function (i, item)) {
    alert(i + ": " + item);
});

// Ausgabe: 0: A, 1: B, 2: C
```

Selektion von Seitenelementen

Um den Wrapper eines Elements der aktuellen Seite zu erhalten, übergibt der Entwickler einen String an die Funktion `$`. Dieser String muss einen gültigen CSS-Selektor beinhalten. In Beispiel 3-31 adressiert zum Beispiel die Funktion `add` mit dem Selektor `#a` das Element mit der ID `a`. Analog verfährt sie mit `b` und `c`. Bei allen drei Elementen handelt es sich um ein Textfeld. Über die Funktion `val` ermittelt sie deren Werte. Über dieselbe Funktion schreibt sie aber auch das errechnete Ergebnis zurück. Ob `val` den Wert setzt oder ermittelt, hängt davon ab, ob der Entwickler einen Parameter übergibt. Wird ein Parameter übergeben, aktualisiert `val` damit das Feld. Wird kein Parameter übergeben, liefert `val` den aktuellen Wert.

Beispiel 3-31: Mit val auf Inhalt eines Feldes zugreifen

```
function add() {
    var a = $("#a").val();
    var b = $("#b").val();
```

```
    var c = parseInt(a) + parseInt(b);

    $("#c").val(c);
}

[...]
    <input id="a" /> <input id="b" /> <input id="c" />
[...]
```

Ereignisbehandlung mit jQuery

jQuery vereinfacht die Behandlung von Ereignissen, indem die Wrapper-Objekte für die meisten Ereignisse Funktionen anbieten. Diese nehmen eine weitere Funktion entgegen. Wird das Ereignis ausgelöst, bringt jQuery die auf diese Weise registrierten Funktionen zur Ausführung. Beispiel 3-32 ermittelt zum Beispiel den Wrapper für das vordefinierte Objekt document und registriert über dessen Funktion ready eine Funktion, die jQuery zur Ausführung bringt, wenn der Browser die Seite soweit geladen hat, dass der Entwickler auf die darin enthaltenen Elemente programmatisch zugreifen kann.

Innerhalb dieses Listings werden mit dem CSS-Selektor a sämtliche Anchor-Elemente (Links) der Seite ermittelt und bei diesen eine Funktion für das Click-Ereignis registriert. Dabei fällt auch auf, dass diese Funktion ein Event-Objekt entgegennimmt. Dieses Objekt beschreibt das aufgetretene Ereignis näher. Im betrachteten Fall gibt es unter anderem darüber Auskunft, ob die Taste Alt beim Klicken gedrückt wurde (altKey). Daneben liefert es die Koordinaten jener Stelle, an der der Klick erfolgte, zurück (clientX und clientY). Eine Auflistung sämtlicher Informationen, die das Event-Objekt liefert, findet sich beispielsweise unter *http://www.w3schools.com/jsref/dom_obj_event.asp*.

Beispiel 3-32: Ereignisbehandlungsfunktionen registrieren

```
$(document).ready(function () {

    $("a").click(function (event) {
        alert("Hallo Welt!");
        alert("Alt-Key: " + event.altKey);
        alert("x: " + event.clientX + ", y: " + event.clientY);
    });
});
```

Das Ergebnis ready wird sehr häufig benötigt, zumal der Programmcode erst auf Elemente der Seite zugreifen möchte, nachdem diese geladen wurden. Aus diesem Grund existiert eine Kurzform dafür. Übergibt der Entwickler an die Funktion $ eine weitere Funktion, wird Letztere dem Ereignis ready zugewiesen (Beispiel 3-33).

Beispiel 3-33: Kurzform für $(document).ready

```
$(function () {

    $("a").click(function (event) {
        alert("Hallo Welt!");
    });
});
```

Modifizieren von Seitenelementen

Die jQuery-Wrapper bieten einige Funktionen zum Abändern von Seitenelementen. Mit `removeClass` kann zum Beispiel eine zugewiesene CSS-Klasse entfernt werden; `addClass` weist dem Element hingegen eine neue Klasse zu (Beispiel 3-34).

Beispiel 3-34: CSS-Klassen austauschen

```
$("#someDiv").mouseover(function () {
    $("#someDiv").removeClass("blue");
    $("#someDiv").addClass("green");
});
$("#someDiv").mouseout(function () {
    $("#someDiv").removeClass("green");
    $("#someDiv").addClass("blue");
});
```

Analog dazu erlaubt die Funktion `attr` das Verändern eines Attributs. Beispiel 3-35 veranlasst zum Beispiel, dass bei einem Mouse-Over-Ereignis das Attribut `src` auf ein anderes Bild gesetzt wird als beim Mouse-Out. Übergibt der Entwickler nur ein Parameter mit dem Namen eines Attributs an die Funktion `attr`, liefert sie dessen Wert zurück.

Damit Mouse-Over Effekte, wie der hier gezeigte, reibungslos funktionieren, muss der Entwickler die zu verwendenden Bilder vorladen. Tut es dies nicht, lädt der Browser erst bei Bedarf das neue Bild und dies führt zu einer Zeitverzögerung. Zum Vorladen von Bildern können diese zum Beispiel innerhalb eines versteckten Seitenbereichs mittels HTML eingebunden werden oder über das JavaScript-Objekt `Image` geladen werden. Dazu ist der Pfad des jeweiligen Bilds lediglich an dessen Eigenschaft `src` zuzuweisen (Beispiel 3-36).

Beispiel 3-35: Bilder austauschen

```
$("#star").mouseover(function () {
    $("#star").attr("src", "images/FilledStar.png");
});
$("#star").mouseout(function () {
    $("#star").attr("src", "images/EmptyStar.png");
});
```

Beispiel 3-36: Bilder vorladen

```
var heavyImage = new Image();
heavyImage.src = "heavyimagefile.jpg";
```

Einzelne direkt über das Attribut `style` zugewiesene Formatierungen können analog dazu mit der Funktion `css` gesetzt bzw. gelesen werden (Beispiel 3-37). Zum Verändern des Inhalts eines Elements kann der Entwickler die Funktionen `text` und `html` heranziehen (Beispiel 3-38). Erstere bietet lediglich Zugriff auf den textuellen Inhalt eines Elements; Letztere erlaubt auch das Hantieren mit HTML-Tags.

Beispiel 3-37: CSS-Eigenschaften dynamisch setzen

```
$("#divWithStyle").css("background-color", "green");

[...]

<div id="divWithStyle" style="width:100px; height:100px; background-color:blue">
</div>
```

Beispiel 3-38: Inhalte zur Laufzeit verändern

```
$("#myDif").text("Hallo Welt!");
$("#yourDif").html("<b>Hallo Welt!</b>");
```

Animationen

Auch Animationen werden von jQuery unterstützt. Zur Demonstration verwendet Beispiel 3-39 die Funktion `hide`, um ein Element auszublenden. Der Parameter legt die Geschwindigkeit für diese Animation fest. Wird ein Integer übergeben, legt dieser fest, wie lange die Animation dauern soll. 300 bedeutet zum Beispiel, dass die Animation 300 Millisekunden in Anspruch nehmen soll. Alternativ dazu können auch die Werte fast und `slow` übergeben werden, wobei `slow` für 600 und fast für 200 Millisekunden steht.

Beispiel 3-39: Elemente ausblenden

```
$(function () {
    $("#hideLink").click(function () {
        $("#myDiv").hide('slow');
    });
});
```

Zum Einblenden eines Elements kann der Entwickler die Funktion `show` verwenden. Beispiel 3-40 verwendet `show` und `hide` zusammen mit `toggle`. `Toggle` registriert einen Click-Handler, welcher beim ersten Klick die erste angegebene Funktion und beim zweiten Klick die zweite angegebene Funktion ausführt. Der dritte Klick führt dann wieder zur Ausführung der ersten Funktion usw. Somit wird hier die Möglichkeit geschaffen, ein Element per Klick auf einen Link ein- bzw. auszublenden.

Beispiel 3-40: Elemente aus- und einblenden

```
$(function () {
    $("#showHideLink").toggle(function () {
        $("#myDiv").hide('slow');
    }, function () {
        $("#myDiv").show('fast');
    });
});
```

AJAX

Um zu verhindern, dass zum Aktualisieren einer Seite diese – wie in den ersten Tagen des Webs – komplett neu geladen werden muss, verwendet man Techniken, die unter AJAX bekannt sind, um aus den Browser heraus gezielt Daten nachzuladen. Heutzutage wird dazu in der Regel das mittlerweile von allen Browsern bereitgestellte `XmlHttpRequest`-Objekt (*http://www.w3schools.com/xml/xml_http.asp*) herangezogen.

jQuery bietet einige Funktionen, welche den Umgang mit diesem Objekt abstrahieren und somit einfacher gestalten. Die mächtigste dieser Funktionen ist `$.ajax`, welche zahlreiche Argumente in Form eines Objekts entgegennimmt (Beispiel 3-41). Die Eigenschaft type repräsentiert hierbei das gewünschte HTTP-Verb (meistens GET oder POST), `url` den zu adressierenden URL und `data` die zu übersendenden Daten.

War der Aufruf erfolgreich, ruft jQuery die über `done` registrierte Funktion auf. Diese Funktion erhält drei Parameter: ein Objekt, das die abgerufenen Daten repräsentiert, den vom Server gelieferten HTTP-Statuscode (z.B. 200 für OK) und das verwendete `HttpXmlRequest`-Objekt. In Fällen, in denen die abgefragte Ressource ein XML-Dokument darstellt, repräsentiert `data` ein DOM-Node-Objekt, welches mit seinen Funktionen Zugriff auf die einzelnen Teile des Dokuments gewährt.

Das betrachtete Beispiel ruft mittels `childNodes[0].childNodes[0].nodeValue`, den Wert des ersten Kindknotens ab, welcher wiederum der erste Kindknoten des Dokuments ist. Haben die abgerufenen Daten zum Beispiel die Form `<Result>Hallo Welt!</Result>`, wird `Hallo Welt!` geliefert. Der erste Kindknoten des Dokuments wird hierbei durch das Tag `string`, der zweite durch den darin enthaltenen Textknoten repräsentiert. Dessen Wert bringt das gezeigte Beispiel über die Eigenschaft `nodeValue` in Erfahrung.

Beispiel 3-41: XML nachladen

```
$(function () {
    $("#sayHelloLink").click(function () {
        $.ajax({
            type: "GET",
            url: "/api/SayHello",
            data: "name=James"
        }).done(function (data, status, req) {
                gruss = data
                        .childNodes[0]
                        .childNodes[0]
                        .nodeValue;
                $("#sayHelloDiv").html(gruss);
        });
    });
});
```

Auf diese Art ein XML-Dokument zu parsen, kann aufwändig und fehleranfällig sein. Aus diesem Grund hat es sich mittlerweile eingebürgert, Objekte nicht mittels XML, sondern unter Verwendung der JavaScript Object Notation (JSON) zu serialisieren. In diesem Fall ist jQuery in der Lage, den empfangenen Text in ein JavaScript-Objekt umzuwandeln. Dieses wird an den Parameter `data` der über `done` registrierten Funktion übergeben. Hierzu verwendet JavaScript das JavaScript-Objekt JSON (siehe den Abschnitt »JSON-basierte Strings«).

Ein Beispiel dazu findet sich in Beispiel 3-42. In diesem Fall wird ein Objekt angefordert, welches als JSON-formatierter Text in der Form `{"Result": "3", "Remainder": "1"}` übertragen und von jQuery in ein entsprechendes JavaScript-Objekt überführt wird. Aus diesem Grunde kann die Funktion `success` direkt auf die Eigenschaften `Result` und `Remainder` zugreifen.

Als HTTP-Verb verwendet dieses Beispiel POST, was zur Folge hat, dass der unter `data` angegebene JSON-String innerhalb der Nutzdaten übertragen wird. Mit `contentType` gibt das Beispiel an, dass die übersendeten Daten in Form von JSON vorliegen; `dataType` legt hier fest, dass das Ergebnis ebenfalls in Form von JSON vorliegen soll, was jQuery dazu veranlasst, diese Information über den `Accept`-Header an den Server weiterzugeben und die empfangenen Daten als JSON-Nachricht zu behandeln. `ProcessData` gibt hingegen an, ob jQuery das unter `data` angegebene Objekt parsen soll. Wird dieser Wert auf `true` gesetzt, werden aus den Eigenschaften des unter `data` angegebenen Objekts URL-Parameter generiert.

Beispiel 3-42: JSON nachladen

```
$(function () {
    $("#execDivLink").click(function () {
        $.ajax({
            type: "POST",
            url: "/api/Div",
            data: '{ "A":10, "B":3 }',
            dataType: "json",
            contentType: "application/json",
            processData: false,
    }).done(function (data, status, req) {
                alert("Result: " + data.Result);
                alert("Remainder: " + data.Remainder);
          });
    });
});
```

Um zu verhindern, dass gecachte Daten abgerufen werden, bietet die Funktion `$.ajax` einen weiteren Parameter `cache`. Wird dieser auf `false` gesetzt, hängt jQuery an den Aufruf die aktuelle Uhrzeit an. Da dies zu einem eigenen URL pro Aufruf führt, sendet der Browser jeweils eine neue Anfrage an den Server, anstatt bereits vorhandene Daten aus dem Cache zu verwenden:

```
$.ajax({[...], cache: false, [...] }).done( [...] );
```

Um herauszufinden, ob eine Anfrage schief gegangen ist, kann der Entwickler über die Funktion `error` eine weitere Funktion hinterlegen, die im Fehlerfall von jQuery aufgerufen wird. Diese nimmt das `HtmlXmlRequest`-Objekt sowie zwei Fehlerbeschreibungen entgegen (Beispiel 3-43). Mögliche Werte für die Fehlerbeschreibung, die durch den Parameter `textStatus` geboten wird, sind: `timeout`, `error`, `abort` sowie `parsererror`. Im Falle eines HTTP-Fehlers finden sich Informationen darüber im Parameter `errorThrown`.

Beispiel 3-43: AJAX-Fehler behandeln

```
$.ajax({ [...] })
    .done( [...] )
    .error(function (req, textStatus, errorThrown) {
          alert("Error: " + req.status);
    });
```

Wenige ausgewählte Möglichkeiten zur Implementierung von AJAX-Funktionalität bieten auch die Hilfsmethoden der Eigenschaft `Ajax`, die in Razor-Views zur Verfügung steht. Mit `@Ajax.ActionLink` kann der Entwickler zum Beispiel einen Link gestalten, der eine Webressource über AJAX anfordert und in einem Platzhalterelement unterbringt. Analog dazu kann er auch mit `@Ajax.BeginForm` ein Formular rendern, dessen Inhalte per Ajax versendet werden. Da diese Möglichkeiten jedoch in Relation zur direkten Verwendung von *jQuery* sehr eingeschränkt sind, empfiehlt es sich, mit jQuery vorliebzunehmen.

ASP.NET MVC-Modelle mit jQuery Validate validieren

ASP.NET MVC setzt zum clientseitigen Validieren mittels JavaScript auf das freie Framework jQuery Validate. Während dies beim Validieren von Eigenschaften über die mitgelieferten Validationsattribute automatisch zum Einsatz kommt, muss der Entwickler zum Bereitstellen von benutzerdefinierten Validierungsattributen, für die auch eine clientseitige Validierung erfolgen soll, ein wenig Hand anlegen.

Um ein Validierungsattribut, welches nicht nur serverseitig, sondern auch clientseitig Anwendung findet, bereitzustellen, ist – wie in Beispiel 3-44 demonstriert – von `ValidationAttribute` abzuleiten und zusätzlich die Schnittstelle `IClientValidatable` zu implementieren. Diese Schnittstelle definiert die Methode `GetClientValidationRules`, die Eckdaten der durchzuführenden Validierungslogiken in Form einer Auflistung mit `ModelClientValidationRule`-Instanzen zurückliefert. Diese Eckdaten legt ASP.NET MVC beim Rendern der jeweiligen Eingabefelder in `data`-Attributen ab. Diese werden anschließend via JavaScript ausgelesen.

Auf diese Weise wird verhindert, dass dynamisches JavaScript erzeugt werden muss, und es wird eine Trennung zwischen HTML und JavaScript-Logiken erreicht, die komplett in eigene Dateien ausgelagert werden können. Auf den (unwahrscheinlichen) Wunsch des Entwicklers hin kann dieses Verhalten deaktiviert werden, indem die Konfigurationseinstellung `UnobtrusiveJavaScriptEnabled` innerhalb der `appSettings` in der `web.config` auf `false` gesetzt wird.

Beispiel 3-44: Benutzerdefinierter Validator, welcher Informationen zur Validierung via JavaScript liefert

```
public class PasswordValidationAttribute:
                                ValidationAttribute, IClientValidatable
{
    public int MinLength { get; set; }
    public bool MustHaveSpecialChar { get; set; }
    protected override ValidationResult IsValid(
                                object value, ValidationContext validationContext)
    {
        if (value == null) return ValidationResult.Success;
        bool failed = HasValidationError([...]);
             // Hilfsmethode, liefert true, wenn Validierung erfolgreich
        if (failed) return new ValidationResult(base.ErrorMessageString);
        return ValidationResult.Success;
    }
    public IEnumerable<ModelClientValidationRule> GetClientValidationRules(
                                ModelMetadata metadata, ControllerContext context)
    {
        var rule = new ModelClientValidationRule();
        rule.ErrorMessage = base.ErrorMessageString;
            rule.ValidationParameters["minlength"] = MinLength;
            rule.ValidationParameters["musthavespecialchar"] = MustHaveSpecialChar;
        rule.ValidationType = "password";
        var result = new List<ModelClientValidationRule>();
            result.Add(rule);
            return result;
    }
}
```

Nun muss noch der clientseitige Code um JavaScript-basierende Validierungslogiken erweitert werden. Dazu sind zwei Schritte nötig: Zum einen muss die Validierungsmethode an sich bereitgestellt werden und zum anderen muss ein Adapter, welcher die von ASP.NET MVC generierten HTML 5-Attribute auf diese Validierungsmethode abbildet, erstellt werden. Ersteres wird im betrachteten Fall mit der Methode `$.validator.addMethod` bewerkstelligt (Beispiel 3-45); letzteres mit `$.validator.unobtrusive.adapters.add` (Beispiel 3-46). Der zweite Schritt erwartet den Namen der Validierung (`password`), ein Array mit jenen Parametern, die aus den `data`-Attributen auszulesen sind sowie eine

Adapterfunktion. Diese Adapterfunktion greift über die Eigenschaft `params` des übergebenen Objekts `options` auf die ausgelesenen Parameter zu.

Über `options.message` wird die ebenfalls aus den `data`-Attributen ausgelesene Fehlermeldung, die im Fall eines Validierungsfehlers anzuzeigen ist, in Erfahrung gebracht. Anschließend verstaut die Adapterfunktion unter `options.rules["password"]` die Parameter, welche zu einem Array zusammengefasst wurden, sowie unter `options.messages["password"]` die Fehlermeldung. Auf diese Weise bereitet sie jene Daten auf, die im Zuge des Validierens verwendet werden. Beispielsweise wird der unter `options.rules["password"]` gespeicherte Wert beim Validieren an den Parameter `params` der Validierungsfunktion (vgl. Beispiel 3-45) übergeben.

Beispiel 3-45: Benutzerdefinierte clientseitige Validierungsfunktion

```
$.validator.addMethod(
    "password",
    function (value, element, params) {
        var MinLength = params[0];
        var MustHaveSpecialChar = params[1];



        var failed = hasValidationError(...);
               // Hilfsmethode; hier nicht abgebildet
               // Liefert true, wenn Validierung ok
        if (failed) return false;
        return true;
    });
```

Beispiel 3-46: Adapter für clientseitige Validierungsfunktion

```
$.validator.unobtrusive.adapters.add(
    "password",
    ["minlength", "musthavespecialchar"],
    function (options) {
        var params = new Array(
                              options.params.minlength,
                              options.params.musthavespecialchar);
        var msg = options.message;

        options.rules["password"] = params;
        options.messages["password"] = msg;
    });
```

jQuery UI

Bei jQuery UI (*http://jqueryui.com*) handelt es sich um ein auf jQuery basierendes Framework, welches Steuerelemente und Animationen bereitstellt. Daneben bietet es dem Entwickler die Möglichkeit, eigene Farbschemata zu definieren. Außerdem können Sie vor dem Download des Framworks angeben, welche Steuerelemente und Animationen wirklich benötigt werden. Auf diese Weise erhalten Sie Skript- und CSS-Dateien für jQuery UI, die keine unnötigen Inhalte besitzen und somit die Webanwendung nicht unnötig aufblähen.

Eine umfangreiche Dokumentation dieses Frameworks erfolgt an dieser Stelle aus Platzgründen sowie aufgrund der Tatsache, dass es prinzipiell einfach einzusetzen ist, nicht. Wünschen Sie eine ausführliche Anleitung, finden Sie diese in Form von Online-Ressourcen unter *http://jqueryui.com*.

Das Beispiel in Beispiel 3-47 demonstriert, wie dieses Framework anzuwenden ist. Im Kopfbereich der gezeigten Website werden sowohl die Skripte für jQuery als auch für jQuery UI eingebunden. Darüber wird die CSS-Datei von jQuery UI referenziert.

Im unteren Bereich wird Markup für mehrere Registerkarten (Tabs) platziert, zwischen denen der Entwickler wechseln kann. Dabei handelt es sich um »normales« HTML. Sämtliche Registerkarten sind in einem `div`-Element gekapselt und jede einzelne Registerkarte wird ebenfalls durch einen `div`-Tag bzw. einen `ul`-Tag repräsentiert.

Dadurch, dass im Skript-Bereich auf das `div`-Element, welches sämtliche Registerkarten kapselt, die von jQuery UI bereitgestellte Funktion `tabs` angewendet wird, rendert jQuery UI daraus jene Registerkarten, die in Abbildung 3-2 dargestellt sind.

Um die Nummer der aktuell markierten Registerkarte in Erfahrung zu bringen, ruft die Ereignisbehandlungsroutine, die darunter dargestellt wird, dieselbe `tabs`-Funktion mit den Parametern `option` und `selected` auf. Um anschließend zur Registerkarte mit der Nummer 1 zu wechseln, kommt abermals dieselbe Funktion mit den Parametern `option`, `selected` und `1` zum Einsatz. Dies ist ein Beispiel für eine im jQuery-Umfeld häufig anzutreffende Design-Entscheidung, wonach jedes Modul, das jQuery erweitert, lediglich eine Funktion definieren soll.

Beispiel 3-47: Mit jQuery UI implementiertes Registerblatt

```
<!DOCTYPE html>
<html>
<head>
    <link href="Content/themes/base/jquery.ui.all.css" rel="stylesheet" type="text/css" />
    <script src="Scripts/jquery-1.6.2.js" type="text/javascript"></script>
    <script src="Scripts/jquery-ui-1.8.11.js" type="text/javascript"></script>
    <title></title>
</head>
<body>

    <script>
        $(function () {
            $("#tabs").tabs();

            $("#GetInfo").button().click(function () {
                alert($("#tabs").tabs("option", "selected"));
                $("#tabs").tabs("option", "selected", 1);
            });
        });
    </script>


    <a id="GetInfo">Get Info</a>
    <p> </p>

<div id="tabs" style="width:400px">
    <ul>
        <li><a href="#tabs-1">Überblick</a></li>
        <li><a href="#tabs-2">Detail</a></li>
```

```
            <li><a href="#tabs-3">Weitere Infos</a></li>
        </ul>
        <div id="tabs-1">
            <p>
                Das ist ein Überblick ...
            </p>
        </div>
        <div id="tabs-2">
            <p>
                Das ist eine Detailansicht ...
            </p>

        </div>
        <div id="tabs-3">
            <p>
                Weitere Infos findet man unter ...
            </p>
        </div>
    </div>

    </body>
    </html>
```

Abbildung 3-2: Registerkarten

Neben dem äußerst populären Framework jQuery UI, welches nun auch mit Visual Studio ausgeliefert wird, finden sich im Web zahlreiche weitere Frameworks, die auf jQuery basieren und Steuerelemente anbieten. Vor allem die Entwickler, die nach Grid- und Baum-Steuerelementen Ausschau halten, werden dort fündig (jQuery UI spart an solchen Elementen). Beispiele hierfür finden sich unter *https://djme.codeplex.com/* sowie *http://www.jqwidgets.com/*, wobei Letzteres für kommerzielle Projekte kostenpflichtig ist.

jQuery Mobile

Das freie Framework jQuery Mobile (*http://jquerymobile.com/*), welches auf jQuery basiert, erlaubt das Bereitstellen eines mobilen Look-and-Feels. Es definiert verschiedene HTML 5-konforme data-Attribute, mit denen der Entwickler festlegen kann, wie einzelne Elemente darzustellen sind. Da Browser unbekannte Attribute ignorieren, funktioniert dieser Ansatz auch mit älteren Modellen.

jQuery Mobile beinhaltet fünf Farbschemata, sogenannte Themes, die die Namen A bis E tragen (vgl. Abbildung 3-3). Daneben kann der Entwickler über einen Konfigurator unter *http://jquerymobile.com/* eigene Farbschemata definieren.

Abbildung 3-3: Vordefinierte Farbschemata (Themes)

Um jQuery einzubinden, referenziert der Entwickler eine im Lieferumfang befindliche CSS-Datei, eine JavaScript-Datei, welche jQuery beinhaltet, sowie die JavaScript-Datei mit jQuery Mobile:

```
<link rel="stylesheet" href="http://code.jquery.com/mobile/1.0rc2/jquery.mobile-1.0rc2.min.css" />
<script type="text/javascript" src="http://code.jquery.com/jquery-1.6.4.min.js"></script>
<script type="text/javascript" src="http://code.jquery.com/mobile/1.0rc2/jquery.mobile-1.0rc2.min.js">
</script>
```

Dabei ist zu beachten, dass die tatsächlichen Bezeichnungen dieser Dateien von Version zu Version variieren können.

Logische Seiten

jQuery Mobile unterteilt eine physische Seite in mehrere logische Seiten. Somit ist es möglich, performant zwischen logischen Seiten zu wechseln, ohne weitere Seiten nachladen zu müssen. Um eine logische Seite zu definieren, hinterlegt der Entwickler in eine Seite einen `div`-Abschnitt, den er mit dem Attribut `data-role="page"` markiert (siehe Beispiel 3-48). Jede logische Seite besteht aus bis zu drei Teilen: einem Kopfabschnitt, einem Inhaltsabschnitt sowie einem Fußbereich. Diese werden über das Attribut `data-role`, welche die Werte `header`, `content` bzw. `footer` erhalten, markiert.

Beispiel 3-48: Aufbau einer logischen Seite

```
<div data-role="page" id="page1">
    <div data-role="header">[…]</div>
    <div data-role="content">[…]</div>
    <div data-role="footer">[…]</div>
</div>
```

Beispiel 3-49 zeigt ein Beispiel einer einfachen logischen Seite, die in Abbildung 3-4 dargestellt ist. Sie besteht aus einem Kopfbereich, der unter Verwendung des Farbschemas B angezeigt wird (`data-theme="b"`). Der Kopfbereich besteht aus zwei Links, die durch die Angabe von `data-role="button"` als Schaltflächen dargestellt werden. Auch wenn der erste Link einen Text beinhaltet, wird er als Schaltfläche ohne Beschriftung gerendert, zumal er mit `data-iconpos="notext"` markiert wurde.

Alternative Werte für das Attribut `data-iconpos` sind `top`, `bottom`, `left` und `right`. Diese Werte geben an, dass das Symbol über, unter, links oder rechts des Texts anzuzeigen ist. Das Attribut `data-icon` gibt eines von mehreren vordefinierten Symbolen an, die anzuzeigen sind. Die Menge der zur Verfügung stehenden vordefinierten Symbole findet sich in Abbildung 3-5. Die jeweilige Beschriftung stellt hierbei auch den Namen des Symbols, welcher im Attribut `data-icon` angegeben werden kann, dar.

Die Überschrift der Kopfzeile wird durch einen `h1`-Tag dargestellt. jQuery Mobile richtet die Schaltflächen, die links bzw. rechts davon definiert sind, links- bzw. rechtsbündig aus.

Beispiel 3-49: Einfache logische Seite mit Header

```
<div data-role="page" id="page1">
   <div data-role="header" data-theme="b">
      <a href="#page2" data-role="button"
         data-icon="home" data-iconpos="notext">Home</a>
      <h1>Title</h1>
      <a href="#page3" data-role="button"
         data-icon="search">Suche</a>
   </div>
   <div data-role="content">Lorem ipsum</div>
</div>
```

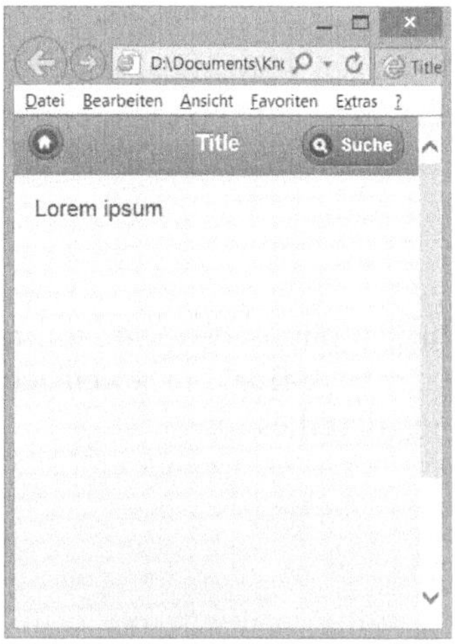

Abbildung 3-4: Einfache logische Seite mit Header

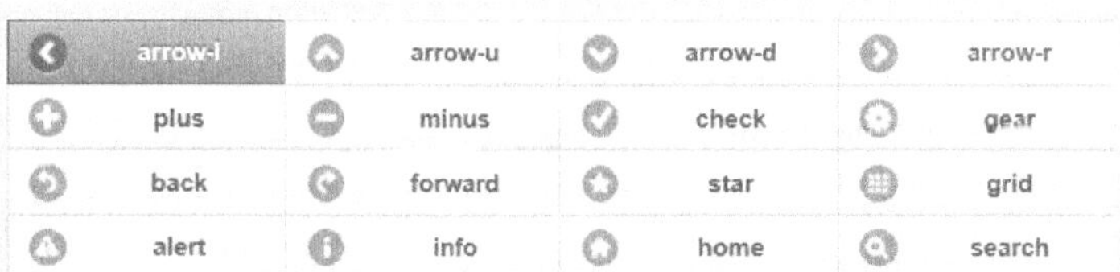

Abbildung 3-5: Vordefinierte Symbole

> Um zu verhindern, dass Kopf- und Fußzeilen schrollen, setzt der Entwickler bei deren Definition das Attribut `data-position` auf `fixed`. Möchte er, dass jQuery Mobile die Kopf- und Fußzeilen bei einem Klick auf den Hintergrund des Inhalts-Bereichs aus- bzw. wieder einblendet, kann er `data-fullscreen` auf `true` setzen.

Links zwischen logischen Seiten werden durch relative Links eingerichtet, die auf die ID der adressierten logischen Seite verweisen (siehe Beispiel 3-50). Bei Verweisen dieser Art kann der Entwickler mit `data-transition` eine Animation für den Seitenwechsel angeben. Eine Liste mit den möglichen Animationen findet sich unter *http://tinyurl.com/3ljes2m*.

Beispiel 3-50: Verweis auf andere logische Seite innerhalb einer physischen Seite

```
<div data-role="page" id="page1">
    <div data-role="header"><h1>Seite 1</h1></div>
    <div data-role="content">
        <a href="#page2"
                data-transition="slide"
                data-role="button">Seite 2</a>
      </div>
    <div data-role="footer">[…]</div>
</div>

<!-- Page 2 -->
<div data-role="page" id="page2"> […] </div>
```

Verweist der Entwickler auf eine andere physische Seite mit mehreren logischen Seiten oder auf eine externe Seite, muss er diesen Umstand anzeigen, indem er das Attribut `rel="external"` im Link hinterlegt: `<a href="multipage.html" rel="external">Multi-page link</a>`.

Dialogfelder

Um anzugeben, dass ein Link, der auf eine andere logische Seite der aktuellen physischen Seite führt, als Dialogfeld zu öffnen ist, hinterlegt der Entwickler das Attribut `data-rel="dialog"` im jeweiligen Link. Beispiel 3-51, dessen Ergebnis in Abbildung 3-6 gezeigt wird, demonstriert dies.

Beispiel 3-51: Einfaches Dialogfeld

```
<div data-role="page" id="page1">
   <div data-role="header" data-theme="b">
      <h1>Title</h1>
   </div>
   <div data-role="content">
      <a href="#page3" data-role="button"
         data-rel="dialog"  data-icon="search">Dialog</a>
   </div>
</div>
<div data-role="page" id="page3" data-theme="b">
   […]
</div>
```

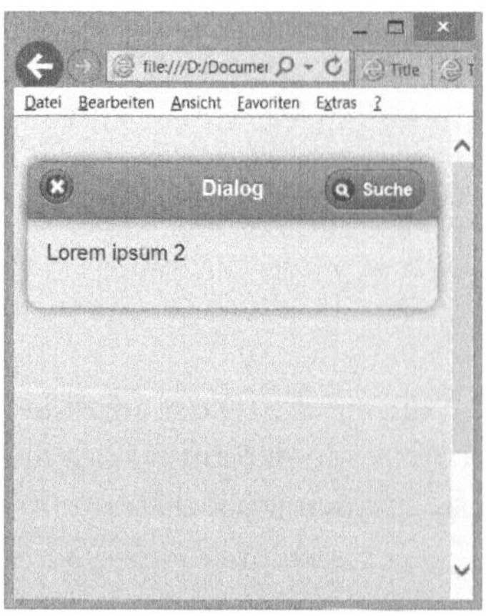

Abbildung 3-6: Einfaches Dialogfeld

Navigationsleisten

Navigationsleisten werden mit jQuery Mobile durch div-Bereiche definiert, die mit data-role="navbar" markiert werden und eine ungeordnete Liste (engl. unordered list; <ul></ul>) beinhalten. Die einzelnen Listeinträge erhalten Links, die jQuery Mobile in diesem Fall als Schaltfläche der Navigationsleiste rendert (siehe Abbildung 3-7). Jene Schaltfläche, die aktiviert erscheinen soll, erhält die CSS-Klasse ui-btn-active.

Beispiel 3-52: Einfache Navigationsleiste

```
<div data-role="navbar">
   <ul>
     <li><a href="#" class="ui-btn-active">
                                Menüpunkt 1</a></li>
     <li><a href="#">Menüpunkt 2</a></li>
     <li><a href="#">Menüpunkt 3</a></li>
    </ul>
</div>
```

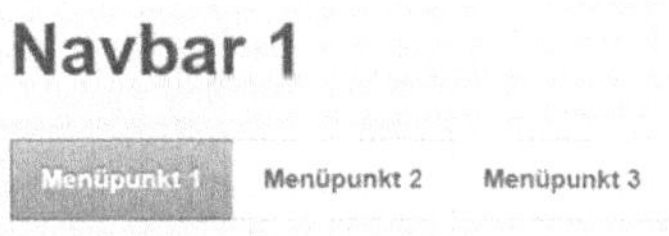

Abbildung 3-7: Einfache Navigationsleiste

Wie Beispiel 3-53 demonstriert, kann der Entwickler die einzelnen Schaltflächen mit einem Symbol versehen, indem er das bereits diskutierte Attribut data-icon verwendet. Das Ergebnis dieses Listings findet man in Abbildung 3-8.

Beispiel 3-53: Navigationsleiste mit Symbolen

```
<h1>Navbar 1</h1>
<div data-role="navbar">
<ul>
   <li><a href="#" data-icon="grid"
        class="ui-btn-active">Menüpunkt 1</a></li>
   <li><a href="#" data-icon="search">Menüpunkt 2</a></li>

   <li><a href="#" data-icon="plus">Menüpunkt 3</a></li>
</ul>
</div>
```

Abbildung 3-8: Navigationsleiste mit Symbolen

Navigationsleisten, die aus mehreren Einträgen bestehen, rendert jQuery Mobile als mehrzeiligen, zweispaltigen Navigationsbereich (vgl. Abbildung 3-9)

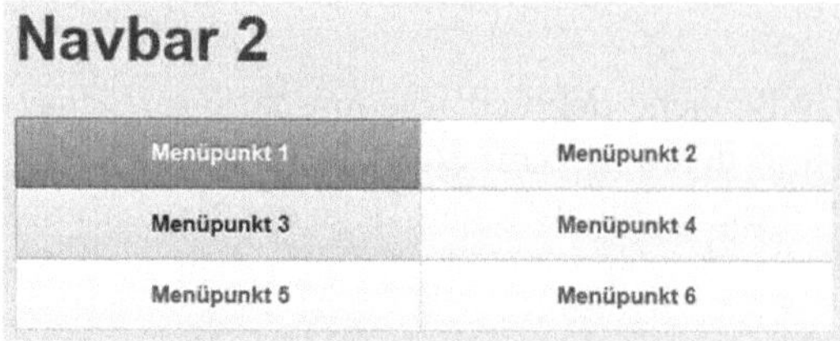

Abbildung 3-9: Mehrzeilige Navigationsleiste

Navigationsleisten können auch im Fußbereich einer logischen Seite untergebracht werden. Beispiel 3-54 und Abbildung 3-10 demonstrieren dies.

Beispiel 3-54: Fußzeile mit Navigationsleiste

```
<div data-role="footer" data-position="fixed">
   <div data-role="navbar">
      <ul>
        <li><a href="#" data-icon="grid"
               class="ui-btn-active">Menüpunkt 1</a></li>
        <li><a href="#" data-icon="search">
               Menüpunkt 2</a></li>
        <li><a href="#" data-icon="plus">
               Menüpunkt 3</a></li>
        </ul>
   </div>
</div>
```

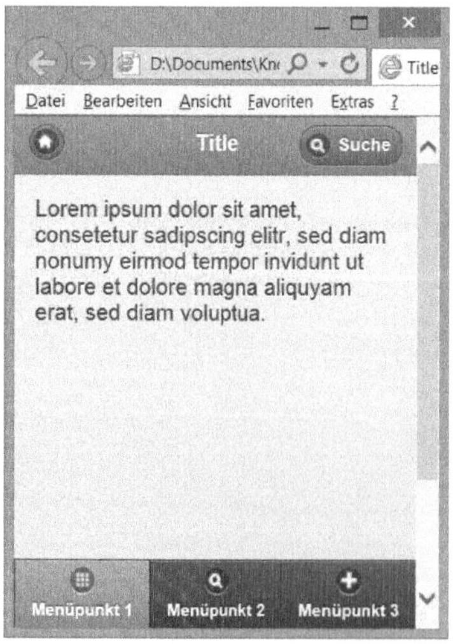

Abbildung 3-10: Navigationsleiste in Fußzeile

Formularfelder

Auch Formularfelder rendert jQuery Mobile auf eine Art und Weise, die zu einem mobilen Look-and-Feel passt (Beispiel 3-55, Abbildung 3-11). Gibt der Entwickler für Felder eine Beschriftung an, wird diese optisch passend in der Nähe des Felds dargestellt.

Beispiel 3-55: Textbox mit Beschriftungsfeld

```
<label for="vorname">Vorname:</label>
<input type="text" name="name" id="vorname" />
<label for="nachname">Nachname:</label>
<input type="text" name="name" id="nachname" />
```

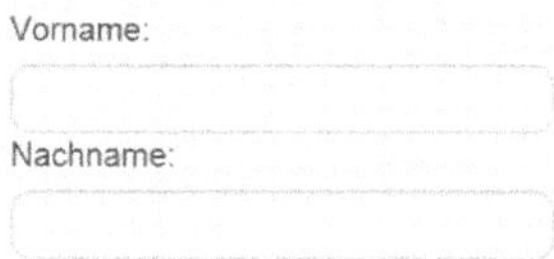

Abbildung 3-11: Textbox mit Beschriftungsfeld

Eingabeelemente, die der Entwickler mit dem Typ `range` versieht, rendert jQuery Mobile als Schiebregler (siehe Beispiel 3-56 und Abbildung 3-12). Den minimalen und maximalen Wert legt er dabei mit den Attributen `min` und `max` fest. Eine Schrittweite könnte mit `data-step` angeführt werden.

Beispiel 3-56: Schiebregler

```
<label for="slider">Alter:</label>
<input type="range" name="slider" id="slider" value="25" min="0" max="100"  />
```

Abbildung 3-12: Schiebregler

Auch die Optionen von `select`-Elementen kann der Entwickler als Schiebregler darstellen. Dazu markiert er das `select`-Element mit `data-role="slider"` (siehe Beispiel 3-58 und Abbildung 3-13).

Beispiel 3-57: Flip-Steuerelement

```
<label for="flip">Ich möchte Werbung:</label>
<select name="slider" id="flip" data-role="slider">
    <option value="ja">Ja</option>
    <option value="nein">Nein</option>
</select>
```

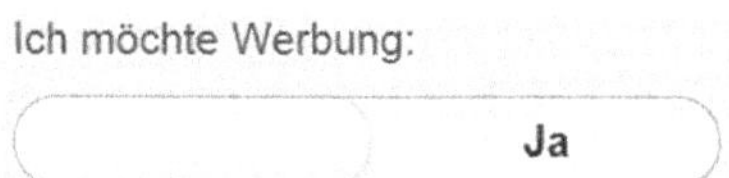

Abbildung 3-13: Flip-Steuerelement

Ordnet der Entwickler mehrere Optionsschaltflächen (engl. radio button) innerhalb eines `fieldset`-Elements an, das er mit `data-role="controlgroup"` markiert (vgl. Beispiel 3-58), rendert jQuery Mobile dieses wie in Abbildung 3-14 gezeigt.

Beispiel 3-58: Optionsschaltflächen

```
<fieldset data-role="controlgroup">
<legend>Berufsgruppe:</legend>
     <input type="radio" name="beruf" id="manager" value="1" checked="checked" />
     <label for="manager">Manager</label>
     <input type="radio" name="beruf" id="entwickler" value="2"  />
```

```
        <label for="entwickler">Entwickler</label>
        <input type="radio" name="beruf"  id="admin" value="3"  />
        <label for="admin">Administrator</label>
</fieldset>
```

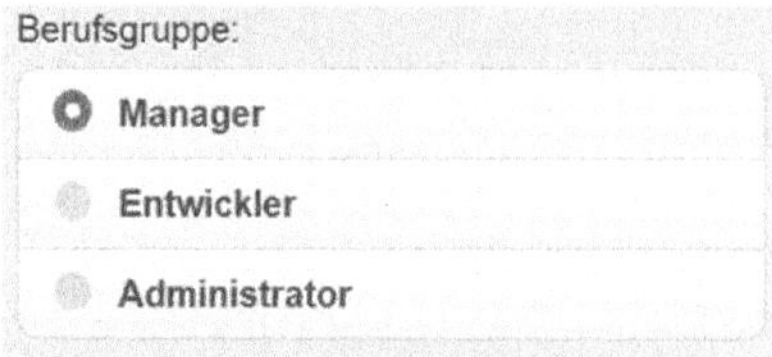

Abbildung 3-14: Optionsschaltflächen

Durch die Markierung mit `data-type="horizontal"` (vgl. Beispiel 3-59) werden die Optionsschaltflächen als Schaltleiste dargestellt (vgl. Abbildung 3-15).

Beispiel 3-59: Horizontal angeordnete Optionsschaltflächen

```
<fieldset data-role="controlgroup" data-type="horizontal">
     <legend>Geo. Bereich</legend>
     <input type="radio" name="geo"
            id="europa"  value="1" checked="checked" />
     <label for="europa">Europa</label>
     <input type="radio" name="geo" id="asien" value="2"  />
     <label for="asien">Asien</label>
     <input type="radio" name="geo" id="afrika"  value="3"  />
     <label for="afrika">Afrika</label>
     <input type="radio" name="geo" id="amerika" value="4"  />
     <label for="amerika">Amerika</label>
     <input type="radio" name="geo" id="ozanien" value="4"  />
     <label for="ozanien">Ozanien</label>
</fieldset>
```

Abbildung 3-15: Horizontal angeordnete Optionsschaltflächen

Dropdown-Listenfelder (siehe Beispiel 3-60) werden wie in Abbildung 3-16 dargestellt. Mit dem Attribut `data-native-menu` kann der Entwickler steuern, ob die Auswahlliste wie bei »normalen« Dropdown-Listenfeldern durch den Browser oder in einer durch jQuery Mobile graphisch aufbereiteten Variante darzustellen sind.

Beispiel 3-60: Dropdown-Listenfeld

```
<label for="zahlungsart">Zahlung:</label>
<select name="zahlungsart" id="zahlungsart" data-native-menu="false">
    <option value="1">Kreditkarte</option>
    <option value="2">Bankeinzug</option>
    <option value="3">Bar</option>
</select>
```

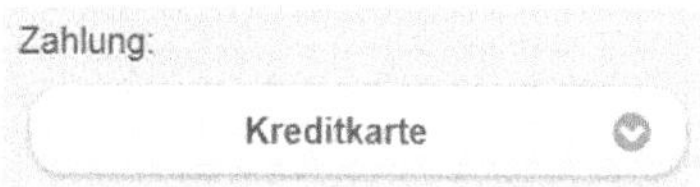

Abbildung 3-16: Dropdown-Listenfeld

Auch für `select`-Elemente mit Optionsgruppen und der Möglichkeit zur Mehrfachauswahl (siehe Beispiel 3-61) bietet jQuery Mobile eine graphisch ansprechende Darstellung (vgl. Abbildung 3-17).

Beispiel 3-61: Dropdown-Listenfeld zur Mehrfachauswahl

```
<label for="kontakt">Kontaktaufnahme:</label>
<select name="kontakt"  data-native-menu="false"  multiple>
    <optgroup label="Klassisch">
        <option value="1">Post</option>
        <option value="2">Brieftaube</option>
    </optgroup>
    <optgroup label="Modern">
        <option value="3">EMail</option>
        <option value="4">Telefon</option>
    </optgroup>
</select>
```

Abbildung 3-17: Dropdown-Listenfeld zur Mehrfachauswahl

Listen

Um Listen in einer für mobile Anwendungen aufbereiteten Variante darzustellen, werden diese mit `data-role="listview"` markiert (Beispiel 3-62, Abbildung 3-18). Dabei werden sowohl nicht-nummerierte (`<ul></ul>`) als auch nummerierte (`<ol></ol>`) Listen unterstützt.

Beispiel 3-62: Einfache Liste

```
<h2>Einfache Liste mit Links</h2>
<ul data-role="listview">
<li><a href="#kapitel1">Kapitel 1</a></li>
<li><a href="#kapitel2">Kapitel 2</a></li>
<li><a href="#kapitel3">Kapitel 3</a></li>
```

```
<li><a href="#kapitel4">Kapitel 4</a></li>
</ul>
```

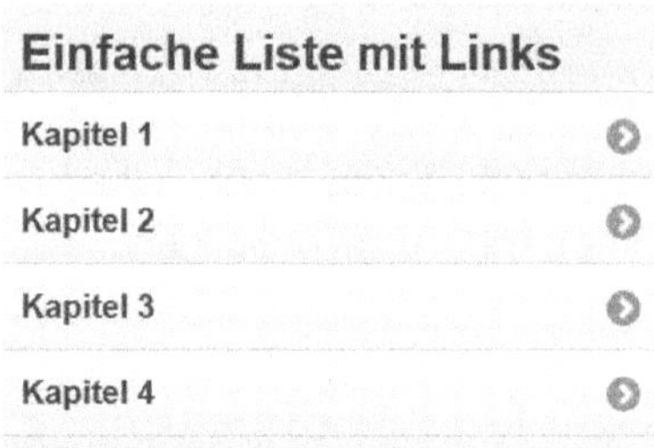

Abbildung 3-18: Einfache Liste

Trennzeilen markiert der Entwickler mit `data-role="list-divider"` (Beispiel 3-63 und Abbildung 3-19).

Beispiel 3-63: Liste mit Trennzeilen

```
<h2 class="margin">Einfache Liste mit Trennzeilen</h2>
<ul data-role="listview"  data-dividertheme="b">
<li data-role="list-divider">Einleitung</li>
<li><a href="#kapitel1">Kapitel 1</a></li>
<li data-role="list-divider">Hauptteil</li>
<li><a href="#kapitel2">Kapitel 2</a></li>
<li><a href="#kapitel3">Kapitel 3</a></li>
<li data-role="list-divider">Fazit</li>
<li><a href="#kapitel4">Kapitel 4</a></li>
</ul>
```

Abbildung 3-19: Liste mit Trennzeilen

Auch längere textuelle Inhalte werden graphisch ansprechend von jQuery Mobile dargestellt. Überschriften können dabei mit `h1` bis `h7` markiert werden; der Fließtext wird innerhalb `p`-Tags gehalten (Beispiel 3-64, Abbildung 3-20).

Beispiel 3-64: Liste mit Text

```
<h2> class="margin">
Einfache Liste mit Trennzeilen und Text</h2>
<ul data-role="listview"  data-dividertheme="b">
<li data-role="list-divider">Einleitung</li>
<li><a href="#kapitel1"><h1>Kapitel 1</h1><p>Dies ist eine kurze Kapitelzusammenfassung ...</p></a></li>
```

```
<li data-role="list-divider">Hauptteil</li>
<li><a href="#kapitel2"><h1>Kapitel 2</h1><p>Dies ist eine kurze Kapitelzusammenfassung ...</p></a></li>
<li><a href="#kapitel3"><h1>Kapitel 3</h1><p>Dies ist eine kurze Kapitelzusammenfassung ...</p></a></li>
<li data-role="list-divider">Fazit</li>
<li><a href="#kapitel4"><h1>Kapitel 4</h1><p>Dies ist eine kurze Kapitelzusammenfassung ...</p></a></li>
</ul>
```

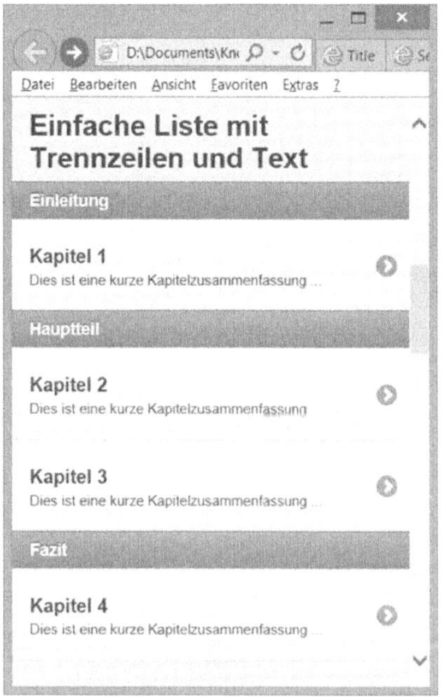

Abbildung 3-20: Liste mit Text

Auch verschachtelte Listen werden unterstützt. Informationen über die untergeordneten Elemente kann der Entwickler in Elementen platzieren, die mit den CSS-Klassen `ui-li-count` und `ui-li-aside` formatiert werden (Beispiel 3-65 und Abbildung 3-21).

Beispiel 3-65: Verschachtelte Liste

```
<h2 class="margin">Verschachtelte Liste</h2>
<ul data-role="listview">
<li><a href="#kapitel1">Kapitel 1</a></li>
<li>
<div>Kapitel 2</div>
<div class="ui-li-count">3</div>
<div class="ui-li-aside">Erstellt: 2011-11-11</div>
<ul>
<li>Kapitel 2.1</li>
<li>Kapitel 2.2</li>
<li>Kapitel 2.3</li>
</ul>
</li>
<li><a href="#kapitel3">Kapitel 3</a></li>
<li><a href="#kapitel4">Kapitel 4</a></li>
</ul>
```

Abbildung 3-21: Verschachtelte Liste

Bilder rendert jQuery Mobile innerhalb von Listeneinträgen linksbündig. Jeder Listeneintrag kann auch einen zweiten Link erhalten. Mit diesem wird eine Schaltfläche auf der rechten Seite erzeugt. Das Symbol dieser Schaltfläche wird im übergeordneten `ul`-Tag mit `data-split-icon` angeführt.

Beispiel 3-66: Liste mit Bilder

```
<h2 class="margin">Bilder und Links</h2>
<ul data-role="listview" data-split-icon="gear"
    data-split-theme="a">
<li>
<a href="http://de.wikipedia.org/wiki/Katze">
   <img width="80" height="80" src="img/katze.jpg" />
   Katze
</a>
<a href="http://www.google.de?q=Katze" >Mit Google suchen</a>
</li>
[…]
</ul>
```

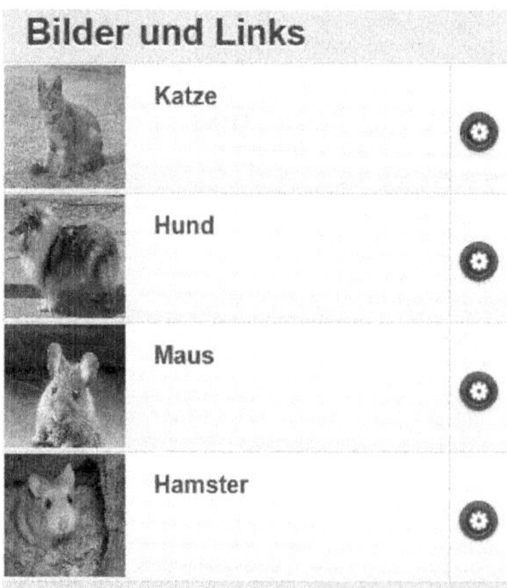

Abbildung 3-22: Liste mit Bildern

Twitter Bootstrap

Twitter Bootstrap ist ein Framework zur Gestaltung von Webseiten nach dem Prinzip des Responsive Web Design. Responsive Web Design (Aliase: Reactive Design, Adaptive Design, Receptive Design) bezeichnet ein Konzept im Rahmen der Gestaltung von Webseiten, das ein komfortables Lesen der Webseiten auf jeder Bildschirmgröße (auch kleinen Smartphones) ohne Scrolling erlaubt.

Wie der Name verrät, wurde Bootstrap von der Firma Twitter entwickelt. Es ist aber ein Open Source-Projekt (»MIT«-Lizenz) und kann von jedermann kostenfrei verwendet werden. Seit Visual Studio 2013 verwendet auch Microsoft Bootstrap in allen Vorlagen für Webanwendungsprojekte (Aber noch nicht für Websites. Das soll erst mit einem Update im Laufe des Jahres 2014 nachgeliefert werden).

Twitter Bootstrap basiert auf HTML 5-Techniken, also CSS3 und JavaScript3. Dabei kann man den CSS-Teil von Bootstrap auch ohne den JavaScript-Teil verwenden, wobei dann freilich nicht alle Layoutelemente bzw. Funktionen zur Verfügung stehen. Zum Beispiel braucht man für Tooltips und Popover-Elemente zwingend JavaScript. Die Bootstrap-Dokumentation unterscheidet genau, welche Funktionen JavaScript erfordern.

Die aktuelle Boostrap-Version zur Drucklegung des Buchs ist Version 3.1. Da seit der Version 3.0 einige ältere Browser (z.B. Firefox 3.6 und niedriger sowie Internet Explorer 7) nicht mehr unterstützt werden, wird auf der Website *http://getbootstrap.com/* weiterhin auch die Version 2.3.2 angeboten. In diesem Kapitel wird die von Visual Studio 2013 verwendete Version 3.0 beschrieben, die sich hinsichtlich der Bezeichner erheblich von Version 2.3.2 unterscheidet.

Bewertung von Bootstrap

Bootstrap schafft nichts, was ein Webentwickler mit sehr guten CSS- und JavaScript-Kenntnissen nicht auch selbst schaffen könnte. Der Wert von Bootstrap liegt aber gerade darin, dass für einige Standardaufgaben diese sehr guten CSS- und JavaScript-Kenntnisse nicht mehr erforderlich sind bzw. dem Webentwickler ganz einfach Arbeit erspart wird.

Kritik an Bootstrap gibt es, dass alle auf Boostrap basierenden Webseiten »gleich« aussehen würden. Tatsächlich macht Bootstrap viele Layout-Vorgaben, z.B. dass alle Eingabesteuerelemente wie Texteingabefelder und Schaltflächen runde Ecken bekommen. Diese Vorgaben kann man aber abändern. Zum einen kann man sich unter *http://getbootstrap.com/customize/* eine angepasste Version von Bootstrap generieren lassen. Oder man kann selbst CSS-Klassen erstellen, die die Vorgaben von Bootstrap punktuell überschreiben. Die Website *www.bootswatch.com* bietet zahlreiche frei verfügbare CSS-Vorlagen für Bootstrap.

Von Bootstrap unterstützte Browser

Die unterstützten Browser zeigt der in Abbildung 3-23 dargestellte Screenshot von der Bootstrap-Webseite. Sie sollten immer dort die aktuell unterstützen Browser ermitteln, bevor sie ein Projekt mit Bootstrap beginnen.

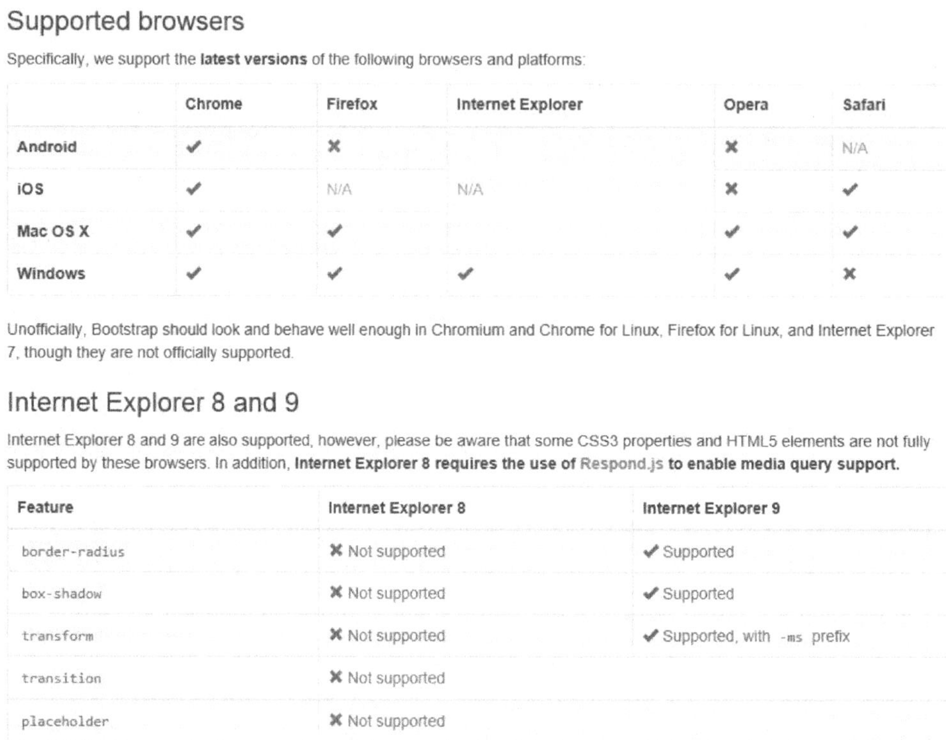

Supported browsers

Specifically, we support the **latest versions** of the following browsers and platforms:

	Chrome	Firefox	Internet Explorer	Opera	Safari
Android	✔	✖		✖	N/A
iOS	✔	N/A	N/A	✖	✔
Mac OS X	✔	✔		✔	✔
Windows	✔	✔	✔	✔	✖

Unofficially, Bootstrap should look and behave well enough in Chromium and Chrome for Linux, Firefox for Linux, and Internet Explorer 7, though they are not officially supported.

Internet Explorer 8 and 9

Internet Explorer 8 and 9 are also supported, however, please be aware that some CSS3 properties and HTML5 elements are not fully supported by these browsers. In addition, **Internet Explorer 8 requires the use of Respond.js to enable media query support.**

Feature	Internet Explorer 8	Internet Explorer 9
`border-radius`	✖ Not supported	✔ Supported
`box-shadow`	✖ Not supported	✔ Supported
`transform`	✖ Not supported	✔ Supported, with `-ms` prefix
`transition`	✖ Not supported	
`placeholder`	✖ Not supported	

Abbildung 3-23: Die Bootstrap-Webseite unter http://getbootstrap.com/getting-started/

Bootstrap-Dateien

Wie die Abbildung 3-24 zeigt, enthält das Twitter Bootstrap-Downloadpaket drei Arten von Dateien:

- CSS-Dateien
- Schriftarten in vier Formaten (hier sind zahlreiche Symbole zur optischen Anreicherung z.B. von Schaltflächen hinterlegt)
- JavaScript-Dateien

Es gibt zwei CSS-Dateien und diese jeweils in einer minifizierten Laufzeitvariante (`.min.css`) und einer Entwicklervariante mit Kommentaren und Zeilenumbrüchen (`.css`). Von der JavaScript-Datei gibt es ebenso diese beiden Varianten (`.js` und `.min.js`). Da die JavaScript-Dateien von Bootstrap auf jQuery basieren, zeigt die Abbildung ebenfalls jQuery. jQuery ist aber nicht im Bootstrap-Downloadpaket enthalten, also getrennt herunterzuladen.

Für die optimale Unterstützung von Internet Explorer 8.0 sind zusätzlich *Respond.js* (*https://github.com/scottjehl/Respond/*) und *HTML5Shim* (*https://code.google.com/p/html5shim/*) notwendig, siehe das Verzeichnis */Bootstrap-IE8* in Abbildung 3-24.)

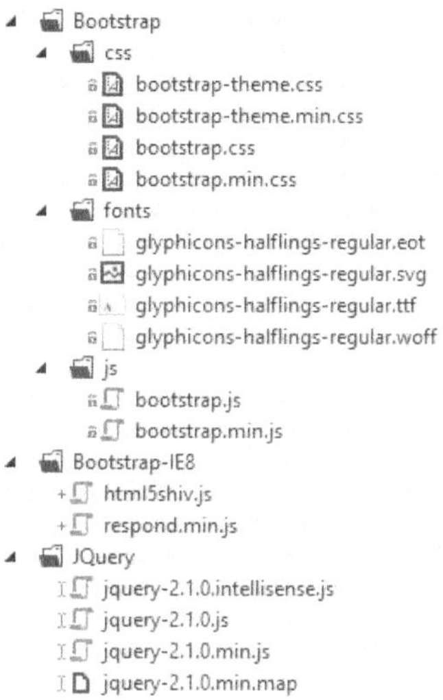

Abbildung 3-24: Inhalt des Bootstrap 3.1 Downloadpakets

In der Visual Studio 2013-Projektvorlage sind die Bootstrap-Dateien in die Ordner `/Content`, `/Fonts` und `/Scripts` einsortiert (siehe Abbildung 3-25).

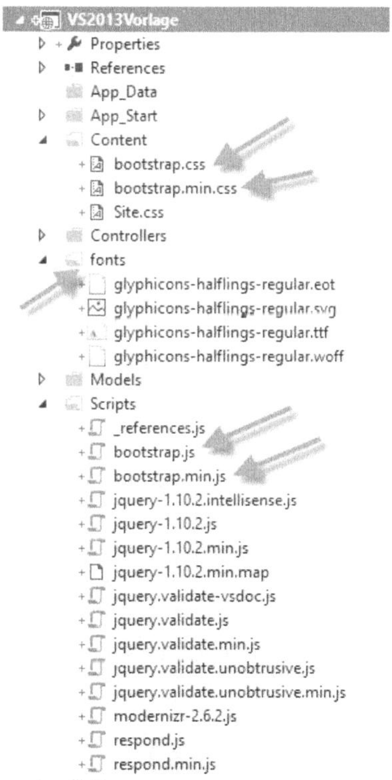

Abbildung 3-25: Bootstrap-Dateien in der Visual Studio 2013-Projektvorlage

Je nachdem, welche Funktionen von Bootstrap man nutzen will, sind folgende Dateien einzubinden:

- Minimal:

```
<link href="/Scripts/Bootstrap/css/bootstrap.min.css" rel="stylesheet" />
```

- Mit optionalen Gestaltungsvorgaben:

```
<link href="/Scripts/Bootstrap/css/bootstrap.min.css" rel="stylesheet" />
<link href="/Scripts/Bootstrap/css/bootstrap-theme.min.css" rel="stylesheet" />
```

- Vollständig:

```
<link href="/Scripts/Bootstrap/css/bootstrap.min.css" rel="stylesheet" />
<link href="/Scripts/Bootstrap/css/bootstrap-theme.min.css" rel="stylesheet" />
<script src="/Scripts/jquery/jquery-2.1.0.min.js"></script>
<script src="/Scripts/Bootstrap/js/bootstrap.min.js"></script>
```

Die Bootstrap-Dateien kann man auch über Content Delivery Networks (CDNs) beziehen, z.B. wie folgt:

```
<link rel="stylesheet" href="//netdna.bootstrapcdn.com/bootstrap/3.1.0/css/
bootstrap.min.css">
<link rel="stylesheet" href="//netdna.bootstrapcdn.com/bootstrap/3.1.0/css/
bootstrap-theme.min.css">
<script src="//netdna.bootstrapcdn.com/bootstrap/3.1.0/js/bootstrap.min.js"></
script>
```

Aufbau einer Bootstrap-basierten Webseite

Das folgende Listing zeigt den Aufbau einer auf Bootstrap basierenden Webseite, die alle Bootstrap-Features einbindet.

Für das Funktionieren der Responsive Designs auf mobilen Geräten sind die Meta-Tags im <head> sehr wichtig.

Beispiel 3-67: Grundaufbau einer Webseite mit Bootstrap 3.x

```
<!DOCTYPE html>
<html lang="en">
 <head>
  <!-- Wichtige Meta-Deklarationen -->
  <meta charset="utf-8">
  <meta http-equiv="X-UA-Compatible" content="IE=edge">
  <meta name="viewport" content="width=device-width, initial-scale=1">

  <!--Titel-->
  <title>Bootstrap-Grundlayout</title>

  <!-- Bootstrap-CSS -->
  <link href="/Scripts/Bootstrap/css/bootstrap.min.css" rel="stylesheet" />
  <link href="/Scripts/Bootstrap/css/bootstrap-theme.min.css" rel="stylesheet" />

  <!-- Notwendig für Unterstützung von Internet Explorer 8.0 -->
  <!-- ACHTUNG: Respond.js läuft nicht, wenn man Datei betrachtet über file:// -->
  <!--[if lt IE 9]>
   <script src="https://oss.maxcdn.com/libs/html5shiv/3.7.0/html5shiv.js"></script>
```

```
    <script src="https://oss.maxcdn.com/libs/respond.js/1.4.2/respond.min.js"></script>
   <![endif]-->
  </head>
<body>
  <h1>INHALTE HIER</h1>
   <!-- jQuery- und Bootstrap-JS -->
  <script src="/Scripts/jquery/jquery-2.1.0.min.js"></script>
  <script src="/Scripts/Bootstrap/js/bootstrap.min.js"></script>
</body>
</html>
```

Bootstrap-Grundlayout

Bootstrap unterstützt die CSS-basierte Aufteilung von Seiteninhalten, indem es eine Webseite in zwölf virtuelle Spalten einteilt, auf die man Inhalte beliebig verteilen kann. Abhängig von der Browsergröße geht Bootstrap aber selbständig dazu über, die Inhalte untereinander statt nebeneinander darzustellen, sodass auch auf mobilen Geräten eine optimale Darstellung möglich wird.

Für dieses Spaltenlayout ist zunächst einmal ein Container erforderlich. Dies ist ein <div>-Element mit der CSS-Klasse container (feste Breite) oder der CSS-Klasse container-fluid (volle Bildschirmbreite). Darin folgen eine oder mehrere <div>-Elemente mit der Klasse row.

Die einzelnen Spalten darunter sind ebenfalls <div>-Elemente mit zahlreichen Klassen nach dem Schema .col-XY-ZAHL, z.B. col-md-4. Dabei steht die zweite Buchstabenkombination für die Bildschirmgröße. xs kennzeichnet sehr kleine, sm kleine, md mittlere und lg große Bildschirme. Die genaue Größendefinition sehen Sie in Abbildung 3-26 (die dortige Tabelle stammt von der Bootstrap-Webseite). Die Zahl gibt die Anzahl der zu verwendenden Spalten gemäß dem zwölfspaltigen Grundlayout an. In einem <div>-Element kann man für jede der vier Spaltengrößen jeweils eine Angabe machen. Eine Kombination wie <div class="col-lg-4 col-md-8 cols-sm-10 col-xs-12"> ist also möglich.

	Extra small devices Phones (<768px)	**Small devices** Tablets (≥768px)	**Medium devices** Desktops (≥992px)	**Large devices** Desktops (≥1200px)
Grid behavior	Horizontal at all times	Collapsed to start, horizontal above breakpoints		
Container width	None (auto)	750px	970px	1170px
Class prefix	.col-xs-	.col-sm-	.col-md-	.col-lg-
# of columns	12			
Column width	Auto	60px	78px	95px
Gutter width	30px (15px on each side of a column)			

Abbildung 3-26: Spaltentypen in Bootstrap (http://getbootstrap.com/css/)

Beispiele:

- col-lg-4 Auf einem großen Bildschirm verwendet diese Spalte vier Spalten des zwölfspaltigen Grundlayouts
- col-md-8 Auf einem mittleren Bildschirm verwendet diese Spalte acht Spalten des Grundlayouts
- cols-sm-10 Auf einem kleineren Bildschirm verwendet diese Spalte zehn Spalten des Grundlayouts

- `col-xs-12` Auf einem sehr kleinen Bildschirm verwendet diese Spalte alle Spalten des Grundlayouts (d.h. alle folgenden Spalten werden in die nächste Zeile umbrochen!)

Die Größenangaben sind dabei jeweils so zu verstehen, dass diese Aufteilung ab der genannten Größe gilt. Darunter werden alle Spalten untereinander dargestellt.

Eine Angabe wie `class="col-xs-12 col-sm-12 col-md-4 col-lg-4"` enthält also drei überflüssige Angaben. `class="col-md-4"` hätte gereicht!

In der Visual Studio 2013-Webvorlage für Webanwendungsprojekte sieht man in `index.cshtml` bzw. `default.aspx` ein Layout mir drei Spalten mit `col-md-4`, d.h., in Größe `md` und `lg` ist die Darstellung dreispaltig. Bei `sm` und `xs` ist sie einspaltig.

Testseite für Bootstrap-Grundlayout

Das folgende Listing enthält eine sehr praktische Testseite für das Twitter-Grundlayout. Nach dem Listing sehen Sie das Ergebnis in vier Bildschirmabbildungen. Im Kopf der Seite wird per JavaScript die aktuelle Breite des Browserfensters in Pixel (`px`) ausgegeben. Darunter steht der korrespondierende Twitter Bootstrap-Größenname (`xs`, `sm`, `md`, `lg`). Der eigentliche Inhalt der Seite sind drei Zeilen mit jeweils vier Spalten.

- In Größe `lg` werden tatsächlich alle vier Spalten in einer Zeile angezeigt. Allerdings erhalten die Spalten 3 und 4 doppelt so viel Platz (`col-lg-4`) wie Spalten 1 und 2 (`col-lg-2`).
- In Größe `md` wird davon ausgegangen, dass der Platz nicht mehr reicht für alle vier Spalten in einer Zeile. Spalte 4 wird daher mit `col-md-12` auf die nächste Zeile umbrochen. Die ersten drei Spalten teilen sich die erste Zeile, wobei die Spalte drei mit `col-md-6` wieder doppelt so viel Platz erhält wie die ersten beiden (`col-md-3`).
- In Größe `sm` wird auch die dritte Spalte umgebrochen. Nun werden alle Spalten mit `col-sm-6` deklariert, sodass diese nun als gleichverteilter Viererblock erscheinen.
- Auf eine explizite Größenangabe `col-xs-12` wird verzichtet, denn in der `xs`-Darstellung stehen die Zeilen automatisch alle untereinander

Im Listing werden bewusst Inline-Styles für den farbigen Hintergrund verwendet, um klar abzugrenzen, dass es sich dabei nicht um eine Bootstrap-Standardgestaltung handelt. Da der Verlag das Buch leider nur schwarzweiß druckt, werden Sie die Hintergrundfarben hier im Buch nur schwerlich unterscheiden können. Führen Sie die Webseite einfach in Ihrem Browser aus, um die Farbunterschiede zu erleben!

Beispiel 3-68: Bootstrap-Testseite

```
<!DOCTYPE html>
<html lang="en">
<head>
 <!-- Wichtige Meta-Deklarationen -->
 <meta charset="utf-8">
 <meta http-equiv="X-UA-Compatible" content="IE=edge">
 <meta name="viewport" content="width=device-width, initial-scale=1">

 <!--Titel-->
 <title>Bootstrap-Grundlayout</title>
```

```
  <!-- Bootstrap-CSS -->
  <link href="/Scripts/Bootstrap/css/bootstrap.min.css" rel="stylesheet" />
  <link href="/Scripts/Bootstrap/css/bootstrap-theme.min.css" rel="stylesheet" />

  <!-- Notwendig für Unterstützung von Internet Explorer 8.0 -->
  <!-- ACHTUNG: Respond.js läuft nicht, wenn man Datei betrachtet über file:// -->
  <!--[if lt IE 9]>
    <script src="https://oss.maxcdn.com/libs/html5shiv/3.7.0/html5shiv.js"></script>
    <script src="https://oss.maxcdn.com/libs/respond.js/1.4.2/respond.min.js"></script>
   <![endif]-->
</head>
<body>

  <h2>Testseite für Twitter-Spaltenlayout</h2>
  <h4>
   <br />
   Aktuelle Browserfensterbreite: <span id="size"></span>px<br />
   Bootstrap-Größenname: <span id="sizeName">sizeName</span>
  </h4>
  <br />
  <div class="container-fluid">
   <div class="row">
    <div class="col-lg-2 col-md-3 col-sm-6" style="background: greenyellow">Zeile 1 - Spalte 1</div>
    <div class="col-lg-2 col-md-3 col-sm-6" style="background: lightpink">Zeile 1 - Spalte 2</div>
    <div class="col-lg-4 col-md-6 col-sm-6" style="background: lightskyblue">Zeile 1 - Spalte 3</div>
    <div class="col-lg-4 col-md-12 col-sm-6" style="background: khaki">Zeile 1 - Spalte 4</div>
   </div>
   <!--ende row -->

   <div class="row">
    <div class="col-lg-2 col-md-3 col-sm-6" style="background: greenyellow">Zeile 2 - Spalte 1</div>
    <div class="col-lg-2 col-md-3 col-sm-6" style="background: lightpink">Zeile 2 - Spalte 2</div>
    <div class="col-lg-4 col-md-6 col-sm-6" style="background: lightskyblue">Zeile 2 - Spalte 3</div>
    <div class="col-lg-4 col-md-12 col-sm-6" style="background: khaki">Zeile 2 - Spalte 4</div>
   </div>

   <!--ende row -->
   <div class="row">
    <div class="col-lg-2 col-md-3 col-sm-6" style="background: greenyellow">Zeile 3 - Spalte 1</div>
    <div class="col-lg-2 col-md-3 col-sm-6" style="background: lightpink">Zeile 3 - Spalte 2</div>
    <div class="col-lg-4 col-md-6 col-sm-6" style="background: lightskyblue">Zeile 3 - Spalte 3</div>
    <div class="col-lg-4 col-md-12 col-sm-6" style="background: khaki">Zeile 3 - Spalte 4</div>
   </div>
   <!--ende row -->
   </div>

  <!-- jQuery- und Bootstrap-JS -->
  <script src="/Scripts/jquery/jquery-2.1.0.min.js"></script>
  <script src="/Scripts/Bootstrap/js/bootstrap.min.js"></script>

  <script>
   function printSize() {
    var size = $(window).width();
    var sizeName = "";

    switch (true) {
```

```
        case (size >= 1170): sizeName = "lg"; break;
        case (size >= 970): sizeName = "md"; break;
        case (size >= 750): sizeName = "sm"; break;
        default: sizeName = "xs"; break;
      }

      $("#size").text(size);
      $("#sizeName").text(sizeName);
    }
    $(window).resize(printSize);
    $(window).ready(printSize);
  </script>
</body>
</html>
```

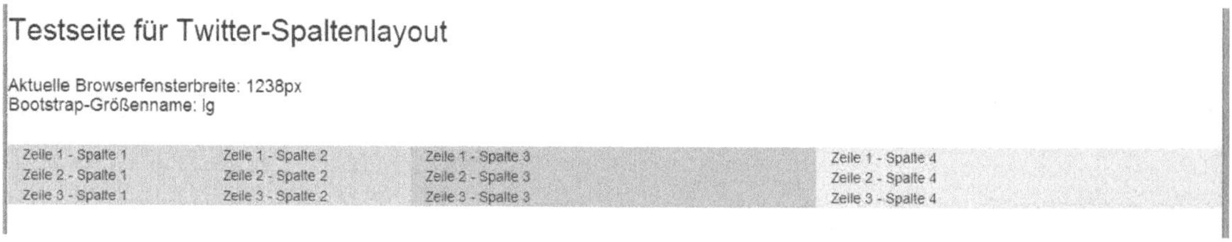

Abbildung 3-27: Testseite in Größe »lg«

Abbildung 3-28: Testseite in Größe »md«

Abbildung 3-29: Testseite in Größe »sm«

Abbildung 3-30: Testseite in Größe »xs«

Verschachtelung

Die mit der CSS-Klasse row ausgezeichneten <div>-Elemente lassen sich verschachteln, sodass man auf einer Webseite auch mehr als zwölf Spalten erhalten kann. Das folgende Beispiel zeigt eine Darstellung für einen Kalender am Beispiel eines Monats mit 31 Tagen. Die fünf Wochen des Monats bilden die erste Ebene. Auf der zweiten Ebene ist sind die ersten vier Wochenspalten in jeweils sieben und die letzte Wochenspalte in drei Tagesspalten unterteilt.

> Das Twitter-Spaltenlayout kann somit auch für jede Form der tabellarischen Darstellung gewählt werden. Sie sollten keine <table>-Tags mehr einsetzen, da solche Tabellen auf kleineren Browserfensterbreiten nicht umbrechen und daher auf kleineren Geräten nur durch Scrollen lesbar sind.

Beispiel 3-69: Verschachtelte Zeilen

```
<div class="container-fluid">
  <div class="row">
   <!--1. Woche-->
   <div class="col-lg-2 col-md-6 col-sm-6 col-xs-12" style="background: greenyellow">
    <div class="row">
     <div class="col-xs-1">1</div>
     <div class="col-xs-1">2</div>
     <div class="col-xs-1">3</div>
     <div class="col-xs-1">4</div>
     <div class="col-xs-1">5</div>
     <div class="col-xs-1">6</div>
     <div class="col-xs-1">7</div>
    </div>
   </div>
   <!--Ende row Ebene 2 -->
   <!--2. Woche-->
   <div class="col-lg-2 col-md-6 col-sm-6 col-xs-12" style="background: lightpink">
    <div class="row">
     <div class="col-xs-1">8</div>
     <div class="col-xs-1">9</div>
     <div class="col-xs-1">10</div>
```

```
        <div class="col-xs-1">11</div>
        <div class="col-xs-1">12</div>
        <div class="col-xs-1">13</div>
        <div class="col-xs-1">14</div>
      </div>
    </div>
    <!--Ende row Ebene 2 -->
    <!--3. Woche-->
    <div class="col-lg-2 col-md-6 col-sm-6 col-xs-12" style="background: lightskyblue">
      <div class="row">
        <div class="col-xs-1">15</div>
        <div class="col-xs-1">16</div>
        <div class="col-xs-1">17</div>
        <div class="col-xs-1">18</div>
        <div class="col-xs-1">19</div>
        <div class="col-xs-1">20</div>
        <div class="col-xs-1">21</div>
      </div>
    </div>
    <!--Ende row Ebene 2 -->
    <!--4. Woche-->
    <div class="col-lg-2 col-md-6 col-sm-6 col-xs-12" style="background: khaki">
      <div class="row">
        <div class="col-xs-1">22</div>
        <div class="col-xs-1">23</div>
        <div class="col-xs-1">24</div>
        <div class="col-xs-1">25</div>
        <div class="col-xs-1">26</div>
        <div class="col-xs-1">27</div>
        <div class="col-xs-1">28</div>
      </div>
    </div>
    <!--Ende row Ebene 2 -->
    <!--5. Woche-->
    <div class="col-lg-1 col-md-6 col-sm-6 col-xs-12" style="background: yellow">
      <div class="row">
        <div class="col-xs-1">29</div>
        <div class="col-xs-1">30</div>
        <div class="col-xs-1">31</div>
      </div>
    </div>
  </div>
  <!--Ende row Ebene 1 -->
</div>
```

Abbildung 3-31: Testseite mit 31 Spalten in Größe lg

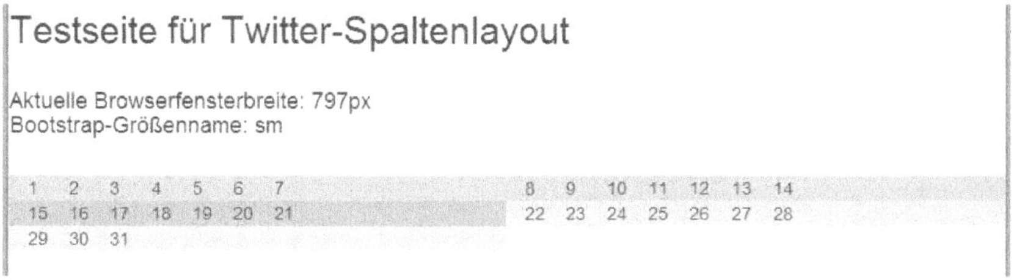

Abbildung 3-32: Testseite mit 31 Spalten in Größe sm

Abbildung 3-33: Testseite mit 31 Spalten in Größe xs

Ausblenden von Inhalten

Mit der CSS-Klassen `hidden` können Inhalte unsichtbar gemacht werden:

```
<div class="hidden">Versteckter Text</div>
```

Dies ist auch abhängig von der aktuellen Browserfenstergröße möglich mit `hidden-xs`, `hidden-sm`, `hidden-md` und `hidden-lg`. Zum Beispiel kann eine Spalte nur in Browserfenstergröße `xs` ausgeblendet werden:

```
<div class="col-lg-4 col-md-12 col-sm-6 hidden-xs">Inhalt</div>
```

Außerdem ist es möglich, Inhalte nur für den Ausdruck sichtbar bzw. unsichtbar zu machen. Dies geschieht mit den CSS-Klassen `visible-print` und `hidden-print`.

Navigation

Für Navigationselemente bietet Twitter Bootstrap mehrere Darstellungsformen. Die Visual Studio 2013-Vorlage für Webanwendungsprojekte enthält ein mit der CSS-Klasse `navbar` versehenes `<div>`-Element, das sich in den Größen `sm`, `md` und `lg` als Leiste und in der Größe `xs` als Dropdown-Menü darstellt. Für das Dropdown-Menü ist der JavaScript-Teil von Bootstrap zwingend erforderlich.

Das folgende Listing zeigt die notwendigen CSS-Klassen. Das Navigationselement ist insgesamt in ein Element mit der CSS-Klasse `navbar` einzubetten. `navbar-inverse` und `navbar-fixed-top` beschreiben die Gestaltung und Position. `navbar-inverse` sorgt für die Darstellung mit weißer Schrift auf schwarzem Hintergrund. `navbar-default` würde für schwarze Schrift auf grauem Hintergrund sorgen. `navbar-`

fixed-top sorgt dafür, dass das Navigationselement ganz oben am Bildschirm steht. In das Navigationselement kann man nicht nur Links, sondern auch Schaltflächen, Eingabesteuerelemente und statischen Text einbinden.

Beispiel 3-70: Naivigationsleiste aus der Visual Studio 2013-Vorlage für Webanwendungsprojekte

```
<div class="navbar navbar-inverse navbar-fixed-top">
    <div class="container">
        <div class="navbar-header">
            <button type="button" class="navbar-toggle" data-toggle="collapse" data-target=".navbar-
collapse">
                <span class="icon-bar"></span>
                <span class="icon-bar"></span>
                <span class="icon-bar"></span>
            </button>
            @Html.ActionLink("Application name", "Index", "Home", null, new { @class = "navbar-brand"
})
        </div>
        <div class="navbar-collapse collapse">
            <ul class="nav navbar-nav">
                <li>@Html.ActionLink("Home", "Index", "Home")</li>
                <li>@Html.ActionLink("About", "About", "Home")</li>
                <li>@Html.ActionLink("Contact", "Contact", "Home")</li>
            </ul>
            @Html.Partial("_LoginPartial")
        </div>
    </div>
</div>
```

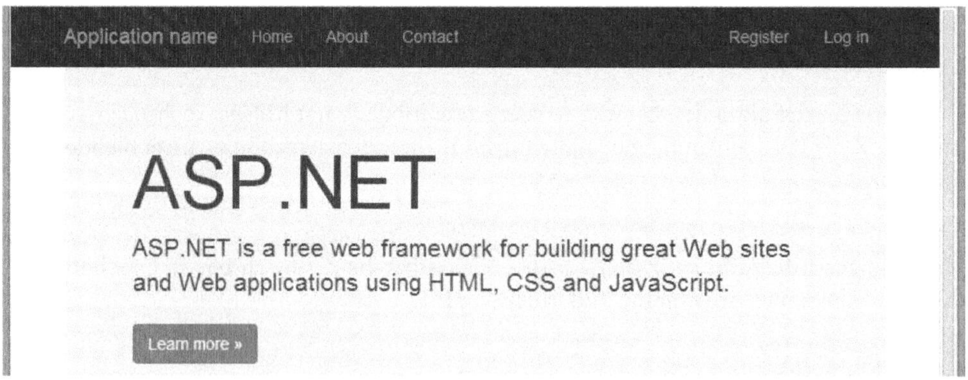

Abbildung 3-34: Standarddarstellung der Navigationsleiste

Abbildung 3-35: Standarddarstellung der Navigationsleiste in Browserfenstergröße »xs«

Formulare

Bootstrap schafft für Eingabesteuerelemente ein ansprechendes Standardlayout mit abgerundeten Ecken. Für Schaltflächen sind verschiedene Signalfarben verfügbar.

Eingabesteuerelemente erhalten die CSS-Klasse `form-control`. Elemente des Typs `<a>`, `<button>` oder `<input type="text">` erhalten die CSS-Klasse `btn`. Links werden dadurch auch als Schaltflächen dargestellt. Auch andere Elemente wie `<span>` und `<div>` verwandeln sich durch `btn` optisch in Schaltflächen. Eine der vordefinierten Farben wird durch Zusätze bestimmt:

- `btn btn-default` Schaltfläche mit Grauverlauf
- `btn btn-primary` Blaue Schaltfläche
- `btn btn-success` Grüne Schaltfläche
- `btn btn-info` Hellblaue Schaltfläche
- `btn btn-warning` Orange Schaltfläche
- `btn btn btn-danger` Rote Schaltfläche
- `btn btn btn-link` Darstellung als Link

Diese CSS-Klassen können einzeln verwendet werden oder in `<div>`-Elementen der Klasse `form-group`, die jeweils ein Bezeichnungsfeld (`<label>`) und ein Eingabeelement gruppieren. Bootstrap stellt das Eingabesteuerelement standardmäßig hinter dem Bezeichnungsfeld dar. Bei Fenstergröße `xs` wird aber nach dem Bezeichnungsfeld umbrochen und das Eingabesteuerelement in die nächste Zeile gesetzt.

Beispiel 3-71: Bootstrap-basiertes Eingabeformular

```
<form class="form-horizontal" role="form">
 <div class="form-group">
  <label for="C_Name" class="col-sm-2 control-label">Name</label>
  <div class="col-sm-10">
   <input type="text" class="form-control" id="C_Name" placeholder="Vor- und Nachname">
  </div>
 </div>
 <div class="form-group">
  <label for="C_Firma" class="col-sm-2 control-label">Firma</label>
  <div class="col-sm-10">
```

```
    <input type="text" class="form-control" id="C_
Firma" placeholder="Name Ihrers Unternehmens (optional)">
   </div>
  </div>
  <div class="form-group">
   <label for="C_Firma" class="col-sm-2 control-label">Tätigkeit</label>
   <div class="col-sm-10">
    <select class="form-control" id="C_Taetigkeit">
     <option>Projektleiter/Entscheider</option>
     <option>Softwarearchitekt</option>
     <option>Softwareentwickler</option>
     <option>Softwaretester</option>
     <option>Andere</option>
    </select>
   </div>
  </div>
  <div class="form-group">
   <label for="C_EMail" class="col-sm-2 control-label">E-Mail-Adresse</label>
   <div class="col-sm-10">
    <input type="email" class="form-control" id="C_EMail" placeholder="Ihre E-Mail-Adresse">
   </div>
  </div>
  <div class="form-group">
   <label for="C_Kennwort1" class="col-sm-2 control-label">Kennwort</label>
   <div class="col-sm-10">
    <input type="password" class="form-control" id="C_
Kennwort1" placeholder="Kennwort mindestens 8 Zeichen mit einem Sonderzeichen">
   </div>
  </div>
  <div class="form-group">
   <label for="C_Kennwort2" class="col-sm-2 control-label">Kennwort (Wiederholung)</label>
   <div class="col-sm-10">
    <input type="password" class="form-control" id="C_
Kennwort2" placeholder="Bitte geben Sie das gewählte Kennwort nochmals ein.">
   </div>
  </div>
  <div class="form-group">
   <div class="col-sm-offset-2 col-sm-10">
    <div class="checkbox">
     <input type="checkbox" id="C_Cookie">
     <label>
      Cookie setzen zur Wiedererkennung
     </label>
    </div>
   </div>
  </div>
  <div class="form-group">
   <div class="col-sm-offset-2 col-sm-10">
    <button type="submit" class="btn btn-success" id="C_Registrieren">Registrieren</button>
    <button type="submit" class="btn btn-danger" id="C_NichtRegistrieren">Nicht registrieren</button>
    <a class="btn btn-info" id="C_Datenschutz">Unsere Datenschutzrichtlinie</a>
   </div>
  </div>
 </form>
```

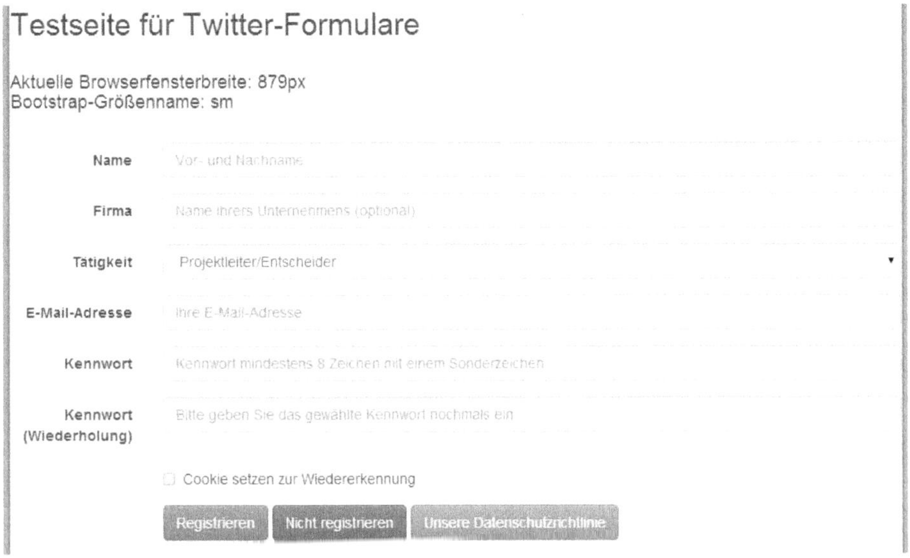

Abbildung 3-36: Beispiel für ein Bootstrap-Formular in den Größen sm, md und lg

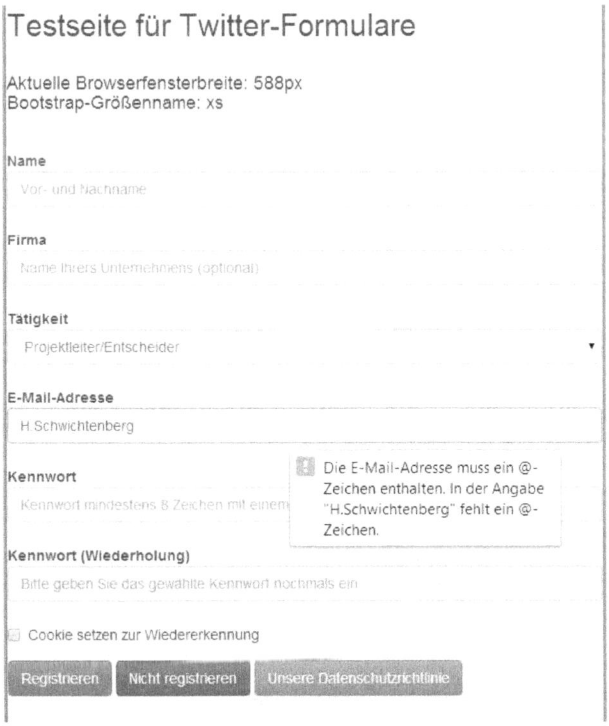

Abbildung 3-37: Beispiel für ein Bootstrap-Formular in der Größe xs

Symbole

Die in den mitgelieferten Schriftarten hinterlegten Bootstrap-Symbole werden über <span>-Elemente genutzt, die den allgemeinen CSS-Klassennamen glyphicon und den spezifischen Klassennamen des Symbols, z.B. glyphicon-star erhalten. Diese <span>-Elemente können überall verwendet werden, wo Text erlaubt ist, also auch in Schaltflächen und Hyperlinks.

Beispiel 3-72: Zwei <button>-Elemente und ein Hyperlink mit Symbolen

```
<button type="submit" class="btn btn-success" id="C_Registrieren"><span class="glyphicon glyphicon-
thumbs-up"></span> Registrieren</button>
<button type="submit" class="btn btn-danger" id="C_NichtRegistrieren"><span class="glyphicon glyphicon-
thumbs-down"></span> Nicht registrieren</button>
<a class="btn btn-info" id="C_Datenschutz"><span class="glyphicon glyphicon-list-alt"></span>
 Unsere Datenschutzrichtlinie</a>
```

Abbildung 3-38: Ausgabe des Codefragments aus Beispiel 3-72

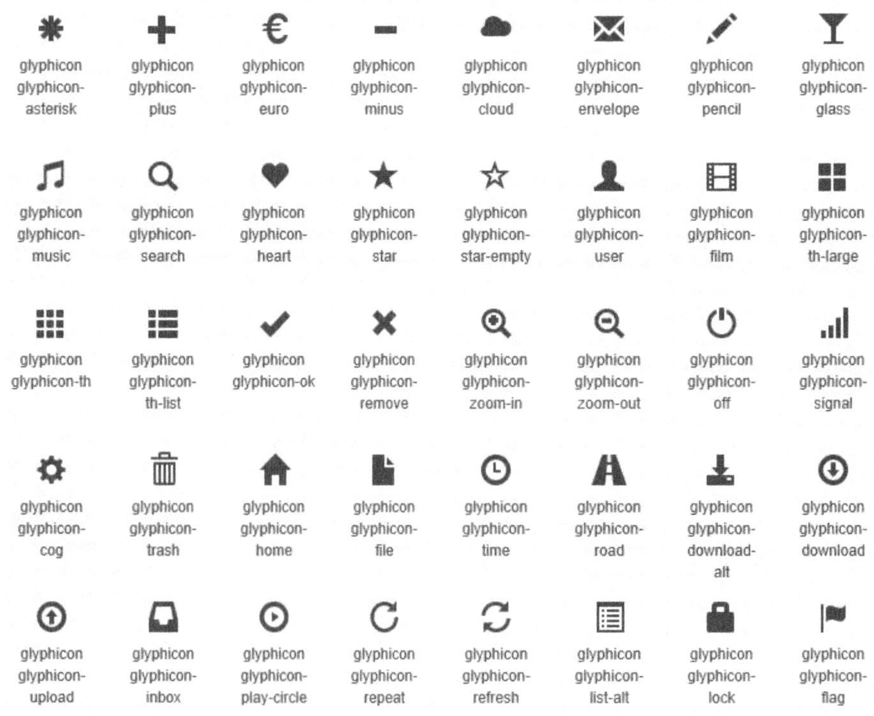

Abbildung 3-39: Auszug aus der Liste der rund 200 mitgelieferten Symbole bei Twitter Bootstrap

Sprechblasen

Bootstrap kann Tooltips zu HTML-Elementen in Sprechblasenform anzeigen (siehe Abbildung 3-40).

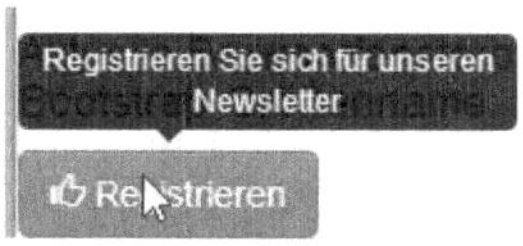

Abbildung 3-40: Bootstrap-Tooltip

Um dies zu aktivieren, sind zwei Dinge notwendig:

1. Das HTML-Tag erhält ein `title`-Attribut.

```
<a class="btn btn-success" id="R2" title="Registrieren Sie sich für unseren Newsletter" >
<span class="glyphicon glyphicon-thumbs-up"></span> Registrieren</a>
```

2. Per jQuery-Selector wird für alle HTML-Elemente mit dem `title`-Attribut die Methode `tooltip()` aufgerufen. Natürlich ist auch ein beliebiger anderer jQuery-Selektor möglich, wenn dies nicht für alle Elemente mit `title`-Attribut gelten soll (z.B. nur für Elemente, die eine bestimmte CSS-Klasse besitzen oder deren ID mit einer bestimmten Zeichenfolge beginnt).

```
<script>
 $().ready(function () { $("[title]").tooltip(); })
</script>
```

Optional kann man die Position der Sprechblase, die standardmäßig immer oben angezeigt wird, mit dem Attribut `data-placement` verändern. Mögliche Werte `sind` `top`, `bottom`, `left` und `right`.

Eine andere Darstellung, die Bootstrap Popover nennt, erscheint nicht beim Überfahren mit der Maus, sondern nach einem Klick. Sie bietet zudem die Unterscheidung zwischen Überschrift und Inhalt.

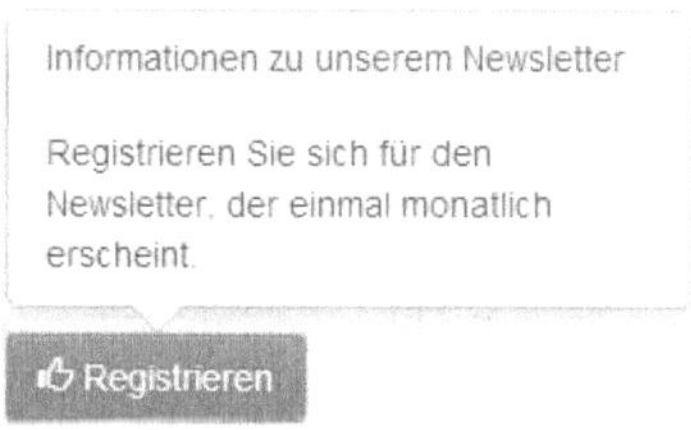

Abbildung 3-41: Bootstrap-Popover

Ein Popover-Element wird aktiviert durch die JavaScript-Methode `popover()`, nachfolgend zum Beispiel für das Element `R10`:

```
$().ready(function () { $("#R10").popover(); });
```

Dabei holt sich die Methode `popover()` die Daten wie folgt aus dem HTML-Tag:

Position: Attribut `data-placement` (Werte siehe oben)

Titel: Attribut `title` (optional)

Inhalt: Attribut `data-content`

Dazu ein Beispiel:

```
<a id="R10" type="button" class="btn btn-success" data-container="body" title="Informationen zu unserem
Newsletter" data-placement="top" data-content="Registrieren Sie sich für den Newsletter, der einmal
monatlich erscheint.">
<span class="glyphicon glyphicon-thumbs-up"></span> Registrieren
</a>
```

Abgerundete Grafiken

Mit der CSS-Klasse `img-circle` wird eine beliebige Grafik als Oval dargestellt. Dazu ein Beispiel, das Fotos anzeigt:

```
<img src="Portrait_HolgerSchwichtenberg.jpg" class="img-circle"/>
```

Abbildung 3-42: Ovales Fotos mit Twitter Bootstrap

Weitere Möglichkeiten

Sowohl der Schwerpunkt dieses Buchs als auch dessen Rahmen ermöglichen nicht, alle Funktionen von Bootstrap zu beschreiben. Deswegen wird für die nachfolgenden Möglichkeiten auf die Online-Dokumentation von Bootstrap verwiesen:

- Mehrere CSS-Klassen mit dem Präfix `text-` legen Farben für den Fließtext fest, die mit den entsprechenden Schaltflächenfarben korrespondieren (z.B. `text-danger` ist rot)
- Passende Hintergrundfarben für Fließtext sind über CSS-Klassen mit dem präfix `bg-` erhältlich, z.B. `bg-danger` für einen hellroten Hintergrund
- Twitter unterstützt auch die Gestaltung klassischer Tabellen mit `<table>`, z.B. alternierende Zeilenfarben
- Aufklappbare Menüs (Dropdown-Menüs)
- Breadcrumb-Navigation
- Seitennumerierung (Pagination)
- Hervorhebungen in Form von Labels und Badgets
- Vorschaubilder (Thumbnails)
- Warnungen (Alerts)
- Fortschrittsbalken (Progress Bar)

- Panels
- Modale Fenster (Modals)
- Scrollspy und Affix (Aktualisierung des aktuellen Navigationselements anhand der aktuellen Position in der Seite)
- Registerkarten (Tabs)
- Zuständsänderungen für Schaltflächen
- Zusammenklappbare Bereiche (Collapse, Accordion)
- Wechselnde Bereiche (Carousel)

> Die Erläuterungen dieser Features finden Sie in der Online-Dokumentation:
>
> - Dokumentation zu Bootstrap 3.x unter *http://getbootstrap.com*
> - Dokumentation zu Bootstrap 2.3.2 unter *http://getbootstrap.com/2.3.2*

Offlinefähige Webanwendungen mit HTML 5

HTML 5 sieht die Möglichkeit vor, Daten sowie auch Programmdateien im Browser speichern zu können. Dies erlaubt die Umsetzung offlinefähiger Webanwendungen. Gerade im Bereich mobiler Anwendungen stellt dies eine große Chance dar, da Web-Technologien, wie HTML 5 oder JavaScript, derzeit die einzige Technologie zur Bereitstellung von Apps darstellen, die auf allen mobilen Endgräten betrieben werden können.

Daten im Web Storage speichern

Die einfachste Möglichkeit, Daten lokal im Browser zu speichern, stellt der Web Storage (`localStorage`) dar, welcher mittlerweile von sämtlichen aktuellen Browsern unterstütz wird. Bei den zu speichernden Daten handelt es sich zwar nur um Schlüssel/Wert-Paare, dies hindert den Entwickler jedoch nicht daran, ein JavaScript-Objekt in Form eines JSON Strings zu persistieren.

Um zu verhindern, dass Benutzer ausspioniert werden, kann eine Webanwendung lediglich auf jene Einträge zugreifen, welche sie selbst gespeichert hat (es gilt die Same-Origin-Policy). Zum Speichern oder Aktualisieren eines bestehenden Schlüssel/Wert-Paars mit dem Schlüssel `bar` und dem Wert `foo` kann auf die folgende JavaScript-Funktion zurückgegriffen werden:

```
localStorage.setItem("bar", "foo");
```

Zum Auslesen dieses Werts verwendet der Entwickler hingegen die nachfolgende Zeile:

```
var foo = localStorage.getItem("bar");
```

Ist der Wert einmal nicht mehr von Interesse, kann dieser mit der folgenden Anweisung entfernt werden:

```
localStorage.removeItem("bar");
```

Der Nachteil des Web Storage liegt darin, dass Browser in der Regel, wie es die zugrundeliegende W3C-Spezifikation vorsieht, seine Kapazität beschränken. Beispielsweise erlaubt Mobile Safari lediglich 5 MB pro Website – und die werden auch noch mit UTF16 kodiert, was bedeutet, dass jedes Zeichen zwei Byte einnimmt.

Datenbanken im Browser

Als Alternative zum Web Storage bieten mittlerweile fast alle aktuellen Browser lokale Datenbanken an. Limitierungen in Hinblick auf die Größe weisen diese in der Regel nicht auf, allerdings muss der Benutzer beim Überschreiten definierter Grenzwerte seine Zustimmung zur lokalen Speicherung geben.

Die Herausforderung bei der Verwendung dieser Datenbanken liegt darin, dass derzeit zwei verschiedene Ansätze vorliegen. Der ältere Ansatz nennt sich Web SQL Database (oder kurz WebSQLDB); der jüngere IndexdDB. Web SQL Database, häufig auch WebDB genannt, wird bereits seit einiger Zeit von Web-Kit-basierten Browsern wie Mobile Safari oder Mobile Chrome unterstützt und erlaubt die Verwendung einer relationalen Datenbank über JavaScript. IndexdDB verfolgt hingegen einen leichtgewichtigeren Ansatz und ist als NoSQL-Lösung einzuordnen. Diese Lösung wird heutzutage zum Beispiel von Internet Explorer (ab Version 10) oder Firefox implementiert.

Ursprünglich sollte WebDB ein W3C-Standard werden. Allerdings hat man sich Ende 2010 beim W3C entschieden, die Bestrebungen in Sachen WebDB zugunsten von IndexedDB fallen zu lassen. Mangels Browserunterstützung ist der Entwickler somit angehalten, Code für beide Ansätze zu schreiben. Glücklicherweise existieren JavaScript-Bibliotheken, die mit den Mitteln der WebDB die Funktionalitäten der IndexedDB simulieren.

Auch bei diesen Browser-Datenbanken gilt die Regel, dass eine Webanwendung nur auf jene Datenbanken, die sie selber erzeugt hat (es gilt die Same-Origin-Policy), zugreifen darf.

IndexedDB

Das W3C beschreibt unter *http://www.w3.org/TR/IndexedDB* eine asynchrone API für IndexedDB. Einige Browser unterstützen darüber hinaus auch eine synchrone API, wobei der asynchronen Variante aufgrund ihres offiziellen Charakters mehr Bedeutung zukommt. Über diese API kann der Entwickler im Browser mehrere Datenbanken erzeugen. Eine Datenbank weist einen Namen sowie eine Versionsnummer auf. Aufgrund der Versionsnummer kann eine Anwendung prüfen, ob die Datenbank vor ihrer Verwendung zu aktualisieren ist.

Eine Datenbank besteht aus einer beliebigen Anzahl an sogenannten Stores, welche mit Tabellen in relationalen Datenbanken verglichen werden können. Allerdings besitzen Stores kein fixes Schema: Jeder Eintrag im Store kann ein beliebiges Objekt repräsentieren. Verweist dieses Objekt direkt oder indirekt auf weitere Objekte, werden auch diese in den Store aufgenommen, sodass sich die Möglichkeit ergibt, Objektgraphen zu persistieren.

Jedem Eintrag ist auch ein Primärschlüssel zugewiesen. Hierbei wird zwischen In-Line- und Out-Of-Line-Schlüsseln unterschieden. Bei einem In-Line-Schlüssel handelt es sich um eine zu benennende Eigenschaft der gespeicherten Objekte, die als Primärschlüssel fungiert.

Bei Out-Of-Line-Schlüsseln sind die Primärschlüssel hingegen nicht Teil der zu speichernden Objekte. Stattdessen gibt sie der Entwickler separat an. Sowohl beim Einsatz von In-Line- als auch Out-Of-Line-Schlüsseln kann der Entwickler IndexedDB anweisen, fortlaufende Autowerte für den Primärschlüssel zu generieren.

Der Primärschlüssel eines Stores wird automatisch indiziert. Darüber hinaus kann der Entwickler für weitere Eigenschaften eigene Indizes anlegen. Im Gegensatz zu relationalen Datenbanken entscheidet sich IndexedDB allerdings nicht selbstständig für einen Index bei der Ausführung einer Abfrage. Vielmehr muss der Entwickler explizit angeben, welcher Index zu verwenden ist. Dazu kommt, dass der Entwickler pro Abfrage die Ergebnismenge nur nach der Eigenschaft eines zu wählenden Indizes einschränken kann.

Sämtliche Zugriffe auf die IndexedDB finden innerhalb von Transaktionen statt. Hierbei unterscheidet die W3C-Spezifikation zwischen drei Transaktionsmodi: `readonly`, `readwrite` und `versionchange`. Änderungen an der Datenbankstruktur, wie das Hinzufügen neuer Stores und Indizes, darf der Entwickler lediglich in einer Transaktion mit dem Modus `versionchange` durchführen. Wie die Namen bereits vermuten lassen, sind innerhalb von `readonly`-Transaktionen lediglich Lesezugriffe erlaubt; innerhalb von `readwrite`-Tranaktionen auch Schreibzugriffe.

Mit IndexedDB arbeiten

Zur Demonstration des Einsatzes von IndexedDB zeigt Beispiel 3-73 eine Konstruktorfunktion für ein Repository, das dem Zugriff auf eine Hoteldatenbank dient. Dieses Repository weist drei Funktionen auf: `openDbAndExec` öffnet die Verbindung zu einer Datenbank und aktualisiert diese, falls notwendig. Anschließend bringt `openDbAndExec` den übergebenen Callback zur Ausführung und übergibt eine Referenz auf die Datenbank an diesen.

Die Funktion `SaveHotel` nimmt eine Referenz auf die Datenbank entgegen und speichert darin das übergebene Hotelobjekt. Anschließend ruft sie den übergebenen Callback auf. `LoadRange` nimmt ebenfalls eine Referenz auf die Datenbank entgegen und lädt jene Hotels, deren Primärschlüssel sich zwischen `lower` und `upper` befinden. Danach bringt auch diese Funktion – aufgrund des asynchronen Charakters der zugrundeliegenden API – einen Callback zur Ausführung.

Beispiel 3-73: Repository für den Zugriff auf eine Hoteldatenbank

```
function Repository() {
this.openDbAndExec = function (callback) { [...] }
   this.saveHotel = function (db, hotel, callback) { [...] }
this.loadRange = function (db, lower, upper, callback) { [...] }
}
```

Die Implementierung von `openDbAndExec` findet sich in Beispiel 3-74 wieder. Sie öffnet mit `indexedDB.open` die Datenbank `hoteldb` und gibt dabei die benötigte Datenbankversion an. Falls keine Datenbank mit dem angeführten Namen existiert, wird sie durch den Aufruf von `open` erzeugt. Das Ergebnis dieser Funktion ist jedoch keine Handle für den Zugriff auf die Datenbank, sondern ein Objekt, welches die mit `open` angestoßene Anfrage repräsentiert. Bei diesem Objekt registriert die betrachtete Funktion drei Ereignisbehandlungsroutinen: `onupgradeneeded`, `onsuccess` und `onerror`.

`IndexedDB` bringt die Routine `onupgradeneeded` zur Ausführung, wenn die aktuell vorliegende Datenbank nicht mit der angeführten Versionsnummer übereinstimmt. Innerhalb dieser Routine kann der Entwickler Code für eine Aktualisierung der Datenbank hinterlegen. Damit dies möglich ist, führt `IndexedDB` `onupgradeneeded` immer in einer Transaktion mit dem oben erwähnten Modus `versionchange` aus. Im Rahmen dieses Aufrufs übergibt sie ein Event-Objekt, das im betrachteten Beispiel den Namen `e` trägt. Über `e.target.result` erhält der Entwickler Zugriff auf die Datenbank und `e.oldVersion` liefert die Versionsnummer der zu aktualisierenden Datenbank zurück.

Dann löscht die betrachtete Routine den Store hotel, sofern er existiert und erzeugt ihn neu. Während eine solche Vorgehensweise zu Testzwecken nützlich sein kann, wird der Entwickler im Produktivbetrieb stattdessen zusätzliche Objekte erzeugen.

Beim Anlegen des Stores hotel mittels createObjectStore übergibt der Entwickler neben dem Namen des Stores ein Objekt mit zusätzlichen Optionen. Mit der Option autoIncrement legt er hierbei fest, dass IndexedDB fortlaufende Werte für Primärschlüssel generieren soll. Mit der auskommentierten Option keyPath könnte der Entwickler jene Eigenschaft festlegen, welche als In-Line-Schlüssel fungieren soll. Wird kein keyPath angegeben, kommt stattdessen ein Out-Of-Line-Schlüssel zum Einsatz. Fordert der Entwickler Autowerte für In-Line-Schlüssel an, muss er darauf achten, dass das zu speichernde Objekt die über keyPath referenzierte Eigenschaft nicht (!) aufweist. Nur in diesem Fall generiert IndexedDB einen Autowert. Anschließend erzeugt IndexedDB die über keyPath benannte Eigenschaft und weist ihr den generierten Autowert zu.

Die Funktion createIndex erzeugt einen Index. Der erste Parameter ist der Name des zu erzeugenden Indexes; der zweite der Name der zu indizierenden Eigenschaft. Beim dritten Parameter handelt es sich um ein Objekt mit zusätzlichen Optionen. Die Option unique legt fest, ob die indizierten Werte eindeutig sein müssen. Handelt es sich bei der indizierten Eigenschaft um ein Array, gibt die im betrachteten Fall auskommentierte boolesche Option multiEntry an, ob das Array als Ganzes oder stattdessen die einzelnen Einträge des Arrays zu indizieren sind. Ersteres ist der Fall, wenn der Aufrufer für multiEntry den Wert false übergibt; Letzteres, wenn er true anführt. Der Standardwert beider Optionen ist false.

Hat das Öffnen sowie eine eventuelle Datenbankaktualisierung funktioniert, löst IndexedDB das Ereignis onsuccess; ansonsten onerror. Über die Eigenschaft target.result des übergebenen Event-Objekts erlangt die betrachtete Implementierung von onsuccess Zugriff auf ein Objekt, welches die aktuelle Datenbankverbindung repräsentiert. Danach übergibt sie dieses Objekt an die entgegengenommene Callback-Funktion.

Beispiel 3-74: openDbAndExec

```
this.openDbAndExec = function (callback) {

    var version = 3;
    var request = indexedDB.open("hoteldb", version);

    request.onupgradeneeded = function (e) {
        var db = e.target.result;

        var oldVersion = e.oldVersion;
        if (console) console.log("Aktuelle Version: " + oldVersion);

        if (db.objectStoreNames.contains("hotel")) {
            db.deleteObjectStore("hotel");
        }

        var hotelStore = db.createObjectStore("hotel",
                                { autoIncrement: true
                                    /*, keyPath: "HotelId"*/ } );

        hotelStore.createIndex("by_sterne", "Sterne",
                            { unique: false /*, multiEntry: false*/ });
```

```
        }

        request.onsuccess = function (e) {
            var db = e.target.result;
            callback(db);

        };

        request.onerror = function (e) {
            if (console) console.log("IndexdDb-Fehler");
        }

    }
```

Objekte mit IndexedDB speichern

Die Implementierung der zuvor erwähnten Funktion `saveHotel` ist in Beispiel 3-75 aufgeführt. Sie erzeugt zunächst eine Transaktion. Dabei führt sie an, auf welche Stores im Zuge dieser Transaktion zugegriffen wird. Dazu übergibt der Aufrufer die Storenamen als Array. Möchte er hingegen nur auf einen einzigen Store zugreifen, kann er dessen Namen auch direkt als String übergeben. Daneben führt der Aufrufer auch den gewünschten Transaktionsmodus an.

Über die Funktion `objectStore` gelangt das betrachtete Beispiel an ein Objekt, welches den Store mit dem Namen `hotel` repräsentiert. Mit dessen Funktion `add` wird das übergebene Hotel eingefügt. Auch das Ergebnis von `add` repräsentiert lediglich die durch den Aufruf von `add` ausgedrückte Anfrage. Bei dieser registriert das Beispiel einen `onerror`- sowie einen `onsuccess`-Handler. Letzterer bringt den übergebenen Callback zur Ausführung.

Neben `add` bietet der Store noch weitere Funktionen für die Arbeit mit Einträgen an: `put` aktualisiert Objekte oder erzeugt diese, falls sie noch nicht existieren, `delete` wird zum Löschen von Objekten herangezogen und `clear` zum Löschen sämtlicher im Store gespeicherter Objekte. Die Funktion `count` liefert hingegen die Anzahl der im Store hinterlegten Einträge und `get` lädt ein Objekt anhand dessen Primärschlüssel. All diese Funktionen weisen eine Gemeinsamkeit auf: sie geben ein Objekt zurück, das eine Anfrage repräsentiert. Um zu erfahren, ob die gewünschte Aktion funktioniert hat, ist der Entwickler angehalten, den entsprechenden `onsuccess`- bzw. `onerror`-Handler zu verwenden. Das Ergebnis der angestoßenen Funktion findet sich jeweils innerhalb von `onsuccess` über die Eigenschaft `target.result` des übergebenen Event-Objekts. Möchte der Entwickler für ein zu speicherndes Objekt explizit einen Out-Of-Line-Schlüssel festlegen, kann er diesen in Form eines zweiten Parameters an `add` bzw. `put` übergeben.

Beispiel 3-75: Objekte mit IndexedDb speichern

```
    this.saveHotel = function (db, hotel, callback) {

        var trans = db.transaction(['hotel'], 'readwrite');
        var hotelStore = trans.objectStore('hotel');

            var request = hotelStore.add(hotel);

            request.onerror = function (e) {
                if (console) console.log("Fehler beim Einfügen");
            }
            request.onsuccess = function (event) {
```

```
            if (console) console.log(
                "Einfügen erfolgreich! Neue Id: " + event.target.result);
            callback();
        }
    }
```

Objekte mit IndexedDB laden

Die Funktion loadRange in Beispiel 3-76 demonstriert das Laden von Datenmengen mittels IndexedDB. Sie erwartet als Parameter ein Objekt, welches Zugriff auf die Datenbank gewährt, einen unteren sowie einen oberen Wert zur Einschränkung der Objekte anhand des Primärschlüssels und eine Callback-Funktion. Nach dem Start einer Transaktion im Modus readonly referenziert sie den Store hotel. Um die vorhandenen Einträge nach dem Primärschlüssel zu filtern, erzeugt die betrachtete Funktion ein Objekt vom Typ IDBKeyRange unter Verwendung der Funktion IDBKeyRange.bound. Diese Funktion nimmt eine untere sowie eine obere Grenze entgegen. Die beiden optionalen booleschen Parameter legen fest, ob die Einträge, deren Primärschlüssel exakt der unteren bzw. der oberen Grenze entsprechen, auch abgefragt werden sollen. Mit der in loadRange eingerichtete IDBKeyRange werden sämtliche Objekte selektiert, deren Primärschlüssel sich zwischen den Werten lower und upper befinden oder genau den Wert lower bzw. upper aufweisen.

Alternativ zur hier betrachteten Funktion bound bietet IDBKeyRange weitere Funktionen zur Einschränkung der abzufragenden Datenmenge: Die Funktion lowerBound definiert nur eine untere Grenze, upperBound hingegen nur eine obere. In beiden Fällen wird als erster Parameter der Wert der jeweiligen Grenze angegeben. Als zweiter Parameter kann ein boolescher Wert angegeben werden, der bestimmt, ob die definierte Grenze zum gewünschten Wertebereich gehört. Gibt der Entwickler hier den Wert false an, wird die Grenze in den Wertebereich aufgenommen. Mit der Funktion IDBKeyRange.only kann der Entwickler die Ergebnismenge hingegen auf einen bestimmten Wert einschränken.

Mit openCursor ist es möglich, über den Store einen Cursor zum Iterieren einer abgefragten Menge anzufordern. Diese Funktion besitzt zwei optionale Parameter: Beim ersten Parameter handelt es sich um eine IDBKeyRange, nach der die abgefragten Daten in Hinblick auf ihren Primärschlüssel zu filtern sind. Gibt der Entwickler diesen Parameter nicht an oder übergibt er stattdessen null, so gibt IndexedDB sämtliche Einträge des Stores zurück. Der zweite Parameter ist ein String, der angibt, in welcher Reihenfolge die ermittelten Daten zu durchlaufen sind. Der Standardwert next gibt an, dass die Datensätze aufsteigend nach dem Primärschlüssel sortiert zu iterieren sind. Gibt der Entwickler an dieser Stelle jedoch prev an, iteriert IndexedDB die Ergebnismenge in umgekehrter Richtung.

Abermals repräsentiert das Ergebnis von openCursor die angestoßene Operation und abermals ist der Entwickler angehalten, einen success- bzw. error-Handler zu registrieren. Über die Eigenschaft target.result des Event-Objekts, welches IndexedDB an den success-Handler übergibt, erhält das betrachtete Beispiel Zugriff auf den Cursor. Über dessen Eigenschaft value gelangt die Routine an den abgerufenen Eintrag, auf den der Cursor verweist. Daneben bietet der Cursor auch eine Eigenschaft primaryKey, welche den Primärschlüssel des Eintrags vorhält. Ruft der Entwickler nach dem Zugriff auf den Wert des Cursors dessen Funktion continue auf, ruft der Cursor den nächsten Wert der Ergebnismenge ab. Danach ruft IndexedDB abermals den success-Handler auf. Neben continue bietet der Cursor noch weitere Funktionen: Die Funktion update aktualisiert das aktuelle Objekt; delete löscht es und advance überspringt eine zu übergebene Anzahl an Datensätzen. Weist der Cursor an sich den Wert null auf, so existieren keine (weiteren) Einträge mehr.

Beispiel 3-76: Objekte mit IndexedDB landen

```
this.loadRange = function (db, lower, upper, callback) {
    var trans = db.transaction(["hotel"], "readonly"); // readonly
    var hotelStore = trans.objectStore("hotel");

    var range = IDBKeyRange.bound(lower, upper, true, true);
    var request = hotelStore.openCursor(range /*, "next"*/);

    var result = new Array();

    request.onsuccess = function (e) {

      var cursor = e.target.result;
        if (cursor) {
            var hotel = cursor.value;
            cursor.continue();
            if (hotel) {
                result.push(hotel);
                return;
            }
        }
        else {
            callback(result);
        }
    }

    request.onerror = function (e) {
        console.log("Fehler beim Laden von Fragen");
        options.callback(null);
    }
}
```

Repository einsetzen

Beispiel 3-77 zeigt, wie das in den letzten Abschnitten beschriebene Repository für den Zugriff auf den Hotel-Store einzusetzen ist. Es übergibt an openDbAndExex eine Callback-Funktion, welche eine Datenbankverbindung in Form des Parameters db entgegennimmt. Unter Verwendung dieser Datenbankverbindung wird die Funktion saveHotels aufgerufen, welche neben der Datenbankverbindung auch das zu speichernde Hotel sowie eine weitere Callback-Funktion entgegennimmt. Diese ruft loadRange auf und übergibt abermals die Datenbankverbindung sowie Kriterien für die abzufragenden Hotels und eine weitere Callback-Funktion, die ein Array mit den abgefragten Hotels als ersten und einzigen Parameter erwartet. Dieses Array wird unter Verwendung der Hilfsfunktion logHotels durchlaufen, sodass die Daten sämtlicher Hotels auf der Konsole protokolliert werden können.

Beispiel 3-77: Repository für den Zugriff auf den Hotel-Store

```
var rep = new Repository();

var hotel = { Bezeichnung: "Hotel Mama", Sterne: 5 };

rep.openDbAndExec(function (db) {
    rep.saveHotels(db, hotel, function () {
        rep.loadRange(db, 0, 10, function (hotels) {
            logHotels(hotels);
```

```
            });
        });
    });

    function logHotels(ary) {
        $(ary).each(function (idx, obj) {
            if (console) console.log(obj.Bezeichnung + " " + obj.Sterne);
        });
    }
```

Daten über Index abrufen

Neben der Möglichkeit, Daten anhand des Primärschlüssels einzuschränken, kann der Entwickler auch eine Selektion anhand einer indizierten Eigenschaft vornehmen. Um eine Referenz auf einen Index zu erhalten, ruft er beim gewünschten Store-Objekt die Funktion `index` auf und übergibt dabei den Namen des jeweiligen Indexes. Genau wie Store-Objekte bieten auch Indexobjekte die Funktion `openCursor` an, wobei eine an `openCursor` übergebene Range in diesem Fall die Datenmenge nach der indizierten Eigenschaft einschränkt. Auch die Sortierung erfolgt anhand dieser indizierten Eigenschaft. Das nachfolgende Codefragment demonstriert dies:

```
var trans = db.transaction(["hotel"], "readonly");
var hotelStore = trans.objectStore("hotel");
var index = hotelStore.index("by_sterne");
var range = IDBKeyRange.lowerBound(minSterne, true);
var request = index.openCursor(range, "prev");
```

> Eine Selektion oder Sortierung nach mehreren Eigenschaften sieht die zugrundeliegende W3C-Spezifiaktion derzeit leider nicht vor, sodass der Entwickler angehalten ist, bei solchen Anforderungen selber tätig zu werden. Beispielsweise könnte er zunächst IndexedDB anweisen, eine Selektion anhand einer indizierten Eigenschaft vorzunehmen. Die so erhaltene Ergebnismenge könnte anschließend manuell weiterverarbeitet werden.

IndexedDB nachrüsten

Für Browser, die `IndexedDB` nicht unterstützen, kann diese Technologie mit den Mitteln der WebDB nachgestellt werden. Da die moderne Browser entweder `IndexedDB` oder `WebDB` unterstützen, lassen sich somit zumindest jene Benutzer erreichen, die die aktuellste Version ihres Browsers einsetzen.

Glücklicherweise muss der Entwickler diese Arbeit nicht selbst erledigen, zumal man hierfür im Web freie Bibliotheken findet. Eine solche Bibliothek findet man unter *https://github.com/axemclion/IndexedDBShim*. Bei den meisten Browsern reicht es, diese Bibliothek einfach einzubinden. Sie prüft automatisch, ob der verwendete Browser `WebDB` und nicht `IndexedDB` unterstützt. Ist dem so, emuliert sie IndexedDB. Falls diese Prüfung auf einer Plattform nicht das gewünschte Ergebnis liefert, kann die Emulation durch Aufruf von `window.shimIndexedDB.__useShim()` auch erzwungen werden.

Werkzeuge für IndexedDB

Im Zuge der Entwicklung kann es wünschenswert sein, den Inhalt einer IndexedDB-basierten Datenbank manuell einzusehen. Chrome kommt diesem Wunsch nach: Die Developer-Tools, welche über das Menü oder via ⇧+Strg+I aktiviert werden können, bieten unter dem Menüpunkt `Resources` die Möglichkeit, lokal gespeicherte Ressourcen einzusehen – wie zum Beispiel Einträge im `Local Store`, in der `WebDB`, im `Application Cache` oder eben in der `IndexedDB` (siehe Abbildung 3-43).

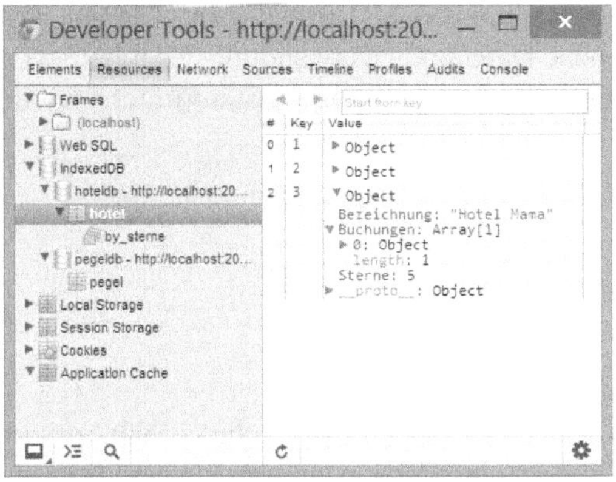

Abbildung 3-43: Resource-Browser in Chrome

Anwendungsdateien im Browser speichern

Daten lokal zu speichern ist nur die halbe Miete, wenn es darum geht, Webanwendungen offlinefähig zu gestalten, zumal auch einzelne HTML-Seiten inklusive der darin eingebundenen Elemente, wie JavaScript- und CSS-Dateien oder Bilder, lokal abzulegen sind. Genau in diese Kerbe schlägt das Konzept des HTML 5-Anwendungscaches, kurz AppCache. Es sieht vor, dass der Entwickler ein sogenanntes Cache-Manifest bereitstellt. Dieses informiert den Browser darüber, welche Elemente lokal vorzuhalten sind, wobei er dafür per Definition maximal 5 MB verwenden darf.

Aufbau eines Cache-Manifests

Ein Beispiel für solch ein Manifest bietet Beispiel 3-78. Es handelt sich dabei um eine Textdatei, welche mit den Worten `CACHE MANIFEST` eingeleitet wird. Kommentarzeilen beginnen mit einer Raute. Abgesehen davon besteht die Datei aus drei Sektionen. Die Sektion `CACHE` gibt an, welche Dateien der Browser lokal vorhalten soll. Die Einträge unter `FALLBACK` bilden hingegen Online-Ressourcen auf Offline-Ressourcen ab. Das betrachtete Beispiel definiert somit, dass im Offlinemodus die Datei `offline.html` als Ersatz für `index.html` heranzuziehen ist. Die Sektion `NETWORK` gibt Dateien an, die nicht zwischengespeichert werde dürfen.

Beispiel 3-78: Ein Cache-Manifest gibt an, welche Dateien lokal zu speichern sind

```
CACHE MANIFEST

# Kommentar

CACHE:
/pegel
/scripts/jquery.mobile-1.1.0-rc.1.min.css
/scripts/jquery-1.7.1.min.js
/scripts/jquery.mobile-1.1.0-rc.1.min.js

FALLBACK:
/index.html /offline.html

NETWORK:
/api/hotels
```

Zum Einbinden eines Cache-Manifests sieht HTML 5 das Attribut `manifest` für das `html`-Tag vor. Per Definition hat der Webserver die auf diesem Weg angegebene Datei unter Verwendung des Inhaltstyps `text/cache-manifest` auszuliefern. Um den jeweiligen Webserver dazu zu bringen, ist mitunter ein entsprechender Konfigurationseintrag vonnöten.

Beispiel 3-79: Auf das Cache-Manifest wird über das mit HTML 5 für das html-Tag eingeführte Attribut manifest verwiesen

```
<!DOCTYPE HTML>
<html manifest="pegel.appcache">
 [...]
</html>
```

Möchte der Entwickler den Browser dazu bewegen, Ressourcen, die er im AppCache vorhält, erneut zu laden, muss er das Cache-Manifest aktualisieren, z.B. indem eine Versionsnummer in einem Kommentar hochgezählt wird. Darüber hinaus sollte der Entwickler sicherstellen, dass das Cache-Manifest unter Verwendung von HTTP-Headern ausgeliefert wird, die ein lokales Zwischenspeichern verhindern.

Cache-Manifest dynamisch erzeugen

Generell scheint es sinnvoll zu sein, das Cache-Manifest dynamisch zu erstellen, um zu verhindern, dass vergessen wird, bestimmte Resourcen einzubinden. Beispiel 3-80, Beispiel 3-81 und Beispiel 3-82 demonstrieren, wie der Entwickler dies mit ASP.NET MVC bewerkstelligen kann. Beispiel 3-80 beinhaltet das Model für das zu generierende Cache-Manifest. Es besteht aus einer Liste mit Dateien, die ins Cache-Manifest aufzunehmen sind (`FilesToCache`) sowie aus einem Zeitstempel, aus dem hervorgeht, wann die der Webanwendung zugrundeliegende Assembly zum letzten Mal verändert wurde (`AssemblyTimestamp`). Dieser Zeitstempel wird in weiterer Folge im Cache-Manifest als Kommentar platziert. Dieses Vorgehen bewirkt, dass sich das Cache-Manifest bei jedem Kompilierungsvorgang ändert und der Browser es somit erneut lädt.

Beispiel 3-80: Model für Cache-Manifest

```
public class CacheManifestModel
{
    public List<string> FilesToCache { get; set; }
    public string AssemblyTimestamp { get; set; }
}
```

Beispiel 3-81 zeigt eine Action-Methode `CacheManifest`, welche das Cache-Manifest bereitstellt. Sie stützt sich auf einige Hilfsmethoden ab, die ebenfalls im betrachteten Listing zu finden sind. Die Action-Methode `CacheManifest` prüft zunächst, ob die Verwendung des AppCaches aktiviert wurde. Dazu greift sie auf die Hilfsmethode `IsAppCacheEnabled` zurück, welche auf einem benutzerdefinierten Konfigurationseintrag basiert.

Die Möglichkeit, den AppCache zu deaktivieren, kann vor allem bei der Entwicklung einzelner Seitenbereiche hilfreich sein, zumal diese so zunächst ohne den AppCache getestet werden können. Hat der Entwickler die Verwendung des AppCaches deaktiviert, liefert die betrachtete Action-Methode den HTTP-Statuscode 404 (Not Found) zurück. Dies veranlasst den Browser, ein eventuell bereits geladenes Cache-Manifest und den damit einhergehenden Cache zu verwerfen.

Die Methode `CacheManifest` ruft anschließend die Hilfsmethode `SetHeaders` auf, welche den richtigen Inhaltstyp (`Content-Type`) für das Cache-Manifest definiert und mit einigen HTTP-Kopfzeileneinträgen bewirkt, dass das Cache-Manifest nicht gecached werden soll. Vorsicht ist bei der hier auskommentierten Methode `Response.Cache.SetNoStore` geboten. Der von Ihr erzeugte Kopfzeileneintrag führt dazu, dass Firefox das Cache-Manifest nicht beachtet.

Um das Datum der letzten Änderung der zugrundeliegenden Assemlby in Erfahrung zu bringen, bemüht die Methode `CacheManifest` die Hilfsmethode `GetTimestamp`. Eine Liste mit zu cachenden Dateien bringt sie unter Verwendung der Hilfsmethode `GetCacheList` in Erfahrung. `GetCacheList` erzeugt dazu eine Liste, welche aus den Namen sämtlicher Dateien im Ordner `Images` sowie aus den Namen sämtlicher Bundles besteht. Bundles fassen, wie in Kapitel 1 beschrieben, CSS- und JavaScript-Dateien zusammen.

Die auf diesem Weg ermittelten Daten verstaut die Methode `CacheManifest` in einem `CacheManifestModel`, welches an die View weitergeleitet wird. Hierzu greift sie auf die Methode `PartialView` zurück, da `View` die Layoutseite auf die generierte View anwenden würde.

Beispiel 3-81: Controller für das Cache-Manifest

```
public ActionResult CacheManifest()
{
    bool enabled = IsAppCacheEnabled();

    if (!enabled)
    {
        Response.StatusCode = 404; //NotFound
        return new EmptyResult();
    }

    SetHeaders();

    var timeStamp = GetTimestamp();
    var cacheList = GetCacheList();

    var model = new CacheManifestModel();
    model.FilesToCache = cacheList;
    model.AssemblyTimestamp = timeStamp.ToString();

    return PartialView("CacheManifest", model);
}

private static bool IsAppCacheEnabled()
{
    bool enableAppCache;
    var setting = System.Configuration.ConfigurationManager.AppSettings["EnableAppCache"];
    if (!string.IsNullOrEmpty(setting) && setting.ToLower().Trim() == "true")
    {
        enableAppCache = true;
    }
    else
    {
        enableAppCache = false;
    }
    return enableAppCache;
}

private void SetHeaders()
```

```
{
    Response.ContentType = "text/cache-manifest";
    Response.Cache.SetExpires(DateTime.UtcNow.AddDays(-1));
    Response.Cache.SetSlidingExpiration(false);
    Response.Cache.SetValidUntilExpires(false);
    Response.Cache.SetRevalidation(HttpCacheRevalidation.AllCaches);
    Response.Cache.SetCacheability(HttpCacheability.NoCache);
    // SetNoStore verhindert Caching in Firefox !!!
    // Response.Cache.SetNoStore();
}

private string GetTimestamp()
{
    var path = this.GetType().Assembly.CodeBase;
    var file = new FileInfo(path.Replace("file:///", ""));
    var timeStamp = file.LastWriteTime.ToString();
    return timeStamp;
}

private List<string> GetCacheList()
{
    var imagesToCache = Directory
                        .GetFiles(Server.MapPath("~/Images"))
                        .Select(f => "~/Images/" + Path.GetFileName(f));

    var bundlesToCache = BundleTable
                        .Bundles
                        .Select(b => b.Path).ToList();

    var cacheList = new List<string>();
    cacheList.AddRange(imagesToCache);
    cacheList.AddRange(bundlesToCache);
    return cacheList;
}
```

Die View für das betrachtete Beispiel findet sich in Beispiel 3-82. Sie gibt den ermittelten Zeitstempel im Rahmen eines Kommentars aus und führt einige URLs direkt an. Dabei handelt es sich um die URLs jener Action-Methoden, deren Ergebnisse offline bereitzustellen sind. Da der Browser die einzelnen Views nicht direkt kennt, sondern diese lediglich von den aufgerufenen Action-Methoden zum Rendern von Seiten verwendet werden, müssen Views hier nicht angeführt werden.

Die View iteriert danach sämtliche Dateinamen, die im Model hinterlegt wurden, und gibt diese aus.

Beispiel 3-82: View für das Cache-Manifest

```
@model MvcApplication7.Models.CacheManifestModel
CACHE MANIFEST
#Timestamp: @Model.AssemblyTimestamp
CACHE:
@Url.Content("~/")
@Url.Content("~/Home")
@Url.Content("~/Home/Index")
@Url.Content("~/Home/About")
@foreach (var file in Model.FilesToCache)
{
<text>@Url.Content(file)</text>
}
```

Tritt beim Herunterladen von Dateien ein Fehler auf, findet der Entwickler beim Einsatz des Internet Explorers Informationen darüber in der JavaScript-Konsole der F12-Developer-Tools, die nach einem Druck auf die Taste F12 erscheinen.

Cache-Manifest über JavaScript aktualisieren

JavaScript bietet über das Objekt `window.applicationCache` die Möglichkeit, eine Aktualisierung des AppCaches anzuregen. Im Zuge dessen prüft oder Browser, ob das Manifest geändert wurde. Ist dem so, beginnt er mit dem Download der darin angeführten Dateien. Im Zuge dessen löst er einige Ereignisse aus, um die Anwendung über den aktuellen Fortschritt auf dem Laufenden zu halten. Außerdem informiert er über die Tatsache, dass nun sämtliche Dateien heruntergeladen wurden oder darüber, dass ein Fehler beim Download aufgetreten ist.

Wurden sämtliche Dateien heruntergeladen, muss der Cache damit aktualisiert und die aktuelle Seite im Browser neu geladen werden. Auch diese abschließenden Aufgaben können mit JavaScript bewerkstelligt werden.

Zur Demonstration dieser Möglichkeit findet sich in Beispiel 3-83 das Markup einer einfachen Seite, welche auf ein Cache-Manifest verweist und offline zur Verfügung gestellt wird. Sie weist einen Link mit der Beschriftung `Check for Update` sowie eine leere Aufzählungsliste (ungeordnete Liste) mit der ID `protocol` auf. Letztere wird im Zuge des Aktualisierens zum Hinterlegen von Fortschrittsanzeigen verwendet.

Beispiel 3-83: Markup zur Demonstration des Zugriffs auf den AppCache via JavaScript

```
@{
    Layout = "";
}<!DOCTYPE html>
<html manifest="~/Home/CacheManifest">
    <head>
        <title>Cache-Demo</title>
    </head>

    <script src="~/bundles/jquery" type="text/javascript"></script>
        [...]
    <script>

    </script>

    <body>
        <p>Demo</p>
        <p>
            <!-- Link auf andere gecachte Datei -->
            <a href="~/Home/About">Link</a>
        </p>
        <p>
            <a id="lnkCheck" href="#">Check for Update</a>
        </p>
        <ul id="protocol">
        </ul>
    </body>
</html>
```

Die JavaScript-Lokgik für die soeben betrachtete Seite findet sich in Beispiel 3-84. Diese weist zu Beginn das Objekt `window.applicationCache` der Variable `appCache` zu und verwendet fortan zur Wahrung der Übersichtlichkeit diese Variable.

Die Funktion `handleCacheEvent` dient als Ereignisbehandlungsroutine für die Ereignisse, die der Browser im Zuge des Updates des AppCaches auslöst. Den Typ des jeweiligen Ereignisses schreibt sie in die Aufzählungsliste mit der ID `protocol`.

Handelt es sich bei dem aktuellen Ereignis um ein Ereignis des Typs `progress`, so zeigt der Browser an, dass er gerade eine bestimmte Datei heruntergeladen hat. Darüber hinaus wird dieses Ereignis auch aufgerufen, bevor der Download der ersten Datei beginnt. Dieses Ereignis kann zum Aktualisieren von Fortschrittsanzeigen verwendet werden. Um dies zu demonstrieren, greift die betrachtete Funktion auf die Eigenschaften `loaded` und `total` zu. Erstere zeigt an, wieviele Dateien bis dato heruntergeladen wurden; Letztere, wie viele Dateien insgesamt herunterzuladen sind. Dabei ist zu beachten, dass nicht jeder Browser diese Informationen liefert. Das bedeutet, dass bei den betroffenen Browsern nur eine Pseudofortschrittsanzeige, z.B. ein sich drehendes Rad, aktualisiert werden kann.

Entspricht der aktuelle Status des AppCaches dem Wert der Konstaten `UPDATEREADY`, hat der Browser den Download sämtlicher offline vorzuhaltender Dateien abgeschlossen. In diesem Fall ersetzt die betrachtete Routine den aktuellen AppCache durch diese Dateien, indem sie die Funktion `swapCache` anstößt. Da der somit aktualisierte AppCache auch Verwendung findet, lädt sie darauf hin die aktuelle Seite mit der Funktion `window.location.reload` neu.

Damit der Browser die soeben betrachtete Ereignisbehandlungsroutine auch aufruft, muss sie beim AppCache für die unterschiedlichen angebotenen Ereignisse registriert werden. Dies geschieht, nachdem die Seite fertig geladen wurde, innerhalb jener Funktion, die an `$` übergeben wird. Diese registriert die Ereignisbehandlungsroutine mit `appCache.addEventListener` beim AppCache. Der erste Parameter gibt den Namen des Ereignisses an, der zweite verweist auf die Routine. Eine Beschreibung der hier verwendeten Ereignisse kann direkt dem betrachteten Listing entnommen werden.

Zusätzlich registriert die betrachtete Funktion eine Ereignisbehandlungsroutine für das Click-Ereignis des Links mit der Beschriftung *Check for Update*. Diese stößt die Funktion `appCache.update` an und bewirkt somit, dass der Browser mit dem Prüfen des Cache-Manifests sowie mit einem Update des AppCaches beginnt. Letzteres ist nur der Fall, wenn sich das Cache-Manifest seit dem letzten Abruf geändert hat.

Beispiel 3-84: Zugriff auf den AppCache via JavaScript

```
var appCache = window.applicationCache;

function handleCacheEvent(e) {
    $("#protocol").append("<li>" + e.type + "</li>");

    if (e.type == "progress") {
        var info = e.loaded + " von " + e.total + " geladen ...";
        $("#protocol").append("<li>" + info + "</li>");
    }

    if (appCache.status == appCache.UPDATEREADY) {
        appCache.swapCache();
        window.location.reload();
    }
```

```
}

$(function () {

    // Zeigt an, dass das Manifest nun gecachet wurde
    appCache.addEventListener('cached', handleCacheEvent);

    // Zeigt an, dass nun nach Updates gesucht wird
    appCache.addEventListener('checking', handleCacheEvent);

    // Zeigt an, dass der Browser mit dem Download von Dateien begonnen hat
    appCache.addEventListener('downloading', handleCacheEvent);

    // Manifest ist nicht vorhanden (404 Not Found oder 410 Gone)
    // oder fehlerhaft
    appCache.addEventListener('error', handleCacheEvent);

    // Zeigt an, dass kein update notwendig ist, weil kein neues Cache-Manifest zur Verfügung steht
    appCache.addEventListener('noupdate', handleCacheEvent);

    // 404 oder 410; Browser löscht lokal gespeichertes Manifest und Cache
    appCache.addEventListener('obsolete', handleCacheEvent);

    // Zeigt an, dass bis dato 0 bis n Dateien heruntergeladen wurden
    appCache.addEventListener('progress', handleCacheEvent);

    // Zeigt an, dass nun sämtliche Dateien heruntergeladen wurden
    appCache.addEventListener('updateready', handleCacheEvent);

    $("#lnkCheck").click(function () {
        appCache.update();
    });

});
```

Asynchronität und Hintergrundprozesse

Asynchronität spielt unter JavaScript eine wichtige Rolle, zumal verhindert werden soll, dass durch langwährende Aktionen der Browser einfriert. Das ist auch der Grund, warum Funktionen, die auf Ressourcen zugreifen, generell asynchron sind. Zu diesen Aktionen zählen unter anderem AJAX-Aufrufe, aber auch Zugriffe auf lokale Browser-Datenbanken wie IndexedDB.

Sofern der Entwickler nicht explizit Gebrauch von den mit HTML 5 assoziierten Web-Workern (im Hintergrund ausgeführter JavaScript-Code) macht, hat er lediglich einen einzigen Thread zur Verfügung. Dieser wird häufig als UI-Thread oder Main-Thread bezeichnet. Für asynchrone Funktionen wie AJAX-Anfragen startet die Laufzeitumgebung einen eigenen Thread. Die Callbacks, die über den Erfolg oder Misserfolg dieser asynchronen Operationen berichten, kommen dann jedoch wieder auf dem Main-Thread zur Ausführung, sobald dieser frei ist.

Gerade der Umgang mit diesen Callbacks ist nicht immer einfach und führt zu schwer wartbarem Code. Dieser Abschnitt stellt mit Promises ein etabliertes Konzept vor, mit dem die Handhabung von Callbacks vereinfacht werden kann. Danach geht dieser Abschnitt auf Web-Worker ein, mit denen der Entwickler weitere Threads realisieren kann.

Mit Promises asynchrone Aufrufe wartbar gestalten

Bei *Promises* handelt es sich um eine API, welche von der Arbeitsgruppe *CommonJS* vorgeschlagen wurde. Das Ziel von Promises ist es, den Umgang mit asynchronen Operationen und Callbacks unter JavaScript zu erleichtern. Per Definition repräsentiert ein Promise das Ergebnis einer asynchronen Operation, welches zu einem gegebenen Zeitpunkt (bereits) vorliegen kann, jedoch nicht muss.

Neben der hier behandelten Variante, die schlicht als Promises/A bezeichnet wird und sich im Gegensatz zu den anderen Varianten einer äußert breiten Akzeptanz erfreut, hat CommonJS noch weitere Varianten vorgeschlagen (*http://wiki.commonjs.org/wiki/Promises*). Um Missverständnisse bei der Umsetzung von Promises zu vermeiden, wurde der ursprüngliche Vorschlag unter *http://wiki.commonjs.org/wiki/Promises/A* etwas ausführlicher unter *http://promises-aplus.github.io/promises-spec/* ausformuliert.

Stellvertretend für die vielen möglichen asynchronen Operationen unter JavaScript verwendet dieser Abschnitt in Beispiel 3-85 zur Veranschaulichung von Promises die Funktion `asyncFunction`, welche nach einem Timeout von 500 Millisekunden eine Information auf der aktuellen Seite ausgibt, eine Zufallszahl ermittelt und diese an einen Callback übergibt. Bei `asyncFunction` handelt es sich um eine asynchrone Funktion, die mit `setTimeout` jene Funktion registriert, die nach 500 Millisekunden auszuführen ist. Im Anschluss daran wird sie beendet.

Das Beispiel 3-86 zeigt, wie diese asynchrone Funktion genutzt werden kann. Es ruft `asyncFunction` auf und übergibt einen Callback. Der Aufruf von `asyncFunction` blockiert nicht, sondern ist nach wenigen Augenblicken beendet. Nach 500 Millisekunden kommt der Callback zur Ausführung.

Beispiel 3-85: Eine einfache asynchrone Funktion

```
function asyncFunction(callback) {
    setTimeout(function () {
        $("body").append("asyncFunction::timeout <br /> ");
        var rnd = Math.random();
        callback(rnd);
    }, 500);
}
```

Beispiel 3-86: Aufruf einer asynchronen Funktion

```
asyncFunction(function (rnd) {

    $("body").append("callback, " + rnd + " <br />");
});
```

Um einiges komplizierter wird es, wenn der Entwickler mehrere asynchrone Operationen hintereinander stattfinden lassen möchte. In diesem Fall muss er in den einzelnen Callbacks die nächste asynchrone Operation anstoßen. Die damit verbundenen Verschachtelungen finden sich in Beispiel 3-87.

Beispiel 3-87: Verschachtelte asynchrone Aufrufe

```
asyncFunction(function (rnd) {
    $("body").append("callback-1, " + rnd + " <br />");
    asyncFunction(function (rnd) {
        $("body").append("callback-2, " + rnd + " <br />");
        asyncFunction(function (rnd) {
            $("body").append("callback-2, " + rnd + " <br />");
            asyncFunction(function (rnd) {
```

```
            $("body").append("callback-4, " + rnd + " <br />");
            $("body").append("ende");
        });
    });
  });
});
```

Dass verschachtelte Codestrecken, wie jene in Beispiel 3-87, nicht sonderlich wartbar sind, liegt auf der Hand. Dies gilt umso mehr, wenn man bedenkt, dass man häufig mindestens zwei Callbacks registrieren muss: einen für den Fall, dass die asynchrone Operation erfolgreich war, und einen weiteren für den Fall, dass die asynchrone Operation gescheitert ist.

Genau für solche Fälle wurden Promises konzipiert. Beispiel 3-88 veranschaulicht, wie eine asynchrone Funktion unter Verwendung von Promises entwickelt werden kann. Dazu kommt die etablierte Implementierung Q zum Einsatz, die vom Autor der Spezifikation der hier behandelten Variante `Promises/A` stammt. Die hier gezeigte Funktion `betterAsyncFunction` erzeugt zunächst mit `Q.defer` ein Objekt, das für eine Aktion steht, die länger dauert, und deswegen im Hintergrund asynchron ausgeführt wird. Dieses Objekt wird als `deferred` bezeichnet. Am Ende liefert `betterAsyncFunction` die mit dem `deferred`-Objekt assoziierte Promise zurück. Der Callback von `setTimeout` informiert das Promise-Objekt durch einen Aufruf von `resolve` darüber, dass die asynchrone Operation erfolgreich ausgeführt wurde. Im Zuge dessen übergibt er das Ergebnis dieser asynchronen Operation, bei dem es sich hier lediglich um einen Zufallswert handelt.

Beispiel 3-88: Ein Promise erzeugen

```
<script src="~/Scripts/q.js"></script>
[...]
function betterAsyncFunction() {
    var deferred = Q.defer();

    setTimeout(function () {
        $("body").append("betterAsyncFunction::timeout <br /> ");
        var rnd = Math.random();
        deferred.resolve(rnd);
    }, 500);

    return deferred.promise;
}
```

Das Beispiel in Beispiel 3-89 zeigt, wie die asynchrone Funktion `betterAsyncFunction`, die ein Promise zurückgibt, verwendet werden kann. Das von `betterAsyncFunction` zurückgegebene Objekt stellt die Funktion `then` zur Verfügung. Dort registriert das Beispiel eine Funktion, die zur Ausführung kommen soll, wenn die asynchrone Funktion abgeschlossen wurde. Dies ist dann der Fall, wenn die bereits besprochene Funktion `resolve` zur Ausführung gebracht wird.

> Der Entwickler muss nicht befürchten, dass `resolve` ausgeführt wird, bevor ein Callback bei `then` registriert wird. Dies liegt daran, dass JavaScript lediglich einen Thread verwendet, welcher zunächst mit der Codestrecke, die die asynchrone Funktion anstößt und über `then` einen Callback registriert, beschäftigt ist. Erst wenn der Thread danach wieder frei ist, kann er sich um die Ausführung des an `setTimeout` übergebenen Callbacks kümmern, der mittels `resolve` den an `then` übergebenen Callback anstößt. Aus diesem Grund würde das hier gezeigte Beispiel auch dann funktionieren, wenn der Entwickler beim Aufruf von `setTimeout` ein Timeout von null Sekunden angeben würde.

Beispiel 3-89: Promises verschachteln

```
betterAsyncFunction().then(function (rnd) {
    $("body").append("callback-1, " + rnd + " <br />");

    betterAsyncFunction().then(function (rnd) {
        $("body").append("callback-2, " + rnd + " <br />");

        betterAsyncFunction().then(function (rnd) {
            $("body").append("callback-3, " + rnd + " <br />");

            betterAsyncFunction().then(function (rnd) {
                $("body").append("callback-4, " + rnd + " <br />");
                $("body").append("ende");
            });
        });
    });
});
```

Das zuletzt betrachtete Beispiel, welches auf Promises basiert, sieht noch nicht viel wartbarer als das ursprüngliche Beispiel aus, das sich auf klassische Callbacks abstützt. Wartbarer wird es erst, wenn der Entwickler die Tatsache nutzt, dass Promises, wie in Beispiel 3-90 gezeigt, verkettet werden können. Das Beispiel in Beispiel 3-90 gibt im ersten `then`-Block ein weiteres Promise zurück. Sobald die mit diesem Promise assoziierte asynchrone Funktion beendet wurde, kommt der zweite `then`-Block zur Ausführung, welcher dieses Spielchen wiederholt. Im Gegensatz zum letzten Beispiel gestaltet sich der Code hier wesentlich linearer und somit leichter lesbar. Darüber hinaus kommt dieses Beispiel mit weniger Schachtelungen aus.

Beispiel 3-90: Asynchrone Aufrufkette

```
betterAsyncFunction()
    .then(function (rnd) {
        $("body").append("callback-1, " + rnd + " <br /> ");
        return betterAsyncFunction();
    })
    .then(function (rnd) {
        $("body").append("callback-2, " + rnd + " <br /> ");
        return betterAsyncFunction();
    })
    .then(function (rnd) {
        $("body").append("callback-3, " + rnd + " <br /> ");
        return betterAsyncFunction();
    })
    .then(function (rnd) {
        $("body").append("callback-4, " + rnd + " <br /> ");
        $("body").append("ende");
    });
    .done();
```

Um auf Fehler zu reagieren, kann der Entwickler bei `then` eine zweite Funktion registrieren. Um innerhalb der asynchronen Funktion anzuzeigen, dass ein Fehler aufgetreten ist, ruft er anstatt `resolve` die Funktion `reject` auf. Beispiel 3-91 und Beispiel 3-92 veranschaulichen dies. Die Funktion `betterAsyncFunction2` in Beispiel 3-91 ruft in Fällen, in denen der generierte Zufallswert kleiner als 0,5 ist, `resolve` auf. In allen anderen Fällen simuliert sie einen Fehler durch einen Aufruf von `reject`. An `reject` wird dabei eine Fehlerbeschreibung übergeben. Das Beispiel in Beispiel 3-92 ruft betterAsyncFunction2 auf und registriert bei then neben dem Callback für den Erfolgsfall einen weiteren Callback für den Fehlerfall. Diese werden in weiterer Folge zur Vereinfachung als Success- und Error-Handler bezeichnet.

Tritt nun beim ersten Aufruf von betterAsyncFunction2 ein Fehler auf, kommt der Error-Handler des ersten then-Blocks zur Ausführung. Tritt jedoch beim zweiten Aufruf dieser Funktion im Success- oder Error-Handler des ersten then-Blocks ein Fehler auf, wird der Error-Handler des zweiten then-Blocks angestoßen. Generell gilt, dass ein Fehler im jeweils nächsten then-Block behandelt wird, der über einen Error-Handler verfügt. Somit kann die in Beispiel 3-92 gezeigte asynchrone Aufrufkette mit der in Beispiel 3-93 angedeuteten synchronen Aufrufkette verglichen werden, wobei zur Vereinfachung in Beispiel 3-93 eine einzige Variable rnd für sämtliche Aufrufe verwendet wird.

Beispiel 3-91: Aufruf von Success- und Error-Handlern

```
function betterAsyncFunction2() {
    var deferred = Q.defer();

    setTimeout(function () {
        $("body").append("betterAsyncFunction::timeout <br /> ");
        var rnd = Math.random();

        if (rnd < 0.5) {
            deferred.resolve(rnd);
        }
        else {
            deferred.reject("Error, " + rnd);
        }
    }, 500);

    return deferred.promise;
}
```

Beispiel 3-92: Asynchrone Aufrufkette mit Error-Handler

```
betterAsyncFunction2() // 1. Aufruf von betterAsyncFunction2
        .then(
            function (rnd) {
                $("body").append("callback-1, " + rnd + " <br /> ");
                return betterAsyncFunction2(); // 2. Aufruf

            },
            function (error) {
                $("body").append("error-handler-1, " + error + " <br /> ");
                return betterAsyncFunction2(); // 2. Aufruf

            })
        .then(
            function (rnd) {
                $("body").append("callback-2, " + rnd + " <br /> ");
                return betterAsyncFunction2();
            },
            function (error) {
                $("body").append("error-handler-2, " + error + " <br /> ");
                return betterAsyncFunction2();
            })
        .then(
```

```
            function (rnd) {
                $("body").append("callback-3, " + rnd + " <br /> ");
             },
            function (error) {
                $("body").append("error-handler-3, " + error + " <br /> ");
            })
    .done();
```

Beispiel 3-93: Sinnbildliches synchrones Gegenstück zu einer asynchronen Aufrufkette

```
var rnd;

try {
    try {
        try {
            rnd = syncCounterPart(); // 1. Aufruf
        }
        catch(error) {
            $("body").append("error-handler-1, " + error + " <br /> ");
        }

        $("body").append("callback-1, " + rnd + " <br /> ");

        rnd = syncCounterPart(); // 2. Aufruf
    }
    catch(error) {
        $("body").append("error-handler-2, " + error + " <br /> ");
    }

    $("body").append("callback-2, " + rnd + " <br /> ");

    rnd = syncCounterPart(); // 3. Aufruf
}
catch(error) {
    $("body").append("error-handler-3, " + error + " <br /> ");
}

$("body").append("callback-3, " + rnd + " <br /> ");
```

Möchte der Entwickler für eine solche Aufrufkette nur einen einzigen Error-Handler einrichten, der sämtliche Fehler behandelt, muss er lediglich an die Aufrufkette ein `then` mit einem Error-Handler anhängen. Da auf dieser Ebene kein Success-Handler benötigt wird, wird stattdessen `undefined` übergeben. Ein Beispiel dafür findet sich in Beispiel 3-94. Würde dort der letzte `then`-Block einen Success-Handler aufweisen, würde der Error-Handler die darin auftretenden Fehler nicht behandeln, da – wie oben veranschaulicht – Fehler immer im darauffolgenden `then`-Block behandelt werden.

Die Bibliothek Q bietet als Alternative für die Schreibweise

```
.then(undefined, function() { … })
```

folgende Schreibweise an:

```
.catch(function() { … });
```

Beispiel 3-94: Ein einziger Error-Handler für eine Aufrufkette

```
betterAsyncFunction2()
    .then(
        function (rnd) {
            $("body").append("callback-1, " + rnd + " <br /> ");
            return betterAsyncFunction2();
        })
    .then(
        function (rnd) {
            $("body").append("callback-2, " + rnd + " <br /> ");

            return betterAsyncFunction2();
        })
    .then(
    undefined,
        function (error) {
            $("body").append("error-handler, " + error + " <br /> ");
            return betterAsyncFunction2();
        })

    .done();
```

Um zu verhindern, dass nicht behandelte Fehler verlorengehen, ist der Entwickler angehalten, am Ende einer Kette von then-Aufrufen, wie im betrachteten Beispiel gezeigt, die Funktion done auszuführen. Diese Funktion löst für einen eventuell nicht behandelten Fehler eine Ausnahme aus, die mit try...catch abgefangen werden kann. Daneben kann die Funktion done auch als Alternative zu then eingesetzt werden, wobei sie im Gegensatz zu then davon ausgeht, dass die registrierten Handler keine Promises zurückgeben und somit keine Verkettung mit weiteren then- oder done-Aufrufen erlaubt.

> Liefert ein Success- oder Error-Handler kein Promise, sondern ein konkretes Ergebnis zurück, verhält sich Q per Definition wie bei der Rückgabe eines Promises, das dieses konkrete Ergebnis an resolve übergibt.
>
> Löst ein Success- oder ein Error-Handler hingegen eine Ausnahme aus, verhält sich Q per Definition wie beim Retournieren eines Promises, das die Ausnahme an reject übergibt.

Q bietet dem Entwickler auch die Möglichkeit, neben einen Success- und Error-Handler einen Progress-Handler bei einem Promise via then zu registrieren. Ein solcher Progress-Handler kann von einer asynchronen Funktion mehrmals angestoßen werden, um Auskunft über den Fortschritt der asynchronen Abarbeitung zu geben. Ein solcher Progress-Hander könnte zum Beispiel einen Fortschrittsbalken aktualisieren. Um einen Progress-Handler zu registrieren, übergibt der Entwickler an then neben einem Success- und Error-Handler eine weitere Funktion, die als Progress-Handler fungiert (Beispiel 3-95). Um den Progress-Handler zur Ausführung zu bringen, ruft der Entwickler innerhalb der asynchronen Funktion die Funktion notify des deferred-Objekts auf und übergibt dabei jenen Parameter, der schlussendlich an den Progress-Handler zu übergeben ist:

```
deferred.notify("progress");
```

Analog zum Aufruf von Error-Handlern via reject führt auch der Einsatz von notify dazu, dass der erste nachfolgende then-Block, der einen Progress-Handler besitzt, zur Abarbeitung der Benachrichtigung herangezogen wird.

Beispiel 3-95: Verwendung eines Progress-Handlers

```
betterAsyncFunction2()
    .then(
        function (rnd) {
            $("body").append("callback-1, " + rnd + " <br /> ");
            return betterAsyncFunction2();
        },
        function (error) {
            $("body").append("error-handler-1, " + error + " <br /> ");
            return betterAsyncFunction2();
        },
        function (progressInfo) {
            $("body").append("progressInfo-1, " + progressInfo + " <br /> ");
        })
    .then(
        function (rnd) {
            $("body").append("callback-2, " + rnd + " <br /> ");

            return betterAsyncFunction2();
        },
        function (error) {
            $("body").append("error-handler-2, " + error + " <br /> ");
            return betterAsyncFunction2();
        },
        function (progressInfo) {
            $("body").append("progressInfo-2, " + progressInfo + " <br /> ");
        })
    .done();
```

Um mit einem Aufruf von `then` lediglich einen Progress-Handler zu registrieren, verwendet der Entwickler die folgende Schreibweise:

```
.then(undefined, undefined, function() { … });
```

Alternativ dazu bietet Q hierfür eine Funktion namens `progress` an:

```
.progress(function() { … } )
```

Mit Web-Workern Aufgaben in den Hintergrund auslagern

Seit den Zeiten von HTML 5 ist es Webanwendungen erstmals möglich, für aufwendige Aufgaben einen eigenen Thread abzuspalten. Dabei kann es sich zum Beispiel um das Herunterladen von Ressourcen in eine Browser-Datenbank oder um das Synchronisieren lokaler Daten mit einem HTTP-Service handeln.

Zur Realisierung von Hintergrundaktivitäten erzeugt die Webanwendung einen sogenannten Web-Worker, der im Hintergrund ausgeführten JavaScript-Code repräsentiert. Die Kommunikation zwischen Webanwendung und Web-Worker erfolgt durch das gegenseitige Auslösen von Ereignissen des Typs `OnMessage`. Das bedeutet, dass sowohl die Webanwendung als auch der Web-Worker eine Ereignisbehandlungsroutine für dieses Ereignis besitzen. Möchte die Webanwendung mit dem Web-Worker kommunizieren, löst sie dieses Ereignis aus. Der Web-Worker macht dasselbe, um der Webanwendung Informationen zukommen zu lassen. Das Ereignis selbst läuft dabei im Thread des Empfängers.

Über die Ereignisse können die Kommunikationspartner auch Informationen, zum Beispiel über JSON-basierte String, austauschen. Wie im Bereich der funktionalen Programmierung üblich, ist es dabei nicht möglich, eine Referenz auf ein Objekt zu übergeben, sodass die Kommunikationspartner einen gemeinsamen Zustand haben. Stattdessen werden von den übersendeten Daten immer Kopien an den Kommunikationspartner weitergereicht. Dies, sowie die Kommunikation über Ereignisse, schließt Konflikte durch konkurrierende Zugriffe und die Notwendigkeit zum Synchronisieren der einzelnen Threads aus.

Beispiel 3-96 zeigt den Inhalt einer JavaScript-Datei namens *worker.js*, die von einem Web-Worker im Hintergrund ausgeführt werden kann. Um die JavaScript-Datei `formatter.js` einzubinden, verwendet sie die bei Web-Workern zur Verfügung stehende Funktion `importScripts` (Beispiel 3-97). Diese kann auch gleichzeitig mehrere, durch Kommata voneinander getrennt angegebene Dateien einbinden. Anschließend richtet das betrachtete Skript eine Ereignisbehandlungsroutine für das Ereignis `OnMessage` ein. Diese Routine legt die vom Auslöser des Ereignisses übergebenen Daten, welche sich in der Eigenschaft `data` des Event-Objekts `e` befinden, in der Variable `data` ab. Sämtliche Browser erlauben das Übergeben von Strings; einige erlauben auch das Übergeben von Objekten. Um auf Nummer sicher zu gehen, bietet es sich an, Objekte in Form von JSON-Strings zu übergeben. Im betrachteten Beispiel, das das Prinzip der Web-Worker lediglich veranschaulichen soll, wird dem Inhalt von `data` wenig Bedeutung zugemessen. Der darin erwartete String wird nach einer Verzögerung von vier Sekunden mit `formatResult` formatiert und dann an die Webanwendung über `this.postMessage` zurückgesendet. Der Aufruf von `postMessage` löst in der Webanwendung das `OnMessage`-Ereignis aus. Mit der Funktion `this.close`, deren Aufruf in einem Kommentar angedeutet ist, könnte das Skript den Web-Worker beenden. Da diese Funktion im betrachteten Fall nicht ausgeführt wird, bleibt der Web-Worker gestartet und kann somit weitere Anfragen über das `OnMessage`-Ereignis entgegennehmen.

Beispiel 3-96: Code eines Web-Workers

```
// worker.js
importScripts("formatter.js");
        // Es können auch mehrere Dateien kommasepariert angegeben werden

this.addEventListener('message', function (e) {

    var data = e.data;

    setTimeout(function () {
        var formattedResult = formatResult(data);
        this.postMessage(formattedResult);
    }, 4000);

    // this.close();
});
```

Beispiel 3-97: Datei, die der Web-Worker referenziert

```
// formatter.js
function formatResult(str) {
    return "Result: " + str;
}
```

Die Webanwendung verwendet das Skript in Beispiel 3-98, um einen Web-Worker zu erzeugen und um mit ihm zu kommunizieren. Dazu übergibt sie an die Konstruktorfunktion `Worker` den Namen des Skripts und registriert anschließend beim auf diesem Weg erhaltendem Web-Worker-Objekt zwei

Ereignisse: OnMessage und OnError. Ersteres wird, wie bereits diskutiert, zum Entgegennehmen von Informationen des Web-Workers verwendet. Letzteres kommt zum Einsatz, wenn bei der Ausführung des Web-Workers ein Fehler auftritt.

Die mit jQuery eingerichtete Ereignisbehandlungsroutine für die Schaltfläche btnSend sendet dem Web-Worker eine Nachricht, die dem Inhalt des Textfelds txtExpr entspricht. Dazu verwendet sie die Funktion postMessage, die beim Web-Worker das OnMessage-Ereignis auslöst.

Die Ereignisbehandlungsroutine für die Schaltfläche btnTerminate beendet hingegen die Ausführung des Web-Workers durch Aufruf der Funktion terminate.

Beispiel 3-98: Web-Worker über Webseite starten

```
var worker = new Worker('worker.js');

worker.addEventListener('message', function (e) {
    alert('Nachricht vom Worker: ' + e.data);
});

worker.addEventListener('error', function (e) {

    alert('Fehler in Web-Worker '
            + e.filename
            + " in der Zeile "
            + e.lineno
            + "\nFehlermeldung: "
            + e.message);
});

$(function () {
    $("#btnSend").click(function () {
        var expr = $("#txtExpr").val();
        worker.postMessage(expr);
        alert("Anfrage gesendet!");
    });

    $("#btnTerminate").click(function () {
        worker.terminate();
    });
});
```

Standardmäßig sind Web-Worker mit der Webseite verbunden, von der sie erzeugt wurden. Das bedeutet, dass nur diese Seite mit dem Web-Worker kommunizieren kann, und es bedeutet, dass der Web-Worker beim Schließen der Seite bzw. beim Navigieren zu einer anderen Seite beendet wird. Es existiert derzeit zwar auch eine Spezifikation für Web-Worker, die seitenübergreifend verwendet werden kann, allerdings erfreut sich diese keiner großen Browser-Unterstützung und wird aus diesem Grund hier nicht näher behandelt.

Internationalisierung mit Globalize

Während serverseitige Web-Frameworks in der Regel eine breite Unterstützung für die Internationalisierung von Webanwendungen bieten, indem sie in der Lage sind, Zahlen und Datumsformate für viele unterschiedliche Regionen zu formatieren, gibt es hierfür unter JavaScript keine Bordmittel. Abhilfe schaffen hier, wie so häufig im JavaScript-Umfeld, freie Bibliotheken. Eine dieser Bibliotheken ist Globalize (*https://github.com/jquery/globalize*). Sie stellt Formatierungsinformationen für zahlreiche Kulturen zur Verfügung, wobei der Begriff Kultur in diesem Kontext als Kombination von Region und Sprache zu verstehen ist. Beispiele dafür sind Deutsch/Deutschland (de-DE), Deutsch/Österreich (de-AT), Deutsch/Schweiz (de-CH) und Englisch/Großbritannien (en-GB).

Um Globalize zu nutzen, bindet der Entwickler das Skript *globalize.js* sowie die Skripte mit den Formatierungsinformationen für die zu unterstützenden Kulturen ein. Beispiel 3-101 referenziert zum Beispiel die Formatierungsinformationen für *de-DE*, *de-CH* und *de*. Letztere bezieht sich auf keine spezielle Region und wird zum Beispiel verwendet, wenn der Benutzer aus einer deutschsprachigen Region kommt, für die keine spezifischen Informationen eingebunden wurden. Globalize wendet sich dieser allgemeinen Kultur zu, wenn der Benutzer beispielsweise als Deutsch/Lichtenstein (*de-LI*) angibt, weil für die Kultur *de-LI* keine Informationen vorhanden sind. Wäre auch die Datei *globalize.culture.de.js* nicht vorhanden, würde Globalize mit der von JavaScript standardmäßig verwendeten Kultur, amerikanisches Englisch, vorlieb nehmen.

Beispiel 3-99: Globalize einbinden

```
<script src="~/Scripts/jquery.globalize/globalize.js"></script>
<script src="~/Scripts/jquery.globalize/cultures/globalize.culture.de-DE.js"></script>
<script src="~/Scripts/jquery.globalize/cultures/globalize.culture.de-CH.js"></script>
<script src="~/Scripts/jquery.globalize/cultures/globalize.culture.de-AT.js"></script>
<script src="~/Scripts/jquery.globalize/cultures/globalize.culture.de.js"></script>
```

Um zu verhindern, dass zu viele nicht benötigte Dateien mit Formatierungsinformationen eingebunden werden müssen, bietet sich ein selektives Einbinden dieser Dateien an. Dies kann zum Beispiel mit ASP.NET MVC unter Berücksichtigung des vom Browser übersendeten HTTP-Headers `Accept-Language` erfolgen:

```
Accept-Language: de-de, en-gb;q=0.8, en;q=0.7
```

Dieser Header listet die unterstützten Kulturen kommasepariert auf. Zusätzlich können einzelne Kulturen mit einer Qualitätsinformation versehen werden, die darüber Auskunft gibt, wie gut der Benutzer diese Sprache beherrscht. Hierbei handelt es sich um einen Wert zwischen 0 und 1, wobei 1 jene Sprache markiert, die der Benutzer am besten beherrscht. Übersendet der Aufrufer für eine Kultur keine Qualitätsinformation, ist per Definition vom Wert 1 auszugehen.

Um Globalize auf eine Kultur einzustimmen, ist deren Bezeichner an die Funktion `Globalize.culture` zu übergeben:

```
Globalize.culture("de-AT");
```

Diese Funktion ist jedoch auch in der Lage, einen String auszuwerten, der dem Aufbau des HTTP-Headers `Accept-Language` entspricht. Anschließend kann der Entwickler die Funktion `Globalize.format` zum Formatieren von Zahlen und Datumswerten verwenden. Dazu übergibt er an diese Funktion den zu formatierenden Wert und eine Formatierungszeichenfolge. Beispiele dafür finden sich in Beispiel 3-100. Eine detaillierte Übersicht über die unterstützten Formatierungszeichenfolgen findet sich in der Dokumentation von Globalize unter *https://github.com/jquery/globalize*.

Beispiel 3-100: Formatieren von Ausgaben mit Globalize

```
// Zahl ohne Kommastellen
alert(Globalize.format(123456789.88, "n"));
// Zahl mit drei Kommastellen
alert(Globalize.format(123456789.888888, "n3"));
// Zahl mit fünf Kommastellen
```

```
alert(Globalize.format(3.888888, "n5"));
var firstContact = new Date(2063, 4, 5, 17, 3);
// Datumsformat der gewählten Kultur
alert(Globalize.format(firstContact, "d"));
// Zeitformat der gewählten Kultur
alert(Globalize.format(firstContact, "t"));
// Angegebenes Datumsformat
alert(Globalize.format(firstContact, "dd.MM.yyyy HH:mm"));
```

Neben dem Formatieren von Ausgaben unterstützt Globalize auch das Parsen von Eingaben. Dazu bietet es die Funktionen `Globalize.parseInt`, `Globalize.parseFloat` und `Globalize.parseDate`. Diese Funktionen nehmen einen String mit einer Zahl bzw. mit einem Datum im Format der gewählten Kultur entgegen und geben eine Zahl ohne Nachkommastellen (`parseInt`), eine Zahl mit Nachkommastellen (`parseFloat`) oder ein `Date`-Objekt (`parseDate`) zurück:

```
var date = Globalize.parseDate("5.4.2063");
var anInt = Globalize.parseInt("1.000");
var aFloat = Globalize.parseFloat("1.000,95");
```

Über einen optionalen zweiten Parameter kann der Entwickler an diese Funktionen eine Formatierungszeichenfolge übergeben.

> Globalize kann auch zum Lesen von serverseitigen JSON-Dateien mit Übersetzungen genutzt werden. Dies kann jedoch auch ohne Framework-Unterstützung sehr einfach bewerkstelligt werden, indem dynamisch ein JSON-Objekt mit den gewünschten Übersetzungen via AJAX geladen wird.

modernizr

Das freie Framework modernizr bietet dem Entwickler auf einfache Weise die Möglichkeit, zu prüfen, ob der aktuelle Browser bestimmte Optionen unterstützt. Dazu wird lediglich auf boolesche Eigenschaften zugegriffen, die vom Objekt `Modernizr` bereitgestellt werden. Beispielsweise kann mit `Modernizr.localstorage` geprüft werden, ob der Browser DOM Storage (auch als lokaler Speicher oder »Web Storage« bezeichnet) unterstützt. Mit `Modernizr.websqldatabase` kann hingegen geprüft werden, ob ein Zugriff auf die WebSQLDB (siehe den vorherigen Abschnitt) möglich ist; mit `Modernizr.indexeddb`, ob die IndexDb (siehe ebenfalls den vorherigen Abschnitt) zur Verfügung steht. Eine Liste aller Möglichkeiten, gegen die der Entwickler mit modernizr prüfen kann, findet sich unter *http://modernizr.com/docs/*.

In Fällen, in denen ein bestimmtes Merkmal nicht vom Browser angeboten wird, kann der Entwickler mit modernizr einen sogenannten Polyfill laden. Dabei handelt es sich um eine JavaScript-Datei, welche das fehlende Merkmal nachbildet. Beispiel 3-101, welches aus der Dokumentation von modernizr übernommen wurde, demonstriert dies. Es prüft mit der Funktion `Modernizr.load`, ob der vorliegende Browser die mit HTML 5 assoziierte geolocation-API unterstützt. Ist dem so, bindet sie die JavaScript-Datei `geo.js` dynamisch ein; ansonsten den Polyfill `geo-polyfill.js`.

Beispiel 3-101: Dynamisches Laden von Script-Dateien mit modernizr

```
Modernizr.load({
  test: Modernizr.geolocation,
  yep : 'geo.js',
  nope: 'geo-polyfill.js'
});
```

Modernizr bietet selbst keine Polyfills an. Allerdings verweist die Dokumentation auf eine Liste mit frei verfügbaren Polyfills (*https://github.com/Modernizr/Modernizr/wiki/HTML5-Cross-browser-Polyfills*).

TypeScript

Viele .NET-Entwickler stoßen sich an der semantischen Schwäche von JavaScript, zumal sie deswegen wohlbekannte Konzepte, wie Klassen oder Module, mit Mustern nachstellen müssen. Auch die Tatsache, dass es sich bei JavaScript um eine dynamische Sprache handelt, stößt in der .NET-Gemeinde nicht gerade auf Beliebtheit.

Die Sprache TypeScript (*http://www.typescriptlang.org*) soll hier Abhilfe schaffen. Sie stellt eine Übermenge von JavaScript dar, das heißt, jede JavaScript-Datei ist auch gültiger TypeScript-Programmcode. Das ist hilfreich für den Umstieg von JavaScript auf TypeScript. TypeScript bietet sowohl ein statisches Typsystem als auch OOP-Konstrukte, wie Schnittstellen, Klassen, Vererbung, Module sowie Lambda-Ausdrücke. Dabei verwendet TypeScript einige Syntaxformen, die die ECMA für JavaScript Version 6 (alias ECMA Script 6) plant. TypeScript soll sich auch den im Rahmen des laufenden Standardisierungsprozesses noch möglichen Veränderungen von JavaScript 6 anpassen. Mit dieser Ausrichtung an dem geplanten Standard unterscheidet sich TypeScript von bestehenden JavaScript-Abstraktionen wie Dart und CoffeeScript.

Die TypeScript-Website bietet aktuell einen Kommandozeilencompiler für Windows (*tsc*), ein Plug-In für Visual Studio 2012 und 2013 sowie Node Packaged Modules (NPM) für *node.js*. Von Palantier Technologies gibt es ein Plug-In für Eclipse. JetBrains hat TypeScript in seine IDE »Webstorm« seit Version 6 integriert. Für die Editoren Sublime Text, Vi und Emacs gibt es immerhin Syntaxdateien, die eine Farbhervorhebung ermöglichen.

Der TypeScript-Compiler selbst liegt als TypeScript-Implementierung vor. Ein Script-Host (`tsc.exe`) ermöglicht die Ausführung in Windows als Kommandozeilenwerkzeug, das typischerweise zur Entwicklungszeit ausgeführt wird, um aus TypeScript dann JavaScript zu erzeugen. Genau so verfährt auch das Visual Studio-Plug-In. Das Visual Studio-Plug-In gehört aber nicht zum Open Source-Paket, sondern hier behält Microsoft alle Rechte. Die Tatsache, dass der TypeScript-Compiler selbst in TypeScript (und damit auch in JavaScript) vorliegt, macht die Integration in andere Entwicklungsumgebungen aber einfacher. Dies zeigen auch Projekte wie TypeScript Compile, das die Umwandlung von TypeScript zu JavaScript zur Laufzeit innerhalb eines beliebigen Browsers erlaubt. Für den gleichen Zweck gibt es auch ein *node.js*-Modul.

Ein guter erster Anlaufpunkt für Neueinsteiger in TypeScript ist die interaktive, browserbasierte Codeumwandlung, die Microsoft unter *http://www.typescriptlang.org* bietet: Während man in der linken Fensterhälfte von Abbildung 3-44 TypeScript erfasst, sieht man rechts schon das JavaScript-Ergebnis. Die Abbildung zeigt eine Vererbungshierarchie mit drei Klassen in TypeScript und rechts das deutlich längere Pendant in JavaScript.

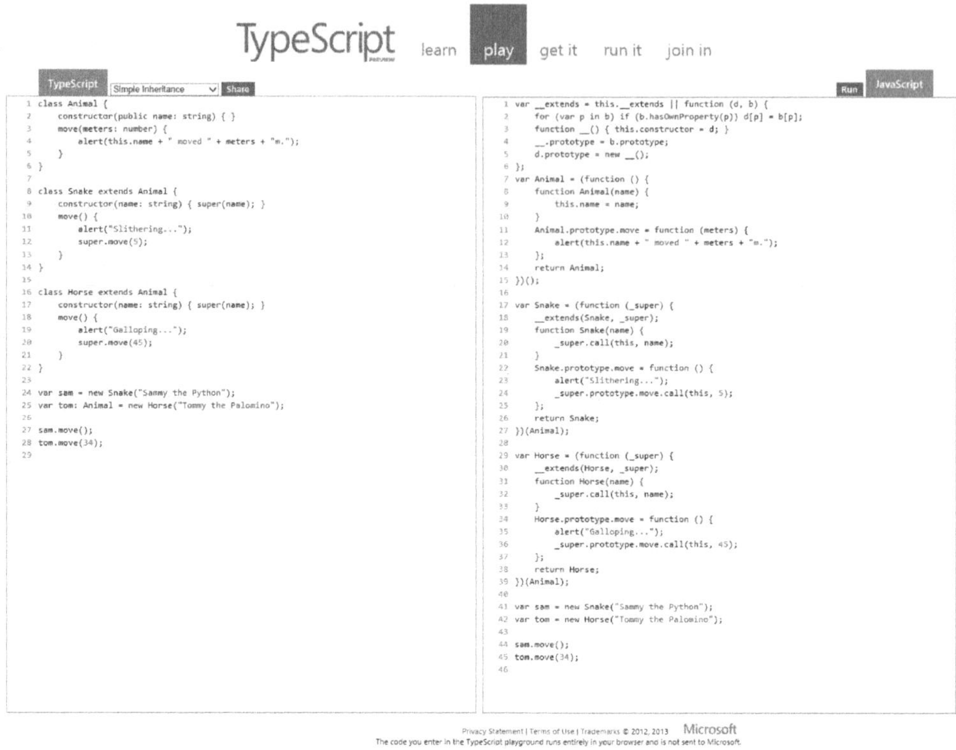

Abbildung 3-44: Online-Editor und Ausführungsumgebung bilden eine Spielwiese für TypeScript (http://www.typescriptlang.org/Playground/)

Echte Entwicklungsarbeiten vollzieht man dann doch besser in einer integrierten Entwicklungsumgebung wie Microsoft Visual Studio. Nach der Installation des Visual Studio-Add-ins für TypeScript findet man dort in den Projektvorlagen einen neuen Eintrag `HTML Application with TypeScript` (siehe Abbildung 3-45). Daraus entsteht das in Abbildung 3-46 gezeigt Musterprojekt mit einer TypeScript-Datei (`.ts`). Die Entwicklungsumgebung erzeugt beim Übersetzen des Projekts (Menü *Build/Build Solution*) aus der TypeScript-Datei eine JavaScript-Datei (`.js`), die eingerückt unterhalb der TypeScript-Datei im Projektmappenexplorer (rechts in Abbildung 3-46) steht. Eine HTML-Datei nimmt dann wie bisher Bezug auf die `.js`-Datei, d.h., diese bekommt von TypeScript nichts mit. In einem ASP.NET-Webprojekt kann der Entwickler eine neue `.ts`-Datei mit *Add TypeScript File* erzeugen; die Entwicklungsumgebung bindet dann den TypeScript-Compiler automatisch ein.

Visual Studio 2012 und 2013 ermöglichen auch ein TypeScript-Debugging: Bei einem Fehler oder einem Haltepunkt in der TypeScript-Datei zeigt die Entwicklungsumgebung im Debugger den TypeScript-Programmcode an und erlaubt es, diesen zeilenweise zu durchlaufen (siehe Abbildung 3-47). Die dazu notwendige Beziehung zwischen den Zeilen in JavaScript und TypeScript erhält Visual Studio durch eine Quellzuordnungsdatei (`.map`), die ebenfalls im Rahmen der TypeScript-Kompilierung entsteht.

Eine signifikante Einschränkung des Compilers ist, dass er aktuell keine Dateien mit Umlauten (oder anderen Sonderzeichen) verträgt. Er reagiert dann mit der Meldung `Cannot read file: Unsupported file encoding`. Das ist sehr lästig für Entwickler, die Codekommentare auf Deutsch schreiben.

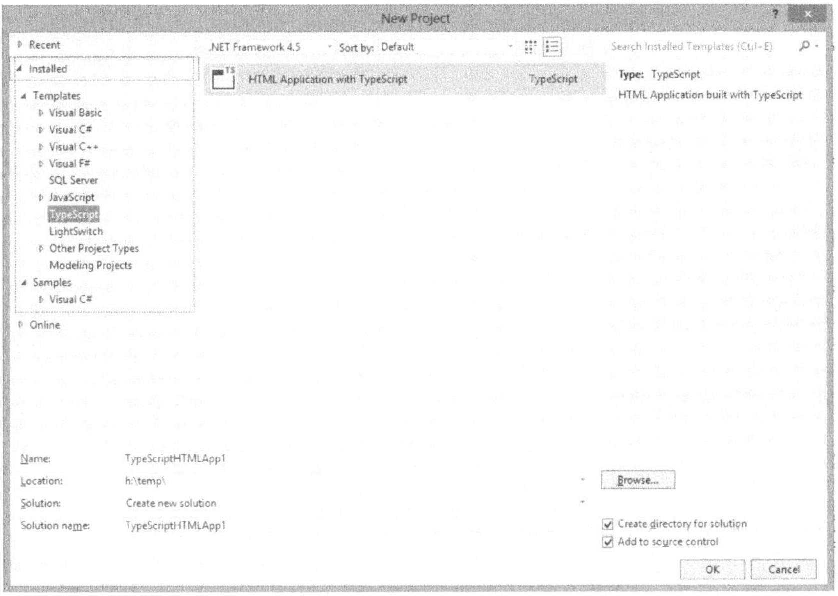

Abbildung 3-45: TypeScript-Projektvorlage in Visual Studio

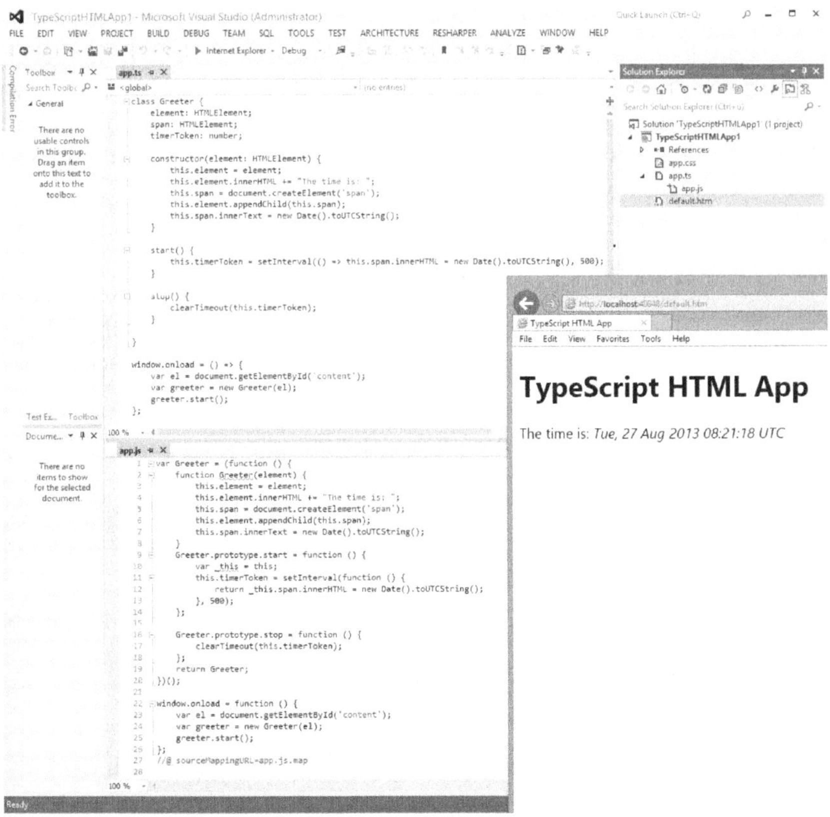

Abbildung 3-46: Musterprojekt, das aus der TypeScript-Projektvorlage entstanden ist

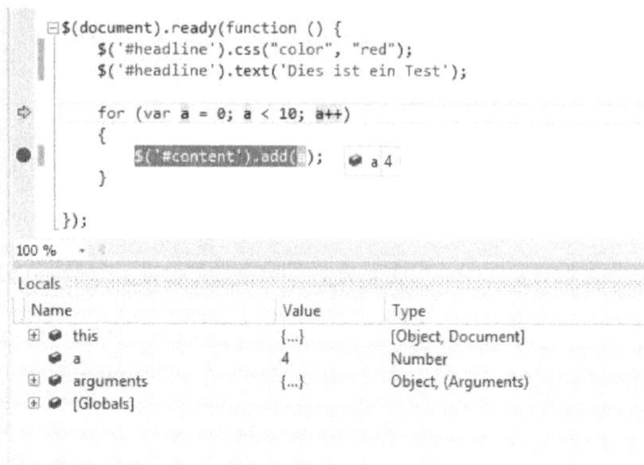

Abbildung 3-47: Debugging einer TypeScript-Datei in Visual Studio

Typen und Variablen

Das Typsystem von TypeScript unterscheidet zwischen primitiven und komplexten Typen. Zu den primitiven Typen zählen `number`, `boolean` und `string`. Diese entsprechen denselben Typen in JavaScript. Daneben existiert noch der Datentyp `any`, welcher jeden beliebigen Wert aufnehmen kann und somit das Standardverhalten von Variablen in JavaScript widerspiegelt.

Zu den komplexen Typen zählen Typen, die aus der Deklaration von Schnittstellen und Klassen hervorgehen. Im Gegensatz zu JavaScript kann beim Deklarieren einer Variablen ein Datentyp angegeben werden. Dazu wird der Datentyp der Variablen nachgestellt. In Zuge dessen kann der Entwickler bereits auch einen Initialwert angeben. Die TypeScript Language Specification benennt auch `null` und `undefined` als Typen; diese kann man aber nicht in gleicher Weise nach dem Doppelpunkt angeben, sondern nur als Wert nach dem Gleichheitszeichen verwenden:

```
var name: string = "Holger Schwichtenberg";
var plz: number = 45257;
var autor: boolean = true;
```

Auch wenn die explizite Typangabe fehlt, wird eine Variable durch die Intialisierung während der Deklaration geprägt. In folgendem Codefragment kommt es daher in Zeile 2 zum Fehler `Cannot convert 'number' to 'string'`:

```
var Website1 = "http://www.IT-Visions.de";
Website1 = 123; // falsch !!!
```

Etwas kurios ist dabei, dass der TypeScript-Compiler den Fehler zwar ausgibt, aber dennoch kompiliert und die monierte Zeile so nach JavaScript übernimmt, dass zur Laufzeit tatsächlich die Zahl 1 in der Variablen `Website1` steht.

Wenn der Entwickler in TypeScript wirklich eine Variable benötigt, deren Typ sich ändern darf, muss er `any` verwenden:

```
var Website2: any = "http://www.dotnet-doktor.de";
Website2 = 1;
```

Alternativ dazu erhält er eine `any`-Variable, wenn die Deklaration keine Initialisierung enthält:

```
var Website3;
Website3 = "http://www.typescript.org"
Website3 = 4; // Dies ist hier möglich, da Website 3 den Typ "any" erhalten hat.
```

Microsoft hat sich in den letzten Jahren sehr bemüht, auch JavaScript-Entwickler mit Eingabevorschlägen (im Microsoft-Jargon IntelliSense genannt) zu unterstützten. Aufgrund der fehlenden Typisierung konnte dies aber nur begrenzt möglich und präzise sein. Abbildung 3-48 und Abbildung 3-49 zeigen in der Gegenüberstellung eindrucksvoll, dass Visual Studio für TypeScript eine deutlich besser Eingabeunterstützung anbietet als für JavaScript.

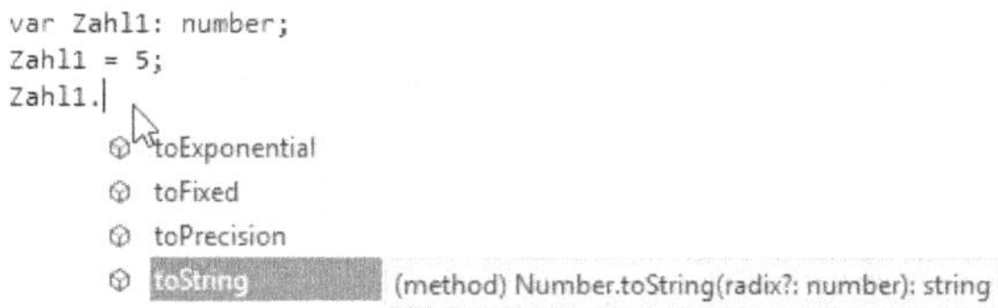

Abbildung 3-48: IntelliSense für typisierte Variablen in TypeScript

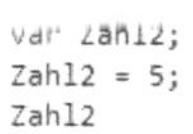

Abbildung 3-49: Keine IntelliSense für untypisierte Variablen in JavaScript

Funktionen

Mit TypeScript kann man objektorientiert programmieren, man muss es aber nicht. Wie auch in JavaScript kann man rein prozedural, aber auch funktional arbeiten. Auch bei der Deklaration von Funktionen kann der Entwickler für die einzelnen Parameter einen Typ definieren. Dasselbe gilt auch für den Rückgabewert der Funktion, dessen Typ der Funktionssignatur nachgestellt wird. Beispiel 3-102 deklariert zum Beispiel eine Funktion, die einen Zeichenfolgenparameter entgegennimmt und nichts (`void`) zurückgibt. Für den Zeichenfolgenparameter wird hier auch ein Standardwert definiert.

Beispiel 3-102: Funktion mit typisiertem Parameter

```
function halloWelt(name: string = "noname"): void {
    ausgabe("Hallo " + name);
}

halloWelt("Martin");

// Diese Zeile führt zu einem Kompilierungsfehler
halloWelt(5);
```

Beispiel 3-103 zeigt, wie der Entwickler eine Variable deklarieren kann, die auf eine Funktion mit einer bestimmten Signatur verweist. Der Programmcode definiert, dass die Variable `berechnung` auf Funktionen verweisen darf, die zwei Parameter vom Typ `number` entgegennehmen und ebenfalls eine `number` zurückgeben. Anschließend deklariert er eine solche Funktion und weist sie der Variablen zu. Danach wird die Funktion über die Variable zur Ausführung gebracht.

Beispiel 3-103: Variable berechnung kann nur auf Funktionen mit einer bestimmten Signatur verweisen

```
var berechnung: (a: number, b: number) => number;
function add(x: number, y: number): number {
    return x + y;
}

berechnung = add;
ausgabe("Ergebnis: " + berechnung(17, 2));
```

Auf dieselbe Weise kann der Entwickler einen Übergabeparameter definieren, der auf eine Funktion mit einer bestimmten Signatur verweist. Ein Beispiel dafür bietet Listing 3. Es definiert eine Funktion filter, welche ein übergebenes Array unter Verwendung einer zu übergebenden Funktion filtert. Das Array ist im betrachteten Fall vom Typ number, was durch die Schreibweise number[] deutlich gemacht wird. Alternativ kann man die Schreibweise als Generic mit Typparameter verwenden: Array<number>. Bei der Instanziierung mit new ist diese Schreibweise obligatorisch.

Die Funktion, welche an den Parameter callback übergeben wird, nimmt jeweils eine number entgegen und bildet diese auf einen bool ab. Dieser Rückgabewert sagt aus, ob das jeweilige Element Teil der Ergebnismenge sein soll. Die Implementierung der betrachteten Funktion iteriert durch das übergebene Array und ruft für jeden Eintrag die Funktion callback auf. Liefert diese true, nimmt sie den Eintrag in die Ergebnismenge auf, die sie am Ende zurückgibt. Das betrachtete Listing demonstriert auch den Aufruf dieser Funktion. Dabei wird das Array [1,2,3,4,5,6] sowie der Lambda-Ausdruck (item: number) => item % 2 == 0 übergeben, der dazu führt, dass alle geraden Werte in die Ergebnismenge aufgenommen werden. An der Stelle eines Lambda-Ausdrucks kann der Entwickler auch, wie unter JavaScript üblich, eine anonyme Funktion hinterlegen.

Beispiel 3-104: Lambda-Ausdrücke und Closures

```
function filter(objs: Array<number>, callback: (item: number) => boolean): Array<number> {

    var ergebnismenge: Array<number> = new Array<number>();
    for (var i: number = 0; i < objs.length; i++) {

        if (callback(objs[i])) {
            ergebnismenge.push(objs[i]);
        }
    }
    return ergebnismenge;
}

var result = filter([1, 2, 3, 4, 5, 6], (item: number) => item % 2 == 0);
ausgabe("Anzahl der Elemente in der Ergebnismenge: " + result.length);
```

Klassen

Wie Beispiel 3-105 zeigt, werden Klassen, wie in C#, mit dem Schlüsselwort class eingeleitet. Im Gegensatz zu C# ist die standardmäßige Sichtbarkeit public. Daneben kann der Entwickler Mitglieder mit private als nicht von außen nutzbare Mitglieder deklarieren. Die Sichtbarkeit protected (nicht nutzbar von außen, aber nutzbar von abgeleiteten Klassen) gibt es aber in TypeScript nicht. Konstruktoren werden mit dem Schlüsselwort constructor eingeleitet.

Eine wichtige Besonderheit: Die Parameter des Konstruktors werden automatisch zu Instanzenmitgliedern. Das in anderen OO-Sprachen notwendige Umkopieren der Werte aus den Konstruktorparametern in die Instanz erfolgt automatisch. Es ist nicht erlaubt, die in den Konstruktorparametern verwendeten Bezeichner nochmals für andere Attribute der Klasse zu verwenden. Als Methode der Klasse darf der Entwickler nicht das Schlüsselwort `function` voranstellen. Für alle Zugriffe auf Instanzenmitglieder ist in TypeScript innerhalb der Klasse zwingend `this` voranzustellen. Statische Mitglieder erhalten den Zusatz `static`.

Beispiel 3-105: Klassenbeispiel mit Modul, Schnittstelle und Vererbung

```
// Module
module GO {

    // Interface
    export interface IKontakt {
        id: number;
        name: string;
        ort: string;
        plz: number;
        erfassungsdatum: any;
        getInfo(): string;
    }

    // Klasse
    export class Kontakt implements GO.IKontakt {

        public plz: number;
        public erfassungsdatum: any;

        // Konstruktor
        constructor(public id: number, public name: string, public ort: string = "unbekannt") {
            this.erfassungsdatum = new Date();
            this.id = id; // Diese Zeile ist ueberfluessig !!!

            if (Kunde.alleKontakte == null) Kunde.alleKontakte = new Array<Kunde>();
            Kunde.alleKontakte.push(this)
        }

        // Privates Instanzenmitglied
        private getErfassungsdatum() {
            return this.erfassungsdatum;
        }

        // Oeffentliches Instanzenmitglied
        getBasisInfo() {
            return this.id + ": " + this.name + " in " + this.ort +
              " - erfasst am " + this.getErfassungsdatum();
        }

        // Oeffentliches Instanzenmitglied
        getInfo() { return "Kontakt " + this.getBasisInfo(); }

        // Statisches Mitglied
        static alleKontakte: Kontakt[];
    }
```

```
    export class Kunde extends Kontakt {

        public umsatz: number;

        // Instanzenmitglied
        getInfo() { return "Kunde " + super.getBasisInfo(); }

    }
}
```

Um von einer bestehenden Klasse abzuleiten, verwendet der Entwickler, wie unter Java, das Schlüsselwort `extends` (siehe Beispiel 3-105). Es ist lediglich eine Einfachvererbung erlaubt. Das Schlüsselwort `super` wird verwendet, um Mitglieder oder Konstruktoren der Basisklasse zu referenzieren. Anders als in Java und C# werden auch Konstruktoren vererbt, sodass der Entwickler die Klasse `Kunde` mit

```
var k1 = new DemoKunden.GO.Kunde(123, "Holger Schwichtenberg", "Essen");
```

instanziieren kann, auch wenn sie keinen eigenen Konstruktor besitzt.

Um zur Laufzeit zu prüfen, ob eine Variable ein Objekt eines bestimmten Typs enthält, kann der Entwickler den Operator `instanceof` heranziehen. Auch bei der Prüfung gegen eine Basisklasse liefert `instanceOf` den Wert `true`. Mit `typeof` kann man den Typ einer Variablen als Zeichenkette erhalten:

```
var IstInVariableEinKunde: boolean = k1 instanceof GO.Kunde;
var IstInVariableEinKontakt: boolean = k1 instanceof GO.Kontakt;
var TypName = typeof k1;
```

TypeScript erlaubt, ähnlich wie C# oder Java, die Definition von Schnittstellen. Um anzugeben, dass eine Klasse eine Schnittstelle implementiert, verwendet der Entwickler das Schlüsselwort `implements`. In Beispiel 3-105 implementiert die Klasse `Kunde` die Schnittstelle `IKontakt`. Um eine Schnittstelle von einer anderen erben zu lassen, setzt er jedoch, wie bei der Vererbung von Klassen, `extends` ein.

Strukturelles Sub-Typing

Wie in anderen Sprachen auch, kann man eine Variable auf eine Schnittstelle typisieren. Es ist also möglich, `var k1: GO.Kunde` die Deklaration `var k2: GO.IKontakt` zu schreiben und dann anschließend eine Instanz von Kunde mit `k2 = new GO.Kunde(...);` zuzuweisen. Im Gegensatz zu Sprachen wie Java oder C# setzt TypeScript aber auf eine »strukturelle Typäquivalenz«. Das bedeutet, dass Objekte, die einer Variablen zugewiesen werden, nicht vom Typ dieser Variablen sein müssen. Es ist ausreichend, dass das zugewiesene Objekt dieselbe Struktur, sprich dieselben Mitglieder, wie der Typ der Variable aufweist. Man könnte also im Fall von Beispiel 3-105 auch auf das Konstrukt `implements GO.IKontakt` verzichten und dennoch `var k3: GO.IKontakt = new GO.Kunde(...)` schreiben.

Das folgende Codefragment zeigt, wie der Entwickler auf Basis der strukturellen Typäquivalenz definieren kann, dass eine Variable nur auf ein Objekt mit einer bestimmten Struktur verweisen darf, indem für die Variable `f` definiert wird, dass sie nur für Objekte mit einer Eigenschaft `id` heranzuziehen ist. Aus diesem Grund kann auch eine Instanz von `Kunde` zugewiesen werden. Dass die Klasse `Kunde` neben der `id` noch weitere Eigenschaften hat, stellt hier kein Hindernis dar.

```
var k2: { id: number; };
k2 = new DemoKunden.GO.Kunde(456, "Manfred Steyer", "Graz");
var schluesselwert: number = k2.id;
```

Ähnlich wie in C# ist auch TypeScript häufig in der Lage, den Typ eines Ausdrucks herzuleiten, ohne dass der Entwickler ihn explizit anführen muss. In Beispiel 3-106 schlussfolgert TypeScript zum Beispiel aus der Deklaration von `transformString`, dass der Lambda-Ausdruck einen String entgegennimmt. Zusätzlich geht TypeScript davon aus, dass der Rückgabewert der Funktion `add` vom Typ `number` ist, was zur Folge hat, dass es auch `sum` mit `number` typisiert.

Beispiel 3-106: Typherleitung in TypeScript

```
var transformString: (s:string) => string;
transformString = (str) => str.toLowerCase();

function add(a: number, b: number) {
    return a + b;
}
var sum = add(1,2);
```

Generics

Analog zu Sprachen, wie C# oder Java, unterstütz TypeScript auch den Einsatz von Generics. Auf dem ersten Blick gestaltet sich auch die Grammatik dafür wie in den genannten Sprachen (Beispiel 3-107).

Beispiel 3-107: Generische Klasse

```
class ReadOnly<T> {
    private data: T;
    constructor(data: T) {
        this.data = data;
    }
    public getData() {
        return this.data;
    }
}
var readOnlyNumber = new ReadOnly<number>(42);
alert(readOnlyNumber.getData());
```

Der Entwickler kann die Menge der möglichen Typen für die definierten Typparameter einschränken, indem er angibt, dass es sich dabei um einen Subtyp eines angegebenen Typs handelt. Dazu nutzt er das Schlüsselwort `extends`. Das Beispiel in Beispiel 3-108 schränkt zum Beispiel den Typparameter `T` auf Typen ein, die Personen repräsentieren.

Beispiel 3-108: Typparameter mit Einschränkung

```
class Dienstvertrag<T extends Person> {
  private angestellter: T;
  private gehalt: number;

  constructor(angestellter: T, gehalt: number) {
    this.angestellter = angestellter;
    this.gehalt = gehalt;
      }

  public getAngestellter() {
    return this.angestellter;
  }

  public getInfo(): string {
```

```
    return this.angestellter.getInfo();
  }

  public getGehalt(): number {
    return this.gehalt;
  }

  public setGehalt(gehalt: number) {
    this.gehalt = gehalt;
  }
}
var mgr = new Manager("Susi", 38, "OS4711");
var v = new Dienstvertrag<Manager>(mgr, 750);
alert(v.getInfo());
```

Auch generische Methoden können, wie in den Sprachen C# oder Java, eingerichtet werden (Beispiel 3-109). Beim Aufruf dieser Funktionen kann der Entwickler den konkreten Typ angeben. In den meisten Fällen ist das jedoch nicht notwendig, da TypeScript diese Information aus den Typen der übergebenen Parameter ableiten kann.

Beispiel 3-109: Generische Funktion

```
function min<T>(a: T, b: T): T {
    if (a < b) return a;
    return b;
}
alert(min<number>(1, 5));
alert(min(1, 5));
alert(min("Susi", "Max"));
```

Module

Auch die Möglichkeit zur Definition von Modulen mit eigenen Wertebereichen wird von TypeScript mit dem Schlüsselwort `module` geboten. Innerhalb eines Moduls kann der Entwickler Variablen, Klassen und Funktionen definieren, die außerhalb des Modules nur dann sichtbar sind, wenn er sie mit dem Schlüsselwort `export` deklariert. Beispiele hierfür finden sich in Beispiel 3-105. Die Modulnamen können hierarchisch aufgebaut werden, indem einzelne Teile durch einen Punkt getrennt werden (z.B. `module A.B.C { … }`). Hierdurch erreicht man, dass Klassen wie in C# oder Java in Namensräumen liegen. Außerdem kann der Entwickler über das Schlüsselwort `import` ein Kürzel für eine Modulbezeichnung definieren:

```
import modell = DemoKunden.GO;
```

Ambiente Deklarationen

Mit sogenannten ambienten Deklarationen kann der Entwickler Typen für bestehende JavaScript-Konstrukte definieren. Dies macht es möglich, bestehende JavaScript-Frameworks gemeinsam mit dem Typsystem von TypeScript zu verwenden. Beispiel 3-110, welches aus der Dokumentation von TypeScript entnommen wurde, definiert zum Beispiel zwei Schnittstellen für eine kleine Untermenge der von jQuery gebotenen Objekte. Die Schnittstelle `JQuery` definiert ein sich auf die Funktion `text` beschränkendes Subset für den jQuery-Wrapper; die Schnittstelle `JQueryStatic` definiert zwei Funktionssignaturen für das von jQuery bereitgestellte globale Objekt `jQuery` bzw. `$`.

Die erste Signatur definiert die Funktion `get`, welche AJAX-Anfragen via GET bereitstellt. Bei der zweiten Signatur handelt es sich um eine sogenannte Bare-Funktionssignatur. Sie wird verwendet, wenn der Entwickler ein Objekt der Schnittstelle als Funktion nutzt. Dadurch sind in jQuery die Syntaxformen `$.get` und `$("#element")` möglich.

Anschließend definiert Beispiel 3-110 mit `declare var`, dass es sich bei dem Dollarzeichen (`$`) um eine an anderer Stelle definierte Variable handelt, die Methoden entsprechend der Schnittstelle `JQueryStatic` bereitstellt. Dadurch wird es möglich, die definierten Methoden über das Typsystem von TypeScript anzusprechen, was danach auch geschieht.

Beispiel 3-110: Ambiente Deklarationen für jQuery

```
interface JQuery {
text(content: string);
}

interface JQueryStatic {
get(url: string, callback: (data: string) => any);
(query: string): JQuery;
}

declare var $: JQueryStatic;

$.get("http://mysite.org/divContent", function (data: string) {
      $("div").text(data);
} );
```

Diese Deklarationen verbreitet man in »Typing« genannten Dateien mit der Dateinamenserweiterung `.d.ts`, z.B. `jquery.d.ts`. Es ist notwendig, die Typings zu Beginn in eine TypeScript-Datei einzubinden:

```
/// <reference path="scripts/typings/jquery/jquery.d.ts" />
```

Bei den drei Schrägstrichen handelt es sich um keinen Schreibfehler, sondern um eine Konvention, über die Visual Studio solche Kommentare erkennt, die Zusatzinformationen beinhalten. Mit dem Attribut `path` wird hierbei die zu referenzierende Datei adressiert.

Visual Studio 2013 bietet die Funktion *Search for TypeScript Typings...*, die solche Typklarationsdateien auf *www.nuget.org* sucht. Aktuell findet man dort zum Beispiel entsprechende Typklarationsdateien für populäre Frameworks, wie jQuery, jQueryUI, Bootstrap, SignalR und AngularJS.

AngularJS

Das Erstellen JavaScript-getriebener Anwendungen gestaltet sich anspruchsvoll: Der Entwickler muss sich um das Binden von Daten, um das Aufrufen von Services sowie um das Validieren von Eingaben kümmern. Der Quellcode, der dabei entsteht, soll darüber hinaus auch überschaubar, wartbar und testbar sein. All dies ist zwar mit JavaScript möglich, allerdings erfordert dies viel Disziplin seitens der Entwickler und geht mit der Erstellung großer Mengen ähnlicher Codestrecken einher. JavaScript-Frameworks versprechen hier Abhilfe. Eines dieser Frameworks ist AngularJS, welches aus der Feder von Google stammt. Es zeichnet sich dadurch aus, dass es sehr viele Aspekte moderner JavaScript-basierter Anwendungen unterstützt und dabei auch die Kriterien Wartbarkeit und Testbarkeit in den Vordergrund stellt.

AngularJS herunterladen und einbinden

AngularJS findet sich samt einer umfangreichen Dokumentation unter *http://angularjs.org/*. Darüber hinaus kann der Entwickler AngularJS auch über NuGet beziehen. Da es sich bei AngularJS um ein sehr umfangreiches Framework handelt, wurde es auf mehrere Dateien aufgeilt. Abhängig davon, welche Möglichkeiten der Entwickler nutzen möchte, muss er mehr oder weniger dieser Dateien einbinden. Die Basisfunktionalität findet sich in der Datei *angular.js* wieder:

```
<script src="~/Scripts/angular.js"></script>
```

Die nachfolgenden Abschnitte gehen davon aus, dass diese Datei eingebunden ist. Sind zusätzlich weitere Dateien einzubinden, welche sich im Lieferumfang von AngularJS befinden, weisen die Abschnitte explizit darauf hin.

MVC, MVP und MVVM mit AngularJS

AngularJS basiert, so wie ASP.NET MVC, auf dem Architekturmuster Model-View-Controller. Häufig wird AngularJS jedoch als MV*-Framework bezeichnet. Damit soll hervorgehoben werden, dass es auch die Umsetzung anderer Muster unterstützt. Dazu zählt in erster Linie das Muster Model-View-Presenter (MVP), welches im Umfeld von WPF und Silverlight auch als Model-View-ViewModel bezeichnet wird. Dabei wird das Model auf ViewModels (bzw. bei MVP auf Presenter) abgebildet.

Diese repräesentieren das Model für eine bestimmte View und stellen die Präsentationslogik zur Verfügung.

Als Präsentationslogik wird hierbei zum Beispiel das Anstoßen von serverseitigen Routinen unter Verwendung der erfassten Daten sowie das Aktualisieren der GUI verstanden. View-Models haben jedoch auch die Aufgabe, Modelle für die Anzeige in bestimmten Views anzupassen. Beispielsweise könnten sie sich um die Bildung von Zwischensummen oder um das Verdichten von Modellen für eine kompaktere Darstellung kümmern.

Der Einsatz von View-Models erlaubt es, die Präsentationslogik von der UI, welche bei Webanwendungen mittels HTML realisiert wird, zu trennen. Dies erhöht die Wartbarkeit und die Testbarkeit der Präsentationslogik, welche entkoppelt vorliegt. Zur Verknüpfung der View-Models mit der UI kommt die deklarative Datenbindung zum Einsatz. Im Rahmen dessen gibt der Entwickler an, welche Eigenschaften des Presenters bzw. View-Models an welchen Stellen in der UI angezeigt werden sollen sowie welche Ereignisbehandlungsroutinen zum Aufruf welcher Funktion des View-Models führen sollen. Ein erstes Beispiel, welches diese Ideen mit AngularJS veranschaulicht, findet sich im nächsten Abschnitt.

Erste Schritte mit AngularJS

Zur Einführung in die Welt von AngularJS beschreibt dieser Abschnitt die Umsetzung einer einfachen Anwendung. Diese erlaubt die Suche nach Flügen sowie das Auswählen eines Flugs zur Erstellung einer Buchung.

Definition eines Moduls und Controllers

AngularJS strukturiert Anwendungen anhand von Modulen. Ähnlich, wie Namespaces unter .NET, kapselt ein Modul wiederverwendbare Programmteile und Konfigurationsinformationen. Zu diesen Programmteilen zählen Controller im Sinne des MVC-Musters. Bei Controllern handelt es sich unter AngularJS um Funktionen, welche Models (bzw. View-Models) bereitstellen. Diese Models werden anschließend von einer View visualisiert.

Beispiel 4-1 zeigt, wie der Entwickler ein Modul mit einem Controller bereitstellen kann. Dazu nutzt er die Funktion `module` des globalen Objekts `angular`, welches die von AngularJS bereitgestellten Konstrukte beinhaltet. Damit diese Funktion ein Modul einrichtet, übergibt der Entwickler den Namen des neuen Moduls sowie ein Array mit jenen Modulen, die in das neue Modul zu importieren sind. Durch die Möglichkeit, andere Module zu importieren, können Entwickler immer wiederkehrende Aufgaben in eigene Module auslagern. Da im betrachteten Beispiel keine Module (explizit) importiert werden sollen, übergibt das betrachtete Beispiel lediglich ein leeres Array. Übergibt der Entwickler neben dem Namen des Moduls keine weiteren Argumente, erzeugt `module` kein neues Modul, sondern gibt ein bestehendes Modul mit dem angegebenen Namen zurück, sofern ein solches existiert.

> Genau genommen wird in jedes neue Modul das Modul `ng` importiert, welches die von AngularJS bereitgestellten Funktionalitäten enthält. Dies gilt auch dann, wenn – wie im hier gezeigten Beispiel – das Modul `ng` nicht explizit angegeben wird.

Die Funktion `module` gibt ein Objekt zurück, welches das jeweilige Modul beschreibt. Das betrachtete Beispiel nutzt die Funktion `controller` dieses Objekts, um einen neuen Controller einzurichten. Der erste Parameter ist der Name des Moduls. Beim zweiten Parameter handelt es sich um eine Funktion, welche zum Ermitteln von Views zur Ausführung gebracht wird. Diese Funktion kann mit einer Action-Methode bei ASP.NET MVC verglichen werden.

Objekte, die von der Funktion benötigt werden, werden mithilfe von Parametern übergeben. Diese Objekte werden auch als Abhängigkeiten (engl. Dependencies) bezeichnet. Diese Abhängigkeiten werden beim Einsatz des Controllers nicht vom Entwickler, sondern von AngularJS übergeben. Hierbei ist auch von Dependency-Injection die Rede. Diesem Ausdruck zufolge injiziert AngularJS die Abhängigkeiten. Damit dies möglich ist, muss der Entwickler für diese Parameter wohlbekannte Namen verwenden. Im betrachteten Beispiel werden die Namen `$scope`, `$http` und `$q` verwendet. Der Parameter `$scope` zeigt auf ein Objekt, welches Variablen beinhaltet, welche in einem bestimmten Teil der Anwendung gültig sind. Die Aufgabe eines Controllers liegt im Bereitstellen von Informationen über dieses Objekt. Dabei handelt es sich um das Model im Sinne von MVC. Das betrachtete Beispiel nutzt die dynamische Natur von JavaScript, um im Objekt `$scope` eine neue Eigenschaft `vm` einzurichten. Diese verweist auf das zu verwendende View-Model. Dabei handelt es sich um ein `FlugBuchenVM`-Objekt.

Der Parameter `$http` bezeichnet einen Service, der im Lieferumfang von AngularJS enthalten ist, und auf einfache Weise den Zugriff auf Ressourcen via HTTP erlaubt. Im Kontext von AngularJS werden Services als wiederverwendbare Objekte bezeichnet, welche über Dependency Injection zu beziehen sind. Der dritte Parameter namens `$q` ist ein Service, welcher zur Erzeugung von Promises herangezogen werden kann und, wie der Name vermuten lässt, von der populären JavaScript-Bibliothek Q (siehe Kapitel 3) inspiriert wurde.

Beispiel 4-1: Deklaration eines Moduls mit einem einfachen Controller

```
var app = angular.module("Flug", []);

app.controller("FlugBuchenCtrl", function ($scope, $http, $q) {
    $scope.vm = new FlugBuchenVM($scope, $http, $q);
});
```

Da AngularJS über die Namen der verwendeten Parameter auf die zu injizierenden Services schließt, sind Probleme beim Einsatz von Minification (siehe Kapitel 1) vorprogrammiert. Der Grund dafür ist, dass im Zuge einer Minification für gewöhnlich die Namen von Variablen und Parametern durch kürzere Bezeichner ersetzt werden. Dies hat zur Folge, dass die für AngularJS benötigten Informationen verloren gehen. Um diese Informationen trotz Minification zu erhalten, kann der Entwickler diese in Form von Strings im Quellcode deponieren. Das Beispiel in Beispiel 4-2 veranschaulicht dies. Es übergibt mit dem zweiten Parameter von `controller` anstelle einer Funktion ein Array, welches aus den Namen der zu injizierenden Services besteht und an der letzten Stelle die vom Controller zu verwendende Funktion beinhaltet. Der erste Eintrag dieses Arrays beinhaltet den Namen des Services, welcher in den ersten Parameter der Funktion zu injizieren ist, der zweite Eintrag den Namen des Services, welcher in den zweiten Parameter der Funktion zu injizieren ist usw.

Beispiel 4-2: Angabe der Objektnamen über Strings

```
app.controller("FlugBuchenCtrl",
               ["$scope", "$http", "$q", function ($scope, $http, $q) {
        $scope.vm = new FlugBuchenVM($scope, $http, $q);
}]);
```

Deklaration der View-Models

Beispiel 4-3 und Beispiel 4-4 zeigen die vom betrachteten Beispiel verwendeten View-Models. Das ViewModel in Beispiel 4-3 repräsentiert einen Flug. Er wird initialisiert durch ein JavaScript-Objekt, das von einem HTTP-Service zur Verfügung gestellt wurde. Falls die Eigenschaft `Datum` nicht bereits als `Date` vorliegt, wird es unter Verwendung der Funktion `moment` aus der freien Bibliothek *moment.js*, welche Funktionen zum Arbeiten mit Datums-Werten bereitstellt, in ein `Date`-Objekt umgewandelt.

> Das Kapitel 3 beschreibt, wie das JSON-Objekt, welches auch AngularJS zum Parsen von JSON-Dokumenten nutzt, angepasst werden kann, sodass es für Datumswerte `Date`-Objekte einrichtet.

Beispiel 4-3: View-Model für Flüge

```
function FlugVM(flug) {
    this.Id = flug.Id;
    this.Abflugort = flug.Abflugort;
    this.Zielort = flug.Zielort;

    if (typeof flug.Datum == "string") {
        this.Datum = moment(flug.Datum).toDate();
    }
    else {
        this.Datum = flug.Datum;
    }
}
```

Das View-Model in Beispiel 4-4 repräsentiert die gesamte Anwendung. Es nimmt den aktuellen Scope sowie den HTTP-Service und den Q-Service von AngularJS entgegen und hinterlegt es für die spätere Verwendung in entsprechenden Eigenschaften. Daneben bietet es eine Eigenschaft `fluege` an, die auf ein Array mit den abgerufenen Flügen verweist. Die Eigenschaft `selectedFlug` verweist auf jenen Flug, den der Benutzer ausgewählt hat, und `message` beinhaltet Informationen, wie Fehler- oder Statusmeldungen, die dem Benutzer anzuzeigen sind. Die Funktion `loadFluege` simuliert das Laden von Flügen, indem es zwei hartcodierte Flüge zum Array `fluege` hinzufügt. In einer weiter unten gezeigten Version dieses View-Models wird sich die Funktion `loadFluege` hingegen unter Verwendung der Eigenschaften `flugNummerFilter`, `flugVonFilter` und `flugNachFilter` zum Abrufen von Flügen an einen HTTP-Service wenden.

Die Funktion `selectFlug` nimmt den Index eines Flugs aus dem Array entgegen und platziert diesen Flug in der Eigenschaft `selectedFlug`.

Beispiel 4-4: View-Model für die gesamte Anwendung

```
function FlugBuchenVM(scope, http, q) {
    var that = this;

    this.fluege = new Array();

    this.scope = scope;
    this.q = q;
    this.http = http;

    this.selectedFlug = null;
```

```
    this.message = "";

    this.flugNummerFilter = "";
    this.flugVonFilter = "";
    this.flugNachFilter = "";

    this.loadFluege = function () {

        that.fluege.push(new FlugVM({
                                Id: 1,
                                Abflugort: "Graz",
                                Zielort: "Essen",
                                Datum: new Date().toISOString() }));

        that.fluege.push(new FlugVM({
                                Id: 2,
                                Abflugort: "Essen",
                                Zielort: "Graz",
                                Datum: new Date().toISOString() }));
    }

    this.selectFlug = function (idx) {
        var f = this.fluege[idx];
        this.selectedFlug = f;
    };

}
```

Datenbindung verwenden

Um ein Model bzw. View-Model, welches von einem Controller über seinen Scope bereitgestellt wurde, an eine View zu binden, muss diese, wie in Beispiel 4-5 gezeigt, mit dem Controller verknüpft werden. Dazu verwendet der Entwickler das von AngularJS verwendete Attribut `ng-app` und `ng-controller`, wobei `ng-app` den Namen des Moduls und `ng-controller` den Namen des Controllers beinhaltet.

Diese von AngularJS bereitgestellten Attribute, welche auch mit auszuführenden JavaScript-Routinen verknüpft sind, werden als Direktiven bezeichnet. Innerhalb des Elements, welches mit `ng-controller` versehen wird, kann der Entwickler nun auf den vom Controller bestückten Scope zugreifen. Beispiel 4-6 veranschaulicht dies.

Beispiel 4-5: View mit Controller verknüpfen

```
<div ng-app="flug">

    <div ng-controller="FlugBuchenCtrl">

        [...]

    </div>

</div>
```

Die Direktive `ng-show` legt fest, ob ein Element angezeigt werden soll. Wird der damit referenzierte Wert als `true` ausgewertet, kommt das Element zur Anzeige, auf das `ng-show` angewandt wurde; ansonsten nicht. In Beispiel 4-6 verweist `ng-show` auf die Eigenschaft `vm.message`. Das führt dazu, dass das hier betrachtete div-Element nur angezeigt wird, wenn das hinter vm stehende View-Model über die Eigenschaft message eine Nachricht für den Benutzer enthält.

Der Bindungs-Ausdruck

```
{{ vm.message }}
```

bewirkt, dass diese Nachricht ebendort ausgegeben wird. Bei den darauffolgenden über das Element Input beschriebenen Textfeldern kommt die Direktive ng-model zum Einsatz, um die Eigenschaften flugNummerFilter, flugVonFilter und flugNachFilter des View-Models an diese Textfelder zu binden. Dabei handelt es sich um eine bidirektionale Datenbindung, d.h., Änderungen an den Eigenschaften werden ans Textfeld weitergegeben und umgekehrt. Die Direktive ng-click des darauffolgenden Buttons verknüpft den Click-Handler dieses Buttons mit der Methode loadFluege des View-Models. Dabei ist zu beachten, dass ng-click nicht nur den Namen der Funktion, sondern den gesamten Funktionsaufruf repräsentiert. Da es sich bei loadFluege um eine Funktion handelt, die keine Argumente erwartet, werden dem Funktionsnamen zwei runde Klammern nachgestellt. Eventuelle Parameter könnten, wie gewohnt, innerhalb dieser Klammern angeführt werden.

> Neben ng-click bietet AngularJS weitere Direktiven, die es erlauben, Funktionen an JavaScript-Ereignisse zu binden. Darunter befindet sich zum Beispiel ng-change (Änderung des Werts eines Steuerelements), ng-blur (Steuerelement hat Focus verloren), ng-focus (Steuerelement hat Fokus erhalten) oder ng-checked (Checkbox wurde aktiviert bzw. deaktiviert). Einen Überblick über sämtliche Direktiven bietet die AngularJS-Referenz unter *http://docs.angularjs.org/api/*.

Die Tabelle in der zweiten Hälfte von Beispiel 4-6 verwendet die bereits beschriebene Direktive ng-show. Sie legt fest, dass die Tabelle nur angezeigt wird, wenn das Array fluege mindestens einen Eintrag enthält. Anstatt des Größer-Symbols (>), welches in HTML ein reserviertes Zeichen darstellt, kommt die HTML-Entität > (gt steht für »greater than«) zum Einsatz.

Die Direktive ng-repeat wiederholt das tr-Element der Tabelle für jeden Eintrag im Array fluege des View-Models. Der darin hinterlegte Ausdruck legt fest, dass der jeweils behandelte Flug in der Variablen f abzulegen ist, sowie dass der Index, den dieser Flug im Array einnimmt, über die Variable $index in Erfahrung gebracht werden kann.

Zusätzlich bewirkt die Direktive ng-class, dass das tr-Element mit der CSS-Klasse selected zu formatieren ist, wenn die ID des gerade behandelten Flugobjekts der ID des Flugobjekts in der Eigenschaft selectedFlug entspricht. Dies hat zur Folge, dass die Anwendung das markierte Objekt hervorgehoben darstellt.

Unter Verwendung von Datenbindungsausdrücken bindet danach die Anwendung die Eigenschaften Id, Datum, Abflugort und Zielort des jeweiligen Flugs an den Inhalt der einzelnen Zellen. Die Direktive ng-click bindet die Methode selectFlug des View-Models an das Click-Ereignis eines Links mit der Beschriftung Auswählen. Dabei wird festgelegt, dass der jeweilige Wert der Variablen $index an selectFlug zu übergeben ist. Damit der Link in jedem Browser angeklickt werden kann, ist ihm ein href-Attribut zu spendieren. Dieses hat im betrachteten Fall den Wert javascript:void(0). Dies bewirkt, dass keine Aktion ausgeführt wird, sodass bei einem Klick lediglich die hinter dem Click-Handler stehende Funktion zur Ausführung kommt.

Beispiel 4-6: Einfache View

```
<div>

    <div class="step-header">
        <h2>Flug auswählen</h2>
    </div>

    <div ng-show="vm.message" class="message">
        {{ vm.message }}
    </div>

    <div>Flugnummer</div>
    <div><input ng-model="vm.flugNummerFilter" /></div>

    <div>Von</div>
    <div><input ng-model="vm.flugVonFilter" /></div>

    <div>Nach</div>
    <div><input ng-model="vm.flugNachFilter" /></div>

    <div><input type="button" value="Suchen" ng-click="vm.loadFluege()" /></div>

    <div>

        <table ng-show="vm.fluege.length &gt; 0">
            <tr>
                <th>Id</th>
                <th>Abflugort</th>
                <th>Zielort</th>
                <th>Freie Plätze</th>
            </tr>
            <tr ng-repeat="f in vm.fluege track by $index"
                ng-class="{ selected: f.Id == vm.selectedFlug.Id }">

                <td>{{f.Id}}</td>
                <td>{{f.Datum | date:'shortDate'}}</td>
                <td>{{f.Abflugort}}</td>
                <td>{{f.Zielort}}</td>
                <td><a href="javascript:void(0)"
                       ng-click="vm.selectFlug($index)">Auswählen</a></td>
            </tr>
        </table>

    </div>

</div>
```

Der Vollständigkeit halber wird an dieser Stelle erwähnt, dass AngularJS auch Funktionen, die nicht explizit als Controller definiert wurden, als Controller heranziehen kann. Um auf solche Controller verweisen zu können, verwendet der Entwickler die Direktive `ng-app` ohne Angabe eines Modulnamens. Zur Lösung des zuvor diskutierten Problems, das beim Einsatz von Minification auftritt, kann der Entwickler der Controller-Funktion über die Eigenschaft `$inject` ein Array mit den Namen der zu injizierenden Services zuweisen.

Da durch diese Vorgehensweise das Modul-System von AngularJS umgangen wird, ist hiervon abzuraten.

```
<script src="~/Scripts/angular.js"></script>
<script>

    function SimpleCtrl($scope, $log) {
        $scope.info = {};
        $scope.info.message = "Hallo Welt!";
        $log.info("Hallo Welt!");
    }

    SimpleCtrl.$inject = ["$scope", "$log"];

</script>

<div ng-app>
    <div ng-controller="SimpleCtrl">
        {{info.message}}
    </div>
</div>
```

AngularJS näher betrachtet

Nachdem der Einsatz von AngularJS anhand eines einführenden Beispiels veranschaulicht wurde, geht dieser Abschnitt auf einige Konzepte von AngularJS genauer ein. Dabei handelt es sich um Direktiven, Datenbindung, Scopes und Dependency-Injection.

Direktiven

Bis jetzt wurden Direktiven ausschließlich in Form von Attributen genutzt. Dies ist jedoch nicht die einzige Art, Direktiven einzusetzen. Daneben können Direktiven auch in Form von HTML-Elementen, HTML-Kommentaren und als Klassen, welche über das Attribut `class` angegeben werden, genutzt werden. Dabei ist jedoch zu beachten, dass nicht zwangsläufig jede Form von jeder Direktive unterstützt wird. Beispiel 4-7 beinhaltet ein Beispiel, welches aus der Dokumentation von AngularJS entnommen wurde und die einzelnen Varianten veranschaulicht. Es zeigt auch, dass beim Einsatz einer Direktive als HTML-Element das direkte Übergeben eines Werts an die Direktive nicht unterstützt wird. In allen anderen Fällen wird der Wert `exp` übergeben.

Beispiel 4-7: Arten der Anwendung von Direktiven

```
<my-dir></my-dir>
<span my-dir="exp"></span>
<!-- directive: my-dir exp -->
<span class="my-dir: exp;"></span>
```

Am häufigsten findet man in der Praxis Direktiven, die als Attribute und Elemente genutzt werden, wobei die Nutzung als Element bei älteren Browsern, wie Internet Explorer 8, zu Problemen führt.

Wie Beispiel 4-8 veranschaulicht, existieren mehrere Möglichkeiten, eine Direktive als Attribut zu verwenden. Neben der bis dato verwendeten Variante, welche sich auf den häufig verwendeten Präfix `ng-` stützt, kann unter anderem auch das XHTML-Kompatible Präfix `ng:` sowie das HTML 5-kompatible

Präfix data- verwendet werden. Dies kann dann wichtig sein, wenn eine erfolgreiche formale Prüfung gegen XHTML oder HTML 5 angestrebt wird.

Beispiel 4-8: Möglichkeiten, Direktiven mithilfe von Attributen einzusetzen

```
<input ng-model="name">
<input ng:model="name">
<input ng_model="name">
<input data-ng-model="name">
<input x-ng-model="name">
```

Datenbindung

Zur Realisierung einer bidirektionalen Datenbindung verwendet AngularJS ein Konzept, das sich Dirty-Checking nennt. Das bedeutet, dass AngularJS bei bestimmten Ereignissen prüft, ob sich ein gebundener Wert geändert hat und dessen Anzeige in der GUI ggf. aktualisiert. Bei diesen Ereignissen kann es sich zum Beispiel um den Abschluss der Abarbeitung eines Click-Handlers handeln, der mit ng-click registriert wurde.

Obwohl dieses Verfahren auf den ersten Blick nicht sonderlich effizient erscheint, bestätigen zahlreiche Benachmarks diese Designentscheidung, während andere Frameworks, die bei jeder Änderung einer gebundenen Variablen ein Ereignis auslösen, schlechter abschneiden. Im Gegensatz zu diesen Frameworks muss AngularJS lediglich bei bestimmten Ereignissen aktiv werden und kann dann mehrere Datenbindungen auf einmal aktualisieren.

Das Dirty-Checking funktioniert bei AngularJS erstaunlich gut, sofern der Entwickler die Mechanismen von AngularJS verwendet. Beispielsweise stößt der Service $http, welcher den Zugriff auf HTTP-Services gestattet, nach dem Empfang von Daten das Dirty-Checking an. Somit wird die Anzeige von Daten, die durch den Service-Aufruf verändert wurden, aktualisiert.

Lediglich wenn Daten ohne Zutun von AngularJS aktualisiert werden, muss der Entwickler diesen Umstand explizit kommunizieren. Beispiele dafür sind das Eintreten von Ereignissen, mit denen die Geo-Location-API neue Koordinaten bekannt gibt oder mit denen die IndexedDB anzeigt, dass Daten asynchron geladen bzw. geschrieben wurden. Um in diesen Fällen AngularJS über die eventuelle Änderung von gebundenen Daten zu informieren, verwendet der Entwickler die Funktion $digest, welche über das Scope-Objekt angeboten wird:

```
$scope.$digest();
```

Alternativ dazu kann der Entwickler auch die jeweilige Routine, welche eventuell gebundene Daten aktualisiert, an $apply übergeben:

```
$scope.$apply(function() { /* Daten aktualisieren */ });
```

Diese Funktion hat den Vorteil, dass $digest auf jeden Fall aufgerufen wird – auch dann, wenn die übergebene Funktion eine Ausnahme auslöst.

Möchte sich der Entwickler direkt über eine Datenänderung, die im Zuge des Dirty-Checkings entdeckt wurde, informieren lassen, kann er einen Callback mit der Funktion $watch beim Scope registrieren:

```
scope.$watch('preis', function(newValue, oldValue) {  /* … */ });
```

Als ersten Parameter erwartet die Funktion `$watch` einen String mit dem Namen der zu überwachenden Eigenschaft. Bei dieser Eigenschaft muss es sich um eine Eigenschaft des Scopes handeln. Als zweiten Parameter erwartet sie den Callback, welcher bei einer Änderung der referenzierten Variablen ihren neuen sowie ihren ursprünglichen Wert übergeben bekommt.

Scopes

Direktiven können entweder den bereits vorhandenen Scope nutzen oder einen neuen Scope erstellen. Die im letzten Beispiel verwendete Direktive `ng-model` verwendet zum Beispiel den bereits existierenden Scope, welcher durch den Controller erstellt wird. In diesem Scope sucht `ng-model` nach der zu bindenden Eigenschaft.

Die Direktive `ng-repeat` erzeugt hingegen einen eigenen Scope pro Array-Eintrag, für den sie das jeweilige Element wiederholt. Im letzten Beispiel erhält dieser Scope die Eigenschaften `f` und `$index`, welche den aktuell bearbeiteten Flug sowie dessen Position innerhalb des Arrays repräsentieren. Darüber hinaus ist dieser Scope über die Prototypenkette (siehe Kapitel 3), welche in JavaScript zur Realisierung von Vererbung genutzt wird, mit dem übergeordneten Scope verbunden, den der Controller bereitstellt. An der Spitze dieser Kette steht ein sogenannter `$rootScope`, welcher für die gesamte Anwendung gilt.

Abbildung 4-1 veranschaulicht dies. Dadurch, dass die Scopes über die Prototypenkette verbunden sind, kann der Entwickler auch innerhalb des Scopes `ng-repeat` – sprich innerhalb des Elements, welches das Attribut `ng-repeat` aufweist – auf die Variable `vm`, welche sich im übergeordneten Scope befindet, lesend zugreifen. Würde jedoch die Direktive `ng-repeat` oder eine darin geschachtelte Direktive, welche den Scope von `ng-repeat` verwendet, auf die Variable `vm` schreibend zugreifen, würde sie eine Eigenschaft `vm` im Scope von `ng-repeat` einrichten. Diese Eigenschaft würde die gleichnamige Eigenschaft im Scope von `ng-controller` überschatten.

Anders gestaltet sich dieser Umstand jedoch, wenn der Entwickler im Scope von `ng-repeat` auf `vm.flugNummerFilter` zugreift. Unabhängig davon, ob der Zugriff lesend oder schreibend erfolgt, sucht JavaScript zunächst nach der Eigenschaft `vm` und wird im Scope von `ng-controller` fündig. Anschließend greift JavaScript bei dem gefundenen Objekt lesend oder schreibend auf die Eigenschaft `flugNummerFilter` zu. Das ist auch der Grund, warum es sich beim Einsatz von AngularJS eingebürgert hat, nicht die zu bindenden Eigenschaften direkt im Scope abzulegen, sondern stattdessen dort ein Objekt mit den zu bindenden Eigenschaften zu deponieren.

Abbildung 4-1: Scopes

Das Beispiel in Beispiel 4-9 veranschaulicht dies. Der Scope des Controllers erhält eine Eigenschaft `name` sowie eine Eigenschaft `person`, welche auf ein Objekt mit einer weiteren Eigenschaft `name` verweist. Darüber hinaus bekommt dieser Scope vom Controller ein Array mit Projektbezeichnungen spendiert. Die Direktive `ng-repeat` wiederholt ein `div`-Element pro Projekt. Neben dem Projektnamen beinhaltet dieses `div`-Elelement zwei Textfelder – das eine ist an `name` gebunden, das andere an `person.name`. Nach dem Start der Anwendung werden die erwarteten Namen in den einzelnen Textfeldern angezeigt. Zwar befindet sich weder die Eigenschaft `name` noch die Eigenschaft `person.name` im Scope von `ng-repeat`, doch JavaScript sucht, nachdem es in diesem Scope nicht fündig wurde, im übergeordneten Scope, welcher der Scope von `ng-controller` ist, und wird dort fündig.

Ändert der Benutzer jedoch den Wert des ersten Textfelds im `div`-Element mit der Direktive `ng-repeat`, führt dies dazu, dass AngularJS im Scope, den `ng-repeat` für das jeweilige Projekt erzeugt hat, eine Eigenschaft `name` mit dem neuen Wert einrichtet. Somit wirkt sich diese Änderung nicht auf die anderen Stellen aus, welche ebenfalls mit der Eigenschaft `name` verknüpft sind.

Ändert der Benutzer hingegen den Namen im zweiten Textfeld, sucht AngularJS nach einer Eigenschaft `person` und wird im Scope des Controllers fündig. Daraufhin aktualisiert AngularJS die Eigenschaft `name` dieses Objekts und die Änderung wirkt sich auf alle Stellen aus, welche mit dieser Eigenschaft verknüpft sind.

Beispiel 4-9: Demonstration der Auswirkung der Verkettung von Scopes über Prototypen

```
<script src="~/Scripts/angular.js"></script>

<script>

    var app = angular.module("ScopeHorrorApp", []);

    app.controller("ScopeHorrorCtrl", function ($scope) {

        $scope.name = "Max Muster";

        $scope.person = {};
        $scope.person.name = "Susi Sorglos";

        $scope.projekte = ["Projekt-A", "Projekt-B", "Projekt-C"];

    });
</script>

<div ng-app="ScopeHorrorApp">

    <div ng-controller="ScopeHorrorCtrl">

        <input ng-model="name" /> <br />
        <input ng-model="person.name" />

        <div ng-repeat="p in projekte"
             style="border: 2px solid black; margin: 5px;">
            Projekt: {{ p }} <br />
            Projektleiter 1: <input ng-model="name" /> <br />
            Projektleiter 2: <input ng-model="person.name" />
        </div>

    </div>

</div>
```

Jedes Scope-Objekt bietet mit den Eigenschaften `$parent` und `$root` Zugriff auf den übergeordneten Scope sowie auf den Root-Scope.

Neben der Möglichkeit, einen neuen Scope zu schaffen, der mit dem übergeordneten Scope über die Prototypenkette in Beziehung steht, verfügen Direktiven auch über die Option, neue sogenannte isolierte Scopes zu schaffen. Dabei handelt es sich um Scopes, über die nicht auf übergeordnete Scopes oder nur auf bestimmte Eigenschaften von übergeordneten Scopes zugegriffen werden kann. Weitere Informationen hierzu finden Sie später in diesem Kapitel im Abschnitt »Benutzerdefinierte Direktiven«.

Dependency-Injection

Wie im letzten Abschnitt beschrieben, kommt bei AngularJS die Dependency-Injection zur Auflösung von Abhängigkeiten zum Einsatz. Hierdurch erhöht AngularJS die Testbarkeit von Anwendungen. Der Grund dafür liegt darin, dass der Entwickler im Rahmen von Unit-Tests die einzelnen Abhängigkeiten durch Test-Dummies, auch Mocks genannt, ersetzen kann. Diese Mocks verhalten sich nach außen hin wie die eigentlichen Abhängigkeiten, liefern jedoch spezielle für den Test benötigte Werte zurück. Wird beispielsweise der Service `$http` durch einen solchen Mock ausgetauscht, kann ein Controller, der sich im Produktivbetrieb auf HTTP-Services abstützt, ohne tatsächlichen Zugriff auf die jeweilige Webressource getestet werden. Dies macht die Ausführung des Tests schneller und erlaubt ein isoliertes Testen, zumal nun beim Testen des Controllers nicht der dahinterliegende HTTP-Service, sondern lediglich der jeweilige Mock mitgetestet wird.

Ein weiterer Vorteil ergibt sich, wenn der HTTP-Service auf eine Datenbank zugreift. Ohne Mock würde ein Unit-Test, der eigentlich nur den Controller testen soll, bei jeder Ausführung über den Service auf die Datenbank zugreifen. Das bedeutet auch, dass der Entwickler vor der Testausführung sicherstellen muss, dass sich bestimmte Testdaten in dieser Datenbank befinden. Durch den Einsatz eines Mocks, welches den Service- und somit auch den Datenbankzugriff für den Test simuliert, wird dieses Problem umgangen.

> Die Tatsache, dass dieser Abschnitt die Vorteile von isolierten Unit-Tests hervorhebt, bedeutet nicht, dass man auf schichtenübergreifende Tests verzichten soll. Diese Tests, welche auch als End-2-End-Tests oder Integrationstests bezeichnet werden, tragen genauso wie Unit-Tests ihren Teil zu einem stabilen System bei. Aufgrund der Komplexität, die bei solchen Tests entsteht, beschränkt man sich bei Integrationstests in der Regel auf ausgewählte Szenarien, welche zeigen, dass die einzelnen Schichten bei den wichtigsten Use-Cases korrekt zusammenspielen.
>
> Zur Realisierung solcher Tests stehen verschiedene Möglichkeiten zur Verfügung. Beispielsweise können hierzu die von Visual Studio 2013 ab der Premium Edition unterstützten Coded UI-Tests verwendet werden. Eine freie Lösung bietet hingegen das populäre Projekt Selenium (*http://docs.seleniumhq.org/*). Darauf aufbauend arbeitet die AngularJS-Gemeinde, welche sich nicht auf die Microsoft-Welt beschränkt, an einem Projekt namens Protractor (*https://github.com/angular/protractor*).

Um Tests unabhängig vom Browser zu gestalten, bietet AngularJS einige Services, die die Funktionalität von standardmäßig vorhandenen JavaScript-Objekten kapseln und somit gegen Mocks ausgetauscht werden können. So kann zum Beispiel das Anzeigen einer Alert-Box im Testfall unterdrückt oder Timeouts können verkürzt werden.

Beispielsweise kapseln die Services `$window` und `$document` die gleichnamigen JavaScript-Objekte `window` und `document`. Das Objekt `location`, welches unter anderem dem Entwickler die Möglichkeit bietet, auf eine andere Seite zu wechseln und in Browsern über `window.location` zur Verfügung steht, wird durch den Service `$location` gekapselt. Die Möglichkeit zur Definition von Timeouts, welche von der Funktion `window.setTimeout` geboten wird, kapselt `AngularJS` über den Service `$timeout`.

> Informationen über die vielen von AngularJS angebotenen Services finden sich unter *http://docs.angularjs.org/api*.

HTTP-Services via AngularJS konsumieren

Zum Zugriff auf HTTP-Services bietet AngularJS den Service `$http` an. Dieser Service funktioniert ähnlich wie die AJAX-Methoden in jQuery. Darüber hinaus besitzt er die angenehme Eigenschaft, nach dem asynchronen Erhalt von Daten die davon betroffenen Datenbindungen zu aktualisieren.

Das bereits bekannte Beispiel in Beispiel 4-10 veranlasst AngularJS dazu, den `$http`-Service in den Controller zu injizieren. Der Controller reicht diesen Parameter an das View-Model weiter, welches sich in Beispiel 4-11 befindet.

Beispiel 4-10: Service $http in Controller injizieren lassen

```
app.controller("FlugBuchenCtrl", function ($scope, $http, $q) {
    $scope.vm = new FlugBuchenVM($scope, $http, $q);
});
```

Die Funktion get des `$http`-Services veranlasst in Beispiel 4-11 den Zugriff auf einen HTTP-Service über das Verb GET. Als ersten Parameter nimmt sie den URL des Services entgegen und über den zweiten Parameter ein Objekt, welches den Aufruf genauer beschreibt. Die Eigenschaft `params` dieses Objekts verweist auf ein weiteres Objekt, dessen Eigenschaften als URL-Parameter übergeben werden. Um die notwendige URL-Kodierung kümmert sich AngularJS.

Das Ergebnis von GET ist ein Promise (siehe Kapitel 3), das die angestoßene asynchrone Anfrage repräsentiert. Die mit `then` registrierte Funktion nimmt das Ergebnis des Service-Aufrufs entgegen. Dabei handelt es sich um ein Objekt, welches über die Eigenschaft `data` die vom HTTP-Service zurückgegebenen Nutzdaten beinhaltet. Handelt es sich dabei um JSON-basierte Daten, beinhaltet `data` bereits ein JavaScript-Objekt, welches diesen Daten entspricht. AngularJS kümmert sich in diesem Fall also um das Parsen. Hierzu kommt das Browser-Objekt `JSON` zum Einsatz, weswegen der Entwickler das in Kapitel 3 gezeigte Verfahren verwenden kann, um den Parse-Vorgang anzupassen, sodass zum Beispiel Datumswerte als `Date`-Objekte dargestellt werden.

Neben der Eigenschaft `data` weist jenes Objekt, welches an die mit `then` registrierte Funktion übergeben wird, eine Eigenschaft `status` sowie eine Funktion `headers` auf. Die Eigenschaft `status` beinhaltet den HTTP-Status-Code der Antwort, zum Beispiel 200 für OK. Mit `headers` können die Kopfzeilen der Antwort-Nachricht entnommen werden. Der Aufruf

```
result.headers("content-type")
```

gibt zum Beispiel den Wert des Headers `content-type` zurück, der Aufschluss über das Format der zurückgegebenen Nutzdaten gibt.

Da die hier betrachtete Funktion `loadFluege` durch die Verwendung der asynchronen Methode get selbst einen asynchronen Charakter erhält, liefert sie dem Aufrufer ein Promise retour. Dieses Promise wird mit dem AngularJS-Service $q, der der in Kapitel 3 behandelten gleichnamigen Bibliothek nachempfunden ist, erzeugt und genauso wie der `$http`-Service in den Controller injiziert (siehe Beispiel 4-10).

Beispiel 4-11: GET-Anfrage mit $http-Service

```
function FlugBuchenVM(scope, http, q) {
    var that = this;

    this.fluege = new Array();

    this.scope = scope;
    this.q = q;
    this.http = http;

    [...]

    this.loadFluege = function () {
        var that = this;
        var deferred = this.q.defer();
        var params = {};

        if (that.flugNummerFilter) {
            params = {
                flugNummer: that.flugNummerFilter
            };
        } else {
            params = {
                abflugOrt: that.flugVonFilter,
                zielOrt: that.flugNachFilter
            };
        }

        this.http.get("/api/flug", { params: params }).then(function (result) {
            that.processFluege(result.data);
            deferred.resolve(result.data);
        }).catch(function (reason) {
            that.message = "Fehler: " + reason;
            deferred.reject(reason);
        });
    }

    this.processFluege = function (fluege) {
        this.fluege = new Array();

        if (!angular.isArray(fluege)) {
            fluege = [fluege];
        }

        for (var i = 0; i < fluege.length; i++) {
            var f = fluege[i];
            this.fluege.push(new FlugVM(f));
        }
    }
}
```

Ein weiteres Beispiel für den Einsatz des `$http`-Services findet sich in Beispiel 4-12. Hierbei handelt es sich im Gegensatz zum letzten Beispiel um eine POST-Anfrage, welche eine Flugbuchung erzeugt. Die hier gezeigte Funktion buchen geht davon aus, dass sich der zu buchende Flug in der Eigenschaft selectedFlug und der betroffene Passagier in der Eigenschaft selectedPassagier befindet. Der erste Parameter repräsentiert hier den URL des HTTP-Services; der zweite Parameter ein in Form von JSON zu übersendendes JavaScript-Objekt. Als dritten Parameter könnte der Entwickler ein Objekt übergeben, welches die Anfrage genauer beschreibt und analog zu Beispiel 4-11 URL-Parameter und Header für den Aufruf beisteuert.

Beispiel 4-12: POST-Anfrage mit $http-Service

```
this.buchen = function () {
    var that = this;
    var deferred = this.q.defer();

    if (!this.selectedFlug || !this.selectedPassagier) {
        this.message = "Bitte wählen Sie einen Flug und einen Passagier aus!";
        return;
    }

    var buchung = {
        FlugID: that.selectedFlug.Id,
        PassagierID: that.selectedPassagier.Id
    };

    that.http.post("/api/buchung", buchung).then(function (result) {
        that.message = "Gebucht!";
        deferred.resolve(result.data);
    }).catch(function (reason) {
        that.message = "Der Flug konnte nicht gebucht werden: " + reason;
        deferred.reject(reason);
    });
};
```

Neben den pro Anfrage angegebenen HTTP-Parametern übersendet der $http-Service standardmäßig bei jeder Anfrage den Header

```
Accept: application/json, text/plain, * / *
```

Zusätzlich hängt er bei jeder POST- und PUT-Anfrage den Header Content-Type: application/json an. Das zeigt, dass AngularJS davon ausgeht, dass mit JSON gearbeitet wird. Möchte man diese Parameter ändern oder weitere Parameter definieren, die standardmäßig in die Nachrichten aufzunehmen sind, kann der Entwickler dies wie folgt bewerkstelligen:

```
$http.defaults.headers.common.Authentication = 'Basic bWF4OmdlaGVpbQ=='
```

Da in diesem Beispiel die Eigenschaft common verwendet wird, wird der angegebene Authentifizierungsheader, der Base64-kodiert Benutzername und Passwort enthält, unabhängig vom verwendeten Verb übersendet. Mehr Informationen zu diesem Header finden Sie in Kapitel 8, wo das Thema Sicherheit umfangreich behandelt wird. Möchte der Entwickler hingegen, dass bestimmte Header nur beim Einsatz bestimmter Verben übersendet werden, gibt er anstatt common das jeweilige Verb an, z.B. get, post, put oder delete.

Der Service-Zugriff über andere Verben gestaltet sich analog zu den hier gezeigten Beispielen, weshalb dafür an dieser Stelle auf die Online-Dokumentation von AngularJS (*http://docs.angularjs.org/api*) verwiesen wird.

Angular-Services bereitstellen und konsumieren

Services stellen in der von AngularJS bereitgestellten Infrastruktur wiederverwendbare Komponenten dar. Um einen eigenen Service bereitzustellen, kann der Entwickler, wie in Beispiel 4-13 gezeigt, die Funktion `factory` des jeweiligen Moduls heranziehen. Der erste Parameter repräsentiert den Namen des Services. Beim zweiten Parameter handelt es sich, analog zur Deklaration von Controllern, um ein Array. Der letzte Eintrag dieses Arrays ist eine Funktion, welche die gewünschte Serviceinstanz erzeugt und zurückgibt. Die anderen Einträge des Arrays beinhalten die Namen der Services, die in diese Funktion zu injizieren sind.

Anstatt des Arrays könnte auch nur die Funktion übergeben werden. In diesem Fall schließt AngularJS von den Namen der Parameter auf die zu injizierenden Services. Wie bereits im Abschnitt »Definition eines Moduls und Controllers« beschrieben, kommt es bei dieser etwas kürzeren Schreibweise beim Einsatz von Minification zu Problemen, da hierbei in der Regel die ursprünglichen Parameternamen durch kürzere ersetzt werden. Möchte der Entwickler also Minification anwenden, muss er, wie in Beispiel 4-13 gezeigt, auf das Array zurückgreifen.

Beispiel 4-13: Bereitstellen eines Services

```
var app = angular.module("Flug", []);

[…]

app.factory("flugService", ["$http", "$q", function ($http, $q) {
    return {

        load: function (params) {

            var deferred = $q.defer();

            $http.get("/api/flug", { params: params }).then(function (result) {
                deferred.resolve(result.data);
            }).catch(function (reason) {
                deferred.reject(reason);
            });

            return deferred.promise;
        }
    }

}]);
```

Beispiel 4-14 zeigt, dass ein benutzerdefinierter Service analog zu den von AngularJS bereitgestellten Services in Controller injiziert werden kann. Das hier gezeigte Beispiel injiziert neben dem in diesem Abschnitt gezeigten `flugService` einen analog aufgebauten `passagierService`.

Beispiel 4-14: Injizieren von benutzerdefinierten Services

```
app.controller("FlugBuchenCtrl", ["$scope", "$http", "$q", "flugService", "passagierService", function
($scope, $http, $q, flugService, passagierService) {
    $scope.vm = new FlugBuchenVM($scope, $http, $q, flugService, passagierService);
}]);
```

Der Vollständigkeit halber zeigt Beispiel 4-15, wie der vom Controller an das View-Model weitergereichte `flugService` verwendet werden kann.

Beispiel 4-15: Nutzung eines benutzerdefinierten Services

```
function FlugBuchenVM(scope, http, q, flugService, passagierService) {
    this.passagiere = new Array();
    this.state = "Passagier";
    this.buchungen = new Array();
    this.fluege = new Array();
    this.scope = scope;
    this.q = q;
    this.http = http;
    this.flugService = flugService;
    this.passagierService = passagierService;

    this.loadFluege = function () {
        var that = this;

        var deferred = this.q.defer();

        var params = {};

        if (that.flugNummerFilter) {
            params = {
                flugNummer: that.flugNummerFilter
            };
        } else {
            params = {
                abflugOrt: that.flugVonFilter,
                zielOrt: that.flugNachFilter
            };
        }

        flugService.loadFluege(params).then(function (result) {

            that.processFluege(result);
            deferred.resolve(result);

        }).catch(function (reason) {
            that.message = "Fehler: " + reason;
            deferred.reject(reason);
        });

    };

    [...]
}
```

Filter in AngularJS

Mit Filter kann der Entwickler Daten im Zuge der Datenbindung bearbeiten. Dazu gehört unter anderem das Formatieren, Filtern oder Sortieren von darzustellenden Informationen. Dieser Abschnitt zeigt, wie Sie Filter, die im Lieferumfang von AngularJS enthalten sind, verwenden, sowie, wie Sie AngularJS um eigene Filter erweitern können.

Filter verwenden

Um einen Filter auf eine zu bindende Eigenschaft anzuwenden, hängt der Entwickler, wie in Beispiel 4-16 veranschaulicht, eine Pipe gefolgt vom Namen des Filters an.

Beispiel 4-16: Mit dem Filter date ein Datum formatieren

```
<td>{{p.Geburtsdatum | date:'shortDate' }}</td>
```

Falls der Filter, wie im betrachteten Fall, Parameter erwartet, werden diese getrennt durch jeweils einen Doppelpunkt angehängt. Ein Filter mit drei Parametern würde somit wie folgt verwendet werden:

```
{{ eigenschaft | filter:param1:param2:param3 }}
```

Das Ergebnis eines Filters kann an als Eingabe für einen weiteren Filter verwendet werden. Dazu hängt der Entwickler an den Ausdruck erneut eine Pipe, gefolgt vom Filteraufruf:

```
{{ eigenschaft | filter1:param1:param2:param3 | filter2:param }}
```

Wie der Name des Filters in Beispiel 4-16 vermuten lässt, formatiert er ein Datum. Der Parameter gibt Aufschluss über das Format des Datums. Der hier eingesetzte Wert `shortDate` verwendet eine kompakte Darstellung ohne Ausgabe der Uhrzeit. Um der Lokalisierung von Datumsformaten gerecht zu werden, kann AngularJS dahingehend parametrisiert werden, dass eine Datei mit Formatierungsanweisungen eingebunden wird. Im Lieferumfang von AngularJS befinden sich im Ordner `i18n` zahlreiche Dateien, welche die Formate einzelner Kulturen beinhalten. Der Begriff Kultur ist in diesem Umfeld als Kombination von Sprache und Region zu verstehen. Beispiele dafür sind Deutsch/Deutschland (de-DE), Deutsch/Österreich (de-AT) und Englisch/Großbritannien (en-GB).

Bindet der Entwickler zum Beispiel die Datei `i18n\angular-locale_de-de.js` ein, bewirkt der in Beispiel 4-16 gezeigte Aufruf des Filters `date` mit dem Parameter `shortDate` die Verwendung des in Deutschland üblichen Datumsformats `Tag.Monat.Jahr` (z.B. 5.4.2063). Durch das dynamische Einbinden von Ressourcedateien kann der Entwickler somit die Darstellung von Datumswerten anpassen.

Neben Formaten für Datumswerte beinhalten die genannten Dateien auch die in der jeweiligen Kultur üblichen Formate für die Darstellung von Zahlen. Zum Formatieren von Zahlen bietet AngularJS analog zum Filter `Date` einen Filter `number`. Ein optionaler Parameter gibt Aufschluss über die Anzahl der anzuzeigenden Dezimalstellen. Ein Aufruf von

```
{{ eigenschaft | number:2 }}
```

würde beispielsweise eine Zahl, die sich in der Eigenschaft `eigenschaft` befindet, wie in der jeweiligen Kultur üblich, mit zwei Nachkommastellen darstellen (z.B. 14.763,95 bei de-DE).

> Die hier betrachteten Möglichkeiten zur Internationalisierung beschränken sich in der betrachteten AngularJS-Version 1.2 auf die Ausgabe von Daten. Für das Erfassen von Daten im jeweiligen Format der gewählten Kultur existiert derzeit noch keine direkte Unterstützung. Aus diesem Grund wird weiter unten gezeigt, wie benutzerdefinierte Direktiven, welche Eingaben mit dem Framework Globalize (siehe Kapitel 3) validieren, entwickelt werden können. Für eine durchgängige Nutzung von Globalize zeigt dieses Kapitel auch, wie benutzerdefinierte Filter, welche Globalize kapseln, bereitgestellt werden können.

Ein weiterer Filter, der an dieser Stelle vorgestellt wird und unter anderem beim Troubleshooting nützlich sein kann, ist der Filter `json`: Er gibt einen JSON-String zurück, welcher das formatierte Objekt beschreibt:

```
{{ eigenschaft | json }}
```

Neben Filtern, die der Entwickler auf einzelne Werte anwenden kann, bietet AngularJS auch Filter, die für Arrays bestimmt sind. Ein Beispiel dafür bietet Beispiel 4-17. Es filtert und sortiert die Passagierobjekte in der gebundenen Eigenschaft `vm.passagiere` und beschränkt anschließend die Ausgabe auf die ersten zehn.

Das Objekt, welches das betrachtete Beispiel an den ersten Parameter übergibt, bestimmt, welche Eigenschaften der Passagierobjekte nach welchen Kriterien zu filtern sind. Das verwendete Objekt bewirkt, dass die Namen der Passagiere gegen den Wert `'W'` zu prüfen sind. Der zweite Parameter von `filter` informiert über die Art dieser Prüfung. `False` bedeutet, dass lediglich zu prüfen ist, ob der definierte Wert (hier `'W'`) innerhalb des Namens vorkommt. `True` würde bedeuten, dass der Name genau dem angegebenen Wert zu entsprechen hat. Daneben kann der Entwickler auch eigene Funktionen bereitstellen, die die hier eingesetzte Prüfung beeinflussen.

Der Filter `orderBy` nimmt ein Array mit jenen Eigenschaftsnamen entgegen, nach denen der Entwickler sortieren möchte. Standardmäßig wird absteigend sortiert. Stellt der Entwickler dem Namen einer Eigenschaft ein Minus voran, sortiert `orderBy` hingegen absteigend. Möchte der Entwickler nur nach einem einzigen Wert sortieren, kann er an `orderBy` auch anstatt eines Arrays einen String mit dem Namen der gewünschten Eigenschaft übergeben.

Der Filter `limitTo` bewirkt, dass nach dem Filtern und Sortieren lediglich die ersten zehn Passagiere herangezogen werden.

Beispiel 4-17: Filter auf Arrays anwenden

```
<tr ng-repeat="p in vm.passagiere | filter:{Name:'W'}:false |
orderBy:['-Vorname', 'PassagierStatus'] | limitTo:10 track by $index"
ng-class="{ selected: p.Selected }">
    <td>{{p.Vorname}}</td>
    <td>{{p.Name}}</td>
    <td>{{p.Geburtsdatum | date:'shortDate' }}</td>
    <td>{{p.PassagierStatus}}</td>
    <td><a href="#" ng-click="vm.select($index)">Auswählen</a></td>
</tr>
```

All diese Filter bieten zahlreiche Parameter, mit denen der Entwickler ihr Verhalten anpassen kann. Informationen darüber, sowie Informationen über sämtliche im Lieferumfang von AngularJS enthaltenen Filter, finden sich in der Online-Dokumentation unter *http://docs.angularjs.org/api*.

Benutzerdefinierte Filter bereitstellen

Um eigene Filter zu definieren, verwendet der Entwickler die Funktion `filter`, welche AngularJS auf Modulebene bereitstellt. Beispiel 4-18 demonstriert dies anhand eines benutzerdefinierten Filters `globalize`, der an die Bibliothek `Globalize` (siehe Kapitel 3) delegiert. Der erste Parameter von `filter` gibt den Namen des neuen Filters an. Beim zweiten Parameter handelt es sich um eine Funktion, welche eine Funktion zurückgibt, die den gewünschten Filter repräsentiert. Diese Funktion hat mindestens einen Parameter. Dabei handelt es sich um den zu formatierenden Wert. Alle weiteren Parameter entsprechen jenen Parametern, die beim Anwenden des Filters getrennt durch Doppelpunkte angehängt werden.

Beispiel 4-18: Benutzerdefinierten Filter definieren

```
var app = angular.module("Flug", []);
[…]
app.filter('globalize', function () {
    return function (input, format) {
        return Globalize.format(input, format);
    }
});
```

Vor dem Einsatz dieses Filters sollte der Entwickler, wie in Kapitel 3 gezeigt, die gewünschte Kultur setzen:

```
Globalize.culture("de-AT");
```

Das nachfolgende Beispiel zeigt, wie der Entwickler den in Beispiel 4-18 definierten Filter anwenden kann:

```
{{ vm.datum | globalize }}
{{ vm.maxPassagiere | globalize:'N4' }}
```

Mit Formularen arbeiten

AngularJS bietet einige Direktiven, um Daten und Funktionen an Steuerelemente, wie Formularfelder, Kontrollkästchen (engl. Checkbox) oder Schaltflächen, zu binden. Darüber hinaus bietet AngularJS eine Unterstützung für die Validierung und Formatierung von Eingaben. Dieser Abschnitt geht darauf ein und zeigt, wie der Entwickler eigene Validierungslogiken für AngularJS implementieren kann.

Objekte an Formularfelder binden

Um zu demonstrieren, auf welche Weise Daten mit AngularJS an die einzelnen von HTML angebotenen Steuerelemente gebunden werden können, verwenden die nachfolgenden Abschnitte den Controller in Beispiel 4-19. Dieser spendiert dem Scope eine Eigenschaft `vm`, welche auf ein Objekt verweist, das als View-Model fungiert und über eine Eigenschaft `flug` ein Flugobjekt anbietet. Die Eigenschaft `Airlines` dieses View-Models beinhaltet darüber hinaus Vorschlagswerte für die Auswahl einer Airline bei der Verwaltung eines Flugs.

Beispiel 4-19: Controller zur Demonstration des Einsatzes von Formularen

```
var app = angular.module("flug", []);

app.controller("editFlugCtrl", function ($scope) {

    $scope.vm = {};

    $scope.vm.airlines = [
        { id: "LH", name: "Lufthansa", allianz: "Star Alliance" },
        { id: "AUA", name: "Austrian", allianz: "Star Alliance" },
        { id: "S", name: "Swiss", allianz: "Star Alliance" },
        { id: "NIKI", name: "Fly Niki", allianz: "oneworld" },
        { id: "AB", name: "Air Berlin", allianz: "oneworld" },
```

```
    ];

    $scope.vm.flug = {
        flugNummer: "LH4711",
        datum: new Date(),
        preis: 400.90,
        maxPassagiere: 300,
        verspaetet: false,
        airline: "LH"
    };

    $scope.vm.flug.save = function () {
         // Hier könnte nun gespeichert werden!
    }

});
```

Beispiel 4-20 zeigt, wie der Entwickler ein Textfeld sowie eine Checkbox an einen Wert des Models binden kann. In beiden Fällen verweist das Beispiel über die Direktive `ng-model` auf die zu bindende Eigenschaft. Wird der Wert, den es an die Checkbox bindet, als `true` ausgewertet, aktiviert AngularJS die Checkbox.

Beispiel 4-20: Daten an eine Checkbox binden

```
<div ng-app="flug">

    <form ng-controller="editFlugCtrl" name="form" id="form">

        <div>FlugNummer</div>
        <div><input ng-model="vm.flugNummer" name="flugNummer" /></div>


        <div>Verspätet</div>
        <div>
            <input type="checkbox" ng-model="vm.flug.verspaetet">
        </div>

        [...]

    </form>
</div>
```

Ein Beispiel für das Binden von Optionsfeldern (engl. Radio Button) findet sich in Beispiel 4-21. Auch dieses Beispiel verweist über die Direktive `ng-model` auf die zu bindende Eigenschaft. Dabei fällt auf, dass alle Optionsfelder denselben Namen aufweisen. Das ist notwendig, damit der Browser den Zusammenhang zwischen diesen Optionsfeldern erkennt und nur die Auswahl einer einzigen Option zulässt. Wird ein Optionsfeld aktiviert, schreibt AngularJS jenen Wert, den der Entwickler mit dem Attribut `value` angegeben hat, in die gebundene Eigenschaft.

Beispiel 4-21: Daten an Optionsfelder binden

```
<div>
    Airline
</div>
<div>
    <input type="radio" ng-model="vm.flug.airline" name="airline" value="LH" /> Lufthansa <br/>
    <input type="radio" ng-model="vm.flug.airline" name="airline" value="AUA" /> Austrian <br />
```

```
        <input type="radio" ng-model="vm.flug.airline" name="airline" value="S" /> Swiss <br />

        <div>
            Selected: {{ vm.flug.airline }}
        </div>

    </div>
```

Möchte der Entwickler die Optionsfelder dynamisch anhand einer Liste von Vorschlagswerten generieren, kann er ein Array mit Vorschlagswerten mit der Direktive ng-repeat iterieren. Beispiel 4-22 demonstriert dies.

Beispiel 4-22: Daten an dynamisch generierte Optionsfelder binden

```
<div>
    Airline
</div>
<div>

    <div ng-repeat="a in vm.airlines">
        <input type="radio" ng-model="vm.flug.airline" name="airline" value="{{a.id}}" /> {{ a.name }}
    </div>

    <div>
        Selected: {{ vm.flug.airline }}
    </div>
</div>
```

Für das Generieren eines Dropdownfeldes bietet AngularJS die Direktive ng-options an. Diese Direktive erwartet einen Ausdruck, der einer simplen vorgegebenen Grammatik folgt. Beispiel 4-23 demonstriert dies, indem es ein Dropdownfeld generiert, das pro Eintrag im Array vm.airlines eine Option anbietet; als Beschriftung kommt die Eigenschaft name zum Einsatz, als Wert die Eigenschaft id.

Beispiel 4-23: Daten an ein Dropdownfeld binden

```
<div>
    Airline
</div>
<div>

    <select ng-model="vm.flug.airline" ng-options="a.id as a.name for a in vm.airlines"></select>

    <div>
        Selected: {{ vm.flug.airline }}
    </div>
</div>
```

Erweitert der Entwickler den Ausdruck in ng-options um eine group-by-Klausel, generiert AngularJS ein Dropdownfeld, welches die Einträge nach der in dieser Klausel angegebenen Eigenschaft gruppiert. Auf diese Weise gruppiert das Beispiel in Beispiel 4-24 die Vorschlagswerte nach der Eigenschaft allianz.

Beispiel 4-24: Dropdownfeld mit Gruppen

```
<div>
    Airline
</div>
<div>
```

```
    <select ng-model="vm.flug.airline" ng-options="a.id as a.name group by a.allianz for a in vm.
airlines"></select>

    <div>
        Selected: {{ vm.flug.airline }}
    </div>
</div>
```

Form-Controller

Für jedes Formular innerhalb einer AngularJS-Anwendung erstellt AngularJS im aktuellen Scope einen sogenannten Form-Controller. Die Eigenschaft des Scopes, welche auf den Form-Controller verweist, hat jenen Namen, den der Entwickler über das Attribut `name` dem Formular spendiert. Unter anderem weist der Form-Controller eine Eigenschaft `$dirty` auf. Diese zeigt an, ob der Bentuzer ein Feld des Formulars geändert hat. Genau das Gegenteil davon zeigt die Eigenschaft `$pristine` an, welche ebenfalls jeder Form-Controller anbietet. Darüber hinaus hat der Form-Controller für jedes Steuerelement des jeweiligen Formulars eine Eigenschaft, die denselben Namen wie das Steuerelement trägt. Diese Eigenschaften verweisen auf Objekte, die wiederum über eine Eigenschaft `$dirty` verfügen. Diese zeigt an, ob das Formularfeld geändert wurde. Daneben zeigt auch hier `$pristine` das Gegenteil davon an. Das Beispiel in Beispiel 4-25 demonstriert dies, indem es die genannten Eigenschaften sowohl auf Formular- als auch auf Steuerelementebene anzeigt.

Beispiel 4-25: Nutzung des Form-Controllers

```
<div ng-app="flug">

    <form novalidate ng-controller="editFlugCtrl" name="form" id="form">

        <div>FlugNummer</div>
        <div><input ng-model="vm.flugNummer" name="flugNummer"/></div>

        <div>
            <b>Dirty (form):</b> {{ form.$dirty }}
        </div>
        <div>
            <b>Pristine (form):</b> {{ form.$pristine }}
        </div>

        <div>
            <b>Dirty (flugNummer):</b> {{ form.flugNummer.$dirty }}
        </div>
        <div>
            <b>Pristine (flugNummer):</b> {{ form.flugNummer.$pristine }}
        </div>


        [...]

    </form>
</div>
```

Neben den hier genannten Eigenschaften weist der Form-Controller für das Formular sowie für die einzelnen Steuerelemente auch Eigenschaften auf, die darüber informieren, ob das Formular bzw. das

Steuerelement erfolgreich validiert werden konnte bzw. welche Validierungsfehler aufgetreten sind. Diese Eigenschaften werden im nächsten Abschnitt besprochen.

Eingaben validieren

Zum Validieren von Eingaben bietet AngularJS einige vordefinierte Validierungslogiken. Diese werden unter anderem durch das Setzen des Attributs `type` bei den verwendeten Input-Elementen aktiviert. Die hier betrachtete Version unterstützt die folgenden Werte für `type`: `text`, `number`, `url`, `email`.

Darüber hinaus kann der Entwickler mit der Eigenschaft `required` angeben, ob es sich bei einem Feld um ein Pflichtfeld handelt und mit den Direktiven `ng-minlength` und `ng-maxlength` kann er die minimale und maximale Länge des eingegebenen Texts definieren. Daneben steht noch eine Direktive `ng-pattern` zur Verfügung, welche die Eingabe anhand eines regulären Ausdrucks validiert. Beispiel 4-26 demonstriert den Einsatz dieser Möglichkeiten. Es verwendet das Attribut `novalidate`, welches eine eventuelle Validierung, die der Browser auf eigene Faust durchführt – zum Beispiel unter Berücksichtigung des Attributs `type` –, unterbindet. Dieses Attribut wirkt sich jedoch nicht auf die Validierung durch AngularJS aus. Beachtenswert ist hier, dass der an `ng-pattern` übergebene reguläre Ausdruck, wie bei JavaScript üblich, zwischen zwei Schrägstrichen zu platzieren ist.

Das betrachtete Beispiel prüft auch unter Verwendung des Form-Controllers, ob das Steuerelement erfolgreich validiert werden konnte. Dazu greift es auf die Eigenschaft `form.flugNummer.$invalid` zu. Eine Fehlermeldung gibt es jedoch nur dann, wenn der Benutzer zusätzlich den Wert im Eingabefeld geändert hat. Dieser Umstand wird über die Eigenschaft `form.flugNummer.$dirty` geprüft. Weisen diese beiden Eigenschaften den Wert `true` auf, gibt das Beispiel eine Fehlermeldung aus.

Neben der Eigenschaft `$invalid` existiert auch eine Eigenschaft `$valid`, welche genau das Gegenteil davon ausdrückt. Beide Eigenschaften existieren auch direkt im Form-Controller. Dort geben sie darüber Auskunft, ob sämtliche Felder im Formular erfolgreich validiert werden konnten.

Darüber hinaus wird ebenfalls geprüft, welche Validierungslogik fehlgeschlagen ist. Dazu wird auf die Eigenschaft `form.flugNummer.$error` zugegriffen. Diese verweist auf ein Objekt, welche pro Validierungslogik eine Eigenschaft aufweist. Diese nennen sich im betrachteten Fall passend zu den verwendeten Attributen bzw. Direktiven `required`, `maxlength`, `minlength` und `pattern`. Weisen diese Eigenschaften den Wert `true` auf, konnte AngularJS den erfassten Wert mit der assoziierten Validierungslogik nicht erfolgreich validieren.

Beispiel 4-26: Textfelder validieren

```
<div ng-app="flug">

    <form ng-controller="editFlugCtrl" name="form" novalidate>

        <div>FlugNummer</div>
        <div><input ng-model="vm.flugNummer" name="flugNummer"
                    required ng-minlength="6" ng-maxlength="10" ng-pattern="/\w+\d+/" /></div>

        <div ng-show="form.flugNummer.$dirty && form.flugNummer.$invalid">
            Flugnummer ist nicht gültig!
        </div>
        <div ng-show="form.flugNummer.$dirty && form.flugNummer.$error.required">
            Pflichtfeld!
        </div>
```

```
        <div ng-show="form.flugNummer.$dirty && form.flugNummer.$error.maxlength">
            Maximal 10 Zeichen!
        </div>
        <div ng-show="form.flugNummer.$dirty && form.flugNummer.$error.minlength">
            Mindestens 6 Zeichen!
        </div>
        <div ng-show="form.flugNummer.$dirty && form.flugNummer.$error.pattern">
            Mindestens ein Buchstabe gefolgt von meindestens einer Ziffer, z.B. LH4711
        </div>
        <div>
            form.flugNummer.$error: {{ form.flugNummer.$error | json }}
        </div>

        [...]

    </form>
</div>
```

Für Input-Felder des Typs `number` kann der Entwickler darüber hinaus eine untere sowie eine obere Schranke definieren. Das Beispiel in Beispiel 4-27 demonstriert dies, indem es dem Input-Element eine Eigenschaft `min` sowie eine Eigenschaft `max` spendiert. Die Handhabung dieser Attribute entspricht jener der zuvor betrachteten Direktiven. Das Ergebnis der Validierung durch die damit verbundenen Logiken findet sich im betrachteten Fall in den Eigenschaften `form.preis.$error.min` bzw. `form.preis.$error.max`.

Beispiel 4-27: Zahlen validieren

```
<div>Preis</div>
<div><input ng-model="vm.preis" name="preis" type="number" min="100" max="2000" /></div>
<div ng-show="form.preis.$dirty && form.preis.$invalid">
    Preis muss zwischen 0 und 2000 liegen!
</div>
<div>
    form.preis.error: {{ form.preis.$error | json }}
</div>
```

Fehlerhafte Eingaben mit CSS hervorheben

Damit Eingabefelder in Hinblick auf die Validität ihrer Inhalte formatiert werden können, weist ihnen AngularJS abhängig von ihrem Zustand vordefinierte CSS-Klassen zu. Indem der Entwickler Formatierungsanweisungen für diese Klassen einrichtet, kann er zum Beispiel unterschiedliche Hintergrundfarben für korrekt und nicht korrekt validierte Textfelder anbieten.

Felder, deren Inhalte korrekt validiert werden konnten, erhalten die Klasse `ng-valid`. Felder, bei denen das nicht der Fall ist, erhalten die Klasse `ng-invalid`. Die Klasse `ng-dirty` wird hingegen vergeben, wenn der Inhalt des Felds geändert wurde.

Zur Veranschaulichung der damit verbundenen Möglichkeiten definiert Beispiel 4-28 zwei Formatierungen mit CSS. Die erste gilt für Input-Elemente, die sowohl die Klassen `ng-invalid` als auch `ng-dirty` aufweisen. Die zweite gilt hingegen für Input-Elemente, die sowohl die Klassen `ng-valid` als auch `ng-dirty` aufweisen. Auf diese Weise erhalten Felder, deren Inhalte verändert und nicht korrekt validiert wurden, die Hintergrundfarbe rot. Felder, deren Inhalte verändert und korrekt validiert wurden, werden hingegen mit einer grünen Hintergrundfarbe angezeigt.

Beispiel 4-28: CSS-Klassen zur Formatierung von Steuerelementen

```
input.ng-invalid.ng-dirty {
    background-color: red;
}

input.ng-valid.ng-dirty {
    background-color: green;
}
```

Auf Validierungsergebnisse programmatisch zugreifen

Um zur Laufzeit zu ermitteln, ob ein Formular veränderte Werte beinhaltet bzw. korrekt validiert werden konnte, greift der Entwickler über den Scope auf den mit dem Formular assoziierten Form-Controller zu. Beispiel 4-29 demonstriert dies.

Beispiel 4-29: Programmatisch prüfen, ob Eingaben valide sind

```
$scope.vm.flug.save = function () {
    if (!$scope.form.$dirty) {
        alert("Mensch, Du hast ja gar nix geändert!");
        return;
    }
    if ($scope.form.$invalid) {
        alert("Validierungsfehler!");
        return;
    }

    // Hier könnte nun gespeichert werden!
}
```

Auf dieselbe Weise kann der Entwickler auch herausfinden, welche Validierungslogik welches Feld nicht korrekt validieren konnte. Die Funktion in Beispiel 4-30 demonstriert dies. Sie nimmt den Namen des Formulars und somit auch den Namen des damit assoziierten Form-Controllers entgegen. Übergibt der Aufrufer keinen Formularnamen, geht sie vom Formularnamen `form` aus. Über diesen Namen adressiert sie den Form-Controller im Scope und iteriert dessen Eigenschaften. Dabei geht die betrachtete Funktion davon aus, dass sämtliche Eigenschaften, deren Namen nicht mit `$` beginnen, für Eingabefelder stehen. Weist deren Eigenschaft `$invalid` darauf hin, dass ein Validierungsfehler aufgetreten ist, durchläuft die Funktion die Eigenschaften des Objekts hinter der Eigenschaft `$error`. Diese Eigenschaften weisen die Namen der Validierungslogiken auf (z.B. `required`, `pattern`, `min`, `max`) und haben den Wert `true`, wenn die jeweilige Validierungslogik den erfassten Wert nicht korrekt validieren konnte.

Somit werden die Namen der Felder mit Validierungsfehlern sowie pro Feld die Bezeichner der fehlgeschlagenen Validierungslogiken ausgegeben. In einer Implementierung für den Produktiveinsatz könnte der Entwickler zum Beispiel Letztere auf sprechende Beschreibungen der einzelnen Validierungslogiken umschlüsseln.

Beispiel 4-30: Programmatisch auf Validierungsergebnisse zugreifen

```
$scope.vm.flug.validationSummary = function (formName) {
    var result = "";

    if (!formName) formName = "form"; // Standardwert: form
```

```
        var form = $scope[formName];
        for (var ctrlName in form) {
            if (ctrlName.substr(0, 1) == "$") continue;
            var ctrl = form[ctrlName];

            if (ctrl.$invalid) {
                result += ctrl.$name + ": ";
                for (var error in ctrl.$error) {
                    result += error + " ";
                }
                result += "\n";
            }
        }
        return result;
    };
```

Das letzte Beispiel hatte den Nachteil, dass der Entwickler den Namen des Formulars hart codieren muss. Um dies zu umgehen, zeigt Beispiel 4-31, wie sämtliche Form-Controller im aktuellen Scope gefunden werden können. Da die Konstruktorfunktion der Form-Controller nicht außerhalb von AngularJS verfügbar ist, muss an dieser Stelle geprüft werden, ob Objekte existieren, die »so aussehen wie Form-Controller«.

Beispiel 4-31: Programmatisch sämtliche Form-Controller in Erfahrung bringen

```
    $scope.vm.flug.getForms = function () {

        var result = [];
        for (var key in $scope) {
            var scopeMember = $scope[key];

            if (scopeMember != null
                    && typeof scopeMember.$valid == "boolean"
                    && typeof scopeMember.$dirty == "boolean"
                    && typeof scopeMember.$error == "object") {
                result.unshift(scopeMember.$name);
            }
        }
        return result;
    }
```

Benutzerdefinierte Validierungslogiken

Um benutzerdefinierte Validierungslogiken bereitzustellen, ist der Entwickler angehalten, eigene Direktiven zu entwickeln. Während der Abschnitt »Benutzerdefinierte Direktiven« ausführlich auf die Erstellung benutzerdefinierter Direktiven eingeht, fokussiert sich dieser Abschnitt auf die Erstellung benutzerdefinierter Direktiven für das Validieren von Eingaben.

Hierzu verwendet der Entwickler, wie Beispiel 4-32 demonstriert, die Funktion `directive`, welche AngularJS auf Modul-Ebene anbietet. Der erste Parameter ist der Name der Direktive; der zweite Parameter erwartet eine Funktion, die ein Objekt zurückgibt, das die Direktive beschreibt. Die Eigenschaft `require` dieses Objekts legt fest, dass die hier definierte Direktive nur für Felder, die auch die Direktive `ng-model` nutzen, verwendet werden darf. Dies macht sinn, denn `ng-model` kümmert sich schließlich um die Datenbindung. Die Eigenschaft `link` verweist auf eine Funktion, welche die Direktive für ein

Feld aktiviert. Über ihre Paramcter erhält diese Funktion von AngularJS den aktuellen Scope (`scope`), ein jQuery-Objekt, das das auf die Direktive angewandte HTML-Element repräsentiert (`elm`), ein Objekt, welches die Attribute dieses Elements beinhaltet (`attrs`), sowie ein Objekt, welches das Steuerelement im Form-Controller repräsentiert.

Die Direktive in Beispiel 4-32 prüft unter Verwendung von `Globalize` (*https://github.com/jquery/globalize*), ob die Eingabe des Benutzers einer Zahl entspricht, die entsprechend der aktuell gewählten Kultur formatiert wurde. Um das gewünschte Format zu ermitteln, greift `link` auf den Wert des Attributs `gnumber` zu. Dabei ist zu beachten, dass dieses Attribut denselben Namen wie die Direktive hat und somit jenen Wert aufweist, der der Direktive zugewiesen wurde.

Anschließend richtet `link` für das Eingabefeld einen Parser sowie einen Formatter ein. Bei beiden Konzepten handelt es sich um Funktionen. Ein Parser ist eine Funktion, die die Eingabe des Benutzers parst. Dabei kann sie dem Steuerelement mitteilen, ob die Eingabe korrekt validiert werden konnte, indem sie dessen Funktion `$setValidity` verwendet. Der erste Parameter von `$setValidity` ist der Name der Validierungslogik; der zweite Parameter zeigt an, ob ein Validierungsfehler aufgetreten ist. Jenen Wert, den der Parser zurückgibt, schreibt AngularJS zurück ins Model. Auf diese Weise kann die `link`-Funktion veranlassen, dass Benutzereingaben nicht nur in Form von Strings, sondern in Form anderer Typen in das Model geschrieben werden. Besonders nützlich ist dies bei der Behandlung von Datumswerten, wo das Zurückschreiben eins `Date`-Objekts wünschenswert ist.

Der Formatter kümmert sich um die Formatierung des Werts, bevor dieser an das Eingabefeld gebunden wird. Er formatiert den Wert unter Verwendung von Globalize und des an die Direktive übergebenen Formats.

Bei Betrachtung des vorliegenden Quellcodes fällt auf, dass ein Steuerelement mehrere Parser und Formatter besitzen kann, zumal es sich bei den Eigenschaften `$parsers` und `$formatters` um Arrays handelt. Dies ist notwendig, zumal pro Steuerelement mehrere Direktiven mit jeweils einer eigenen Validierungslogik verwendet werden können.

Beispiel 4-32: Benutzerdefinierte Validierunslogiken bereitstellen

```
var app = angular.module("Flug", []);
[…]
app.directive('gnumber', function () {
return {
    require: 'ngModel',
    link: function (scope, elm, attrs, ctrl) {

        var format = attrs.gnumber;

        ctrl.$parsers.unshift(function (viewValue) {

            var number = Globalize.parseFloat(viewValue);
            if (!isNaN(number)) {
                ctrl.$setValidity('gnumber', true);
                return number;
            }
            else {
                ctrl.$setValidity('gnumber', false);
                return undefined;
            }
```

```
        });

        ctrl.$formatters.unshift(function (value) {
            var formatted = Globalize.format(value, format);
            return formatted;
        });

    }
};
});
```

Beispiel 4-33 demonstriert, wie die im letzten Beispiel beschriebene Direktive eingesetzt werden kann. Dazu erhält das zu validierende Input-Element ein Attribut, welches dem Namen der Direktive entspricht. Der Wert dieses Attributs wird auf das Format gesetzt, das Globalize verwenden soll. Um herauszufinden, ob die Validierung erfolgreich war, greift das Beispiel auf die Eigenschaft `form.flugNummer.$error.gnumber` zu, wobei `gnumber` jener Bezeichner ist, den die Direktive an `$setValidity` übergibt.

Beispiel 4-33: Benutzerdefinierte Validierungslogik anwenden

```
<div>Preis</div>
<div><input ng-model="vm.preis" gnumber="N2" /></div>
<div ng-show="form.flugNummer.$dirty && form.flugNummer.$error.gnumber">
   Muss eine Zahl sein!
</div>
```

In Beispiel 4-34 und Beispiel 4-35 findet man zwei weitere Direktiven, die analog zum gerade betrachteten Beispiel prüfen, ob der Benutzer einen korrekten Integer-Wert bzw. ein korrektes Datum erfasst hat. Dazu nutzen diese Direktiven ebenfalls `Globalize`, um herauszufinden, ob die Eingaben den Formatierungen der jeweiligen Kultur entsprechen. Letztere Direktive filtert aus der Eingabe des Benutzers das Zeichen mit dem Code 8206. Dieses Zeichen wird von IE 11 eingefügt, um eine Information über die Leserichtung der Eingabe (von links nach rechts oder umgekehrt) zu hinterlegen und führt zu einem Problem bei der Validierung mit Globalize.

Beispiel 4-34: Benutzerdefinierte Validierungslogik zum Validieren von Integer-Werten

```
app.directive('integer', function () {
return {
    require: 'ngModel',
    link: function (scope, elm, attrs, ctrl) {

        var format = attrs.integer;

        ctrl.$parsers.unshift(function (viewValue) {

            var integer = Globalize.parseInt(viewValue);
            if (!isNaN(integer)) {
                ctrl.$setValidity('integer', true);
                return integer;
            }
            else {
                ctrl.$setValidity('integer', false);
                return undefined;
            }

        });
```

```
        ctrl.$formatters.unshift(function (value) {
            debugger;
            var formatted = Globalize.format(value, format);
            return formatted;
        });

    }
};
});
```

Beispiel 4-35: Benutzerdefinierte Validierungslogik zum Validieren von Datumswerten

```
app.directive('gdate', function () {

return {
    require: 'ngModel',
    link: function (scope, elm, attrs, ctrl) {

        var fmt = attrs.gdate;

        ctrl.$parsers.unshift(function (viewValue) {

            var d = Globalize.parseDate(viewValue);

            if (d) {
                ctrl.$setValidity('gdate', true);
                return d;
            }
            else {
                ctrl.$setValidity('gdate', false);
                return undefined;
            }

        });

        ctrl.$formatters.unshift(function (value) {
            var formatted = Globalize.format(value, { date: fmt });
            var parts = formatted.split(' ');

            var date = parts[0];
            var result = "";
            for (var i = 0; i < date.length; i++) {

                if (date.charCodeAt(i) != "8206") {
                    result += date.charAt(i);
                }

            }

            return result;
        });

    }
};
```

Steuerelementbibliotheken für AngularJS

Mittlerweile stehen für AngularJS sowohl kommerzielle als auch freie Steuerelementbibliotheken zur Verfügung. Als Beispiel für eine freie Bibliothek sei an dieser Stelle AngularUI (*http://angular-ui.github.io/*) genannt. Diese Bibliothek beinhaltet unter anderem neben einer umfangreichen Grid-Implementierung auch eine Variante von Bootstrap, welche auf AngularJS portiert wurde.

Ein Beispiel für eine kommerzielle Bibliothek stellt Kendo UI von Telerik dar (*http://www.telerik.com/kendo-ui*). Diese Bibliothek bietet ebenfalls eine ausgereifte Grid-Implementierung, jedoch auch andere Steuerelemente, wie TreeViews, Slider, Kalender oder Menüs.

Logische Seiten und Routing

JavaScript-getriebene Webanwendungen realisieren in der Regel über eine physische Seite mehrere logische Seiten, sodass der Benutzer ohne merklichen Ladevorgang zwischen einzelnen Seiten wechseln kann. Zur Realisierung dieses Verfahrens existieren in AngularJS zwei Möglichkeiten: Zum einen kann der Entwickler verschiedene Teile einer Seite bei Bedarf ein- und ausblenden und zum anderen bietet AngularJS ein Modul namens `ngRoute`, welches diese Aufgabe abstrahiert und auch Deep-Linking unterstützt. Deep-Linking bedeutet, dass der Benutzer über die *Zurück*-Schaltfläche nicht nur zu physischen Seiten, sondern auch zu logischen Seiten zurückkehren sowie für logische Seiten Bookmarks erstellen kann.

Dieser Abschnitt geht auf diese beiden Bordmittel ein und beschreibt zusätzlich das freie externe Modul UI-Router, welches als Alternative zu `ngRoute` einige weitere Möglichkeiten anbietet.

Logische Seiten mit ng-switch

Die einfachste Möglichkeit, mehrere logische Seiten innerhalb einer physischen zu implementieren, besteht im Ein- und Ausblenden verschiedener Seitenteile. Dies kann zum Beispiel über die in den letzten Abschnitten mehrmals eingesetzte Direktive `ng-show` erfolgen. Etwas strukturierter kann sich der Entwickler dieser Aufgabe hingegen mit der Direktive `ng-switch` nähern. Wie ihr Name schon vermuten lässt, funktioniert diese Direktive ähnlich wie die aus C# bekannte Kontrollstruktur `switch`: Der Entwickler gibt eine Variable an und abhängig von dieser Variablen wird einer von mehreren Bereichen angezeigt.Beispiel 4-36 und Beispiel 4-37 demonstrieren den Einsatz von `ng-switch`. Beispiel 4-36 zeigt ein View-Model, welches eine Eigenschaft `state` aufweist. Diese Eigenschaft zeigt an, welche logische Seite angezeigt werden soll und kann über `SetState` verändert werden.

Beispiel 4-36: Für den Einsatz von ng-switch erweitertes View-Model

```
function FlugBuchenVM(scope, http, q, stateParams, state) {
    this.state = "Passagier";

    [...]

    this.SetState = function (state) {
        this.state = state;
    };

    [...]
}
```

Die dazu passende View findet sich in Beispiel 4-37. Im oberen Bereich bietet sie einige Links zum Navigieren zwischen den logischen Seiten an. Dazu modifiziert sie über `SetState` die zuvor betrachtete Eigenschaft `state`. Im Bereich darunter befinden sich die logischen Seiten. Die Direktive `ng-switch` kümmert sich um das Ein- aus Ausblenden der einzelnen logischen Seiten unter Berücksichtigung des Werts der Eigenschaft `state`. Für jeden Wert, den `state` annehmen kann, existiert ein `div`-Element mit einer `ng-switch-when`-Direktive, welche den jeweiligen Wert aufweist. AngularJS blendet, wenn `state` den jeweiligen Wert einer `ng-switch-when`-Direktive aufweist, das damit assoziierte Element ein. Die anderen `div`-Elemente werden ausgeblendet. Hat `state` einen Wert, der durch keine `ng-switch-when`-Direktive repräsentiert wird, blendet AngularJS das Element mit der `ng-switch-default`-Direktive ein.

Beispiel 4-37: Logische Seiten mit ng-switch realisieren

```
<div ng-app="flug">
    <div ng-controller="FlugBuchenCtrl">

        <div class="step">
            <a href="#" ng-click="vm.SetState('Passagier')">Passagier</a> |
            <a href="#" ng-click="vm.SetState('Flug')">Flug</a> |
            <a href="#" ng-click="vm.SetState('Buchen')">Buchen</a> |
            <a href="#" ng-click="vm.SetState('MeineBuchungen')">Meine Buchungen</a>
        </div>

        <div ng-switch="vm.state">

            <div class="step" ng-switch-when="Passagier">
                [...]
            </div>

            <div class="step" ng-switch-when="Flug">
                [...]
            </div>

            <div class="step" ng-switch-when="Buchen">
                [...]
            </div>

            <div class="step" ng-switch-default>
                [...]
            </div>

        </div>

    </div>
</div>
```

Da die hier betrachtete Lösung einzelne Seitenteile ein- und ausblendet, kann der Benutzer nicht unter Verwendung der *Zurück*-Schaltfläche zu einer zuvor besuchten logischen Seiten zurückkehren oder ein Bookmark für eine logische Seite erstellen. Dieser Unschönheit nimmt sich das Modul `ngRoute` an.

Routing mit dem Modul ngRoute

Das Modul `ngRoute`, welches sich im Lieferumfang von AngularJS befindet, erlaubt das Definieren sogenannter Routen. Über Routen legt der Entwickler fest, welche logische Seite innerhalb einer physischen Seite anzuzeigen ist. Auf den ersten Blick sieht eine Route wie ein Teil eines URLs aus. Allerdings wird die Route im Hash-Fragment jenes URLs platziert, der zur übergeordneten physischen Seite führt. Nachfolgend finden sich drei Beispiele für Routen einer physischen Seite:

- *http://.../Flug/RoutingSample#/passagiere*
- *http://.../Flug/RoutingSample#/passagiere/info*
- *http://.../Flug/RoutingSample#/passagiere/1*

Abhängig von der Route im Hash-Fragment blendet AngularJS eine von mehreren logischen Seiten innerhalb der adressierten physischen Seiten ein. Da die Route ein Teil des URLs ist, erzeugt der Browser dafür einen Eintrag in der Browser-History. Das führt dazu, dass der Benutzer mit der `Zurück`-Schaltfläche zu bereits besuchten logischen Seiten zurückkehren kann und ein Bookmark für eine logische Seite erstellen kann. Wie das letzte der zuvor betrachteten Beispiele andeutet, kann eine Route auch Parameter aufweisen. Im betrachteten Fall gibt dieser Parameter an, welcher Passagier anzuzeigen ist.

Um auf einen über das Routing bereitgestellten Parameter zugreifen zu können, lässt der Entwickler in den Controller den Service `$routeParams` injizieren. Dabei handelt es sich um ein einfaches JavaScript-Objekt, welches pro Routing-Parameter eine Eigenschaft aufweist. Der Controller `DetailCtrl` im betrachteten Listing veranschaulicht dies anhand des Routing-Parameters `id`, der in der Route `/passagiere/:id` angegeben wurde.

Zur Nutzung des Moduls `ngRoute` bindet der Entwickler das Skript `angular-route.js` ein und referenziert es bei der Erstellung des Moduls für die Anwendung. Beispiel 4-38 demonstriert dies, sowie, wie der Entwickler unter Verwendung der Funktion `config`, welche AngularJS auf Modulebene bereitstellt, Routen konfigurieren kann. Die Funktion `config` nimmt eine Funktion mit dem nötigen Konfigurationscode entgegen. Diese bekommt, wie unter AngularJS üblich, Abhängigkeiten injiziert. Um die diskutierten Probleme mit der Minification zu verhindern, akzeptiert `config` auch, wie ebenfalls unter AngularJS üblich, ein Array mit den Namen der Abhängigkeiten und einer Funktion. Auf diese Weise lässt das Beispiel in Beispiel 4-38 den von `ngRoute` bereitgestellten `$routeProvider` injizieren.

Mit der Funktion `when` von `$routeProvider` richtet das hier betrachtete Beispiel die oben gezeigten Routen ein. Der erste an `when` übergebene Parameter ist die Route. Routen können Platzhalter beinhalten, welche mit einem Doppelpunkt eingeleitet werden. Dies ist zum Beispiel bei der Route `/passagiere/:id` der Fall, die die ID des anzuzeigenden Passagiers beinhaltet.

Der zweite an `when` übergebene Parameter ist ein Objekt, welches Informationen zur Route beinhaltet. Über die Eigenschaft `templateUrl` verweist es auf eine Datei, welche die logische Seite enthält, die mit der definierten Route zu assoziieren ist. Eine Alternative zu dieser Eigenschaft bietet die Eigenschaft `template`, welche direkt das Markup der jeweiligen logischen Seiten entgegennimmt. Die Eigenschaft `controller` beinhaltet hingegen den Namen des Controllers, der für diese logische Seite verantwortlich ist. Diese werden im Beispiel weiter unten definiert. Eine Verwendung derselben Controller-Instanz für mehrere Routen ist leider nicht möglich. Allerdings kann diese Einschränkung durch das im nächsten Abschnitt beschriebene externe Modul UI-Router umgangen werden. Mit `otherwise` legt das hier betrachtete Beispiel fest, dass AngularJS zur Route `/passagiere` wechseln soll, sofern der Benutzer eine nicht existierende Route ansteuert.

Beispiel 4-38: Definition von Routen

```
<script src="~/Scripts/jquery-1.10.2.js"></script>
<script src="~/Scripts/angular.js"></script>
<script src="~/Scripts/angular-route.js"></script>

<script>

    var app = angular.module("routing", ['ngRoute']);

    app.config(['$routeProvider', function ($routeProvider) {
        $routeProvider.
            when('/passagiere, {
                templateUrl: '/partials/routing.list.html',
                controller: 'ListCtrl'
            })
            .when('/passagiere/info', {
                templateUrl: '/partials/routing.info.html',
                controller: 'InfoCtrl'
            })
            .when('/passagiere/:id', {
                templateUrl: '/partials/routing.details.html',
                controller: 'DetailCtrl'
            })
            .otherwise({
                redirectTo: '/passagiere'
            });
    }]);

    app.controller("ListCtrl", ["$scope", function ($scope) {
        $scope.passagiere = [
            { id: 1, vorname: "Max", nachname: "Muster", passagierStatus: "B" },
            { id: 2, vorname: "Susi", nachname: "Sorglos", passagierStatus: "A" },
            { id: 3, vorname: "Reiner", nachname: "Zufall", passagierStatus: "B" },
            { id: 4, vorname: "Hans-Peter", nachname: "Grahsl", passagierStatus: "A" }
        ];
    }]);

    app.controller("DetailCtrl", ["$scope", "$routeParams", function ($scope, $routeParams) {
        $scope.id = $routeParams.id;

    }]);

    app.controller("InfoCtrl", ["$scope", function ($scope) {
        $scope.info = "Hallo Welt!";
    }]);
</script>
```

Beispiel 4-39 zeigt die View, welche von der physischen Seite ausgeliefert wird. Um zwischen zwei der drei definierten Routen zu wechseln, weist dieses Beispiel zwei Links auf. Mit der Direktive `ng-view` markiert es ein `div`-Element, in dem die jeweils adressierte logische Seite anzuzeigen ist.

Beispiel 4-39: Seite mit Platzhalter ng-view

```
<body ng-app="routing">
    <h1>Routing-Sample</h1>
```

```
    <a href="#/routing">List</a>
    <a href="#/routing/info">Info</a>

    <div ng-view></div>

</body>
```

Ein Beispiel für die Datei, welche eine logische Seite zur Anzeige mehrerer Passagiere beinhaltet, findet sich in Beispiel 4-40. Pro Passagier weist diese logische Seite einen Link mit der Beschriftung `Details` auf. Dieser Link führt zur Route jener logischen Seite, die die Details des jeweiligen Passagiers präsentiert.

Beispiel 4-40: View zur Anzeige eines Passagiers

```
<table>
    <tr>
        <th>Id</th>
        <th>Vorname</th>
        <th>Nachname</th>
        <th>PassagierStatus</th>
        <th></th>
    </tr>
    <tr ng-repeat="p in passagiere">
        <td>{{p.id}}</td>
        <td>{{p.vorname}}</td>
        <td>{{p.name}}</td>
        <td>{{p.passagierStatus}}</td>
        <td><a href="#/routing/{{p.id}}">Details</a></td>
    </tr>

</table>
```

Während `ngRoute` einige Möglichkeiten zur Realisierung logischer Seiten bietet, ist es dennoch mit einigen Einschränkungen versehen. Beispielsweise können Controller nicht View-übergreifend eingesetzt werden. Views können auch nicht geschachtelt werden, sodass innerhalb einer View eine weitere View zur Anzeige kommt. Darüber hinaus kann die physische Seite auch nur einen einzigen Platzhalter aufweisen, in den logische Seiten eingebettet werden. Wenn auch derzeit keine Bordmittel zur Lösung dieser Einschränkungen existieren, schaffen Module von Drittanbietern hier Abhilfe. Beim Modul UI-Router, auf das der nächste Abschnitt eingeht, handelt es sich um ein solches Modul.

Routing mit dem externen Modul UI-Router

Das externe Modul UI-Router (*https://github.com/angular-ui/ui-router*) gibt dem Entwickler die Möglichkeit, Views zu schachteln, mehrere Views als logische Seiten in eine physische Seite einzubinden sowie ein und denselben Controller für mehrere logische Seiten zu verwenden. Es ist Teil des Projekts AngularUI, welches Module zur Gestaltung ansprechender Benutzeroberflächen mit AngularJS bereitstellt.

Verschachtelte Views

Um UI-Router zu nutzen, bindet der Entwickler die JavaScript-Datei `angular-ui-router.min.js` ein und importiert das Modul `ui.router`. Um UI-Router zu konfigurieren, lässt der Entwickler die Services `$stateProvider` und `$urlRouterProvider` in die Funktion `config` injizieren. Beispiel 4-41 definiert mit der Funktion otherwise des Services $urlRouterProvider, welche Route zu verwenden ist, wenn der Benutzer eine Route aufruft, die nicht definiert wurde. Anschließend definiert es mit der Funktion state des Services $stateProvider verschiedene Zustände, die die Anwendung einnehmen kann. Jeder Zustand wird mit einer logischen Seite assoziiert, die sich aus einer oder mehreren Views zusammensetzen kann.

Der erste an state übergebene Parameter ist der Name des jeweiligen Zustands. Der zweite Parameter stellt ein Objekt dar, welches den Zustand beschreibt. Dessen Eigenschaft url spiegelt die Route des Zustands wieder, templateUrl verweist auf die Datei, welche die View des Zustands beinhaltet und controller beinhaltet den Namen des für den jeweiligen Zustand verantwortlichen Controllers. Alternativ zur einer templateUrl kann auch mit der Eigenschaft template direkt das Markup der gewünschten View als String angegeben werden.

Wird ein Zustand mit der booleschen Eigenschaft abstract als abstrakter Zustand ausgewiesen, geht UI-Router davon aus, dass die damit assoziierte View Platzhalter für weitere Views beinhaltet. Ein Beispiel dafür ist der Zustand flugbuchung in Beispiel 4-41. Welche View in diesen Platzhalter eingefügt wird, bestimmt der Benutzer, indem er den URL eines untergeordneten Zustands ansteuert. Untergeordnete Zustände (auch verschachtelte Zustände) erkennt man daran, dass Ihr Name dem des übergeordneten Zustands gefolgt von einem Punkt und einem eigenen Namen entspricht. Demnach handelt es sich im betrachteten Beispiel bei flugbuchung.passagier, flugbuchung.flug, flugbuchung.buchen und flugbuchung.meineBuchungen um Zustände, die dem Zustand flugbuchung untergeordnet sind. Der URL, der zu diesen untergeordneten Zuständen führt, entspricht der Kombination aus dem URL des übergeordneten Zustands und dem des eigenen Zustands. Beispielsweise würde im betrachteten Fall die Verwendung des URLs /flugbuchung/passagier innerhalb des Hash-Fragments zur Aktivierung des Zustands flugbuchung.passagier führen.

Bei Betrachtung der Konfiguration in Beispiel 4-41 fällt darüber hinaus auf, dass nur die abstrakte View flugbuchung einen Controller zugewiesen bekommen hat. Dieser Controller kommt somit auch für sämtliche untergeordnete Zustände zum Einsatz.

Beispiel 4-41: Zustände mit UI-Router definieren

```
var app = angular.module("Flug", ['ui.router']);

app.config(function ($stateProvider, $urlRouterProvider) {
    $urlRouterProvider.otherwise("/flugbuchung/passagier");

    $stateProvider.state('flugbuchung', {
        abstract: true,
        url: '/flugbuchung',
        templateUrl: '/partials/flugbuchung.html',
        controller: "FlugBuchenCtrl"
    }).state('flugbuchung.passagier', {
        url: '/passagier',
        templateUrl: '/partials/flugbuchung.passagier.html'
    }).state('flugbuchung.flug', {
        url: '/flug',
        templateUrl: '/partials/flugbuchung.flug.html'
    }).state('flugbuchung.buchen', {
        url: '/buchen',
        templateUrl: '/partials/flugbuchung.buchen.html'
    }).state('flugbuchung.meineBuchungen', {
        url: '/meineBuchungen',
```

```
        templateUrl: '/partials/flugbuchung.meineBuchungen.html'
    });
});
```

Beispiel 4-42 zeigt das Markup der hier beschriebenen AngularJS-Anwendung. Im Element, das mit der Direktive `ui-view` versehen wurde, platziert UI-Router die View des jeweiligen Zustands.

Beispiel 4-42: Platzhalter für logische Seite

```
<div>
    <div ui-view></div>
</div>
```

Die View des Zustands `flugbuchung` findet sich in Beispiel 4-43. Er weist zur Navigation zwischen den untergeordneten Zuständen Links auf, wobei jeder Link über die Direktive `ui-sref` auf den Namen jenes Zustands verweist, zu dem er führen soll. Die Stelle, an der die View des jeweils gewählten untergeordneten Zustands eingesetzt wird, ist mit der Direktive `ui-view` markiert.

Beispiel 4-43: Logische Seite

```
<div>

    <div class="step">
        <a ui-sref="flugbuchung.passagier">Passagier</a> |
        <a ui-sref="flugbuchung.flug">Flug</a> |
        <a ui-sref="flugbuchung.buchen">Buchen</a> |
        <a ui-sref="flugbuchung.meineBuchungen">Meine Buchungen</a>
    </div>

    <div ng-show="vm.message"
         style="color:red; padding-left: 20px; font-weight: bold">
        {{ vm.message }}
    </div>

    <div ui-view></div>

</div>
```

Mehrere Views pro Vorlage verwenden

Neben dem Verschachteln von Zuständen erlaubt UI-Router auch die Verwendung mehrerer Views pro Zustand. In diesem Fall erhält jede View einen Namen. Beispiel 4-44 veranschaulicht dies, indem es für jeden konkreten Zustand eine View `main` sowie eine weitere View `info` definiert.

Beispiel 4-44: Konfiguration von UI-Router zur Verwendung mehrerer Views pro Zustand

```
app.config(function ($stateProvider, $urlRouterProvider) {
    $urlRouterProvider.otherwise("/flugbuchung/passagier");

    $stateProvider.state('flugbuchung', {
        abstract: true,
        url: '/flugbuchung',
        templateUrl: '/partials/flugbuchung.html',
        controller: "FlugBuchenCtrl"
    }).state('flugbuchung.passagier', {
        url: '/passagier',
        views: {
            "main": { templateUrl: '/partials/flugbuchung.passagier.html' },
```

```
                "info": { templateUrl: '/partials/flugbuchung.passagier.info.html' }
            }
        }).state('flugbuchung.flug', {
            url: '/flug',
            views: {
                "main": { templateUrl: '/partials/flugbuchung.flug.html' },
                "info": { templateUrl: '/partials/flugbuchung.flug.info.html' }
            }
        }).state('flugbuchung.buchen', {
            url: '/buchen',
            views: {
                "main": { templateUrl: '/partials/flugbuchung.buchen.html' },
                "info": { templateUrl: '/partials/flugbuchung.empty.html' }
            }
        }).state('flugbuchung.meineBuchungen', {
            url: '/meineBuchungen',
            views: {
                "main": { templateUrl: '/partials/flugbuchung.meineBuchungen.html' },
                "info": { templateUrl: '/partials/flugbuchung.empty.html' }
            }
        });
    });
```

Um innerhalb einer View auf mehrere definierte benannte Views zuzugreifen, übergibt der Entwickler den Namen der jeweiligen View an die Direktive `ui-view`, die Bereiche der Seite als Platzhalter ausweist (siehe Beispiel 4-45).

Beispiel 4-45: View, welche auf mehrere weitere Views verweist

```
<div>
    <div class="step">
        <a ui-sref="flugbuchung.passagier">Passagier</a> |
        <a ui-sref="flugbuchung.flug">Flug</a> |
        <a ui-sref="flugbuchung.buchen">Buchen</a> |
        <a ui-sref="flugbuchung.meineBuchungen">Meine Buchungen</a>
    </div>

    <div ng-show="vm.message" style="color:red; padding-left: 20px; font-weight: bold">
        {{ vm.message }}
    </div>

    <div ui-view="main"></div>

    <div class="step">
        <input ng-click="vm.goToNextState()" value="Weiter" type="button" />
    </div>
    <hr />

    <div ui-view="info"></div>

</div>
```

Parameter übergeben

Genau wie das Modul `ngRouter` (siehe den Abschnitt »Routing mit dem Modul ngRoute«) unterstützt auch UI-Router den Einsatz von Routing-Parameter. Dazu nimmt der Entwickler Platzhalter, die mit einem Doppelpunkt eingeleitet werden, in den URL der Route auf. Um auf die Werte dieser Parameter zugreifen zu können, injiziert der Entwickler – analog zum Einsatz von ngRouter – den Service $stateParams in den zuständigen Controller (siehe Beispiel 4-46).

Beispiel 4-46: Verwendung von Routing-Parametern beim Einsatz von UI-Router

```
$stateProvider.state("passagierDetails", {
        url: "/passagierDetails/:pNummer",
        templateUrl: '/partials/passagierDetails.html',
        controller: function ($scope, $stateParams) {
            $scope.detail = {};
            $scope.detail.pNummer = $stateParams.pNummer;
            $scope.detail.name = "Max Muster";
        }
    });
```

Um Routing-Parameter an einen Zustand zu übergeben, sieht der Entwickler einen Link mit dem URL des jeweiligen Zustands vor. Dabei ersetzt er die Platzhalter im URL durch die gewünschten Werte. Alternativ dazu kann er auch die Direktive ui-sref wie folgt verwenden:

```
ui-sref="flugbuchung.meineBuchungen({pNummer: 4711})"
```

Auf Zustände programmatisch zugreifen

Zum programmatischen Zugriff auf Zustände kann der Entwickler den Service $state heranziehen. Über dessen Eigenschaft current.name kann er den Namen des aktuellen Zustands in Erfahrung bringen, über dessen Funktion go kann er den Zustand wechseln. Die Beispiele in Beispiel 4-47 und Beispiel 4-48 veranschaulichen dies.

Beispiel 4-47: Den Service $state in einen Controller injizieren

```
app.controller("FlugBuchenCtrl", ["$scope", "$http", "$q", "$stateParams", "$state", function ($scope,
$http, $q, $stateParams, $state) {

        $scope.vm = new FlugBuchenVM($scope, $http, $q, $stateParams, $state);
}]);
```

Beispiel 4-48: Den Service $state verwenden

```
function FlugBuchenVM(scope, http, q, stateParams, state) {
    [...]
    this.stateParams = stateParams;
    this.state = state;

    this.goToNextState = function () {

         var current = this.state.current.name;

         switch(current) {
            case "flugbuchung.passagier":
                this.state.go("flugbuchung.flug");
            break;

            case "flugbuchung.flug":
                this.state.go("flugbuchung.buchen");
            break;
        }
    }
}
```

AngularJS-Anwendungen testen

Da bei modernen Webanwendungen immer mehr Logik mittels JavaScript implementiert wird, liegt der Wunsch nahe, diese Codebereiche automatisiert zu testen. Für das Testen von AngularJS bietet sich das Framework Jasmine an. Es handelt sich dabei um ein Framework zur Implementierung von Unit-Tests, welches die Ideen des Behavior-Driven-Designs (BDD) unterstützt. Das bedeutet, dass mit jedem Testfall ein Verhaltensmerkmal der Anwendung beschrieben werden kann. Allerdings ist Jasmine nicht von AngularJS abhängig, sondern kann auch zum Testen anderer JavaScript-basierter Codestrecken herangezogen werden.

Dieser Abschnitt geht zunächst auf Jasmine ein und zeigt anschließend, wie es zum Testen von verschiedenen AngularJS-Konstrukten, wie Controllern, Filtern oder Direktiven, eingesetzt werden kann. Darüber hinaus zeigt dieser Abschnitt, wie die Möglichkeiten bezüglich Dependency-Injection in AngularJS zur Steigerung der Testbarkeit beitragen.

Anatomie eines Jasmine-Tests

Testfälle befinden sich beim Einsatz von Jasmine innerhalb von Blöcken, die als Test-Suiten bezeichnet durch einen Aufruf der Methode `describe` definiert werden. Dazu nimmt `describe`, wie Beispiel 4-49 demonstriert, zwei Parameter entgegen. Beim ersten Parameter handelt es sich um eine Beschreibung des erwarteten Verhaltens oder eines Teils davon. Der zweite Parameter repräsentiert eine Funktion, die den Test beinhaltet. Innerhalb dieser Funktion können weitere Aufrufe von `describe` stattfinden, um das beschriebene Verhalten weiter zu konkretisieren. Auf diese Weise lässt sich eine Hierarchie mit Anforderungen aufbauen. Am Ende dieser Hierarchie befinden sich die einzelnen Testfälle, welche der Entwickler mit der Funktion `it` beschreibt. Genauso wie `describe` erwartet `it` eine Beschreibung zur Konkretisierung des erwarteten Verhaltens sowie eine Funktion. Letztere beinhaltet den Test. Abbildung 4-2 zeigt die Hierarchie, die auf diese Weise Beispiel 4-49 aufbaut und die Jasmine bei der Ausführung ausgibt. Es handelt sich dabei, den Ideen von BDD folgend, um eine ausführbare Spezifikation. Die Tatsache, dass die Blätter dieser Hierarchie mit grüner Schrift präsentiert werden, deutet darauf hin, dass die damit assoziierten Tests erfolgreich ausgeführt wurden.

```
Object under test
  when this
    and when that
      should do this
      should do that
```

Abbildung 4-2: Ausgabe eines Jasmine-Tests

Innerhalb der mit `it` definierten Testfälle führt der Entwickler Prüfungen durch, um herauszufinden, ob der Testfall die gewünschten Ergebnisse erzielt hat. Der betrachtete Testfall prüft zum Beispiel mit

```
expect(objectUnderTest.ok).toBe(true)
```

ob die Eigenschaft `objectUnderTest.ok` den Wert `true` aufweist. Funktionen wie `toBe` werden im Jasmine-Jargon als Matcher bezeichnet. Die Bedeutung eines Matchers kann unter Verwendung der Eigenschaft `not` umgekehrt werden:

```
expect(objectUnderTest.ok).not.toBe(true)
```

Neben `toBe` bietet Jasmine einige weitere Matcher an, deren jeweiliger Name Programm ist. Dazu zählen `toBeDefined`, `toBeNull`, `toBeNaN`, `toBeFalsy`, `toBeTruthy`, `toContain`, `toBeLessThan`, `toBeGreaterThan` und toThrow. Daneben kann der Entwickler mit toMatch prüfen, ob ein Wert einem übergebenen regulären Ausdruck entspricht. Dem Umstand, dass Fließkommazahlen kleine Ungenauigkeiten aufweisen können, trägt der Matcher toBeCloseTo Rechnung. Er nimmt zwei Werte entgegen: Jenen Wert, der erwartet wird, sowie ein erlaubtes Delta. Informationen dazu findet man unter *https://github.com/pivotal/jasmine/wiki/Matchers*.

Mit beforeEach und afterEach registriert der Entwickler jeweils eine weitere Funktionen, die vor oder nach sämtlichen Testfällen der aktuellen sowie der untergeordneten Ebenen der beschriebenen Hierarchie ausgeführt werden.

Beispiel 4-49: Ein sehr einfacher Jasmine-Test

```
describe("Object under test", function () {

    beforeEach(function () {
    });

    afterEach(function () {
    });

    describe("when this", function () {

        beforeEach(function () {
        });

        afterEach(function () {
        });

        describe("and when that", function () {

            it ("should do this", function () {
                var objectUnderTest = { ok: true };
                expect(objectUnderTest.ok).toBe(true);
            });

            it("should do that", function () {
                var objectUnderTest = { notOk: false };
                expect(objectUnderTest.notOk).toBe(false);

            });
        });
    });
});
```

Der Jasmine-Test-Runner

Um Jasmine-Tests, wie jenen im letzten Abschnitt, auszuführen, benötigt der Entwickler einen Test-Runner. Der Test-Runner, der im Lieferumfang von Jasmine zu finden ist, besteht lediglich aus einer HTML-Seite, welche die CSS- und JavaScript-Dateien von Jasmine referenziert und ein wenig JavaScript-Code zur Ausführung der Tests beinhaltet (vgl. Beispiel 4-50). In diese Datei inkludiert der Entwickler die JavaScript-Dateien, welche seine Tests beinhalten sowie sämtliche Dateien, welche die (direkten und indirekten) Abhängigkeiten der Tests aufweisen.

Beispiel 4-50: Jasmine-Test-Runner

```
@{
    Layout = null;
}
<!DOCTYPE HTML PUBLIC "-//W3C//DTD HTML 4.01 Transitional//EN"
        "http://www.w3.org/TR/html4/loose.dtd">
<html>
<head>
    <title>Jasmine Spec Runner</title>
    <link rel="shortcut icon" type="image/png" href="/Content/jasmine/jasmine_favicon.png">
    <link rel="stylesheet" type="text/css" href="/Content/jasmine/jasmine.css">
    <script type="text/javascript" src="/Scripts/jasmine/jasmine.js"></script>
    <script type="text/javascript" src="/Scripts/jasmine/jasmine-html.js"></script>
    <!-- include source files here... -->
    <script type="text/javascript" src="/Scripts/jasmine-samples/SpecHelper.js"></script>
    <script type="text/javascript" src="/Scripts/jasmine-samples/PlayerSpec.js"></script>
    <!-- include spec files here... -->
    <script type="text/javascript" src="/Scripts/jasmine-samples/Player.js"></script>
    <script type="text/javascript" src="/Scripts/jasmine-samples/Song.js"></script>

    ///
    <script src="~/Scripts/angular.js"></script>
    ///
    <script src="~/Scripts/moment.js"></script>
    <script src="~/Scripts/q.js"></script>

    <script src="~/Scripts/AngularApp.js"></script>
    <script src="~/Scripts/tests/AngularAppTests.js"></script>

    <script src="~/Scripts/angular-ui.js"></script>

    <script type="text/javascript">
        (function () {
            var jasmineEnv = jasmine.getEnv();
            jasmineEnv.updateInterval = 1000;

            var htmlReporter = new jasmine.HtmlReporter();

            jasmineEnv.addReporter(htmlReporter);

            jasmineEnv.specFilter = function (spec) {
                return htmlReporter.specFilter(spec);
            };

            var currentWindowOnload = window.onload;

            window.onload = function () {
                if (currentWindowOnload) {
                    currentWindowOnload();
                }
                execJasmine();
            };

            function execJasmine() {
                jasmineEnv.execute();
            }
```

```
        })();
    </script>
</head>
<body>
</body>
</html>
```

Das freie Projekt `Chutzpah` (*http://chutzpah.codeplex.com*) bietet einen Test-Runner, welcher Jasmine-Tests direkt in Visual Studio zur Ausführung bringt und auch beim Build durch Team Foundation Server genutzt werden kann. Damit Chutzpah herausfinden kann, welche zusätzlichen JavaScript-Dateien mit benötigten Abhängigkeiten für den Test zu laden sind, ist der Entwickler angehalten, diese über Kommentare zu referenzieren, die mit drei Schrägstrichen beginnen und XML-Elemente beinhalten. Diese Elemente weisen den Namen `reference` auf und verweisen über ein Attribut `path` auf die gewünschte Datei. Da auch TypeScript solche Kommentare verwendet, erlaubt `Chutzpah` auch die Verwendung des Namens `chutzpah_reference`.

```
/// <reference path="../angular.js" />
/// <reference path="../AngularApp.js" />
/// <chutzpah_reference path="../moment.js" />
/// <chutzpah_reference path="../jasmine/jasmine.js" />
/// <chutzpah_reference path="../q.js" />
describe("FlugBuchenVM", function () { […] }
```

Da der HTML-basierte Jasmine-Test-Runner mehr Informationen über fehlgeschlagene Testfälle liefert, hat es sich bewährt, Tests mit diesem Test-Runner zu testen, bevor `Chutzpah` verwendet wird.

Ein View-Model testen

Am einfachsten gestaltet sich das Testen von View-Models, gerade auch dann, wenn lediglich zu prüfen ist, ob die einzelnen Methoden die gewünschten Werte zurückgeben bzw. zu den gewünschten Zustandsänderungen führen. Etwas komplizierter wird es, wenn die View-Models, wie jene in diesem Kapitel, Services erhalten, die AngularJS dem Controller injiziert hat. Denn für den Testfall muss der Entwickler sich darum kümmern, an diese Abhängigkeiten oder an sogenannte Mocks (Attrappen), die diese Abhängigkeiten simulieren, zu kommen. Beispiel 4-51 bezieht zu diesem Zweck den Injector-Service von AngularJS. Dabei handelt es sich um jenen Service, der sich um das Auflösen von Abhängigkeiten kümmert. Um an diesen Service zu kommen, ruft der betrachtete Testfall die Funktion `angular.injector` auf und übergibt in einem Array die Namen der Module mit den gewünschten Abhängigkeiten. Der Modulname `ng` bezieht sich hier auf jenes Modul, das von AngularJS standardmäßig eingerichtet wird und das die Standard-Services bereitstellt. Die Funktion `get` des Injectors nimmt den Namen eines Services entgegen und gibt diesen zurück, sofern er existiert.

Auf diese Weise gelangt der hier betrachtete Test in der Methode `beforeEach` an die Services `$http`, `$q` und `$rootScope`. Mit der Funktion `$new` des Services `$rootScope` erstellt er einen neuen Scope. Anschließend instanziiert der Test eine `FlugBuchenVM`-Instanz, welche er in weiterer Folge testet.

Das hier betrachtete Beispiel spendiert dem View-Model auch einen `baseUrl`. Diesen Wert stellt es dem URL der einzelnen aufgerufenen HTTP-Services, wie `/api/flug`, voran, um einen absoluten URL hierfür zu bilden. Dies ist notwendig, wenn die Testfälle nicht innerhalb der zu testenden Webanwendung, sondern in einem lokalen Test-Runner ausgeführt werden. Ein Beispiel dafür ist der Test-Runner

Chutzpah, welcher in Visual Studio über den Erweiterungsmanager installiert werden kann und Jasmine-Tests direkt in Visual Studio zur Ausführung bringt. Innerhalb von `it` wird anschließend geprüft, ob der über `selectFlug` ausgewählte Flug auch über die Eigenschaft `selectedFlug` zur Verfügung steht.

Beispiel 4-51: Testen eines View-Models mit Jasmine

```
describe("FlugBuchenVM", function () {

    var vm;

    beforeEach(function () {

        var injector = angular.injector(['ng']);

        var http = injector.get("$http");
        var q = injector.get("$q");
        var rootScope = injector.get("$rootScope");
        var scope = rootScope.$new();

        vm = new FlugBuchenVM(scope, http, q);
        vm.baseUrl = "http://localhost:59978";

    });

    afterEach(function () {
    });

    it("should select 2nd flight", function () {

        var flug1 = new Flug.FlugVM({});
        var flug2 = new Flug.FlugVM({});
        var flug3 = new Flug.FlugVM({});

        vm.fluege.push(flug1);
        vm.fluege.push(flug2);
        vm.fluege.push(flug3);

        vm.selectFlug(1);

        expect(vm.selectedFlug).toBe(flug2);
    });

});
```

Asynchrone Tests

Für das Testen asynchroner Methoden mit Jasmine bildet der Entwickler eine Kette von Funktionen, die gemeinsam den gewünschten Testfall repräsentieren. Dazu nutzt er, wie Beispiel 4-52 veranschaulicht, die von Jasmine angebotenen Funktionen `runs` und `waitsFor`. Erstere fügt eine beliebige Funktion zur Kette hinzu; Letztere fügt eine Funktion hinzu, welche dazu führt, dass Jasmine den Testfall anhält, bis eine bestimmte Bedingung eingetreten ist. Jasmine ruft diese Funktion immer und immer wieder auf. Liefert sie `true`, fährt Jasmine mit der nächsten Funktion in der Kette fort. Ansonsten pausiert Jasmine und bringt kurz darauf die mit `waitsFor` definierte Funktion erneut zur Ausführung. Damit dies in keiner Endlosschleife mündet, kann der Entwickler `waitsFor`, wie im betrachteten Beispiel gezeigt, ein Timeout in Sekunden sowie eine Information, die im Falle eines Timeouts auszugeben ist, übergeben.

Beispiel 4-52: Asynchrone Tests mit AngularJS

```
it("should load Passagiere", function () {

    var finished = false;
    var error = false;

    runs(function () {
        vm.passagierNrFilter = "1";
        vm.load().then(function () {
            finished = true;
        }).catch(function (ex) {
            finished = true;
            error = true;
        });
    });

    waitsFor(function () {
        return finished;
    }, "Zu lange auf Load gewartet!", 20000);

    runs(function () {
        expect(error).toBe(false);
        expect(vm.passagiere.length).toBe(1);
    });
});
```

Controller testen

Der Entwickler testet Controller mit Jasmine ähnlich wie View-Models. Allerdings muss er hierzu wissen, wie er an eine Instanz eines definierten Controllers gelangt. Dazu besorgt er sich vom Injector den Service `$controller`. Dabei handelt es sich lediglich um eine Funktion, welche den Controller zur Ausführung bringt. Sie nimmt den Namen des Controllers sowie ein Objekt mit den Parametern entgegen, die an den Controller zu übergeben sind. Die Eigenschaften dieses Objekts haben den Namen der einzelnen Parameter zu entsprechen. Auf diese Weise kann der Entwickler den Controller unter Verwendung eines eigenen Scopes zur Ausführung bringen. Danach kann er prüfen, ob der Scope die gewünschten Werte beinhaltet sowie eventuelle Funktionen bzw. View-Models dieses Scope-Objekts testen.

Beispiel 4-53: Controller mit AngularJS testen

```
describe("FlugBuchenVM", function () {

    var scope;

    beforeEach(function () {

        var injector = angular.injector(['ng', 'Flug', 'ui.router']);

        var http = injector.get("$http");
        var q = injector.get("$q");
        var rootScope = injector.get("$rootScope");
```

```
            scope = rootScope.$new();
            var controller = injector.get("$controller");

            controller("FlugBuchenCtrl", { $scope: scope });

            scope.vm.baseUrl = "http://localhost:59978";


        });

        afterEach(function () {
        });

        it("should load Passagiere", function () {

            var finished = false;
            var error = false;

            var vm = scope.vm;

            runs(function () {
                vm.passagierNrFilter = "1";
                vm.load().then(function () {
                    finished = true;
                }).catch(function (ex) {
                    finished = true;
                    error = true;
                });
            });

            waitsFor(function () {
                return finished;
            }, "Zu lange auf Load gewartet!", 6000);

            runs(function () {
                expect(error).toBe(false);
                expect(vm.passagiere.length).toBe(1);
            });
        });
    });
```

HTTP-Zugriffe für Tests mit angular-mock.js simulieren

Mit dem im Lieferumfang von AngularJS enthaltenen Skript *angular-mocks.js* bietet AngularJS dem Entwickler Unterstützung für das Erstellen von Tests mit Jasmine an. Dieses Skript stellt ein paar Hilfsfunktionen, welche den Einsatz des Injectors vereinfachen, zur Verfügung. Daneben bewirkt das Einbinden dieses Skripts auch, dass zentrale AngularJS-Services durch Mocks (Attrappen) ausgetauscht werden. Zu diesen Mocks zählt ein Mock für den Service `$httpBackend`, welcher der Service `$http` für den Zugriff auf HTTP-Services heranzieht. Um ein isoliertes Testen zu ermöglichen, greift dieser Mock nicht auf HTTP-Services zu, sondern retourniert stattdessen Objekte, die der Testfall im Vorfeld definiert hat.

Beispiel 4-54 demonstriert dies. Mit der von *angular-mock.js* bereitgestellten Funktion `module` definiert es, dass das Modul `Flug` getestet werden soll. Da diese Funktion innerhalb von `beforeEach` verwendet wird, wird dieses Modul vor jedem Testfall initiiert. Das Modul ng muss der Entwickler beim Einsatz von angular-mock.js nicht explizit referenzieren. An einen zweiten Aufruf von beforeEach übergibt das betrachtete Beispiel einen Aufruf von inject. Dabei handelt es sich um eine weitere Funktion, die angular-mock.js bereitstellt. Inject erwartet eine Funktion, an die sie delegiert. Dabei injiziert inject die benötigten Abhängigkeiten in deren Parameter. Die Auflösung der Abhängigkeiten erfolgt, wie unter AngularJS üblich, über die Namen dieser Parameter. Auf diese Weise erhält Beispiel 4-54 die Services $rootScope, $controller, $http, $q und $httpBackend, wobei es sich bei Letzterem um einen Mock handelt, zumal angular-mock.js eingebunden wurde.

Der mit it definierte Testfall bereitet diesen Mock auf seinen Einsatz vor. Dazu verwendet er die Funktion expect, um anzuzeigen, dass davon auszugehen ist, dass ein an den hinterlegten URL gerichteter Servicezugriff via GET erfolgt. Hierbei ist auch von Expectation die Rede, zumal damit eine Erwartungshaltung ausgedrückt wird.

Die Funktion respond legt das Objekt fest, welches in diesem Fall vom Mock zurückzugeben ist. Dies erlaubt es, Logik, die sich auf diesen Servicezugriff stützt, ohne tatsächliches Durchführen dieses Servicezugriffs isoliert zu testen.

Damit sich der betrachtete Testfall wie gewünscht verhält, ist der Entwickler angehalten, nach dem Serviceaufruf die vom httpBackend-Mock angebotene Funktion flush aufzurufen. Erst dadurch wird die Simulation des asynchronen Servicezugriffs abgeschlossen und der definierte Wert retourniert.

Innerhalb von afterEach prüft das hier gezeigte Beispiel mit verifyNoOutstandingExpectation, ob sämtliche für den Mock definierte Erwartungen (engl. expectations) eingetreten sind. Mit verifyNoOutstandingRequest prüft es darüber hinaus, ob sämtliche Serviceaufrufe abgeschlossen wurden. Dies ist nicht der Fall, wenn der zuvor erwähnte Aufruf von flush nicht stattfindet.

Beispiel 4-54: HTTP-Zugriffe simulieren

```
<script src="~/Scripts/angular.js"></script>
<script src="~/Scripts/angular-mocks.js"></script>

[…]

describe("FlugBuchenVM", function () {

    var scope;
    var httpBackend

    beforeEach(module("Flug"));

    beforeEach(inject(function ($rootScope, $controller, $http, $q, $httpBackend) {
        scope = $rootScope.$new();

        var ctrl = $controller('FlugBuchenCtrl', {
            $scope: scope,
            $http: $http,
            $q: $q
        });

        httpBackend = $httpBackend;

        scope.vm.baseUrl = "http://localhost:59978";
    }));
```

```
    afterEach(function () {

        httpBackend.verifyNoOutstandingExpectation();
        httpBackend.verifyNoOutstandingRequest();

    });

    it("should load Passagiere", function () {

        var finished = false;
        var error = false;

        var vm = scope.vm;

        runs(function () {

            httpBackend
                .expect('GET', 'http://localhost:59978/api/passagier?pNummer=1')
                .respond([{ Id: 1, Vorname: "Max", Name: "Muster", PassagierStatus: "A" }]);

            vm.passagierNrFilter = "1";

            vm.load().then(function () {
                finished = true;
            }).catch(function (ex) {
                finished = true;
                error = true;
            });

            httpBackend.flush();
        });

        waitsFor(function () {
            return finished;
        }, "Zu lange auf Load gewartet!", 6000);

        runs(function () {
            expect(error).toBe(false);
            expect(vm.passagiere.length).toBe(1);
        });
    });
});
```

Angular-Services für Tests simulieren

Anstatt einen Mock für den Service `$httpBackend` zu verwenden, kann der Entwickler auch jenen Service simulieren, der über `$http` und somit indirekt über `$httpBackend` auf einen HTTP-Service zugreift. Dazu muss er lediglich ein Objekt, das nach außen hin so aussieht wie der eigentliche Service, an den Aufruf von `$controller` übergeben. Beispiel 4-55 demonstriert dies. Es definiert innerhalb von `beforeEach` einen Mock für den `passagierService` mit einer Funktion `load`. Diese Funktion gibt, wie das Gegenstück im Tatsächlichen, `passagierService`, ein Promise zurück. Dabei ist es wichtig, zu erkennen, dass das `deferrable`, mit dem das Promise erstellt wird, außerhalb von `beforeEach` deklariert wird und somit auch später im Zuge der Testfälle zur Verfügung steht. Dies ist notwendig, damit die Testfälle das Promise mit `resolve` oder `reject` über den Ausgang des asynchronen Aufrufs informieren können. Damit das Promise hierauf reagiert, ist der Entwickler angehalten, die Funktion `scope.$root.$digest()` zur Ausführung zu bringen. Diese veranlasst AngularJS u.a. dazu, ausstehende Ereignisse anzustoßen.

Damit der Aufruf der Methode `load` vom Testfall überwacht werden kann, richtet dieser hierfür mit der von Jasmine bereitgestellten Funktion `spyOn` einen sogenannten Spy ein. Dabei handelt es sich um einen Wrapper für Funktionen eines Mocks, der aufzeichnet, dass die ummantelte Funktion aufgerufen wird. Spys können an die ummantelte Funktion delegieren oder stattdessen einen eigenen Rückgabewert zurückliefern.

Durch den zusätzlichen Aufruf von `andCallThrough` bewirkt der Testfall, dass die tatsächliche Logik von `load` zur Ausführung kommt. Stattdessen könnte der Testfall auch unter Verwendung der Methode `andReturn` angeben, dass bei jedem Aufruf lediglich ein bestimmter Wert zurückzugeben ist:

```
andReturn(deferredPassagiere.promise)
```

Mit Matchern wie `toHaveBeenCalled` prüft der Testfall am Ende, ob `load` aufgerufen wurde. Die einzelnen hier gezeigten Varianten erlauben es auch, herauszufinden, wie häufig `load` zur Ausführung gebracht wurde und welche Parameter dabei zum Einsatz kamen.

Beispiel 4-55: Services simulieren

```
describe("FlugBuchenVM", function () {

    var scope;
    var httpBackend
    var passagierService;
    var deferredPassagiere;

    beforeEach(module("Flug"));

    beforeEach(inject(function ($rootScope, $controller, $http, $q, $timeout) {
        scope = $rootScope.$new();

        passagierService = {
            load: function (params) {
                deferredPassagiere = $q.defer();
                return deferredPassagiere.promise;
            }
        }

        var ctrl = $controller('FlugBuchenCtrl', {
            $scope: scope,
            $http: $http,
            $q: $q,
            flugService: null,
            passagierService: passagierService
        });

        scope.vm.baseUrl = "http://localhost:59978";
    }));

    afterEach(function () {
    });
```

```
    it("should load Passagiere", function () {

        var vm = scope.vm;

        spyOn(passagierService, "load").andCallThrough();

        vm.passagierNrFilter = "1";

        vm.load();

        deferredPassagiere.resolve([{
            Id: 1,
            Vorname: "Max",
            Name: "Muster",
            PassagierStatus: "A"
        }]);

        scope.$root.$digest(); // scope-lifecycle simulieren

        expect(vm.passagiere.length).toBe(1);

        var expectedArgument = { pNummer: '1' };
        expect(passagierService.load).toHaveBeenCalled();
        expect(passagierService.load.calls.length).toEqual(1);
        expect(passagierService.load).toHaveBeenCalledWith(expectedArgument);
        expect(passagierService.load.mostRecentCall.args[0]).toEqual(expectedArgument);
        expect(passagierService.load.mostRecentCall.args[0]).toEqual(expectedArgument);
        expect(passagierService.load.calls[0].args[0]).toEqual(expectedArgument);
    });

});
```

Der Spy-Mechanismus von Jasmine erlaubt auch das Erzeugen von Mocks, die lediglich aus Spy-Methoden (Spies) bestehen. Dazu nutzt der Entwickler die Funktion `createSpyObj`, an die er einen intern für das Objekt zu verwendenden Namen, der bei Fehlermeldungen zum Einsatz kommt, sowie ein Array mit den einzurichtenden Funktionen übergibt. Mit Funktionen, wie `andReturn`, kann der Entwickler für ein solches Spy-Objekt festlegen, welche Werte die einzelnen Methoden zurückzugeben haben:

```
passagierService = jasmine.createSpyObj("passagierServiceSpy", ["load"]);
passagierService.load.andReturn(deferredPassagiere.promise);
```

Filter testen

Um innerhalb eines Tests eine Referenz auf einen Filter zu erhalten, lässt der Entwickler den Service `$filter` injizieren. Hierbei handelt es sich um eine Funktion, die den Namen eines Filters entgegennimmt und jene Funktion, die den damit assoziierten Filter repräsentiert, zurückliefert. Beispiel 4-56 demonstriert dies.

Beispiel 4-56: Filter testen

```
describe("GlobalizeFilter", function () {

    var scope;
    var httpBackend
    var passagierService;
```

```
    var deferredPassagiere;

    var filter;

    beforeEach(module("Flug"));

    beforeEach(inject(function ($rootScope, $controller, $http, $q, $timeout, $filter) {
        scope = $rootScope.$new();

        filter = $filter;

        deferredPassagiere = $q.defer();
        passagierService = jasmine.createSpyObj("passagierServiceSpy", ["load"]);


        var ctrl = $controller('FlugBuchenCtrl', {
            $scope: scope,
            $http: $http,
            $q: $q,
            flugService: null,
            passagierService: passagierService
        });

        scope.vm.baseUrl = "http://localhost:59978";
    }));

    afterEach(function () {

    });

    it("should format 12.5 for curlture DE as 12,50", function () {

        Globalize.culture("de");

        var globalize = filter("globalize");
        var result = globalize(12.5, "n2");
        expect(result).toEqual("12,50");

    });

});
```

Direktiven testen

Zum Testen von Direktiven muss der Entwickler ein HTML-Fragment simulieren, welches sich auf die Direktive stützt. Dies geschieht über den Service `$compile`. Auch hierbei handelt es sich lediglich um eine Funktion. Diese Funktion nimmt einen String mit HTML entgegen und kompiliert ihn auf dieselbe Weise, wie AngularJS ganze Views kompiliert. Dabei aktiviert `$compile` die hinterlegten Direktiven. Das Ergebnis von `$compile` ist ein jQuery-Objekt, welches das jeweilige HTML-Fragment beschreibt. Damit tatsächlich sämtliche von jQuery bekannten Funktionen zur Verfügung stehen, ist das Skript für jQuery einzubinden.

Damit sich AngularJS um die Datenbindung kümmert und anstehende Ereignisbehandlungsroutinen ausführt, muss der Testfall die Funktion `$digest` vom `$rootScope` anstoßen. Innerhalb von »richtigen«

Views geschieht dies ohne Zutun des Entwicklers. Anschließend kann der Entwickler zum Testen über jQuery mit der Direktive interagieren. Da hierbei keine Browserereignisse ausgelöst werden, muss er sich manuell darum kümmern. Hierzu kann die jQuery-Funktion `trigger` herangezogen werden. Beispiel 4-57 verwendet diese Funktion zum Simulieren des Browserereignisses `input`, welches anzeigt, dass der Inhalt eines Textfelds geändert wurde. Anschließend führt das betrachtete Beispiel aus den genannten Gründen erneut `$digest` aus und prüft, ob sich die Direktive wie erwartet verhalten hat.

Beispiel 4-57: Direktiven mit Jasmine testen

```
describe("IntegerDirective", function () {

    var rootScope;
    var compile;

    beforeEach(module("Flug"));

    beforeEach(inject(function ($rootScope, $compile) {
        rootScope = $rootScope;
        compile = $compile;
    }));

    afterEach(function () {

    });

    it("should mark the value 'Keine Zahl!' as invalid value.", function () {

        var element = compile("<form name='form' id='form'><input number ng-model='aNumber'
id='aNumber' name='aNumber'></form>")(rootScope);

        rootScope.$digest();

        element.find("#aNumber").val("Keine Zahl!");
        element.find("#aNumber").trigger("input");

        rootScope.$digest();

        var invalid = rootScope.form.aNumber.$invalid;

        expect(invalid).toBe(true);

    });

});
```

Benutzerdefinierte Direktiven

Eine der Stärken von AngularJS ist die Möglichkeit, eigene Direktiven zu entwickeln. Damit kann der Entwickler das Vokabular von HTML erweitern und wiederverwendbare Komponenten schaffen. Während der Abschnitt »Benutzerdefinierte Validierungslogiken« dieses Thema bereits für die Erstellung einer benutzerdefinierten Validierungslogik aufgegriffen hat, geht dieser Abschnitt auf die Möglichkeiten benutzerdefinierter Direktiven jenseits der Validierung von Eingaben ein. Dazu zeigt er anhand eines durchgängigen Beispiels die vielen Möglichkeiten, die AngularJS in diesem Bereich bietet. Hierbei handelt es sich, wie Abbildung 4-3 veranschaulicht, um eine Alternative zu Kontrollkästchen (engl. Checkbox).

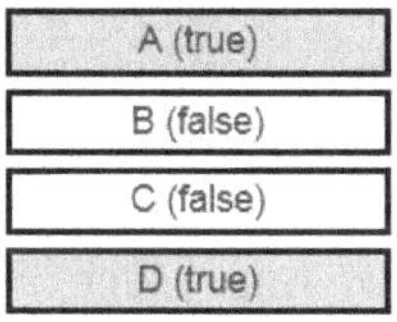

Abbildung 4-3: Benutzerdefinierte Direktive mit einer alternativen Darstellungsform für Kontrollkästchen

Eine erste (zu) einfache Direktive

Zur Erstellung einer eigenen Direktive verwendet der Entwickler die Funktion `directive`, wie Beispiel 4-58 veranschaulicht. Der erste Parameter repräsentiert den Namen der Direktive, der zweite verweist hingegen auf eine Funktion, welche die Direktive in Form eines Objekts zurückgibt. Für Namen wird in der Regel die Kamelschreibweise (engl. Camel Case) verwendet, wobei diese für Markup in eine Schreibweise umgewandelt wird, die auf Kleinbuchstaben basiert und zur Trennung der einzelnen Worte Bindestriche verwendet. Aus `coolCheckbox` wird somit im Markup `cool-checkbox`.

Die Eigenschaft `templateUrl` verweist auf eine Datei, welche jene HTML-Elemente enthält, mit denen die Direktive darzustellen ist. Wie später noch gezeigt wird, kann die Direktive diese Elemente unter Verwendung von jQuery auch abändern. Alternativ zu `templateUrl` kann der Entwickler auch die Eigenschaft `template` heranziehen, welche auf einen String mit den jeweiligen HTML-Elementen verweist.

Setzt der Entwickler die Eigenschaft `transclude` auf `true`, gibt er an, dass der Inhalt jenes Elements, auf das die Direktive angewendet wird, an einer bestimmten Stelle im Template auftachen soll. Diese Stelle zeichnet das Template mit der Direktive `ng-transclude` aus (siehe Beispiel 4-59). Somit würde beim betrachteten Beispiel der Einsatz von

```
<div cool-checkbox>Hallo Welt</div>
```

bewirken, dass der Text `Hallo Welt` innerhalb des Elements angezeigt würde, welches mit `ng-transclude` markiert ist.

> Beim Einsatz von Direktiven in Form von Kommentaren ist zu beachten, dass diese keine Möglichkeit zur Transklusion bieten, zumal Kommentare im Gegensatz zu Elementen keinen Inhalt aufweisen, der transkludiert werden könnte.

Mit der Eigenschaft `restrict` gibt der Entwickler an, mit welchen HTML-Mitteln die Direktive im Markup repräsentiert werden darf. `restrict` erwartet einen String, welcher aus den Zeichen E (Element), C (Class, im Sinne des `class`-Attributs), M (Darstellung über Kommentare) und A (Attribute) besteht. Abhänig davon, welche dieser Zeichen im String vorkommen, darf die Direktive mit mehr oder weniger diesen Möglichkeiten, für die Beispiel 4-60 ein Beispiel bietet, dargestellt werden.

Setzt der Entwickler `replace` auf `true`, gibt er an, dass das Element, welches die Direktive repräsentiert, durch das Template der Direktive zu ersetzen ist. Setzt der Entwickler diese Eigenschaft hingegen auf `false`, stellt AnugularJS das Template der Direktive innerhalb des Elements dar, das die Direktive repräsentiert. In Fällen, in denen die Direktive über HTML-Kommentare dargestellt werden soll, ist es notwendig, dass der Entwickler replace auf true setzt, zumal HTML-Kommentare keine untergeordneten HTML-Elemente besitzen.

Die Eigenschaft controller verweist auf eine Funktion, die als Controller der Direktive fungiert. Wie bei Controllern üblich, erhält auch dieser Controller die notwendigen Abhängigkeiten über die Dependency-Injection. Im betrachteten Fall erhält der Controller den aktuellen Scope, ein jQuery-Objekt, das das Template repräsentiert ($element), und ein Objekt, welches sämtliche Attribute ($attrs) jenes Elements, über das die Direktive im Markup dargestellt wird, beinhaltet. Stellt der Entwickler die Direktive beispielsweise über das Element

```
<div cool-checkbox class="B">Some Text</div>
```

dar, weist $attrs eine Eigenschaft class mit dem Wert B auf. Zusätzlich besäße $attrs auch eine Eigenschaft coolCheckbox mit dem Wert undefined. Zur Bildung des Namens solcher Eigenschaften wandelt AngularJS die schreibweise cool-checkbox in die unter JavaScript übliche Schreibweise coolCheckbox um. Beim Einsatz von

```
<div cool-checkbox="this-and-that" class="B">Some Text</div>
```

würde die Eigenschaft coolCheckbox hingegen den Wert this-and-that aufweisen.

Der in Beispiel 4-58 gezeigte Controller hinterlegt im Scope ein Model, welches über isChecked angibt, ob die dargestellte Checkbox aktiviert ist, und über toggleState einen Zustandswechsel der Checkbox bewirkt. Auf dieses Model bezieht sich das Template in Beispiel 4-59: Es wählt unter Berücksichtigung von isChecked eine CSS-Klasse aus und verweist über den Click-Handler auf toggleState.

Beispiel 4-58: Einfache Direktive

```
var app = angular.module("directivesSample", []);

app.directive("coolCheckbox", function () {

    return {
        //template: "<div class='coolCheckBoxOff'>Checkbox</div>"
        templateUrl: "/templates/coolCheckBoxTemplateWithNg.html",
        transclude: true,
        restrict: "ECMA",
        replace: true,
        controller: function ($scope, $element, $attrs) {
            // $scope.title = "Haaacked"; // wenn nichts anderes angegeben wird, bekommt die Direktive
den selben Scope, wie ihr Parent

            $scope.model = {
                isChecked: false,
                toggleState: function () {
                    this.isChecked = !this.isChecked;
                }
            }
        }
    };

});

app.controller("sampleCtrl", function ($scope) {
    $scope.title = "Directive-Sample";
});
```

Beispiel 4-59: Template für einfache Direktive

```
<div ng-class="(model.isChecked) ? 'coolCheckBoxOn' : 'coolCheckBoxOff' " ng-click="model.
toggleState()"><span ng-transclude></span> ({{model.isChecked}})</div>
```

Beispiel 4-60: Anwenden einer einfachen Direktive

```
<div ng-app="directivesSample">
    <div ng-controller="sampleCtrl">
        <h2>{{ title }}</h2>
        <div cool-checkbox>Some Text</div>
        <div class="cool-checkbox">Some Text</div>
        <cool-checkbox>Some Text</cool-checkbox>
        <!-- directive: cool-checkbox -->
    </div>
</div>
```

Da in diesem ersten Beispiel keine weiteren Angaben zum Scope gemacht wurden, entspricht der an den Controller übergebene Scope dem aktuellen Scope in der AngularJS-Anwendung. Somit teilt sich die Direktive den Scope mit der Anwendung und das kann zu Konflikten führen. Beispielsweise würden nun mehrere Instanzen der betrachteten Direktive auf dasselbe Model zugreifen. Das hat zur Folge, dass sich eine Änderung der Eigenschaft `isChecked` auf sämtliche Instanzen von `coolCheckbox` auswirkt.

Daneben ist `coolCheckbox` in der Lage, Eigenschaften, die an anderen Stellen in der Seite genutzt werden, zu überschreiben. Das betrachtete Beispiel deutet dies mit einem Kommentar an: Setzt `coolCheckbox` die Scope-Eigenschaft `title` auf einen anderen Wert, aktualisiert AngularJS den Titel der Seite, zumal dieser an die Eigenschaft `title` gebunden ist (Beispiel 4-60). Es liegt auf der Hand, dass solche Nebeneffekte verhindert werden müssen. Aus diesem Grund bietet AngularJS die Möglichkeit, einer Direktive einen eigenen Scope zu spendieren. Informationen darüber finden sich in den nachfolgenden Abschnitten »Eigener Scope für Direktive « und »Isolierte Scopes«.

Eigener Scope für Direktive

Die im letzten Abschnitt beschriebene Direktive verwendet den aktuellen Scope. Dies kann zu Nebeneffekten führen, wenn die Direktive Variablen dieses Scopes verwendet, die auch an anderen Stellen in der Anwendung zum Einsatz kommen. Um dieses Problem zu lösen, kann der Entwickler angeben, dass für die Direktive ein neuer Scope erzeugt werden soll. Wie im Abschnitt »Scopes« beschrieben, steht dieser Scope über die Prototypenkette in Beziehung mit dem aktuellen, bereits existierenden Scope, auch als Parent-Scope bezeichnet. Somit stehen auch sämtliche Elemente dieses Scopes zur Verfügung. Zuweisungen zu Eigenschaften des Scopes führen jedoch immer zu einer Änderung des eigenen Scopes.

Damit eine Direktive ihren eigenen Scope erhält, setzt der Entwickler die Eigenschaft scope auf `true`. Beispiel 4-61 veranschaulicht das.

Beispiel 4-61: Direktive mit eigenem Scope

```
var app = angular.module("directivesSample", []);

app.directive("coolCheckbox", function () {

    return {
        templateUrl: "/templates/coolCheckBoxTemplate.html",
        transclude: true,
        scope: true, //new Scope
```

```
        replace: true,
        controller: function ($scope) {
            $scope.model = {
                isChecked: false,
                toggleState: function () {
                    this.isChecked = !this.isChecked;
                }
            }
        }

    };

});
```

Einen eigenen Scope zu haben, verhindert zwar Konflikte mit anderen Direktiven, bringt jedoch ein weiteres Problem mit sich: Es besteht keine (einfache und schöne) Möglichkeit, eine Variable des eigenen Scopes an eine Variable des äußeren Scopes zu binden. Dies ist im betrachteten Fall jedoch vonnöten, um den Wert der Checkbox nach außen zu kommunizieren, sodass Funktionen des Controller-Scopes darauf Zugriff haben. Dieses Problem kann der Entwickler mit isolierten Scopes lösen, die im nächsten Abschnitt beschrieben werden.

Isolierte Scopes

Im Gegensatz zu neuen Scopes, die für eine Direktive erzeugt werden, stehen isolierte Scopes nicht über die Prototypenkette in Beziehung mit dem bereits existierenden Parent-Scope. Stattdessen kann der Entwickler angeben, dass bestimmte Eigenschaften des bestehenden Scopes an Eigenschaften des isolierten Scopes zu binden sind. Um einen isolierten Scope für eine Direktive zu erstellen, weist der Entwickler der Direktiveneigenschaft `scope` ein Objekt zu. Jede Eigenschaft dieses Objekts beschreibt eine Eigenschaft des isolierten Scopes, welche an einen existierenden Wert zu binden ist.

Der Wert dieser Eigenschaften ist ein String, der aus zwei Informationen besteht: einem Präfix, das die Art der Bindung beschreibt, und dem Namen eines HTML-Attributs, mit dem die zu bindende Eigenschaft des äußeren Scopes zu benennen ist. Da es sich hier um eine (Zwei-Wege-)Datenbindung handelt, werden Änderungen, die die Direktive an diesen Eigenschaften im isolierten Scope vornimmt, auch an die gebundenen Eigenschaften des äußeren Scopes übertragen.

Beispiel 4-62 veranschaulicht dies. Es legt fest, dass die Direktive einen isolierten Scope erhalten soll, indem es der Eigenschaft `scope` ein Objekt zuweist. Da dieses Objekt die Eigenschaften `isChecked` und `stateChanged` aufweist, erhält der isolierte Scope diese beiden Eigenschaften, welche mit Werten des äußeren Scopes verknüpft werden.

An `isChecked` weist das betrachtete Beispiel den Wert `=isChecked` zu. Das Präfix `=` bedeutet an dieser Stelle, dass `isChecked` mit dem Wert einer Variablen (und nicht mit einer Funktion) des äußeren Scopes zu verknüpfen ist. Der restliche String mit dem Inhalt `isChecked` gibt an, dass die Variable des äußeren Scopes über ein HTML-Attribut `is-checked` anzugeben ist. An dieser Stelle wird abermals die in JavaScript übliche Kamelschreibweise (`isChecked`) auf die für HTML-Attribute übliche Schreibweise (`is-checked`) abgebildet.

Die Eigenschaft `stateChanged` erhält den Wert `&onchange`. Das Präfix `&` gibt an, dass `stateChanged` mit einer Funktion des äußeren Scopes zu verknüpfen ist. Der restliche String mit dem Inhalt `onchange` gibt auch an dieser Stelle den Namen des zu verwendenden HTML-Attributs an.

Neben dem Präfix = und dem Präfix & kann der Entwickler auch auf das Präfix @ zurückgreifen. Damit gibt er an, dass das benannte Attribut den gewünschten Wert direkt beinhaltet. Es findet hier somit keine Verknüpfung mit einer Variablen des äußeren Scopes statt. Dies kann jedoch umgangen werden, indem der Entwickler im genannten Attribut einen Datenbindungsausdruck nach dem Schema

```
{{ variablenName }}
```

hinterlegt. In diesem Fall wird die beschriebene Eigenschaft des isolierten Scopes trotz Verwendung von @ mit der im Datenbindungsausdruck genannten Variable verknüpft.

Beispiel 4-62: Direktive mit isoliertem Scope

```
var app = angular.module("directivesSample", []);


app.directive("coolCheckbox", function () {

    return {
        //template: "<div class='coolCheckBoxOff'>Checkbox</div>"
        templateUrl: "/templates/coolCheckBoxTemplate2.html",
        transclude: true,
        restrict: "ECA",
        scope: {
            isChecked: "=isChecked",
            stateChanged: "&onchange"
        },
        replace: true,
        controller: function ($scope, $element, $attrs) {
            // $scope.title = "Haaacked"; // wenn nichts anderes angegeben wird, bekommt die Direktive
den selben Scope, wie ihr Parent



            $scope.toggleState = function () {
                $scope.isChecked = !$scope.isChecked;
                $scope.stateChanged();
            }
        }
    };
});
```

Wenn eine Eigenschaft im isolierten Scope denselben Namen, wie das entsprechende HTML-Attribut aufweist, kann der Name des HTML-Attributs auch weggelassen werden. Aus diesem Grund ist die Definition von

```
scope: {
    isChecked: "=isChecked",
    stateChanged: "&onchange"
},
```

im hier gezeigten Beispiel gleichbedeutend mit

```
scope: {
    isChecked: "=",
    stateChanged: "&onchange"
},
```

Um den Einsatz der gerade betrachteten Dirktive und ihres isolierten Scopes zu veranschaulichen, findet sich in Beispiel 4-63 ein einfacher Controller sowie in Beispiel 4-64 eine einfache AngularJS-Anwendung, die sich auf diesen Controller und die diskutierte Direktive stützt. Die Anwendung definiert zwei Instanzen von coolCheckbox und bindet an diese über das Attribut is-checked die Eigenschaften isChecked1 und isChecked2 aus dem Scope des Controllers. Mit onchange bindet sie hingegen die Funktion changed aus demselben Scope. Auf diese Weise werden nun die Eigenschaften isChecked1 und isChecked2 aus dem Scope des Controllers an die Eigenschaft isChecked aus dem isolierten Scope der coolCheckbox-Direktive gebunden. Änderungen, die die Direktive an der Eigenschaft isChecked vornimmt, wirken sich somit auch auf die Eigenschaften isChecked1 und isChecked2 des vom Controller verwendeten äußeren Scopes aus.

Beispiel 4-63: Controller zum Testen einer benutzerdefinierten Direktive

```
app.controller("sampleCtrl", function ($scope) {
    $scope.title = "Directive-Sample";
    $scope.isChecked1 = true;
    $scope.isChecked2 = false;

    $scope.changed = function () {
        window.console.log("Changed state");
    }

});
```

Beispiel 4-64: Einsatz einer benutzerdefinierten Direktive mit isoliertem Scope

```
<div ng-app="directivesSample">
    <div ng-controller="sampleCtrl">
        <h2>{{ title }}</h2>
        <div cool-checkbox is-checked="isChecked1" onchange="changed()">Some Text</div>
        <div cool-checkbox is-checked="isChecked2" onchange="changed()">Some Text 2</div>
        <p>
            isChecked1: {{ isChecked1 }}, isChecked2: {{ isChecked2 }}
        </p>
    </div>
</div>
```

Link-Phase

Die bis dato betrachteten Beispiele haben innerhalb der Templates der coolCheckbox-Direktive weitere Möglichkeiten von AngularJS verwendet, darunter die Direktiven ngClick und ngClass. Dies ist legitim und – sofern möglich – auch aufgrund der damit verbundenen Einfachheit zu bevorzugen. In Fällen, wo es zur Implementierung des gewünschten Templates jedoch keine geeigneten vorgefertigten Direktiven gibt, ist der Entwickler angehalten, selbst Hand anzulegen. Hierzu stellt er im Rahmen der Direktive eine Link-Funktion zur Verfügung. Diese hat die Aufgabe, das Template vor dem Einsatz für eine Instanz der Direktive anzupassen. Dabei kann der Entwickler auf jQuery zurückgreifen sowie Ereignisbehandlungsroutinen registrieren.

Beispiel 4-65 und Beispiel 4-66 demonstrieren den Einsatz von link. Beispiel 4-65 zeigt dazu eine Alternative zur im letzten Abschnitt betrachteten Template, welche im Gegensatz zu der hier verwendeten Template keinen Gebrauch von ng-click und ng-class macht. Als Ersatz für diese Direktiven kommt im betrachteten Beispiel die Funktion link in Beispiel 4-66 zum Einsatz. Sie erhält den aktuellen Scope, ein jQuery-Element, dass die Template repräsentiert (`iElement`), und ein Objekt, welches Zugriff auf sämtliche Attribute jenes HTML-Elements, mit dem die Direktive repräsentiert wird, gewährt (`iAttrs`). Das Präfix `i` weist an dieser Stelle darauf hin, dass es hier lediglich um eine einzige Instanz der Direktive geht, oder anders ausgedrückt: Die Funktion `link` wird pro Instanz der Direktive einmal aufgerufen und die einzelnen Aufrufe sind unabhängig voneinander.

Unter Verwendung des Parameters `iAttrs` prüft `link` im betrachteten Beispiel, ob das Element, mit dem die Direktive dargestellt wird, ein Attribut `round` mit dem Wert `true` aufweist. Ist dem so, fügt sie dem Element, welches das Template repräsentiert, eine CSS-Anweisung hinzu, welche die Darstellung abgerundeter Ecken bewirkt.

> Würde im hier präsentierten Beispiel die Eigenschaft `replace` nicht den Wert `true`, sondern den Wert `false` aufweisen, würde `iElement` nicht das Template-Element, sondern jenes Element repräsentieren, mit dem die Direktive dargestellt wird. Dies ist der Fall, weil bei `replace=true` das Template das ursprüngliche Element nicht ersetzt, sondern als dessen Kind-Element positioniert wird. In diesem Fall müsste der Entwickler, wie der Kommentar im betrachteten Listing andeutet, auf das erste Kind von `iElement` zugreifen, um jenes Element zu erhalten, welches die Template widerspiegelt.

Danach prüft `link`, ob ein Wert über das Attribut `coolCheckbox` übergeben wurde. Ist dem so, fügt es diesen als zusätzliche Beschriftung in die Template ein. Danach definiert es eine Funktion mit dem Namen `setCssClass`, welche abhängig vom Zustand der Checkbox der Template eine CSS-Klasse zuweist. Damit die Checkbox für ihren Initialzustand die korrekte CSS-Klasse erhält, ruft die Funktion `link` diese Funktion gleich nach ihrer Definition auf. Außerdem definiert sie für das Template einen `Click`-Handler, der den Zustand der Checkbox mit `toggleState` aktualisiert, `setCssClass` aufruft und anschließend die Funktion `$apply` des Scopes zur Ausführung bringt. Letzteres ist notwendig, um AngularJS anzuweisen, die Datenbindung zu aktualisieren.

Beispiel 4-65: Template für benutzerdefinierte Direktive

```
<div><span ng-transclude></span> ({{model.isChecked}})</div>
```

Beispiel 4-66: Einfache Link-Funktion

```
var app = angular.module("directivesSample", []);

app.directive("coolCheckbox", function () {

    return {
        //template: "<div class='coolCheckBoxOff'>Checkbox</div>"
        templateUrl: "/templates/coolCheckBoxTemplate.html",
        transclude: true,
        restrict: "ECMA",
        replace: true,
        controller: function ($scope) {
            $scope.model = {
                isChecked: false,
                toggleState: function () {
                    this.isChecked = !this.isChecked;
                }
            }
        },
        link: function (scope, iElement, iAttrs) {
```

```
            // var checkBoxElement - iElement.children().first();
            // wenn replace:false

            var checkBoxElement = iElement;

            if (iAttrs.round && iAttrs.round.toLowerCase() == "true") {
                checkBoxElement.css("border-radius", "5px");
            }

            if (iAttrs.coolCheckbox) {
                iElement.children().first().before($("<span>" + iAttrs.coolCheckbox + "</span>"));
            }

            var setCssClass = function () {

                if (scope.model.isChecked) {
                    checkBoxElement.removeClass("coolCheckBoxOff");
                    checkBoxElement.addClass("coolCheckBoxOn");
                }
                else {
                    checkBoxElement.removeClass("coolCheckBoxOn");
                    checkBoxElement.addClass("coolCheckBoxOff");
                }

            };

            setCssClass();

            checkBoxElement.on("click", function () {
                scope.model.toggleState();
                setCssClass();
                scope.$apply();
            });
        }
    };

});
```

Beispiel 4-67 demonstriert die Anwendung der gerade beschriebenen Direktive, indem es sieben Instanzen davon erstellt. Diese rendern jeweils eine Checkbox, welche den Text `Some Text 1` bis `7` enthalten. Dabei fällt auf, dass beim Einsatz der Direktive als Attribut, als Klasse, aber auch als Kommentar ein Parameter übergeben werden kann. Im betrachteten Beispiel handelt es sich dabei um einen String mit den Inhalt `Some`. Unabhängig von der Verwendung dieser Darstellungsformen wird der übergebene Wert innerhalb der Direktive als Attribut mit dem Namen der Direktive dargestellt, also `coolCheckbox`. Somit kann der Entwickler ihn in `link` über die Eigenschaft `iAttrs.coolCheckbox` abrufen.

Beim Einsatz der Direktive als Attribut übergibt der Entwickler den gewünschten Wert an das Attribut, mit dem die Direktive repräsentiert wird. Beim Einsatz der Direktive als Klasse stellt er dem Namen der Direktive einen Doppelpunkt sowie den gewünschten Wert nach. Bei Darstellung als HTML-Kommentar platziert er den gewünschten Wert hingegen unmittelbar nach dem Namen der Direktive.

Beispiel 4-67: Mögliche Darstellungsformen einer Direktive im Markup

```
<div ng-app="directivesSample">
    <div ng-controller="sampleCtrl">
        <h2>{{ title }}</h2>
```

```
        <div cool-checkbox>Some Text</div>
        <div cool-checkbox>Some Text 2</div>
        <div cool-checkbox="Some ">Text 3</div>
        <cool-checkbox>Some Text 4</cool-checkbox>
        <div class="cool-checkbox">Some Text 5</div>
        <div class="cool-checkbox: Some">Text 6</div>
        <!-- directive: cool-checkbox Some Text 7 -->
    </div>
</div>
```

Compile-Phase

Neben der Link-Phase existiert aus Gründen der Performance auch eine sogenannte Compile-Phase. Während AngularJS die Link-Phase für jede Instanz einer Direktive einmal ausführt, wird die Compile-Phase nur ein einziges Mal pro Verwendung der Direktive im Markup aus. Der Unterschied zwischen diesen beiden Phasen wird deutlich, wenn man sich den Einsatz einer Direktive innerhalb einer Repeat-Direktive vorstellt:

```
<div ng-repeat="item in items">
    <div cool-checkbox
         is-checked="item.checked"
         onchange="changed()">{{item.label}}</div>
</div>
```

Während die Direktive `cool-checkbox` hier nur einmal im Markup Verwendung findet, erzeugt AngularJS mittels `ng-repeat` mitunter mehrere Instanzen davon – eine pro Eintrag im hier nicht näher betrachteten Array `items`. Transformationen der Templates, die für sämtliche dieser Instanzen gleich sind, können somit zur Steigerung der Performance in die Compile-Phase ausgelagert werden. In diesem Fall arbeitet AngularJS in den Link-Phasen dieser Direktiven nicht mit der eigentlichen Template, sondern mit dem Ergebnis der Transformation aus der Compile-Phase.

Beispiel 4-66 veranschaulicht den Einsatz der Compile-Phase, indem es der Direktiveneigenschaft `compile` eine Funktion zuweist. Wie die Funktion `link` nimmt auch diese Funktion ein jQuery-Objekt entgegen, das die Template repräsentiert, sowie ein Objekt, welches die Attribute des Elements definiert, mit dem die Direktive dargestellt wird. Da die Funktion `compile` womöglich für mehrere Instanzen, die erst später erzeugt werden, zur Ausführung kommt, erhält sie keinen Scope. Allerdings nimmt sie über den dritten Parameter eine Funktion zur manuellen Durchführung einer Transklusion entgegen. Per Definition liefert die `compile`-Funktion ein Objekt mit den Eigenschaften `pre` und `post` zurück. Beide Eigenschaften verweisen auf auszuführende `link`-Funktionen, die nachfolgend als `preLink` und `postLink` bezeichnet werden. Für sämtliche erzeugte Instanzen bringt AngularJS zuerst `preLink` zur Ausführung. Erst danach wird für alle Instanzen `postLink` angestoßen. Eine eventuell im Rahmen der Direktive festgelegte `link`-Funktion kommt in diesem Fall nicht zur Ausführung.

Die Funktion `compile` in Beispiel 4-66 kümmert sich um das Abrunden der Ecken und gibt anschließend ein Objekt mit einer leeren `preLink`-Funktion und einer `postLink`-Funktion zurück. Letztere führt eine manuelle Transklusion aus. Dazu ruft sie die an `compile` übergebene Funktion `transcludeFn` auf. Diese erwartet den Parent-Scope sowie eine weitere Funktion, an die sie den zu transkludierenden Text übergibt, als Parameter. Die übergebene Funktion nimmt diesen Text entgegen und platziert ihn innerhalb der Template mit den Möglichkeiten von jQuery.

Da die betrachtete `postLink`-Funktion anstatt der `link`-Funktion in der Direktive ausgeführt wird, delegiert sie an diese `link`-Funktion, um eventuelle Überraschungen zu vermeiden.

Beispiel 4-68: Kommunikation zwischen Direktiven

```
var app = angular.module("directivesSample", []);

app.directive("coolCheckbox", function () {

    return {
        //template: "<div class='coolCheckBoxOff'>Checkbox</div>"
        templateUrl: "/templates/coolCheckBoxTemplate3.html",
        transclude: true,
        restrict: "ECA",
        scope: {
            isChecked: "=isChecked",
            stateChanged: "&onchange"
        },
        replace: true,
        controller: function ($scope, $element, $attrs, $transclude) {
            // $scope.title = "Haaacked"; // wenn nichts anderes angegeben wird, bekommt die Direktive
den selben Scope, wie ihr Parent

            // $transclude(); // Liefert den Inhalt des Elements

            $scope.toggleState = function () {
                $scope.isChecked = !$scope.isChecked;
                $scope.stateChanged();
            }

        },
        compile: function (tElement, tAttrs, transcludeFn) {

            var checkBoxElement = tElement; //.children().first();

            if (tAttrs.round && tAttrs.round.toLowerCase() == "true") {
                checkBoxElement.css("border-radius", "5px");
            }

            var this_link = this.link;

            return {
                pre: function preLink(scope, iElement, iAttrs, controller) {
                },
                post: function postLink(scope, iElement, iAttrs, controller) {

                    // Manuelle Transklusion
                    transcludeFn(scope.$parent, function (transElement) {
                        var checkBoxElement = iElement; //.children().first();
                        checkBoxElement.children().first().before(transElement);
                    });

                    this_link(scope, iElement, iAttrs);
                }
            }
```

```
        },
        link: function postLink(scope, iElement, iAttrs) {
            var setCssClass = function () {
                if (scope.isChecked) {
                    checkBoxElement.removeClass("coolCheckBoxOff");
                    checkBoxElement.addClass("coolCheckBoxOn");
                }
                else {
                    checkBoxElement.removeClass("coolCheckBoxOn");
                    checkBoxElement.addClass("coolCheckBoxOff");
                }

                //scope.$apply();
            };

            var checkBoxElement = iElement; //.children().first();
            setCssClass();

            checkBoxElement.on("click", function () {
                scope.toggleState();
                setCssClass();
                scope.$apply();
            });
        }
    };

});
```

Kommunikation zwischen Direktiven

Um zu zeigen, wie Direktiven untereinander kommunizieren können, erweitert dieser Abschnitt die in den letzten Abschnitten gezeigte Direktive `coolCheckbox`, sodass sie auch als Ersatz für Optionsfelder (engl. Radio Button) eingesetzt werden kann. Dazu sollen, wie in Beispiel 4-69 gezeigt, mehrere Instanzen von `coolCheckbox` innerhalb einer Instanz der neu zu schaffenden Direktive `coolRadioList` zum Einsatz kommen. Wie bei Optionsfeldern kann der Benutzer jedoch nur eine Option aktivieren. Dies wird erreicht, indem die `coolRadioList` beim Aktivieren einer Option sämtliche anderen Optionen deaktiviert. Um herauszufinden, welche Option aktiviert wurde, erhält `coolCheckbox` (die aus Gründen der Übersicht nicht in `coolRadiobutton` umbenannt wird) ein Attribut `value` sowie `coolRadioList` ein Attribut `selected`, wobei die über `selected` referenzierte Variable an den `value` der gewählten Option gebunden wird. Einen zu Beispiel 4-69 passenden Controller findet man in Beispiel 4-70.

Beispiel 4-69: Einsatz der entwickelten Direktive

```
<div ng-app="directivesSample">

    <div ng-controller="sampleCtrl">

        <h2>{{ title }}</h2>

        <div cool-radio-list selected="selected">

            <div cool-checkbox value="A"
                 is-checked="isChecked1"
                 onchange="changed()">Some Text</div>
```

```
            <div cool-checkbox value="B"
                 is-checked="isChecked2"
                 onchange="changed()">Some Text 2</div>

        </div>

        <p>
            isChecked1: {{ isChecked1 }}, isChecked2: {{ isChecked2 }}
        </p>

        <p>
            selected: {{ selected }}
        </p>

    </div>

</div>
```

Beispiel 4-70: Controller zum Testen der entwickelten Direktive

```
app.controller("sampleCtrl", function ($scope) {
    $scope.title = "Directive-Sample";
    $scope.isChecked1 = true;
    $scope.isChecked2 = false;

    $scope.selected = "A";

    $scope.changed = function () {
        if (window.console) window.console.log("changed ...");
    }
});
```

Beispiel 4-71 zeigt die Implementierung der Direktive `coolRadioList`. Sie besitzt eine einfache Template, die lediglich aus einem `div`-Element besteht, und einen isolierten Scope, der die Eigenschaft `selectedValue` an die über das Attribut `selected` angegebene Eigenschaft bindet.

Der Controller definiert ein Array `checkBoxes` zum Verwalten der Scopes der einzelnen `coolCheckbox`-Direktiven. Außerdem registriert er die beiden Funktionen `registerCoolCheckBox` und `select` unter Verwendung von `this` direkt bei der Direktive. Erstere nimmt den Scope einer untergeordneten `coolCheckbox` entgegen und legt diesen im Array `checkBoxes` ab. Anschließend prüft sie, ob die jeweilige `coolCheckbox` jenen Wert aufweist, der sich in der Eigenschaft `selectedValue` wiederfindet. Ist dem so, wird diese `coolCheckbox` unter Verwendung der weiter unten beschriebenen Funktion `setState` aktiviert. Ansonsten wird sie unter Verwendung derselben Funktion deaktiviert.

Die Funktion `select` wird von einer `coolCheckbox` aufgerufen, wenn sie der Benutzer durch einen Klick aktiviert bzw. deaktiviert. Dabei übergibt die `coolCheckbox` ihren Scope. Wurde die `coolCheckbox` aktiviert, übernimmt `select` ihren Wert in die Eigenschaft `selectedValue`. Wurde die `coolCheckbox` hingegen deaktiviert, bedeutet das, dass derzeit keine Option aktiv ist. Deswegen setzt `select` in diesem Fall die Variable `selectedValue` auf `null`. Da innerhalb einer `coolRadioList` maximal eine Option ausgewählt werden darf, deaktiviert `select` anschließend alle anderen `coolCheckbox`-Instanzen.

Beispiel 4-71: Mit untergeordneten Direktiven kommunizieren

```
var app = angular.module("directivesSample", []);

app.directive("coolRadioList", function () {

    return {
        restrict: 'EA',
        replace: true,
        transclude: true,
        template: '<div ng-transclude></div>',
        scope: {
            selectedValue: "=selected"
        },
        controller: function ($scope) {

            var checkBoxes = [];

            this.registerCoolCheckBox = function(coolCheckboxScope) {
                checkBoxes.push(coolCheckboxScope);

                if (coolCheckboxScope.value != $scope.selectedValue) {
                    coolCheckboxScope.setState(false);
                }
                else {
                    coolCheckboxScope.setState(true);
                }
            }

            this.select = function (selectedCheckboxScope) {

                // selectedValue setzen
                if (selectedCheckboxScope.isChecked) {
                    $scope.selectedValue = selectedCheckboxScope.value;
                }
                else {
                    $scope.selectedValue = null;
                }

                // alle anderen Optionen deaktivieren
                angular.forEach(checkBoxes, function (checkBoxScope) {
                    if (selectedCheckboxScope != checkBoxScope) {
                        checkBoxScope.setState(false);
                    }
                });
            }
        }
    };
});
```

Beispiel 4-72 zeigt die modifizierte Variante der Direktive `coolCheckbox`. Mit der Eigenschaft `require` legt sie fest, dass sie eine Instanz von `coolRadioList` benötigt. Standardmäßig geht AngularJS beim Einsatz von `require` davon aus, dass die benötige Instanz für dasselbe (HTML-)Element definiert wurde. Durch Angabe des hier verwendeten Präfixes (^) durchsucht AngularJS jedoch auch sämtliche übergeordneten (HTML-)Elementen nach einer solchen Direktive. Das hier zusätzlich verwendete Präfix (?) gibt darüber hinaus an, dass es sich bei der referenzierten Direktive um eine optionale Direktive handelt. Das hat zur Folge, dass AngularJS keinen Fehler auslöst, wenn es diese Direktive nicht findet.

Wird die coolRadioList-Direktive gefunden, übergibt sie AngularJS an die preLink- und postLink-Funktion, wobei die hier verwendete postLink-Funktion an die Funktion link delegiert und dabei die Direktive weiterreicht. Diese Funktion registriert bei der coolRadioList den Scope der coolCheckbox unter Verwendung der zuvor besprochenen Funktion registerCoolCheckBox. Außerdem legt sie fest, dass der Click-Handler der coolCheckbox die coolRadioList durch Aufruf der ebenfalls weiter oben definierten Funktion select zu benachrichtigen hat.

Damit die coolCheckbox nicht nur aufgrund eines Klicks, sondern ebenfalls bei einer Änderung von isChecked, welche nun auch von coolRadioList angestoßen werden kann, die entsprechende CSS-Klasse verwendet und die über das Attribut onchange registrierte Funktion ausführt, überwacht die hier gezeigte Implementierung unter Verwendung von $watch die Eigenschaft isChecked.

Beispiel 4-72: Mit übergeordneten Direktiven kommunizieren

```
app.directive("coolCheckbox", function () {

    return {
        //template: "<div class='coolCheckBoxOff'>Checkbox</div>"
        templateUrl: "/templates/coolCheckBoxTemplate3.html",
        transclude: true,
        restrict: "ECMA",
        replace:true,
        require: '^?coolRadioList',
        scope: {
            isChecked: "=isChecked",
            stateChanged: "&onchange",
            value: "@value"
        },
        //replace: true,
        controller: function ($scope, $element, $attrs, $transclude) {
            // $scope.title = "Haaacked"; // wenn nichts anderes angegeben wird, bekommt die Direktive
den selben Scope, wie ihr Parent

            // $transclude(); // Liefert den Inhalt des Elements

            $scope.toggleState = function () {
                $scope.isChecked = !$scope.isChecked;
            }

            $scope.setState = function (newState) {
                $scope.isChecked = newState;
            }
        },
        compile: function (tElement, tAttrs, transcludeFn) {

            var checkBoxElement = tElement; //.children().first();

            if (tAttrs.round && tAttrs.round.toLowerCase() == "true") {
                checkBoxElement.css("border-radius", "5px");
            }

            var this_link = this.link;

            return {
                pre: function (scope, iElement, iAttrs, coolRadioListController) {
```

```
            },
            post: function (scope, iElement, iAttrs, coolRadioListController) {

                // Manuelle Transklusion
                transcludeFn(scope.$parent, function (transElement) {
                    var checkBoxElement = iElement; //.children().first();
                    checkBoxElement.children().first().before(transElement);
                });

                this_link(scope, iElement, iAttrs, coolRadioListController);
            }
        }
    },
    link: function (scope, iElement, iAttrs, coolRadioListController) {

        if (coolRadioListController)
            coolRadioListController.registerCoolCheckBox(scope);

        var setCssClass = function () {
            if (scope.isChecked) {
                checkBoxElement.removeClass("coolCheckBoxOff");
                checkBoxElement.addClass("coolCheckBoxOn");
            }
            else {
                checkBoxElement.removeClass("coolCheckBoxOn");
                checkBoxElement.addClass("coolCheckBoxOff");
            }
        };

        var checkBoxElement = iElement;
        setCssClass();

        scope.$watch('isChecked', function () {
            setCssClass();
            scope.stateChanged();
        });

        checkBoxElement.on("click", function () {
            scope.toggleState();

            if (coolRadioListController)
                coolRadioListController.select(scope);

            scope.$apply();
        });
    }
  };
});
```

KAPITEL 5

ASP.NET SignalR

Während das Web auf einer Kommunikation nach dem Prinzip Anfrage/Antwort basiert, bietet es für Benachrichtigungsszenarien keine ideale Ausgangsbasis. Der Grund dafür liegt in der Funktionsweise von Firewalls: Sie blocken aus Sicherheitsgründen Anfragen, die von außen initiiert werden. Nachrichten, die von den dahinter liegenden Clients versendet werden, sowie Antworten darauf werden hingegen zugelassen (siehe Beispiel 5-1). Um diese Einschränkung zu umschiffen, setzen Webentwickler seit Jahren auf ein nachfolgend beschriebenes Verfahren namens Long-Polling. Daneben ermöglicht der aufkommende Standard Web-Sockets eine bidirektionale Kommunikation ohne Umwege, indem sich Client und Server darauf einigen, eine Verbindung, die vom Client unter Verwendung von HTTP und somit »Firewall-freundlich« initiiert wurde, fortan als TCP-Verbindung zu nutzen.

Bei ASP.NET SignalR handelt es sich um ein Framework, welches diese Möglichkeiten abstrahiert und darüber hinaus die Umsetzung von Benachrichtigungsszenarien erheblich vereinfacht. Nachdem dieses Kapitel ein paar Informationen zu den Ideen hinter Long-Polling und Web-Sockets geliefert hat, wendet es sich diesem jungen Framework zu.

Long-Polling

Long-Polling bedeutet, dass der Client eine Verbindung zum Server aufbaut und der Server mit einer Benachrichtigung antwortet. Da der Client nicht wissen kann, wann eine zu versendende Benachrichtigung vorliegt, hält er die Verbindung so lange offen, bis dies der Fall ist oder bis sie aufgrund eines Timeouts terminiert wird. Da HTTP verbindungslos arbeitet, wird die Verbindung auch nach dem Erhalt einer Antwort vom Server, welche im diskutierten Fall die Benachrichtigung darstellt, geschlossen. Egal weswegen die Verbindung abgebaut wird, der Client initiiert immer wieder eine neue und legt somit die Basis für weitere Benachrichtigungen durch den Server. Der Nachteil dieser Vorgehensweise liegt im Kommunikationsoverhead, der durch das ständige Aufbauen einer neuen HTTP Verbindung entsteht.

Zur Implementierung von Long-Polling existieren im Webumfeld mehrere Ansätze. Beispielsweise kann hierfür das `XmlHttpRequest`-Objekt unter JavaScript eingesetzt werden. Alternativ dazu kann der Browser auch einen verstecken Inner-Frame vorsehen, welcher auf eine Seite verweist, die ständig Informationen vom Server entgegennimmt, zum Beispiel in Form von JavaScript-Aufrufen. Hierbei ist auch von einem »Forever-Frame« die Rede. Unabhängig davon, wie die Implementierung erfolgt, spricht man hierbei auch von Reverse-AJAX oder COMET.

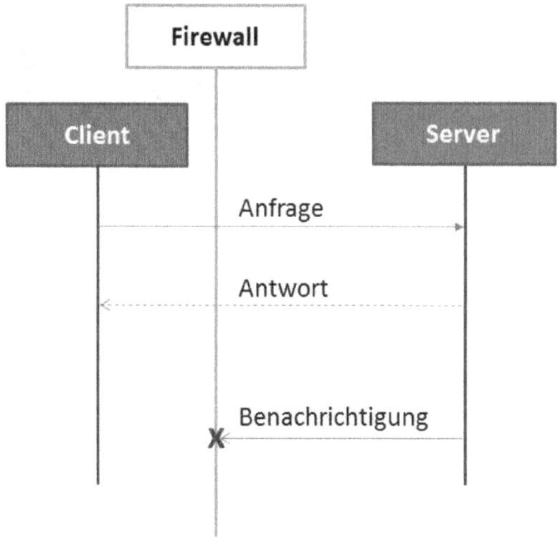

Abbildung 5-1: Während Firewalls Antwortnachrichten durchlassen, blocken sie Anfragen, die vom Server initiiert wurden

Web-Sockets

Wie eingangs erwähnt sieht der aufkommende Standard Web-Sockets vor, dass der Client zunächst eine Verbindung mittels HTTP initiiert. Im Zuge dessen gibt er an, dass er ab sofort die darunter liegende TCP-Verbindung direkt nutzen möchte. Ist der Server damit einverstanden, wird fortan über TCP kommuniziert (Beispiel 5-2).

Der Vorteil hiervon besteht darin, dass TCP im Gegensatz zu HTTP verbindungsorientiert ist und initiierte Verbindungen somit nicht nach dem Empfang einer Antwort geschlossen werden müssen. Darüber hinaus können beide Kommunikationspartner dem Gegenüber zu jeder Zeit Nachrichten über einen eingerichteten TCP-Kanal zukommen lassen.

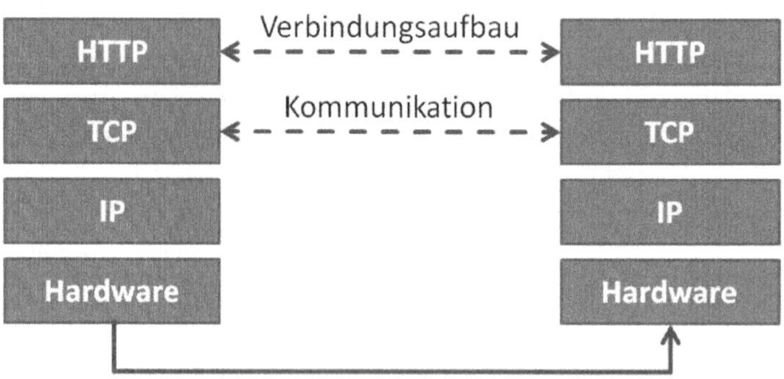

Abbildung 5-2: Nachdem sich Client und Server über den Einsatz von Web-Sockets geeinigt haben, wird die über HTTP initiierte Verbindung als bidirektionale TCP-Verbindung genutzt

Überblick über ASP.NET SignalR

Um in den Genuss von Web-Sockets zu kommen, müssen sowohl der Client als auch der Server dieses Protokoll unterstützen. Auf der Microsoft-Plattform ist dies zum Beispiel ab IE 10 und IIS 8 der Fall, wobei die Web-Sockets-Unterstützung für IIS 8 explizit über die Systemsteuerung installiert werden muss. Ist einer der Kommunikationspartner nicht in der Lage, Web-Sockets zu verwenden, müssen diese mit Long-Polling vorliebnehmen. Genau hier kommt ASP.NET SignalR ins Spiel, indem es zum einen sowohl Web-Sockets als auch verschiedene Long-Polling-Verfahren unterstützt und zum anderen anhand der Fähigkeiten von Client und Server selbstständig eine dieser Möglichkeiten wählt. Falls möglich, kommen Web-Sockets zum Einsatz; ansonsten eine Long-Polling-Implementierung.

SignalR-basierte Dienste können sowohl über ASP.NET-Projekte als auch mittels Self-Hosting über Windows-Anwendungen, wie zum Beispiel Windows-Dienste, angeboten sowie über JavaScript als auch über Windows-Clients konsumiert werden. Dieses Thema wird sowohl für ASP.NET SignalR als auch für ASP.NET Web API in Kapitel 7 aufgegriffen.

Der Entwickler hat die Möglichkeit, Dienste in Form von sogenannten persistenten Verbindungen oder in Form von Hubs bereitzustellen, wobei persistente Verbindungen lediglich in der Lage sind, Zeichenfolgen zu empfangen und zu versenden. Hubs, die auf persistenten Verbindungen basieren, bieten hingegen Operationen an, die der Client über Web-Sockets anstoßen kann. Zur Realisierung von Benachrichtigungen erhält auch der Hub die Möglichkeit, Operationen bei allen oder auch nur bei ausgewählten Clients zur Ausführung zu bringen. Das dem Konzept von Hubs zugrunde liegende Protokoll basiert auf JSON-Strings, die über Web-Sockets versendet werden, und passt somit perfekt in die Welt von HTTP und REST-basierten Services.

PersistentConnection

Dieser Abschnitt zeigt, wie der Entwickler persistente Verbindungen zur Kommunikation mit ASP.NET SignalR einsetzen kann.

Erste Schritte mit SignalR und PersistentConnection

Um innerhalb eines ASP.NET-Projekts einen auf persistenten Verbindungen basierenden Dienst bereitzustellen, bindet der Entwickler das NuGet-Package `microsoft.aspnet.signalr` ein. Anschließend implementiert er eine Klasse, die von `PersistentConnection` ableitet und die Methode `OnReceiveAsync` überschreibt (Beispiel 5-1). Alternativ dazu steht auch eine Elementvorlage (engl. item template) für persistente Verbindungen zur Verfügung, sofern *ASP.NET and Web Tools 2012.2* installiert ist. Die Installationsdateien dazu finden sich unter *www.asp.net*.

SignalR erzeugt pro Clientverbindung eine Instanz dieser Klasse und bringt `OnReceived` immer dann zur Ausführung, wenn der Client Daten liefert. Dabei übergibt SignalR drei Parameter: `IRequest` repräsentiert die HTTP-Anfrage, `connectionId` eine ID, die für die aktuelle Verbindung zwischen Client und Server steht, und `data` die gesendeten Daten in Form einer Zeichenfolge. Da die Verbindung zwischen Client und Server für die Dauer einer Benutzersitzung erhalten bleibt, kann jeder verbundene Benutzer über die `connectionId` identifiziert werden.

Im betrachteten Beispiel sendet `OnReceived` die erhaltene Zeichenfolge an alle verbundenen Clients weiter und implementiert somit einen einfachen Chat. Dazu gibt sie das Ergebnis von `Connection` .

Broadcast zurück. Bei Connection handelt es sich hierbei um eine von PersistentConnection geerbte Eigenschaft des Typs IConnection. Wie die auskommentierte Zeile andeutet, könnte OnReceived stattdessen auch das Ergebnis von Connection.Send zurückgeben, um einem bestimmten Benutzer eine Information zukommen zu lassen. Diese Methode nimmt die connectionId des gewünschten verbundenen Benutzers sowie die zu versendenden Daten entgegen.

Beispiel 5-1: Einfache Implementierung von PersistentConnection

```
public class SimplePersistentConnection : PersistentConnection
{
    protected override Task OnReceivedAsync(
                    IRequest request, string connectionId, string data)
    {
        // return this.Connection.Send(connectionId, data);
        return this.Connection.Broadcast(data);
    }
}
```

Beachtenswert ist auch die von PersistentConnection geerbte Eigenschaft Groups. Sie ist vom Typ IGroupManager und gibt dem Entwickler die Möglichkeit, Verbindungen verschiedenen Gruppen zuzuordnen sowie allen Clients einer Gruppe eine Nachricht zukommen zu lassen. Das folgende Schnipsel weist die aktuelle Verbindung der Gruppe VIP zu und sendet anschließend allen Mitgliedern dieser Gruppe eine Nachricht:

```
this.Groups.Add(connectionId, "VIP");
this.Groups.Send("VIP", "Einladung zur VIP-Lounge ...");
```

Analog zur Verwendung von Add kann der Entwickler eine Gruppenzuweisung mittels Remove wieder aufheben.

Lifecycle-Methoden

Neben der im letzten Abschnitt betrachteten Methode OnReceived stellt die Basisklasse PersistentConnection noch einige weitere Methoden zur Verfügung, die der Entwickler überschreiben kann, um auf bestimmte Ereignisse zu reagieren: OnConnected wird zum Beispiel von SignalR aufgerufen, wenn mit einem Client eine Verbindung hergestellt wird; OnDisconnected, wenn eine Verbindung getrennt wird, und OnReconnected, wenn sich ein Client nach einem Verbindungsabbruch erneut verbindet.

Da bei einem Verbindungsabbruch sämtliche Informationen über die Gruppenzugehörigkeiten der jeweiligen Verbindung verloren gehen, ruft SignalR im Zuge des Wiederverbindens die Methode OnRejoiningGroups auf, um diese Information wieder in Erfahrung zu bringen. Durch das Überschreiben dieser Methode kann der Entwickler festlegen, wie diese Informationen zu ermitteln sind. Beispielsweise könnten sie zuvor in einer Datenbank gespeichert und nun aus dieser wieder geladen werden.

Vor einem Verbindungsaufbau ruft SignalR auch die Methode AuthorizeRequest. In dieser kann der Entwickler die gewünschten Authentifizierungslogiken platzieren. Alternativ dazu kann er für diese Aufgabe jedoch auch auf die in Kapitel 8 beschriebenen Mechanismen zurückgreifen.

URL-Mapping für persistente Verbindungen

Damit Clients eine persistente Verbindung verwenden können, muss der Entwickler für sie serverseitig eine Route vergeben. Dazu ist eine `Startup`- Klasse einzurichten, welche die in Beispiel 5-2 gezeigte Methode `Configuration` aufweist. Diese Methode wird beim Start der Anwendung zum Einrichten von Komponenten aufgerufen. Dazu zählen natürlich auch SignalR-Komponenten. Innerhalb von `Configuration` verwendet der Entwickler die Methode `MapSignalR`, um einen URL für die persistente Verbindung zu konfigurieren.

Beispiel 5-2: PersistentConnection registrieren

```
using Microsoft.Owin;
using Owin;
using SignalRDemo.PersistentConnections;

[assembly: OwinStartup(typeof(SignalRChat.Startup))]
namespace SignalRChat
{

    public class Startup
    {
        public void Configuration(IAppBuilder app)
        {
            app.MapSignalR<SimplePersistentConnection>("/simple");
        }
    }
}
```

Die hier gezeigte Konfiguration basiert auf einer Bibliothek, die Microsoft Katana nennt. Über Katana werden Komponenten registriert, die bei jeder Anfrage durch den Benutzer durchlaufen werden. Die Komponente, welche mit `MapSignalR` registriert wird, delegiert den aktuellen Aufruf an SignalR weiter. Mehr Informationen zu Katana finden sich in Kapitel 7.

Einfacher Client für eine persistente Verbindung

Beispiel 5-3 zeigt einen einfachen Client, der auf die soeben betrachtete `PersistentConnection` zugreift. Dazu verwendet er das NuGet-Paket `microsoft.aspnet.signalr.client`.

Der Client baut unter Verwendung der Klasse `Connection` eine Verbindung zu `PersistentConnection` auf. An den Konstruktor übergibt er den zu adressierenden URL. Anschließend registriert der Client zwei Ereignisbehandlungsroutinen: Eine für das Ereignis `Received` und eine für `Error`. Erstere kommt zur Ausführung, wenn `connection` Daten vom Server empfängt; Letztere, wenn ein Fehler auftritt. Beide geben die empfangenen Informationen auf der Konsole aus.

Mit der `connection`-Methode `Start` initiiert der Client die Verbindung zum Server. `Start` wird im Hintergrund ausgeführt und liefert aus diesem Grund einen `Task` zurück. Um anzugeben, dass nach der Fertigstellung dieser im Hintergrund ausgeführten Routine eine weitere Aufgabe auszuführen ist, registriert der Client diese in Form eines Lambda-Ausdrucks unter Verwendung der Methode `ContinueWith`, die der `Task` anbietet. Dieser Lambda-Ausdruck prüft, ob der `Task` erfolgreich ausgeführt werden konnte, und gibt eine entsprechende Statusmeldung auf der Konsole aus.

Anschließend sendet der Client innerhalb einer Schleife Nachrichten in Form von Zeichenfolgen an den Server. Dazu zieht er die Methode Send heran. Da auch sie einen Task abspaltet, der im Hintergrund ausgeführt wird, registriert der Client ebenfalls bei diesem Task einen Lambda-Ausdruck, der zur Ausführung kommt, wenn der Sendevorgang abgeschlossen wurde. Dieser prüft abermals, ob die angestoßene Routine – das Senden von Daten – erfolgreich ausgeführt werden konnte, und zeigt dies durch eine Konsolenausgabe an.

Beispiel 5-3: Einfacher .NET-basierter Chat-Client

```
var connection = new Connection("http://localhost:49222/simple");

connection.Received += data =>
{
    Console.WriteLine("Empfangen: " + data);
};

connection.Error += ex =>
{
    Console.WriteLine("Fehler: " + ex.Message);
};

connection.Start().ContinueWith(task =>
{
    if (task.IsFaulted)
    {
        Console.WriteLine("Fehler: " + task.Exception.Message);
    }
    else
    {
        Console.WriteLine("Verbindung aufgebaut!");
    }
});

string line;
while ((line = Console.ReadLine()) != "exit")
{
    connection.Send(line).ContinueWith(task =>
    {
        if (task.IsFaulted)
        {
            Console.WriteLine("Fehler: " + task.Exception.Message);
        }
        else
        {
            Console.WriteLine("Gesendet");
        }
    });
}
```

Einfacher JavaScript-Client für eine persistente Verbindung

Beispiel 5-4 zeigt anhand einer einfachen HTML-Seite, wie der Entwickler via JavaScript eine persistente Verbindung verwenden kann. Dieses Beispiel geht davon aus, dass das populäre JavaScript-Framework jQuery (*jquery.org*) eingebunden ist.

Die View, die einen einfachen Chat darstellt, beinhaltet ein Eingabefeld zum Erfassen einer Nachricht, eine Schaltfläche zum Verwenden von Nachrichten sowie eine anfangs leere Liste zum Darstellen empfangener Nachrichten. Um SignalR nutzen zu können, referenziert sie die JavaScript-Datei `jquery.signalR-x.x.x.js`, die NuGet beim Einbinden des Paketes `microsoft.aspnet.signalr` in das Verzeichnis *scripts* kopiert. Die Endung `x.x.x` ist in diesem Text ein Platzhalter für die tatsächliche Version, die der Entwickler über NuGet bezieht. Dabei ist zu beachten, dass sich der konkrete Name dieser Datei von Version zu Version ändern kann.

Nach dem Laden der Seite erzeugt die View durch Aufruf von `$.connection` eine Verbindung zur serverseitig bereitgestellten persistenten Verbindung. Dazu übergibt sie deren URL als Parameter. Anschließend registriert sie für das Ereignis `received`, das immer dann ausgelöst wird, wenn Daten empfangen werden, eine Ereignisbehandlungsroutine. Im betrachteten Beispiel erzeugt die Ereignisbehandlungsroutine damit einen neuen Eintrag in der zuvor besprochenen Liste. Zusätzlich registriert die View auch eine Ereignisbehandlungsroutine für das Ereignis `error`. Wie der Namen vermuten lässt, löst SignalR dieses Ereignis immer dann aus, wenn ein Fehler auftritt.

Der Aufruf von `connection.start` startet die persistente Verbindung. Im Zuge dessen übergibt die View an `done` eine Funktion, die SignalR ausführen soll, wenn die Verbindung erfolgreich aufgebaut wurde. Im Falle eines Fehlers ruft SignalR hingegen jene Funktion auf, die an `fail` übergeben wurde.

Anschließend registriert die View eine Ereignisbehandlungsroutine für das Klickereignis der Schaltfläche. Diese ermittelt die vom Benutzer erfasste Nachricht und sendet sie mittels `connection.send` an die persistente Verbindung. Danach leert sie das Textfeld.

Beispiel 5-4: Einfacher JavaScript-basierter Chat-Client

```
<h2>PersistentConnectionDemo</h2>

<input id="msg" /><input type="button" value="Senden" id="btnSend" />

<div>
    <ul id="messages">

    </ul>
    <p> </p>

</div>

    <!-- Dateiname kann von Version zu Version variieren -->
    <script src="/Scripts/jquery.js"></script>
    <script src="/Scripts/jquery.signalR-1.0.0.js"></script>
    <script>
        $(function () {

            var connection = $.connection('/simple');
            connection.received(function (data) {
                $("#messages").append("<li>" + data + "</li>");
            });

            connection.error(function(error) {
                alert("Fehler: " + error);
            });

            Connection
```

```
                .start()
                .done(function () {
                    alert("Verbindung aufgebaut!"); })
                .fail(function () { alert("Fehler!"); });

            $("#btnSend").click(function () {
                var val = $("#msg").val();
                connection.send(val);
                $("#msg").val("");
            });
        });

    </script>
```

Hubs

Im Gegensatz zu persistenten Verbindungen bieten Hubs die Möglichkeit, Operationen einzurichten, die über das Netzwerk angestoßen werden können. Dieser Abschnitt geht auf diese Möglichkeit ein.

Methoden und Callbacks mit SignalR und Hubs

Während sich der Entwickler beim Einsatz von persistenten Verbindungen mit dem Versand von Zeichenfolgen zwischen den Clients und dem Server zufriedengeben muss, bieten Hubs die Möglichkeit, Dienstoperationen zu definieren. Clients können Dienstoperationen bei einem `Hub` aufrufen und im Zuge dessen Parameter übergeben. Der `Hub` kann allerdings auch Dienstoperationen, die die Clients anbieten, zur Ausführung bringen, um ihnen eine Benachrichtigung zukommen zu lassen.

Um einen `Hub` bereitzustellen, bindet der Entwickler da NuGet-Package `microsoft.aspnet.signalr` ein und erstellt eine Subklasse von `Hub`. Alternativ dazu steht auch ein Item-Template für Hubs zur Verfügung, sofern man *ASP.NET and Web Tools 2012.2* (*www.asp.net*) installiert hat.

Beispiel 5-5 beinhaltet einen einfachen `Hub`, der die Möglichkeit bietet, Flüge zu buchen. Immer dann, wenn ein Flug gebucht wurde, versendet er eine Benachrichtigung mit der betroffenen Flugnummer und der Anzahl der verbleibenden Sitzplätze an alle Clients. Zur Vereinfachung wird die Anzahl der freien Sitzplätze in einem statischen Dictionary mit dem Namen `freePerFlight` abgelegt, das `FlugId`-IDs auf die Anzahl der freien Sitzplätze abbildet. Die nächste zu vergebende `TicketId` wird ebenfalls in einem statischen Member vorgehalten. Ein statischer Konstruktor initialisiert das Dictionary `freePerFlight`, indem er für die Flüge 4711, 4712 und 4713 jeweils 100 freie Plätze vergibt.

Sämtliche Methoden eines `Hubs` werden den Clients als Dienstoperationen angeboten. Im betrachteten Fall beschränkt sich diese Menge auf die Methode `BookFlight`. Diese Methode prüft, ob der übergebene Flug existiert, und löst eine Ausnahme aus, falls dem nicht so ist. Sie ermittelt die Anzahl der freien Plätze für den gewünschten Flug und dekrementiert diesen Wert. Außerdem ermittelt sie für die aktuelle Buchung eine `TicketId`. Dazu zieht sie den aktuellen Wert des statischen Zählers `nextTicketId` heran und inkrementiert ihn anschließend.

Danach wird es spannend: Über `this.Clients.Caller.BookFlightCompleted` wird beim Aufrufer die Methode `BookFlightCompleted` zur Ausführung gebracht. Bei Clients handelt es sich dabei um eine von `Hub` geerbte Eigenschaft, die über deren Eigenschaft `Caller` den Aufrufer repräsentiert. Da es sich hierbei um eine dynamische Eigenschaft handelt, kann der Entwickler über dieses Objekt jede beliebige Methode aufrufen. Damit dies zur Laufzeit funktioniert, muss sie am Client natürlich existieren.

Anschließend ruft das betrachtete Beispiel die Methode `this.Clients.All.FlightUpdated` auf und bewirkt somit, dass bei sämtlichen verbundenen Clients die Methode `FlightUpdated` zur Ausführung kommt. Um zu demonstrieren, dass Dienstoperationen in `Hubs` auch Rückgabewerte liefern können, gibt `BookFlight` am Ende die aktuelle `TicketId` zurück.

Beispiel 5-5: Einfacher Hub

```
public class FlugHub: Hub
{
    // FlugId --> Anzahl freier Plätze
    private static Dictionary<int, int> freePerFlight
                                        = new Dictionary<int, int>();
    private static int nextTicket = 1;

    static FlugHub()
    {
        freePerFlight[4711] = 100;
        freePerFlight[4712] = 100;
        freePerFlight[4713] = 100;
    }

    public string BookFlight(int flugId, string vorname, string nachname)
    {
        int free;
        string ticketId;
        lock (freePerFlight)
        {
            if (!freePerFlight.ContainsKey(flugId))
                    throw new Exception("Flug " + flugId + " existiert nicht!");
            free = freePerFlight[flugId];
            free--;
            freePerFlight[flugId] = free;
            ticketId = "T" + nextTicket;
            nextTicket++;
        }

        this.Clients.Caller.BookFlightCompleted(flugId, ticketId, vorname, nachname);
        this.Clients.All.FlightUpdated(flugId, ticketId, free);
        return ticketId;
    }
}
```

URL-Mapping für Hubs

Damit sämtliche implementierte Hubs auch über einen URL zur Verfügung gestellt werden, muss der Entwickler die Methode `app.MapSignalR()` innerhalb der weiter oben erörterten Klasse `Startup` zur Ausführung bringen. Übergibt der Entwickler keine Parameter, werden die Hubs an den URL `/signalr/hubs` gebunden. Einen davon abweichenden URL, der stattdessen heranzuziehen ist, kann der Entwickler an eine Überladung von `MapHubs` übergeben, wobei SignalR an diesen URL die Endung `/hubs` anhängt. Dabei muss auch ein Konfigurationsobjekt an SignalR weitergereicht werden. Im folgenden Codeschnipsel gibt der Entwickler an, dass detaillierte Fehlermeldungen übers Netzwerk zum Client übertragen werden dürfen:

```
var config = new HubConfiguration();
config.EnableDetailedErrors = true;
app.MapSignalR("/signalr", config);
```

Lifecycle-Methoden

Wie auch die Basisklasse `PersistentConnection` bietet `Hub` einige Lifecycle-Methoden an, die der Entwickler überschreiben kann, um auf bestimmte Ereignisse zu reagieren. `OnConnected` wird aufgerufen, wenn eine Verbindung aufgebaut wird, `OnDisconnected`, wenn sie beendet wird, und `OnReconnected`, wenn eine abgebrochene Verbindung erneut aufgebaut wird.

Da beim Abbruch einer Verbindung die Information über die aktuellen Gruppenzugehörigkeiten verloren geht, ist es die Aufgabe des Entwicklers, diese innerhalb der Methode `OnReconnected` wiederherzustellen. Dazu kann er sich zum Beispiel auf eine Datenbank, in der er diese Informationen zuvor abgelegt hat, stützen.

Hubs konsumieren

Beispiel 5-6 zeigt, wie ein Client auf den soeben besprochenen Hub zugreifen kann. Dazu verwendet er das NuGet-Paket `microsoft.aspnet.signalr.client`. Dieses beinhaltet die Klasse `HubConnection`, die eine Verbindung mit einem `Hub` repräsentiert. An den Konstruktor dieser Klasse übergibt er die Basisadresse; an die Methode `CreateProxy` den Namen des Hubs. Mit diesen Informationen erzeugt `CreateProxy` eine Instanz von `IHubProxy`.

Bei diesem `Proxy` registriert der Client Lambda-Ausdrücke, die zur Ausführung kommen sollen, wenn der `Hub` clientseitige Operationen anstößt. Dazu kommt die Methode `On` zum Einsatz. Sie nimmt den Namen der clientseitigen Operation in Form einer Zeichenfolge sowie den auszuführenden Lambda-Ausdruck entgegen. Außerdem registriert der Client eine Ereignisbehandlungsroutine für das Ereignis `Error`, das von der `HubConnection` angeboten wird und immer dann zur Ausführung kommt, wenn ein Fehler auftritt.

Der darauffolgende auskommentierte Codeabschnitt demonstriert, wie bei der Verwendung des `Hubs` Anmeldeinformationen (engl. credentials) bzw. Cookies an den Server übermittelt werden können. Die auf diesem Weg angegebenen Anmeldeinformationen werden innerhalb der HTTP-Kopfzeilen unter Verwendung der Spielart `HTTP BASIC` übermittelt.

Mit der `HubConnection`-Methode `Start` initiiert der Client die Verbindung zum `Hub`. Diese Methode spaltet einen `Task` ab, der im Hintergrund ausgeführt wird. Mit der Methode `ContinueWith` registriert der Client einen Lambda-Ausdruck, der auszuführen ist, wenn der `Task` beendet wurde.

Anschließend ruft der Client innerhalb einer Schleife die Methode `Invoke` beim `Proxy` auf. Diese Methode bringt eine serverseitige Operation, die der `Hub` anbietet, zur Ausführung. Der Typ des Rückgabewerts – hier String – wird als Typparameter angegeben. Den Namen der gewünschten Operation übergibt der Client als Zeichenfolge. Danach führt er die zu übersendenden Parameter an.

Auch `Invoke` spaltet einen `Task` ab, der im Hintergrund ausgeführt wird. Bei diesem `Task` registriert der Client abermals einen Lambda-Ausdruck, der nach dessen Ausführung angestoßen wird. Dieser ermittelt über die Eigenschaft `Result` das Ergebnis der angestoßenen Operation. Über die Eigenschaft `Exception` könnte er hingegen prüfen, ob eine Ausnahme ausgelöst wurde.

Beispiel 5-6: Zugriff auf einen Hub

```
var connection = new HubConnection("http://localhost:49222/");
IHubProxy proxy = connection.CreateProxy("FlugHub");

proxy.On("bookFlightCompleted",
    (int flugId, string ticketId, string vorname, string nachname) => {

        Console.WriteLine(
            "bookFlightCompleted: flugId={0}, ticketId={1}, vorname={2}, nachname={3}",
            flugId, ticketId, vorname, nachname);

});

proxy.On("flightUpdated", (int flugId, string ticketId, int free) => {

    Console.WriteLine(
        "flightUpdated: flugId={0}, ticketId={1}, free={2}",
        flugId, ticketId, free);
});

connection.Error += (Exception obj) =>{
    Console.WriteLine("Fehler: " + obj.Message);
}

// connection.Credentials = new NetworkCredential("max", "geheim");

//connection.CookieContainer = new CookieContainer();
//connection.CookieContainer.Add(new Cookie(
//     name: "userName",
//     value: "max",
//     path: "/",
//     domain: "localhost"));


connection.Start().ContinueWith(t =>
{
    if (t.Exception != null)
    {
        t.Exception.Handle(e =>
        {
            Console.WriteLine(e.Message);
            return true;
        });
    }
    else
    {
        Console.WriteLine("Verbindung aufgebaut!");
    }

});

string line;
```

```
while ((line = Console.ReadLine()) != "exit")
{
    if (string.IsNullOrWhiteSpace(line)) continue;

    var parts = line.Split(' ');
    var command = parts[0];

    int flugId = 0;
    flugId = Convert.ToInt32(parts[1]);
    var vorname = parts[2];
    var nachname = parts[3];

    proxy
      .Invoke<string>("BookFlight", flugId, vorname, nachname)
      .ContinueWith(t => {

            // t.Exception
        Console.WriteLine("TicketId: " + t.Result);

    });


}
connection.Stop();
```

Hubs über JavaScript konsumieren

Abbildung 5-3 zeigt eine Webseite, die den zuvor diskutierten `FlugHub` konsumiert. Sie gibt dem Benutzer die Möglichkeit, einen Flug zu buchen. Dazu gibt der Benutzer Vorname, Nachname und eine Flugnummer ein und betätigt anschließend die Schaltfläche `Buchen`. Vom `FlugHub` erhaltene Rückgabewerte oder Benachrichtigungen, die direkt an den Aufrufer gerichtet waren, zeigt die Webseite unter `Callbacks` an. Benachrichtigungen, die der `Hub` an alle Clients gesendet hat, findet der Benutzer unter `Broadcasts`.

Die Implementierung dieser Webseite findet sich in Beispiel 5-7. Es wird an dieser Stelle davon ausgegangen, dass die betrachtete Seite das populäre JavaScript-Framework jQuery (*jquery.org*) einbindet. Um die Möglichkeiten von SignalR nutzen zu können, referenziert die betrachtete View die Datei `/Scripts/jquery.signalR-1.0.0.js`, die beim Einbinden des SignalR-Packages `microsoft.aspnet.signalr` via NuGet ins Projekt integriert wurde. Darüber hinaus referenziert die View die dynamisch von SignalR generierte JavaScript-Datei `/signalr/hubs`, die Proxies zur Kommunikation mit sämtlichen serverseitig bereitgestellten Hubs beinhaltet.

Nach dem Laden der Seite holt sich die betrachtete View mittels `$.connection.flugHub` einen Verweis auf den serverseitigen `FlugHub`. Anschließend registriert die View jene Funktionen, die serverseitige Routinen am Client anstoßen können, bei der Eigenschaft `client`. Die Funktion `bookFlightCompleted` erzeugt einen Eintrag auf der Webseite unter `Callbacks`; die Funktion `flightUpdated` macht dasselbe im Bereich `Broadcasts`.

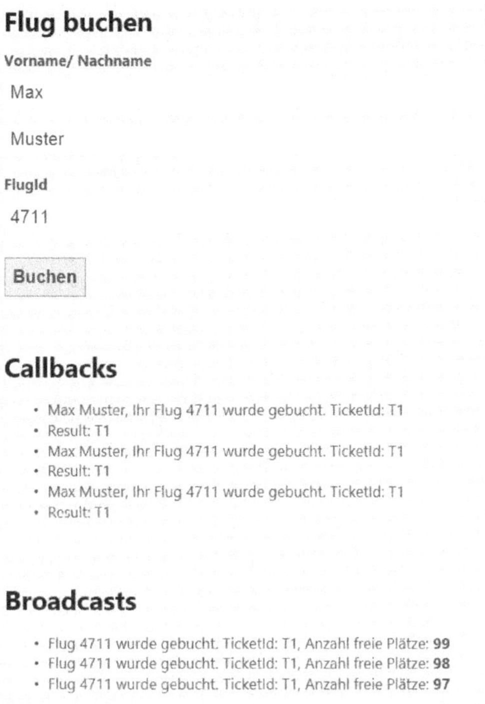

Abbildung 5-3: Diese Webseite gibt dem Benutzer die Möglichkeit, Flüge zu buchen, und zeigt darüber hinaus erhaltene Rückgabewerte und Benachrichtigungen an

Für die Schaltfläche, die der Benutzer zum Buchen eines Flugs betätigt, richtet die View eine Ereignisbehandlungsroutine ein. Diese ermittelt die erfassten Daten und ruft damit über das aktuelle `connection`-Objekt die Methode `bookFlight` bei der Eigenschaft `server` des Hubs auf. Beim Ergebnis dieses Aufrufs registriert sie anschließend zwei Callbacks: An `done` übergibt sie eine Funktion, die SignalR nach einer erfolgreichen Ausführung der Dienstoperation anstoßen soll; an `fail` hingegen eine Funktion, die beim Auftreten eines Fehlers zum Zuge kommt. Während Erstere den Rückgabewert der Dienstoperation entgegennimmt, erwartet Letztere als Argument eine Fehlerbeschreibung. Beide Funktionen platzieren die erhaltenen Daten auf der Webseite. Um Fehler, die sich nicht auf einen bestimmten Aufruf beziehen, abzufangen, registriert die View zusätzlich eine Routine unter Verwendung der Funktion `$.connection.hub.error`.

Nachdem sämtliche Funktionen und Ereignisbehandlungsroutinen registriert wurden, startet die View durch Aufruf von `$.connection.hub.start` die Verbindung zum `Hub`. Auch beim hiermit erhaltenen Rückgabewert registriert sie mit `done` und `fail` zwei Funktionen, die auszuführen sind, wenn der Aufruf von `start` erfolgreich war bzw. fehlgeschlagen ist.

Wenig auffällig, aber umso interessanter ist die Tatsache, dass SignalR sowohl im betrachteten JavaScript-Code als auch im serverseitig implementierten C#-Code die Anwendung der jeweiligen Konventionen in Hinblick auf Groß-/Kleinschreibung erlaubt. Während serverseitig zum Beispiel eine Methode `BookFlight` definiert wird, erfolgt deren Aufruf in JavaScript via `bookFlight`. Dasselbe gilt unter anderem auch für die in JavaScript definierte Funktion `flightUpdated` und den dazu passenden serverseitigen Aufruf `FlightUpdated`.

Beispiel 5-7: Zugriff auf einen Hub via JavaScript

```
<div class="box">
    <h2>Flug buchen</h2>

    <div class="label">
        Vorname/ Nachname
    </div>
    <div>
        <input id="txtVorname" /> <input id="txtNachname" />
    </div>
    <div class="label">
        FlugId
    </div>
    <div>
        <input id="flugId" />
    </div>
    <div class="button">
        <input type="button" value="Buchen" id="btnBuchen" />
    </div>
</div>


<div class="box">
    <h2>Callbacks</h2>

    <ul id="callbacks">
    </ul>
</div>

<div class="box">
    <h2>Broadcasts</h2>

    <ul id="broadcasts">
    </ul>
</div>

    <!-- Dateinamen können sich bei neueren Versionen ändern -->
    <script src="/Scripts/jquery.js "></script>
    <script src="/Scripts/jquery.signalR-1.0.0.js"></script>
    <script src="/signalr/hubs" type="text/javascript"></script>

    <script>
        $(function () {

            connection = $.connection.flugHub;

            connection.client.bookFlightCompleted = function (flugId, ticketId, vorname, nachname) {
                var info = vorname + " " + nachname + ", Ihr Flug " + flugId + " wurde gebucht.
TicketId: " + ticketId;
                $("#callbacks").append("<li>" + info + "</li>");
            }

            connection.client.flightUpdated = function (flugId, ticketId, free) {
                var info = "Flug " + flugId + " wurde gebucht. TicketId: " + ticketId + ", Anzahl freie
Plätze: <b>" + free + "</b>";
                $("#broadcasts").append("<li>" + info + "</li>");
```

```
            }

            $("#btnBuchen").click(function () {
                var vorname = $("#txtVorname").val();
                var nachname = $("#txtNachname").val();
                var flugId = $("#flugId").val();

                connection
                    .server
                    .bookFlight(flugId, vorname, nachname)
                    .done(function (result) {
                        $("#callbacks").append("<li>Result: " + result + "</li>");
                      })
                    .fail(function (error) {
                        $("#callbacks").append("<li>Error: " + error + "</li>");
                      });
            });

            $.connection.hub.error(function () {
                alert("An error occured");
            });
            $.connection.hub.start()
                                .done(function () {
                                      alert("Verbindung aufgebaut!"); })
                                .fail(function () { alert("Fehler!"); });

        });

    </script>
```

Gruppen

Hubs geben dem Entwickler auch die Möglichkeit, Verbindungen in verschiedene Gruppen zu unterteilen und Nachrichten nur an die Clients bestimmter Gruppen zu senden. Um dies zu demonstrieren, beinhaltet Beispiel 5-8 eine modifizierte Variante des zuvor betrachteten Hubs. Sie bietet nun die beiden zusätzlichen Dienstoperationen `RegisterForFlight` und `UnRegisterForFlight` an und gibt den Clients somit die Möglichkeit, sich für ausgewählte Flüge zu registrieren.

`RegisterForFlight` registriert die aktuelle Verbindung für den übergebenen Flug unter Verwendung der Methode `this.Groups.Add`. Als ersten Parameter übergibt sie hierzu die `ConnectionId` der aktuellen Verbindung; als zweiten Parameter den Gruppennamen, der im betrachteten Fall eine Zeichenfolge im Format `flug + FlugId` ist (z.B. `flug4711`). Um den aktuellen Client aus einer Gruppe auszutragen, geht die Dienstoperation `UnRegisterForFlight` analog unter Verwendung von `Groups.Remove` vor.

Bucht ein Client einen Flug, so informiert die Methode `BookFlight` lediglich jene Clients, die sich für diesen Flug interessieren und sich deswegen in der Gruppe dieses Flugs eingetragen haben. Dazu ermittelt sie über `this.Clients.Groups("flug" + flugId)` ein dynamisches Objekt, das die betroffenen Clients repräsentiert, und ruft bei diesem Objekt die clientseitige Methode `FlightUpdated` auf. Dies führt dazu, dass diese Methode bei allen betroffenen Clients angestoßen wird.

Beispiel 5-8: Einsatz von Gruppen

```
public class MulticastFlugHub : Hub
{
```

```
        private static Dictionary<int, int> freePerFlight
                                        = new Dictionary<int, int>();
        private static int nextTicket = 1;

        static MulticastFlugHub()
        {
            freePerFlight[4711] = 100;
            freePerFlight[4712] = 100;
            freePerFlight[4713] = 100;
        }

        public void RegisterForFlight(int flugId)
        {
            this.Groups.Add(this.Context.ConnectionId, "flug" + flugId);
        }

        public void UnRegisterForFlight(int flugId)
        {
            this.Groups.Remove(this.Context.ConnectionId, "flug" + flugId);
        }

        public string BookFlight(int flugId, string vorname, string nachname)
        {
            int free;
            string ticketId;
            lock (freePerFlight)
            {
                if (!freePerFlight.ContainsKey(flugId))
                      throw new Exception("Flug " + flugId + " existiert nicht!");

                    free = freePerFlight[flugId];
                free--;
                freePerFlight[flugId] = free;
                ticketId = "T" + nextTicket;
                nextTicket++;
            }

            this.Clients.Caller.BookFlightCompleted(flugId, ticketId, vorname, nachname);
            this.Clients.Group("flug" + flugId).FlightUpdated(flugId, ticketId, free);
            return ticketId;
        }
    }
```

Pipeline-Module für Querschnittsfunktionen

Mithilfe von Pipeline-Modulen kann der Entwickler Querschnittsfunktionen festlegen, die SignalR zu bestimmten Zeitpunkten unabhängig vom jeweils konsumierten Hub zur Ausführung bringen soll. Um ein Pipeline-Modul zu implementieren, leitet der Entwickler von `HubPipelineModule` ab. Anschließend überschreibt er jene Methoden, welche SignalR beim Eintreteten bestimmter Ereignisse aufruft. Die folgende Auflistung beschreibt diese:

OnAfterConnect: Wird aufgerufen, nachdem eine Verbindung mit einem Client aufgebaut wurde

OnAfterDisconnect: Wird aufgerufen, nachdem eine Verbindung mit einem Client geschlossen wurde

OnAfterIncoming: Wird aufgerufen, nachdem ein Hub Daten empfangen hat

OnAfterOutgoing: Wird aufgerufen, nachdem ein Hub Daten gesendet hat

OnAfterReconnect: Wird aufgerufen, wenn eine abgebrochene Verbindung erneut aufgebaut wird

OnBeforeAuthorizeConnect: Wird aufgerufen, wenn eine Verbindung aufgebaut wird. Hier kann der Entwickler Autorisierungslogiken platzieren.

OnBeforeConnect: Wird aufgerufen, bevor eine Verbindung mit einem Client aufgebaut wird

OnBeforeDisconnect: Wird aufgerufen, bevor eine Verbindung mit einem Client getrennt wird

OnBeforeIncoming: Wird aufgerufen, bevor der Hub Daten empfängt

OnBeforeOutgoing: Wird aufgerufen, bevor der Hub Daten sendet

OnBeforeReconnect: Wird aufgerufen, bevor eine abgebrochene Verbindung wieder aufgebaut wird

OnIncomingError: Wird aufgerufen, wenn ein Fehler auftritt

Das Beispiel in Beispiel 5-9 zeigt ein Pipeline-Modul, welches ausgewählte Ereignisse unter Verwendung von `Debug.WriteLine` protokolliert.

Beispiel 5-9: Einfaches Pipeline-Modul

```
public class LoggingPipelineModule : HubPipelineModule
{
    protected override bool
       OnBeforeIncoming(IHubIncomingInvokerContext context)
    {
        Debug.WriteLine(
           "[{0}] OnBeforeIncoming: Method {1} on Hub {2}",
           DateTime.Now,
           context.MethodDescriptor.Name,
           context.MethodDescriptor.Hub.Name );

        return base.OnBeforeIncoming(context);
    }

    protected override bool OnBeforeOutgoing(
                 IHubOutgoingInvokerContext context)
    {
        Debug.WriteLine(
            "[{0}] OnBeforeOutgoing: Method {1} on Hub {2}",
            DateTime.Now,
            context.Invocation.Method,
            context.Invocation.Hub);

        return base.OnBeforeOutgoing(context);
    }
}
```

Um ein Pipeline-Modul bei SignalR zu registrieren, ist es an die Methode `AddModule` der statischen Auflistung `HubPipeline` von `GlobalHost` zu übergeben:

```
GlobalHost.HubPipeline.AddModule(new LoggingPipelineModule());
```

Zum Aufruf dieser Anweisung bietet sich die Methode `Application_Start` an, die sich in der Datei `global.asax` befindet.

SignalR konfigurieren

SignalR bietet einige wenige Konfigurationseinstellungen. Hierbei handelt es sich um Eigenschaften jenes Objekts, das über die statische Eigenschaft `GlobalHost.Configuration` in Erfahrung gebracht werden kann. Da die Konfigurationseinstellungen im Zuge des Hochfahrens der Webanwendung gesetzt werden sollten, bietet sich hierfür die Methode `Application_Start` innerhalb der Datei `global.asax` an.

Die folgende Auflistung beschreibt einige der zur Verfügung stehenden Konfigurationseinstellungen:

ConnectionTimeout: Gibt an, nach welcher Zeitspanne, innerhalb der der Client keine Nachricht sendet, die Verbindung abzubauen ist

DisconnectTimeout: Gibt an, wie lange nach dem Abbruch einer Verbindung gewartet werden soll, bis hierfür das Ereignis `Disconnect` aufzurufen ist

KeepAlive: Gibt an, in welchem Intervall Clients Keep-Alive-Nachrichten an den Server senden sollen, um zu verhindern, dass die Verbindung nicht abgebaut wird

Cross Origin Resource Sharing (CORS)

Für SignalR existiert mit dem NuGet-Paket `microsoft.owin.cors` auch eine Unterstützung für Cross Origin Resource Sharing (CORS). Um CORS für sämtliche Clients zu aktivieren, ruft der Entwickler innerhalb von `Startup.Configuration` lediglich die Erweiterungsmethode `app.UseCors(CorsOptions.AllowAll)` auf. Um CORS nur für bestimmte Clients zu erlauben, übergibt der Entwickler an `UseCors` eine Instanz von `CorsOptions`. Über deren Eigenschaft `CorsPolicy` legt er zum Beispiel die erlaubten Clients oder HTTP-Methoden fest. Darüber hinaus kann er unter Verwendung der Methode `Map` CORS sowie den Einsatz von Frameworks, wie SignalR oder ASP.NET Web API, auf einen bestimmten Pfad einschränken:

```
app.Map("/signalr", map => {
    app.UseCors(CorsOptions.AllowAll);
    app.RunSignalR(config);
    // app.UseWebApi(...);
});
```

SignalR skalieren

Das Skalieren von SignalR-basierten Lösungen stellt aufgrund der Tatsache, dass die Clients mit jeweils einem Server verbunden sind, eine Herausforderung dar. Dieser Abschnitt veranschaulicht diese Herausforderung und zeigt, welche Lösungen SignalR hierfür bereithält. Anschließend zeigt er anhand eines Beispiels, wie diese Lösungen genutzt werden können.

Überlegungen zum Skalieren von SignalR

Weblösungen können einfach skaliert werden, indem sie auf mehrere Server verteilt werden. Ein Load-Balancer kann in weiterer Folge entscheiden, welche Anfrage zu welchem Server geroutet wird. Wendet man diese bewährte Lösung auf eine SignalR-basierte Anwendung an, wird man schnell feststellen, das lediglich jene Clients, die zum selben Server geroutet wurden, über SignalR miteinander kommunizieren können, zumal keine Verbindung zwischen den SignalR-Instanzen der einzelnen Server besteht. Abbildung 5-4 veranschaulicht dies.

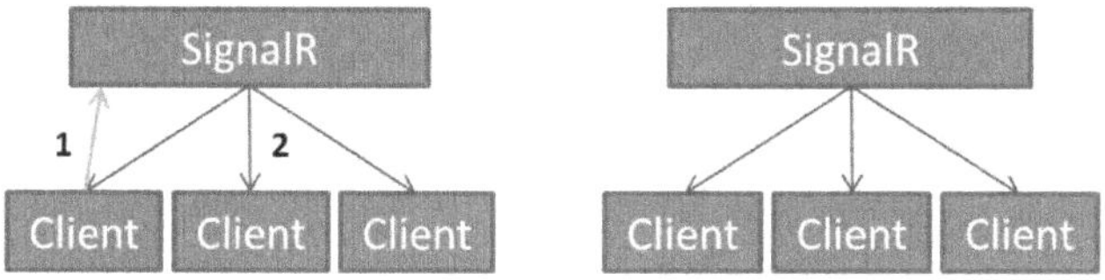

Abbildung 5-4: Naive Skalierungsstrategie

Aus diesem Grund bietet SignalR die Möglichkeit, die empfangenen Nachrichten nicht nur an die verbundenen Clients, sondern auch an eine übergeordnete Komponente weiterzuleiten. Die SignalR-Instanzen auf anderen Servern können die Nachrichten von dort abholen und an ihre Clients weiterleiten. Abbildung 5-5 veranschaulicht das.

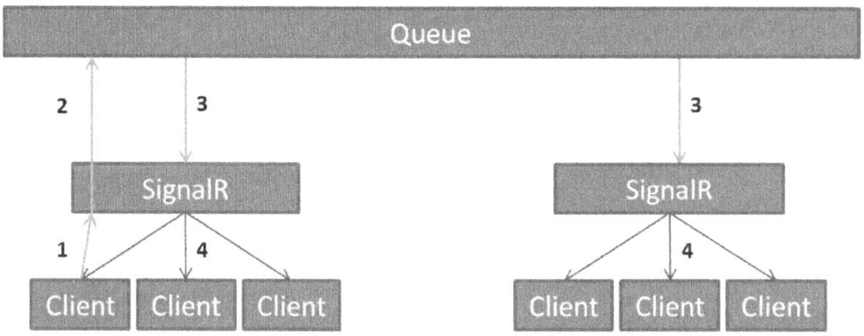

Abbildung 5-5: Skalierungsstrategie für SignalR

Bei dieser übergeordneten Komponente kann es sich um SQL Server, Azure Service Bus oder um die NoSQL-Lösung Redis handeln.

Die Skalierungs-Strategie, welche SQL Server nutzt, verwendet den mit Version 2005 eingeführten Service Broker, der eine datenbankinterne Implementierung einer Nachrichtenwarteschlange darstellt. Da der Service Broker derzeit weder in SQL Azure noch in SQL Compact zu finden ist, scheiden diese beiden Varianten hierfür aus.

Bei Cloud-Lösungen kann der Entwickler jedoch auf den Azure Service Bus zurückgreifen. Die hierfür vorgesehene Skalierungsstrategie verwendet die vom Service Bus gebotenen Topics zur Kommunikation zwischen den SignalR-Instanzen. Hierbei handelt es sich um Nachrichtenwarteschlangen, die nach dem Prinzip Publish/Subscribe arbeiten und somit eine Punkt-zu-Multipunkt-Kommunikation erlauben.

Bei der freien NoSQL-Lösung Redis handelt es sich um eine hochperformante In-Memory-Datenbank zum Speichern von Schlüssel/Wert-Paaren. Die auf Redis basierende Skalierungsstrategie macht sich das sowie die von Redis gebotene Publish/Subscribe-Implementierung zu nutze.

SignalR mit SQL Server skalieren

Zur Demonstration der Umsetzung einer skalierbaren SignalR-Lösung wird in weiterer Folge auf das Self-Hosting zurückgegriffen. Das bedeutet, dass SignalR-basierte Services nicht über einen Webserver, wie zum Beispiel IIS, sondern über eine eigene Anwendung bereitgestellt werden. Dabei kann es sich zum Beispiel um einen Windows-Dienst oder, wie nachfolgend beschrieben, um eine Kommandozeilen-Anwendung handeln. Durch den Einsatz des Self-Hostings kann der Entwickler einfach mehrere Hosts starten und somit ein verteiltes Szenario simulieren.

Die benötigten Bibliotheken werden über NuGet geladen. Es handelt sich hierbei um die Vorabversionen von:

- *microsoft.aspnet.signalr.owin*
- *microsoft.owin.host.httplistener*
- *microsoft.owin.hosting*
- *microsoft.aspnet.signalr.sqlserver*

Die ersten drei NuGet-Pakete erlauben die Realisierung des Self-Hostings; die vierte Komponente ermöglicht die Skalierung über SQL Server. Das verwendete Beispiel sieht einen Hub vor, der Informationen über Flüge entgegennimmt und diese Informationen an alle verbundenen Clients verteilt (Beispiel 5-10). Dazu bringt der Hub bei diesen Clients die lokale Operation `ReceiveState` zur Ausführung.

Beispiel 5-10: Ein einfacher Hub zur Demonstration der Skalierung von SignalR-basierten Lösungen

```
public class FlugHub : Hub
{
    public void SendState(string flugNummer, string state, string info)
    {
        this.Clients.All.ReceiveState(flugNummer, state, info);
    }
}
```

Die Konfiguration des Hosts erfolgt über eine Klasse, welche per Definition eine Methode `Configuration` aufweist (Beispiel 5-11). Diese Methode nimmt eine Instanz von `IAppBuilder` entgegen. Weitere Anforderungen, wie die Notwendigkeit eine Schnittstelle zu implementieren oder von einer abstrakten Basisklasse zu erben, existieren an diese Klasse nicht.

Innerhalb von `Configuration` platziert der Entwickler die gewünschte Konfiguration. Im betrachteten Fall legt er mit `MapHubs` fest, dass sämtliche Hubs über `/signalr/hubs` erreichbar sind. Da es sich hierbei um den Standard-URL handelt, muss er diese Adresse nicht explizit angeben. Allerdings existieren Überladungen von `MapHubs`, die das Festlegen einer davon abweichenden Adresse erlauben.

`MapHubs` nimmt eine Instanz von `HubConfiguration` entgegen. Deren Eigenschaft `EnableCrossDomain` ermöglicht sogenannte CORS-Anfragen. Bei CORS (Cross Origin Resource Sharing) handelt es sich um einen Mechanismus, der es Webseiten erlaubt, auf Services anderer Domänen zuzugreifen. Die Eigenschaft `EnableDetailedErrors` gibt daneben an, ob SignalR detaillierte Fehlermeldungen übers Netzwerk übertragen darf.

Zusätzlich legt der Entwickler durch Einsatz der Erweiterungsmethode `UseSqlServer` fest, dass SQL Server zum Skalieren zum Einsatz kommen soll. Diese Erweiterungsmethode erwartet eine Instanz von `SqlScaleoutConfiguration`, die zumindest die zu verwendende Datenbankverbindungszeichenkette kennen muss.

Beispiel 5-11: Konfiguration der Skalierungslösung

```
class Startup
{
    public void Configuration(IAppBuilder app)
    {
```

```
        var cnnstr = @"Data Source=IWI-NB-07\SQLEXPRESS;[…]";
        var ssc = new SqlScaleoutConfiguration(cnnstr);
        GlobalHost.DependencyResolver.UseSqlServer(ssc);
        var config = new HubConfiguration { EnableCrossDomain = true, EnableDetailedErrors = true };
        app.MapHubs(config);
    }
}
```

Damit SignalR die angegebene Datenbank zum Skalieren verwenden kann, muss der Entwickler für diese den Service Broker aktivieren. Dazu führt er die folgende Anweisung in der Master-Datenbank aus, wobei DatenbankName für die einzusetzende Datenbank steht:

```
ALTER DATABASE DatenbankName SET ENABLE_BROKER
```

Die Methode, welche den Host startet, findet sich in Beispiel 5-12. Sie fordert zunächst den Benutzer zur Eingabe des zu verwendenden Ports auf. Dies macht es möglich, zu Testzwecken gleichzeitig verschiedene Instanzen des Hosts auszuführen, die auf unterschiedliche Ports horchen.

Ist der zu verwendende Port bekannt, startet `Main` unter Verwendung der statischen Methode `WebApplication.Start` den Host. Als Typparameter gibt sie dabei die Klasse mit der Konfiguration an (vgl. Beispiel 5-11), als Übergabeparameter den heranzuziehenden URL.

Beispiel 5-12: Eine einfache Self-Host-Implementierung

```
class Program
{
    static void Main(string[] args)
    {
        string url = "http://localhost:{0}";

        Console.Write("Port-Number: ");
        var port = Console.ReadLine();
        url = string.Format(url, port);

        using (WebApplication.Start<Startup>(url))
        {
            Console.WriteLine("Server running on {0}", url);
            Console.ReadLine();
        }
    }
}
```

Implementierung eines SignalR-Clients

Die Umsetzung eines einfachen JavaScript-Clients, welcher den zuvor besprochenen Hub konsumiert, findet sich in Beispiel 5-13. Neben jQuery ist dazu die JavaScript-Datei `jquery.signalR-1.0.0.js` einzubinden. Der Entwickler realisiert dies, indem er über NuGet das Paket `microsoft.aspnet.signalr` einbindet. Daneben ist die vom Host bereitgestellte JavaScript-Datei `/signalr/hubs` einzubinden.

Beim betrachteten Listing handelt es sich um eine View, welche einem ASP.NET MVC-Projekt entnommen wurde, das sich auf die Vorlage `Internet Application` abstützt. Da diese Projektvorlage jQuery über die Layout-Seite einbindet, findet sich kein entsprechender Verweis darauf im Listing. Damit der Aufrufer die Wahl des serverseitigen Ports, über das der SignalR-Host anzusprechen ist, zur Laufzeit treffen kann, beinhaltet dieses Listing den Platzhalter `@Request.QueryString["port"]`, welcher für den Wert des URL-Parameters port steht.

Das Listing setzt die Zieladresse über `$.connection.hub.url` explizit. Dies ist beim Einsatz von CORS notwendig. Anschließend greift das Listing auf den Proxy für den Hub über die Eigenschaft `$.connection.flugHub` zu und richtet die clientseitige Funktion `receiveState` ein. Nach dem Aufbau der Verbindung zu `SignalR` unter Verwendung von `$.connection.hub.start` richtet das Listing einen Event-Handler für einen Button ein. Dieser Event-Handler liest Informationen aus einigen Feldern aus und sendet diese an die vom Hub bereitgestellte Operation `sendState`.

Beispiel 5-13: Ein einfacher Webclient

```
<script src="~/Scripts/jquery.signalR-1.0.0.js"></script>
<script src="http://localhost:@Request.QueryString["port"]/signalr/hubs" type="text/javascript"></
script>

<script>

    $(function () {

        $.connection.hub.url = 'http://localhost:@Request["port"]/signalr';
        var myHub = $.connection.flugHub;

        myHub.client.receiveState = function (fnr, status, info) {
            $("#msgs").append("<li>" + fnr + ": " + status + ", " + info + "</li>");
        };

        $.connection.hub.start()
            .done(function () {
                alert("Verbindung aufgebaut!");
            })
            .fail(function (err) {
                alert("Fehler beim Verbindungsaufbau!");
            });

        $("#btnSenden").click(function () {

            var fnr = $("#flugnr").val();
            var status = $("#status").val();
            var info = $("#info").val();

            myHub.server.sendState(fnr, status, info);
        });
    });

</script>
```

Das Skalierungsszenario testen

Um das beschriebene Szenario zu testen, ist der Self-Host zweimal unter Angabe verschiedener Ports zu starten. Anschließend sind zwei Instanzen des JavaScript-Clients zu starten, wobei der erste Client durch die Angabe des Ports im URL mit dem ersten Host und der zweite Client mit dem zweiten Host verbunden wird. Funktioniert die Lösung, so sollten Informationen, die über den ersten Client versendet wurden, auch im zweiten Client, der mit einem anderen Host verbunden ist, ankommen und umgekehrt. Abbildung 5-6 demonstriert dies.

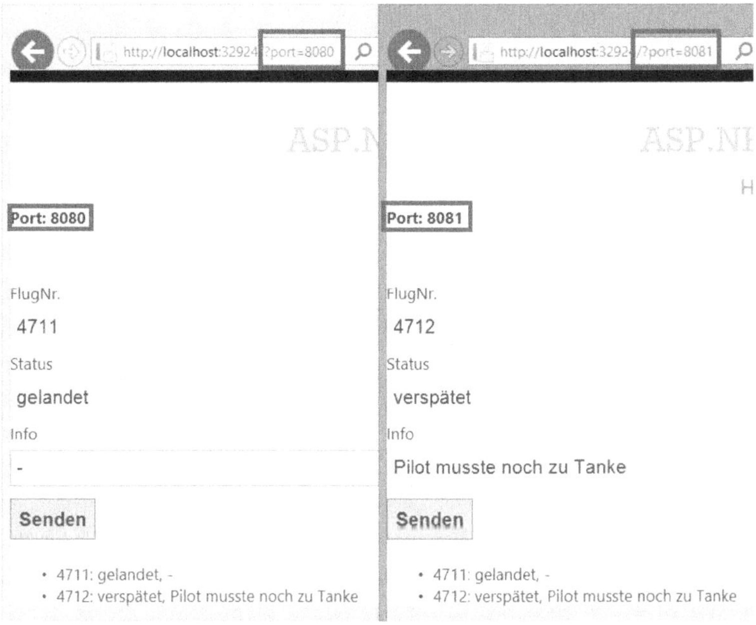

Abbildung 5-6: Test der Umsetzung

Azure Service Bus und Redis als Alternative zu SQL Server

Für die Umsetzung eines Skalierungsszenarios mit Azure Service Bus oder Redis geht der Entwickler analog zum hier beschriebenen Beispiel vor. Die für den Einsatz von Azure Service Bus benötigten Komponenten finden sich im NuGet-Paket `microsoft.aspnet.signalr.servicebus`. Darüber hinaus kann der Entwickler über die Erweiterungsmethode `GlobalHost.DependencyResolver.UseServiceBus` die Verbindungszeichenkette konfigurieren, die auf die gewünschte Service Bus-Instanz in der Azure-Cloud verweist.

Die Komponenten für ein Skalieren mittels Redis befinden sich hingegen im NuGet-Paket `microsoft.aspnet.signalr.redis` und die entsprechende Erweiterungsmethode zum Konfigurieren der Eckdaten nennt sich in diesem Fall `GlobalHost.DependencyResolver.UseRedis`. Weitere Informationen dazu finden sich unter *https://github.com/SignalR/SignalR/wiki*.

KAPITEL 6

Datenzugriff mit Entity Framework

Um die Handhabung von relationalen Datenbanken in objektorientierten Systemen natürlicher zu gestalten, setzt die Software-Industrie seit Jahren auf O/R-Mapper. O steht dabei für objektorientiert und R für relational. Diese Werkzeuge bilden demnach Konzepte aus der objektorientierten Welt, wie Klassen, Attribute oder Beziehungen zwischen Klassen auf entsprechende Konstrukte der relationalen Welt, wie zum Beispiel Tabellen, Spalten und Fremdschlüssel, ab. Der Entwickler kann somit in der objektorientierten Welt verbleiben und den O/R-Mapper anweisen, bestimmte Objekte, welche in Form von Datensätzen in den Tabellen der relationalen Datenbank vorliegen, zu laden bzw. zu speichern. Wenig interessante und fehleranfällige Aufgaben, wie das manuelle Erstellen von `INSERT`-, `UPDATE`- oder `DELETE`-Anweisungen übernimmt hierbei auch der O/R-Mapper, was zu einer weiteren Entlastung des Entwicklers führt.

Beim Entity Framework, das, als dieser Text geschrieben wurde, in Version 6.x vorlag, handelt es sich um einen solchen O/R-Mapper, der mittlerweile ein fixer Bestandteil von .NET ist. Dieses Kapitel zeigt, wie damit Datenbanken angesprochen werden können.

Überblick

Als O/R-Mapper erleichtert das Entity Framework nicht nur den Zugriff auf relationale Datenbanken, sondern bietet darüber hinaus auch Datenbankunabhängigkeit. Dies wird unter anderem durch eine eigene Abfragesprache, die sich Entity SQL nennt und stark an SQL angelehnt ist, erreicht. Allerdings verwenden Entitäten SQL in der Regel nicht direkt, sondern nehmen mit der in C# und VB.NET integrierten Abfragesprache LINQ vorlieb. Die Ausprägung von LINQ, die bei der Arbeit mit dem Entity Framework zum Einsatz kommt, nennt sich LINQ to Entities und wird ohne Zutun des Entwicklers nach Entity SQL kompiliert. Dieses wird wiederum unter Verwendung des jeweiligen Datenbanktreibers – genau genommen handelt es sich hierbei um einen sogenannten ADO.NET Datenanbieter – in das native SQL der jeweils verwendeten Datenbank umgewandelt.

Im Lieferumfang von .NET befindet sich lediglich der Datenanbieter für SQL Server in seinen verschiedenen Ausprägungen. Allerdings stellen mittlerweile Datenbankanbieter, wie ORACLE, auch Datenanbieter zur Verfügung, die mit dem Entity Framework umgehen können. Daneben gibt es auch Unternehmen, wie DevArt (*devart.com*), die sich auf die Entwicklung von Datenbankwerkzeugen spezialisiert haben und Entity Framework-fähige Datenanbieter für verschiedenste Datenbanken anbieten. Gerade im Umfeld von ORACLE haben die Autoren mit den kostenpflichtigen Datenanbietern von DevArt sehr gute Erfahrungen gemacht, wohingegen jener von ORACLE selbst immer wieder zu Problemen geführt hat.

Um Elemente aus der objektorientierten Welt auf Konzepte der relationalen Welt abzubilden, bedient sich Entity Framework eines sogenannten Entity Data Models. Dabei handelt es sich um ein Modell, welches in Form einer XML-Datei vorliegt und aus drei Submodellen besteht. Diese Submodelle nennen sich:

- Konzeptmodell
- Speichermodell
- Map

Das Konzeptmodell beschreibt das zu verwendende Objektmodell, bestehend aus Klassen, sogenannten Entitäten oder Entitätsklasse, die miteinander in Beziehung stehen (können). Das Speichermodell beschreibt hingegen das einzusetzende Datenbankschema. Für den Brückenschlag zwischen der objektorientierten und der relationalen Welt ist die Map verantwortlich: Sie bildet Elemente aus dem Conceptional Model auf Elemente des Speichermodell ab. Beispielsweise beschreibt sie, dass eine Klasse `Person` auf eine Tabelle `Personen` abgebildet wird, dass ein Attribut `Id` einer Spalte `PersonId` entspricht oder dass ein bestimmter Fremdschlüssel zum Auflösen einer Objektbeziehung heranzuziehen ist.

Aus dem Entity Data Model generiert Visual Studio Quellcode. Pro Entität erhält der Entwickler auf diesem Weg eine generierte Klasse. Diese Klassen sind mit `partial` gekennzeichnet und können somit über weitere partielle Klassen, die in anderen Dateien definiert werden, erweitert werden. Somit kann der Entwickler sicherstellen, dass seine Erweiterungen bei einer erneuten Generierung der Entitätsklassen nicht verloren gehen. Für das Modell generiert Visual Studio darüber hianus einen sogenannten Datenbankkontext. Dabei handelt es sich um eine Klasse, welche bei Verwendung von Visual Studio 2012 von `DbContext` erbt und den Dreh- und Angelpunkt bei der Arbeit mit der Datenbank darstellt. Beim Datenbankkontext kann der Entwickler das Laden von Objekten anstoßen und an den Datenbankkontext übergibt er auch die zu speichernden Objekte.

Mit dem Entity Data Model arbeiten

Die folgenden Abschnitte gehen auf den Umgang mit dem Entity Data Model in Visual Studio 2012 ein. Sie erfahren, wie Sie ein solches Datenmodell anlegen, von einer bestehenden Datenbank ableiten, aktualisieren und wie Daten abgefragt werden.

Entity Data Model anlegen

Zum Anlegen eines Entity Data Models verwenden Sie innerhalb eines ASP.NET MVC 4-Webanwendungsprojekts die Vorlage `ADO.NET Entity Data Model` (Rechtsklick auf Verzeichnis im Projektmappen-Explorer. Klicken Sie dann auf `Add`, `Item`, `Data` und `ADO.NET Entity Data Model`, vgl. Abbildung 6-1).

Dies veranlasst Visual Studio, einen Assistenten zu starten (vgl. Abbildung 6-2). Diesem teilt der Entwickler mit, ob er ein Entity Data Model aus einer bestehenden Datenbank generieren lassen möchte oder ob er hingegen mit einem leeren Modell starten will. Die erste Option wird auch als Reverse Engineering oder Database First bezeichnet und bietet sich an, wenn bereits eine Datenbank besteht oder wenn sich die Entwickler entscheiden, die Datenbank auf traditionellem Weg zu erzeugen. Die zweite Option, welche als Model First bezeichnet wird, gibt dem Entwickler die Möglichkeit, ein Objektmodell zu entwerfen. Aus diesem kann Visual Studio anschließend ein Datenbankschema generieren. Über die Frage, welche Option hier die bessere ist, kann vortrefflich gestritten werden und die Entscheidung hängt in vielen Fällen von den Vorlieben des Entwicklungsteams ab.

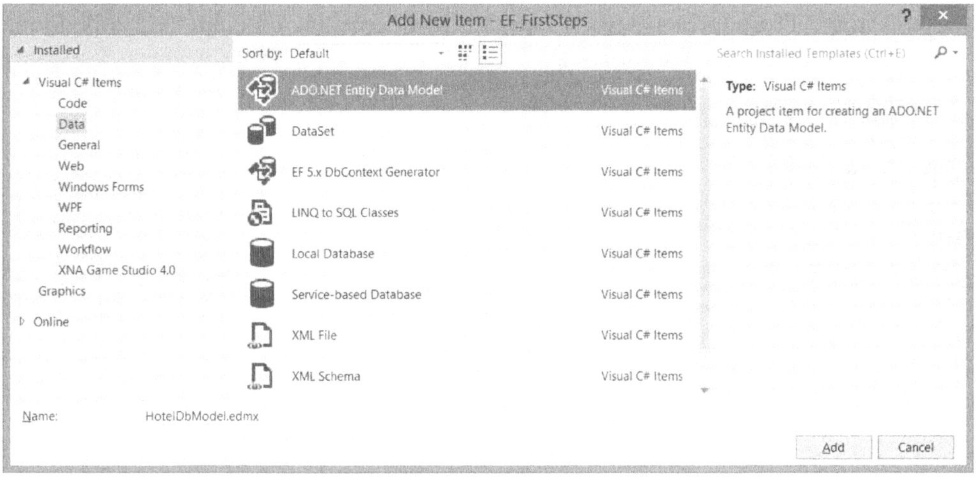

Abbildung 6-1: Vorlage für Entity Data Model

Allerdings gestaltet sich der Einsatz von Model First nicht immer einfach, vor allem dann wenn bestehende Datenbanken anhand eines Modells aktualisiert werden sollen. Darüber hinaus ist der Designer im Fall von Model First nicht immer einfach zu verwenden. Eine Alternative zu Model First, welche diese Herausforderung nicht in diesem Ausmaß mit sich bringt, stellt das neuere Programmiermodell Code First dar (siehe den Abschnitt »Code First«).

Abbildung 6-2: Entity Data Model Wizzard

Entity Data Model aus bestehender Datenbank ableiten

Entscheidet sich der Entwickler für die Option *Generate from Database* und somit für Database First, wird er aufgefordert, Eckdaten der gewünschten Datenbank anzugeben. Anschließend wählt er jene Tabellen, Views und Stored Procedures aus, die er ins Model übernehmen möchte (vgl. Abbildung 6-3).

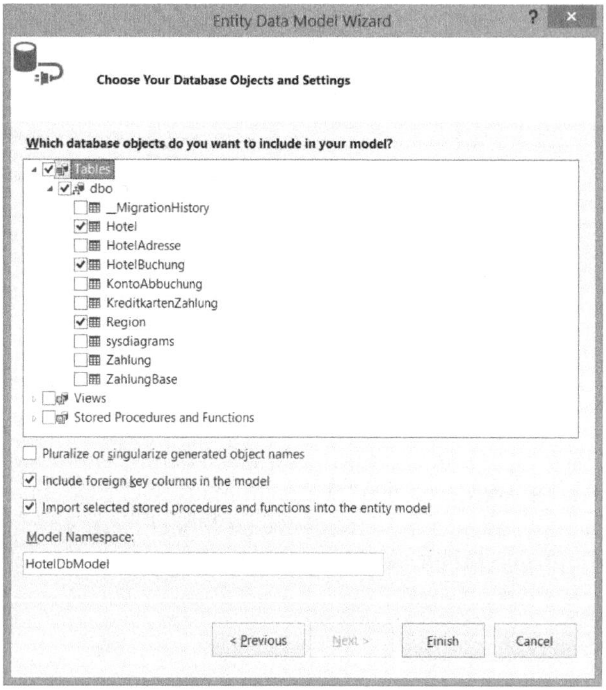

Abbildung 6-3: Auswahl der gewünschten Objekte bei Database First

Im Zuge dessen kann er auch drei Optionen wählen:

- *Pluralize or singularize generated object names*
- *Include foreign key columns in the model*
- *Import selected stored procedures and functions into the model*

Die Option `Pluralize or singularize generated object names` legt fest, dass aus dem Namen von Tabellen der Plural bzw. der Singular automatisch abgeleitet werden soll. Somit kann das Entity Framework zum Beispiel bei einem Verweis auf ein einziges Hotel die Bezeichnung `Hotel` sowie bei einem Verweis auf mehrere Hotels die Bezeichnung `Hotels` verwenden.

Mit *Include* `foreign key columns in the model` kann der Entwickler festlegen, ob Visual Studio Fremdschlüssel ins Objektmodell übernehmen soll. Aus rein objektorientierter Sicht ist dies nicht gewünscht, da Fremdschlüssel ein Konstrukt relationaler Datenbanken sind und keine direkte Entsprechung in der objektorientierten Welt haben. Trotzdem können Fremdschlüssel im Objektmodell sehr nützlich sein.

Möchte der Entwickler zum Beispiel zu einem Hotel die Region mit der Id 3 zuweisen, so muss er – sofern Fremdschlüssel im Objektmodell vorkommen – lediglich dem jeweiligen Fremdschlüssel den Wert 3 zuweisen. Existieren keine Fremdschlüssel im Objektmodell, müsste er hingegen die Region 3 laden und diese anschließend dem Hotel als Objekt zuweisen. Darüber hinaus habe ich beobachtet, dass sich das Entity Framework in manchen Situationen fehlerhaft verhält, wenn die Fremdschlüssel im Objektmodell fehlen, weswegen ich generell die Option `Include foreign key columns in the model` aktiviere.

Die dritte Option, `Import selected stored procedures and functions into the model`, legt fest, ob für alle ausgewählten Stored Procedures und Stored Functions Methoden zu erzeugen sind.

Entity Data Model einsehen und bearbeiten

Nachdem der Entwickler das Entity Data Model erzeugt hat, wird es von Visual Studio geöffnet, was dazu führt, dass das Objektmodell (das Konzeptmodell) zur Anzeige gebracht wird (Abbildung 6-4). Der Entwickler hat nun die Möglichkeit, die einzelnen Tabellen und Attribute unter Verwendung des Eigenschaftenfensters zu bearbeiten.

Bei Betrachtung des Objektmodells fällt auf, dass das Entity Framework zwischen zwei Arten von Eigenschaften unterscheidet: »Normale« Eigenschaften (`Properties`) und Navigationseigenschaften (`Navigation Properties`). Erstere repräsentieren Spalten aus der jeweiligen Tabelle. Letztere werden verwendet, um im Objektmodell zu navigieren. In Abbildung 6-4 weist die Tabelle *Region* zum Beispiel eine Navigationseigenschaft *Hotel* auf. Hierbei handelt es sich um eine Auflistung mit jenen Hotels, die zu der jeweiligen Region gehören. Das Hotel hat hingegen auch eine Navigationseigenschaft `Region`. Diese verweist auf die (eine einzige) Region des Hotels.

Abbildung 6-4: Ansicht des Objektmodells (Konzeptmodell) in Visual Studio

Wählt der Entwickler eine Entität im Entity Data Model aus, zeigt Visual Studio im Fenster *Mapping Details* Informationen darüber an, wie diese Entität auf die ihr zugrundeliegende Tabelle abgebildet wird. Falls dieses Fenster nicht angezeigt wird, kann der Entwickler es über den Menübefehl `View/Other Windows/Entity Data Model Mapping Window` einblenden.

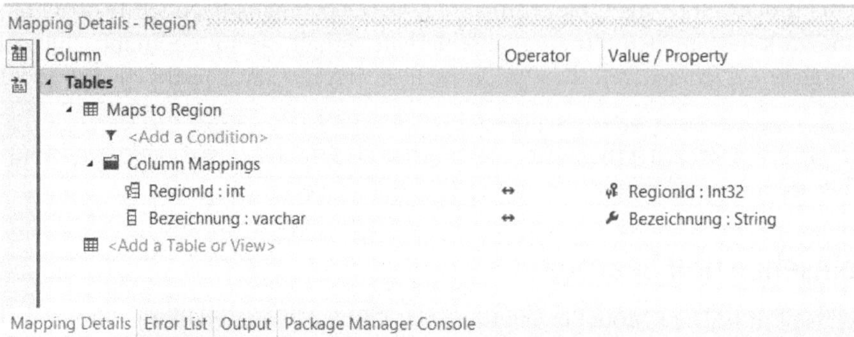

Abbildung 6-5: Ansicht der Map in Mapping Details

M:N-Beziehungen werden im Konzeptmodell ohne Zwischentabelle dargestellt. Stattdessen erhält jede Entität eine Navigationseigenschaft, die eine Liste mit den Entitäten der anderen Seite der Beziehung beinhaltet. Erkennt das Entity Framework M:N-Beziehungen beim Einsatz von Database First, werden sie auch auf diese Art dargestellt. Dazu muss es sich allerdings um eine »echte« M:N-Beziehung handeln, deren Zwischentabelle NUR aus Fremdschlüsseln besteht, welche auf die Primärschlüssel der beiden verbundenen Tabellen verweisen. Befinden sich in der Zwischentabelle hingegen noch weitere Eigenschaften, wird die M:N-Beziehung als Kombination zweier 1:N-Beziehungen dargestellt.

Darüber hinaus kann der Entwickler das Objektmodell (Konzeptmodell) zusammen mit dem Speichermodell im *Model Browser* einsehen, welchen er über `View/Other Windows/Entity Data Model Browser` einblenden kann (Abbildung 6-6).

Abbildung 6-6: Ansicht des Objektmodells (Konzeptmodell) sowie des Speichermodells im Model Browser

Auch das Entity Data Model selbst beinhaltet Eigenschaften, die über das Eigenschaftenfenster konfiguriert werden können. Damit Visual Studio diese dort anzeigt, klickt der Entwickler auf den leeren Hintergrund des Objektmodells. Unter diesen Eigenschaften befindet sich die Eigenschaft *Entity Container Name*. Mit dieser legt der Entwickler unter anderem den Namen der zu generierenden Datenbankkontextklasse fest. In Abbildung 6-7 wird zum Beispiel festgelegt, dass der Datenbankkontext auf den Namen `HotelDbContext` hören soll.

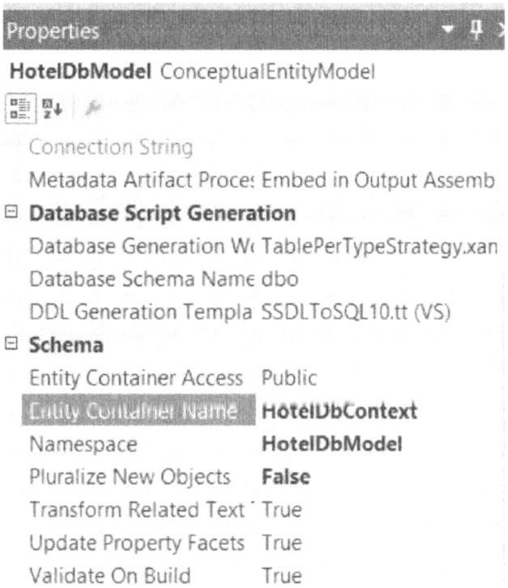

Abbildung 6-7: Eigenschaften des Entity Data Models

Geht der Entwickler nach dem Prinzip Model First vor, kann er mit den Werkzeugen aus der Toolbox neue Entitäten, Assoziationen und Vererbungsbeziehungen (siehe den Abschnitt »Vererbung«) erstellen (Abbildung 6-8). Dabei ist darauf zu achten, dass die Eigenschaften für Assoziationen korrekt vergeben werden.

Im Zuge dessen ist der Entwickler angehalten, für Multiplizitäten (Kardinalitäten) eine obere sowie eine untere Grenze festzulegen (0, 1, viele). Diese Angabe muss natürlich mit den Eigenschaften eines eventuell modellierten Fremdschlüssels korrelieren. Handelt es sich um eine 0..1:n-Beziehung, so muss der Fremdschlüssel `null`-Werte akzeptieren, wohingegen der Fremdschlüssel bei einer 1:n-Beziehung den Wert `null` nicht zulassen darf.

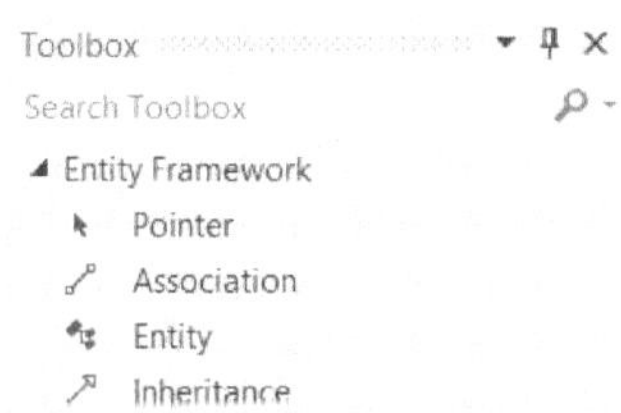

Abbildung 6-8: Die Toolbox

Modelliert der Entwickler M:N-Beziehungen, ist er darüber hinaus angehalten, unter `Mapping Details` für die Beziehung an sich Informationen über die zu verwendete Zwischentabelle anzugeben.

Entity Data Model nach Datenbankänderungen aktualisieren

Möchte der Entwickler beim Einsatz von Database First das Model aktualisieren, weil er zum Beispiel Änderungen am Schema durchgeführt hat oder weitere Datenbankobjekte im Modell benötigt, wählt er den Befehl `Update Model from Database` aus dem Kontextmenü des geöffneten Entity Data Models (Abbildung 6-9). Anschließend zeigt Visual Studio ein Dialogfeld an, über das der Entwickler festlegen kann, welche Datenbankobjekte hinzuzufügen sind bzw. geändert wurden.

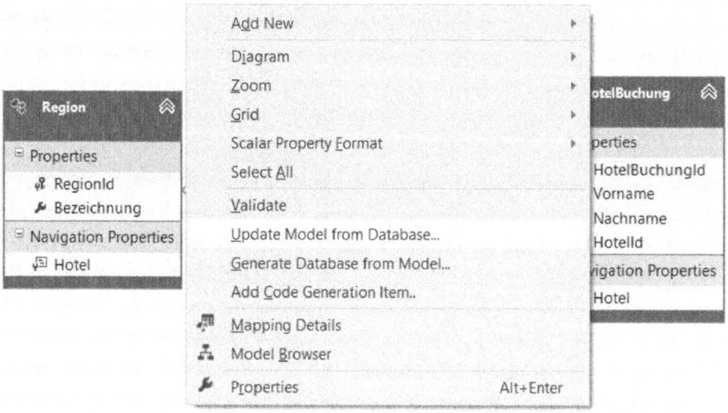

Abbildung 6-9: Entity Data Model aktualisieren

Datenbank für Database First generieren

Um beim Einsatz von Database First aus dem erstellten Entity Data Model ein Datenbankschema zu erzeugen, wählt der Entwickler den Befehl `Generate Database from Model` aus dem Kontextmenü des geöffneten Entity Data Models (Abbildung 6-10). Standardmäßig erzeugt Visual Studio daraufhin SQL-Befehle zum Erzeugen der benötigten Datenbankobjekte in einer leeren Datenbank.

Hat der Entwickler jedoch die Erweiterung `Entity Designer Database Generation Power Pack` in Visual Studio 2010 installiert, wird über diesen Befehl ein Dialogfeld geöffnet, das auch das Aktualisieren bestehender Datenbanken erlaubt. Zur Drucklegung dieses Buchs existierte diese Möglichkeit noch nicht für Visual Studio 2012. Sie können sich aber behelfen, indem Sie eine zweite Datenbank für die neue Version vom Entity Framework-Designer erstellen lassen und dann mithilfe der Datenbankwerkzeuge in Visual Studio 2012 (Menü `Data/Schema Compare`) einen Schemavergleich starten, der ein Änderungsskript erstellt.

Die Funktion `Schema Compare` ist nur in Visual Studio 2012 Premium und Visual Studio 2012 Ultimate verfügbar, nicht aber in der Express- oder Professional-Version.

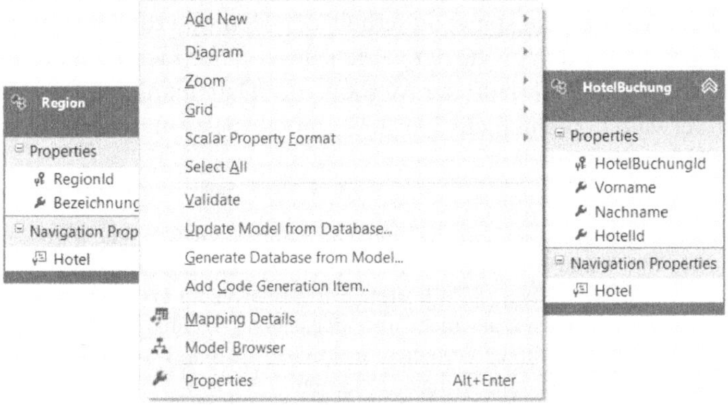

Abbildung 6-10: Datenbank generieren

Da beim Einsatz von Database First vor dem Generieren der Datenbank keine Mapping-Informationen angegeben werden können, zeigt Visual Studio diesbezüglich zum Zeitpunkt der Datenbankgenerierung Fehlermeldungen an. Diese Fehlermeldungen können, im Gegensatz zu jenen, die sich auf die Konsistenz des Modells beziehen, ignoriert werden.

Daten abfragen

Steht das Entity Data Model erst zur Verfügung, kann der Entwickler unter Verwendung der daraus generierten Entitätsklassen und der generierten Datenbankkontextimplementierung in objektorientierter Manier auf die darunterliegende Datenbank zugreifen. Der Datenbankkontext repräsentiert dabei die Datenquelle und öffnet jeweils für die Dauer einer Abfrage eine Datenbankverbindung.

Für den Datenbankzugriff verwendet der Entwickler bevorzugterweise die in C# und VB.NET integrierte Abfragesprache LINQ, wobei im Umfeld des Entity Frameworks von LINQ-to-Entities die Rede ist.

Auf Entitäten zugreifen

Der generierte Datenbankkontext besitzt pro Entität eine Auflistung, die die Entitätsobjekte repräsentiert. Zur Demonstration beinhaltet Beispiel 6-1 eine Klasse `RegionRepository` für den Zugriff auf persistierte Regionsobjekte. Ihre Methode `FindAllRegions` lädt sämtliche gespeicherte Regionen, indem es auf die Eigenschaft `Region` zugreift. Diese Eigenschaft repräsentiert eine SQL-Abfrage des Formats `SELECT * FROM Region` und ist, wie alle Abfragen dieser Art, vom Typ `IQueryable<T>`, wobei `T` im betrachteten Fall für Region steht.

Ein `IQueryable<T>` hat zwei beachtenswerte Eigenschaften: Zum einen repräsentiert es die Ergebnismenge einer Abfrage, welche erst zur Ausführung gebracht wird, wenn der Entwickler darauf zugreift, und zum anderen handelt es sich hierbei um einen Subtyp von `IEnumerable<T>` und kann somit mit einer `foreach`-Schleife durchlaufen werden. Auf diesem Weg können die einzelnen Objekte der Ergebnismenge in Erfahrung gebracht werden.

Im betrachteten Fall (Beispiel 6-1) wird bewusst die Methode `ToList` aufgerufen. Diese führt zu einem Zugriff auf die Ergebnismenge und erzwingt somit an Ort und Stelle die Ausführung der dahinterliegenden Abfrage. Würde die Methode FindAllRegions hingegen das IQuerable<Region> (gecastet nach IEnumerable<T>) zurückliefern, käme diese Abfrage erst später außerhalb der Methode zur Ausführung, wenn dort zum ersten Mal darauf zugegriffen würde. So wie der Code jedoch im betrachteten Beispiel gestaltet ist, ist dies zum Scheitern verurteilt, da außerhalb der Methode der Datenbankkontext, welcher die Verbindung zur Datenbank verwaltet, nicht mehr existiert, zumal dieser mit einer using-Anweisung innerhalb der Methode geschlossen wird.

> Standardmäßig verwahrt das Entity Framework eine Referenz auf sämtliche geladenen (und auch hinzugefügten) Entitäten, um später im Zuge des Speicherns in Erfahrung bringen zu können, welche Entitäten sich geändert haben. Dies kostet, wie unschwer zu erahnen ist, Performance. In Fällen, in denen die Entitäten gar nicht über denselben Datenbankkontext gespeichert werden sollen, sollte deswegen dieses Verhalten deaktiviert werden. Dazu bindet der Entwickler die Methode AsNoTracking in die jeweilige Abfrage ein:

```
var hotels = ctx.Hotel.Where(h => h.RegionId == 3).AsNoTracking().ToList();
```

Beispiel 6-1: Alle Entitäten eines Typs laden

```
class RegionRepository
{
    public IEnumerable<Region> FindAllRegions()
    {
        using (var ctx = new HotelDbContext())
        {
            var q = ctx.Region;
            return q.ToList();
        }
    }
}
```

> Zur asynchronen Ausführung von Abfragen bietet Entity Framework ab Version 6 neben ToList auch eine Methode ToListAsync an.

Um dieses Problem zu umgehen, könnte sich der Entwickler für die Implementierung in Beispiel 6-2 entscheiden. Diese sieht vor, dass der Datenbankkontext bereits beim Erzeugen des Objekts geöffnet wird und anschließend offen bleibt. Zerstört wird der Datenbankkontext erst, wenn der Entwickler durch Aufruf der von der Schnittstelle IDisposeable vorgegebenen Methode Dispose angibt, dass er das Repository nicht mehr benötigt.

Da bei dieser Implementierung die Methode FindAllRegions den Datenbankkontext nicht zerstört, kann die Abfrage auch später zur Ausführung gebracht werden, beim ersten Zugriff auf das zurückgegebene IQueryable<Region>-Objekt. Der Nachteil dieser Vorgehensweise ist, dass sich der Entwickler selbst um das Freigeben der Repositories bzw. der Datenbankkontextinstanz kümmern muss. Da das betrachtete Repository die Schnittstelle IDisposable implementiert, kann der Entwickler es innerhalb einer using-Anweisung verwenden, um es freizugeben.

Beispiel 6-2: Datenbankkontext auf Klassenebene

```
class OtherRegionRepository: IDisposable
{
    private HotelDbContext ctx = new HotelDbContext();
```

```
    public IEnumerable<Region> FindAllRegions()
    {
            return ctx.Region;
    }

    public void Dispose()
    {
        ctx.Dispose();
    }
}
```

Nimmt der Entwickler mit dem Ansatz aus Beispiel 6-2 vorlieb, muss er beachten, dass es nicht möglich ist, das Repository und somit auch den Datenbankkontext am Ende der Action-Methode zu schließen, sofern die abgefragten Entitäten an die View weitergereicht werden.

Allerdings kann hierfür die `Dispose`-Methode des Controllers überschrieben werden, zumal diese erst aufgerufen wird, nachdem die View gerendert wurde. Diese Methode folgt dem seit der ersten Stunde von .NET empfohlenen Disposable Muster, welches unter anderem vorsieht, dass eine Methode `Dispose` eingerichtet wird, die einen booleschen Wert entgegennimmt.

Diese Methode wird sowohl von der parameterlosen `Dispose`-Methode, welche von der Schnittstelle `IDisposable` vorgegeben wird, als auch vom Finalizer aufgerufen. Erstere übergibt `true`, Letzterer `false`. Da .NET nicht garantiert, dass benachbarte verwaltete Objekte beim Aufruf des Finalizers noch existieren, sollte das Repository nur geschlossen werden, wenn der Aufrufer `true` übergibt. Das nachfolgende Listing demonstriert, wie diese Überlegungen in die Praxis umgesetzt werden können.

```
public class RegionController : Controller
{
    OtherRegionRepository rep = new OtherRegionRepository();

    public ActionResult Index()
    {

        var regions = rep.FindAllRegions();
        return View(regions);
    }

    protected override void Dispose(bool disposing)
    {
        // An Basisklasse weiterdelegieren …
        base.Dispose(disposing);

        if (disposing)
        {
            rep.Dispose();
        }

    }

}
```

Ergebnismenge einschränken und sortieren

Über bekannte LINQ-Operationen wie Where oder OrderBy lässt sich die Ergebnismenge von Abfragen einschränken (Beispiel 6-3). Dabei ist zu beachten, dass das Entity Framework diese Operationen gar nicht ausführt. Es nutzt vielmehr die ab .NET 3 vorgesehene Möglichkeit, Lambda-Ausdrücke, die nur aus einer Anweisung bestehen, als Grammatikbaum darzustellen. Diesen Grammatikbaum wandelt es in natives SQL für die jeweilige Zieldatenbank um. Somit ruft das Entity Framework wirklich nur jene Zeilen ab, welche vom Entwickler angefordert wurden.

Beispiel 6-3: Datenmenge mit LINQ einschränken

```
public List<Hotel> FindByMinSterne(int minSterne)
{
    using (var ctx = new HotelDbContext())
    {
        return ctx
                    .Hotel
                    .Where(h => h.Sterne >= minSterne)
                    .OrderBy(h => h.Sterne)
                    .ToList();
    }
}
```

Wie generell bei der Verwendung von LINQ, kann der Entwickler auch beim Einsatz des Entity Frameworks die alternative Schreibweise einsetzen, die stärker an jene von SQL erinnert (Beispiel 6-4).

Beispiel 6-4: Datenmenge mit SQL-ähnlicher Syntax einschränken

```
public List<Hotel> FindByMinSterne(int minSterne)
{
    using (var ctx = new HotelDbContext())
    {
        var q = from h in ctx.Hotel
                where h.Sterne > minSterne
                orderby h.Sterne
                select h;

        return q.ToList();
    }
}
```

> Nur in Fällen, in denen tatsächlich ein IQueryable verwendet wird, führt das Entity Framework die Abfrage auch tatsächlich in der Datenbank aus. Kommt eine andere Implementierung von IEnumerable zum Einsatz, wird die Abfrage im Hauptspeicher ausgewertet.

Um eine einzelne Entität abzurufen, kann der Entwickler auf FirstOrDefault zurückgreifen (Beispiel 6-5). Diese Methode liefert null, wenn das Entity Framework keine Daten gefunden hat bzw. den ersten Eintrag, wenn eine Ergebnismenge vorliegt. Alternativ dazu steht seit .NET 4.5 auch die Methode Find zur Verfügung. Diese nimmt beliebig viele Parameter entgegen, die zusammen einen Primärschlüssel repräsentieren, und liefert jene Entität, welche diesen Primärschlüssel aufweist, zurück (Beispiel 6-6).

Beispiel 6-5: Einzelne Entität mit FirstOrDefault abrufen

```
public Hotel FindById(int hotelId) {
    using (var ctx = new HotelDbContext())
    {
        return ctx
                    .Hotel
                    .FirstOrDefault(h => h.HotelId == hotelId);


    }
}
```

Beispiel 6-6: Einzelne Entität mit Find abrufen

```
public Hotel FindById2(int hotelId)
{
    using (var ctx = new HotelDbContext())
    {
        return ctx.Hotel.Find(hotelId);
    }
}
```

Ladestrategien

Bei der Arbeit mit O/R-Mappern muss sich der Entwickler darüber Gedanken machen, wann benachbarte Entitäten zu laden sind. Im Falle eines Hotels muss er zum Beispiel entscheiden, wann die Region und die Buchungen, die mit dem geladenen Hotel in Beziehung stehen, geladen werden sollen.

Dazu gibt es prinzipiell drei Möglichkeiten:

- Die benachbarten Objekte werden sofort mitgeladen; man spricht hierbei von vorzeitigem Laden (engl. *Eager Loading*)
- Die benachbarten Objekte werden erst geladen, wenn der Entwickler darauf zugreift; man spricht hierbei von *Lazy Loading*
- Die benachbarten Objekte werden gar nicht geladen

Vorzeitiges Laden ist das Mittel der Wahl, wenn der Entwickler genau weiß, dass er die benachbarten Objekte benötigt. Ein Beispiel hierfür ist ein Rechnungskopf, welcher mit mehreren Rechnungspositionen in Verbindung steht. Immer dann, wenn der Rechnungskopf geladen wird, könnten mittels Eager Loading die Rechnungspositionen mitgeladen werden.

Lazy Loading kommt hingegen zum Einsatz, wenn der Entwickler nicht genau weiß, welche benachbarten Datensätze der Benutzer einsehen möchte. In diesem Fall wäre es eine Verschwendung von Ressourcen, im Vorhinein sämtliche benachbarte Objekte zu laden.

Die letzte Möglichkeit, für die sich keine Bezeichnung eingebürgert hat, bietet sich an, wenn der Entwickler wirklich nur ein einziges Objekt ohne benachbarte Objekte benötigt.

Vorzeitiges Laden – Eager Loading

Um anzugeben, dass Entity Framework benachbarte Objekte auch laden soll, gibt der Entwickler die Namen jener Navigationseigenschaften, die zu diesen Objekten führen, im Zuge eines Aufrufs der Methode `Include` an. Beispiel 6-7 demonstriert dies, indem es gemeinsam mit dem Hotel auch die Region und die Hotelbuchungen lädt.

Beispiel 6-7: Eager Loading durch Angabe der Namen von Navigationseigenschaften

```
public Hotel FindByIdWithNeighbors(int hotelId)
{
    using (var ctx = new HotelDbContext())
    {
        return ctx
                    .Hotel
                    .Include("Region")
                    .Include("HotelBuchung")
                    .FirstOrDefault(h => h.HotelId == hotelId);

    }
}
```

Seit Entity Framework 5 kann der Entwickler an `Include` auch einen Lambda-Ausdruck, welcher die aktuelle Entität auf die jeweiligen Navigationseigenschaften abbildet, angeben. Bei dieser Variante von Include handelt es sich um eine Erweiterungsmethode, die nur zur Verfügung steht, wenn der Entwickler den Namensraum `System.Data.Entity` einbindet.

Beispiel 6-8: Eager Loading mit Lambda-Ausdrücken

```
public Hotel FindByIdWithNeighbors2(int hotelId)
{
    using (var ctx = new HotelDbContext())
    {
        return ctx
                    .Hotel
                    .Include(h => h.HotelBuchung)
                    .Include(h => h.Region)
                    .FirstOrDefault(h => h.HotelId == hotelId);

    }
}
```

Um das Entity Framework zu veranlassen, auch Nachbarn von Nachbarn zu laden, gibt der Entwickler eine Kette von Navigationseigenschaften im Format `Nachbar.NachbarDesNachbarn` an. Beispiel 6-9 veranschaulicht dies, indem es sämtliche Regionen mit allen Hotels inklusive deren Buchungen lädt.

Beispiel 6-9: Eager Loading von direkten und indirekten Nachbarn durch Angabe von Navigationseigenschaften als Strings

```
public IEnumerable<Region> FindAllRegionsWithNeighbors()
{
    using (var ctx = new HotelDbContext())
    {
        var q = ctx
                    .Region
                    .Include("Hotel.HotelBuchung");

        return q.ToList();
    }
}
```

Auf den ersten Blick könnte man davon ausgehen, dass die äquivalente Lambda-basierte Schreibweise wie folgt lautet:

```
Include(r => r.Hotel.HotelBuchung)
```

Ganz so einfach ist es jedoch nicht, zumal `r.Hotel` eine Liste mit Hotels liefert und Listen keine Eigenschaft `HotelBuchung` aufweisen. Hier muss also ein syntaktischer Trick her. Dieser besteht darin, jedes Element der Liste `r.Hotel` mit der LINQ-Methode `Select` auf das entsprechende `HotelBuchung`-Objekt abzubilden. Beispiel 6-10 demonstriert dies.

Beispiel 6-10: Eager Loading von direkten und indirekten Nachbarn bei Verwendung eines Lambda-Ausdrucks und vorliegen von 1:N- bzw. M:N-Beziehungen

```
public IEnumerable<Region> FindAllRegionsWithNeighbors2()
{
    using (var ctx = new HotelDbContext())
    {
        var q = ctx
                    .Region
                    .Include(r => r.Hotel.Select(h => h.HotelBuchung));

        return q.ToList();
    }
}
```

Möchte der Entwickler hingegen gemeinsam mit der `HotelBuchung` auch das `Hotel` und dessen `Region` laden, kommt er ohne den soeben besprochenen Aufruf von `Select` aus, zumal eine `HotelBuchung` genau ein `Hotel` referenziert und ein `Hotel` genau einer `Region` zugeteilt ist (vgl. Beispiel 6-11).

Beispiel 6-11: Eager Loading von direkten und indirekten Nachbarn bei Verwendung eines Lambda-Ausdrucks und vorliegen einer 1:1-Beziehung

```
class BuchungRepository
{
    public List<HotelBuchung> FindAll()
    {
        using (var ctx = new HotelDbContext())
        {
            return ctx
                    .HotelBuchung
                    .Include(hb => hb.Hotel.Region)
                    .ToList();
        }
    }
}
```

Lazy Loading

Greift der Entwickler auf benachbarte Objekte zu, die das Entity Framework noch nicht geladen hat, versucht das Entity Framework diese nachzuladen. Dies setzt jedoch voraus, dass der ursprünglich verwendete Datenbankkontext nach wie vor existiert. Zur Veranschaulichung soll Beispiel 6-12 dienen.

Geht man davon aus, dass `FindById` nur das Hotel und keine Hotelbuchungen lädt, versucht Entity Framework beim Zugriff auf dessen Eigenschaft `HotelBuchung` diese Hotelbuchungen nachzuladen. Wurde der Datenbankkontext nach seiner Verwendung innerhalb von `FindById` geschlossen, scheitert dieses Vorhaben.

Beispiel 6-12: Lazy Loading zum Abrufen von Hotelbuchungen

```
var rep = new HotelRepository();
var hotel = rep.FindById(10);
```

```
foreach (var b in hotel.HotelBuchung)
{
    DoSomethingWithBuchung(b);
}
```

Betrachtet man die Implementierung von Entitäten, welche aus dem Entity Data Model generiert wurden, fällt auf, dass diese keinerlei Logik für das Lazy Loading beinhalten. Dies liegt daran, dass das Entity Framework die dafür notwendigen Routinen zur Laufzeit zu den Entitäten hinzufügt. Dazu leitet es dynamisch von den Entitäten ab und überschreibt sämtliche Navigationseigenschaften.

Dieser Umstand fällt zum Beispiel auf, wenn man über die Reflektion den Namen des Typs einer geladenen Entität ermittelt, zumal dieser von dem während der Entwicklung verwendeten Klassennamen abweicht. Damit dies möglich ist, markiert das Entity Framework die generierten Navigationseigenschaften mit dem Schlüsselwort `virtual`.

Seit Version 5 besteht auch die Möglichkeit, nur ausgewählte benachbarte Objekte eines Typs nachzuladen. Beispiel 6-13 demonstriert dies anhand des Regionobjekts `myRegion`, für welche sämtliche Hotels mit 3 oder mehr Sternen nachgeladen werden.

Beispiel 6-13: Ausgewählte Entitäten via Lazy Laoding abrufen

```
context.Entry(myRegion)
        .Collection(r => r.Hotel)
        .Query()
        .Where(h => h.Sterne >= 3)
        .Load();
```

Benachbarte Objekte nicht laden

Um zu verhindern, dass benachbarte Objekte via Lazy Loading nachgeladen werden, setzt der Entwickler die Eigenschaft `Configuration.LazyLoadingEnabled` des Datenbankkontexts auf `false` (Beispiel 6-14). Neben dieser Steuerung auf Datenbankkontextebene kann der Entwickler Lazy Loading auch global für ein gesamtes Modell deaktivieren. Dazu öffnet er das Entity Data Model und klickt einmal auf den leeren Hintergrund. Daraufhin blendet Visual Studio im Eigenschaftenfenster die Eigenschaften des Modells ein. Unter diesen findet sich eine Eigenschaft `Lazy Loading Enabled`, welche zum globalen Deaktivieren auf `false` zu setzen ist.

Beispiel 6-14: Deaktivierung von Lazy Loading

```
public Hotel FindById(int hotelId) {
    using (var ctx = new HotelDbContext())
    {
        ctx.Configuration.LazyLoadingEnabled = false;

        return ctx
                    .Hotel
                    .FirstOrDefault(h => h.HotelId == hotelId);
    }
}
```

Mit Entity SQL auf Datenbanken zugreifen

Auch wenn der Zugriff auf gespeicherte Entitäten aus Sicht des Autors dieses Kapitels idealerweise unter Verwendung von LINQ von Statten geht, sind dennoch (mit viel Phantasie) Situationen denkbar, in denen Entity SQL von Vorteil ist. Dies gilt vor allem für Situationen, in denen Abfragen äußerst dynamisch zu erstellen sind, zumal hier die Tatsache, dass Entity SQL-Abfragen im Code in Form von Zeichenfolgen vorliegen, von Vorteil ist.

Ein Beispiel dafür findet man in Beispiel 6-15. Die Abfrage innerhalb der Zeichenfolgenvariablen `esql` erinnert stark an klassisches SQL. Zusätzlich fällt auf, dass sie einen Parameter `@RegionId` enthält. Die Methode `CreateQuery` der verwendeten Datenbankkontextinstanz erzeugt ein Objekt der Klasse `ObjektQuery`, welches diese Abfrage repräsentiert.

Als Typparameter gibt das Beispiel den jeweiligen Typ der Entität in der erwarteten Ergebnismenge an. Anschließend fügt es eine Instanz vom Typ `ObjectParameter` zur Auflistung `Parameters` der `ObjectQuery` hinzu und legt somit einen Wert für den oben erwähnten Parameter im Abfragetext fest. Wie bei LINQ-basierten Abfragen, die gemeinsam mit dem Entity Framework verwendet werden, wird auch hier die Abfrage erst ausgeführt, wenn auf ihre Ergebnismenge zugegriffen wird. Dies erfolgt mit der am Ende des Listings gezeigten Schleife.

Beispiel 6-15: Entitäten unter Verwendung von Entity SQL abrufen

```
ObjectQuery<Hotel> q;
string esql;

esql = "SELECT VALUE h FROM Hotel AS h where h.RegionId = @RegionId";

q = ctx.CreateQuery<Hotel>(esql);
q.Parameters.Add(new ObjectParameter("RegionId", 3));

foreach (var hotel in q)
{
    Console.WriteLine(hotel.Bezeichnung);
}
```

Tracing

Gerade wenn es darum geht, eine Datenbankanwendung zu optimieren oder Fehler zu finden, ist es für den Entwickler wichtig zu wissen, welche SQL-Befehle das Entity Framework zur Datenbank sendet. In der Vergangenheit war dies mit Bordmitteln nur sehr schwer möglich, weswegen der Entwickler entweder auf datenbankseitige Tracing-Mechanismen, wie SQL Server Profiler, oder auf kostenpflichtige Werkzeuge, wie Entity Framework Profiler (*http://www.hibernatingrhinos.com/products/EFProf*), ausweichen musste, die sich auf Treiberebene ins Entity Framework einklinkten. Künftig wird man weniger häufig zu diesen Werkzeugen greifen müssen, zumal Entity Framework 6 nun die Möglichkeit bietet, über sämtliche an die Datenbank gesendeten SQL-Anweisungen informiert zu werden. Dazu bietet der `DbContext` über `Database.Log` einen Delegaten vom Typ `Action<String>` an. Registriert der Entwickler bei diesem Delegaten eine Methode, die einen String entgegennimmt, wird diese immer dann aufgerufen, wenn eine SQL-Anweisung zur Datenbank gesendet wird. Im Zuge dessen übergibt das Entity Framework die SQL-Anweisung als String.

Ein Beispiel hierfür findet sich in Beispiel 6-16. Es registriert zunächst bei Database.Log die Methode Console.WriteLine. Dies ist möglich, da Console.WriteLine unter anderem dieselbe Signatur wie Database.Log aufweist. Danach registriert es einen Lambda-Ausdruck, der die empfangenen SQL-Anweisungen sowohl in einer Datei speichert als auch auf der Konsole ausgibt. Damit auch tatsächlich SQL-Anweisungen an die Datenbank gesendet werden, führt das betrachtete Beispiel danach eine Abfrage aus, indem es auf sämtliche Hotels, die in der Datenbank abgelegt wurden, zugreift.

Beispiel 6-16: Tracing

```
using (var ctx = new HotelDbContext())
{

    ctx.Database.Log += Console.WriteLine;

    ctx.Database.Log += (string msg) =>
    {
        File.AppendAllText(@"c:\temp\log.txt", msg);

        Console.ForegroundColor = ConsoleColor.Green;
        Console.Write(msg);
        Console.ForegroundColor = ConsoleColor.Gray;
    };

    foreach (var h in ctx.Hotels)
    {
        Console.WriteLine(h.Bezeichnung);
    }
}
```

Entitäten verwalten

Nachdem die vorangegangenen Abschnitte gezeigt haben, wie der Entwickler Entitäten mit dem Entity Framework laden kann, berichtet dieser Abschnitt darüber, welche Möglichkeiten das Entity Framework zum Verwalten von Entitäten bietet. Dazu wird auf das Einfügen, Aktualisieren und Löschen von Entitäten eingegangen. Auch Problemstellungen, die beim Aktualisieren ganzer Objektgraphen auftreten, werden im Zuge dessen diskutiert.

Entitäten einfügen

Um eine Entität in die Datenbank einzufügen, muss der Entwickler diese lediglich zu jener Auflistung hinzufügen, durch die der Datenbankkontext die Entität repräsentiert. Dies bewirkt, dass die übergebene Entität sowie alle Objekte, die direkt oder indirekt mit dieser Entität verbunden sind, zum Einfügen markiert werden. Durch einen Aufruf von SaveChanges wird der Datenbankkontext angehalten, die anstehenden Datenbankoperationen auszuführen. Im Zuge dessen erzeugt er die notwendigen INSERT-Anweisungen und sendet diese zur Datenbank.

Die Methode Insert in Beispiel 6-17 demonstriert dies, indem sie das übergebene Hotel sowie eventuell davon referenzierte Hotelbuchungen in die Datenbank einfügt.

Beispiel 6-17: Entität einfügen

```
public void Insert(Hotel h)
{
    using (var ctx = new HotelDbContext())
    {
        ctx.Hotel.Add(h);
        ctx.SaveChanges();
    }
}
```

Zum asynchronen Speichern von Daten bietet das Entity Framework ab Version 6 neben SaveChanges auch eine Methode SaveChangesAsync.

Entitäten aktualisieren

Der Datenbankkontext speichert eine Referenz auf sämtliche Entitäten, die ihm bekannt sind. Dabei handelt es sich um jene Entitäten, die er geladen hat, sowie um jene Entitäten, die ihm zum Speichern übergeben wurden. Beim Aufruf von SaveChanges prüft er, welche Entitäten sich geändert haben und aktualisiert diese in der Datenbank.

Beispiel 6-18 demonstriert dies, indem es zunächst ein neues Hotel anlegt, dem Datenbankkontext übergibt und diesen durch Aufruf von SaveChanges dazu bewegt, das Objekt in der Datenbank anzulegen. Anschließend aktualisiert es das eingefügte Objekt und ruft erneut SaveChanges auf. SaveChanges entdeckt nun, dass sich das Hotel geändert hat und aktualisiert es in der Datenbank.

Beispiel 6-18: Änderungsnachverfolgung mit dem Datenbankkontext

```
Hotel h = new Hotel();
h.Bezeichnung = "Hotel Mama";
h.RegionId = 3;
h.Sterne = 4;

ctx.Hotel.Add(h);
ctx.SaveChanges();

h.Sterne++;
ctx.SaveChanges();
```

Leider gestaltet sich das Aktualisieren von Entitäten, die vom Benutzer bearbeitet wurden, bei Webanwendungen nicht ganz so einfach. Das liegt daran, dass der Benutzer zunächst ein Formular mit der jeweiligen Entität anfordert. Der Datenbankkontext, der hierzu Verwendung findet, wird spätestens nach der Abarbeitung dieser Anforderung geschlossen. Ändert der Benutzer nun die präsentierten Werte und sendet er daraufhin die Daten zurück zum Webserver, ist dieser gezwungen, zum Speichern einen neuen Datenbankkontext zu erzeugen.

Dieser neue Datenbankkontext kennt das verändert zurückgegebene Objekt natürlich nicht, weil er es weder geladen noch gespeichert hat. Man spricht hierbei auch von abgehängten oder getrennten Entitäten. Aus diesem Grunde ist der Entwickler nun angehalten, dem neuen Datenbankkontext dieses Objekt bekannt zu machen und ihm zu sagen, ob es am Client aktualisiert, erzeugt oder gelöscht wurde.

Die Methode Update in Beispiel 6-19 demonstriert dies. Durch Aufruf der Operation Attach macht sie dem Datenbankkontext das zu speichernde Hotel bekannt. Anschließend ermittelt sie über Entry ein generisches Objekt, welches dieses Hotel-Objekt innerhalb des Datenbankkontexts repräsentiert. Die Methode setzt die Datenbankkontexteigenschaft State auf den Wert Modified der Enumeration EntityState. Damit zeigt sie an, dass sich das Hotel geändert hat. Mit SaveChanges werden diese Änderungen anschließend in die Datenbank übertragen.

Neben Modified bietet die Enumeration EntityState unter anderem die folgenden Werte, deren Bedeutung selbsterklärend sein sollte: Added, Deleted, Unmodified.

Beispiel 6-19: Anhängen und Speichern einer Entität

```
public void Update(Hotel h)
{
    using (var ctx = new HotelDbContext())
    {
        ctx.Hotel.Attach(h);
        ctx.Entry(h).State = System.Data.EntityState.Modified;
        ctx.SaveChanges();
    }
}
```

Eine Alternative zum zuvor betrachteten Szenario besteht darin, das zu aktualisierende Objekt nochmals aus der Datenbank zu laden und dessen Eigenschaften mit den Werten der entsprechenden Eigenschaften des modifizierten Objekts zu überschreiben. Wird anschließend SaveChanges aufgerufen, schreibt der Datenbankkontext diese Änderungen in die Datenbank. Dieses Vorgehen gibt dem Entwickler auch die Möglichkeit, lediglich ausgewählte Eigenschaften in die Datenbank zurückzuschreiben (vgl. Beispiel 6-20).

Beispiel 6-20: Modifizieren einer gerade geladenen Entität anhand der Daten einer übergebenen Entität

```
public void Update2(Hotel h)
{
    using (var ctx = new HotelDbContext())
    {
        var hotelInDb = ctx.Hotel.Find(h.HotelId);

        hotelInDb.Bezeichnung = h.Bezeichnung;
        hotelInDb.Sterne = h.Sterne;

        ctx.SaveChanges();
    }
}
```

Getrennte Objektgraphen aktualisieren

Das Aktualisieren eines gesamten Objektgraphen, der aus getrennten Entitäten besteht, stellt eine besondere Herausforderung dar. Zur Demonstration der damit einhergehenden Komplexität zeigt Beispiel 6-21 einen naiven Ansatz, der nicht ohne guten Grund in der Praxis verwendet werden sollte.

Die hier gezeigte Methode geht davon aus, dass sich das übergebene Hotel sowie alle davon referenzierten Buchungen geändert haben – sämtliche Objekte erhalten deswegen den neuen Zustand Modified. Dieser Ansatz ist deswegen naiv, weil es sein könnte, dass sich nur einige Hotelbuchungen geändert haben. Andere könnten hingegen neu dazugekommen sein oder einfach keine Veränderung erfahren haben.

Beispiel 6-21: Naive Lösung zur Aktualisierung eines Objektgraphens

```
public void UpdateWithChildrenNegativ(Hotel h)
{
    using (var ctx = new HotelDbContext())
    {
        ctx.Hotel.Attach(h);
        ctx.Entry(h).State = System.Data.EntityState.Modified;
        foreach (var b in h.HotelBuchung)
        {
            ctx.Entry(b).State = System.Data.EntityState.Modified;
        }
        ctx.SaveChanges();
    }
}
```

Zur Lösung dieses Problems existieren nun verschiedene Ansätze:

- Änderungen an einem Objekt des Objektgraphen müssen vom Benutzer explizit gespeichert werden. Somit muss immer nur ein Objekt, dessen Zustand bekannt ist, gespeichert werden.
- Jede Änderung an einem Objekt des Objektgraphen wird unmittelbar nach deren Eintreten gespeichert (z.B. über AJAX)
- Man lädt den geänderten Objektgraphen nochmals aus der Datenbank und übernimmt, ähnlich wie in Beispiel 6-20, sämtliche Änderungen
- Man ermittelt, welches Objekt geändert, hinzugefügt und gelöscht wurde, sowie, welches Objekt nicht verändert wurde. Dies kann zum Beispiel anhand von Informationen, die über JavaScript in einem versteckten Feld protokolliert wurden, erfolgen. Diese Informationen zieht man im Zuge des Speicherns heran.

Ein Beispiel für den letzten Ansatz findet man in Beispiel 6-22. Die darin gezeigt Methode `Update` nimmt neben dem Hotel auch ein Dictionary entgegen, das Objekte auf ihre Entitätszustände (`EntityState`) abbildet. Die Entitätszustände aus diesem Dictionary werden an den Datenbankkontext übergeben, damit dieser weiß, welches Objekt angelegt, aktualisiert bzw. gelöscht werden muss.

Beispiel 6-22: Allgemeine Lösung zum Speichern von Objektgraphen

```
public void Update(Hotel h, IDictionary<object, EntityState> states)
{
    using (var ctx = new HotelDbContext())
    {
        ctx.Hotel.Attach(h);
        ctx.Entry(h).State = System.Data.EntityState.Modified;
        foreach (var b in h.HotelBuchung)
        {
            if (states.ContainsKey(b))
            {
                ctx.Entry(b).State = states[b];
            }
        }
        ctx.SaveChanges();
    }
}
```

Um Probleme beim Speichern von Entitäten, die mit anderen Entitäten in Beziehung stehen, zu vermeiden, sollte der Entwickler die jeweils benachbarten Objekte einander gegenseitig zuweisen und eventuelle Fremdschlüssel setzen, sofern deren künftige Werte bekannt sind.

Im Falle eines bereits bestehenden Hotels und einer neuen Buchung sollte somit die Buchung dem Hotel sowie das Hotel der Buchung zugewiesen werden. Verwendet der Entwickler Fremdschlüsselmappings, sollte er darüber hinaus auch die ID des Hotels dem jeweiligen Fremdschlüssel der Buchung zuweisen.

Entitäten löschen

Für das Löschen von Entitäten stellt der Datenbankkontext die Methode `Remove` zur Verfügung. Alternativ dazu kann der Entwickler auch den Zustand der Entität auf `Deleted` setzen (vgl. »Getrennte Objektgraphen aktualisieren«). Damit die Entität wirklich aus der Datenbank gelöscht wird, muss der Entwickler zusätzlich, wie gewohnt, `SaveChanges` aufrufen (siehe Beispiel 6-23).

Beispiel 6-23: Löschen einer Entität

```
public void Delete(Hotel h)
{
    using (var ctx = new HotelDbContext())
    {
        ctx.Hotel.Attach(h);
        ctx.Hotel.Remove(h);
        ctx.SaveChanges();
    }
}
```

Konflikte erkennen und auflösen

Von Konflikten spricht man, wenn mehrere Benutzer dieselbe Entität zur selben Zeit verändern. Hierbei kann es vorkommen, dass ein Benutzer die Änderungen eines anderen Benutzers überschreibt, ohne diese gesehen zu haben. Das nachfolgende Szenario veranschaulicht dies:

- Benutzer A lädt Entität 1
- Benutzer B lädt Entität 1
- Benutzer A schreibt eine geänderte Version von Datensatz 1 in die Datenbank zurück
- Benutzer B schreibt eine geänderte Version von Datensatz 1 in die Datenbank zurück und überschreibt somit die Änderungen von Benutzer A, ohne diese jemals gesehen zu haben

Optimistische Konflikterkennung

Beim im letzten Abschnitt betrachteten Szenario gewinnt der letzte Benutzer, sprich Benutzer B. Dies entspricht auch dem Standardverhalten des Entity Frameworks. Möchte der Entwickler solche Fälle vermeiden, kann er das Entity Framework dazu bewegen, eine oder mehrere Eigenschaften des zu speichernden Objekts mit den aktuellen Werten in der Datenbank zu vergleichen. Sind deren Werte gleich geblieben, geht das Entity Framework davon aus, dass zwischenzeitlich keine Änderung durch einen anderen Benutzer erfolgt ist und stimmt somit einer Speicherung zu. Andernfalls hat ein anderer Benutzer den Eintrag in der Zwischenzeit geändert und das Entity Framework löst eine `OptimisticConcurrencyException` aus.

Bei den Spalten, die das Entity Framework zum Erkennen von Konflikten vergleicht, muss es sich um Spalten handeln, die bei jedem Speichervorgang verändert werden. Unter SQL Server bietet sich hierzu der Datentyp `Timestamp` an, dessen Wert von SQL Server bei jeder Änderung des Datensatzes hochgezählt wird. Alternativ dazu könnte auch eine Versionsnummer verwendet werden. Diese könnte entweder im Code oder über einen Trigger hochgezählt werden.

Das folgende Szenario veranschaulicht diese Konflikterkennungsstrategie:

- Benutzer A lädt Entität 1 in Version 1
- Benutzer B lädt Entität 1 in Version 1
- Benutzer A schreibt eine geänderte Version von Datensatz 1 in die Datenbank zurück. Der geänderte Datensatz erhält die Versionsnummer 2.
- Benutzer B versucht eine geänderte Version von Datensatz 1 in die Datenbank zurückzuschreiben.
- Das Entity Framework vergleicht die Versionsnummer, die Benutzer B ursprünglich abgerufen hat (Version 1) mit jener in der Datenbank (Version 2). Da diese Versionsnummern nicht identisch sind, liegt ein Konflikt vor und das Entity Framework löst eine Ausnahme aus.

Wie das letzte Szenario verdeutlicht, wird diese einfache Art der Konflikterkennung erst beim Speichern aktiv. Das bedeutet, dass der Benutzer im schlimmsten Fall bei einem Konflikt seine Änderungen verwerfen muss. Man ist jedoch optimistisch in der Hinsicht, dass solche Fälle selten auftreten. Dies ist auch der Grund, warum hierbei von einer optimistischen Sperrung (engl. Optimistic Locking) gesprochen wird (was auch erklärt, warum das Entity Framework im Konfliktfall eine `OptimisticConcurrencyException` auslöst).

Der Vorteil dieser Strategie ist, dass sie zum einen einfach zu implementieren ist und zum anderen ohne Sperrungen in der Datenbank auskommt. Dabei muss man sich vor Augen halten, dass Datenbanksperren in den letzten Jahren aus der Mode gekommen sind, zumal sie zum einen die Möglichkeit zum parallelen Verarbeiten von Daten einschränken (was ja auch deren Sinn ist) und zum anderen gerade in Webanwendungen häufig nicht genutzt werden können.

Letzteres liegt darin, dass Datenbanksperren beim Schließen der Datenbankverbindung aufgehoben werden, was nach jeder Anfrage der Fall ist. Allerdings ergeben sich beim Bearbeiten von Daten in einem Websystem mindestens zwei Anfragen – mit der ersten wird der Eintrag abgerufen; mit der zweiten werden die geänderten Daten zur Speicherung zurückgesendet.

Um festzulegen, dass das Entity Framework eine oder mehrere Spalten für Überprüfungen der vollständigen Parallelität (engl. Optimistic Concurrency Checks) verwenden soll, legt der Entwickler im Entity Data Model die Eigenschaft `Concurrency Mode` bei den jeweiligen Eigenschaften auf `Fixed` fest (siehe Abbildung 6-11).

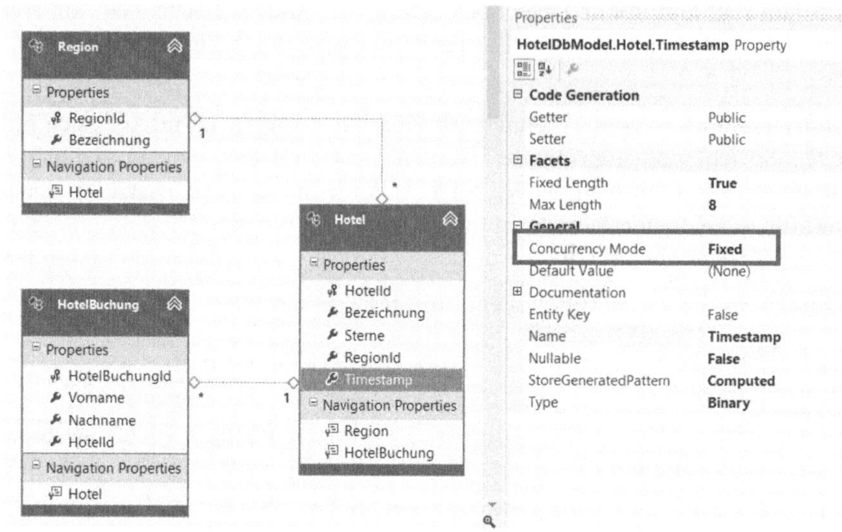

Abbildung 6-11: Spalte für optimistische Sperrungen auswählen

Konflikte bei optimistischer Konflikterkennung auflösen

Tritt eine `OptimisticConcurrencyException` ein, bietet der Datenbankkontext mit der Methode `Refresh` zwei Möglichkeiten zum Auflösen des vorliegenden Konflikts, auf die der Entwickler, zum Beispiel in einem `catch`-Block, zurückgreifen kann:

- `context.Refresh(RefreshMode.StoreWins, obj)` aktualisiert ein Objekt im RAM mit den aktuellen Werten aus der Datenbank. In weiterer Folge könnte die Anwendung den Benutzer auffordern, die gewünschten Änderungen nochmals auf der Basis der hiermit erhaltenen Version aus der Datenbank durchzuführen.
- `context.Refresh(RefreshMode.ClientWins, f)` markiert ein Objekt im RAM so, dass beim nächsten Speicherversuch ein Änderungskonflikt ignoriert wird und die Version des Clients gespeichert wird

Pessimistische Konflikterkennung

Während es viele Fälle gibt, in denen keine Konflikterkennungsstrategie oder lediglich eine optimistische Strategie zur Konflikterkennung nötig ist, kommt es auch immer wieder vor, dass Konflikte von vornherein verhindert werden müssen. Dies bedeutet, dass der Entwickler einen Mechanismus benötigt, um zu verhindern, dass gleichzeitig auf denselben Datensatz zugegriffen wird. Dazu existieren mehrere Möglichkeiten:

- Der Entwickler sendet native SQL-Anweisungen zur Datenbank, die bewirken, dass Datensätze in der Datenbank gesperrt werden (siehe den Abschnitt »Mit nativem SQL arbeiten«)
- Der Entwickler startet eine Transaktion mit einer entsprechenden Transaktionsisolationsstufe. Informationen über die Arbeit mit Transaktionen finden Sie im Abschnitt »Mit Transaktionen arbeiten«.

- Der Entwickler zeichnet in einer eigenen Tabelle auf, welcher Benutzer welchen Datensatz bis zu welchem Zeitpunkt exklusiv nutzen darf. Dies bedeutet jedoch auch, dass er vor jedem Zugriff auf diese Tabelle (mit einer entsprechenden Transaktionsisolationsstufe) zugreifen muss.
- Hierbei ist zu beachten, dass die ersten beiden Lösungsvorschläge nur innerhalb einer HTTP-Anfrage funktionieren, da sie auf Datenbanksperren basieren und diese beim Schließen der Datenbankverbindung wieder aufgehoben werden. Der dritte Lösungsvorschlag, der im Übrigen auch von Größen wie SAP herangezogen wird, ist somit der einzige, der über mehrere HTTP-Anfragen hinweg funktioniert.

Mit Transaktionen arbeiten

Die Speicherung der Änderungen bei `SaveChanges` erfolgt als eine Datenbanktransaktion, d.h., es werden alle oder keine der Änderungen in der Datenbank persistiert. Der Entwickler kann auch Datenbanktransaktionen über mehrere Ausführungen von `SaveChanges` hinweg und sogar über mehrere verschiedene Kontextinstanzen hinweg ausführen. Dazu verwendet er entweder den `TransactionScope` oder Methoden von `DbContext`, welche seit Version 6 zur Verfügung stehen

Transactionen mit TransactionScope

Der Einsatz der Klasse TransactionScope bietet eine deklarative Möglichkeit, bestimmte Codestrecken in einer Transaktion auszuführen. Der Entwickler nutzt sie, indem er sie zum Beispiel in einem using-Block instantanziiert und innerhalb des Blockes die transaktionalen Aufgaben durchführt (Beispiel 6-11).

Um in den Genuss der Klasse `TransactionScope` zu kommen, bindet der Entwickler die Assembly `System.Transactions` ein. Idealerweise wird diese Klasse, wie in Beispiel 6-11, innerhalb einer `using`-Anweisung verwendet. Somit sind der Beginn und das Ende der dadurch repräsentierten Transaktion klar umrissen. Der Zugriff auf transaktionale Ressourcen innerhalb eines `TransactionScope`-Bereichs erfolgt im Rahmen einer Transaktion. Um die Transaktion zu bestätigen (engl. commit), ruft der Entwickler am Ende des Scopes die Methode `Complete` auf. Um die Transaktion zurückzurollen, unterlässt er dies.

Beispiel 6-24: Transaktion mit TransactionScope

```
var hotelRepository = new HotelRepository();
var flugRepository = new FlugRepository();

using (var ts = new TransactionScope())
{
    hotelRepository.Book(...);
    flugRepository.Book(...);
    ts.Complete();
}
```

Greift der Entwickler innerhalb eines `TransactionScope`-Bereichs auf mehr als eine transaktionelle Ressource zu, zum Beispiel auf zwei verschiedene Datenbanken, versucht `TransactionScope` eine verteilte Transaktion zu starten. Neben der Tatsache, dass dies mit einem nicht zu unterschätzenden Overhead einhergeht, müssen alle beteiligten Ressourcen verteilte Transaktionen unterstützen. Zusätzlich muss bei den betroffenen Rechnern ein Transaktionsmanager, zum Beispiel der Distributed Transaction Manager, der mit Windows in Form eines Diensts ausgeliefert wird, gestartet sein.

Greift der Entwickler hingegen über zwei verschiedene Verbindungen auf ein und dieselbe transaktionale Ressource zu (z.B. über zwei Datenbankverbindungen auf dieselbe Datenbank), hängt das Transaktionsverhalten vom verwendeten (Datenbank-)Treiber ab.

Ein Beispiel für solch ein Szenario stellt Beispiel 6-12 dar, wenn man davon ausgeht, dass beide Repositories eine Instanz desselben Datenbankkontexts für den Zugriff auf dieselbe Datenbank via Entity Framework nutzen. Unterstützt der (Datenbank-)Treiber in solch einem Fall den Lightweight Transaction Manager, wird eine lokale Transaktion verwendet. Ist dem jedoch nicht so, initiiert .NET eine verteilte Transaktion.

Während der mit .NET ausgelieferte Treiber (genauer: Datenanbieter) für SQL Server den Lightweight Transaction Manager unterstützt, ist der Entwickler gut beraten, dies beim Einsatz von anderen Treibern zu prüfen, um nicht ungewollt verteilte Transaktionen anzustoßen.

Beispiel 6-25: Parametrisierter TransactionScope

```
var hotelRepository = new HotelRepository();
var flugRepository = new FlugRepository();

var to = new TransactionOptions();
to.IsolationLevel = System.Transactions.IsolationLevel.Serializable;
to.Timeout = TimeSpan.FromMinutes(1);

using (var ts = new TransactionScope(TransactionScopeOption.Required, to))
{
    // hotelRepository.Book(...);
    // flugRepository.Book(...);
    ts.Complete();
}
```

Der `TransactionScope` funktioniert nur gemeinsam mit asynchronen Operationen, wenn an den Konstruktor das Argument `TransactionScopeOption.Required` übergeben wird. Dies wird jedoch erst ab .NET 4.5.1 unterstützt.

Transaktionen über DbContext steuern

Als Alternative zum Einsatz von `TransactionScope` zur Realisierung von Transaktionen bietet das Entity Framework ab Version 6 die Möglichkeit, Transaktionen direkt über den verwendeten Datenbankkontext zu starten. Dazu ruft der Entwickler die Methode `Database.BeginTransaction` auf. Dabei kann er die gewünschte Transaktionsisolationsebene übergeben. Tut er dies nicht, kommt die Standardebene der verwendeten Datenbank zum Einsatz. Das Ergebnis von `BeginTransaction` ist eine Instanz von `DbContextTransaction`. Diese besitzt eine Methode `Commit`, um die mit `BeginTransaction` gestartete Transaktion zu bestätigen, sowie eine Methode `Rollback`, um diese rückgängig zu machen. Um sicherzustellen, dass beanspruchte Ressourcen freigegeben werden, sollte der Entwickler am Ende der durchgeführten Aktion die Methode `Dispose` beim `DbContextTransaction`-Objekt aufrufen oder dieses Objekt im Rahmen eines `using`-Blocks einsetzen. Ein Beispiel dafür findet sich in Beispiel 6-26.

Beispiel 6-26: Direkte Kontrolle von Transaktionen

```
using (var ctx = new HotelDbContext())
{
    using (var trans = ctx.Database.BeginTransaction())
    {
```

```
        var r = new Region();
        r.Bezeichnung = "Gleisdorf";

        ctx.Regionen.Add(r);
        ctx.SaveChanges();

        trans.Commit();
    }
}
```

Während das manuelle Steuern von Transaktionen dem Entwickler mehr Kontrolle gibt, macht es ein methodenübergreifendes Handhaben von Transaktionen schwieriger, da in diesem Fall sichergestellt werden muss, dass sämtliche Methoden den selben `DbContext` verwenden, wobei ein Herumreichen des `DbContext` zum Beispiel aus Gründen der Schichtentrennung häufig gar nicht erwünscht ist. Dazu kommt, dass ein direktes Steuern von Transaktionen über den `DbContext` nicht bei solchen Datenbankverbindungen funktioniert, die nach einem Verbindungsabbruch automatisch einen Wiederanlauf starten. Mit Wiederanlauf sind hierbei der erneut Aufbau einer Datenbankverbindung sowie das erneute Absenden der soeben fehlgeschlagenen SQL-Anweisung gemeint. Dieses Verhalten, welches als Verbindungsresilienz (engl. Connection Resiliency) bezeichnet wird, kommt standardmäßig beim Entity Framework-Provider für SQL Azure zum Einsatz, zumal gerade bei Cloud-Anwendungen die Datenbankverbindung zwischenzeitlich geschlossen wird, um zur Lastverteilung den jeweiligen Client auf eine andere Replikation der Daten umzuleiten.

Erweiterte Mapping-Szenarien

In den vergangen Abschnitten wurde das verwendete Datenbankschema 1:1 auf das Objektmodell abgebildet. Dieser Abschnitt zeigt nun, wie der Entwickler ein vom Datenbankschema abweichendes Objektmodell kreieren kann.

Komplexe Typen

Um ein eigenes Datenbankschema aufzubauen, werden oft eigene, komplexe Typen benötigt. Bei komplexen Typen handelt es sich um Klassen, welche bestimmte Eigenschaften zusammenfassen. Beispielsweise könnten die Eigenschaften `Vorname` und `Nachname`, wie in Abbildung 6-12 gezeigt, zu einem komplexen Typen `Name` zusammengefasst werden. Komplexe Typen können im Model Browser (vgl. Abbildung 6-12) angelegt werden. Anschließend hat der Entwickler die Möglichkeit, Eigenschaften mit diesen Typen anzulegen.

Geht man nach dem Prinzip Database First vor, so müssen die vom Assistenten in den Klassen eingerichteten Attribute, welche Teil des komplexen Typs sind, gelöscht werden, da sie nun ja durch eine Eigenschaft vom komplexen Typ repräsentiert werden. Außerdem sind die einzelnen Eigenschaften des komplexen Typs innerhalb der Mapping Details auf die entsprechenden Spalten abzubilden (Abbildung 6-13).

Beispiel 6-27 demonstriert den Einsatz komplexer Typen. Es legt eine neue Buchung an und ruft anschließend sämtliche Buchungen ab. Wie daraus ersichtlich ist, kann nach den beschriebenen Modifikationen der Entwickler auf den Vornamen und Nachnamen über eine Eigenschaft `Name` zugreifen.

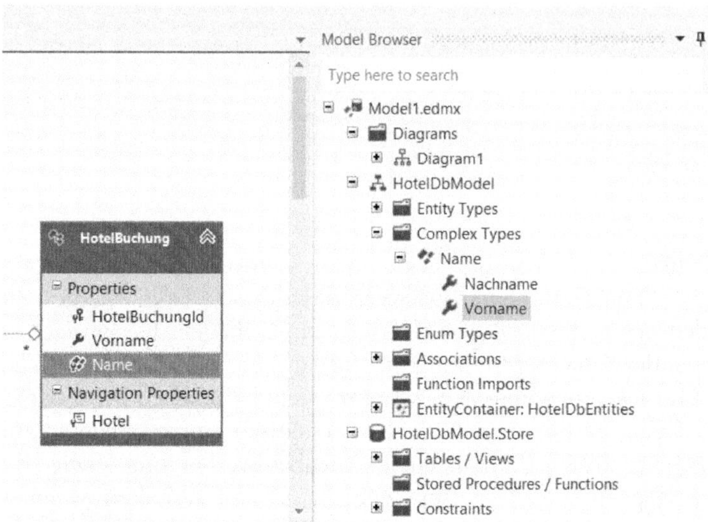

Abbildung 6-12: Definition und Anwendung eines komplexen Typs

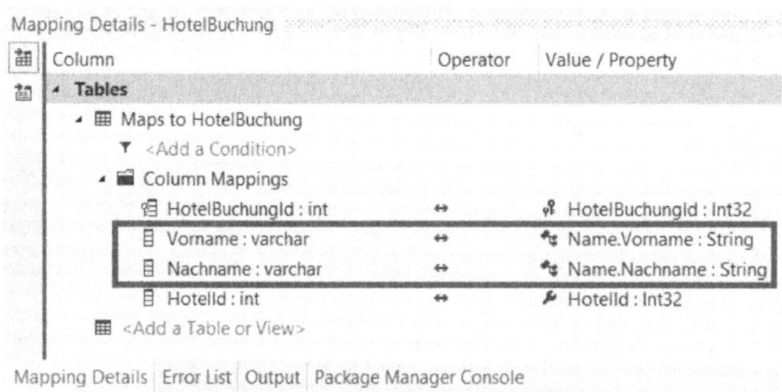

Abbildung 6-13: Komplexe Typen auf Spalten abbilden

Beispiel 6-27: Arbeiten mit komplexen Typen

```
using (var ctx = new HotelDbContext())
{
    var hotel = ctx.Hotel.FirstOrDefault();

    // -- Buchung erzeugen -------

    var buchung = new HotelBuchung();
    buchung.Name = new Name();
    buchung.Name.Vorname = "Susi";
    buchung.Name.Nachname = "Sorglos";
    buchung.Hotel = hotel;

    ctx.HotelBuchung.Add(buchung);
    ctx.SaveChanges();

    // -- Buchungen abrufen -------

    var buchungen = ctx.HotelBuchung.ToList();
```

```
        foreach (var b in buchungen)
        {
            var fullName = b.Name.Vorname + " " + b.Name.Nachname;
            DoSomething(fullName);
        }
    }
```

Enumerationen

Seit dem Entity Framework 5 verfügt der Entwickler über die Möglichkeit, numerische Spalten auf die Indexwerte von Enumerationen abzubilden. Enumerationen werden, so wie komplexe Typen auch, im Model Browser angelegt und können danach als Typen für Eigenschaften im Objektmodell herangezogen werden. In Abbildung 6-14 sehen Sie im Model Browser die Enumeration `Sterne`, die als Typ für die gleichnamige Eigenschaft in der Klasse `Hotel` Verwendung findet.

Beispiel 6-28 demonstriert anhand dieses Beispiels den Einsatz von Enumerationen im Quellcode. Zunächst legt es ein Hotel mit fünf Sternen (`Sterne.DeLux`) an. Anschließend ruft es sämtliche Hotels mit fünf und vier Sternen (`Sterne.DeLux` und `Sterne.FirstClass`) ab und verwendet die Enumeration *Sterne* für eine Fallunterscheidung.

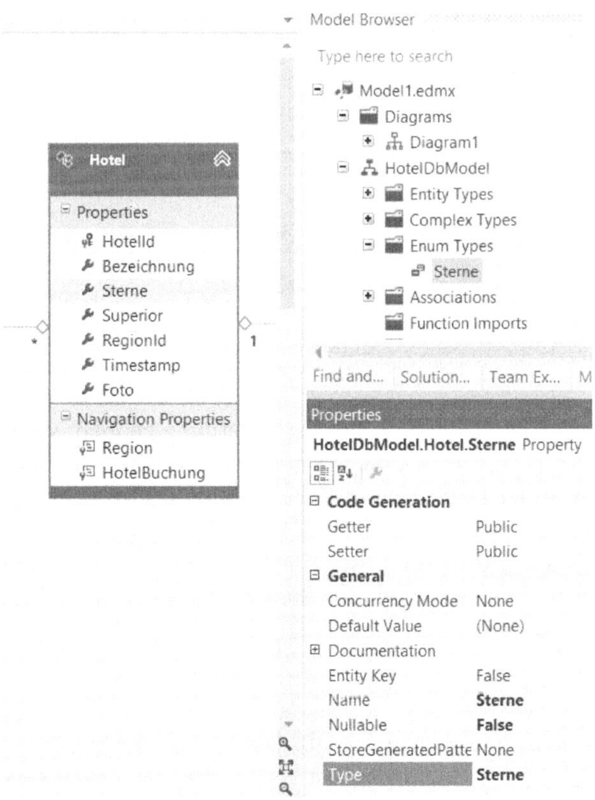

Abbildung 6-14: Enumerationen zuweisen

Beispiel 6-28: Arbeiten mit Enumerationen

```
using (var ctx = new HotelDbContext())
{
    // -- Hotel erzeugen -------

    var hotel = new Hotel();
    hotel.Bezeichnung = "Hotel Schwichtenberg";
    hotel.Sterne = Sterne.DeLuxe;
    hotel.RegionId = 3;

    ctx.Hotel.Add(hotel);
    ctx.SaveChanges();

    // -- Hotels laden -------

    var hotels = ctx.Hotel.Where(
                    h => h.Sterne == Sterne.DeLuxe
                           || h.Sterne == Sterne.FirstClass)
                  .ToList();

    foreach (var h in hotels)
    {
        switch (h.Sterne)
        {
            case Sterne.DeLuxe:
                ProcessDelux(h);
                break;
            case Sterne.FirstClass:
                ProcessFirstClass(h);
                break;
        }
    }
}
```

Vererbung

Während objektorientierte Sprachen wie C# oder VB.NET das Konzept der Vererbung kennen, sucht man danach innerhalb klassischer relationaler Datenbanken, wie SQL Server, vergeblich. Allerdings existieren Strategien, um Vererbungsbeziehungen in der Datenbank nachzubilden und O/R-Mapper, wie das Entity Framework, sind in der Lage, Daten, die entsprechend dieser Strategien organisiert werden, als Vererbungsbeziehungen zu behandeln. Nachdem dieser Abschnitt die Vorteile der Verwendung von Vererbungsbeziehungen aufgezeigt hat, widmet er sich diesen Strategien und zeigt, wie sie mit Entity Framework umgesetzt werden können.

Polymorphe Abfragen

Das Abbilden von Vererbungsbeziehungen ist insofern von Bedeutung, als dass Vererbungsbeziehungen sogenannte is-a-Beziehungen darstellen. Erbt der Entwickler beispielsweise die Klassen `KreditkartenZahlung` und `KontoAbbuchung` von der Basisklasse `Zahlung` (vgl. Abbildung 6-15), so zeigt er damit an, dass es sich bei einer `KreditkartenZahlung` sowie bei einer `KontoAbbuchung` um eine Zahlung handelt, sowie, dass Objekte dieser Klassen stellvertretend für Objekte des Typs `Zahlung` verwendet werden können. Darüber hinaus kann er sämtliche Zahlungen, unabhängig von der Tatsache, ob es sich dabei um KreditkartenZahlungen oder KontoAbbuchungen handelt, abrufen und diese unabhängig von ihren konkreten Typen als Zahlungen verwenden. Hierbei ist von polymorphen Abfragen die Rede.

Natürlich steht es dem Entwickler frei, nur Objekte eines bestimmten Subtyps abzurufen, um zum Beispiel lediglich KreditkartenZahlungen zu erhalten. Darüber hinaus kann er Objekte jederzeit in den zugrundeliegenden konkreten Typ umwandeln (engl. Downcasting), um auf die zusätzlichen Eigenschaften des jeweiligen Subtyps zuzugreifen.

Abbildung 6-15: Vererbung im Entity Data Model-Designer

Table per Hierarchy (TPH)

Bei der Strategie Table per Hierarchy (TPH) werden die Objekte sämtlicher Klassen einer Vererbungshierarchie in ein und derselben Tabelle abgelegt. Darüber hinaus führt der Entwickler eine Spalte, welche auf den jeweils verwendeten konkreten Typ schließen lässt, ein. Solche Spalten werden als Diskriminatoren bezeichnet.

Ein Beispiel dafür findet sich in Abbildung 6-16. Die gezeigte Tabelle repräsentiert Zahlungen, bei denen es sich entweder um KreditkartenZahlungen oder KontoAbbuchungen handelt. Die ZahlungsArt dient als Diskriminator zur Unterscheidung dieser Subtypen. Abhängig vom jeweils verwendeten Typ sind nur jene Spalten belegt, die im repräsentierten Typ vorkommen. Handelt es sich zum Beispiel um eine KontoAbbuchung, so findet man in der Spalte KreditkartenNr einen Null-Wert vor, zumal eine KontoAbbuchung im Gegensatz zu KreditkartenZahlungen keine Kreditkartennummer aufweist. Im Falle von KreditkartenZahlungen finden sich hingegen keine Werte in den Spalten Kontonummer und Blz.

	ZahlungId	Betrag	Datum	Kontonumm...	Blz	KreditkartenNr	ZahlungsArt
1	1	100.00	2012-11-27 08:13:46.097	0000 0000	4711	NULL	Konto
2	2	100.00	2012-11-27 08:13:46.097	0000 0001	0815	NULL	Konto
3	3	100.00	2012-11-27 08:13:46.007	NULL	NULL	9999 9999	Kreditkarte
4	4	150.00	2012-11-27 08:13:46.097	NULL	NULL	9999 9998	Kreditkarte

Abbildung 6-16: Tabelle mit zwei Typen entsprechend der Strategie TPH

Der Vorteil dieser Strategie ist, dass polymorphe Abfragen sehr performant durchgeführt werden können, zumal hierzu lediglich eine einzige Tabelle abzufragen ist. Der Nachteil liegt darin, dass die dritte Normalform verletzt wird und man auf dem ersten Blick die vorherrschende Vererbungsbeziehung nicht im Datenbankmodell erkennt. Darüber hinaus ergeben sich bei vielen Subtypen auch zwangsweise sehr viele Spalten, welche `Null`-Werte aufweisen, da immer nur jene Spalten, die zum jeweiligen Typ gehören, bestückt werden.

Geht der Entwickler nach dem Prinzip Database First vor, muss er die gewünschten Subklassen sowie die Vererbungsbeziehungen manuell anlegen. Einzelne Eigenschaften, welche nur im Zusammenhang mit einem bestimmten Subtyp auftauchen, muss er darüber hinaus in die jeweiligen Klassen verschieben (ausschneiden und einfügen). Dabei ist zu beachten, dass der Primärschlüssel, welcher von der Basisklasse geerbt wird, nicht zu wiederholen ist. Auch zu beachten ist, dass der Diskriminator nicht in Form einer Eigenschaft im Objektmodell vorkommen darf. Dieser wird lediglich intern vom Entity Framework genutzt.

Pro Subklasse erstellt der Entwickler ein Mapping in den `Mapping Details` (Abbildung 6-17). Dabei gibt er an, dass die Subklasse auf dieselbe Tabelle wie die Basisklasse abzubilden ist. Im Zuge dessen ordnet er auch jene Eigenschaften Spalten zu, die einen Subtyp zusätzlich zu den geerbten Typen definieren. Darüber hinaus legt er einen Wert für den Diskriminator fest. Im betrachteten Beispiel wird etwa für den Diskriminator `ZahlungsArt` der Wert `Konto` hinterlegt. Dieser Schritt entfällt, wenn die jeweilige Klasse als abstrakte Klasse gekennzeichnet wurde, da es in diesen Fällen keine Instanzen des damit einhergehenden Typs gibt.

Ein Vorgehen nach dem Prinzip Model First erweist sich für die Implementierung der TPH-Strategie als schwierig, da mit dem Diskriminator eine Spalte, die im Objektmodell keine Entsprechung hat, im Zuge des Mappings auszuwählen ist. Um dieses Problem zu umschiffen, könnte der Entwickler für den Diskriminator zunächst eine herkömmliche Eigenschaft anlegen, aus dem Modell eine Datenbank generieren lassen, den Diskriminator aus dem Objektmodell löschen und im Zuge des Mappings einen Wert für die Diskriminatorspalte vergeben.

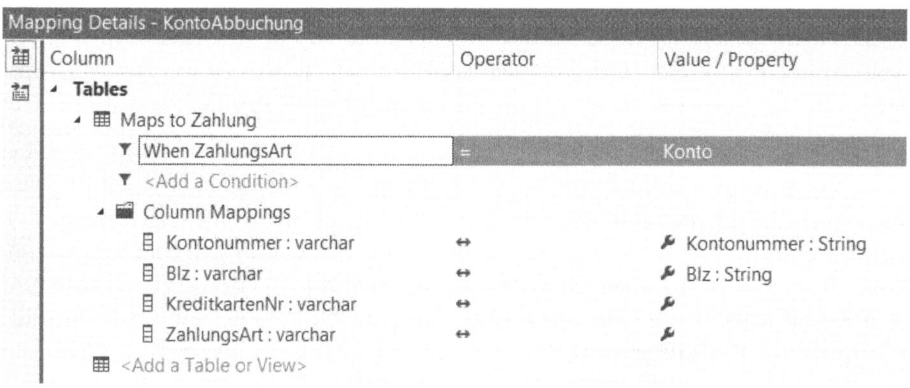

Abbildung 6-17: Klasse, die gemäß TPH auf einen Typ einer Vererbungsbeziehung abgebildet wurde

Beispiele für die Verwendung einer Vererbung im Quellcode finden sich in Beispiel 6-29, Beispiel 6-30 und Beispiel 6-31. In Beispiel 6-29 wird sowohl eine `KontoAbbuchung` als auch eine `KreditkartenZahlung` erzeugt. Dabei fällt auf, dass beide an die Eigenschaft `Zahlung` des Datenbankkontexts übergeben werden. Dies liegt daran, dass der Datenbankkontext lediglich für die Basisklasse eine Eigenschaft spendiert bekommt.

Beispiel 6-29: Anlegen von Objekten einer Vererbungshierarchie

```
using (var ctx = new HotelDbContext())
{
    var kontoabb = new KontoAbbuchung();
    kontoabb.Betrag = 100;
    kontoabb.Datum = DateTime.Now;
    kontoabb.Blz = "00000";
    kontoabb.Kontonummer = "111111";

    var kredz = new KreditkartenZahlung();
    kredz.Datum = DateTime.Now;
    kredz.Betrag = 200;
    kredz.KreditkartenNr = "1234-5678-9123-4566";

    ctx.Zahlungen.Add(kredz);
    ctx.Zahlungen.Add(kontoabb);
    ctx.SaveChanges();
}
```

Beispiel 6-30 zeigt eine polymorphe Abfrage, welche sämtliche Zahlungen, unabhängig von ihrem konkreten Typ, abruft. Dieses Beispiel zeigt jedoch auch, dass jede abgerufene Entität in ihren konkreten Typ umgewandelt werden kann. Dies ermöglicht es dem Entwickler, auf die zusätzlichen Eigenschaften der Subklassen zuzugreifen.

Beispiel 6-30: Polymorphe Abfrage

```
using (var ctx = new HotelDbContext())
{
    var zahlungen = ctx.Zahlungen.ToList();

    foreach (var z in zahlungen)
    {
        DoStuff(z.Betrag + " " + z.Datum + " " + z.ZahlungId);

        var kkz = z as KreditkartenZahlung;
        if (kkz != null)
        {
            DoStuff(kkz.KreditkartenNr);
        }

        var ka = z as KontoAbbuchung;
        if (ka != null)
        {
            DoStuff(ka.Kontonummer + " " + ka.Blz);
        }
    }
}
```

Beispiel 6-31 zeigt, dass der Entwickler unter Verwendung der Methode `OfType<T>` angeben kann, dass lediglich Objekte eines bestimmten Subtyps abzurufen sind.

Beispiel 6-31: Abzurufende Objekte auf einen bestimmten Subtyp einschränken

```
using (var ctx = new HotelDbContext())
{

    var kkzs = ctx.Zahlungen.OfType<KreditkartenZahlung>();
```

```
        foreach (var kredzah in kkzs)
        {
            DoStuff(kredzah.KreditkartenNr);
        }
    }
```

Table per Type (TPT)

Bei der Strategie Table per Type (TPT) spendiert der Entwickler jeder Klasse der Vererbungshierarchie eine eigene Tabelle. Diese werden zueinander in eine 1:0..1-Beziehung gesetzt. Abbildung 6-18 demonstriert dies. Eine `ZahlungBase` »hat« hier 0 oder 1 Kreditkartenzahlungen bzw. 0 oder 1 Kontoabbuchungen. Da ein Objekt jedoch immer nur einen einzigen Typ haben kann, ist es nicht möglich, einer `ZahlungBase` sowohl eine `KreditkartenZahlung` sowie eine `KontoAbbuchung` zuzuweisen. In diesem Fall würde sich das Entity Framework zur Laufzeit mit einer Ausnahme beschweren, zumal eine Zahlung nicht eine `KreditkartenZahlung` und eine `KontoAbbuchung` gleichzeitig sein kann.

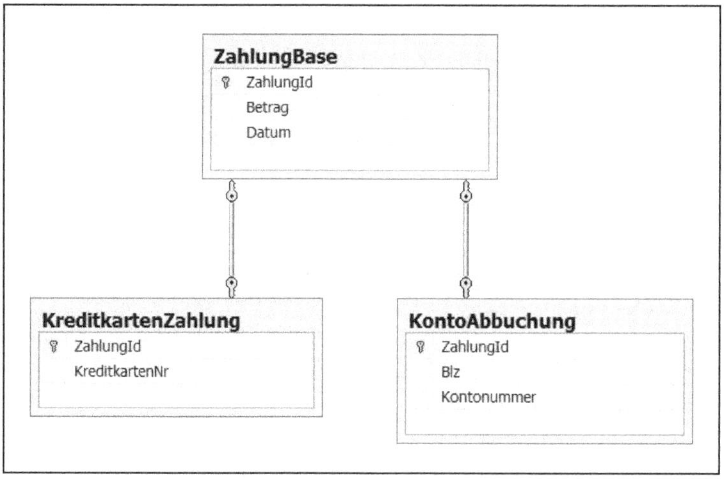

Abbildung 6-18: TPT in der Datenbank

Der Vorteil dieser Strategie liegt darin, dass die dritte Normalform nicht verletzt wird und somit die Vererbungsbeziehung besser als beim Einsatz der Strategie TPH im Datenbankmodell ersichtlich ist. Der Nachteil dieser Strategie liegt in der mit ihr einhergehenden schlechteren Performance, welche sich durch die notwendigen Joins auf Datenbankebene ergibt.

Geht der Entwickler nach dem Prinzip Database First vor, muss er die 1:0..1-Beziehungen, die vom Assistenten aus den Beziehungen in der Datenbank abgeleitet werden, manuell durch Vererbungsbeziehungen ersetzen, indem er Erstere löscht und Letztere hinzufügt. Darüber hinaus muss er beachten, dass der Primärschlüssel nicht in den Subklassen wiederholt werden darf, da dieser von der Basisklasse geerbt wird. Dieser ist somit in den Subklassen zu löschen (Abbildung 6-19). Im Rahmen der Mapping Details (siehe Abbildung 6-20) legt er fest, dass die Subklassen auf die jeweiligen Tabellen abzubilden sind. Darüber hinaus gibt er hier ein Mapping für die zusätzlichen Eigenschaften der Subklassen sowie für den geerbten Primärschlüssel an.

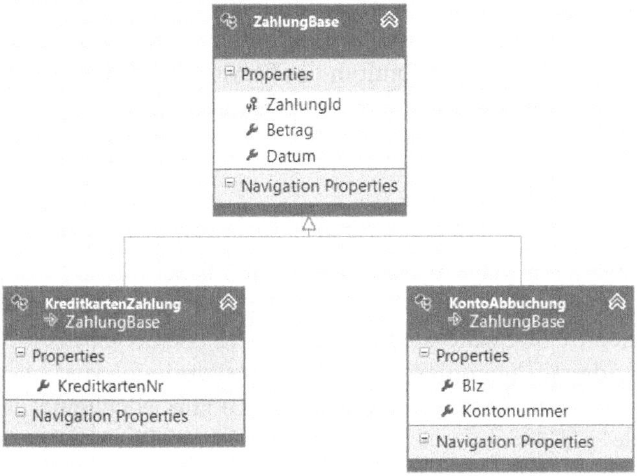

Abbildung 6-19: TPT-Beziehung im Entity Data Model-Designer

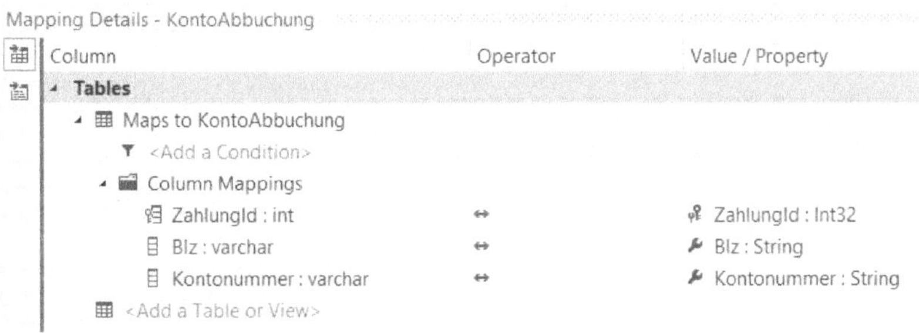

Abbildung 6-20: Abbilden einer Klasse auf einen Typ einer TPT-Beziehung

Type per concrete Type (TPC)

Die Strategie Table per concrete Type (TPC) sieht vor, dass für jeden konkreten Typ eine eigene Tabelle mit sämtlichen geerbten und eigenen Eigenschaften des jeweiligen Typs eingerichtet wird. Für das in den letzten Abschnitten betrachtete Beispiel würde man somit eine Tabelle für Kreditkartenzahlungen (`KreditkartenZahlung`) mit den Spalten `ZahlungId`, `Betrag`, `Datum` und `Kreditkartennummer` sowie eine weitere Tabelle `KontoAbbuchung` mit den Spalten `ZahlungId`, `Betrag`, `Datum`, `BLZ` und `Kontonummer` einführen. Diese beiden Tabellen stünden zueinander nicht in Beziehung und polymorphe Abfragen bedürften einer Union auf Datenbankebene.

Der Vorteil dieser Strategie ist die schnelle Zugriffszeit in Fällen, in denen lediglich Objekte eines Subtyps abgefragt werden, da hierzu nur auf eine einzige Tabelle zugegriffen werden muss. Der Nachteil liegt in der Tatsache, dass die zugrundeliegende Vererbungsbeziehung nicht ohne Weiteres aus dem Datenbankschema ersichtlich ist, dass geerbte Spalten und Beziehungen in sämtlichen Tabellen zu wiederholen sind, sowie, dass der O/R-Mapper für polymorphe Abfragen mehrere Tabellen abfragen muss.

Während das Entity Framework diese Strategie seit den ersten Tagen unterstützt, liegt hierfür mit Version 5 noch immer keine Unterstützung seitens Visual Studio vor, sodass der Entwickler zur Umsetzung von TPC das Entity Data Model manuell anpassen müsste. Dieser Vorgang ist jedoch umständlich und kann zu Problemen mit der Werkzeugunterstützung in Visual Studio führen. Da darüber hinaus die Strategie TPC einige Nachteile mit sich bringt und somit in der Praxis nur bedingt sinnvoll erscheint, wird an dieser Stelle von einer Beschreibung dieses Unterfangens abgesehen.

Tabellen zu einer Klasse zusammenfassen

Tabellen, die in einer 1:1-Beziehung zueinander stehen, können via Entity Framework zu einer Klasse zusammengefasst werden. Um dies zu demonstrieren, zeigt Abbildung 6-21 eine Tabelle `Hotel`, welche mit einer Tabelle `HotelAdresse` eine solche Beziehung eingeht. Letztere weist stellvertretend für viele Spalten, die eine Adresse beschreiben könnten, eine Spalte `Strasse` auf. Das Klassemodell in Abbildung 6-22 beinhaltet keine Klasse für diese Adresse, allerdings weist die Klasse `Hotel` eine zusätzliche Eigenschaft `Strasse` auf. Bei Betrachtung der `Mapping Details` (Abbildung 6-23) fällt jedoch auf, dass sowohl die Tabelle `Hotel` als auch die Tabelle `HotelAdresse` auf die Klasse `Hotel` abgebildet wurde.

Geht der Entwickler nach dem Ansatz Database First vor, würde er sämtliche Eigenschaften aus der Klasse `HotelAdresse` in die Klasse `Hotel` verschieben (Ausschneiden und Einfügen) und anschließend die Klasse `HotelAdresse` löschen. Anschließend würde er das Mapping für die Klasse `Hotel`, wie in Abbildung 6-23 gezeigt, aktualisieren.

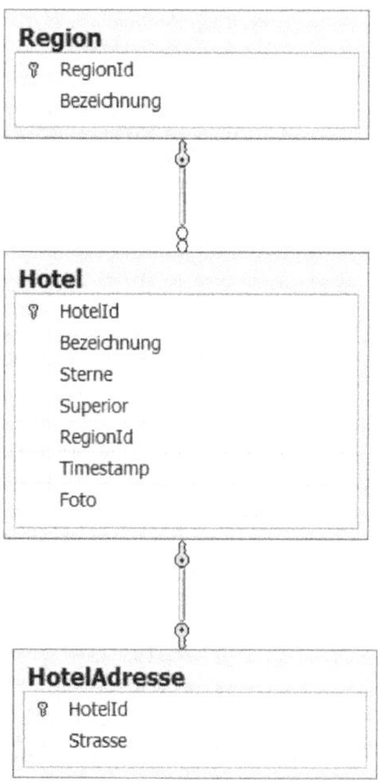

Abbildung 6-21: 1:1-Beziehung zwischen Hotel und HotelAdresse

Abbildung 6-22: Hotel-Klasse mit Eigenschaft Strasse aus HotelAdresse

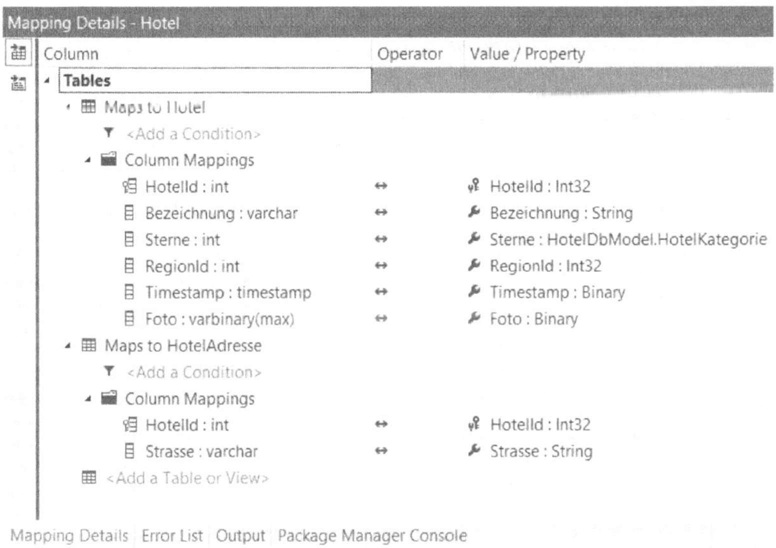

Abbildung 6-23: Klasse, welche auf mehrere Tabellen abgebildet wurde

Klasse auf ausgewählte Datensätze einer Tabelle abbilden

Der Entwickler hat auch die Möglichkeit, eine Klasse lediglich auf bestimmte Datensätze einer Tabelle abzubilden. Hierbei ist auch von horizontaler Partitionierung die Rede. Dazu muss der Entwickler lediglich im Rahmen der `Mapping Details` einen Filter angeben. In Abbildung 6-24 definiert dieser Filter zum Beispiel, dass die Spalte aktiv den Wert Y aufweisen muss. Spalten, die als Filter verwendet werden, dürfen nicht auf Eigenschaften der jeweiligen Klasse abgebildet werden. Darüber hinaus muss als Vergleichsoperator entweder `=`, `is null` oder `is not null` verwendet werden.

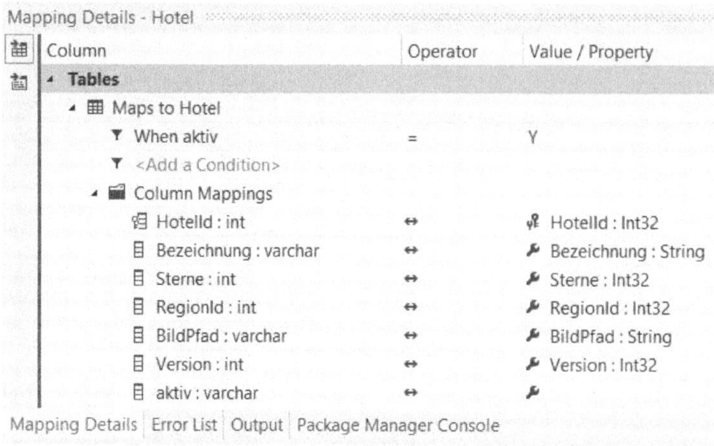

Abbildung 6-24: Klasse, welche auf bestimmte Einträge einer Tabelle abgebildet wurde

Tabelle auf mehrere Klassen verteilen

Die verschiedenen Spalten einer Tabelle können auch auf mehrere Klassen, welche zueinander eine 1:1-Beziehung eingehen, abgebildet werden. Dies ist vor allem dann nützlich, wenn standardmäßig nur bestimmte Spalten geladen werden sollen und alle anderen lediglich bei Bedarf zu laden sind.

Ein Beispiel dafür findet sich in Abbildung 6-25. Hier wurde die Eigenschaft `Foto` aus der Klasse `Hotel` in eine eigene Klasse `HotelFoto` ausgelagert. Tatsächlich befindet sich die Spalte, welche sich hinter dieser Eigenschaft verbirgt, ebenfalls in der Tabelle `Hotel`.

Um dies zu erreichen, muss der Entwickler lediglich die gewünschten zusätzlichen Klassen einrichten und die jeweiligen Eigenschaften in diese verschieben. Daneben muss er den Primärschlüssel in jede Klasse kopieren und eine 1:1-Beziehung herstellen. Zusätzlich ist für jede so neu entstandene Klasse ein Mapping anzugeben, welches sich auf den Primärschlüssel und auf die sich in dieser Klasse befindlichen Eigenschaften bezieht (vgl. Abbildung 6-26).

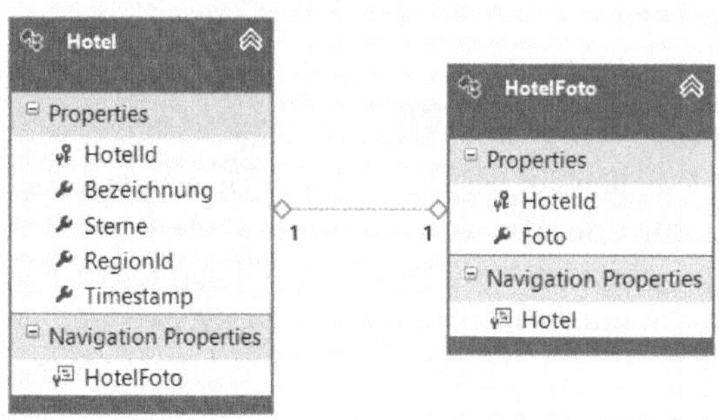

Abbildung 6-25: Die Eigenschaft Foto wurde in eine eigene Klasse ausgelagert

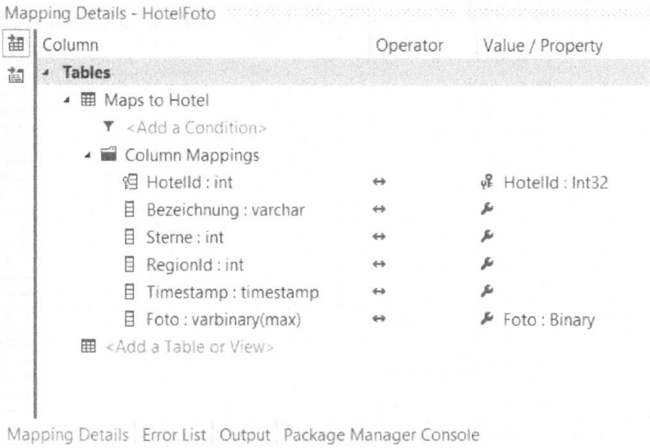

Abbildung 6-26: Klasse, welche auf bestimmte Eigenschaften einer Tabelle abgebildet wurde

Mit gespeicherten Prozeduren arbeiten

Neben dem direkten Zugriff auf Tabellen unterstützt das Entity Framework auch den Zugriff über gespeicherte Prozeduren. So können zum Beispiel gespeicherte Prozeduren zum Erzeugen, Aktualisieren und Löschen von Entitäten festgelegt werden. Darüber hinaus kann der Entwickler gespeicherte Prozeduren, die Daten abrufen, auf Methoden abbilden lassen, die das Entity Framework in der Datenbankkontextklasse einrichtet.

Dieser Abschnitt zeigt diese Möglichkeiten unter Verwendung von gespeicherten Prozeduren, welche für SQL Server entwickelt wurden. Details zum Einsatz von gespeicherten Prozeduren bei Verwendung anderer Datenbanksysteme finden sich in der Dokumentation der jeweiligen Datenbanktreiber.

Gespeicherte Prozeduren zum Erzeugen, Aktualisieren und Löschen verwenden

Um gespeicherte Prozeduren zum Erzeugen, Aktualisieren und Löschen von Entitäten zu verwenden, wechselt der Entwickler in die `Mapping Details` und aktiviert das unscheinbare zweite Symbol auf der linken Seite (vgl. Abbildung 6-27). Hier kann er für die `Insert`-, `Update`- und `Delete`-Operation eine gespeicherte Prozedur festlegen, welche im Zuge des Reverse-Engineerings ausgewählt wurde. Anschließend weist er die Eigenschaften der jeweiligen Entität den Parametern der gespeicherten Prozedur zu.

Spalten, wie zum Beispiel fortlaufende IDs oder Zeitstempel, die im Zuge einer `Insert`- bzw. `Update`-Operation von der Datenbank gesetzt und in die Entität übernommen werden sollen, sind von der ausgewählten gespeicherten Prozedur im Zuge einer `SELECT`-Anweisung zurückzuliefern (vgl. Beispiel 6-32).

Die so abgefragten Spalten sind in den `Mapping Details` auf die jeweiligen Eigenschaften der Klasse abzubilden. Da die abgefragten Spalten, anders als die Parameter, nicht aus der Signatur der gespeicherten Prozedur abgeleitet werden können, muss der Entwickler die Namen der abgefragten Spalten manuell eintragen.

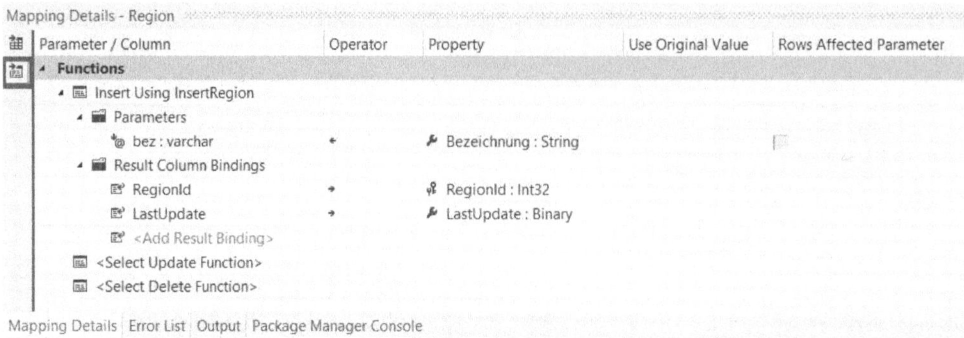

Abbildung 6-27: Zuweisung von gespeicherten Prozeduren zu einer Klasse

Beispiel 6-32: Gespeicherte Prozedur zum Anlegen einer Region

```
ALTER PROCEDURE [dbo].[InsertRegion](@bez varchar(50))
AS
BEGIN
    SET NOCOUNT ON;

    -- Das ! wird angehängt, um in diesem Bsp.
    -- zu beweisen, dass die gespeicherte Prozedur verwendet wurde
    insert into Region(Bezeichnung) values(@bez + '!');

    select Bezeichnung, LastUpdate
    from Region
    where RegionId = @@IDENTITY;
END
```

Beim Einsatz von M:N-Beziehungen sind analoge Einstellungen im Rahmen der `Mapping Details` für die Beziehung selbst vorzunehmen. Im Zuge dessen können gespeicherte Prozeduren angegeben werden, die die Primärschlüssel beider Seiten einer Beziehung entgegennehmen und die damit beschriebene Beziehung erzeugen bzw. löschen.

Vollständige Parallelität mit gespeicherten Prozeduren

Um gespeicherten Prozeduren die Möglichkeit zu geben, mittels der vollständigen Parallelität (engl. Optimistic Concurrency) Konflikte zu erkennen, kann der Entwickler bei einer `Update`-Operation angeben, dass neben den aktuellen Werten auch die ursprünglich abgerufenen Werte an bestimmte Paramter zu übergeben sind. Dazu aktiviert er die Option `Use Original Value` (vgl. Abbildung 6-28).

Diese Werte kann die gespeicherte Prozedur in die `WHERE`-Klausel der durchzuführenden SQL-Operation einfließen lassen. Über einen `OUT`-Parameter können diese gespeicherten Prozeduren darüber hinaus anführen, wie viele Datensätze von der Operation betroffen waren. Für diesen `OUT`-Parameter ist die Option `Rows Affected Parameter` (vgl. Abbildung 6-28) zu aktivieren. Liefert die gespeicherte Prozedur über diesen Parameter den Wert 0, geht das Entity Framework davon aus, dass keine Datensätze aktualisiert wurden und deswegen ein Konflikt vorliegt. Der Wert 1 lässt darauf schließen, dass die Operation erfolgreich war; andere Werte sind nicht erlaubt.

Ein Beispiel für solch eine gespeicherte Prozedur findet sich in Beispiel 6-33. Sie nimmt eine neue Bezeichnung für eine Region, deren ID sowie den ursprünglichen Wert der Zeitstempelspalte `LastUp-`

date entgegen. Die ID sowie der Zeitstempel fließen in die WHERE-Klausel der durchgeführten Update-Anweisung ein. Hat sich der Zeitstempel in der Zwischenzeit geändert, wird kein Datensatz verändert und @@ROWCOUNT beinhaltet den Wert 0, welcher dem OUT-Parameter zugewiesen wird. Aufgrund dieses Wertes erkennt das Entity Framework, dass ein Konflikt vorliegt.

Abbildung 6-28: Zuweisung einer gespeicherten Prozedur zum Aktualisieren von Datensätzen

Beispiel 6-33: Gespeicherte Prozedur zum Aktualisieren einer Region

```
ALTER PROCEDURE [dbo].[UpdateRegion]
    @RegionId int,
    @Bezeichnung int,
    @LastUpdate timestamp,
    @RowsAffected int out
AS
BEGIN
    SET NOCOUNT ON;

    -- Das ! wird angehängt, um in diesem Bsp.
    -- zu beweisen, dass die gespeicherte Prozedur verwendet wurde

    update Region
    set Bezeichnung = @Bezeichnung + '!'
    where RegionId = @RegionId
    and LastUpdate = @LastUpdate;

    set @RowsAffected = @@ROWCOUNT;

    select Bezeichnung, LastUpdate
    from Region
    where RegionId = @RegionId;

END
```

Mit gespeicherten Prozeduren Daten abrufen

Gespeicherte Prozeduren, die wie in Beispiel 6-34 zum Abfragen von Daten eingesetzt werden, können auf Methoden abgebildet werden, die das Entity Framework in der Datenbankkontextklasse einrichtet.

Seit Version 5 werden analog dazu auch gespeicherte Funktionen unterstützt. Zur Vereinfachung ist in weiterer Folge jedoch nur von gespeicherten Prozeduren die Rede.

Um eine solche Abbildung zu bewerkstelligen, sind die gespeicherten Prozeduren im Zuge des Reverse Engineerings auszuwählen. Anschließend wählt der Entwickler sie im `Model Browser` aus und übernimmt sie mit dem Kontextmenübefehl `Add Function Import` ins Klassenmodell (Abbildung 6-29).

Dabei kann er festlegen, ob das Ergebnis der gespeicherten Prozedur auf eine Entität, eine herkömmliche Klasse oder auf einen skalaren Wert, wie `int` oder `double`, abzubilden ist. Da dieser Vorgang beim Vorhandensein vieler gespeicherter Prozeduren sehr aufwändig ausfallen kann, bietet das Entity Framework ab Version 5 die Möglichkeit, diese Aufgabe im Zuge des Reverse Engineerings für sämtliche ausgewählten gespeicherten Prozeduren und Funktionen zu übernehmen. Dazu wählt der Entwickler die Option `Import selected stored procedures and function into the entity model` aus (vgl. Abbildung 6-29).

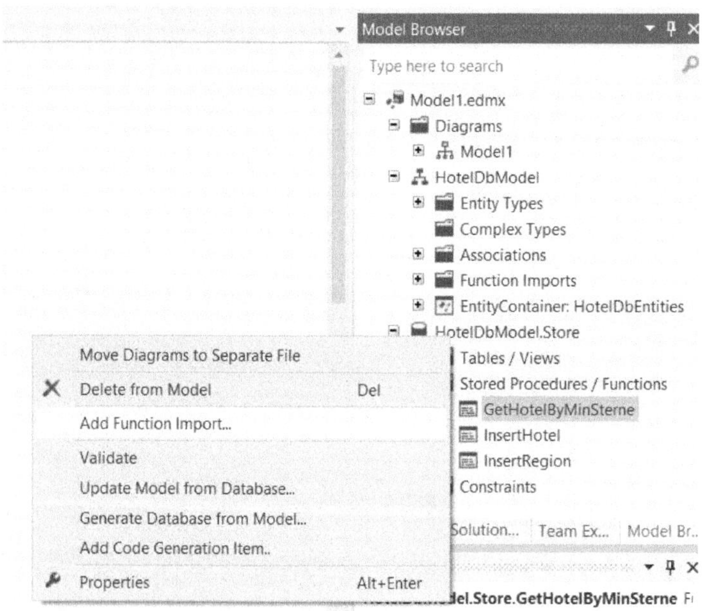

Abbildung 6-29: Definition eines Funktionsimports

Beispiel 6-34: Gespeicherte Prozedur zum Abfragen von Hotels

```
ALTER PROCEDURE [dbo].[GetHotelByMinSterne]
(
    @minSterne int
)
AS
BEGIN
     select * from Hotel where Sterne >= @minSterne;
END
```

Anschließend kann der Entwickler die gespeicherte Prozedur über eine Methode aufrufen, die das Entity Framework in der Datenbankkontextklasse eingerichtet hat (Beispiel 6-35).

Beispiel 6-35: Aufruf einer gespeicheten Prozedur

```
var hotels = ctx.GetHotelByMinSterne(3);
foreach (var h in hotels)
{
    Console.WriteLine(h.Bezeichnung + " " + h.Sterne);
}
```

Filtert der Entwickler das Ergebnis einer gespeicherten Prozedur, wie in Beispiel 6-36 gezeigt, so wird diese Filterung im Hauptspeicher durchgeführt, nachdem sämtliche Zeilen der Ergebnismenge abgerufen wurden. Verbirgt sich hinter dem Methodenaufruf jedoch eine gespeicherte Funktion, findet die Filterung in der Datenbank statt.

Beispiel 6-36: Aufruf einer gespeicherten Prozedur inklusive Einschränkungen, die im Hauptspeicher bearbeitet werden

```
var regionalHotel = ctx.GetHotelByMinSterne(3).Where(h => h.RegionId == 3);
foreach (var h in regionalHotel)
{
    Console.WriteLine(h.Bezeichnung + " " + h.Sterne);
}
```

Mit nativem SQL arbeiten

Während O/R-Mapper, wie das Entity Framework, das Erstellen von Datenzugriffscode erheblich vereinfachen, gibt es nach wie vor Anforderungen, die effizienter mit nativem SQL implementiert werden können. Dazu zählt das Verarbeiten von Massendaten ebenso wie Aufgaben, bei denen die Möglichkeiten der eingesetzten Datenbank direkt genutzt werden müssen, wie zum Beispiel bei der Volltextsuche.

Für diese Anforderungen bietet der Datenbankkontext über seine Eigenschaft `Database` eine Methode `ExecuteSqlCommand`, welche eine native SQL-Abfrage entgegennimmt und ausführt. Der Entwickler kann diese Abfrage auch mit Parametern versehen und deren Werte in Form zusätzlicher Parameter übergeben.

Ein Beispiel für den Einsatz von `ExecuteSqlCommand` findet sich in Beispiel 6-37. Der erste Aufruf erfolgt ohne Parameter, beim zweiten und dritten Aufruf kommen Parameter zum Einsatz. Hierbei werden auch die beiden Möglichkeiten skizziert, Parameter anzugeben. Verwendet der Entwickler die Schreibweise `{0}`, `{1}` etc., so kann er die Werte der Parameter direkt übergeben. Verwendet er hingegen benannte Parameter und somit die Schreibweise `@parameterName`, ist er angehalten, Implementierungen der abstrakten Basisklasse `DbParameter` zu verwenden. Im betrachteten Fall wird SQL Server eingesetzt und somit ist an dieser Stelle `SqlParameter` als Subklasse von `DbParameter` heranzuziehen.

Beispiel 6-37: Direkter Einsatz von SQL-Anweisungen

```
var ctx = new HotelDbContext();

ctx.Database.ExecuteSqlCommand(
        "update hotel set sterne = 1 where sterne is null");

ctx.Database.ExecuteSqlCommand(
         "update HotelBuchung set HotelId = {0} where HotelId = {1}", 1, 2);

ctx.Database.ExecuteSqlCommand(
    "update HotelBuchung set HotelId = @newId where HotelId = @oldId",
    new SqlParameter("newId", 1),
    new SqlParameter("oldId", 2));
```

Um über native SQL-Anweisungen Daten abzurufen, kann der Entwickler auf die Methode `SqlQuery`, welche ebenfalls über die Eigenschaft `Database` des Datenbankkontexts bereitgestellt wird, zurückgreifen. Ein Beispiel dafür findet sich in Beispiel 6-38. Als Typparameter wird jener Typ angegeben, auf welchen die Zeilen der Ergebnismenge abzubilden sind. Im betrachteten Fall kommt an dieser Stelle die Klasse `Hotel` zum Einsatz, was bedeutet, dass das Entity Framework die abgerufenen Spalten auf gleichnamige Eigenschaften von `Hotel`-Instanzen abbildet. Der erste Parameter enthält die auszuführende Abfrage; danach können Parameterwerte aufgelistet werden. Für die Angabe von Parametern stehen dieselben Möglichkeiten wie bei der Methode `ExecuteSqlCommand` (siehe oben) zur Verfügung.

Beispiel 6-38: Abfragen von Daten mit nativem SQL

```
IEnumerable<Hotel> hotels = ctx.Database.SqlQuery<Hotel>("select * from Hotel where RegionId = {0}",
3);
foreach (var h in hotels)
{
    Console.WriteLine(h.Bezeichnung + " " + h.Sterne);
}
```

Codegenerierung anpassen

Die Art und Weise, wie das Entity Framework aus dem Entity Data Model die Entitäten sowie den Datenbankkontext generiert, kann über T4-Templates angepasst werden. Bei T4 handelt es sich um eine Technologie zum Generieren von Quellcode.

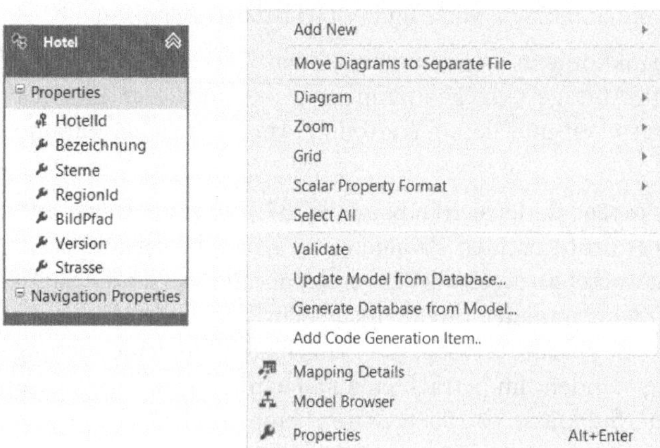

Abbildung 6-30: Hinzufügen eines Code Generation Item

Eine Behandlung dieser Technologie würde den Rahmen dieses Kapitels sprengen, weswegen an dieser Stelle lediglich besprochen wird, wie der Entwickler das heranzuziehende T4-Template austauschen kann. Dazu wählt der Entwickler im Kontextmenü des `Entity Data Models` (Rechtsklick auf leeren Hintergrund) die Option `Add Code Generation Item`. Das daraufhin geöffnete Dialogfeld erlaubt es, im Web nach T4-Templates für das Entity Framework zu suchen und diese einzubinden. Im Zuge dessen wird eine oder werden mehrere Dateien mit der Endung *.tt* dem Projekt hinzugefügt. Diese sind die Basis für die Codegenerierung.

Code First

Das Programmiermodell Code First, welches erst mit Version 4.1 eingeführt wurde, vereinfacht die Verwendung von selbsterstellten Entitätsklassen und kommt ohne explizites Entity Data Model aus. Stattdessen wird dieses aufgrund von Konventionen hergeleitet. In Fällen, in denen diese Konventionen nicht adäquat sind, können sie übersteuert werden.

Erste Schritte mit Code Only

Um in den Genuss von Code First zu kommen, muss man die neueste Version des Entity Frameworks via NuGet beziehen. Um damit ein codebasiertes Klassenmodell wie jenes in Beispiel 6-39 persistent zu gestalten, wird lediglich eine Implementierung von `DbContext` benötigt (Beispiel 6-40). Es handelt sich dabei um ein leichtgewichtiges Gegenstück zum Objektkontext, welches Methoden zum Arbeiten mit persistenten Objekten anbietet.

Pro persistenter Klasse ist eine Eigenschaft vom Typ `DbSet<T>` einzurichten. Steht eine persistente Klasse mit einer anderen in Verbindung, so muss dieser jedoch nicht zwangsläufig eine solche Eigenschaft spendiert werden.

Die zu verwendende Datenbank wird beim Aufruf des Konstruktors der Basisklasse angegeben. Dabei wird zunächst versucht, in der Applikationskonfigurationsdatei eine Verbindungszeichenfolge zu finden, deren Name der hier angegebenen Zeichenkette entspricht. Kann eine solche nicht gefunden werden, wird davon ausgegangen, dass sie den Namen der verwendeten Datenbank in einer lokalen SQL Server Express Edition-Datenbank (Instanzname: `localhost\SQLEXPRESS`) widerspiegelt. Kann auch keine Installation von SQL Server Express gefunden werden, versucht Code First SQL Server Express LocalDB heranzuziehen. Dieses Verhalten kann allerdings durch das Bereitstellen einer benutzerdefinierten Verbindungsfactory angepasst werden. Dabei ist lediglich die Schnittstelle `IDbConnectionFactory` zu implementieren und eine Instanz dieser Implementierung an die statische Eigenschaft `DbDatabase.DefaultConnectionFactory` zuzuweisen.

Wurde der DbContext erstellt, kann, wie in Beispiel 6-41 gezeigt, in gewohnter Manier mit den persistenten Objekten gearbeitet werden. Mit der Methode `DbDatabase.SetInitializer` kann darüber hinaus eine Strategie zur Erzeugung der benötigten Datenbank angegeben werden. Die verfügbaren Strategieimplementierungen, welche sprechende Namen tragen, nennen sich: `DropCreateDatabaseAlways`, `DropCreateDatabaseIfModelChanges` und `CreateDatabaseIfNotExists`. Wird diese Methode nicht aufgerufen und somit auf die Angabe einer Strategie verzichtet, geht das Entity Framework davon aus, dass die festgelegte Datenbank die erwartete Struktur aufweist.

Beispiel 6-39: Code Only-Entitäten

```
public class Region
{
    public virtual int RegionId { get; set; }
    public virtual string Bezeichnung { get; set; }
    public virtual ICollection<Hotel> Hotels { get; set; }
}

public class Kategorie
{
    public virtual int KategorieId { get; set; }
    public virtual string Bezeichnung { get; set; }
```

```
        public virtual ICollection<Hotel> Hotels { get; set; }

        // public ICollection<Hotel> Top10InKategorie { get; set; }
    }

    public class Adresse
    {
        public virtual string Strasse { get; set; }
        public virtual string Plz { get; set; }
        public virtual string Ort { get; set; }
    }

    public class Hotel
    {
        public virtual int HotelId { get; set; }
        public virtual Adresse Adresse { get; set; }
        public virtual string Bezeichnung { get; set; }
        public virtual int Sterne { get; set; }
        public virtual int RegionId { get; set; }

        public virtual double Preis { get; set; }

        public virtual Kategorie Kategorie { get; set; } // Kein Fremdschlüsselmapping
        public virtual Region Region { get; set; } // Fremdschlüsselmapping: RegionId
        public virtual ICollection<Merkmal> Merkmale { get; set; }
    }

    public class WellnessHotel: Hotel
    {
        public virtual int ThermalBeckenAnzahl { get; set; }
        public virtual int SaunaAnzahl { get; set; }
    }

    public class Merkmal
    {
        public virtual int MerkmalId { get; set; }
        public virtual int Bezeichnung { get; set; }

        public virtual ICollection<Hotel> Hotels { get; set; }
    }
```

Beispiel 6-40: Datenbankkontext für Code Only

```
    public class HotelContext : DbContext
    {
        public HotelContext(): base("HotelDb-CodeFirst") { }

        public DbSet<Hotel> Hotels { get; set; }
        public DbSet<Region> Regionen { get; set; }
    }
```

Beispiel 6-41: Arbeiten mit Code Only-Entitäten

```
    DbDatabase.SetInitializer(new DropCreateDatabaseAlways<HotelContext>());

    using (var ctx = new HotelContext())
    {
```

```
        Kategorie k1 = new Kategorie() { KategorieId = 1, Bezeichnung = "Luxus" };

        Region region = new Region();
        region.Bezeichnung = "Mallorca";

        Hotel h1 = new Hotel();
        h1.Bezeichnung = "Playa Moreia";
        h1.Kategorie = k1;
        h1.Adresse = new Adresse();
        h1.Adresse.Ort = "Irgendwo";
        h1.Adresse.Plz = "1024";
        h1.Adresse.Strasse = "Hauptstrasse 14";

        WellnessHotel h2 = new WellnessHotel();
        h2.Bezeichnung = "Wellnesshotel Costalot";
        h2.SaunaAnzahl = 2;
        h2.Adresse = new Adresse();
        h2.Adresse.Ort = "Irgendwo";
        h2.Adresse.Plz = "1024";
        h2.Adresse.Strasse = "Hauptstrasse 16";
        h2.Kategorie = k1;

        region.Hotels = new List<Hotel> { h1, h2 };

        ctx.Regionen.Add(region);
        ctx.SaveChanges();

    }
```

Standardkonventionen

Das Mapping zwischen Klassenmodell und Datenbankmodell wird bei Verwendung von Code Only automatisch anhand von Konventionen erzeugt. Diese Konventionen können übersteuert werden. Darüber hinaus soll es in künftigen Versionen auch möglich sein, eigene Konventionen zu implementieren.

Laut den vorherrschenden Konventionen werden Eigenschaften als Primärschlüssel erkannt, wenn Sie den Namen `Id` oder den Klassennamen in Verbindung mit der Zeichenfolge `Id` (z.B. `RegionId` in Klasse `Region`) tragen. Auf Groß-/Kleinschreibung wird dabei keine Rücksicht genommen. Ist die auf diesem Weg erkannte Eigenschaft vom Typ `long`, `int` oder `short`, wird automatisch von Autoinkrement-Werten Gebrauch gemacht.

Handelt es sich bei zwei Navigationseigenschaften in verschiedenen Klassen um jeweils ein Ende derselben Assoziation, wird dies in einfachen Fällen von Code Only erkannt. Dies ist dann möglich, wenn jeweils nur eine einzige Eigenschaft auf die jeweils andere Klasse verweist, was in Beispiel 6-39 bei `Hotel` und `Region` sowie bei `Hotel` und `Kategorie` der Fall ist. Würden jedoch die Kommentare in der Klasse `Kategorie` entfernt werden, wäre es nicht mehr möglich, automatisch zu erkennen, welche beiden der Navigationseigenschaften in `Kategorie` und `Hotel` zusammen eine bidirektionale Assoziation bilden. In diesem Fall würden drei unidirektionale Assoziationen eingerichtet werden, was sich in der Datenbank durch drei Fremdschlüssel in der Tabelle `Hotel` manifestierte.

Fremdschlüsselmappings werden anhand der folgenden Namenskonventionen erkannt:

- Name der Navigationseigenschaft + Name des Primärschlüssels der referenzierten Entität
- Name der referenzierten Entität + Name ihres Primärschlüssels oder
- Name des Primärschlüssels der referenzierten Entität. Daneben muss der Datentyp des Primärschlüsselmappings jenem des Primärschlüssels entsprechen.

Bei der Wahl der Tabellennamen wird versucht, aus den Klassennamen den Plural zu bilden, was bei nicht englischsprachigen Bezeichnungen meist nicht sonderlich glücklich aussieht. Für Many-to-Many-Assoziationen (vgl. `Hotel` und `Merkmal` in Beispiel 6-39) wird von Code Only eine Zwischentabelle angenommen, deren Name sich aus jenen der beiden verbundenen Tabellen zusammensetzt. Diese besteht lediglich aus Fremdschlüsseln, die auf die beiden Entitäten verweisen. In Kombination ergeben diese den Primärschlüssel.

Komplexe Typen, wie die von `Hotel` referenzierte Klasse `Adresse` in Beispiel 6-39, welche als Teil einer Entität und nicht als eigene Entität verwendet werden sollen, werden als solche erkannt, wenn a) für sie kein Primärschlüssel erkannt werden kann, b) sie auf keine weiteren Entitäten verweisen und c) sie nicht von einer Auflistung einer Entität referenziert werden.

Beinhaltet das Klassenmodell Vererbungsbeziehungen (vgl. `Hotel` und `WellnessHotel` in Beispiel 6-41), wird standardmäßig von der Strategie Table per Hierarchy (TPH) Gebrauch gemacht. Diese sieht vor, dass sämtliche Typen einer Vererbungshierarchie in einer einzigen Tabelle untergebracht werden. In einer speziellen Spalte, welche als Diskriminator bezeichnet wird, wird ein Wert hinterlegt, welcher auf den eigentlichen Typ schließen lässt. Spalten, die vom jeweiligen Typ nicht benötigt werden, bleiben leer (`null`). Bei Verwendung von Code Only wird die Diskriminatorspalte standardmäßig `Discriminator` genannt und mit dem Namen des jeweiligen Typs bestückt.

Konventionen mit Fluent-API überschreiben

Code Only stellt eine Fluent-API zur Verfügung, die das Übersteuern der im letzten Abschnitt beschriebenen Konventionen erlaubt. Angewandt wird diese API innerhalb der von `DbContext` geerbten Methode `OnModelCreating`, welche zu diesem Zwecke zu überschreiben ist. Beispiel 6-42 zeigt anhand des besprochenen Beispiels aus Beispiel 6-39 die Möglichkeiten dieser API auf. Details zu den eigentlich sprechenden Methodenaufrufen können den Kommentaren im Quellcode entnommen werden.

Zur Wahrung der Übersichtlichkeit können die API-Aufrufe für einen bestimmten Typ in einer eigenen Klasse gesammelt werden (Beispiel 6-43), wobei Instanzen dieser Klassen innerhalb von `OnModelCreating` in der Auflistung `modelBuilder.Configurations` zu registrieren sind (siehe letzte Zeile in Beispiel 6-42).

Beispiel 6-42: Konventionen mit Fluent-API übersteuern

```
public class HotelContext : DbContext
{
    public HotelContext() : base("HotelDb-CodeFirst-2") { }

    public DbSet<Hotel> Hotels { get; set; }
    public DbSet<Region> Regionen { get; set; }

    protected override void OnModelCreating(ModelBuilder modelBuilder)
    {
```

```
// Die Standard-Konvention, die besagt, dass für Tabellennamen der Plural
// des jeweiligen Klassennamens herangezogen werden soll, entfernen.
modelBuilder.Conventions.Remove<PluralizingTableNameConvention>();

// Die Klasse Region auf die Tabelle Regionen mappen.
modelBuilder
    .Entity<Region>().ToTable("Regionen");

// Spalte Version für optimistische Konfliktprüfungen
// heranziehen
modelBuilder
    .Entity<Region>()
    .Property(r => r.Version).IsConcurrencyToken();

// Eigenschaft TouristenPreis aus Mapping ausschließen
modelBuilder
    .Entity<Hotel>().Ignore(h => h.TouristenPreis);

// RegionCode als PK für Region festlegen
modelBuilder
    .Entity<Region>()
    .HasKey(r => r.RegionCode);

// Autoinkrementwerte für RegionCode deaktivieren
modelBuilder
    .Entity<Region>()
    .Property(r => r.RegionCode)
    .HasDatabaseGenerationOption(DatabaseGenerationOption.None);


// Beziehung zwischen Hotel und Region festlegen und
// im Zuge dessen das dazugehörige Fremdschlüsselmapping
// angeben sowie Löschweitergabe deaktivieren.
modelBuilder
    .Entity<Region>()
    .HasMany(r => r.Hotels) // Region hat viele Hotels
    .WithRequired(h => h.Region) // Hotel hat genau eine Region
    .HasForeignKey(p => p.RegionCode)
    .WillCascadeOnDelete(false);

// Beziehung zwischen Hotel und Kategorie mappen und
// dabei den Namen des Fremdschlüssels, der für diese
// Beziehung _nicht_ gemappt wurde, festlegen.
modelBuilder
    .Entity<Hotel>()
    .HasOptional<Kategorie>(h => h.Kategorie) // Hotel hat 0..1 Kategorien
    .WithMany(k => k.Hotels) // Kategorie hat viele Hotels
    .IsIndependent()
        .Map(m => m.MapKey(k => k.KategorieId, "KategorieId"));

// Details für Adresse.Strasse mappen
modelBuilder
    .Entity<Hotel>()
    .Property(p => p.Adresse.Strasse)
    .HasColumnName("Adresse_Strasse")
    .HasColumnType("varchar")
    .IsRequired();
```

```
// Details für Adresse.Plz mappen
modelBuilder
    .Entity<Hotel>()
    .Property(p => p.Adresse.Plz)
    .HasColumnName("Adresse_Plz")
    .HasColumnOrder(1)
    .HasMaxLength(5)
    .IsRequired();

// Details für Adresse.Ort mappen
modelBuilder
    .Entity<Hotel>()
    .Property(p => p.Adresse.Ort)
    .HasColumnName("Adresse_Ort")
    .HasColumnOrder(1)
    .HasMaxLength(30)
    .IsRequired();

// Letzte Modifikation als von der Datenbank vergebenen timestamp
// definieren sowie festlegen, dass diese Eigenschaft für
// optimistische Konfliktprüfungen herangezogen werden soll.
modelBuilder
    .Entity<Hotel>()
    .Property(h => h.LetzteModifikation)
    .HasColumnType("timestamp")
    .IsConcurrencyToken()
    .HasDatabaseGenerationOption(DatabaseGenerationOption.Computed);

// Mapping für M:N-Beziehung inkl. Name und Aufbau der Zwischentabelle
// festlegen
modelBuilder
    .Entity<Hotel>()
    .HasMany<Merkmal>(h => h.Merkmale)
    .WithMany(m => m.Hotels)
    .Map(
        m => {
            m.MapLeftKey( h=>h.HotelId, "HotelId");
            m.MapRightKey(mm => mm.MerkmalId, "MarkmalId");
            m.ToTable("Hotel_Merkmal_Links");
        });


// Adresse als komplexen Typ registrieren
modelBuilder.ComplexType<Adresse>();

// Table per Hirarchy-Vererbungsmapping:
//   Als Diskriminator wird die (nicht gemappte) Spalte Type herangezogen

// modelBuilder.Entity<Hotel>()
//    .Map<Hotel>(h => h.Requires("Type").HasValue("Standard-Hotel"))
//    .Map<WellnessHotel>(
//          w => w.Requires("Type").HasValue("Wellness-Hotel"));

// Table per Type-Vererbungsmapping
modelBuilder.Entity<Hotel>().ToTable("Hotel");
modelBuilder.Entity<WellnessHotel>().ToTable("WellnessHotel");
```

```
        // Externe Konfiguration hinzufügen
        modelBuilder.Configurations.Add(new KategorieEntityTypeConfiguration());

    }
}
```

Beispiel 6-43: Konfigurationsklasse für Fluent-API

```
public class KategorieEntityTypeConfiguration : EntityTypeConfiguration<Kategorie>
{
    public KategorieEntityTypeConfiguration()
    {
        this.ToTable("KategorieTable");
    }
}
```

Konventionen mit Attributen übersteuern

Alternativ oder ergänzend zur Fluent-API stehen auch Attribute (engl. *data annotations*) zur Verfügung, welche direkt auf die Entitäten und deren Eigenschaften angewandt werden können. Diese Attribute sind zwar weniger mächtig als die zuvor vorgestellte Fluent-API, dafür jedoch auch einfacher zu verwenden.

Beispiel 6-44 demonstriert deren Anwendung anhand ausgewählter und teilweise erweiterter Klassen aus dem hier betrachteten Beispiel. In Tabelle 6-1 findet sich eine Beschreibung dieser Attribute.

Beispiel 6-44: Konventionen mit Attributen übersteuern

```
    [Table("RegionenTab")]
    public class Region
    {
        [Key]
        [Column(Name="Region_Code", Order=1)]
        [DatabaseGenerated(DatabaseGeneratedOption.None)]
        public virtual int RegionCode { get; set; }

        [MaxLength(27)]
        [Required]
        [Column(Name = "Bez", Order = 3)]
        public virtual string Bezeichnung { get; set; }
        public virtual ICollection<Hotel> Hotels { get; set; }

        public virtual ICollection<Hotel> TopRanked { get; set; }

        [ConcurrencyCheck]
        [Column(Name = "Version", Order = 2, TypeName="bigint")]
        public virtual int Version { get; set; }
    }


    [ComplexType]
    public class Adresse
    {
        public virtual string Strasse { get; set; }
```

```
        public virtual string Plz { get; set; }
        public virtual string Ort { get; set; }
    }

    public class Hotel
    {
        public virtual int HotelId { get; set; }
        public virtual Adresse Adresse { get; set; }
        public virtual string Bezeichnung { get; set; }
        public virtual int Sterne { get; set; }

        [InverseProperty("TopRanked")]
        public virtual Region TopRankedInRegion { get; set; }

        public virtual int RegionCode { get; set; }

        [TimestampAttribute]
        public virtual byte[] LetzteModifikation { get; set; }

        public virtual double Preis { get; set; }

        [NotMapped]
        public virtual double TouristenPreis { get { return Preis * 2; } }

        public virtual Kategorie Kategorie { get; set; }

        [ForeignKey("RegionCode")]
        [InverseProperty("Hotels")]
        public virtual Region Region { get; set; }
        public virtual ICollection<Merkmal> Merkmale { get; set; }
    }
```

Tabelle 6-1: Attribute zum Übersteuern von Konventionen

Attribut	Beschreibung
`Column`	Legt Details zur Spalte fest wie Name, Typ oder Reihenfolge
`ComplexType`	Legt fest, dass es sich beim annotierten Typ nicht um eine Entität, sondern um einen komplexen Typ handelt
`ConcurrencyCheck`	Definiert, dass die Eigenschaft für optimistische Konfliktüberprüfungen heranzuziehen ist
`ForeignKey`	Legt den Namen des zu einer Navigationseigenschaft gehörigen Fremdschlüsselmappings fest
`InverseProperty`	Legt bei bidirektionalen Assoziationen den Namen der Eigenschaft auf der anderen Seite fest
`Key`	Definiert die Eigenschaft als Primärschlüssel
`MaxLength`	Legt die maximale Länge fest
`NotMapped`	Legt fest, dass das annotierte Feld nicht gemappt werden soll
`Required`	Definiert die Eigenschaft als `not null`
`Table`	Legt den Namen der Tabelle sowie optional den Namen des zu verwendenden Schemas fest
`TimestampAttribute`	Definiert ein Feld als Zeitstempel, der für optimistische Konfliktüberprüfungen heranzuziehen ist

Benutzerdefinierte Konventionen bei Code First

Vor Version 6 musste der Entwickler beim Einsatz von Entity Framework Code First entweder die von Microsoft vorgegebenen Konventionen verwenden oder jedes Mal, wenn er davon abweichen wollte, diesen Umstand über die Konfiguration kundtun. Letzteres ist besonders umständlich, wenn die gesamte Anwendung Konventionen verwendet, die von jenen von Microsoft abweichen. Für solche Fälle bietet Entity Framework ab Version 6 dem Entwickler die Möglichkeit, eigene Konventionen zu definieren. Dazu konfiguriert er das Entity Framework wie gewohnt unter Verwendung der Fluent-API, ohne sich dabei auf konkrete Typen oder Eigenschaften zu beziehen. Aus diesem Grund ist hierbei auch von *Konfigurationskonventionen* (*Configuration Conventions*) die Rede. Daneben bietet Entity Framework ab Version 6 auch das Konzept der *Modelbased Conventions*. Diese sind etwas komplexer als Konfigurationskonventionen und für Fälle gedacht, in denen der Entwickler mit deren Möglichkeiten nicht mehr auskommt. Im Gegensatz zu Konfigurationskonventionen kommen modellbasierte Konventionen erst zum Einsatz, nachdem das Entity Framework aus den Klassen ein Entity Data Model abgeleitet hat, um dieses nach bestimmten Regeln abzuändern. Dieser Abschnitt zeigt, wie diese beiden Arten von Konventionen genutzt werden können.

Konfigurationskonventionen (Configuration Conventions)

Ein Beispiel für Konfigurationskonventionen findet sich in Beispiel 6-45. Diese Konventionen definieren unter anderem, dass sämtliche Eigenschaften in allen Entitäten, deren Namen sich aus dem Namen ihrer Entität (`DeclaringType`) und der Endung `Code` zusammensetzen, Primärschlüssel sind. Die zweite Anweisung bezieht sich auf sämtliche Eigenschaften, die mit dem (benutzerdefinierten) Attribut `UnicodeAttribute` annotiert wurden. Sie prüft anhand der `IsUnicode`-Eigenschaft dieses Attributs, ob das annotierte Feld einer auf Unicode basierenden Spalte (`nvarchar`) in der Datenbank entspricht. Mit dieser Information wird die annotierte Eigenschaft konfiguriert. Im Gegensatz zur ersten Anweisung verwendet die hier betrachtete Anweisung nicht die Methode `Where`, sondern `Having`, um die gewünschten Eigenschaften zu selektieren. Während der Entwickler beim Einsatz von `Where` einen `bool` zurückgibt, der anzeigt, ob mit der vorliegenden Anweisung die jeweilige Eigenschaft konfiguriert werden soll, liefert `Having` ein Objekt zurück. Ist dieses Objekt `null`, geht das Entity Framework davon aus, dass der Entwickler die geprüfte Eigenschaft nicht konfigurieren möchte. Ansonsten führt das Entity Framework den in `Configure` angegebenen Lambda-Ausdruck zum Konfigurieren der vorliegenden Eigenschaft aus und übergibt an diesen neben dem Konfigurationsobjekt das von `Having` zurückgelieferte Objekt als zweiten Parameter.

Die dritte Anweisung in Beispiel 6-45 bezieht sich nicht auf Eigenschaften, sondern auf Typen und legt fest, dass jede Klasse auf eine gleichnamige Tabelle abgebildet werden soll. Auch hier könnte der Entwickler durch den Einsatz von `Where` und `Having` die Menge der zur Verfügung stehenden Typen einschränken.

Anschließend aktiviert Beispiel 6-45 zwei Konventionen, die in eigene Klassen ausgelagert wurden. Bei `DateTime2Convention` (Beispiel 6-46) handelt es sich um eine Klasse, welche von `Convention` erbt und auf die gewohnte Weise in ihrem Konstruktor die gewünschte Konvention definiert.

Beispiel 6-45: Beispiele für Konfigurationskonventionen

```
modelBuilder
    .Properties()
    .Where(p => p.Name == p.DeclaringType.Name + "Code")
```

```
        .Configure(p => p.IsKey());

    modelBuilder
        .Properties()
        .Having(p => p.GetCustomAttributes<UnicodeAttribute>().FirstOrDefault())
        .Configure( (c, attr) =>
            {
                var isUnicode = attr.IsUnicode;
                c.IsUnicode(isUnicode);
            });

    modelBuilder.Types().Configure(c => c.ToTable(c.ClrType.Name));

    modelBuilder.Conventions.Add<DateTime2Convention>();
    modelBuilder.Conventions.Add<NoCascadeConvention>();
```

Beispiel 6-46: Konfigurationskonvention, welche in eine eigene Klasse ausgelagert wurde

```
public class DateTime2Convention : Convention
{
    public DateTime2Convention()
    {
        this.Properties<DateTime>()
                .Configure(c => c.HasColumnType("datetime2"));
    }
}
```

Modellbasierte Konventionen

Bei der am Ende von Beispiel 6-45 konfigurierten `NoCascadeConvention` (Beispiel 6-47) handelt es sich um eine sogenannte modellbasierte Konvention, welche sich von den bisher betrachteten Konfigurationskonventionen unterscheidet. Modellbasierte Konventionen werden eingesetzt, um das Entity Data Model abzuändern, das beim Einsatz von Code Only unter Verwendung der Konfiguration aus den vorliegenden Klassen abgeleitet wird. Dabei wird zwischen zwei Arten von modellbasierten Konventionen unterschieden: Jene, die `IStoreModelConvention<T>` implementieren, ändern das Storage Model des Entity Data Models ab; jene die `IConceptualModelConvention<T>` implementieren, verändern das konzeptionelle Modell. Der Typparameter dieser Klassen muss vom Typ `MetadataItem` oder von einem Subtypen dieses Typs sein. Durch das Festlegen eines `MetadataItem`-Derivats definiert der Entwickler, welche Aspekte des jeweiligen Models anzupassen sind. Einen Überblick über die verfügbaren MetadataItem-Derivate findet sich in Abbildung 6-31.

Die in Beispiel 6-47 gezeigte `NoCascadeConvention` implementiert `IConceptualModelConvention` und fixiert den Typparameter auf `AssociationType`. Somit setzt das Entity Framework diese Klasse ein, um im konzeptionellen Modell Assoziationen (Beziehungen) zwischen Entitäten zu modifizieren. Die Logik, die dabei auszuführen ist, findet sich in der Methode `Apply`, welche sämtliche Enden der Assoziation iteriert und konfigurierte Löschweitergaben (Löschkaskaden) deaktiviert.

Abbildung 6-31: Derivate von MetadataItem

Beispiel 6-47: Beispiel einer modellbasierten Konvention

```
// Modellbasierte Konvention
public class NoCascadeConvention : IConceptualModelConvention<AssociationType>
{
    public void Apply(AssociationType item, DbModel model)
    {
        foreach(var m in item.AssociationEndMembers) {
            if (m.DeleteBehavior == OperationAction.Cascade)
            {
                m.DeleteBehavior = OperationAction.None;
            }
        }
    }
}
```

Code First und Stored Procedures

Das Programmiermodell Code First schloss in der Vergangenheit den Einsatz von Stored Procedures zum Speichern von Entitäten aus. Diese Einschränkung wird nun aufgehoben, sodass der Entwickler in der Lage ist, über die Fluent-API Code Only mitzuteilen, dass Stored Procedures anstatt `INSERT`-, `UPDATE`- und `DELETE`-Anweisungen für bestimmte Entitäten zu verwenden sind.

Konventionen für das Abbilden von Entitäten auf Stored Procedures

Um dies zu bewerkstelligen, ruft der Entwickler `MapToStoredProcedures` innerhalb der Methode `OnModelCreating` des verwendeten `DbContext`-Derivats auf:

```
modelBuilder.Entity<Hotel>().MapToStoredProcedures()
```

Wie sonst auch beim Einsatz von Code First gilt hier das Prinzip Convention over Configuration: Gibt der Entwickler beim Aufruf von `MapToStoredProcedures` keine Argumente an, geht das Entity Framework davon aus, dass Stored Procedures mit den Namen *Entität_Insert*, *Entität_Update* und *Entität_Delete* existieren, wobei Entität für den Namen der konfigurierten Entität steht.

Das Entity Framework erwartet auch, dass `Entität_Update` Parameter aufweist, deren Namen den Namen der Eigenschaften der jeweiligen Entität entsprechen. Eine Ausnahme bilden hier jene Eigenschaften, die der Entwickler über die Konfiguration als Eigenschaften markiert hat, die von der Datenbank berechnet werden (`StoreGeneratedPattern: Computed`): Für diese Eigenschaften dürfen keine Parameter existieren.

Für `Entität_Insert` gilt dasselbe, wobei hier auch für jene Eigenschaften mit dem `StoreGeneratedPattern Identity` keine Parameter existieren dürfen, zumal deren Werte beim Einfügen in die Datenbank generiert werden. `Entität_Delete` muss hingegen lediglich Parameter für jene Eigenschaften aufweisen, die den Primärschlüssel bilden.

Um berechnete Spalten zu erhalten, geht das Entity Framework davon aus, dass die einzelnen Stored Procedures eine einzeilige Ergebnismenge mit ebendiesen zurückgeben.

> Im Fall von ORACLE ist die Ergebnismenge mit den berechneten Werten in Form eines `REF`-Cursors zurückzugeben. Für diesen `REF`-Cursor muss der Entwickler einen `OUT`-Parameter vorsehen. Alternativ dazu kann er eine Stored Function verwenden, die den `REF`-Cursor in Form eines Rückgabewerts zurückzuliefert. Informationen dazu finden Sie in der Dokumentation des von Ihnen verwendeten Treibers.

Zum Auflösen von 1:N-Beziehungen sind den Stored Procedures auch die Eigenschaften zu übergeben, über die Fremdschlüsselmappings realisiert werden. Macht der Entwickler von Fremdschlüsselmappings keinen Gebrauch, ist er angehalten, einen Parameter für die Primärschlüssel der benachbarten Tabellen einzurichten. Die Namen dieser Parameter entsprechen dabei entweder den Namen der adressierten Primärschlüsselspalten oder dem Namensschema `Name-der-Navigationseigenschaft_Name-der-Primärschlüsselspalte`.

Vollständige Parallelität beim Einsatz von Stored Procedures unter Code First

Zur Realisierung von vollständiger Parallelität (engl. *Optimistic Concurrency*) erwartet das Entity Framework, dass die Stored Procedures `Entität_Update` und `Entität_Delete` für jene Eigenschaften, die der Entwickler mit ConcurrencyCheck oder Timestamp annotiert hat, auch einen Parameter Eigenschaft_Original aufweist, wobei Eigenschaft hier für den Namen der jeweiligen Eigenschaft steht. An diesen Parameter übergibt das Entity Framework den ursprünglichen Wert dieser Eigenschaft, sodass die Stored Procedure prüfen kann, ob sich dieser seit dem Laden der Entität in der Datenbank geändert hat. Ist dem so, hat ein anderer Benutzer den Datensatz aktualisiert und es liegt ein Konflikt vor, worauf das Entity Framework mit dem Auslösen einer Ausnahme im Rahmen von SaveChanges hinweist.

Damit das Entity Framework in der Lage ist, zu erkennen, ob ein solcher Konflikt vorliegt, ist die Stored Procedure angehalten, die übergebenen ursprünglichen Werte innerhalb der WHERE-Klausel zu verwenden, sodass im Fall eines Konflikts keine Datensätze anstatt des einen betroffenen Datensatzes aktualisiert werden. Das Entity Framework prüft standardmäßig nach dem Ausführen einer Stored Procedure, wie viele Datensätze während ihrer Ausführung geändert wurden. Beim Einsatz von SQL Server wird dazu zum Beispiel die globale Variable @@ROWCOUNT geprüft. Wurden keine Datensätze geändert, geht das Entity Framework davon aus, dass ein Konflikt vorliegt. Alternativ dazu kann, wie weiter unten beschrieben, die Stored Procedure um einen OUT-Parameter erweitert werden, der die Anzahl der geänderten Datensätze zurückgibt.

Ein Beispiel für die Implementierung der vollständigen Parallelität unter Verwendung von Stored Procedures und Code First findet sich in Beispiel 6-48, Beispiel 6-49 und Beispiel 6-50. Beispiel 6-48 zeigt eine Entität Hotel mit einer Eigenschaft Version, die zur Implementierung von Überprüfungen der vollständigen Parallelität (engl. *Optimistic Concurrency Checks*) herangezogen wird. Um Code First diesen Umstand mitzuteilen, wurde Version mit ConcurrencyCheck annotiert. Darüber hinaus wurde für dieses Beispiel festgelegt, dass die Spalte Version von der Datenbank berechnet wird. Im hier betrachteten Fall übernimmt diese Aufgabe die Stored Procedure, indem sie die Version bei jedem Speichervorgang erhöht.

Das DbContext-Derivat zum Speichern von Hotels findet sich in Beispiel 6-49. Der Aufruf von MapToStoredProcedures legt hier fest, dass Stored Procedures zum Einfügen, Aktualisieren und Löschen von Hotels zu verwenden sind. Die Stored Procedure zum Aktualisieren findet sich in Beispiel 6-50: Die UPDATE-Anweisung zum Aktualisieren des gegebenen Hotels erhöht die Versionsnummer und prüft in der WHERE-Klausel nicht nur die ID des Hotels, sondern auch die ursprüngliche Versionsnummer. Hat sich diese geändert, liegt ein Konflikt vor und die UPDATE-Anweisung aktualisiert keine Daten. Anschließend ermittelt die Stored Procedure die neue Versionsnummer. Damit dies jedoch nur geschieht, wenn kein Konflikt vorliegt, verwendet die dazu eingesetzte SELECT-Anweisung innerhalb der WHERE-Klausel die Einschränkung @@ROWCOUNT > 0. Dies ist auch notwendig, damit die globale Variable @@ROWCOUNT im Konfliktfall nicht verändert, sondern auf dem Wert 0 belassen wird. Ohne diese Einschränkung würde SQL Server auch im Konfliktfall die Versionsnummer des betroffenen Hotels abfragen und @@ROWCOUNT auf 1 setzen, zumal diese Abfrage eine Zeile zurückgibt. Somit würde das Entity Framework davon ausgehen, dass kein Konflikt vorliegt, da @@ROWCOUNT nun suggerieren würde, dass von der durchgeführten Aktion ein Datensatz betroffen war.

Eine andere Möglichkeit, solche Missverständnisse zu vermeiden, besteht darin, der Stored Procedure einen OUT-Parameter zu spendieren, der die Anzahl der betroffenen Datenstäze widerspiegelt. Auf diese Weise kann die Stored Procedure direkt den Erfolg der durchgeführten Aktion zurückmelden. Informationen dazu finden sich weiter unten.

Beispiel 6-48: Entität zur Veranschaulichung des Einsatzes von vollständiger Parallelität mit Stored Procedures

```
public class Hotel
{
    public int HotelId { get; set; }
    public string Bezeichnung { get; set; }
    public string TelNr { get; set; }
    public int Sterne { get; set; }

    [Required]
    public Region Region { get; set; }

    [ConcurrencyCheck]
    [DatabaseGenerated(DatabaseGeneratedOption.Computed)]
    public int Version { get; set; }

}
```

Beispiel 6-49: DbContext zur Veranschaulichung des Einsatzes von vollständiger Parallelität und Stored Procedures

```
public class HotelDbContext : DbContext
{
    public HotelDbContext(): base("HotelDb") { }

    public HotelDbContext(
             DbConnection existingConnection, bool contextOwnsConnection)
        :base(existingConnection, contextOwnsConnection)
    {
    }

    public DbSet<Region> Regionen { get; set; }
    public DbSet<Hotel> Hotels { get; set; }

    protected override void OnModelCreating(DbModelBuilder modelBuilder)
    {
        modelBuilder.Entity<Hotel>().MapToStoredProcedures();
    }
}
```

Beispiel 6-50: Stored Procedure, welche die vollständige Parallelität unterstützt

```
ALTER PROCEDURE [dbo].[Hotel_Update]
    @HotelId [int],
    @Bezeichnung [nvarchar](50),
    @TelNr [nvarchar](50),
    @Sterne [int],
    @Version_Original [int],
    @RegionCode [int]
AS
BEGIN
    UPDATE [dbo].[Hotels]
    SET
        [Bezeichnung] = @Bezeichnung,
        [TelNr] = @TelNr,
        [Sterne] = @Sterne,
        [Region_RegionCode] = @RegionCode,
        [Version] = [Version] + 1
    WHERE
```

```
        [HotelId] = @HotelId
        and [Version] = @Version_Original

    SELECT t0.[Version]
    FROM [dbo].[Hotels] AS t0
    WHERE @@ROWCOUNT > 0 AND t0.[HotelId] = @HotelId
END
```

Aus Konventionen ausbrechen

Kann oder möchte sich der Entwickler bei der Namensgebung für die Stored Procedures und deren Parameter nicht an die soeben aufgezeigten Konventionen halten, hat er die Möglichkeit, die gewünschten Namen an die Methode `MapToStoredProcedures` zu übergeben. Ein Beispiel dafür findet sich in Beispiel 6-51. Es legt mit `HasName` den Namen der jeweiligen Stored Procedure fest, mit `Parameter` die Namen der jeweiligen Parameter sowie die Eigenschaften, welche auf diese Parameter abzubilden sind, und mit `Result` die Namen der zurückgelieferten Spalten sowie ebenfalls die dazugehörige Eigenschaft. Um Fremdschlüssel, für die es kein Fremdschlüsselmapping gibt, auf einen Parameter abzubilden, wird, wie im Fall von `RegionCode` veranschaulicht, der gegenüberliegende Primärschlüssel angeführt.

`RowsAffectedParameter` definiert den Namen jenes `OUT`-Parameters, der zur optimistischen Erkennung von Konflikten angibt, wie viele Spalten von der durchgeführten Aktion betroffen waren.

Das hier betrachtete Beispiel zeigt auch am Beispiel einer Beziehung zwischen Hotel und Merkmal, wie der Entwickler M:N-Beziehungen auf Stored Procedures abbilden kann. Hierzu gibt er eine Stored Procedure zum Hinzufügen einer Zuweisung sowie eine weitere zum Aufheben einer Zuweisung an. Beide Stored Procedures erhalten die Primärschlüssel der beiden aufeinander verweisenden Entitäten. Die hier verwendeten Namen entsprechen übrigens den Konventionen, die das Entity Framework heranzieht, wenn der Entwickler die Methode `MapToStoredProcedures` ohne zusätzliche Parameter aufruft.

> Möchte der Entiwckler auf diese Weise Entitäten explizit auf Stored Procedures abbilden, ist er angehalten, für alle drei möglichen DML-Operationen – `insert`, `update` und `delete` – eine Stored Procedure anzugeben. Hinterlegt er für bestimmte Fälle keine Informationen, werden die damit einhergehenden Operationen zur Laufzeit vom Entity Framework nicht unterstützt.

Beispiel 6-51: Konfiguration zum Abbilden von Entitäten auf Stored Procedures unter Umgehung der standardmäßig vorherrschenden Konventionen

```
modelBuilder.Entity<Hotel>().MapToStoredProcedures(s =>
    s.Insert(proc => proc
                        .HasName("Hotel_Insert")
                        .Parameter(h => h.Bezeichnung, "Bezeichnung")
                        .Parameter(h => h.Sterne, "Sterne")
                        .Parameter(h => h.Region.RegionCode, "RegionCode")
                        .Result(h => h.HotelId, "HotelId")
                        .Result(h => h.Version, "Version")
                        )
        .Update(proc => proc
                            .HasName("Hotel_Update")
                            .Parameter(h => h.HotelId, "HotelId")
                            .Parameter(h => h.Bezeichnung, "Bezeichnung")
```

```
                                .Parameter(h => h.Sterne, "Sterne")
                                .Parameter(h => h.Region.RegionCode, "RegionCode")
                                .Result(h => h.Version, "Version")
                                .RowsAffectedParameter("RowsAffected")
                                )
                .Delete(proc => proc
                                .HasName("Hotel_Delete")
                                .Parameter(h => h.HotelId, "HotelId")
                                .RowsAffectedParameter("RowsAffected")
                                ));

modelBuilder
    .Entity<Hotel>()
    .HasMany<Merkmal>(h => h.Merkmale)
    .WithMany(m => m.Hotels)
    .MapToStoredProcedures(s =>
        s.Insert(proc => proc
                                .HasName("Hotel_Merkmale_Insert")
                                .LeftKeyParameter(h => h.HotelId, "Hotel_HotelId")
                                .RightKeyParameter(m => m.MerkmalId, "Merkmal_MerkmalId"))
        .Delete(proc => proc
                                .HasName("Hotel_Merkmale_Delete")
                                .LeftKeyParameter(h => h.HotelId, "Hotel_HotelId")
                                .RightKeyParameter(m => m.MerkmalId, "Merkmal_MerkmalId")));
```

Automatisches Migrieren von Datenbanken

Durch die Code Only-Erweiterung Migrations kann der Entwickler Datenbankschemata nach Änderungen und Erweiterungen an den Code-Only-Entitäten aktualisieren lassen. Um Migrations für ein Code Only-basiertes Projekt zu aktivieren, setzt der Entwickler in der `Package Manager Console`, welche über `View/Other Windows/Package Manager Console` erreichbar ist, die folgende Anweisung ab:

```
Enable-Migrations
```

Die `Package Manager Console` hat zwar nichts mit dem Entity Framework zu tun, allerdings bietet sie die Möglichkeit, Powershell-Skripte direkt über Visual Studio auszuführen und genau davon macht Migrations Gebrauch.

Nach der Aktivierung steht im Ordner `Migrations` eine Klasse `Configuration` zur Verfügung. Diese erbt von `DbMigrationsConfiguration<T>`, wobei der Typparameter `T` auf den heranzuziehenden `DbContext` zu fixieren ist. Die Methode `Seed` wird im Zuge jeder Migration aufgerufen und kann zum Anlegen von vorgegebenen Datensätzen herangezogen werden.

Beispiel 6-52: Migrations-Konfiguration

```
namespace HotelSample.Migrations
{
    using System;
    using System.Data.Entity;
    using System.Data.Entity.Migrations;
    using System.Linq;

    internal sealed class Configuration :
                    DbMigrationsConfiguration< HotelContext >
    {
        public Configuration()
```

```
        {
            AutomaticMigrationsEnabled = true;
        }

        protected override void Seed(HotelContext context)
        {
            base.Seed(context);
        }
    }
}
```

Innerhalb des Konstruktors wird mit der Eigenschaft `AutomaticMigrationsEnabled` festgelegt, ob das Datenbankschema automatisch anhand eines Vergleichs mit den Entitätsklassen aktualisiert werden darf. Wurde diese Option aktiviert, kann das Datenbankschema jederzeit aktualisiert werden, indem die Anweisung `Update-Database` in der Package Manager Console aufgerufen wird (siehe Abbildung 6-32).

Dabei wird aus den erkannten Modifikationen eine sogenannte Migration erzeugt und die Datenbank damit aktualisiert. Der Name dieser Migration wird auf der Konsole ausgegeben; Informationen zur Migration selbst werden in der automatisch eingerichteten Systemtabelle `_MigrationHistory` gespeichert. Wie weiter unten beschrieben, kann zu einem späteren Zeitpunkt eine Schemaversion, die mit einer bestimmten Migration in Verbindung gebracht wird, wiederhergestellt werden, indem der Name dieser Migration beim Aufruf von `Update-Database` angegeben wird.

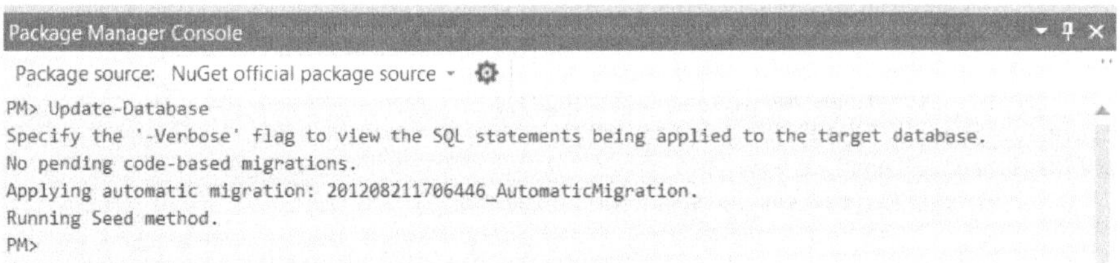

Abbildung 6-32: Aktualisieren einer Datenbank mit Migrations

In Fällen, in denen die Aktualisierung des Schemas zum Verlust von Daten führen würde, ist dieser Befehl mit dem Parameter `-force` aufzurufen. Der Parameter `-verbose` führt hingegen dazu, dass die im Zuge der Schemamigration übersendeten SQL-Anweisungen auch ausgegeben werden.

Wurde `AutomaticMigrationsEnabled` nicht aktiviert, müssen die erkannten Modifikationen zunächst in Form einer Klasse, welche die durchzuführende Migration repräsentiert, dokumentiert werden. Dazu wird der Befehl `Add-Migration Migration-Name` ausgeführt, wobei `Migration-Name` für den benutzerdefinierten Namen der Migration steht. Das Ergebnis dieser Operation ist eine Klasse, welche die von Migrations erkannten Aktualisierungen widerspiegelt (siehe Beispiel 6-53). Diese Klasse erbt von `DbMigration` und weist zwei überschriebene Methoden auf: `Up` und `Down`.

Die Methode `Up` wird ausgeführt, um die Migration durchzuführen, `Down`, um sie wieder rückgängig zu machen. Der Entwickler kann diese Klasse um zusätzliche Aspekte der Migration erweitern. In Beispiel 6-53 wurde etwa definiert, dass die hinzugefügte Spalte `Land` eine maximale Länge von 5 sowie den Standardwert `DE` haben soll. Dazu wurden der Methode `String`, welche eine auf Strings basierende Spalte einrichtet, entsprechende Parameter verpasst. Möchte der Entwickler bestimmte SQL-Anweisungen im Zuge der Migration ausführen, kann er dies durch Aufruf der Methode `Sql` veranlassen.

Um alle anstehenden Migrationen durchzuführen, ist `Update-Database` auszuführen. Soll jedoch lediglich auf eine bestimmte Version der Datenbank migriert werden, ist der Name der gewünschten Migration im Zuge des Aufrufs von `Update-Database` anzugeben. Ein Aufruf von

```
Update-Database -TargetMigration:"MyMigration"
```

führt zum Beispiel dazu, dass jene Version, die mit der Migration `MyMigration` assoziiert ist, eingespielt wird. Somit besteht auch die Möglichkeit, auf eine frühere Version der Datenbank zu migrieren.

Um eine leere Datenbank zu erhalten, kann als Migrationsname `"0"` verwendet werden. Möchte man hingegen eine andere Datenbank auf den Stand einer bestimmten Version bringen, wird der Name der Verbindungszeichenkette, welche in der Applikationskonfigurationsdatei zu hinterlegen ist, zusammen mit dem Parameter `-TargetDatabase` angegeben. Dies funktioniert auch bei automatischen Migrationen. In diesem Fall ist der Name der automatisch erzeugten Migration anzugeben, der beim Ausführen von `Update-Database` bekannt gegeben wird. Ist lediglich ein SQL-Skript mit den durchzuführenden Anweisungen gewünscht, kann dies mit dem Parameter `-Script` angezeigt werden.

Beispiel 6-53: Migrations-Klasse

```
namespace HotelSample.Migrations
{
    using System.Data.Entity.Migrations;

    public partial class Version2 : DbMigration
    {
        public override void Up()
        {
            AddColumn("Hotels", "Telefonnummer", c => c.String());
            // AddColumn("Regionen", "Land", c => c.String());
            AddColumn("Regionen", "Land", c =>
                             c.String(maxLength: 5, defaultValue:"DE"));

        }

        public override void Down()
        {
            DropColumn("Regionen", "Land");
            DropColumn("Hotels", "Telefonnummer");
        }
    }
}
```

Datenbasierte Dienste mit dem Entity Framework, ASP.NET Web API und OData

Mit dem Open Data Protocol (OData, *www.odata.org*) steht seit einigen Jahren ein akzeptiertes und auf HTTP-basierendes Protokoll zum plattformunabhängigen Zugriff auf Daten zur Verfügung. Dies ist nicht nur für die Open Data-Bewegung von Interesse, die für eine allgemeine Verfügbarkeit öffentlicher Daten eintritt und durch das Vernetzen der einzelnen Datenbanken einen Mehrwert schaffen will. Vielmehr stellt es für jeden, der die Aufgabe hat, Dienste zur Bereitstellung und Verwaltung von Daten zu schaffen, ein vielversprechendes Konzept dar: Zum einen fügt sich dieses auf HTTP basierende Protokoll nahtlos in die REST-Welt ein und zum anderen bringt es eine Steigerung an Flexibilität mit sich, zumal der Aufrufer die Möglichkeit erhält, eigene Abfragen zu definieren. Daneben bietet OData durch das Bereitstellen von Konventionen und Metadatendokumenten die Möglichkeit, Proxies am Client zu generieren, was den Zugriff auf Daten via REST erheblich vereinfacht.

Daten mit OData flexibel abfragen

Die Methode `Get` in Beispiel 6-54 sieht auf den ersten Blick nicht sonderlich aufregend aus. Bei genauerer Betrachtung fällt jedoch auf, dass sie ein `IQueryable` zurückliefert. Diese Subschnittstelle von `IEnumerable` repräsentiert Abfragen, zum Beispiel solche, die sich auf O/R-Mapper, wie das Entity Framework, stützen. Abfragen dieser Art können auch um weitere Einschränkungen oder Sortierungen erweitert werden. Genau dies macht sich die Web-API zunutze, um dem Aufrufer eines REST-Diensts die Möglichkeit zu bieten, zur Verfügung stehende Daten durch eigene Abfragen zu filtern bzw. zu sortieren. Zur Definition dieser Abfragen kommt der Standard OData zum Einsatz, der unter anderem URL-Parameter zur Definition von Abfragen definiert.

Die nötigen Klassen für die OData-Unterstützung in ASP.NET Web API bezieht der Entwickler über das NuGet-Paket `microsoft.aspnet.webapi.odata`. Unter Verwendung von *ASP.NET and Web Tools 2012.2* wird dieses Paket automatisch bei Nutzung der ASP.NET MVC 4-Vorlage eingebunden, sofern man nach der Auswahl dieser Vorlage angibt, ein ASP.NET Web API-Projekt anlegen zu wollen.

Damit die Web-API die Ergebnismenge des zurückgelieferten `IQueryable`-Objekts unter Verwendung der übersendeten OData-konformen Parameter einschränkt (bzw. sortiert), ist der Entwickler angehalten, die Methode mit dem Attribut `Queryable` zu annotieren. Im Zuge dessen kann er über die Eigenschaft `PageSize` festlegen, auf wie viele Einträge die Ergebnismenge zu beschränken ist. Im betrachteten Beispiel wurde dieser Wert auf 2 festgelegt. Dies bedeutet, dass die Web-API lediglich die ersten beiden ermittelten Einträge zurückliefert.

Beispiel 6-54: ListingOData-Unterstützung in ASP.NET Web API

```
public class HotelController : ApiController
{
    static List<Hotel> hotels = new List<Hotel>();

    static HotelController()
    {
        hotels.Add(
          new Hotel { Id = 1, Bezeichnung = "Hotel zur Post", Sterne = 2 });
        hotels.Add(
          new Hotel { Id = 2, Bezeichnung = "Hotel Mama", Sterne = 5 });
        hotels.Add(
          new Hotel { Id = 3, Bezeichnung = "BizHotel", Sterne = 4 });
        hotels.Add(
          new Hotel { Id = 4, Bezeichnung = "Wellness-Hotel", Sterne = 4 });
    }

    // GET api/values
    [Queryable(PageSize=2)]
    public IQueryable<Hotel> Get()
    {
        return hotels.AsQueryable();
    }
}
```

Zur Demonstration beinhaltet Beispiel 6-55 einen URL, der zum einen diese Methode adressiert und zum anderen URL-Parameter gemäß OData zur Einschränkung und Sortierung der zur Verfügung stehenden Daten beinhaltet. Hierbei wird nach Hotels mit vier Sternen gefiltert und nach der Bezeichnung absteigend sortiert.

Beispiel 6-55: URL mit OData-Parametern zum Einschränken der Ergebnismenge

```
http://localhost:3239/tickets?$filter=Sterne eq 4&$orderby=Bezeichnung desc
```

Ein Entwickler, der dem Aufrufer über einen Dienst Zugriff auf Datenbankinhalte gewähren möchte, muss somit nicht mehr für jede benötigte Abfrage eine Dienstoperation bereitstellen. Stattdessen implementiert er wenige OData-basierte Operationen, die sämtliche Daten zurückliefern, die der Aufrufer einsehen darf. Durch OData-konforme Parameter wird der Aufrufer in die Lage versetzt, die Ergebnismenge nach Belieben zu filtern.

Da diese Parameter vor der Ausführung der Abfrage zur Erweiterung des zurückgelieferten IQueryable eingesetzt werden, ergibt sich eine Datenbankabfrage, die lediglich die benötigten Einträge zutage fördert – die Datenbank wird somit nicht unnötig belastet.

Beispiel 6-56 zeigt einen solchen Dienst, der sich auf das Entity Framework stützt. Beim Member ctx handelt es sich um einen DbContext, der Zugriff auf die Einträge einer Datenbank gewährt. Die Methode Get erzeugt eine Abfrage, die sämtliche Einträge der Hoteltabelle in Form eines IQueryable<Hotel> zurückliefert.

Da die Web-API die Abfrage jedoch noch um die Einschränkungen des Aufrufers erweitert, wird diese nicht, zum Beispiel unter Verwendung der Methode ToList, zur Ausführung gebracht. Aus demselben Grund darf auch der Datenbankkontext nicht am Ende der Methode geschlossen werden. Der guten Ordnung halber schließt das betrachtete Beispiel den Datenbankkontext jedoch innerhalb der überschriebenen Methode Dispose. Diese Methode bringt ASP.NET Web API zur Ausführung, wenn eine Anfrage komplett abgearbeitet wurde. Dem in .NET üblichen Disposable-Muster zufolge zeigt der Parameter disposing an, ob verwaltete Ressourcen, wie der Datenbankkontext, zu schließen sind.

Um Probleme beim Serialisieren von Entitäten zu verhindern, sollte die Option ProxyCreationEnabled der verwendeten DbContext-Instanz auf false gesetzt werden (context.Configuration.ProxyCreationEnabled = false). Dies verhindert, dass das Entity Framework zur Laufzeit von der Entitätsklasse ableitet, um diese um zusätzliche Möglichkeiten zu erweitern, wie z.B. Lazy Loading.

Außerdem wird verhindert, dass der Serializer mit Klassen konfrontiert wird, die er nicht (de)serialisieren kann. Da Entitätsklassen in der Regel zyklische Abhängigkeiten zueinander haben, sollte des Weiteren der Serializer hierauf vorbereitet werden. Informationen dazu finden sich in Kapitel 2.

Beispiel 6-56: OData-basierter Dienst, der mit dem Entity Framework auf eine Datenbank zugreift

```
public class HotelDbController : ApiController
{
    private HotelDbContext ctx = new HotelDbContext();

    [Queryable(PageSize=10)]
    public IQueryable<Hotel> Get()
    {
        return ctx.Hotel;
```

```
        }

        protected override void Dispose(bool disposing)
        {
            if (disposing) ctx.Dispose();
            base.Dispose(disposing);
        }
    }
```

Mögliche OData-Abfragen einschränken

Das Attribut `Queryable` bietet einige Eigenschaften, mit denen die möglichen Abfragen eingeschränkt werden können. Beispielsweise kann der Entwickler mit der Eigenschaft `AllowedArithmeticOperators` die Menge der erlaubten arithmetischen Operatoren wie Addition, Subtraktion, Multiplikation oder Division einschränken. Mit `AllowedFunctions` kann die Menge der erlaubten, durch OData spezifizierten Funktionen, darunter Datums- und Zeichenfolgenfunktionen, angegeben werden.

Die erlaubten Vergleichsoperationen schränkt der Entwickler mit `AllowedLogicalOperators` ein, und die Spalten, nach denen sortiert werden darf, gibt er mit `AllowedOrderByProperties` an. `AllowedQueryOptions` gibt darüber hinaus an, welche von OData spezifizierten Abfrageoptionen erlaubt sind. Dahinter verbergen sich Operationen wie `filter`, `skip`, `top`, `orderby` oder `expand`.

Abgesehen von der Eigenschaft `AllowedOrderByProperties`, welche eine kommagetrennte Zeichenfolge mit den Spaltennamen enthält, nach denen sortiert werden darf, erwarten diese Eigenschaften einen Enumerationswert Enums. Die einzelnen Werte dieser Enumerationen können über Bit-Operationen kombiniert werden. Um beispielsweise nur die Abfrageoptionen `filter` und `orderby` zu erlauben, können diese mit einem bitweisen »Oder« verknüpft werden:

```
[Queryable(
    PageSize = 2,
    AllowedQueryOptions=
       AllowedQueryOptions.Filter | AllowedQueryOptions.OrderBy)]
```

Darüber hinaus kann der Entwickler auch einen eigenen `FilterQueryValidator` durch Ableiten von der gleichnamigen Klasse implementieren. Durch das Überschreiben der zur Verfügung gestellten Methoden lassen sich verschiedene Optionen der vom Aufrufer übersendeten Abfrage einschränken.

Die Implementierung in Beispiel 6-57 überschreibt zur Demonstration die Methode `ValidateBinaryOperatorNode`, um die Menge der möglichen Vergleichsoperatoren einzuschränken und prüft, ob der Aufrufer einen Vergleich mit < oder <= durchführen möchte. Ist dem so, löst sie eine `ODataException` aus, was die Ausführung der Abfrage verhindert. Ansonsten wird an die Basisimplementierung, welche die Validierung anhand der im `Queryable`-Attribut hinterlegten Einschränkungen validiert, weiterdelegiert.

Beispiel 6-57: Benutzerdefinierter FilterQueryValidator

```
public override void ValidateBinaryOperatorNode(Microsoft.Data.OData.Query.SemanticAst.
BinaryOperatorNode binaryOperatorNode, ODataValidationSettings settings)
{
    if (binaryOperatorNode.OperatorKind
            == BinaryOperatorKind.LessThan
        || binaryOperatorNode.OperatorKind
            == BinaryOperatorKind.LessThanOrEqual)
    {
```

```
        throw new ODataException("< oder <= ist nicht erlaubt!");
    }

    base.ValidateBinaryOperatorNode(binaryOperatorNode, settings);
}
```

Um einen solchen Validator verwenden zu können, leitet der Entwickler von QueryableAttribute ab (Beispiel 6-58). Innerhalb der zu überschreibenden Methode ValidateQuery setzt er den gewünschten Validator, bevor er an die Basisimplementierung weiterdelegiert. Dieses Attribut wird in weiterer Folge anstatt Queryable zum Annotieren der gewünschten Methoden herangezogen.

Beispiel 6-58: Benutzerdefiniertes QueryableAttribut zum Aktivieren eines FilterQueryValidator

```
class CustomQueryableAttribute : QueryableAttribute
{
    public override void ValidateQuery(
            HttpRequestMessage request,
            ODataQueryOptions queryOptions)
    {
        if (queryOptions.Filter != null)
        {
            queryOptions.Filter.Validator = new CustomValidator();
        }
        base.ValidateQuery(request, queryOptions);

    }
}
```

Neben dem FilterQueryValidator kann der Entwickler noch weitere Arten von Abfragevalidatoren bereitstellen, indem er von einer der folgenden Klassen ableitet und die jeweils bereitgestellten Validierungsmethoden überschreibt: OrderByQueryValidator, SkipQueryValidator und TopQueryValidator. Um diese Implementierungen zu aktivieren, werden sie analog zum zuvor betrachteten Beispiel innerhalb der Methode ValidateQuery, einer Subklasse von QueryableAttribute, den Eigenschaften queryOptions.OrderBy.Validate, queryOptions.Skip.Validate bzw. queryOptions.Top.Validate zugewiesen.

OData-Abfragen global aktivieren

Um OData-Abfragen für sämtliche Methoden, welche ein IQueryable zurückliefern, zu erlauben, muss der Entwickler lediglich in der Methode Register der Klasse WebApiConfig die Erweiterungsmethode EnableQuerySupport aufrufen:

```
config.EnableQuerySupport();
```

Diese Datei befindet sich bei Verwendung der Web-API-Vorlage für ASP.NET MVC 4-Projekte im Ordner App_Start. Um die Menge der erlaubten Optionen für die somit ermöglichten Abfragen zu begrenzen, kann der Entwickler dieser Methode eine Instanz von QuerableAttribut übergeben. Bei dieser Instanz kann der Entwickler, wie in Abschnitt »Mögliche OData-Abfragen einschränken« gezeigt, die gewünschten Einschränkungen hinterlegen.

OData-Abfragen manuell auswerten

Der Entwickler hat auch die Möglichkeit, OData-Abfragen manuell auszuwerten. Dazu kann er die übergebenen Abfragen in Form von Syntaxbäumen abrufen. Um in den Genuss dieser Möglichkeit zu kommen, muss er lediglich eine Methode bereitstellen, die zum einen ein `IQueryable` zurückliefert und zum anderen einen Parameter vom Typ `ODataQueryOptions` entgegennimmt. Anschließend kann der Entwickler über die von `ODataQueryOptions` bereitgestellten Eigenschaften auf Syntaxbäume zugreifen, welche verschiedene Teile der übermittelten Abfrage repräsentieren.

Die beispielhafte Methode in Beispiel 6-59 setzt zuvor einen zu verwendenden Validator und definiert unter Verwendung einer Instanz von `ODataValidationSettings` weitere Einschränkungen. Anschließend bringt sie die Validierung der Abfrage zur Ausführung und gibt eine Zeichenfolge aus, die den übermittelten Filter repräsentiert. Dazu greift sie auf die Eigenschaft `RawValue` zurück. Alternativ dazu könnte sie auch über andere Eigenschaften auf die einzelnen Teile des Syntaxbaums zugreifen.

Beachtenswert ist auch die Methode `ApplyTo`, mit welcher die betrachtete Methode ein bestehendes `IQueryable` um die Einschränkungen ergänzt, welche sich in der übermittelten OData-Abfrage befinden.

Beispiel 6-59: OData-Abfrage manuell auswerten

```
public IQueryable<Hotel> Get(ODataQueryOptions opts)
{
    if (opts.Filter != null)
    {
        opts.Filter.Validator = new CustomValidator();
    }

    var settings = new ODataValidationSettings()
    {
        AllowedFunctions = AllowedFunctions.AllDateTimeFunctions
    };

    opts.Validate(settings);
    if (opts.Filter != null) Debug.WriteLine(opts.Filter.RawValue);

    IQueryable results = opts.ApplyTo(ctx.Hotels.AsQueryable());
    return results as IQueryable<Hotel>;
}
```

Daten mit OData verwalten

Bisher wurde lediglich das Abfragen von Daten mit OData beleuchtet. Darüber hinaus bietet ASP.NET Web API jedoch auch die Möglichkeit, Entitäten OData-konform zu bearbeiten. Dies hat den Vorteil, dass der Client Web-API-basierte Dienste über Proxies konsumieren kann, welche mit den Möglichkeiten von WCF Data Services generiert wurden.

Der dafür zu investierende Aufwand ist nur gerechtfertigt, wenn der Benutzer die Daten tatsächlich auch OData-konform, zum Beispiel über Frameworks wie *datajs* (*http://datajs.codeplex.com/*) bearbeiten möchte. In Fällen, in denen das Bearbeiten der Daten direkt über REST-Dienste und AJAX erfolgen soll, bietet die hier beschriebene Vorgehensweise keine Vorteile.

Um einen REST-Dienst zur OData-konformen Bearbeitung von Entitäten bereitzustellen, erzeugt der Entwickler einen Controller, der nicht wie gewohnt von ApiController, sondern von EntitySetController erbt. Hierbei handelt es sich um einen Generic, welcher mit dem Typ der zu verwaltenden Entität sowie mit dem Typ des Primärschlüssels dieser Entität zu parametrisieren ist.

Zur Bereitstellung von Verwaltungs- und Zugriffsmethoden überschreibt der Entwickler die von EntitySetController vordefinierten Verwaltungsmethoden wie CreateEntity, UpdateEntity, PatchEntity, DeleteEntity, Get, GetEntityByKey oder GetKey. Ein Beispiel für diese durchwegs selbsterklärenden Methoden findet sich in Beispiel 6-60. Beachtenswert ist hier die Methode PatchEntity, welche im Gegensatz zu UpdateEntity nur die tatsächlich geänderten Spaltenwerte aktualisiert. Damit sie weiß, welche Spalten sich geändert haben, bekommt sie eine Instanz von Delta<T> übergeben, welche im betrachteten Fall mit dem Typ Hotel parametrisiert wurde. Zusätzlich ist zu beachten, dass nicht sämtliche Methoden überschrieben werden müssen. Der Entwickler kann sich auf jene Methoden beschränken, die er benötigt.

Um die Navigation zwischen Entitäten zu erlauben, ist der Entwickler angehalten, pro Navigationseigenschaft, welche auf mehrere benachbarte Entitäten verweist, eine öffentliche Methode einzuführen, die einen Primärschlüssel der verwalteten Entität auf ein IQueryable der benachbarten Entitäten abbildet. Im betrachteten Beispiel handelt es sich bei GetHotelBuchungen um solch eine Methode: Sie nimmt eine HotelId entgegen und liefert ein IQueryable mit den Buchungen des damit referenzierten Hotels zurück. Da die ID durch Parsen aus dem übergebenen OData-konformen URL zu ermitteln ist, wird der Parameter mit FromODataUri annotiert.

Zum Verwalten von Beziehungen sind darüber hinaus die Methoden CreateLink und DeleteLink zu implementieren. Diese erhalten im betrachteten Fall jeweils den Primärschlüssel eines Hotels, den Namen der Navigationseigenschaft, für die eine Beziehung in Form eines Strings zu erstellen bzw. zu löschen ist, sowie einen URL, der auf das andere Ende der Beziehung verweist. Um aus diesem URL die ID der jeweilig benachbarten Entität zu ermitteln, stützen sich diese Methoden auf die Hilfsmethode Parse, welche sich ebenfalls in der betrachteten Klasse befindet und auf reguläre Ausdrücke zurückgreift.

Beachtenswert ist auch der Umstand, dass es zwei Überladungen von DeleteLink gibt: Erstere wird zum Löschen von 1:N-Beziehungen verwendet, Letztere zum Löschen von M:N-Beziehungen.

Beispiel 6-60: Controller zum Verwalten von Entitäten mit OData

```
public class HotelsController : EntitySetController<Hotel, int>
{
    private HotelDbContext ctx;

    public HotelsController()
    {
        ctx = new HotelDbContext();
    }

    protected override Hotel CreateEntity(Hotel entity)
    {
        ctx.Hotels.Add(entity);
        ctx.SaveChanges();


        return entity;
```

```
    }

    protected override Hotel PatchEntity(int key, Delta<Hotel> patch)
    {
        var hotelInDb = ctx.Hotels.Find(key);
        patch.Patch(hotelInDb);
        ctx.SaveChanges();
        return hotelInDb;

    }

    protected override Hotel UpdateEntity(int key, Hotel update)
    {
        update.HotelId = key;
        ctx.Hotels.Attach(update);
        ctx.Entry(update).State = System.Data.EntityState.Modified;
        ctx.SaveChanges();
        return update;
    }

    public override void Delete(int key)
    {
        var hotel = ctx.Hotels.Find(key);
        ctx.Entry(hotel).State = System.Data.EntityState.Deleted;
        ctx.SaveChanges();
    }

    public override IQueryable<Hotel> Get()
    {
        var r = new List<Hotel>();
        return r.AsQueryable();
    }

    protected override Hotel GetEntityByKey(int key)
    {
        return ctx.Hotels.Find(key);
    }

    protected override int GetKey(Hotel entity)
    {
        return entity.HotelId;
    }

    public IQueryable<HotelBuchung> GetHotelBuchungen([FromODataUri] int key)
    {
        return ctx.Hotels.Where(h => h.HotelId == key).SelectMany(h => h.HotelBuchungen);
    }
}

    public override void CreateLink(int key, string navigationProperty, [FromBody] Uri link)
    {
        var hotel = ctx.Hotels.Find(key);

        switch (navigationProperty)
        {
            case "HotelBuchungen":
```

```
                var hotelBuchungId = Parse(link.ToString(), @"HotelBuchungen\((\d+)\)");
                var buchung = ctx.HotelBuchungen.Find(hotelBuchungId);
                hotel.HotelBuchungen.Add(buchung);
                ctx.SaveChanges();
                break;
            case "Region":

                var regionId = Parse(link.ToString(), @"Regionen\((\d+)\)");

                var region = ctx.Regionen.Find(regionId);
                hotel.Region = region;
                ctx.SaveChanges();
                break;
            default:
                throw new ODataException(
                            string.Format("Die Navigations-Eigenschaft Hotel.{0} wird nicht
unterstützt.",
                            navigationProperty));
        }

    }



    public override void DeleteLink(int key, string navigationProperty, [FromBody] Uri link)
    {
        var data = Request.Content.ReadAsStringAsync().Result;

        switch (navigationProperty)
        {
            case "Region":
                var hotel = ctx.Hotels.Find(key);
                hotel.Region = null;
                ctx.SaveChanges();
                break;

            default:
                throw new ODataException(
                            string.Format("Die Navigations-Eigenschaft Hotel.{0} wird nicht
unterstützt.",
                            navigationProperty));

        }

    }

    public override void DeleteLink(int key, string relatedKey, string navigationProperty)
    {
        switch (navigationProperty)
        {
            case "HotelBuchungen":
                var id = Convert.ToInt32(relatedKey);
                var hotel = ctx.Hotels.Find(key);
                var hb = ctx.HotelBuchungen.Find(id);

                hotel.HotelBuchungen.Remove(hb);
                ctx.SaveChanges();
```

```
                break;

            default:
                throw new ODataException(
                            string.Format("Die Navigations-Eigenschaft Hotel.{0} wird nicht
unterstützt.",
                            navigationProperty));

        }

    }

    // Extrahiert zum Beispiel aus HotelBuchung(5) den Wert 5
    public int Parse(string str, string regExp)
    {
        var matches = Regex.Matches(str, regExp);
        if (matches.Count == 0 || matches[0].Groups.Count < 2) throw new ODataException("Kann Zuweisung
nicht erstellen!");

        return Convert.ToInt32(matches[0].Groups[1].Value);

    }
}
```

> Anstatt der hier gezeigten Klasse `EntitySetController<TEntity, TKey>` kann der Entwickler auch deren Basisklasse `ODataController` verwenden. Diese Klasse ist jedoch nicht generisch und gibt auch nur wenige zu implementierende Methoden vor. Die meisten Methoden sind anhand von Konventionen einzurichten. Dabei handelt es sich um jene Konventionen, die durch die vorgegebenen Methoden von `EntitySetController<TEntity, TKey>` erzwungen werden.

Damit solch ein Controller verwendet werden kann, muss der Entwickler Metadaten über das Objektmodell bereitstellen, das die zu verwaltenden Entitäten beinhaltet. Bei Verwendung des Entity Frameworks können diese Metadaten aus den Entitätsklassen abgeleitet werden. Dazu kommt eine Instanz der Klasse `ODataConventionModelBuilder` zum Einsatz. Wie Beispiel 6-61 demonstriert, muss der Entwickler dieser Instanz lediglich durch einen Aufruf der Methode `EntitySet` über die Typen der einzelnen Entitäten informieren. Im Zuge dessen gibt er auch die Namen jener Controller an, welche diese Entitäten verwalten. Die Endung `Controller` wird dabei weggelassen, weswegen zum Beispiel mit der Zeichenfolge `Hotel` auf den `HotelController` verwiesen wird. Anschließend erstellt der Entwickler mit der Methode `GetEdmModel` das Modell mit den benötigten Metadaten.

Kommt das Entity Framework nicht zum Einsatz, verwendet der Entwickler anstatt der Klasse `ODataConventionModelBuilder` deren Basisklasse `ODataModelBuilder`. In diesem Fall muss er durch Aufruf der von dieser Klasse bereitgestellten Methoden die einzelnen Aspekte der gewünschten Entitäten beschreiben, was sehr aufwendig sein kann.

Beispiel 6-61: Metadaten für Objektmodell bereitstellen

```
private static Microsoft.Data.Edm.IEdmModel CreateModel()
{
    ODataModelBuilder modelBuilder =
            new ODataConventionModelBuilder();
```

```
        modelBuilder.EntitySet<Hotel>("Hotels");
        modelBuilder.EntitySet<HotelBuchung>("HotelBuchungen");
        modelBuilder.EntitySet<Region>("Regionen");
        var model = modelBuilder.GetEdmModel();
        return model;
    }
```

Um unter Verwendung dieser Metadaten ein OData-konformes Verwalten von Entitäten zu ermöglichen, muss der Entwickler noch das erzeugte Modell innerhalb der Methode `Register` der Klasse `WebApiConfig` an `Routes.MapODataRoute` übergeben:

```
var model = CreateModel();
config.Routes.MapODataRoute("ODataRoute", "odata", model);
```

Diese Methode erzeugt eine Route, aus der ein URL für die einzelnen OData-Operationen hervorgeht. Der Name dieser Route wird als erster Parameter an `MapODataRoute` übergeben; der zu verwendende relative URL an den zweiten. Der zuletzt betrachtete Aufruf führt somit dazu, dass die beschriebenen Entitäten über den URL */odata* verwaltet werden können. Metadaten über diese Entitäten können über `/odata/$metadata` bezogen werden.

> Wie die letzten Absätze vermuten lassen, ist das Erstellen und Konfigurieren eines Controllers für den Einsatz mit OData ein ziemlicher Aufwand. Visual Studio 2013 bietet über den integrierten Scaffolding-Mechanismus die Möglichkeit, eine solche Klasse samt Konfigurationscode generieren zu lassen. Dazu wählt der Entwickler im Kontextmenü des gewünschten Ordners die Option `Add/Scaffold` (in der deutschen Übersetzung ist in Visual Studio von `Gerüstbau` die Rede). Danach gibt er an, für die Web-API einen OData-konformen Controller erstellen zu wollen. Im Zuge dessen ist die zu verwendende Entität und der zu verwendende Kontext anzugeben.

Unter Angabe des Metadaten-URLs kann der Entwickler auch in einem .NET-Client mit den Mitteln von WCF Data Services einen Proxy (Container) für den Zugriff auf diese Entitäten generieren lassen. Damit dies möglich ist, muss der Entwickler jedoch die WCF Data Services RTM Tools in der Version 5.2 oder höher installiert haben. Diese finden sich unter *http://www.microsoft.com/en-us/download/details.aspx?id=35840*.

Um den Proxy zu generieren, fügt der Entwickler dem Clientprojekt einen Dienstverweis hinzu (Rechtsklick auf `References` im Projektmappen-Explorer, dann Auswahl von `Add Service Reference`). Im Zuge dessen generiert Visual Studio Klassen für die vom Dienst verwalteten Entitäten sowie eine Klasse `Container`, welche einem Entity Framework-Kontext ähnlich ist und als Proxy für den Zugriff auf den Dienst fungiert.

Ein Beispiel für die Verwendung der Klasse `Container` findet sich in Beispiel 6-62. Es zeigt unter anderem, wie Entitäten erzeugt werden können, und dass modifizierte Entitäten als solche durch den Aufruf von `UpdateObject` zu kennzeichnen sind. Eingegangene Objektbeziehungen müssen dem Container explizit durch Aufruf von `AddLink` mitgeteilt werden.

Wie beim Einsatz des Entity Frameworks werden durchgeführte Modifikationen erst beim Aufruf von `SaveChanges` übertragen. Dabei kann der Entwickler angeben, ob für das Aktualisieren von Datensätzen die serverseitig eingerichtete Methode `PatchEntity` oder `UpdateEntity` zu verwenden ist. Für Erstere übergibt er an `SaveChanges` die Option `PatchOnUpdate` für Letztere `ReplaceOnUpdate`.

Wie am Ende des Beispiels zu sehen ist, kann der Entwickler auch auf LINQ zurückgreifen, um über den Container Entitäten abzurufen. Der Container übersetzt diese LINQ-Abfragen in OData-konforme URL-Parameter.

Beispiel 6-62: Metadaten für das Objektmodell bereitstellen

```
var uri = new Uri("http://localhost:1701/odata");
var ctx = new Container(uri);

// -- Anlegen --------------------
var hotel = new Hotel();
hotel.Bezeichnung = "Hotel Test";
hotel.Sterne = 5;
ctx.AddToHotels(hotel);

var hb1 = new HotelBuchung();
hb1.Nachname = "Mustermann";
hotel.HotelBuchungen.Add(hb1);
ctx.AddToHotelBuchungen(hb1);
ctx.AddLink(hotel, "HotelBuchungen", hb1);
ctx.SaveChanges();

// -- Ändern --------------------
hb1.Nachname = "Muster";
ctx.UpdateObject(hb1);
hotel.Sterne--;
ctx.UpdateObject(hotel);
ctx.SaveChanges(SaveChangesOptions.PatchOnUpdate);

// -- Abfragen --------------------
var hotels = ctx.Hotels.Where(htl => htl.Sterne > 3).ToList();
foreach (var h in hotels) {
    Console.WriteLine(h.Bezeichnung + " " + h.Sterne);
    foreach (var hb in h.HotelBuchungen) {
        Console.WriteLine("\t" + hb.Vorname + " " + hb.Nachname);
    }
}
```

Alternativ zur Möglichkeit, OData-Dienste über.NET zu konsumieren, stehen auch JavaScript-basierte Bibliotheken hierfür zur Verfügung. Ein Beispiel dafür ist datajs, das samt Dokumentation und Beispielen über Codeplex zum Download angeboten wird (*http://datajs.codeplex.com/*).

Batching

Wie schon in Kapitel 2 erwähnt, unterstützt ASP.NET Web API seit Version 2 Batching. Das bedeutet, dass der Aufrufer mehrere Anfragen gesammelt an den Server übersendet, und/oder, dass der Server mehrere Antworten gesammelt retourniert.

Um dieses Verhalten auch für OData-basierte Services zu erhalten, ist beim Registrieren der OData-Route ein `BatchHandler` anzugeben. ASP.NET Web API bietet hierzu mit `DefaultODataBatchHandler` eine Standardimplementierung. Ihr Einsatz wird in Beispiel 6-63 demonstriert. Dabei wird auch angedeutet, dass der `DefaultODataBatchHandler` die Konfiguration von Quotas aufweist, welche die Überbeanspruchung des OData-basierten Services verhindern sollen. Beispielsweise kann mit `MaxPartsPer-`

Batch angeführt werden, dass nur eine bestimmte Anzahl an Anfragen gleichzeitig im Rahmen eines Batchs übermittelt werden dürfen.

Beispiel 6-63: Registrieren einer Route für Batching

```
var model = CreateModel();

var batchHandler =
        new  DefaultODataBatchHandler(GlobalConfiguration.DefaultServer);

batchHandler.MessageQuotas.MaxPartsPerBatch = 30;

config.Routes.MapODataRoute(
    routeName: "defaultOdata",
    routePrefix: "odata",
    model: model,
    batchHandler: batchHandler);
```

Um den Client anzuweisen, anstehende Änderungen als Batch an den OData-Service zu übersenden, ruft der Entwickler die Methode SaveChanges mit der Option SaveChangesOptions.Batch auf.

KAPITEL 7

Basisdienste im ASP.NET-Umfeld

Jenseits der bisher betrachteten Frameworks, die auf ASP.NET basieren, existieren Basisdienste, die der Entwickler unabhängig vom gewählten Framework nutzen kann. Dieses Kapitel geht auf einige dieser Basisdienste ein.

Open Web Interface for .NET (OWIN) und Katana

Bevor eine Anfrage im Anwendungscode landet, durchläuft sie verschiedene Komponenten. Diese Komponenten kümmern sich zum Beispiel um verschiedene Sicherheitsszenarien, um das Cross Origin Resource Sharing (CORS) oder einfach um das Delegieren an das Framework der Wahl, wie ASP.NET Web API oder SignalR. Mit dem *Open Web Interface for .NET* (OWIN, *owin.org*) steht ein offener Standard für solche Komponenten zur Verfügung; die OWIN-Implementierung von Microsoft nennt sich Katana.

Ideen hinter OWIN

OWIN definiert eine Schnittstelle für Komponeten, die – wie eingangs erwähnt – Anfragen bearbeiten, bevor diese an den Anwendungscode delegiert werden. Mit diesen Komponenten, die als Middleware bezeichnet werden, bildet der Entwickler eine Pipeline (Beispiel 7-1). Die Komponente, die sich um die Kommunikation mit dem Client kümmert, wird als Server bezeichnet. Sie leitet Anfragen an die Pipeline weiter. Die letzte Middleware-Komponente in der Pipeline sendet die Anfrage in der Regel an ein Framework weiter, das die Webanwendung zur Ausführung bringt. Alternativ dazu könnte die letzte Middleware-Komponente auch direkt die Anfrage beantworten. Antworten durchlaufen die Pipeline in umgekehrter Reihenfolge bevor der Webserver diese an den Client zurückgibt. Dies alles findet in einem Prozess statt, der als Host bezeichnet wird.

Da OWIN eine lose Kopplung zwischen der Middleware und der Anwendung bzw. dem Anwendungsframework vorsieht, lassen sich damit Middleware-Komponenten bereitstellen, die nicht an einen bestimmten Webserver gebunden sind, sondern in sämtlichen OWIN-kompatiblen Webservern funktionieren.

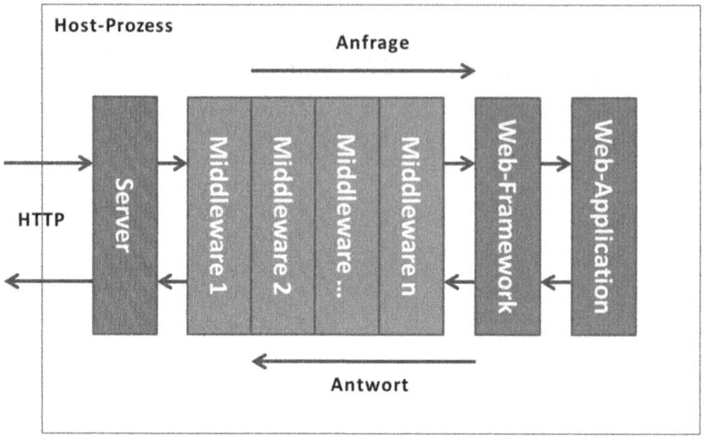

Abbildung 7-1: Zusammenspiel einzelner Komponenten gemäß OWIN

Katana

Die freie OWIN-Implementierung von Microsoft, die mit ASP.NET ausgeliefert wird, nennt sich Katana. Sie beinhaltet einen leichtgewichtigen Webserver in Form einer Kommandozeilenanwendung und einer Klassenbibliothek. Damit lassen sich Self-Hosting-Szenarien realisieren. Daneben bietet Katana auch ein `HttpModul`, das den Einsatz von OWIN-basierten Middleware-Komponenten beim Hosting in IIS erlaubt. Dieses befindet sich im NuGet-Paket `Microsoft.Owin.Host.SystemWeb`. Hat der Entwickler dieses Paket eingebunden, wird es automatisch für jede Anfrage aktiv und leitet diese in die OWIN-Pipeline um. Somit können dieselben Middleware-Komponenten sowohl beim Einsatz von IIS als auch bei Self-Hosting-Szenarien genutzt werden.

Katana bringt auch einige Middleware-Komponenten mit. Dazu zählen derzeit Komponenten zur Realisierung verschiedener Sicherheitsszenarien. Diese werden in Kapitel 8 näher beschrieben. Daneben existieren für Frameworks wie ASP.NET Web API oder ASP.NET SignalR Middleware-Komponenten, die in der Regel am Ende der Pipeline positioniert werden und an diese Frameworks delegieren.

Zum Registrieren von Middleware-Komponenten sieht Katana den Einsatz einer Klasse mit dem Namen `Startup` vor. Diese Klasse implementiert zwar kein Interface, besitzt jedoch entsprechend der von Katana vorgegebenen Konventionen eine Methode `Configuration`, die eine Instanz von `IAppBuilder` entgegennimmt. Über diese Instanz fügt `Configuration` zur OWIN-Pipeline die gewünschten Middleware-Komponenten hinzu. Dazu nutzt der Entwickler häufig Erweiterungsmethoden für `IAppBuilder`, die von den Middleware-Komponenten bereitgestellt werden. Die Reihenfolge, in der die einzelnen Middleware-Komponenten registriert werden, ist ausschlaggebend, zumal diese zur Laufzeit im Zuge von Anfragen auch genau in dieser Reihenfolge angestoßen werden. Dabei gilt es auch, zu beachten, dass jede Middleware-Komponente entscheiden kann, ob sie die Verarbeitung der Anfrage abschließt oder die Kontrolle an die nächste Middleware-Komponente in der Pipeline abgibt.

Beispiel 7-1 zeigt eine solche Startup-Klasse, welche, wie in Kapitel 5 beschrieben, mit der Erweiterungsmethode `MapSignalR` eine Middleware-Komponente einrichtet, die an SignalR delegiert.

Beispiel 7-1: Middleware-Komponenten über Startup registrieren

```
using Microsoft.Owin;
using Owin;
using SignalRDemo.PersistentConnections;

namespace SignalRChat
{

    public class Startup
    {
        public void Configuration(IAppBuilder app)
        {
            app.MapSignalR();
        }
    }
}
```

Self-Hosting mit Katana

Dank Katana kann der Entwickler Projekte, die auf ASP.NET Web API oder SignalR basieren, in einem eigenen Webserver hosten, ohne auf IIS zurückgreifen zu müssen. Das kann nützlich sein, wenn das Entwicklungsteam nur wenig Erfahrung mit IIS hat, einen Webserver innerhalb der eigenen Anwendung starten möchte oder sich von der IIS-Konfiguration des Kunden unabhängig machen will.

Erste Schritte mit Self-Hosting

Zum Einsatz von Self-Hosting bindet der Entwickler die NuGet-Pakete `Microsoft.Owin.Hosting` und `Microsoft.Owin.Host.HttpListener` ein. Ersteres bietet allgemeine Funktionalitäten für das Self-Hosting; Letzteres bietet eine einfache Server-Implementierung, welche, wie der Name schon vermuten lässt, auf der .NET-Klasse `HttpListener` basiert. Das Paket `Microsoft.Owin.Diagnostics` bietet darüber hinaus eine einfache Startseite, die dem Entwickler signalisiert, dass das Self-Hosting-Szenario prinzipiell korrekt umgesetzt wurde sowie eine Fehlerseite, die im Fall einer Ausnahme nützliche Informationen liefert.

Beispiel 7-2 zeigt eine einfache Self-Host-Implementierung auf der Basis von OWIN und Katana. Sie besteht im Wesentlichen aus einem Aufruf der statischen Methode `WebApp.Start`. Als Typparameter nimmt `Start` die Klasse `Startup` entgegen, die sich um die Konfiguration des Hosts kümmert. Das erste Argument repräsentiert die gewünschte Adresse. Start gibt ein `IDisposable` zurück. Wird dieses durch Aufruf von `Dispose` oder am Ende des hier gezeigten `using`-Blocks zerstört, fährt es den Server herunter. Der Aufruf von `ReadKey` sorgt dafür, dass dies erst geschieht, nachdem der Anwender eine Taste gedrückt hat.

Beispiel 7-2: Self-Host-Implementierung

```
class Program
{
    static void Main(string[] args)
    {
        const string baseUrl = "http://localhost:8081/";

        using (WebApp.Start<Startup>(baseUrl))
        {
```

```
                Console.WriteLine("Press Enter to quit.");
                Console.ReadKey();
            }
        }
    }
```

Die eigentlich interessanten Aspekte finden sich in der Klasse `Startup` (siehe Beispiel 7-3). Ihre Methode `Configuration` registriert mit der Erweiterungsmethode `UseWelcomePage` eine Middleware-Komponente, die eine Begrüßungsseite anzeigt, sobald der Benutzer die Startseite (`= URL "/"`) ansteuert. Wird ein anderer URL angefordert, übergibt sie lediglich die Kontrolle an die nächste registrierte Pipeline-Komponente. Würde der hier betrachtete Code an `UseWelcomePage` keinen URL übergeben, so würde die Startseite bei jedem einzelnen Aufruf gerendert werden, sofern dies keine andere, in der Pipeline vorgelagerte Middleware-Komponente verhindern würde.

`UseErrorPage` registriert hingegen eine Middleware-Komponente, die eine Fehlerseite zur Anzeige bringt, sofern eine nachfolgend registrierte Middleware-Komponente eine `Exception` auslöst. Anschließend registriert das Listing mit `UseHandlerAsync` eine benutzerdefinierte Middleware-Komponente in Form eines Lambda-Ausdrucks. Diese löst zur Demonstration eine `Exception` aus.

Diese Konfiguration hat zur Folge, dass der Benutzer beim Aufruf der Seite `"/"` eine Begrüßungsseite erhält. In allen anderen Fällen wird von der zuletzt registrierten Komponente eine `Exception` ausgelöst, was zur Anzeige einer Fehlerseite durch die mit `UseErrorPage` registrierte Komponente erfolgt.

Beispiel 7-3: Startup für Self-Host

```
public class Startup
{
    public void Configuration(IAppBuilder app)
    {
        app.UseWelcomePage("/");

        app.UseErrorPage();
        app.UseHandlerAsync((request, response) => {
                throw new Exception("Sample-Exception ..."); });
    }
}
```

Self-Hosting von ASP.NET Web API

Um ASP.NET Web API im Rahmen der zuvor betrachteten Self-Hosting-Implementierung zu nutzen, ist der Entwickler angehalten, das NuGet-Paket `Microsoft.AspNet.WebApi.OwinSelfHost` nachzurüsten. Dies stellt die in Beispiel 7-4 verwendete Erweiterungsmethode `UseWebApi` zur Verfügung, die eine Middleware-Komponente registriert, die an die Web-API weiterdelegiert. Diese Methode nimmt eine Instanz von `HttpConfiguration` entgegen, über welche die Web-API nach den Vorstellungen des Entwicklers konfiguriert werden kann. Zumindest sollte über diese Instanz eine Route registriert werden.

Beispiel 7-4: Startup für den Einsatz von ASP.NET Web API

```
public class Startup
{
    public void Configuration(IAppBuilder app)
    {
        [...]
        var config = new HttpConfiguration();
        config.Routes.MapHttpRoute(
```

```
                    "Default",
                    "api/{controller}/{id}",
                    new {id = RouteParameter.Optional});

            app.UseWebApi(config);
            [...]
        }
    }
```

Self-Hosting von ASP.NET SignalR

Auch für den Einsatz von SignalR existiert eine Middleware-Komponente. Diese findet sich im NuGet-Paket `Microsoft.AspNet.SignalR.Owin` und bietet unter anderem eine Erweiterungsmethode namens `MapSignalR`. Beispiel 7-5 demonstriert den Einsatz dieser Methode, die eine Middleware-Komponente registriert, die an SignalR weiterdelegiert. Wie ihr Gegenstück aus der Web-API-Welt nimmt auch sie eine Instanz mit Konfigurationseinstellungen für SignalR entgegen. Im betrachteten Fall handelt es sich dabei um eine Instanz der aus SignalR bekannten Klasse `HubConfiguration`. Die hier verwendete Überladung von `MapSignalR` aktiviert sämtliche Hubs unter Verwendung der angegebenen Konfigurationseinstellung und dem von SignalR für Hubs vorgesehenen Standard-URL `~/signalr`. Weitere Überladungen erlauben das Spezifizieren des hierfür zu verwendenden URLs sowie das Registrieren einzelner Instanzen von `PersistentConnection`.

Beispiel 7-5: Startup für den Einsatz von ASP.NET SignalR

```
public class Startup
{
    public void Configuration(IAppBuilder app)
    {
        [...]
        var config = new HubConfiguration();
        config.EnableDetailedErrors = true;
        app.MapSignalR(config); // path kann auch gesetzt werden.
        [...]
    }
}
```

Leichtgewichtiger Webserver für das Self-Hosting

Alternativ zur Implementierung eines eigenen Self-Hosts bietet Katana auch eine Kommandozeilenanwendung, die als leichtgewichtiger OWIN-basierter Webserver fungiert. Diese nennt sich `owinhost.exe` und befindet sich im NuGet-Paket *OwinHost* bzw. nach dem Herunterladen dieses Pakets im Ordner `packages`, der sich wiederum im `Solution`-Ordner befindet. Wird diese Datei in einen Ordner mit Assemblies kopiert und gestartet, durchsucht der Host diese Assemblies nach einer Klasse, die er zur Konfiguration der OWIN-Pipeline heranziehen kann.

Eigene Middleware-Komponenten implementieren

Nachdem die letzten Abschnitte gezeigt haben, wie der Entwickler Katana und OWIN-Middleware-Komponenten nutzen kann, wendet sich dieser Abschnitt der Entwicklung eigener Middleware-Komponenten zu.

Eigene Middleware-Komponenten in Form von Klassen bereitstellen

Die OWIN-Spezifikation (*owin.org*) legt für Middleware-Komponenten lediglich die nachfolgende Methodensignatur fest:

```
Func<IDictionary<string, object>, Task>
```

Diese Methode wird als `AppFunc` bezeichnet und häufig mit einem gleichnamigen Alias versehen:

```
using AppFunc = Func<IDictionary<string, object>, Task>;
```

Demnach nimmt eine Middleware-Komponente pro Anfrage ein `IDictionary<string, object>` entgegen und gibt einen Task zurück. Bei diesem Dictionary, das als `environment` bezeichnet wird, handelt es sich um eine Sammlung von Umgebungsvariablen, die die aktuelle HTTP-basierte Anfrage sowie die dazugehörige Antwort beschreiben. Schlüssel, unter denen diese Variablen in diesem Dictionary abzulegen sind, werden von der OWIN-Spezifikation vorgegeben. Demnach hat sich hinter dem Schlüssel `owin.RequestPath` der angefragte URL zu verbergen; hinter `owin.RequestBody` ein Stream mit der Payload der Anfrage sowie hinter `owin.ResponseBody` ein Stream, der die aktuelle Antwort repräsentiert.

Wie eine Middleware-Komponente eine solche Methode zur Verfügung stellt, hängt von der verwendeten OWIN-Implementierung ab. Katana bietet hierzu mehrere Möglichkeiten. Beispielsweise kann eine solche Methode, wie in Beispiel 7-6 gezeigt, im Rahmen einer Klasse bereitgestellt werden. Der Konstruktor dieser Klasse nimmt dabei als erstes Argument die `AppFunc` jener Middleware-Komponente entgegen, die sich als Nächstes in der OWIN-Pipeline befindet. Die Entscheidung, ob diese Methode und somit auch die nächste Middleware-Komponente zur Ausführung gebracht werden soll, obliegt bei Katana jeweils der aktuell ausgeführten Middleware-Komponente. Darüber hinaus kann der Konstruktor weitere Argumente erwarten, über die die Middleware-Komponente zu konfigurieren ist. Die eigentliche Implementierung bildet eine öffentliche Methode `Invoke`, die der Signatur der `AppFunc` entspricht. Die hier betrachtete Implementierung bringt über das übergebene `Dictionary` einige Objekte in Erfahrung, die die aktuelle Anfrage bzw. Antwort beschreiben, und nutzt diese, um eine einfache Webseite zu rendern, falls es sich beim angeforderten URL um den URL */hello* handelt. Ansonsten delegiert sie an die `AppFunc` der nächsten Middleware-Komponente in der Pipeline.

Beispiel 7-6: Klassenbasierte Middleware

```
public class UglyHelloWorldOwinMiddleware
{
    private String defaultName;
    private AppFunc Next;

    public UglyHelloWorldOwinMiddleware(AppFunc next, String defaultName)
    {
        this.defaultName = defaultName;
        this.Next = next;
    }

    public Task Invoke(IDictionary<string, object> env)
    {
        var requestPath = (string)env["owin.RequestPath"];

        if (requestPath != "/hello")
        {
            return Next.Invoke(env);
        }
```

```
        var requestMethod = (string)env["owin.RequestMethod"];
        var responseBody = (Stream)env["owin.ResponseBody"];
        var responseHeaders =
                (IDictionary<string, string[]>)env["owin.ResponseHeaders"];

        using (var responseWriter = new StreamWriter(responseBody))
        {
            Debug.WriteLine(requestMethod + " " + requestPath);
            responseHeaders["Content-Type"] = new[] { "text/html" };
            return responseWriter.WriteLineAsync(
                                "<b>" + "Hello World!" + "</b>");
        }
    }
}
```

Die hier betrachtete Middleware-Komponente kann beim IAppBuilder über die Methode UseType registriert werden (siehe Beispiel 7-7). Der Typ der Middleware-Komponente wird dabei als Typparameter übergeben. Darüber hinaus nimmt UseType sämtliche Werte entgegen, die zur Parametrisierung der Middleware-Komponente an deren Konstruktor zu übergeben sind.

Beispiel 7-7: Erweiterungsmethode für klassenbasierte Middleware

```
public static class HelloWorldExtensions
{
    public static IAppBuilder UseHelloWorldMiddleware(
                            this IAppBuilder app, string defaultName = "Welt")
    {
        app.UseType<HelloWorldOwinMiddleware>(defaultName);
        return app;
    }
}
```

Die zuletzt betrachtete Art der Bereitstellung von Middleware-Komponenten ist zwar sehr nahe am OWIN-Standard, jedoch nicht zwangsweise leicht handhabbar. Glücklicherweise stellt Katana hierfür eine alternative API auf einer höheren Abstraktionsebene zur Verfügung. Diese gibt die Basisklasse OwinMiddleware vor, von welcher eigene Middleware-Implementierungen abgeleitet werden können. Ein Beispiel dafür stellt die Implementierung in Beispiel 7-8 dar. Deren Funktionsweise gestaltet sich analog zu jener, die zuvor betrachtet wurde.

Der Konstruktur des hier gezeigten OwinMiddleware-Derivats nimmt jene Middleware-Komponente, die sich als Nächstes in der OWIN-Pipeline befindet, in Form einer OwinMiddleware-Instanz entgegen. Diese wird an den Konstruktor der Basisimplementierung weiterdelegiert. Die einzelnen OwinMiddleware-Instanzen bilden somit eine verkettete Liste, die die OWIN-Pipeline repräsentiert. Der Konstruktor solcher Implementierungen kann darüber hinaus auch weitere Argumente zur Parametrisierung entgegennehmen.

Die von der Middleware-Komponente auszuführende Logik wird in der zu überschreibenden Methode Invoke untergebracht. Diese nimmt eine Instanz des Typs IOwinContext entgegen, bei der es sich um eine einfach zu verwendende Abstraktion des environment-Dictionary handelt. Über die Eigenschaften Request und Response ist ein Zugriff auf weitere Objekte möglich, die die aktuelle Anfrage bzw. Antwort repräsentieren.

Beispiel 7-8: Nutzung der Basisklasse OwinMiddleware

```
class HelloWorldOwinMiddleware : OwinMiddleware
{
    private String defaultName;
    public HelloWorldOwinMiddleware
                (OwinMiddleware next, string defaultName) : base(next)
    {
        this.defaultName = defaultName;
    }
    public override async Task Invoke(IOwinContext context)
    {
        var request = context.Request;
        var response = context.Response;

        if (request.Path != "/hello")
        {

            await base.Next.Invoke(context);
            return;
        }

        var name = defaultName;
        var nameParam = request.Query["name"];

        if (!string.IsNullOrEmpty(nameParam))
        {
            name = nameParam;
        }

        using (var bodyWriter = new StreamWriter(response.Body))
        {
            await bodyWriter.WriteAsync("<b>Hello " + name + "!</b>");
        }

    }
}
```

Zur Registrierung einer solchen Middleware-Komponente kann der Entwickler die Methode `Use` des Typs `IAppBuilder` heranziehen. Der erste Parameter ist der Typ der zu registrierenden Middleware-Komponente; ab dem zweiten Parameter kann der Entwickler jene Werte angeben, die bei der Instanziierung der Middleware-Komponente an den Konstruktur zur Parametrisierung zu übergeben sind (Beispiel 7-9).

Beispiel 7-9: Erweiterungsmethode zum Registrieren des OwinMiddleware-Derivats

```
public static class HelloWorldExtensions
{
    public static IAppBuilder UseUglyHelloWorldMiddleware(
                            this IAppBuilder app, string defaultName = "Welt")
    {
        app.Use(typeof(UglyHelloWorldOwinMiddleware), defaultName);
        return app;
    }
}
```

Eigene Middleware-Komponenten in Form von Delegaten bereitstellen

Middleware-Komponenten müssen nicht zwangsweise unter Verwendung von Klassen bereitgestellt werden. Alternativ dazu können hierzu auch Möglichkeiten der funktionalen Programmierung herangezogen werden. Eine Möglichkeit, dies zu bewerkstelligen, ist das Bereitstellen einer Methode, die der folgenden Signatur folgt und eine AppFunc zurückgibt:

```
using AppFuncFactory =
        Func<Func<IDictionary<string, object>, Task>, Func<IDictionary<string, object>, Task>>;
```

Übergeben wird an solch eine Methode die AppFunc der nächsten Middleware-Komponente in der Pipeline. Ein Beispiel dafür findet sich in Beispiel 7-10. Beispiel 7-11 zeigt, wie solch eine AppFuncFactory registriert wird.

Beispiel 7-10: Middleware auf der Basis eines Delegaten

```
private static AppFunc CreateMiddlware(AppFunc next)
{
    AppFunc middlewareFunc = async (env) =>
    {
        var requestPath = (string) env["owin.RequestPath"];

        if (requestPath != "/hello")
        {
            await next(env);
            return;
        }

        var requestMethod = (string) env["owin.RequestMethod"];
        var responseBody = (Stream) env["owin.ResponseBody"];
        var responseHeaders =
                (IDictionary<string, string[]>) env["owin.ResponseHeaders"];

        using (var responseWriter = new StreamWriter(responseBody))
        {
            Debug.WriteLine(requestMethod + " " + requestPath);

            responseHeaders["Content-Type"] = new[] {"text/html"};

            await responseWriter.WriteLineAsync(
                                "<b>" + "Hello World!" + "</b>");

            // if (next != null) await next(env);
        }
    };
    return middlewareFunc;
}
```

Beispiel 7-11: Erweiterungsmethoden für delegatenbasierte Middleware

```
private static void
            RegisterCustomMiddlewareUsingFactoryFunction(IAppBuilder app)
{
    AppFuncFactory factoryFunc = CreateMiddlware;
    app.Use(factoryFunc);
}
```

Ein höheres Abstraktionsniveau bietet hingegen die Methode UseHandlerAsync. Auch diese nimmt eine Methode bzw. einen Lambda-Ausdruck entgegen, der die Middleware-Komponente realisiert. Die übergebenen Argumente repräsentieren die aktuelle Anfrage und Antwort sowie die AppFunction der nächsten Middleware-Komponente in der Pipeline (Beispiel 7-12).

Beispiel 7-12: Delegatenbasierte Middleware

```
private void RegisterHandlerFunction(IAppBuilder app)
{
    app.UseHandlerAsync((req, res, next) =>
    {
        if (req.Path != "/hello")
        {
            return next();
        }

        res.ContentType = "text/html";
        return res.WriteAsync("<b>Hallo Welt!</b>");
    });
}
```

Direkt mit HTTP interagieren

Die ASP.NET-Laufzeit, auf der ASP.NET MVC basiert, stellt Basisfunktionalität zur Kommunikation mit dem Webserver und somit auch zur direkten Kommunikation über HTTP zur Verfügung. Auch wenn Letzteres beim Einsatz von ASP.NET MVC, das diese Aspekte abstrahiert, in den meisten Fällen nicht notwendig und auch nicht gewünscht ist, ist eine Kenntnis dieser Mechanismen für professionelle ASP.NET MVC-Entwickler essenziell. Nur damit lassen sich Fälle, die von ASP.NET MVC nicht abgedeckt werden, realisieren. Auch bei der Implementierung benutzerdefinierter Varianten der von ASP.NET MVC verwendeten Komponenten (vgl. Kapitel 9) kommt man ständig damit in Kontakt.

HttpContext

HttpContext stellt über seine Eigenschaften Instanzen mehrerer Klassen zur Verfügung, die Zugriff auf die aktuelle HTTP-Anfrage sowie auf die entsprechende HTTP-Antwort bieten. Innerhalb von Controllern, die von der Basisklasse Controller ableiten, erhält der Entwickler Zugriff auf den HTTP-Kontext über die geerbte Eigenschaft HttpContext. Genau genommen liefert diese Eigenschaft eine Instanz von HttpContextWrapper, gecastet nach HttpContextBase. HttpContextBase ist eine Abstraktion der konkreten Klasse HttpContext.

HttpContextWrapper delegiert an die aktuelle HttpContext-Instanz. Somit bietet diese Eigenschaft indirekt Zugriff auf den eigentlichen HttpContext. Dieser Abstraktionsmechanismus wird auch für weitere nachfolgend beschriebene Klassen verwendet. Dem Entwickler fällt dieses Detail in meisten Fällen jedoch nicht auf, zumal die Abstraktionsmechanismen die meisten Eigenschaften der konkreten Implementierungen besitzen und ASP.NET Wrapper verwenden, die auch an diese weiterdelegieren.

Alternativ dazu erhält der Entwickler in jeder Klasse, die innerhalb einer ASP.NET-Anwendung verwendet wird, Zugriff auf den aktuellen HTTP-Kontext über die statische Eigenschaft System.Web.HttpContext.Current.

Ein `HttpContext` steht nur zur Verfügung, wenn die Webanwendung in IIS gehostet wird. In allen anderen Fällen weist `System.Web.HttpContext.Current` den Wert `null` auf. Aus diesem Grund sollte, sofern möglich, den im letzten Abschnitt beschriebenen Mechanismen, die auf OWIN basieren und somit auch beim Einsatz des Self-Hostings zur Verfügung stehen, der Vorzug gegeben werden. Darüber hinaus bietet ASP.NET Web API mit den Klassen `HttpRequestMessage` und `HttpResponseMessage` eigene Gegenstücke zu einigen hier betrachteten Mechanismen.

Tabelle 7-1 zeigt ausgewählte Eigenschaften von `HttpContext bzw. HttpContextBase`.

Tabelle 7-1: Zusätzliche Attribute in HttpContext gegenüber der Klasse Page

Attribut	Erläuterung
`Application`	Schlüssel/Wert-Menge des Typs `HttpApplicationState` bzw. `HttpApplicationStateBase`, die jedem Benutzer der Webanwendung zur Verfügung steht
`Cache`	Programmgesteuerter Zugriff auf den ASP.NET-Cache (siehe weiter unten)
`Items`	Schlüssel/Wert-Menge (`IDictionary`), die sämtlichen Klassen zur Verfügung stellt, die an der Abarbeitung einer HTTP-Anfrage beteiligt sind
`Request`	Objekt vom Typ `HttpRequest` bzw. `HttpRequestBase`. Enthält Informationen über die HTTP-Anfrage, inklusive `Browser`, `Cookie` sowie `Form`- oder `GET`-Parameter.
`Response`	Objekt vom Typ `HttpResponse` bzw. `HttpResponseBase`. Ermöglicht die Beeinflussung des Inhalts, der zurück an den Browser geschickt wird.
`Server`	Hilfsobjekt vom Typ `HttpServerUtility` bzw. `HttpServerUtilityBase`, das nützliche Methoden für die Verarbeitung bereitstellt, z. B. `Execute`, `MapPath` und `HtmlEncode`
`Session`	Objekt vom Typ `HttpSessionState` bzw. `HttpSessionStateBase`, das Schlüssel/Wert-Paare für jeden Benutzer speichert
`User`	Sicherheitskontext des Benutzers, falls dieser authentifiziert ist. Es handelt sich dabei um eine Instanz von `IPrincipal`, die auch über `Thread.CurrentPrincipal` zur Verfügung steht.

Bei genauerer Betrachtung dieser Eigenschaften fällt auf, dass diese in zwei Gruppen geteilt werden können: `Application`, `Cache`, `Session` und `Items` verweisen auf Objekte, die Schlüssel/Wert-Paare für einen bestimmten Gültigkeitsbereich verwalten. Die restlichen hier erwähnten Eigenschaften bieten hingegen Zugriff auf die aktuelle Anfrage (`HttpRequest`), auf die aktuelle Antwort (`HttpResponse`) oder auf von der ASP.NET-Laufzeit bereitgestellte Hilfsmethoden (`HttpServerUtility`). Diese werden nachfolgend beschrieben.

`Application` und `Cache` bieten Schlüssel/Wert-Paare, die allen Benutzern der Webanwendung zur Verfügung stehen. Der Unterschied dieser beiden Objekte besteht darin, dass sich hinter `Cache` ein Caching-Mechanismus verbirgt, der die Objekte beim Erreichen von Speicherlimits oder beim Eintreten anderer Ereignisse aus dem Hauptspeicher entfernt (siehe den Abschnitt »Caching«).

Das Objekt hinter der Eigenschaft `Session` bietet Schlüssel/Wert-Paare, die lediglich für die aktuelle Benutzersitzung Gültigkeit haben (siehe den Abschnitt »Zustandsverwaltung auf Sitzungsebene«). `Items` bietet hingen die Möglichkeit, für eine einzige HTTP-Anfrage Daten zu verstauen. Damit können zum Beispiel Objekte realisiert werden, die es pro Anfrage nur einmal geben darf.

Server (HttpServerUtility)

Die Klasse `HttpServerUtility` bzw. ihre Abstraktion `HttpServerUtilityBase` kapselt Methoden und Eigenschaften, die Zugriff auf Hilfsmethoden bietet, die von der ASP.NET-Laufzeit bereitgestellt werden. Der Entwickler erhält darauf Zugriff über die Eigenschaft `Server` des aktuellen `HttpContext`-Objekts. Alternativ dazu kann innerhalb von Controllerklassen, die von `Controller` ableiten, über die geerbte Eigenschaft `Server` darauf zugegriffen werden.

Tabelle 7-2 gibt eine Übersicht über ausgewählte Eigenschaften und Methoden der Klasse `System.Web.HttpServerUtility(Base)`.

Tabelle 7-2: Attribute und Methoden der Klasse HttpServerUtility

Methode?/?Eigenschaft	Beschreibung
`MachineName`	Eigenschaft, die den Computernamen des Servers zurückgibt
`ScriptTimeout`	Legt das aktuelle Skript-Timeout in Sekunden fest. Wird dieser Wert bei der Abarbeitung einer HTTP-Anfrage überschritten, bricht ASP.NET sie ab.
`ClearError()`	Methode zum Löschen des letzten Fehlers?/?der letzten Ausnahme
`CreateObject(String ProgID)` `CreateObject(Type ObjektTyp)`	Erzeugt eine Instanz eines COM-Objekts anhand der als Zeichenkette übergebenen `ProgID` (Abkürzung für Programmatic Identifier) oder aus dem übergebenen `Reflection`-Objekt.
`CreateObjectFromClsid(String KlassenID)`	Erzeugt eine Instanz eines COM-Objekts anhand der eindeutigen Klassen-ID (CLSID), die als Zeichenkette übergeben wird
`Execute(String NeueSeite)` `Execute(String NeueSeite, TextWriter Ausgabe)`	Führt eine Anfrage einer anderen Seite durch. Die überladene Version speichert das Ergebnis der Anfrage in dem entsprechenden `TextWriter`-Objekt. Der Unterschied zwischen `Transfer` und `Execute` ist, dass im letzteren Fall die Kontrolle nur temporär an die aufgerufene Seite weitergegeben und nach dem Ende der Abarbeitung die aufrufende Seite weiter abgearbeitet wird
`GetLastError()`	Liefert den letzten Fehler?/?die letzte Ausnahme zurück
`HtmlDecode(String KodierterText)` `HtmlDecode(String KodierterText , TextWriter Ausgabe)`	Dekodiert eine Zeichenfolge, die zuvor kodiert wurde, um ungültige HTML-Zeichen zu entfernen. In der überladenen Version wird das Ergebnis in das `TextWriter`-Objekt ausgegeben.
`HtmlEncode(String TextZumKodieren)` `HtmlEncode(String TextZumKodieren, TextWriter Ausgabe)`	Kodiert eine Zeichenfolge, damit sie im Browser angezeigt werden kann. Die überladene Version der Funktion speichert das Ergebnis im `TextWriter`-Objekt.
`MapPath(string Pfad)`	Liefert den physischen Pfad zurück, der dem virtuellen Pfad auf dem Server entspricht.
`Transfer(String neueSeite)` `Transfer(String neueSeite, bool WerteBeibehalten)`	Beendet die Ausführung auf der gegenwärtigen Seite und setzt diese auf einer anderen Seite fort. Kann genutzt werden, um einen Seitenübergang zu realisieren. In der überladenen Version kann angegeben werden, ob die `QueryString`- und `Form`-Werte beibehalten werden sollen oder nicht.
`UrlDecode(String KodierteURL)` `UrlDecode(String KodierteURL, TextWriter Ausgabe)`	Umkehrfunktion zu `UrlEncode`, die eine Zeichenkette, die zuvor für die Übermittlung mit HTTP kodiert wurde, dekodiert. Eine Ausgabe in ein `TextWriter`-Objekt ist mit der überladenen Funktion möglich.
`UrlEncode(String NichtKodierteUrl)` `UrlEncode(String NichtKodierteUrl, TextWriter Ausgabe)`	Kodiert eine Zeichenkette für die Übermittlung mit HTTP. Die überladene Version der Funktion speichert das Ergebnis im `TextWriter`-Objekt.
`UrlPathEncode(String Zeichenkette)`	Kodiert den Teil der Zeichenkette, der Pfadangaben enthält, und gibt die kodierte Zeichenfolge zurück

Request (HttpRequest)

Die Klasse `System.Web.HttpRequest` bzw. ihre Abstraktion `HttpRequestBase` erlaubt den Zugriff auf sämtliche Details der HTTP-Anfrage, die vom Client des Benutzers an den Server geschickt wurde. Um an ein `HttpRequest`-Objekt, das die aktuelle Anfrage repräsentiert, zu gelangen, greift der Entwickler auf die Eigenschaft `Request` des aktuellen `HttpContextes` zu. Alternativ dazu erhält er innerhalb von Controllern über die von der Basisklasse `Controller` geerbte Eigenschaft `Request` Zugriff. Tabelle 7-3 zeigt die wichtigsten Attribute und Methoden der Klasse `System.Web.HttpRequest(Base)`.

Tabelle 7-3: Wichtige Attribute und Methoden der Klasse System.Web.HttpRequest

Methode?/?Eigenschaft	Beschreibung
`AcceptTypes`	Array von Zeichenketten, die die MIME-Typen enthält, die der Client unterstützt. Unterstützt der Aufrufer zum Beispiel neben HTML auch PDF-Dokumente, findet sich in diesem Array neben dem Eintrag `text/html` auch ein Eintrag mit dem Wert `application/pdf`.
`ApplicationPath`	Virtueller Anwendungspfad
`BinaryRead(Zaehler as Integer) as Byte`	Die Methode liefert ein `Byte`-Array, das die zu übersendenden Nutzdaten repräsentiert
`ClientCertificate`	Liefert das Sicherheitszertifikat des Clients zurück
`ContentEncoding`	Zeichensatz des Inhalts der HTML-Seite
`ContentLength`	Länge der Anfrage in Byte, früher `CONTENT_LENGTH`
`ContentType`	MIME-Typ der Anfrage, früher `CONTENT_TYPE`
`Cookies`	Gibt eine Objektmenge zurück, in der alle Cookies enthalten sind, die der Client gesendet hat
`FilePath`	Virtueller Pfad der Anfrage, früher `SCRIPT_NAME`
`Files`	Objektmenge mit allen vom Client hochgeladenen Dateien
`Form`	Objektmenge aller POST-Variablen
`Headers`	Objektmenge, in der alle Headerinformationen enthalten sind
`HttpMethod`	Die HTTP-Methode (GET, POST etc.), die verwendet wurde
`InputStream`	Enthält den Inhalt der HTTP-Anfrage
`IsAuthenticated`	Gibt an, ob der Benutzer authentifiziert ist oder nicht
`IsSecureConnection`	Zeigt an, ob eine sichere Verbindung über SSL (HTTPS) besteht
`MapImageCoordinates(String Bild-FeldName)`	Weist den Bildparametern eines `ImageMap`-Elements x- und y-Koordinaten zu
`MapPath(String VirtuellerPfad)` `MapPath(String VirtuellerPfad, String RelativerBasisPfad, bool AnwendungsUebergreifend)`	Ordnet den virtuellen Pfad einem physischen Pfad zu
`Params`	Umfassende Objektmenge, über welche die Auflistungen `QueryString`, `Form`, `ServerVariables` und `Cookies` abgerufen werden können (`NameValueCollection`)
`Path`	Virtuelle Pfadangabe über die Anfrage, früher `PATH_INFO` (`String`)
`PathInfo`	Zusätzliche Pfadinformationen (`String`)
`PhysicalApplicationPath`	Physischer Pfad des Stammverzeichnisses, früher `APP_PHYSICAL_PATH` (`String`)
`PhysicalPath`	Physischer Pfad der Anfrage, früher `PATH_TRANSLATED` (`String`)
`QueryString`	Objektmenge, die die Schlüssel/Wert-Paare aus der URL-Parameterliste enthält (`NameValueCollection`)

Tabelle 7-3: Wichtige Attribute und Methoden der Klasse System.Web.HttpRequest (Fortsetzung)

Methode?/?Eigenschaft	Beschreibung
`RawUrl`	Kompletter URL der Anfrage (`String`)
`RequestType`	HTTP-Methode, die für die Anfrage verwendet wurde (`String`)
`ServerVariables`	Diese Objektmenge bietet Informationen über den Webserver und die aktuelle Anfrage
`SaveAs(String Dateiname, bool MitHeaderInfos)`	Methode zum Speichern der HTTP-Anfrage
`TotalBytes`	Anzahl der Bytes im Eingabestream (`Integer`)
`Url`	Objekt, das Details über die Anfrage kapselt, z. B. DNS- und Portinformationen (`Uri`)
`UrlReferrer`	Objekt mit Informationen über den Referrer, also von welcher Quelle der Client auf die aktuell angefragte Seite gekommen ist (`Uri`)
`UserAgent`	User-Agent-Zeichenkette des Browsers (`String`)
`UserHostAddress`	IP-Adresse des Benutzers (`String`)
`UserHostName`	DNS-Name des Benutzers (`String`)
`UserLanguages`	Tabelle mit den bevorzugten Sprachen des Benutzers (`String`)

Response (HttpResponse)

Mit der Klasse `System.Web.HttpResponse` bzw. ihrer Abstraktion `HttpResponseBase` kann die HTTP-Antwort des Webservers an den Client gestaltet und beeinflusst werden. In ASP.NET MVC-Projekten wird diese Klasse selten direkt genutzt, sondern durch `ActionResult`-Instanzen gekapselt.

Auf eine Instanz dieser Klasse, die die Antwort auf die aktuelle Anfrage repräsentiert, erhält der Entwickler über die Eigenschaft `Response` des aktuellen `HttpContext`-Objekts Zugriff. Alternativ dazu kann er innerhalb von Controllern über die von der Klasse `Controller` geerbte Eigenschaft `Response` darauf zugreifen.

Tabelle 7-4 stellt ausgewählte Eigenschaften und Methoden der Klasse `System.Web.HttpResponse(Base)` vor.

Tabelle 7-4: Attribute und Methoden der Klasse System.Web.HttpResponse

Methode?/?Eigenschaft	Beschreibung
`AddHeader(HeaderName as String, HeaderWert as String)`	Wird nur noch aus Kompatibilitätsgründen unterstützt. Besser: `AppendHeader`.
`AppendHeader(String HeaderName, String HeaderWert)`	Fügt der Ausgabe, die an den Client gesendet werden soll, einen HTTP-Header hinzu
`BinaryWrite(Speicher() as Byte)`	Gibt Binärdaten auf dem Ausgabestream aus
`BufferOutput`	Gibt an, ob die Antwort an den Browser zwischengespeichert wird oder nicht (`Boolean`)
`Cache`	Objekt mit Details über die Zwischenspeichereinstellungen, z. B. Ablaufzeit (engl. Expiration) und Datenschutzeinstellungen (engl. Privacy)
`CacheControl`	Wird nur noch aus Kompatibilitätsgründen unterstützt. Besser: `System.Web.HttpCachePolicy` (`String`).
`ClearContent()`	Löscht den Inhalt aus dem Buffer (`Stream`)

Methode?/?Eigenschaft	Beschreibung
`ClearHeaders()`	Löscht die HTTP-Header aus der Ausgabe
`Close()`	Schließt die Socketverbindung zum Client
`ContentEncoding`	Beschreibt den Zeichensatz für die Ausgabe und kann einen Wert aus der Aufzählung `System.Text.Encoding` annehmen (`Encoding`)
`ContentType`	Legt den MIME-Typ des Inhalts der HTTP-Antwort fest (`String`)
`Cookies`	Objektmenge mit serverseitig generierten Cookies, die mittels des Set-Cookie-Headers an den Client übertragen werden (`HttpCookie`)
`Expires`	Gibt an, wie viele Minuten die aktuelle Seite vom Browser oder von Proxy-Servern zwischengespeichert werden dürfen
`ExpiresAbsolute`	Gibt an, bis zu welchem Zeitpunkt die aktuelle Seite vom Browser oder von Proxy-Servern zwischengespeichert werden dürfen
`End()`	Ende der Verarbeitung einer Seite. Alle nachfolgenden Befehle und HTML-Tags werden ignoriert.
`Output`	Ermöglicht Textausgaben auf dem Ausgabestrom an den Client (`TextWriter`)
`OutputStream`	Ermöglicht binäre Ausgaben im HTTP-Körper (body) auf dem Ausgabestrom an den Client (`Stream`)
`Redirect(String ZielUrl)` `Redirect(String ZielUrl, Boolean BearbeitungAbbrechen)`	Überladene Methode zum Weiterleiten einer Anfrage an eine andere Seite
`Status`	Ermöglicht das Setzen des HTTP-Statuscodes, der an den Client zurückgesendet wird (`String`)
`StatusCode`	Wert zur Abfrage und zum Setzen des HTTP-Status-Codes (`Integer`)
`StatusDescription`	Dient zur Abfrage und zum Setzen des Statuscodes einer Ausgabe an den Client (`String`)
`SuppressContent`	Zeigt an, ob eine Ausgabe an den Client erfolgt oder nicht (`Boolean`)
`Write(String str)`	Schreibt Daten direkt in die Ausgabe
`WriteFile(Zeichenkette as String)`	Schreibt den Inhalt einer Datei direkt in die Ausgabe

Zustandsverwaltung auf Sitzungsebene

HTTP ist ein zustandsloses Protokoll. Das bedeutet, dass eine Webanwendung nicht ohne Weiteres Daten für eine Benutzersitzung speichern kann. Die Zustandsverwaltung auf Benutzersitzungsebene (Sitzungszustand) bietet eine Möglichkeit, diese Beschränkung zu überwinden. Dreh und Angelpunkt ist die Klasse `HttpSessionState` bzw. deren Abstraktion `HttpSessionStateBase`, die Schlüssel/Wert-Paare für die aktuelle Benutzersitzung speichert. Der Entwickler erhält darauf über die Eigenschaft `State` des aktuellen `HttpContext`-Objekts Zugriff. Alternativ dazu kann er innerhalb von Controllern darauf auch über die von der Basisklasse `Controller` geerbte Eigenschaft `Session` zugreifen.

Beispiel 7-13 demonstriert die Verwendung von Sitzungsvariablen innerhalb von Controllerklassen, wobei das Auslesen der gezeigten Eigenschaft auch in einem anderen Controller derselben Benutzersitzung erfolgen kann.

Beispiel 7-13: Speichern und Laden von Sitzungsinformationen

```
Session["benutzername"] = "Max Muster";
[...]
var name = Session["benuterzname"] as String;
```

Eine Benutzersitzung beginnt mit dem ersten Seitenabruf durch einen Benutzer und endet eine definierte Zeit nach dem letzten Seitenabruf. Zur Erinnerung: Aufgrund der Verbindungslosigkeit des HTTP-Protokolls muss sich ein Webclient bei einem Webserver nicht abmelden. Wenn also ein Benutzer die Site verlässt, erfährt der Server dies nicht. Er kann nur annehmen, dass dann, wenn innerhalb einer bestimmten Zeitspanne kein weiterer Seitenabruf stattgefunden hat, der Benutzer die Site verlassen hat.

Überblick

Um die Zustandslosigkeit des HTTP-Protokolls zu überwinden, weist ASP.NET jedem neuen Besucher eine sogenannte *Sitzungsnummer* (engl. *Session ID*) zu, die per Zufallsprinzip erzeugt wird und eindeutig ist. Die 120 Bit lange Sitzungsnummer wird per Cookie oder in der URL zum Client übertragen.

Intern verwaltet ASP.NET dann eine Datentabelle, in der festgelegt ist, dass die Variablen und Werte einer bestimmten Sitzungsnummer zugeordnet sind. Beim nächsten Seitenabruf erkennt die ASP.NET-Sitzungsverwaltung den Benutzer anhand der Sitzungsnummer und stellt dem Skript die zugehörigen Variablen(-werte) bereit.

Tabelle 7-5: Speicherung der Sitzungsvariablen auf dem Server

Sitzungs-ID	Sitzungsvariable	Wert
447208138	User	"HS"
447208138	Anmeldezeit	#12:50:10#
447208138	Warenkorb	Array { "ISBN 3-8273-1905-6", "ISBN 3-8273-2010-0", "ISBN 3-86063-667-7" }
447208139	User	"CB"
447208139	Anmeldezeit	#13:10:11#

An den Client wird nur die Sitzungs-ID übermittelt:

```
Set-Cookie: ASPSESSIONIDGQGQGOUY=447208138; path=/
```

Da dem Sitzungscookie keine Gültigkeitsdauer mitgegeben wird, wird es beim Schließen des Browsers sofort verworfen. Der Client übermittelt dieses Sitzungscookie bei der nächsten Anfrage zurück an den Server:

```
Cookie: ASPSESSIONIDGQGQGOUY=447208138
```

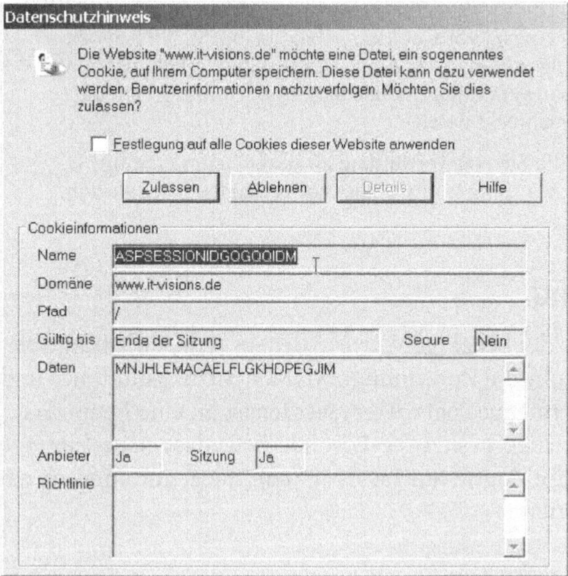

Abbildung 7-2: Anzeige des Sitzungscookies im Internet Explorer

ASP.NET baut dann anhand der im Sitzungscookie übermittelten Sitzungs-ID vor dem Aufruf des Programmcodes die `Session`-Objektmenge anhand der in der internen Tabelle gespeicherten Werte wieder auf.

> Die ASP.NET-Sitzungsverwaltung ist nichts, was man nicht auch selbst programmieren könnte. Der Vorteil von ASP.NET ist jedoch, dass diese Funktion schon eingebaut ist.

Weitere Optionen

Während der Sitzungszustand im klassischen ASP immer auf einem Sitzungscookie (Speicherung einer eindeutigen Sitzungsnummer in einem Cookie auf dem Client) beruht, bietet ASP.NET alternativ die Speicherung und Weiterreichung der Sitzungsnummer im URL (cookielose Sitzungen) an.

Außerdem bietet ASP.NET die Möglichkeit, die Sitzungstabelle (die Tabelle mit der Zuordnung zwischen Sitzungsnummer und den dort angelegten Attribut/Wert-Paaren) auf einem dedizierten Server (engl. State Server) oder in einer Microsoft SQL Server-Datenbank zu speichern, sodass die Tabelle von allen Servern einer Webfarm genutzt werden kann.

Eine ASP.NET-Sitzungsnummer verliert nach einem bestimmten Zeitraum ihre Gültigkeit. Diese Timeoutzeit kann in der Konfiguration der Website oder durch das Attribut `Timeout` im `Session`-Objekt (nicht zu verwechseln mit `Server.Timeout`) gesetzt werden. `Timeout` wird stets in Minuten angegeben. Erfolgt über die eingestellte Anzahl von Minuten hinweg keine Anfrage von einem Client, so verliert die Sitzungsnummer ihre Gültigkeit und alle Werte werden gelöscht. Sofern der Benutzer die Site dann doch wieder besucht, beginnt eine neue Benutzersitzung und er erhält eine neue Sitzungsnummer. Die ASP.NET-Sitzungsverwaltung ist also kein Instrument, um Benutzer über einen längeren Zeitraum hinweg wiederzuerkennen. Dazu müssen Sie selbst eine eindeutige Benutzernummer erzeugen und diese als Cookie an den Client senden.

Leider gibt es unter den Anwendern viele Ängste vor Cookies. Sobald man ASP.NET-Seiten verwendet, ist auch die Sitzungsverwaltung automatisch aktiv. Der Benutzer erhält also ein Sitzungscookie auch dann, wenn die Webanwendung gar keine Sitzungsverwaltung benötigt. So könnten überängstliche Webnutzer verschreckt werden.

Sie haben in ASP.NET die Möglichkeit, die Sitzungsverwaltung zu deaktivieren (wie bisher im klassischen ASP auch) oder aber URL-Rewriting statt Cookies zu verwenden. Dies wird in diesem Kapitel auch erläutert.

Programmieren mit dem Sitzungszustand

Wie im klassischen ASP kann der ASP.NET-Entwickler beliebige Werte in der `Session`-Auflistung ablegen – der ASP.NET-Arbeitsprozess kümmert sich um die Zuordnung zwischen Sitzungsnummer und den dazu abgelegten Werten. Der Inhalt der Objektmenge `Controller.Session` ist an eine Benutzersitzung innerhalb einer Site gebunden. Die Objektmenge besitzt die Besonderheit, dass neue Einträge nicht manuell mit `Add()` angelegt werden müssen. Ein Zugriff auf `Session["Name"]` legt automatisch ein Objekt dieses Namens an, wenn es noch nicht existiert.

Tabelle 7-6: Werte im Sitzungszustand ablegen und daraus auslesen

Wert in Sitzungszustand ablegen	Wert aus Sitzungszustand auslesen
`Session["Name"] = WERT`	`VAR = Session["Name"]`

Das `Application`-Objekt verwaltet Variablenwerte sitzungsübergreifend. Es lebt so lange, wie der Webserver läuft. Ein Anwendungsgebiet sind z.B. Zähler, die ja nicht pro Sitzung, sondern global wirken sollen. Das `Application`-Objekt funktioniert auch, wenn die Sitzungsverwaltung von ASP.NET deaktiviert ist.

URL-basierte Sitzungsverwaltung ohne Cookies

ASP.NET bietet als Alternative zu Cookies auch die Sitzungsverwaltung durch URL-Rewriting (alias cookielose Sitzungen; engl. Cookieless Sessions) an. Diese Technik basiert auf URL-Rewriting, weil jeder Seitenübergang auf einem dynamisch generierten URL beruht. ASP.NET kümmert sich um den Einbau der Sitzungsnummer in den URL, sodass für den Entwickler kein Zusatzaufwand entsteht. Der Einbau der Sitzungsnummer in den URL erfolgt zwischen dem Verzeichnispfad des Webs und dem relativen Pfad, z.B.:

HTTP://localhost/Website/(S(***paeyld555f53h1frbqb50h55***))*/StateManagement/ueberpruefung.aspx*

Die Sitzungsnummern für das URL-Rewriting werden auf andere Weise als in ASP.NET 1.x im URL gespeichert. Sie besitzen in ASP.NET (ab Version 2.0) neben der geklammerten Sitzungsnummer noch ein »S« als Präfix: `(S(paeyld555f53h1frbqb50h55))`. Das Präfix ist notwendig, da nun auch URL-Rewriting innerhalb der formularbasierten Authentifizierung verwendet werden kann. Zur Unterscheidung kommt dort das Präfix »F« zum Einsatz.

Diese Funktion muss in der Datei *web.config* aktiviert werden:

```
<sessionState … cookieless="true" />
```

Der interne Ablauf ist einfach und wirkungsvoll: Wenn ASP.NET beim ersten Aufruf einer Seite aus dem Web feststellt, dass der URL keine Sitzungsnummer enthält, so erzeugt ASP.NET eine Sitzungsnummer und sendet dem Browser einen Redirect zum neuen URL mit eingebauter Sitzungsnummer. Solange alle Sprünge relativ sind, wird diese Sitzungsnummer immer mitgenommen, denn für den Browser ist die Sitzungsnummer ein Teil des Stammverzeichnisses des Web. Die Sitzung wird aber in dem Moment unterbrochen, wenn es einen absoluten Link gibt, auch dann, wenn er in das gleiche Web verweist.

Die URL-basierte Sitzungsverwaltung ohne Cookies funktioniert auch, wenn sich klassische ASP-Seiten oder HTML-Seiten in der Seitenkette befinden. Allerdings kann eine klassische ASP-Seite nicht auf die in einer ASPX-Seite gesetzten `Session`- und `Application`-Variablen zugreifen. Diese gehen aber auch dadurch nicht verloren; in der nächsten ASPX-Seite sind sie unverändert vorhanden.

Die URL-basierte Sitzungsverwaltung führt zu einer Herausforderung, wenn auf einer Seite JavaScript-Umlenkungen verwendet werden, also z.B. wenn ein Skript dafür sorgt, dass eine Inhaltsseite eines Framesets nicht einzeln, sondern nur im Frameset angezeigt wird. Wenn in diesem Fall in den URL des Framesets die Sitzungs-ID nicht per JavaScript-Code eingebaut wird, geht die Sitzungsinformation verloren.

Konfiguration des Sitzungszustands

Zur Konfiguration des Sitzungszustands wird das Element `<sessionState>` in der *web.config*-Datei verwendet:

```
<sessionState mode="Off|InProc|StateServer|SQLServer"
              cookieless="UseCookies|UseUri|AutoDetect|UseDeviceProfile"
              timeout="number of minutes"
              stateConnectionString="tcpip=server:port"
              sqlConnectionString="sql ConnectionString"
              stateNetworkTimeout="number of seconds"/>
```

Eine typische Konfiguration ist die Speicherung der Sitzungstabelle im Arbeitsspeicher jedes einzelnen Webservers (`InProc`) und die Nutzung von cookielosen Sitzungen (`cookieless`):

```
<sessionState mode="InProc" cookieless="UseUri"/>
```

`Cookieless = "false"` bedeutet, dass die Sitzungs-ID wie im klassischen ASP in einem Cookie gespeichert wird. `True` bedeutet URL-basierte Sitzungsverwaltung.

Speicherort der Sitzungstabelle wählen

Über `Mode` bietet ASP.NET drei Möglichkeiten zur Speicherung von Sitzungszustandsdaten:

InProc: Die Daten werden im Speicher des ASP.NET-Arbeitsprozesses abgelegt. Dies ist die schnellste Methode, da keine Prozessgrenzen überwunden werden müssen. Wenn allerdings der IIS-Arbeitsprozess oder die ASP.NET-Webanwendung neu gestartet wird, gehen die Daten verloren. Die ASP.NET-Webanwendung wird jedes Mal, wenn die `web.config`-Datei oder die `global.asax`-Datei verändert wird, neu gestartet.

StateServer: Hierbei werden die Sitzungsdaten im Speicher des zugehörigen Windows-Dienstes *ASP.NET State Service* gespeichert. Dieser Dienst kann auf einem beliebigen Computer (State Server) laufen und kann in der Datei `web.config` mit dem Attribut `stateConnectionString` per IP-Adresse identifiziert werden. Die Kommunikation zwischen Webserver und State Server erfolgt mit dem ASP.NET State Server Protocol, das TCP-Port 42424 nutzt. Die damit gewährleistete Unabhängigkeit von einem oder mehreren Webservern wirkt sich allerdings auch negativ auf die Performanz aus, da bei der Datenübermittlung Prozessgrenzen überwunden werden müssen.

SqlServer: Sollen die Daten dauerhaft gespeichert werden, so kann Microsoft SQL Server zum Speichern von Sitzungszustandsinformationen verwendet werden. Dazu befindet sich im Verzeichnis `%WINDIR%\Microsoft.NET\v4.0.40319\` ein SQL-Skript namens `InstallSqlState.sql`, das die entsprechende Datenbank (Tabellen und gespeicherte Prozeduren) erstellt. Danach muss noch eine Verbindungszeichenfolge in der Datei `web.config` eingetragen werden (Eigenschaft `sqlConnectionString`), damit der Arbeitsprozess eine Verbindung zur Datenbank herstellen kann.

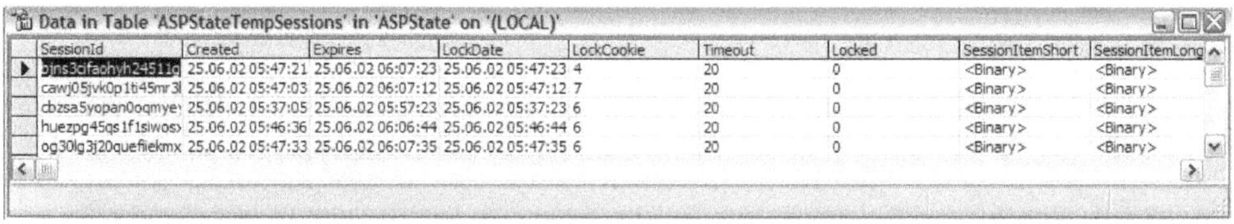
Data in Table 'ASPStateTempSessions' in 'ASPState' on '(LOCAL)'

SessionId	Created	Expires	LockDate	LockCookie	Timeout	Locked	SessionItemShort	SessionItemLong
bjns3cifaohyh24511q	25.06.02 05:47:21	25.06.02 06:07:23	25.06.02 05:47:23	4	20	0	<Binary>	<Binary>
cawj05jvk0p1ti45mr3l	25.06.02 05:47:03	25.06.02 06:07:12	25.06.02 05:47:12	7	20	0	<Binary>	<Binary>
cbzsa5yopan0oqmye	25.06.02 05:37:05	25.06.02 05:57:23	25.06.02 05:37:23	6	20	0	<Binary>	<Binary>
huezpg45qs1f1siwos	25.06.02 05:46:36	25.06.02 06:06:44	25.06.02 05:46:44	6	20	0	<Binary>	<Binary>
og30lg3j20quefiekmx	25.06.02 05:47:33	25.06.02 06:07:35	25.06.02 05:47:35	6	20	0	<Binary>	<Binary>

Abbildung 7-3: SQL Server-Tabelle mit Sitzungswerten

Komprimierung des Sitzungszustands

Relativ neu in ASP.NET ist die Möglichkeit, in den Modi `State Server` und `SQL Server` die Sitzungsvariablen mit GZip zu komprimieren. Wenn man in der `web.config`-Datei im Element `<sessionState>` den Eintrag `compressionEnabled="true"` vornimmt, verwendet .NET automatisch `System.IO.Compression.GZipStream`.

Beispiel 7-14: Aktivierung der Komprimierung des Sitzungszustands (Ausschnitt aus einer web.config-Datei)

```
<sessionState mode="SQLServer"
              sqlConnectionString="Data Source=F123;Intial Catalog=ASPNETState"
              allowCustomSqlDatabase="true"
              compressionEnabled="true">
```

Deaktivieren des Sitzungszustands

Der Sitzungszustand kann sowohl für die gesamte Anwendung als auch für einzelne Controller ausgeschaltet werden. Im ersten Fall muss der Wert für das Attribut `mode` in der Datei `web.config` auf `off` gesetzt werden.

Das Ausschalten des Sitzungszustands für einen Controller wird durch das Attribut `SessionState` erledigt.

```
[SessionState(SessionStateBehavior.Disabled)]
public class NewsController : Controller
{
   [...]
}
```

Das Abschalten der Seitenzustandsverwaltung erhöht die Ausführungsgeschwindigkeit von ASPX-Seiten.

Caching

Es gibt unterschiedliche Szenarien, in denen es nicht immer notwendig ist, eine Webseite bei jedem Aufruf neu zu generieren. Bei häufig abgefragten Webseiten, deren Inhalt sich nicht, nur teilweise oder nur selten ändert, kann es durchaus sinnvoll sein, diese Seiten im Speicher vorrätig zu halten und nicht bei jedem Aufruf neu zu erzeugen. Dies gilt z. B. für eine nur wöchentlich aktualisierte Preisliste eines Internetshops oder für eine Internetzeitung, die täglich einmal aktualisiert wird.

Unter *Caching* versteht man die Vorhaltung von Daten an einem anderen Ort als dem Ursprungsort, um zu vermeiden, dass diese erneut aus der ursprünglichen Quelle beschafft oder erneut berechnet werden müssen.

In der englischsprachigen Literatur wird als Gegensatz zu *Caching* (Zwischenspeichern) der Begriff *Fetching* (Abholen) verwendet.

Seit ASP.NET 4.0 erlaubt die neue abstrakte Basisklasse `OutputCacheProvider` den Austausch des Seitenzwischenspeichermechanismus in ASP.NET.

Überblick

ASP.NET MVC bietet folgende Zwischenspeicherungsmöglichkeiten:

- Ausgabezwischenspeicherung ganzer Seiten (engl. Output Caching)
- Fragmentzwischenspeicherung (engl. Fragment Caching) auf Steuerelementebene
- Datenmengenzwischenspeicherung
- Zwischenspeicherung einzelner Werte (siehe den Abschnitt »Zustandsverwaltung auf Sitzungsebene«)

Das Zwischenspeichern kann von Veränderungen in einer SQL Server-Datenbanktabelle abhängig gemacht werden, das heißt die Webseite wird vor Ablauf der Zwischenspeicherdauer beendet, wenn sich Daten geändert haben. Diese Funktion nennt Microsoft *Cacheinvalidierung* (engl. Cache Invalidation).

In der Datei *web.config* kann der Entwickler Zwischenspeicherungsprofile (Caching-Profile) definieren, die über ihre Namen auf mehrere Webseiten angewandt werden können.

Pro und Contra Zwischenspeicherung

Zwischenspeicherung hat sowohl Vor- als auch Nachteile, die im Einzelfall abzuwägen sind. Pauschale Aussagen zum Caching sind unseriös, es ist immer der Einzelfall zu prüfen. Die folgenden Punkte geben Entscheidungshilfen.

Tabelle 7-7: Vor- und Nachteile des Cachings

Pro	Contra
Beschleunigung des Seitenabrufs	Verringerung der Aktualität von angezeigten Daten
Verringerung der Prozessorlast auf dem Web-, Anwendungs- und Datenbankserver	Erhöhung des Speicherplatzverbrauchs auf dem Webserver
Verringerung der Netzwerklast zwischen Webserver, Anwendungsserver und Datenbank	

Grundsätzlich ist zu prüfen, ob die Benutzer des Systems immer den letzten Stand der Daten sehen müssen oder ob ein Stand, der wenige Sekunden bzw. Minuten oder Stunden zurückliegt, nicht ausreichend ist. Oftmals fordern Benutzer den »top-aktuellen« Stand. Tatsächlich kann in vielen Fällen darauf aber verzichtet werden. Dies kann am Beispiel der Website einer Fluggesellschaft veranschaulicht werden:

Liste der Flugziele: Diese Daten ändern sich sehr, sehr selten. Ein Caching von mehreren Stunden ist möglich.

Anzeige der Flüge mit freien Plätzen: Auf den ersten Blick würde man hier ganz aktuelle Daten fordern. Tatsächlich ist aber ein Caching von mehreren Sekunden möglich, denn zwischen dem Zeitpunkt der Anzeige der Verfügbarkeitsliste und dem tatsächlichen Buchen liegen ohnehin einige Sekunden oder Minuten, in denen ein anderer Benutzer der Website die Plätze bereits gebucht haben könnte. Daher kann es ohnehin zu Konflikten kommen, auch wenn kein Caching aktiviert würde.

Statusanzeige der Beleuchtung der Landebahn: Dies ist ein Fall, wo Sekunden tatsächlich entscheiden können und daher kein Caching eingesetzt werden sollte. Eine Webanwendung ist in diesem Fall aber ohnehin nicht der geeignete Anwendungstyp, da der Webserver den Client nicht über Statusänderungen aktiv informieren kann, sondern der Client immer neue Daten explizit abrufen muss.

Gute Kandidaten für das Caching sind alle Daten bzw. Seiten, die häufig verwendet werden und die einen erheblichen Rechenaufwand verursachen.

Zwischenspeicherung ganzer Seiten (Output-Caching)

Bei der Seitenzwischenspeicherung handelt es sich um einen Mechanismus zur Optimierung der Leistung durch das Vorhalten von Webseiten, die bereits zu einem früheren Zeitpunkt angefordert wurden. ASP.NET ermöglicht die Zwischenspeicherung der von einer Assembly für den Webserver erzeugten (gerenderten) Ausgabe. Bei der Seitenzwischenspeicherung werden ganze Seiten auf dem Webserver vorrätig gehalten, ohne sie bei jedem Aufruf dynamisch zu erzeugen. Normalerweise verwirft der Webserver die Ausgabe sofort nach der Weiterleitung an den Webclient.

Mit dem Attribut `OutputCache`, das auf Action-Methoden anzuwenden ist, kann definiert werden, dass die Ausgabe eine definierbare Zeit lang im Speicher zur Beantwortung gleichartiger Anfragen vorgehalten wird. Inwiefern zwei Anfragen als »gleich« betrachtet werden, kann dabei definiert werden. So lässt sich beispielsweise festlegen, dass die übergebenen Parameter berücksichtigt werden (die Seiten also für jede Parameterkombination einzeln zwischengespeichert werden) oder dass zwei unterschiedliche Browser bzw. Browserversionen nicht den gleichen HTML-Code erhalten (die Seiten also für jeden Browser einzeln zwischengespeichert werden).

Das Verhalten und die Regeln für das Unterdrücken der Neuerzeugung einer Webseite können über das OutputCache-Attribut flexibel konfiguriert werden. So ist es z.B. über die Eigenschaften VaryByParam oder VaryByCustom möglich, abhängig von übertragenen Parametern oder Browsern, unterschiedliche Versionen ein und derselben Webseite vorrätig zu halten.

Tabelle 7-8: Parameter der @OutputCache-Direktive

Parameter	Anwendung auf Seiten	Anwendung auf Benutzersteuer-elemente	Beschreibung
Duration	X	X	Zeitraum in Sekunden, in dem das entsprechende Objekt im Zwischenspeicher vorgehalten wird
Location	X	X	Ein Wert aus der OutputCacheLocation-Aufzählung: Any Der Inhalt kann an beliebiger Stelle zwischengespeichert werden (Clientbrowser, Proxy oder auf dem Server) Client Der Zwischenspeicher befindet sich auf dem Client, der die Anfrage gestellt hat Downstream Der Zwischenspeicher kann an jedem beliebigen HTTP 1.1-cachefähigen Gerät zwischengespeichert werden None Der Zwischenspeicher ist für die aktuelle Seite nicht aktiviert Server Der Zwischenspeicher befindet sich auf dem Webserver, der die Anfrage bearbeitet hat Dieses Attribut kann nicht für einzelne Steuerelemente verwendet werden (siehe nächsten Abschnitt)
VaryByHeader	X		Durch Semikola getrennte Liste von HTTP-Headern, bei denen der Zwischenspeicher variieren kann. Dieses Attribut kann nicht für einzelne Steuerelemente verwendet werden.
VaryByParam	X	X	Variiert den Zwischenspeicher für unterschiedliche übergebene Parameter. Es werden URL- und Formularparameter berücksichtigt. Gültige Werte sind auch * (alle) und none (keine).
VaryByCustom= "browser"	X	X	Variiert den Zwischenspeicher für unterschiedliche Webbrowser
VaryByCustom	X	X	Es können auch eigene Variationskriterien definiert werden. Dies erfordert allerdings die Anpassung der Datei *global.asax*. Dort muss die HttpApplication.GetVaryByCustomString()-Methode überschrieben werden.

Ab Windows Server 2003 liegt der Zwischenspeicher der IIS seit Version 6.0 im HTTP-Stack (*http.sys*) im Kernelmodus. Damit kann noch eine wesentlich höhere Performance erreicht werden, als dies beim Caching im Rahmen des ASP.NET-Arbeitsprozesses in den IIS ab Version 5 möglich ist.

Tabelle 7-9: OutputCache-Beispiele

Beispiel	Erläuterung
`[OutputCache(Duration="30", VaryByParam="C_Abflugort;C_Zielort")]`	Zwischenspeicherung für 30 Sekunden. Eigene Zwischenspeicher werden in Abhängigkeit von `C_Abflugort` und `C_Zielort` gebildet.
`[OutputCache(Duration="60", VaryByParam="*", VaryByCustom="browser"])`	Zwischenspeicherung für 60 Sekunden, die übergebenen Parameter haben Einfluss auf den Seiteninhalt und es gibt auch für jeden Browsertyp eine eigene zwischengespeicherte Seite

Zwischenspeicherungsprofile (Caching Profiles)

Mit ASP.NET 2.0 wurde die Möglichkeit eingeführt, dass der Entwickler in der *web.config*-Datei Zwischenspeicherungsprofile für die Seitenzwischenspeicherung definieren kann, die über ihre Namen auf Seiten angewendet werden:

Beispiel 7-15: Definition eines Zwischenspeicherungsprofils für browserabhängige Zwischenspeicherung für 60 Sekunden mit dem Namen Browser

```
<caching>
  <outputCacheSettings>
    <outputCacheProfiles>
      <add name="Browser" duration="60" varyByCustom="browser" location="Server" />
    </outputCacheProfiles>
  </outputCacheSettings>
</caching>
```

Beispiel 7-16: Verwendung des Zwischenspeicherungsprofils mit dem Namen Browser

```
[OutputCache(CacheProfile="Browser")]
```

Caching von Seitenteilen (Fragmentzwischenspeicherung)

Es gibt Fälle, in denen zwar eine Leistungssteigerung gewünscht ist, aber nicht alle Inhalte einer Webseite statisch sind und diese Teile daher bei jedem Aufruf neu erzeugt werden müssen.

Dazu ist, wie Beispiel 7-17 demonstriert, für den jeweiligen Seitenausschnitt eine eigene Action-Methode bereitzustellen, die mit `OutputCache` annotiert wird. Mit `Duration` wird die Lebensdauer des Cacheeintrags in Sekunden angegeben; mit `VaryByParam` jene Parameter (durch Semikolons getrennt), für deren einzelne Wertbelegungen ein eigener Cacheeintrag erzeugt werden soll. Im betrachteten Beispiel würde beispielsweise für [...]`/NotThatImportantNews?param=1` ein anderer Cacheeintrag als etwa für [...]`/NotThatImportantNews?param=2` erzeugt und in weiterer Folge herangezogen werden. Neben diesen Parametern stehen noch weitere zum Variieren des Cacheverhaltens zur Verfügung. Details dazu finden sich in Tabelle 7-8.

Beispiel 7-17: Partielles Caching

```
[OutputCache(Duration=15, VaryByParam="param")]
public ActionResult NotThatImportantNews(string param)
{
    List<News> news = new List<News>()
    {
        new News { Title = "..." },
        new News { Title = "..." },
        new News { Title = "..." },
        new News { Title = "..."}
```

```
    };
    return PartialView(news);
}
```

Um das Ergebnis der soeben betrachteten Action-Methode, das wie besprochen gecacht wird, als Teil einer View zu verwenden, kann die Action-Methode in weiterer Folge innerhalb einer beliebigen View mittels `Html.Action` aufgerufen werden. Beispiel 7-18 demonstriert dies.

Beispiel 7-18: Teilweise gecachten Seitenteil einbinden

```
@model List<MVC3RC_Samples.Models.News>

<ul>
@foreach (var news in Model)
{
    <li>@news.Title</li>
}
</ul>

<h3>Nicht ganz so wichtige News: </h3>
@Html.Action("NotThatImportantNews", new { parm = ViewBag.Param })
```

Programmatisches Caching

Unter Verwendung von `HttpContext.Cache` kann ein Wert programmatisch in den Cache eingefügt werden.

Wert in Zwischenspeicher ablegen	Wert aus Zwischenspeicher auslesen
`HttpContext.Cache["Name"] = WERT`	`VAR = HttpContext.Cache["Name"]`

Daneben steht auch die weitaus mächtigere `Add`-Methode zur Verfügung. Diese Methode erlaubt es, Objekte im Zwischenspeicher an bestimmte Bedingungen zu binden. Die nachfolgende Tabelle informiert über deren Parameter.

Tabelle 7-10: Aufrufparameter der Methode Cache.Add()

Parameter	Beschreibung
`Key`	Der Bezeichner für das Objekt im Zwischenspeicher
`Value`	Das Objekt, das dem Zwischenspeicher hinzugefügt wird
`Dependencies`	Abhängigkeiten zu einer oder zu mehreren Dateien, Datenbankinhalten oder sonstigen Ressourcen. Bei der Änderung einer der angegebenen Ressourcen wird das Zwischenspeicherobjekt ungültig und entfernt (siehe Abschnitt »Cacheinvalidierung«).
`absoluteExpiration`	Absoluter Zeitpunkt, zu dem das Objekt aus dem Zwischenspeicher entfernt wird, z. B. 20 Uhr. Muss den Wert `Cache.NoAbsoluteExpiration` haben, wenn eine `slidingExpiration` festgelegt wird.
`slidingExpiration`	Vergangene Dauer seit dem letzten Aufruf eines Zwischenspeicherobjekts, bis dieses verfällt. Muss den Wert `Cache.NoSlidingExpiration` haben, wenn eine `absoluteExpiration` festgelegt wird.
`Priority`	Priorität für den relativen Speicherplatzbedarf eines Objekts. Objekte mit niedriger Priorität werden bei Bedarf vor Objekten mit einer höheren Priorität entfernt. Mögliche Werte: `AboveNormal`, `BelowNormal`, `Default`, `Normal`, `High`, `Low`, `NotRemovable`.
`onRemoveCallback`	Angabe eines Delegaten, der aktiviert wird, wenn ein Objekt aus dem Zwischenspeicher entfernt wird. Dadurch ist es möglich, die Anwendung über das Entfernen zu informieren.

Cacheinvalidierung

Das Zwischenspeichern kann von Veränderungen in einer SQL Server-Datenbanktabelle abhängig gemacht werden, das heißt die Webseite wird vor Ablauf der Zwischenspeicherdauer beendet, wenn sich Daten geändert haben. Diese Funktion nennt man *Cacheinvalidierung*. Das Verfahren erfordert, dass auf Ebene einer Seite oder auf der Ebene eines programmatisch erstellten Cacheeintrags eine sogenannte Zwischenspeicherabhängigkeit (engl. Cache Dependency) definiert wurde.

Die Annahme in Beispiel 7-19 legt zur Veranschaulichung eine Cacheabhängigkeit fest, die das Entfernen des Eintrags veranlasst, nachdem sich die Datei `test.txt` geändert hat. Darüber hinaus registriert es ein Ereignis, das in diesem Fall auch zur Ausführung gebracht wird. Um eine Cacheabhängigkeit für eine ganze Seite festzulegen, ist die Methode `Request.AddCacheDependency` zu bemühen. Alternativ dazu kann auch die Methode `Request.AddFileDependency` verwendet werden. Diese nimmt einen Dateinamen entgegen, erstellt damit eine Cacheabhängigkeit und registriert diese.

Beispiel 7-19: Beispiel für das programmatische Erstellen eines Cache-Eintrags

```
string time = (string)Cache.Get("time");
if (time == null)
{
    time = DateTime.Now.ToString("T");
    CacheDependency fileDepend
            = new CacheDependency(MapPath("~/test.txt"));
    Cache.Add(
        "time", time,
        fileDepend,
        Cache.NoAbsoluteExpiration,
        TimeSpan.FromSeconds(5),
        CacheItemPriority.High, Callback);
}
Response.Write(time);
[…]
public void Callback(
       string key, Object value, CacheItemRemovedReason reason) {
    string msg = key + " removed; value: " + value;
    System.Diagnostics.Debug.WriteLine(msg);
}
```

Eine eigene `CacheDependency` kann durch Ableiten von `NotifyDependencyChanged` implementiert werden. Der Konstruktor sollte die Möglichkeit schaffen, die gewünschte Ressource zu überwachen. Dies kann zum Beispiel durch Abspalten eines Threads, der die Ressource pollt oder durch Registrieren eines Callbacks erfolgen. Erkennt die benutzerdefinierte `CacheDependency` eine Modifikation an der überwachten Ressource, ist sie angehalten, die geerbte Methode `NotifyDependencyChanged` aufzurufen.

Cacheinvalidierung durch die Datenbank

Zwischenspeicherabhängigkeiten sind nur für folgende Datenbankserver verfügbar:

- Microsoft SQL Server 7.0
- Microsoft SQL Server 2000
- Microsoft SQL Server 2005
- Microsoft SQL Server 2008

Während die Cacheinvalidierung bei Microsoft SQL Server 2005/2008 durch Datenänderungsbenachrichtigungen im Pushverfahren realisiert wird, kommt in den älteren Datenbankservern ein komplexer Mechanismus auf Basis von Polling einer gespeicherten Prozedur und nachträglich hinzugefügten Triggern zum Einsatz.

Cache Invalidation bei Microsoft SQL Server 7.0 und 2000

Cache Invalidation in Microsoft SQL Server 7.0/2000 funktioniert nur auf Tabellenebene, das heißt es findet auch dann eine Benachrichtigung statt, wenn die tatsächlich angezeigten Daten nicht betroffen sind. Dies stört die Anwendung nicht, verursacht aber unter Umständen unnötige Auflösungen des Zwischenspeichers. Microsoft nennt das Verfahren *tabellenbasiertes Abrufen* (engl. *Table-based Polling*).

Für die Nutzung der Cacheinvalidierung bei Microsoft SQL Server 7.0/2000 sind folgende drei Voraussetzungen notwendig:

- Erstellung von Triggern, gespeicherten Prozeduren und einer Verwaltungstabelle unter SQL Server zur Übermittlung von Benachrichtigungen bei Datenänderungen:

  ```
  aspnet_regsql -E -S marl\sqlexpress -d worldwidewings -ed -t fl_fluege -et
  ```

- Konfiguration des Pollingintervalls in der `web.config`-Datei:

  ```
  <caching>
   <sqlCacheDependency enabled="true" pollTime="5000">
    <databases>
     <add name="WorldWideWings"
       ConnectionStringName="WorldWideWingsConnectionString"/>
    </databases>
   </sqlCacheDependency>
  </caching>
  ```

- Aktivierung der Zwischenspeicherung mit dem `OutputCache`-Attribut. Die hinter `SqlDependency` genannte Datenbank muss in der `web.config`-Datei deklariert sein.

Beispiel auf Ebene von Action-Methoden:

```
[OutputCache(Duration="5", VaryByParam="none", SqlDependency="WorldWideWings:Fl_Fluege")]
```

Beispiel für die programmatische Anwendung:

```
string time = (string)Cache.Get("time");
if (time == null)
{
    time = DateTime.Now.ToString("T");

    SqlCacheDependency sqlDep =
        new SqlCacheDependency("PubsDB", "Titles");

    Cache.Insert(
        "time", time,
        sqlDep,
        System.Web.Caching.Cache.NoAbsoluteExpiration,
        TimeSpan.FromSeconds(100),
        CacheItemPriority.Low, Callback);
}
```

Cacheinvalidierung bei Microsoft SQL Server ab Version 2005

Für die Nutzung der Cacheinvalidierung bei Microsoft SQL Server ab Version 2005 ist der Vorgang durch den Einsatz von Abfragebenachrichtigungen (engl. Query Notifications) flexibler: Die Cacheinvalidierung arbeitet hier auf Ebene der tatsächlich angeforderten Daten.

Voraussetzungen dafür sind:

- Für die SQL Server-Datenbank muss der SQL Server Service Broker aktiviert sein (T-SQL-Befehl: `ALTER DATABASE` dbname `SET ENABLE_BROKER`)
- Die Cacheabhängigkeit muss durch eine Codezeile für jede einzelne Verbindung durch Aufruf von `System.Data.SqlClient.SqlDependency.Start` aktiviert werden. Da dieser Vorgang nur einmal erfolgen muss, platziert man ihn am besten in der `global.asax`-Seite im `Application_Start`-Ereignis:

Beispiel 7-20: Start des Listeners für Abfragebenachrichtigungen in der Datei global.asax

```
System.Data.SqlClient.SqlDependency.Start(
  System.Configuration.ConfigurationManager.ConnectionStrings
  ["CS_MBW"].ConnectionString);
```

Wurden diese Vorbereitungen getroffen, kann programmatisch eine `SqlCacheDependency` auf der Basis des ADO.NET-Objekts `Command` erstellt werden. Dabei ist darauf zu achten, dass im Rahmen der darunterliegenden SQL-Abfrage die Schemanamen der Tabellen sowie die Namen der Spalten explizit angegeben werden. Darüber ist der Einsatz von Aggregatfunktionen für zu überwachende Ergebnismengen nicht erlaubt.

Beispiel 7-21: SqlCacheDependecy mit Command verwenden

```
string time = (string)Cache.Get("time");
if (time == null)
{
    time = DateTime.Now.ToString("T");

    SqlCacheDependency sqlDep = new SqlCacheDependency(cmd);

    Cache.Insert(
        "time", time,
        sqlDep,
        System.Web.Caching.Cache.NoAbsoluteExpiration,
        TimeSpan.FromSeconds(100),
        CacheItemPriority.Low, Callback);
}
```

Sehr wichtig ist, dass die `SELECT`-Befehle den Regeln für Datenänderungsbenachrichtigungen entsprechen. Beispielsweise müssen der Schemaname sowie sämtliche Spalten explizit angeführt werden und Aggregatfunktionen sind nicht erlaubt.

Falsch:

```
SELECT [FL_FlugNr], [FL_Abflugort], [FL_Zielort], [FL_Datum], [FL_
NichtraucherFlug], [FL_Plaetze], [FL_FreiePlaetze] FROM [Fl_Fluege] where [FL_
Zielort] = 'Berlin'
```

Richtig:

```
SELECT [FL_FlugNr], [FL_Abflugort], [FL_Zielort], [FL_Datum], [FL_
NichtraucherFlug], [FL_Plaetze], [FL_FreiePlaetze] FROM dbo.[Fl_Fluege] where
[FL_Zielort] = 'Berlin'
```

KAPITEL 8

Sicherheit

Daten verschlüsselt übertragen, Benutzer authentifizieren und autorisieren, Single-Sign-On und Login mit Google, Facebook und Co. – das sind die Themen, die dieses Kapitel behandelt. Dabei werden anhand von Beispielen sowohl Lösungen für auf ASP.NET MVC basierende Webanwendungen als auch für Servicearchitekturen behandelt, deren Grundlage ASP.NET Web API bildet. Da viele der Konzepte in diesem Bereich mittlerweile auf OWIN und Katana basieren, empfiehlt es sich, zunächst Kapitel 7 zu lesen, bevor mit diesem Kapitel in die Tiefen der genannten Themen eingetaucht wird.

Gesicherte Übertragung mit SSL/TLS

Bei TLS (Transport Layer Security) handelt es sich um einen allgemein akzeptierten Standard zur verschlüsselten Datenübertragung. Obwohl es sich bei TLS um die offizielle Bezeichnung handelt, ist dieses Sicherheitsprotokoll besser unter seiner Vorgängerbezeichnung SSL (Secure Sockets Layer) bekannt. Deswegen, und weil auch der IIS-Manager die Bezeichnung SSL verwendet, wird im Folgenden diese Bezeichnung genutzt. SSL wird unter anderem von HTTPS (HyperText Transfer Protocol Secure) genutzt. Dabei handelt es sich um den allgemein akzeptierten Standard zur verschlüsselten Kommunikation übers Web.

Dieser Abschnitt zeigt, wie SSL sowohl beim Hosting eines Webprojekts mit den Internet Information Services (IIS; dem Webserver aus dem Hause Microsoft) sowie bei Self-Hosting-Szenarien verwendet werden kann.

SSL für ein Webprojekt in IIS konfigurieren

Um das Webprojekt der Wahl über IIS zu betreiben, ist hierfür in IIS eine Anwendung anzulegen. Am einfachsten kann dies über die Registerkarte *Web* in den Projekteigenschaften in Visual Studio bewerkstelligt werden. Hier wird die Option *Use Local IIS Web server* gewählt und auf *Create Virtual Directory* geklickt (Abbildung 8-1). Falls IIS nicht vollständig installiert wurde, erscheint nun eine Fehlermeldung. In diesem Fall müssen unter *Systemsteuerung/Programme* die in der Fehlermeldung genannten Bestandteile von IIS aktiviert werden.

Abbildung 8-1: Bereitstellen eines WCF-Projekts in

Zum Konfigurieren von IIS für die Verwendung von SSL wird der IIS-Manager (`Systemsteuerung/Verwaltung`) herangezogen. Hier wird der Eintrag auf der obersten Ebene, der für den jeweiligen Rechner steht, ausgewählt, und im Bereich *IIS* wird die Option `Serverzertifikate` markiert (Abbildung 8-2).

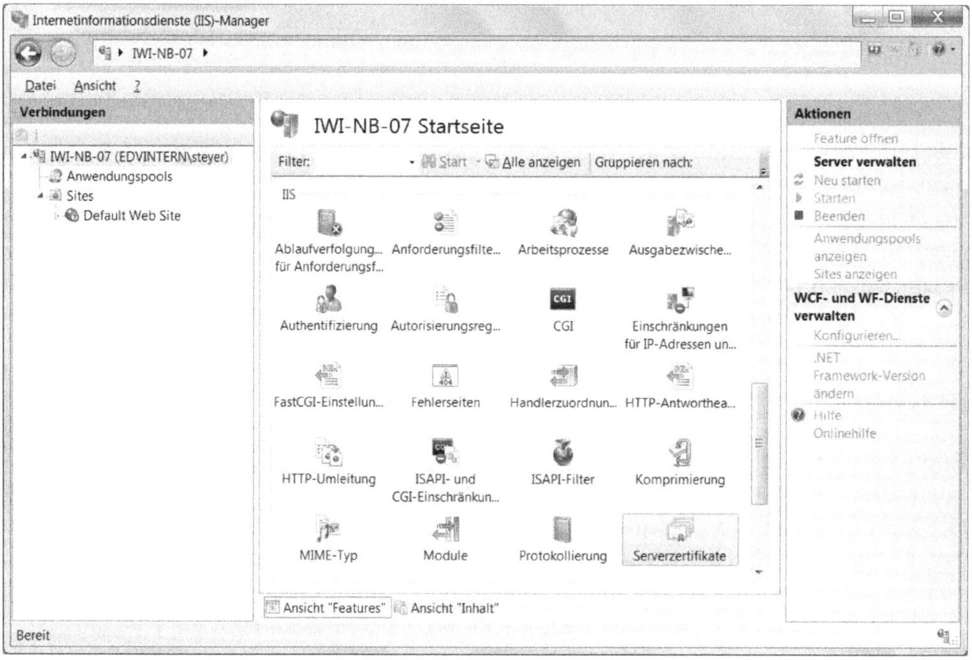

Abbildung 8-2: Auswahl des Rechners im IIS-Manager

Hier kann der Entwickler ein erworbenes Zertifikat installieren oder für Entwicklungszwecke ein selbst signiertes Zertifikat ausstellen lassen. Letzteres wird über die Option `Selbstsigniertes Zertifikat erstellen` bewerkstelligt.

Unter Verwendung eines der eingerichteten Zertifikate kann für die Website eine sogenannte HTTPS-Bindung konfiguriert werden. Dazu wird im Kontextmenü der Site der Befehl `Bindungen bearbeiten` gewählt.

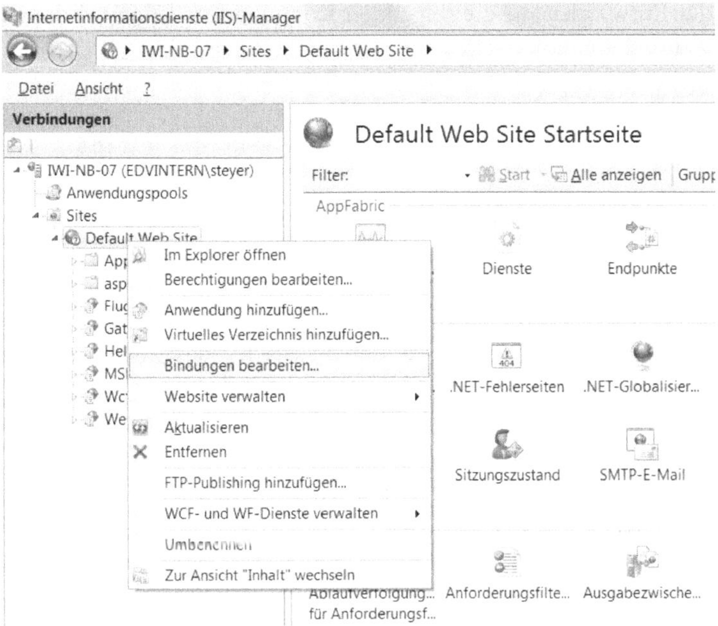

Abbildung 8-3: Bindungen bearbeiten im IIS-Manager

Anschließend kann im Dialogfeld `Sitebindungen` eine neue HTTPS-Bindung unter Verwendung eines im IIS konfigurierten Zertifikats angelegt werden (Abbildung 8-4).

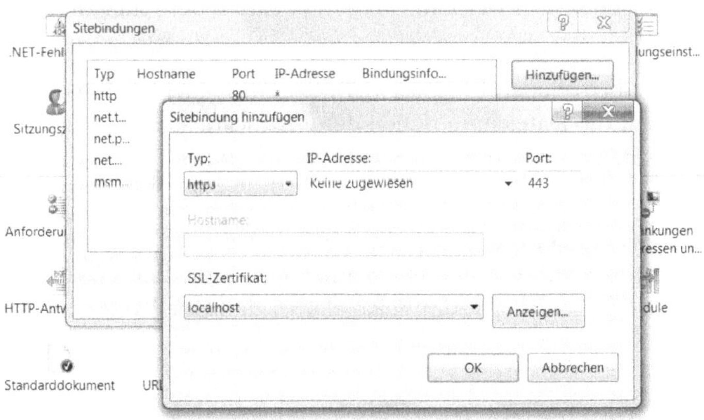

Abbildung 8-4: Hinzufügen einer SSL-Bindung

Danach ist das konfigurierte Webprojekt über HTTPS erreichbar.

Digitale Zertifikate für Entwicklung ausstellen

Alternativ zum Ausstellen von digitalen Zertifikaten über den IIS-Manager kann der Entwickler sich auch mit Boardmitteln von Visual Studio selbst digitale Zertifikate ausstellen und diese anschließend im Windows-Zertifikatspeicher ablegen. Einige in diesem Kapitel beschriebene Sicherheitsszenarien gehen davon aus, dass der Entwickler Zugriff auf solche Zertifikate hat.

Um Zertifikate zu generieren, kann der Entwickler auf die folgenden Kommandozeilenanweisungen auf der Visual-Studio-Kommandozeile zurückgreifen:

```
makecert -n "CN=CA" -pe -r -sv CA.pvk CA.cer -len 2048
makecert -crl -n "CN=DA_DEMO" -r -sv CA.pvk ca_dnoa.crl
makecert -iv CA.pvk -n "CN=CER_1" -ic CA.cer -sv CER_1.pvk CER_1.cer -sky exchange -pe -a sha256
   -len 2048
makecert -iv CA.pvk -n "CN=CER_2" -ic CA.cer -sv CER_2.pvk CER_2.cer -sky exchange -pe -a sha256
   -len 2048
pvk2pfx -pvk CER_1.pvk -spc CER_1.cer -pfx CER_1.pfx -po P@ssw0rd
pvk2pfx -pvk CER_2.pvk -spc CER_2.cer -pfx CER_2.pfx -po P@ssw0rd
```

Auszuführen sind diese Anweisungen als Administrator. Der Reihe nach generieren diese Anweisungen mit dem Werkzeug *makecert* ein Root-Zertifikat `CA`, eine Widerrufsliste für das Root-Zertifikat sowie zwei durch das Root-Zertifikat signierte Zertifikate: `CER_1` und `CER_2`. Anschließend werden aus den generierten Zertifikaten und den dazugehörigen privaten Schlüsseln `pfx`-Dateien, welche in den Windows-Zertifikatspeicher importiert werden können, generiert.

Zum Einrichten der Zertifikate startet man die Management Console (`Start | Ausführen | mmc`) und fügt das Snap-In mit dem Namen *Zertifikate* hinzu (`Snap-In hinzufügen/entfernen | Hinzufügen | Zertifikate | Computerkonto | Computerkonto`)

Das Root-Zertifikat ist unter `Vertrauenswürdige Stammzertifizierungsstellen` bereitzustellen (Rechtsklick auf `Vertrauenswürdige Stammzertifizierungsstellen | Alle Aufgaben | Importieren | Weiter | Durchsuchen | Zuvor erstelltes Root-Zertifikat auswählen`). Dasselbe gilt für die Widerrufsliste mit der Endung *crl*. Damit diese Datei ausgewählt werden kann, ist der vorgegebene Filter auf `*.crl` abzuändern. In den Ordner *Eigene Zertifikate* sollten auf dieselbe Weise die `pfx`-Dateien (nicht die `cer`-Dateien!) der beiden verbleibenden Zertifikate hinterlegt werden. Dazu ist ebenfalls der Filter zu modifizieren.

Daneben muss sichergestellt werden, dass die betroffenen Benutzer (z.B. der Anwender oder auch das Benutzer-Konto, das IIS verwendet) Zugriff auf die Dateien, in denen der Certificate Store die privaten Schlüssel ablegt, haben (Rechtsklick auf `Zertifikat im Store | Alle Aufgaben | Private Schlüssel verwalten`).

Per Doppelklick auf das jeweilige Zertifikat gelangt der Entwickler zu dessen Eigenschaften. Eine wichtige Eigenschaft ist der Fingerabdruck (Thumbprint), welcher das Zertifikat eindeutig identifiziert und somit häufig angegeben wird, wenn das jeweilige Zertifikat, zum Beispiel über den Quellcode, referenziert werden soll.

SSL für Self-Hosting-Szenarien konfigurieren

Auch Self-Hosting-Szenarien unterstützen die Verwendung von SSL. Dazu wird in der Kommandozeile ein Zertifikat jenem Port zugewiesen, der von der Self-Hosting-Implementierung genutzt wird. Beispiel 8-1 demonstriert dies unter Verwendung des Ports 4443 (in Anlehnung an den offiziellen SSL-Port 443). Die erste Anweisung gibt dem angegebenen Benutzer, unter dem die Anwendung auszuführen ist, das Recht, diesen Port zu verwenden. Die zweite Anweisung assoziiert diesen Port mit dem gewünschten Zertifikat, wobei dessen Fingerabdruck unter *certhash* anzugeben ist. Anschließend kann ein Self-Host, der sich auf HTTPS und den genannten Port abstützt, erzeugt und geöffnet werden. Die Konfigurationsmöglichkeiten entsprechen dabei jenen, die auch beim Einsatz von IIS existieren.

Beispiel 8-1: HTTP-Port an Benutzer delegieren und mit SSL-Zertifikat verknüpfen

```
netsh http add urlacl url=http://+:4443/ user=machine\username
netsh http add sslcert ipport=0.0.0.0:
4443 certhash=24e2f9c13090f52f378ffcd40172787daa0d930a appid={00000000-0000-0000-0000-000000000000}
```

SSL und Clients

Der Einsatz von SSL gibt dem Client auch die Möglichkeit, zu prüfen, ob das Gegenüber (der Service) wirklich jener ist, der er vorgibt zu sein. Dazu validieren Clients das SSL-Zertifikat des Servers, um herauszufinden, ob es sich hierbei um ein gültiges sowie vertrauenswürdiges Zertifikat handelt.

Ein Zertifikat wird als vertrauenswürdig eingestuft, wenn es von jemandem, den der Client als vertrauenswürdig empfindet, ausgestellt wurde. Die Zertifikate dieser vertrauenswürdigen Aussteller finden sich im Zertifikatspeicher von Windows, der über die Windows-Managementkonsole (`mmc`) administriert werden kann. Dort findet man im Bereich der vertrauenswürdigen Aussteller die Zertifikate einiger namhafter Firmen, wie `Verisign`, denen Windows standardmäßig vertraut. Die Zertifikate weiterer Anbieter können dort eingetragen werden.

Kann ein Browser das vom Server verwendete SSL-Zertifikat nicht erfolgreich validieren, gibt er eine Warnmeldung aus und überlässt dem Benutzer die Wahl, ob die angeforderte Seite trotzdem abgerufen werden soll. `HttpClient` verweigert in solch einem Fall jedoch den Dienst und weist mit Nachdruck unter Verwendung einer Ausnahme auf den vorherrschenden Umstand hin. Der Entwickler kann dies umgehen, indem er der statischen Eigenschaft `ServicePointManager.ServerCertificateValidationCallback` einen Callback zuweist, der eine benutzerdefinierte Validierung des Zertifikats durchführt. Beispiel 8-2 demonstriert dies mit einem Callback, der sämtlichen Zertifikaten vertraut. Während dies beim Entwickeln, wo häufig selbst ausgestellte Zertifikate zum Einsatz kommen, nützlich sein kann, sollte davon im Produktivbetrieb natürlich auf jeden Fall abgesehen werden.

Beispiel 8-2: Definition einer benutzerdefinierten Logik zur Validierung von SSL-Zertifikaten

```
// Allen SSL-Zertifikaten vertrauen;
// Hilft beim Testen beim Umgang mit selbst ausgestellten Zertifikaten.
// Sollte im Produktiveinsatz NICHT verwendet werden!
ServicePointManager.ServerCertificateValidationCallback =
(sender, certificate, chain, sslPolicyErrors) => {
    return true;
};
```

Zugang zu Action-Methoden beschränken

Mit dem Attribut `Authorize` legt der Entwickler fest, dass eine Action-Methode lediglich von angemeldeten Benutzern angestoßen werden darf (Beispiel 8-3). Daneben besteht die Möglichkeit, über dessen Eigenschaft `Roles` eine kommaseparierte Liste an Rollen anzugeben. Wird davon Gebrauch gemacht, muss der Aufrufer eine dieser Rollen innehaben, um die jeweilige Operation aufrufen zu dürfen. Alternativ dazu kann der Entwickler mit `Authorize` auch die Namen ausgewählter Benutzer hinterlegen, die die Berechtigung haben, die Methoden zur Ausführung zu bringen. Hierzu ist die Eigenschaft `Users` vorgesehen, der ebenfalls eine kommaseparierte Liste zugewiesen werden kann.

Beispiel 8-3: Zugang zu Operationen mit dem Attribut Authorize beschränken

```
public class SecureController : Controller
{
    [Authorize]
    public ActionResult Get()
    {
        [...]
    }

    [Authorize(Roles="Mananger")]
    public ActionResult Get(int id)
    {
        [...]
    }
}
```

Um den Zugang zu sämtlichen Action-Methoden eines Dienstes zu beschränken, kann der Entwickler das Attribut `Authorize` auch auf Klassenebene einsetzen. Um in diesem Fall einige der von diesem Controller angebotenen Action-Methoden doch wieder auch für nicht angemeldete Benutzer zugänglich zu machen, können diese mit `AllowAnonymous` annotiert werden.

Neben dem deklarativen Beschränken des Zugangs zu Operationen mittels `Authorize` kann der Entwickler auch innerhalb von Operationen Daten des aktuellen Benutzers einsehen, um zu ermitteln, auf welche Informationen dieser zugreifen darf. Dazu nutzt er die statische Eigenschaft `CurrentPrincipal` der Klasse `Thread` (Beispiel 8-4). Diese Eigenschaft beinhaltet per Definition ein Objekt vom Typ `IPrincipal`, das den aktuellen Benutzer repräsentiert. Über dessen Eigenschaft `Identity` erhält der Entwickler Zugriff auf den Namen des Benutzers und kann sich darüber informieren, ob es sich hierbei um einen anonymen Benutzer oder um einen angemeldeten handelt. Daneben kann über den `Principal` geprüft werden, ob sich der Benutzer in einer bestimmten `Rolle` befindet.

Beispiel 8-4: Informationen zum aktuellen Benutzer ermitteln

```
public class SecureController : Controller
{
    [Authorize]
    public ActionResult Get()
    {
        var cp = Thread.CurrentPrincipal;

        Debug.WriteLine("Name: " + cp.Identity.Name);
        Debug.WriteLine("IsAuthenticated: " + cp.Identity.IsAuthenticated);
        Debug.WriteLine("isHero: " + cp.IsInRole("Heros"));

        [...]
    }
}
```

Das aktuelle `Principal`-Objekt kann daneben auch innerhalb von Controllern über die von der Klasse `Controller` geerbte Eigenschaft `User` abgerufen werden.

Um zu verhindern, dass der Entwickler dieselben Sicherheitsprüfungen an mehreren Stellen platzieren muss, bietet sich der Einsatz von Authentifizierungsfiltern (vgl. Kapitel 1 und 2) an.

Authorize kann auch in Web-API-basierten Controllern sowie in SignalR-basierten Hubs verwendet werden. Hierbei ist jedoch darauf zu achten, dass jeweils das Authorize-Attribut aus dem Namespace des jeweiligen Frameworks zu verwenden ist.

Windows-Sicherheit unter Verwendung von HTTP-basierter Authentifizierung

Sowohl beim Hosting in IIS als auch beim Self-Hosting besteht die Möglichkeit, den Benutzer mit Windows-Credentials zu authentifizieren. Dazu können die Spielarten HTTP BASIC, HTTP DIGEST sowie NTLM via HTTP zum Einsatz kommen. Letzteres erlaubt den Einsatz von Single-Sign-On innerhalb von Windows-Domänen und stellt somit eine beliebte Authentifizierungsart für Intranets dar.

HTTP-Sicherheit in IIS konfigurieren

Damit IIS Benutzer direkt via HTTP gegen lokale Windows-Benutzer oder Benutzer des Active Directory authentifiziert, muss der Entwickler eine oder mehrere Authentifzierungsarten aktivieren. Tabelle 8-1 liefert einen Überblick über die möglichen Optionen.

Tabelle 8-1: Authentifizierungsarten in IIS

Authentifizierungsart	Beschreibung
Anonyme Authentifizierung	Diese Option bedeutet, dass der Benutzer ohne Authentifizierung auf die Website zugreifen darf
Standardauthentifizierung	Verwendung von HTTP BASIC. Hierbei werden Benutzername und Passwort im Klartext übertragen, weswegen diese Spielart in der Regel gemeinsam mit SSL zum Einsatz kommt.
Digestauthentifizierung	Verwendung von HTTP DIGEST. Hierbei wird nur ein Hash des Passworts übertragen. Ohne den Einsatz von SSL können jedoch Angreifer den Datenverkehr mitlesen und ggf. auch die Benutzersitzung an sich reißen.
Windows-Authentifizierung	Verwendung von NTLM (NT LAN Manager). Hierbei handelt es sich um eine HTTP-Erweiterung von Microsoft, welche vorsieht, dass der verwendete Windows-Client ein NTLM-Token übersendet, das über den aktuell angemeldeten Windows-Benutzer informiert. Somit werden innerhalb von Windows-Domänen Single-Sign-On-Szenarien möglich. Damit der Browser diese Art der Authentifizierung ohne Zutun des Benutzers durchführt, muss er in der Regel entsprechend konfiguriert werden. Bei Internet Explorer nennt sich die dafür verantwortliche Einstellung, welche sich in den Internetoptionen befindet, *Integrierte Windows Authentifizierung*.

Um über den IIS-Manager die gewünschten Authentifizierungsvarianten zu aktivieren, wählt man im Baum auf der linken Seite die jeweilige Website sowie anschließend die Option Authentifizierung. Danach kann man eine oder mehrere der installierten Authentifizierungsarten auswählen (Abbildung 8-5).

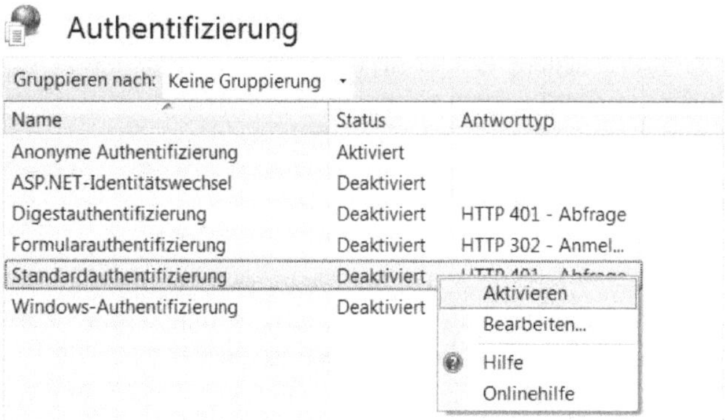

Abbildung 8-5: HTTP BASIC aktivieren

HTTP-Sicherheit in ASP.NET konfigurieren

Um auch die ASP.NET-Anwendung wissen zu lassen, dass die HTTP-basierte Sicherheit zum Einsatz kommt, legt der Entwickler in der `web.config` unter `system.web/authentication` die Eigenschaft `mode` auf `Windows` fest (vgl. Beispiel 8-5). Im betrachteten Listing werden darüber hinaus auch sämtliche nicht angemeldeten Benutzer ausgesperrt. Alternativ dazu könnte der Entwickler auch nur jene Action-Methoden, zu denen der Zugang zu beschränken ist, mit `Authorize` annotieren.

Beispiel 8-5: HTTP-basierte Sicherheit für ASP.NET konfigurieren

```
<system.web>
    <authentication mode="Windows">
    </authentication>

    <!-- Nicht angemeldete Benutzer werden ausgesperrt -->
    <authorization>
      <deny users="?" />
    </authorization>

</system.web>
```

Visual Studio 2013 erzeugt eine Webanwendung mit dieser Konfiguration, wenn beim Erzeugen eines neuen Projekts die Authentifizierungsvariante `Windows-Sicherheit` gewählt wird.

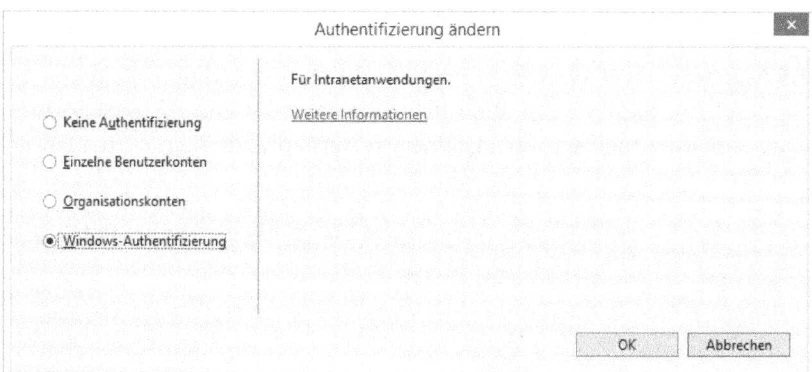

Da standardmäßig die formularbasierte Sicherheit aktiviert ist, die sich mit der HTTP-basierten Sicherheit bei ASP.NET MVC nicht verträgt, muss sie noch durch das Entfernen des jeweiligen Handlers deaktiviert werden (siehe Beispiel 8-6).

Beispiel 8-6: Formularbasierte Sicherheit deaktivieren

```
<system.webServer>
   [...]
  <modules>
    <remove name="FormsAuthentication" />
  </modules>
  [...]
</system.webServer>
```

Windows-Sicherheit bei Self-Hosting

Auch der `HttpListener`, auf dem die von Katana bereitgestellte Server-Implementierung für das Self-Hosting basiert, unterstützt eine Validierung der übersendeten Credentials gegen Windows-Konten. Um dies zu nutzen, muss der Entwickler lediglich eine Referenz auf die vom Server verwendete `HttpListener`-Instanz ermitteln und bei dieser die Windows-Authentifizierung aktivieren. Wie Beispiel 8-7 zeigt, befindet sich diese Instanz in den Properties der verwendeten `IAppBuilder`-Instanz und kann über den Schlüssel `System.Net.HttpListener` abgerufen werden. Die gewünschte Sicherheitsspielart wird anschließend über die Eigenschaft `AuthenticationSchemes` gesetzt. Mögliche Werte dafür sind unter anderem Basic (HTTP BASIC), Digest (HTTP Digest) und NTLM.

Beispiel 8-7: Windows-Sicherheit beim Self-Hosting

```
public class Startup
{
    public void Configuration(IAppBuilder app)
    {
        HttpListener listener = (HttpListener)
                          app.Properties["System.Net.HttpListener"];
        listener.AuthenticationSchemes =
                          AuthenticationSchemes.IntegratedWindowsAuthentication;
    }
}
```

Windows-Sicherheit mit HttpClient

Um über `HttpClient` Benutzername und Passwort übertragen zu können, instanziiert der Entwickler einen `WebRequestHandler` und weist dessen Eigenschaft `Credentials` eine Instanz von `NetworkCredential` zu (Beispiel 8-8). An den Konstruktor von `NetworkCredential` übergibt er den zu verwendenden Benutzernamen sowie das dazugehörige Passwort. Da es sich hierbei um einen Windows-Benutzer handelt, stellt Beispiel 8-8 dem Benutzernamen den Domänennamen voran. Alternativ dazu könnte, wie der Kommentar verdeutlicht, eine andere Überladung des Konstruktors von `NetworkCredential` herangezogen werden, welche den Domänennamen mit einem eigenen Parameter entgegennimmt. Anschließend wird `WebRequestHandler` an den Konstruktor von `HttpClient` weitergereicht. Danach wird `HttpClient` wie gewohnt verwendet, um auf den Service der Wahl zuzugreifen.

Beispiel 8-8: Windows-Authentifizierung mit HttpClient

```
var handler = new WebRequestHandler();
handler.Credentials = new NetworkCredential("yourDomain\\yourUser", "yourPassword");
//handler.Credentials = new NetworkCredential("yourUser", "yourPassword", "yourDomain");
var client = new HttpClient(handler);
var response = await client.GetAsync("http://localhost/SecureService/api/values");
var result = response.Content.ReadAsStringAsync().Result;
```

Soll die Authentifizierung beim Service hingegen mit dem aktuell am Client angemeldeten Windows-Benutzer erfolgen, setzt der Entwickler die Eigenschaft `UseDefaultCredentials` auf `true`. Damit dies funktioniert, muss jedoch auch die Windows-Authentifizierung per NTML aktiviert sein.

Beispiel 8-9: Windows-Authentifizierung mit HttpClient

```
var handler = new WebRequestHandler();
handler.UseDefaultCredentials = true;
var client = new HttpClient(handler);
var response = await client.GetAsync("http://localhost/SecureService/api/values");
var result = response.Content.ReadAsStringAsync().Result;
```

Mit Clientzertifikaten arbeiten

Eine weitere Möglichkeit zur Authentifizierung von Benutzern stellt der Einsatz von Clientzertifikaten dar. Der Benutzer muss bei solchen Szenarien den privaten Schlüssel seines Clientzertifikats besitzen. Im Zuge der Authentifizierung wird damit eine Anfrage signiert. Der Service prüft diese Signatur mit dem öffentlichen Schlüssel und stellt so fest, ob es sich beim Kommunikationspartner wirklich um jenen handelt, der dieser vorgibt zu sein.

> Der Abschnitt »Digitale Zertifikate für Entwicklung ausstellen« weiter vorne in diesem Kapitel erklärt, wie der Entwickler sich für Entwicklungszwecke eigene digitale Zertifikate, die sich auch als Clientzertifikate verwenden lassen, erstellen kann.

> Damit Katana automatisch eingebunden wird, sollte der Entwickler beim Anlegen des Projekts die Authentifizierungsvariante `Einzelne Benutzerkonten` wählen. Alternativ dazu kann er Katana aber auch manuell über NuGet einbinden und eine Klasse `Startup` für die Konfiguration der Middleware-Komponenten erstellen. Bei den benötigten NuGet-Paketen handelt es sich um OWIN, `Microsoft.Owin`, `Microsoft.Owin.Security`. Daneben ist `Microsoft.Owin.SystemWeb` bei Verwendung von IIS einzubinden.

Da, als der vorliegende Text verfasst wurde, seitens Microsoft keine Middleware zum Authentifizieren von Benutzern mittels Clientzertifikaten vorlag, muss dies im Rahmen des Anwendungscodes geschehen. Das bedingt, dass den Benutzern ein anonymer Zugriff auf die Ressourcen der Webanwendung zu gestatten ist, was die Verwendung des Attributs `Authorize` ausschließt. Alternativ dazu kann der Entwickler auch eine benutzerdefinierte Middleware für die Authentifizierung über Clientzertifikate selbst schreiben. Informationen dazu finden sich im Abschnitt »Benutzerdefinierte Authentifizierungs-Middleware-Komponenten mit Katana entwickeln«.

Damit IIS Clientzertifikate akzeptiert, muss die Webanwendung, wie nachfolgend gezeigt, konfiguriert werden. Bei Self-Hosting-Szenarien ist dies nicht der Fall. Unabhängig vom Hosting muss SSL verwendet werden, damit eine Authentifizierung mit Clientzertifikaten erfolgen kann.

IIS konfigurieren

Wird eine Webanwendung, die eine Authentifizierung über Clientzertifikate unterstützt, in IIS ausgeführt, muss für die jeweilige Website unter SSL-Einstellungen angeführt werden, dass Clientzertifikate entweder akzeptiert werden oder erforderlich sind (Abbildung 8-6).

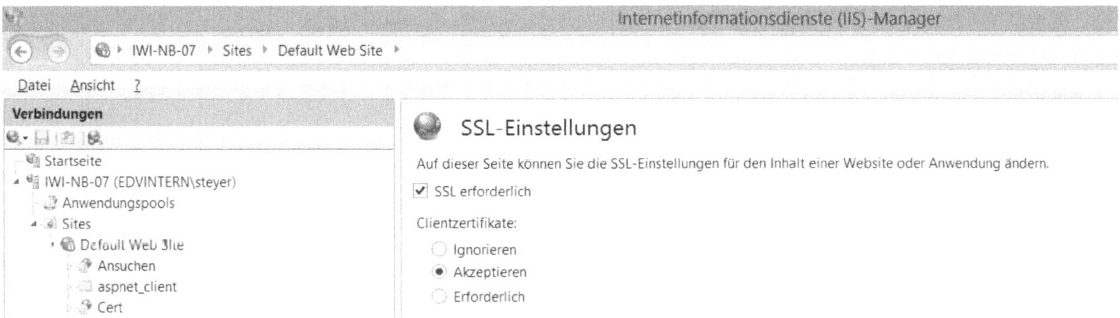

Abbildung 8-6: SSL-Einstellungen, um die Authentifizierung über Clientzertifikate zu ermöglichen

In Service auf Clientzertifikat zugreifen

Beim Einsatz von Katana befindet sich ein übersendetes Clientzertifikat in der OWIN-Umgebungsvariablen `ssl.ClientCertificate` in Form eines Objekts vom Typ `X509Certificate2` (Namensraum `System.Security`). Darauf kann der Entwickler unter Verwendung der Methode `Get` des OWIN-Kontexts zugreifen, wie Beispiel 8-10 zeigt.

Nach Erhalt sollte der Entwickler das Clientzertifikat validieren. Dies kann, wie im betrachteten Beispiel, mit der Klasse `X509CertificateValidator` aus der Assembly `System.IdentityModel` erfolgen. Diese Klasse bietet über einige statische Eigenschaften Subklassen von sich selbst an, welche Zertifikate mit verschiedenen Strategien validieren: `ChainTrust` prüft zum Beispiel, ob das Zertifikat von einer vertrauenswürdigen Stammzertifizierungsstelle ausgestellt wurde, die sich auch im Zertifikatspeicher wiederfindet. `PeerTrust` prüft hingegen, ob das Zertifikat im Zertifikatspeicher im Bereich der vertrauenswürdigen Personen eingetragen ist. `PeerOrChainTrust` verlangt, dass das Zertifikat von einer dieser Strategien erfolgreich validiert werden kann.

Das Zertifikat beinhaltet Informationen über den Besitzer. Diese könnte der Entwickler nun heranziehen, um den Benutzer zu authentifizieren. Damit diese Prüfung nicht bei jedem Aufruf zu erfolgen hat, scheint es auch eine gute Idee zu sein, den Benutzer mit den Möglichkeiten von ASP.NET Identity bei der Webanwendung anzumelden.

Beispiel 8-10: Daten aus übermitteltem Clientzertifikat auslesen

```
// Voraussetzung:
//  System.Net.Http für GetOwinContext() einbinden
public string Get()
{
```

```
    var cert = Request.GetOwinContext().Get<X509Certificate2>("ssl.ClientCertificate");

    if (cert != null)
    {

        X509CertificateValidator.ChainTrust.Validate(cert);
              // Löst Exception aus, wenn Cert nicht korrekt validiert werden konnte

        Debug.WriteLine("Certificate.FriendlyName: " + cert.FriendlyName);
        Debug.WriteLine("Certificate.Subject: " + cert.Subject);
        Debug.WriteLine("Certificate.Thumbprint: " + cert.Thumbprint);
        Debug.WriteLine("Certificate.Issuer: " + cert.Issuer);
    }

    return "OK";
}
```

Client für Authentifizierung mittels Clientzertifikat vorbereiten

Beispiel 8-11 zeigt einen Client, der sich mit einem Clientzertifikat aus dem Windows-Zertifikatspeicher authentifiziert. Dazu lädt er mit der Hilfsmethode `LoadCert` unter Angabe des Fingerabdrucks des Zertifikats (engl. Thumbprint) das Zertifikat aus dem Zertifikatspeicher. Der Fingerabdruck findet sich in den Eigenschaften des Zertifikats und fungiert als ID. Das auf diese Weise erhaltene Zertifikat weist er anschließend mit `ClientCertificates.Add` dem `WebRequestHandler` zu. Diesen übergibt er wiederum an den `HttpClient`, mit dem er die gewünschte Anfrage durchführt.

Beispiel 8-11: Client, der sich mit einem Clientzertifikat authentifiziert

```
private static async Task ClientCertDemo()
{
    Console.WriteLine("[Enter]: Starten");
    Console.ReadLine();

    var handler = new WebRequestHandler();

    // Clientzertifikat
    var cert = LoadCert();
    handler.ClientCertificates.Add(cert);

    var client = new HttpClient(handler);
    var response = await client.GetAsync("https://localhost:4443/api/secure");
    var result = response.Content.ReadAsStringAsync().Result;

    Console.WriteLine("Status: " + response.StatusCode);
    Console.WriteLine(result);
}

private X509Certificate2 LoadCert()
{
    X509Store store = new X509Store("My", StoreLocation.LocalMachine);
    store.Open(OpenFlags.ReadOnly);
    var certs = store.Certificates.Find(X509FindType.FindByThumbprint,
"060f28445427f91de6427b5370ffb19c2b5eaf96", validOnly: false);
    var cert = certs[0];
    store.Close();
    return cert;
}
```

Sicherheitszenarien mit ASP.NET Identity und Katana

ASP.NET Identity stellt ein Framework zur Verwaltung von Benutzerkonten dar. Daneben bietet Katana zahlreiche Middleware-Komponenten zur Realisierung verschiedener Sicherheitszenarien.

Damit Visual Studio 2013 eine Webanwendung generiert, die sämtliche Komponenten für den Einsatz von ASP.NET Identity und Katana zur Implementierung von Sicherheitszenarien bereithält, ist beim Erzeugen der Anwendung die Authentifizierungsvariante `Einzelne Benutzerkonten` zu wählen.

Überblick über ASP.NET Identity

Mit ASP.NET Identity stellt Microsoft ein Membership-System zur Verwaltung von Benutzern, Logins, Rollen und Claims zur Verfügung. Die in Abbildung 8-7 dargestellte Datenbankstruktur, die standardmäßig von ASP.NET Identity verwendet wird, veranschaulicht dies. Dabei kann ein Benutzer mehrere Rollen und Logins haben. Logins beziehen sich entweder auf ein lokal gepflegtes Benutzerkonto oder auf eines, welches der Benutzer bei einem anderen Identitätsanbieter hat, wie z.B. Google oder Facebook. Somit kann sich der Benutzer auf verschiedene Arten authentifizieren. Bei den Claims handelt es sich um Name/Wert-Paare, die den Benutzer näher beschreiben und zur Autorisierung herangezogen werden können. Ein Beispiel dafür wäre das Geburtsdatum oder die Abteilungszugehörigkeit. Streng genommen handelt es sich auch beim Benutzernamen und den Rollenzuweisungen um Claims, allerdings wird diese spezielle Art von Claims, unter anderem sicher auch aus historischen Gründen, separat verwaltet und – zumindest nicht in der Datenbank – als Claim geführt.

Zum Speichern der besprochenen Entitäten zieht ASP.NET Identity standardmäßig das Entity Framework Code Only heran. Somit können sämtliche Datenbanken, für welche ein entsprechender Entity Framework-Provider zur Verfügung steht, zum Verwalten von Benutzern herangezogen werden. Allerdings kann der Entwickler jene Komponente, die sich um den Datenzugriff kümmert, auch austauschen und sich so vom Entity Framework unabhängig machen. Ein Beispiel dafür wäre die Verwendung von Services, die sich um die Verwaltung von Benutzerkonten kümmern.

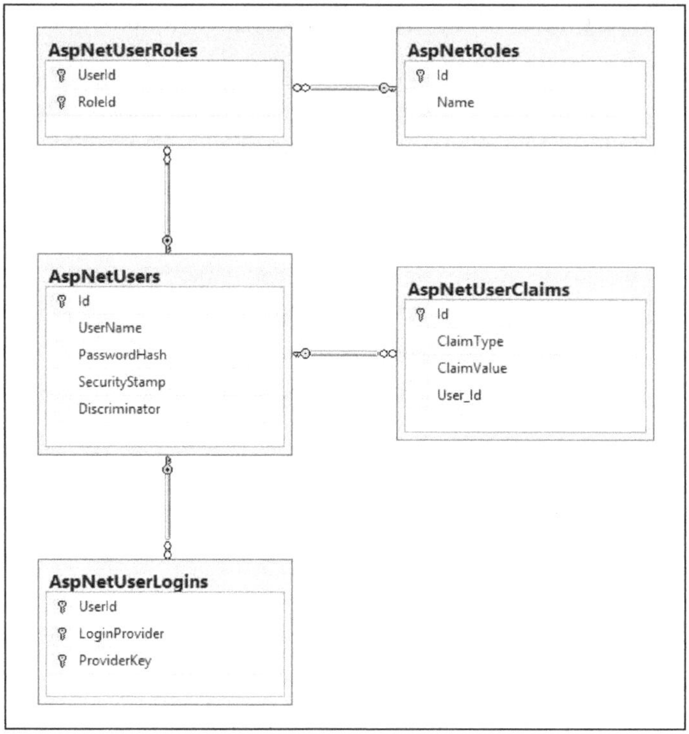

Abbildung 8-7: Die standardmäßig von ASP.NET Identity verwendete Datenbankstruktur

ASP.NET Identity verwenden

Um in den Genuss von ASP.NET Identity zu kommen, wählt der Benutzer beim Anlegen einer neuen Webanwendung die Authentifizierungsvariante `Eigene Benutzerkonten`. Alternativ dazu kann er auch im nachhinein ASP.NET Identity einklinken, indem er das NuGet-Paket `Microsoft.AspNet.Identity.Owin` einbindet.

Dreh- und Angelpunkt von ASP.NET Identity ist die Klasse `UserManager<TUser>`. Der Typparameter `TUser` repräsentiert jene Klasse, mit der Benutzer dargestellt werden sollen, und muss ein Subtyp von `Microsoft.AspNet.Identity.IUser` sein. Die Vorlage von Visual Studio legt zu diesem Zweck eine leere Implementierung von `IUser` namens `ApplicationUser` an. Aufgrund des Einsatzes des Entity Frameworks kann der Entwickler diese Klasse um beliebige Eigenschaften erweitern, die dann auch in der Datenbank gespeichert werden.

Der Konstruktor von `UserManager` erwartet eine Instanz von `IUserStore<TUser>`. Diese realisiert den Datenbankzugriff. Die Standardimplementierung, die von Microsoft bereitgestellt wird und sich auf Entity Framework Code Only abstützt, ist `UserStore<TUser>`. Beispiel 8-12 zeigt, wie der Entwickler den `UserManager` instanziieren und zum Erzeugen eines neuen Benutzers heranziehen kann. Neben der hier gezeigten Methode `Create` weist der `UserManager` zahlreiche weitere Methoden auf, um die eingangs erwähnten Entitäten zu warten und miteinander zu verknüpfen. Beispiele für deren Anwendung finden sich unter anderem im `AccountController`, der Teil der Projektvorlagen von Visual Studio ist.

Beispiel 8-12: Mit dem UserManager einen neuen Benutzer anlegen

```
var userManager = new UserManager<ApplicationUser>(
                        new UserStore<ApplicationUser>());
var user = new ApplicationUser();
user.UserName = "Test-User";
userManager.Create(user, "myPassword");
```

Der UserStore verwendet standardmäßig jene Datenbank, deren Verbindungszeichenkette in der Anwendungskonfigurationsdatei als DefaultConnection eingetragen ist (vgl. Beispiel 8-13). Durch Anpassen des in Beispiel 8-13 gezeigten Eintrags kann der Entwickler die Datenbank sowie das verwendete Datenbanksystem ändern.

Beispiel 8-13: Datenbankverbindungszeichenfolge in Anwendungskonfigurationsdatei

```
<connectionStrings>
  <add name="DefaultConnection"
       connectionString="Data Source=(LocalDb)\v11.0;[...]"
       providerName="System.Data.SqlClient"/>
</connectionStrings>
```

Um dies zu ändern, kann der Entwickler dem UserStore einen benutzerdefinierten DbContext übergeben. Dieser DbContext muss entweder von IdentityDbContext erben oder zumindest dieselbe Struktur aufweisen.

Beispiel 8-14 demonstriert dies, indem es dem UserStore den in Beispiel 8-15 gezeigten ApplicationDbContext übergibt, der auf die Datenbankverbindung MyConnection verweist.

Beispiel 8-14: Den verwendeten Datenbankkontext variieren

```
var userManager = new UserManager<ApplicationUser>(
                        new UserStore<ApplicationUser>(
                             new ApplicationDbContext()))
```

Beispiel 8-15: Ein einfacher benutzerdefinierter DbContext für den UserStore

```
public class ApplicationDbContext : IdentityDbContext<ApplicationUser>
{
    public ApplicationDbContext()
        : base("MyConnection")
    {
    }
}
```

Überlegungen zur Implementierung eines eigenen UserStores

Möchte der Entwickler nicht mit dem Entity Framework zum Verwalten von Benutzern vorlieb nehmen, steht es ihm frei, eine eigene Implementierung von IUserStore<TUser> bereitzustellen. Obwohl der Konstruktor von UserManager lediglich einen IUserStore<TUser> fordert, muss die bereitgestellte Implementierung noch weitere Schnittstellen realisieren, um sämtliche Möglichkeiten von UserManager zu unterstützen. Diese beziehen sich auf jeweils eine der eingangs erwähnten Entitäten und nennen sich IUserLoginStore<TUser>, IUserClaimStore<TUser>, IUserRoleStore<TUser>, IUserPasswordStore<TUser> sowie IUserSecurityStampStore<TUser>.

Formularbasierte Authentifizierung mit Katana

Gerade öffentliche Webauftritte nutzen nicht die HTTP-basierte, sondern die sogenannte formularbasierte Authentifizierung. Dies bedeutet, dass Sie sich über ein von der Webanwendung zur Verfügung gestelltes Formular anmelden, zum Beispiel unter Bekanntgabe von Benutzername und Passwort. Die Prüfung von Benutzername und Passwort erfolgt dabei in der Regel unter Verwendung einer benutzerdefinierten Datenbank. Zur Abstraktion dieser bietet sich ASP.NET Identity an. Katana unterstützt mit der `CookieAuthenticationMiddleware` unter anderem solche Szenarien.

Um Problemen mit jenem Modul, über das in der Vergangenheit formularbasierte Authentifizierung implementiert wurde, aus dem Weg zu gehen, sollte dieses standardmäßig aktive Modul deaktiviert werden:

```
<system.webServer>
   [...]
  <modules>
    <remove name="FormsAuthentication" />
  </modules>
  [...]
</system.webServer>
```

Überblick über die CookieAuthenticationMiddleware vor dem Hintergrund formularbasierter Authentifizierung

Die `CookieAuthenticationMiddleware` kann über das NuGet-Paket `Microsoft.Owin.Security.Cookies` bezogen werden und wird von Visual Studio bei Wahl der Authentifizierungsvariante `Eigene Benutzerkonten` ohne Zutun des Entwicklers eingebunden.

Zur Realisierung einer formularbasierten Authentifizierung kümmert sich die `CookieAuthenticationMiddleware` um zwei Aufgaben: Zum einen leitet sie jeden Benutzer, der auf eine Ressource zugreift ohne die dafür nötigen Rechte aufzuweisen, auf ein festzulegendes Login-Formular um. Ist der Benutzer erst mal bei der Anwendung angemeldet, stellt sie ihm ein Cookie aus. Dieses beinhaltet verschlüsselte Informationen über den Benutzer. Bei jedem weiteren Seitenaufruf greift die Middleware auf die Informationen in diesem Cookie zurück und authentifiziert den Benutzer damit. Somit kann sich die Anwendung über Seitenaufrufe hinweg »merken«, welcher Benutzer gerade angemeldet ist. Die Informationen, die den Benutzer beschreiben, sind vom Anwendungscode im Zuge einer erfolgreichen Anmeldung in Form einer Instanz von `ClaimsIdentity` anzugeben. Eine `ClaimsIdentity` beschreibt einen Benutzer mit Claims. Dabei handelt es sich um Name/Wert-Paare, wie `Name=Max` oder `Abteilung=Z`.

CookieAuthenticationMiddleware für formularbasierte Authentifizierung konfigurieren

Die Erweiterungsmethode `UseCookieAuthentication` registriert die `CookieAuthenticationMiddleware` im Rahmen der Katana-Konfiguration zur Realisierung einer formularbasierten Authentifizierung (Beispiel 8-16). Bei Verwendung der von Visual Studio angebotenen Vorlagen bietet sich zum Aufruf dieser Routine die Methode `ConfigureAuth` der Klasse `Startup` an, die sich in der Datei `App_Start\Startup.Auth.cs` befindet.

Über ein an `UseCookieAuthentication` zu übergebendes Objekt vom Typ `CookieAuthenticationOptions` wird die Middleware konfiguriert. Beispiel 8-16 zeigt eine minimale Konfiguration, die mit der Eigenschaft LoginPath auf den Pfad des Login-Formulars verweist. Zur Unterstützung von formularbasierter Sicherheit ist der AuthenticationType auf den Wert ApplicationCookie zu setzen. Mit ExpireTimeSpan gibt das hier betrachtete Beispiel an, dass der Benutzer zwei Stunden lang angemeldet bleiben soll. Dadurch, dass SlidingExpiration auf true gesetzt wurde, wird der Benutzer jedoch erst abgemeldet, wenn diese zwei Stunden zwischen zwei Seitenzugriffen verstreichen[1]. Der Parameter ReturnUrlParameter gibt an, dass Katana den URL einer eventuell angeforderten Seite, die nicht aufgerufen werden konnte, weil der Benutzer nicht über die erforderlichen Berechtigungen verfügt, beim Aufruf der Login-Maske über den URL-Parameter return_url übergeben soll.

Beispiel 8-16: CookieAuthenticationMiddleware für formularbasierte Sicherheit registrieren

```
app.UseCookieAuthentication(new CookieAuthenticationOptions
{
    AuthenticationType = DefaultAuthenticationTypes.ApplicationCookie,
    LoginPath = new PathString("/Account/Login"),
    ExpireTimeSpan = TimeSpan.FromHours(2),
    SlidingExpiration = true,
    ReturnUrlParameter = "return_url"
});
```

Beim Registrieren der CookieAuthenticationMiddleware mit UseCookieAuthentication kann der Entwickler auch eine Implementierung von ICookieAuthenticationProvider (Beispiel 8-17) angeben. Diese Schnittstelle stellt drei Methoden zur Verfügung, die die Middleware bei bestimmten Ereignissen aufruft. Diese drei Methoden erhalten vom Aufrufer ein Objekt mit Kontextinformationen, wie das aktuelle Request- oder Response-Objekt oder die aktuelle Identity-Instanz. ApplyRedirect kommt zum Einsatz, um den Benutzer auf die Login-Seite umzuleiten. ResponseSignIn wird ausgeführt, bevor das Cookie gesetzt wird. An dieser Stelle kann der Entwickler die Identity, die in das Cookie serialisiert wird, noch abändern. Diese Methode eignet sich, um bestehende Claims hinzuzufügen, zum Beispiel Claims, die sich aus anderen ableiten. ValidateIdentity kommt hingegen immer dann zum Einsatz, wenn die Middleware die Identität eines Benutzers validiert hat. Das ist bei jedem Seitenaufruf, nach dem Wiederherstellen der ClaimsIdentity aus dem Cookie der Fall. An dieser Stelle kann der Entwickler durch Aufruf der Methode RejectIdentity, die vom übergebenen Datenbankkontextobjekt bereitgestellt wird, in letzter Sekunde angeben, dass die vorliegende Identität doch nicht akzeptiert werden darf. Mit der Methode ReplaceIdentity kann er hingegen die validierte Identität durch eine andere Instanz von IIdentity ersetzen.

Beispiel 8-17: ICookieAuthenticationProvider aus der Assembly Microsoft.Owin.Security.Cookies.dll

```
// Assembly Microsoft.Owin.Security.Cookies.dll
// Namespace Microsoft.Owin.Security.Cookies
public interface ICookieAuthenticationProvider
{
    void ApplyRedirect(CookieApplyRedirectContext context);
    void ResponseSignIn(CookieResponseSignInContext context);
    Task ValidateIdentity(CookieValidateIdentityContext context);
}
```

1 Bei der Implementierung, die beim Verfassen des vorliegenden Texts vorlag, wurde das zugrunde liegende Cookie nur erneuert, wenn der Benutzer nach mindestens 50% des Verstreichens der in ExpireTimeSpan angegebenen Zeitspanne erneut auf eine Seite zugegriffen hat.

Anstatt die Schnittstelle zu implementieren, kann der Entwickler auch auf die Klasse CookieAuthenticationProvider zurückgreifen. Diese implementiert zum einen die Schnittstelle und bietet zum anderen Delegate für die drei genannten Methoden an. Der Entwickler kann somit Callbacks für jene Ereignisse hinterlegen, die ihn interessieren. Beispiel 8-18 demonstriert dies. OnApplyRedirect führt die gewünschte Umleitung aus, zumal dies in Fällen, in denen für OnApplyRedirect ein Callback hinterlegt wird, nicht ohne Zutun des Entwicklers vonstatten geht. OnResponseSignIn fügt der ClaimsIdentity zwei Claims hinzu. Da die Middleware erst nach dem Aufruf dieser Methode die ClaimsIdentity in das Cookie schreibt, stehen diese Claims künftig bei jedem Seitenaufruf zur Verfügung.

Beispiel 8-18: Angabe eines CookieAuthenticationProvider beim Registrieren der CookieAuthenticationMiddleware

```
app.UseCookieAuthentication(new CookieAuthenticationOptions
{
    AuthenticationType = DefaultAuthenticationTypes.ApplicationCookie,
    LoginPath = new PathString("/Account/Login"),
    ExpireTimeSpan = TimeSpan.FromHours(2),
    SlidingExpiration = true,
    ReturnUrlParameter = "return_url",
    Provider = new CookieAuthenticationProvider
    {
        OnApplyRedirect = (ctx) =>
        {
            Debug.WriteLine("OnApplyRedirect: " + ctx.Request.Uri);

            var queryString = new QueryString(ctx.Options.ReturnUrlParameter, ctx.Request.Uri.
ToString());
            var loginUri = ctx.Options.LoginPath.Add(queryString);
            ctx.Response.Redirect(loginUri.ToString());
        },
        OnResponseSignIn = (ctx) =>
        {
            Debug.WriteLine("OnResponseSignIn: " + ctx.Identity.Name);
            ctx.Identity.AddClaim(new Claim("IsNiceGuy", "true"));
            ctx.Identity.AddClaim(new Claim("Projects", "A B C"));
        },
        OnValidateIdentity = async (ctx) =>
        {
            Debug.WriteLine("OnValidateIdentity: " + ctx.Identity.Name);
            // ctx.RejectIdentity( ... )
            // ctx.ReplaceIdentity( ... )
        }
    }
});
```

Benutzer anmelden

Um der CookieAuthenticationMiddleware mitzuteilen, dass im Zuge des Logins der Benutzer erfolgreich authentifiziert wurde, ruft der Entwickler die Methode SignIn einer von Katana bereitgestellten IAuthenticationManager-Implementierung auf (Beispiel 8-19). Diese Implementierung erhält er über die Eigenschaft Authentication des OWIN-Kontexts. An SignIn übergibt er die Identität des authentifizierten Benutzers in Form einer ClaimsIdentity. Damit sich die Middleware dafür zuständig fühlt, muss diese ClaimsIdentity denselben AuthenticationType wie die Middleware aufweisen. Hierzu kann bei Implementierung von formularbasierter Sicherheit die Konstante `DefaultAuthenticationTypes.ApplicationCookie` herangezogen werden.

Bei der Nutzung von Claims ist es sinnvoll, zu prüfen, ob es für die benötigten Claims bereits einen offiziellen Namen gibt. Häufig werden Claims mit URLs bezeichnet, um Namenskonflikte zu vermeiden. Beispiel 8-19 stützt sich, soweit wie möglich, auf Konstanten, die Claims-Namen beinhalten. `ClaimsIdentity.DefaultNameClaimType` beinhaltet den Namen jenes Claims, der standardmäßig Benutzernamen widerspiegelt. Dasselbe gilt für die Konstante `ClaimsIdentity.DefaultRoleClaimType` und die Rollen des Benutzers. Diese beiden Claims weisen, mitunter auch aus historischen Gründen, eine Sonderrolle auf und durch die Verwendung dieser Konstanten kann der Entwickler in weiterer Folge auf einfache Weise auf den Benutzernamen zugreifen, sowie prüfen, ob der Benutzer eine bestimmte Rolle aufweist.

> Da der von ASP.NET MVC angebotene HTML-Helper `Html.AntiForgeryToken` sich standardmäßig auf jene Claims abstützt, deren Namen sich im betrachteten Beispiel in den Konstanten `IDP_CLAIM_TYPE` und `ClaimTypes.NameIdentifier` befinden, sollte nicht vergessen werden, diese festzulegen. Alternativ dazu kann der Entwickler zum Beispiel in der Datei *global.asax* festlegen, dass ein anderer Claim zur eindeutigen Identifizierung des Benutzers heranzuziehen ist. Die folgende Zeile legt hierfür beispielsweise jenen Claim fest, der die E-Mail-Adresse des Benutzers repräsentiert:
>
> ```
> AntiForgeryConfig.UniqueClaimTypeIdentifier = ClaimTypes.Email;
> ```

Neben der `ClaimsIdentity` übergibt Beispiel 8-19 auch eine Instanz von `AuthenticationProperties`. Über diese Instanz kann der Entwickler der Middleware weitere Informationen zukommen lassen. Eine dieser Informationen wird durch die Eigenschaft `IsPersistent` ausgedrückt. Setzt der Entwickler diese Eigenschaft auf `true`, erzeugt die Middleware ein persistentes Cookie, welches die aktuelle Browser-Sitzung überlebt. Der Entwickler bleibt somit angemeldet, wenn er den Browser schließt, ohne sich vorher abzumelden. Das Ablaufdatum des Cookies korreliert dabei mit der Zeitspanne, die der Entwickler als `ExpireTimeSpan` beim Registrieren der Middleware angegeben hat.

Beispiel 8-19: Benutzer authentifizieren

```
const string IDP_CLAIM_TYPE =
            "http://schemas.microsoft.com/accesscontrolservice/2010/07/claims/identityprovider";

var authenticationManager = HttpContext.GetOwinContext().Authentication;

string authType = DefaultAuthenticationTypes.ApplicationCookie;
var claimsIdentity = new ClaimsIdentity(authType);
claimsIdentity.AddClaim(new Claim(ClaimsIdentity.DefaultNameClaimType, "Stefan Grünwald"));
claimsIdentity.AddClaim(new Claim(ClaimsIdentity.DefaultRoleClaimType, "Manager"));
claimsIdentity.AddClaim(new Claim(ClaimsIdentity.DefaultRoleClaimType, "Dozent"));
claimsIdentity.AddClaim(new Claim(ClaimTypes.NameIdentifier, "42"));
claimsIdentity.AddClaim(new Claim(IDP_CLAIM_TYPE, "LOCAL"));
claimsIdentity.AddClaim(new Claim(ClaimTypes.Country, "A"));
claimsIdentity.AddClaim(new Claim(ClaimTypes.Email, "stefan.gruenwald@example.org"));
claimsIdentity.AddClaim(new Claim("http://example.org/IsNiceGuy", "true"));
claimsIdentity.AddClaim(new Claim("http://example.org/Anrede", "Prof. G."));

var authProps = new AuthenticationProperties();
authProps.IsPersistent = false;

authenticationManager.SignIn(authProps, claimsIdentity);
```

Ein weiteres Beispiel für das Anmelden eines Benutzers unter Verwendung der CookieAuthenticationMiddleware findet sich in Beispiel 8-20. Es wurde aus dem AccountController, der Teil der Vorlage von Visual Studio ist, entnommen und demonstriert das Zusammenspiel zwischen ASP.NET Identity und Katana. Bei UserManager und AuthenticationManager handelt es sich in diesem Beispiel um Eigenschaften von AccountController, die einen Zugriff auf die jeweils verwendete IUserManager- bzw. IAuthenticationManager-Implementierung erlauben.

Die Action-Methode Login nimmt über ein LoginViewModel die vom Benutzer erfasste Benutzername/Passwort-Kombination entgegen. Daneben beinhaltet das LoginViewModel eine boolesche Eigenschaft RememberMe, die anzeigt, ob im Zuge der Anmeldung ein persistentes Cookie zu vergeben ist. Ein eventueller URL, zu dem der Benutzer nach dem Login umzuleiten ist, wird durch den Parameter returnUrl repräsentiert.

Die vom UserManager bereitgestellte Methode FindAsync sucht in der Datenbank nach einem Benutzer mit der angegebenen Benutzername/Passwort-Kombination. Wurde sie dabei fündig, ruft Login die Hilfsmethode SignInAsync auf.

Die Methode SignInAsync meldet durch Aufruf den Benutzer ab, falls er bereits mit dem AuthenticationType DefaultAuthenticationTypes.ExternalCookie angemeldet sein sollte. Informationen über diesen AuthenticationType finden sich weiter unten. Anschließend wird die vom UserManager angebotene Methode CreateIdentityAsync verwendet, um für den an den ersten Parameter übergebenen Benutzer eine Instanz von ClaimsIdentity zu erstellen. Den AuthenticationType, den die ClaimsIdentity aufweisen soll, übergibt sie an den zweiten Parameter. Wie schon oben angemerkt, muss darauf geachtet werden, dass die ClaimsIdentity denselben AuthenticationType wie die verwendete Middleware aufweist, damit sich die Middleware dafür zuständig fühlt.

Um die Claims des betroffenen Benutzers zu ermitteln, greift CreateIdentityAsync auf die Datenbank zu. Aus dieser lädt sie jedoch nicht nur die hinterlegten Claims, sondern auch die Rollen, zu denen der Benutzer zugewiesen wurde, wobei auch diese in Form von Claims in die Identity übernommen werden. Zum Anmelden des Benutzers übergibt die hier betrachtete Routine die ClaimsIdentity zusammen mit einer Instanz von AuthenticationProperties an die Methode SignIn des AuthenticationManagers.

Nach der Ausführung von SignInAsync leitet die Action-Methode Login den Benutzer zu dem mit returnUrl angegebenen URL um. Ist dieser leer, leitet sie den Benutzer zur Startseite der Anwendung.

Beispiel 8-20: Zusammenspiel zwischen ASP.NET Identity und Katana

```
[HttpPost]
[AllowAnonymous]
[ValidateAntiForgeryToken]
public async Task<ActionResult> Login(LoginViewModel model, string returnUrl)
{
    if (ModelState.IsValid)
    {
        var user = await UserManager.FindAsync(model.UserName, model.Password);
        if (user != null)
        {
            await SignInAsync(user, model.RememberMe);
            return RedirectToLocal(returnUrl);
        }
        else
```

```
            {
                ModelState.AddModelError("", "Invalid username or password.");
            }
        }

        // Wurde dieser Punkt erreicht, ist ein Fehler aufgetreten; Formular erneut anzeigen.
        return View(model);
    }

    private async Task SignInAsync(ApplicationUser user, bool isPersistent)
    {
        AuthenticationManager.SignOut(DefaultAuthenticationTypes.ExternalCookie);
        var identity = await UserManager.CreateIdentityAsync(user, DefaultAuthenticationTypes.
    ApplicationCookie);
        AuthenticationManager.SignIn(new AuthenticationProperties() { IsPersistent = isPersistent },
    identity);
    }

    private ActionResult RedirectToLocal(string returnUrl)
    {
        if (Url.IsLocalUrl(returnUrl))
        {
            return Redirect(returnUrl);
        }
        else
        {
            return RedirectToAction("Index", "Home");
        }
    }
```

Benutzer abmelden

Zum Abmelden des Benutzers bietet der `AuthenticationManager` dem Entwickler die Methode `SignOff` an. Um die gewünschte Middleware zu adressieren, muss deren `AuthenticationType` in Form eines Strings an diese Methode übergeben werden.

Claims in Action-Methoden verwenden

Um die ins verschlüsselte Cookie serialisierte `ClaimsIdentity` innerhalb der Action-Methoden zu verwenden, wird das `Principal`-Objekt, welches den Aufrufer beschreibt, über `Thread.CurrentPrincipal` bzw. über die Eigenschaft `User` abgerufen und nach `ClaimsPrincipal` gecastet (Beispiel 8-21). Mit `HasClaim` prüft das betrachtete Beispiel, ob der `Principal` den angeführten Claim mit dem angeführten Wert aufweist; mit `FindFirst` bringt sie hingegen den Wert des ersten Claims mit dem übergebenen Typ in Erfahrung. Daneben könnte man mit `FindAll` sämtliche Claims eines bestimmten Claimtyps in Erfahrung bringen. Um sämtliche Claims des Benutzers in Erfahrung zu bringen, iteriert das Beispiel die Auflistung `Claims`.

Das Beispiel demonstriert auch, dass der Entwickler über die Methode `IsInRole` prüfen kann, ob der Benutzer eine bestimmte Rolle innehat. Darüber hinaus kann der Entwickler mit `Identity.Name` auf einfache Weise auf den Namen des Benutzers zugreifen. Dies ist möglich, da beim Erzeugen der `ClaimsIdentity` (Beispiel 8-19) die hierfür vorgesehenen Claim-Namen verwendet wurden.

Beispiel 8-21: Zugriff auf Claims

```
var p = User as ClaimsPrincipal;

var isDozent = p.IsInRole("Dozent");

if (!p.HasClaim("http://example.org/IsNiceGuy", "true"))
    throw new SecurityException("'Ungustl' sind nicht erlaubt!");

var emailAddress = p.FindFirst(ClaimTypes.Email);

Debug.WriteLine(string.Format(
                    "User: {0}, EmailAddress: {1}, Dozent: {2}",
                    p.Identity.Name, emailAddress, isDozent));

foreach (var claim in p.Claims)
{
    Debug.WriteLine(claim.Type + ": " + claim.Value);
}
```

Das `Principal`-Objekt bietet über die Eigenschaft `Identity` Zugriff auf das verwendete `ClaimsIdentity`-Objekt. Da diese Eigenschaft jedoch vom allgemeineren Typ `IIdentity` ist, muss der Entwickler einen Downcast vornehmen. Hat der Benutzer mehrere Identitäten, kann der Entwickler auf diese über die Auflistung `Identities` von `ClaimsPrincipal` zugreifen. Wie auch der `ClaimsPrincipal` weist eine `ClaimsIdentity` die Methoden `FindFirst`, `FindAll` und `HasClaim` sowie eine Auflistung `Claims` zum Durchsuchen ihrer Claims auf. Der Unterschied zu den gleichnamigen Methoden von `ClaimsPrincipal` ist, dass dieser damit auf sämtliche Claims aller Identitäten zugreift.

Authentifzierung mit externen Identitätsanbietern, wie Google oder Facebook mit Katana

Um zu verhindern, dass sich ein Benutzer für jede Webanwendung ein eigenes Passwort merken muss, wurden Protokolle entwickelt, die die Möglichkeit bieten, zentral verwaltete Benutzerkonten für beliebige Webanwendungen zu verwenden. Diese Protokolle sehen in der Regel einen zentralen Dienst vor, bei dem sich der Benutzer anmeldet. Dieser Dienst, der nachfolgend als Authentifizierungsdienst bezeichnet wird, gibt der Webanwendung Bescheid, um welchen Benutzer es sich gerade handelt. Dazu übermittelt er zum Beispiel ein Sicherheits-Token, das den Zugriff auf die Daten des Benutzers erlaubt.

Damit der Benutzer der Webanwendung sein Passwort, das er für die Anmeldung am zentralen Authentifizierungsdienst verwendet, nicht preisgeben muss, sehen die genannten Protokolle vor, dass der Benutzer zur Anmeldung auf eine Login-Seite des Authentifizierungsservers umgeleitet wird. Hat er sich dort erfolgreich authentifiziert, wird er wieder zur ursprünglichen Seite zurückgeleitet.

Katana unterstützt die Authentifizierung über Authentifizierungsdienste namhafter Anbieter, darunter Google, Facebook, Twitter und Microsoft (vormals Windows Live). Darüber hinaus bietet Katana die Möglichkeit, einen eigenen Authentifizierungsserver unter Verwendung des populären Standards OAuth 2.0, der von den eben erwähnten Anbietern und auch von weiteren namhaften Websites unterstützt wird, zu entwickeln, wobei vor dem Hintergrund von OAuth 2.0 genau genommen von Autorisierungsservern und nicht von Authentifizierungsservern gesprochen werden muss.

Dieser Abschnitt zeigt, wie der Entwickler ohne Kenntnis der zugrunde liegenden Protokolle Benutzer unter Verwendung der genannten Angebote authentifizieren kann. Der Abschnitt »Single-Sign-On und weiterführende Szenarien mit OAuth 2.0, OpenID Connect und Katana« geht anschließend auf die Standards OAuth 2.0 und OpenId Connect ein und zeigt, wie unter Verwendung dieser Protokolle und Katana ein eigener Authentifizierungs- bzw. Autorisierungsserver geschrieben werden kann.

Middleware registrieren

Um die Unterstützung für eine Authentifizierung mit Google, Facebook, Twitter oder Microsoft-Konten (vormals Windows Live) nutzen zu können, registriert der Entwickler die im Abschnitt »Formularbasierte Authentifizierung mit Katana« beschriebene `CookieAuthenticationMiddleware` mit der Erweiterungsmethode `UseExternalSignInCookie`. Dabei sollte der für dieses Szenario vorgesehene `AuthenticationType` in der Konstante `DefaultAuthenticationTypes.ExternalCookie` angegeben werden. Auf diese Weise wird die `CookieAuthenticationMiddleware` veranlasst, ein Authentifizierungs-Cookie mit den vom Login-Provider erhaltenen Informationen zu erstellen.

Dieses Cookie ist jedoch nur für eine zwischenzeitliche Nutzung gedacht, da vorgesehen ist, dass das externe Konto des Benutzers auf ein anwendungsinternes Konto abgebildet wird. Dies hat den Vorteil, dass dem Benutzer Rollen und Claims zugewiesen werden können, die die Anwendung verwendet und die dem Authentifizierungsdienst nicht bekannt sind. Aus diesem Grund ist es üblich, dass zur Realisierung eines solchen Szenarios vor dem Aufruf von `UseExternalSignInCookie` ein Aufruf der Methode `UseCookieAuthentication` erfolgt, die die `CookieAuthenticationMiddleware` zur Authentifizierung von internen Benutzern registriert und auch für eine formularbasierte Authentifizierung herangezogen wird.

`UseCookieAuthentication` und `UseExternalSignInCookie` registrieren somit jeweils dieselbe Middleware für einen unterschiedlichen Zweck. Interessant ist auch die Tatsache, dass `UseCookieAuthentication` die Middleware im aktiven Modus registriert, während `UseExternalSignInCookie` den passiven Modus verwendet. Middleware-Komponenten im aktiven Modus werden von sich aus bei jedem Seitenaufruf aktiv. Im Fall von `UseCookieAuthentication` ist dies notwendig, weil nicht autorisierte Benutzer automatisch auf eine Login-Maske umgeleitet werden sollen. Passive Komponenten werden hingegen nur aktiv, wenn sie über den Anwendungscode dazu aufgefordert werden. Wie dies zu bewerkstelligen ist, wird in den folgenden Abschnitten gezeigt.

Zusätzlich zur zweifachen Registrierung der `CookieAuthenticationMiddleware` ist eine weitere Middleware zu registrieren, die die Kommunikation mit dem Login-Provider übernimmt und den Benutzer auf dessen Login-Maske umleitet. Abhängig von den anzubindenden Login-Providern kommt hierzu eine der Methoden `UseMicrosoftAccountAuthentication`, `UseTwitterAuthentication`, `UseFacebookAuthentication` und/oder `UseGoogleAuthentication` zum Einsatz. Die Middleware-Komponenten, die von den drei zuerst genannten Methoden registriert werden, verwenden das Protokoll OAuth (2.0). Es sieht vor, dass sich nicht nur der Benutzer, sondern auch die (Web-)Anwendung anmelden muss. Aus diesem Grund weisen diese Methoden Parameter auf, an welche eine Anwendungs-Id sowie ein dazugehöriges Passwort zu übergeben ist. Um solche Credentials zu erhalten, muss der Entwickler die Anwendung bei den genannten Webangeboten registrieren. Im Falle von Facebook erfolgt diese Registrierung zum Beispiel unter *https://developers.facebook.com/apps*.

Beim Registrieren der Anwendung muss der Entwickler auch einen sogenannten Umleitungs-URI angeben. Das ist jener URI, zu dem der Login-Provider den Benutzer nach erfolgter Anmeldung umleitet. An diesen URI werden Informationen in Form von URL-Parametern angehängt, die die Webanwendung nutzen kann, um Informationen über den Benutzer (Benutzername, E-Mail-Adresse etc.) in Erfahrung zu bringen. Standardmäßig erwarten die Middleware-Komponenten, dass als Umleitungs-URI der URL */signin-{anbieter}* verwendet wird (*/signin-microsoft*, */signin-facebook*, */signin-twitter*, */signin-google*). Aufrufe, die an diese Adressen gerichtet sind, werden direkt von der Middleware bearbeitet. Dabei bringt die Middleware Informationen über den externen Benutzer in Erfahrung und authentifiziert ihn. Danach wird der Benutzer zu einem anderen festzulegenden URL umgeleitet, wo dann der Anwendungscode die Kontrolle übernimmt.

Beispiel 8-22 zeigt, wie die besprochenen Methoden zum Konfigurieren von Katana zur Authentifizierung von Benutzern über Google und Facebook genutzt werden können. Bei Verwendung der von Visual Studio angebotenen Vorlagen bietet sich zum Aufruf dieser Routine die Methode `ConfigureAuth` der Klasse `Startup` an, die sich in der Datei `App_Start\Startup.Auth.cs` befindet.

Beispiel 8-22: Konfiguration zur Nutzung externer Login-Provider

```
app.UseCookieAuthentication(new CookieAuthenticationOptions
{
    AuthenticationType = DefaultAuthenticationTypes.ApplicationCookie,
    LoginPath = new PathString("/Account/Login"),
    ExpireTimeSpan = TimeSpan.FromHours(2),
    SlidingExpiration = true,
    ReturnUrlParameter = "return_url"
});

app.UseExternalSignInCookie(DefaultAuthenticationTypes.ExternalCookie);

app.UseFacebookAuthentication(
   appId: "14086...271...1",
   appSecret: "522a60...e7a03ca9...9b76b...3c7e");

app.UseGoogleAuthentication();
```

Registrierte Login-Provider abrufen

Damit die Anwendung dem Benutzer ein Login über die konfigurierten Identitätsanbieter vorschlagen kann, muss sie in der Lage sein, diese in Erfahrung zu bringen. Dazu wendet sich der Entwickler an den `AuthenticationManager`, der von Katana über die Eigenschaft `Authentication` des OWIN-Kontexts angeboten wird und ruft dessen Methode `GetExternalAuthenticationTypes` auf. Auf diesem Weg erhält er eine Auflistung mit Objekten des Typs `AuthenticationDescription`. Jede `AuthenticationDescription` beschreibt einen Login-Provider: Der Name des Login-Providers findet sich in der Eigenschaft `Caption` und sein Authentifizierungstyp, der benötigt wird, wenn der Anwendungscode die Middleware anweist, den Benutzer mit dem jeweiligen Login-Provider zu authentifizieren, ist in der Eigenschaft `AuthenticationType` gespeichert.

Beispiel 8-23: Registrierte Login-Provider abrufen

```
var authenticationManager = Context.GetOwinContext().Authentication;
var loginProviders = authenticationManager.GetExternalAuthenticationTypes();

foreach(var p in loginProviders) {
    System.Diagnostics.Debug.WriteLine(p.Caption + ", " + p.AuthenticationType);
}
```

Authentifizierung durch externen Login-Provider veranlassen

Um die jeweilige Middleware zu veranlassen, den Benutzer zur Authentifizierung zum Login-Provider umzuleiten, ruft der Entwickler die vom `AuthenticationManager` gebotene Methode `Challenge` auf. Dabei übergibt er eine Instanz von `AuthenticationProperties` mit Informationen für die Middleware sowie den `AuthenticationType` der gewünschten Middleware. Die `AuthenticationProperties` beinhalten unter anderem jenen URL, auf den die Middleware den Benutzer nach dessen Authentifizierung umleiten soll.

Beispiel 8-24 demonstriert dies anhand einer einfachen Action-Methode mit dem Namen `ExternalLogin`, die stark vereinfacht aus dem `AccountController` der Vorlage von Visual Studio entnommen wurde. `ExternalLogin` erwartet den `AuthenticationType` des gewünschten Providers als ersten Parameter. Außerdem muss ein URL angegeben werden, zu dem der Benutzer schlussendlich weiterzuleiten ist. Bei diesem URL handelt es sich um jenen, den der Benutzer ursprünglich abrufen wollte, als er aufgrund fehlender Rechte zur Login-Maske umgeleitet wurde.

Zunächst legt sich `ExternalLogin` in der Variablen `redirectionUrl` jenen URL zurecht, auf den die Middleware nach erfolgter Authentifizierung umleiten soll. Dabei handelt es sich jedoch nicht um den an die Action-Methode übergebenen URL, denn bevor der Benutzer bei diesem Ziel landen kann, gilt es noch ein paar Aufgaben zu erledigen. Dazu gehört das Anlegen eines internen Benutzerkontos, auf das der externe Benutzer abgebildet wird, sofern ein solches noch nicht existiert, denn nur auf diese Weise kann der externe Benutzer mit anwendungsinternen Rollen und Claims verknüpft werden. Darüber hinaus ist der Benutzer mit diesem internen Konto bei der Anwendung anzumelden. Aus diesem Grund erhält die Variable `redirectionUrl` einen Verweis auf einen anderen URL, der zur Action-Methode `ExternalLoginCallback` des `AccountControllers` führt. Allerdings wird diesem URL ein Parameter `ReturnUrl` angehängt. Dieser verweist auf den übergebenen URL, an den der Benutzer schlussendlich umzuleiten ist.

Um die Authentifizierung mit der jeweiligen Middleware und somit mit dem jeweiligen externen Login-Provider anzufordern, ruft das betrachtete Beispiel die Methode `Challenge` des `AuthenticationManagers` auf. Im Zuge dessen übergibt es eine `AuthenticationProperties`-Instanz, deren Eigenschaft `RedirectUri` auf den zuvor ermittelten URL verweist, sowie den `AuthenticationType` der zu adressierenden Middleware.

Am Ende liefert `ExternalLogin` schlicht `null` zurück. Das hat jedoch keine Auswirkung, da nach dem Abarbeiten der Action-Methode die Middleware aktiv wird und eine Umleitung zum Login-Provider veranlasst. Wer sich daran stößt, dass hier null zurückgegeben wird, kann den Aufruf von `Challenge` auch in ein benutzerdefiniertes `ActionResult` auslagern. Diese Lösung wird auch vom `AccountController` aus der Vorlage von Visual Studio verwendet.

Beispiel 8-24: Externe Authentifizierung anfordern

```
public ActionResult ExternalLogin(string provider, string returnUrl)
{
    var redirectionUrl = Url.Action("ExternalLoginCallback", "Account", new { ReturnUrl = returnUrl });

    var properties = new AuthenticationProperties();
    properties.RedirectUri = redirectionUrl;

    var authenticationManager = Request.GetOwinContext().Authentication;
    authenticationManager.Challenge(properties, provider);
```

```
        return null;
    }
```

Das Beispiel in Beispiel 8-25 zeigt die Action-Methode ExternalLoginCallback, an welche die Middleware nach erfolgter Authentifizierung umleitet. Da dieses Beispiel dem AccountController aus der Vorlage von Visual Studio entnommen wurde, sind hier der AuthenticationManager sowie der UserManager über die Eigenschaften des Controllers erreichbar.

Der wohl wichtigste Aufruf findet gleich in der ersten Zeile statt: Die Methode GetExternalLoginInfoAsync des AuthenticationManager-Objekts weist die mit UseExternalSignInCookie registrierte passive CookieAuthenticationMiddleware an, den extern authentifizierten Benutzer unter Verwendung jener Informationen, den die dazu verwendete Middleware in Erfahrung gebracht hat, zu authentifizieren. Dazu erzeugt diese ein Cookie, welches die über den Benutzer vorliegenden Informationen im Rahmen einer serialisierten ClaimsIdentity verschlüsselt speichert. Dieses Cookie ermöglicht es dem Benutzer, die Seite vorübergehend als externer Benutzer zu besuchen, um sein externes Konto mit einem internen zu verknüpfen bzw. um sich schlussendlich mit diesem internen Konto bei der Anwendung anzumelden.

Der Rückgabewert von GetExternalLoginInfoAsync ist ein Objekt vom Typ ExternalLoginInfo. Dieses Objekt weist zwei Eigenschaften auf: Die Eigenschaft DefaultUserName spiegelt den Benutzernamen wider, den der Benutzer beim verwendeten Login-Provider hat, und die Eigenschaft Login vom Typ UserLoginInfo liefert die ID, die der Benutzer beim Login-Provider hat, sowie den Namen des Login-Providers. Durch diese beiden Informationen kann das externe Benutzerkonto eindeutig identifiziert werden.

Die Methode FindAsync des UserManagers prüft, ob es für das betroffene externe Benutzerkonto bereits einen internen Benutzer gibt. Wurde FindAsync fündig, kommt SignInAsync (Beispiel 8-25) zum Einsatz. Diese Methode meldet den externen Benutzer ab und stattdessen den internen Benutzer an. Anschließend leitet die betrachtete Action-Methode den Benutzer unter Verwendung von RedirectToLocal (Beispiel 8-25) zu dem in returnUrl gespeicherten URL um, der das ursprüngliche Ziel des Benutzers ist. Ist returnUrl null, wird der Benutzer zur Startseite der Anwendung gesendet.

Wurde FindAsync hingegen nicht fündig, wird der Benutzer mit der View ExternalLoginConfirmation beglückt. Diese fordert ihn auf, einen Benutzernamen für sein internes Benutzerkonto zu vergeben, auf das das externe, mit dem er sich gerade angemeldet hat, abgebildet wird. Als Vorschlag wird hierbei der Benutzername des externen Kontos verwendet, der über das ExternalLoginConfirmationViewModel zur View gelangt.

Beispiel 8-25: Externen Benutzer anmelden

```
[AllowAnonymous]
public async Task<ActionResult> ExternalLoginCallback(string returnUrl)
{
    var loginInfo = await AuthenticationManager.GetExternalLoginInfoAsync();
    if (loginInfo == null)
    {
        return RedirectToAction("Login");
    }

    // Sign in the user with this external login provider if the user already has a login
    var user = await UserManager.FindAsync(loginInfo.Login);
```

```
    if (user != null)
    {
        await SignInAsync(user, isPersistent: false);
        return RedirectToLocal(returnUrl);
    }
    else
    {
        // If the user does not have an account, then prompt the user to create an account
        ViewBag.ReturnUrl = returnUrl;
        ViewBag.LoginProvider = loginInfo.Login.LoginProvider;
        return View("ExternalLoginConfirmation",
                    new ExternalLoginConfirmationViewModel {
                             UserName = loginInfo.DefaultUserName });
    }
}
```

Beispiel 8-26: Zusammenspiel zwischen ASP.NET Identity und Katana

```
private async Task SignInAsync(ApplicationUser user, bool isPersistent)
{
    AuthenticationManager.SignOut(DefaultAuthenticationTypes.ExternalCookie);
    var identity = await UserManager.CreateIdentityAsync(user, DefaultAuthenticationTypes.
ApplicationCookie);
    AuthenticationManager.SignIn(new AuthenticationProperties() { IsPersistent = isPersistent },
identity);
}
```

Beispiel 8-27: Listing 8.27:Hilfs-Methode zum Weiterleiten des Benutzers

```
private ActionResult RedirectToLocal(string returnUrl)
{
    if (Url.IsLocalUrl(returnUrl))
    {
        return Redirect(returnUrl);
    }
    else
    {
        return RedirectToAction("Index", "Home");
    }
}
```

Nachdem der Benutzer seine Eingabe bestätigt, kommt die Action-Methode `ExternalLoginConfirmation` aus Beispiel 8-28 zur Ausführung. Diese ermittelt mit `GetExternalLoginInfoAsync` abermals Informationen über den extern authentifizierten Benutzer und legt unter Verwendung der Methode `CreateAsync` des `UserManager`-Objekts ein internes Konto für ihn an. War dies erfolgreich, ruft sie die Methode `AddLoginAsync` des `UserManagers` auf, um das externe Konto mit dem gerade angelegten internen Konto zu verknüpfen. War auch das erfolgreich, meldet sie unter Verwendung von `SignInAsync` (Beispiel 8-28) den externen Benutzer ab und den neuen internen Benutzer an. Danach erfolgt mit `RedirectToLocal` (Beispiel 8-27) eine Umleitung zu dem in `returnUrl` gespeicherten URL. Im Fehlerfall wird hingegen nochmals die zuvor angezeigte View bemüht.

Beispiel 8-28: Externen Benutzer mit internem Konto verknüpfen

```
[HttpPost]
[AllowAnonymous]
[ValidateAntiForgeryToken]
public async Task<ActionResult> ExternalLoginConfirmation(
```

```
                    ExternalLoginConfirmationViewModel model, string returnUrl)
{
    if (User.Identity.IsAuthenticated)
    {
        return RedirectToAction("Manage");
    }

    if (ModelState.IsValid)
    {
        // Informationen zum Benutzer vom externen Anmeldeanbieter abrufen
        var info = await AuthenticationManager.GetExternalLoginInfoAsync();
        if (info == null)
        {
            return View("ExternalLoginFailure");
        }
        var user = new ApplicationUser() { UserName = model.UserName };
        var result = await UserManager.CreateAsync(user);
        if (result.Succeeded)
        {
            result = await UserManager.AddLoginAsync(user.Id, info.Login);
            if (result.Succeeded)
            {
                await SignInAsync(user, isPersistent: false);
                return RedirectToLocal(returnUrl);
            }
        }
        AddErrors(result);
    }

    ViewBag.ReturnUrl = returnUrl;
    return View(model);
}
```

Weiterführende Konfigurationsmöglichkeiten

Wie alle Middleware-Komponenten zur Authentifizierung von Benutzern können auch jene, die eine Authentifizierung über externe Login-Provider erlauben, unter Angabe eines entsprechenden `AuthenticationOptions`-Derivats konfiguriert werden. Ein Beispiel dafür findet sich in Beispiel 8-29. Dieses Beispiel legt für die Middleware, die den Benutzer unter Verwendung von Facebook authentifiziert, einen `FacebookAuthenticationProvider` fest. Dieser weist zwei Delegaten auf, an welche Callbacks übergeben werden: `OnAuthenticated` kommt nach einer erfolgreichen externen Authentifizierung zum Einsatz und `OnReturnEndpoint` kurz bevor für den externen Benutzer ein Cookie erzeugt wird.

Das Token, welches die Middleware von Facebook erhält, um Informationen über den authentifizierten Benutzer abzurufen, steht in `OnAuthenticated` über den übergebenen Kontext zur Verfügung. Das hier gezeigte Beispiel legt dieses Token in der aktuellen Benutzersitzung ab. Damit dieses Token nicht zum Abruf von Benutzerinformationen berechtigt, fügt das Beispiel der Auflistung `Scope` den String `publish_actions` hinzu. Hierbei muss man sich vor Augen halten, dass die Middleware, die mit Facebook kommuniziert, das Protokoll OAuth 2.0 verwendet, und dass die eigentliche Aufgabe von OAuth 2.0 im Delegieren von Rechten an Anwendungen liegt. Die einzelnen Rechte werden dabei durch Strings repräsentiert, die gemeinsam den sogenannten Scope bilden. Diese Strings werden vom jeweiligen Anbieter vorgegeben. Facebook hat beispielsweise definiert, dass eine Anwendung, die von einem Benutzer den Scope `publish_actions` erhält, in seinem Namen Nachrichten veröffentlichen darf.

Meldet sich ein Benutzer bei Verwendung der hier gezeigten Konfiguration über Facebook an, wird er von Facebook gefragt, ob er die Rechte zum Lesen seiner Profildaten sowie zum Veröffentlichen von Nachrichten an die Anwendung weiterdelegieren möchte. Bestätigt dies der Benutzer, erhält die Katana-Middleware ein entsprechendes Token. Da dieses Token durch die hier gezeigte Konfiguration in einer Sitzungsvariablen gespeichert wird, haben die einzelnen Action-Methoden der Anwendung Zugriff darauf. Die Action-Methode in Beispiel 8-30 nutzt dieses Token zum Beispiel, um auf Facebook eine Nachricht im Namen des Benutzers zu veröffentlichen. Dazu sendet er via POST eine Nachricht an den in der Dokumentation von Facebook erwähnten URL. Die zu veröffentlichende Nachricht wird als Parameter im Rahmen der Nutzdaten übertragen, das Token, mit dem die Anwendung beweist, dass sie das Recht hierzu hat, im Rahmen des Autorisierungs-Headers.

Mehr Informationen zum Delegieren von Rechten mit OAuth 2.0 finden sich im Abschnitt »Single-Sign-On und weiterführende Szenarien mit OAuth 2.0, OpenID Connect und Katana«.

Beispiel 8-29: Konfiguration der Middleware zur Authentifizierung über Facebook

```
var config = new FacebookAuthenticationOptions
{
    AppId = "1408603012711831",
    AppSecret = "532a60021e7a03ca9abe9b76b8408b1e",
    Provider = new FacebookAuthenticationProvider
    {
        OnReturnEndpoint = async (FacebookReturnEndpointContext ctx) => {
            Debug.WriteLine("OnReturnEndpoint");
        },
        OnAuthenticated = async (FacebookAuthenticatedContext ctx) =>
        {
            HttpContext.Current.Session["Token"] = ctx.AccessToken;
        }
    }
};

config.Scope.Add("publish_actions");

app.UseFacebookAuthentication(config);
```

Beispiel 8-30: Nachricht auf Facebook im Namen des Benutzers veröffentlichen

```
[HttpPost]
public async Task<ActionResult> Index(string message)
{
    var token = (string)Session["token"];

    var client = new HttpClient();

    var url = "https://graph.facebook.com/me/feed";
    var fullMessage = message + ", " + Guid.NewGuid().ToString();
    var data = "message=" + HttpUtility.UrlEncode(fullMessage);

    client.DefaultRequestHeaders.Authorization = new AuthenticationHeaderValue("Bearer", token);
    var response = await client.PostAsync(url, new StringContent(data));

    if (!response.IsSuccessStatusCode)
      throw new Exception(response.StatusCode + " " + response.ReasonPhrase);
```

```
        var jsonString = await response.Content.ReadAsStringAsync();

        return Content("Nachricht erstellt: " + jsonString);
    }
```

Benutzerdefinierte Authentifizierungs-Middleware-Komponenten mit Katana entwickeln

Katana bietet nicht nur einige Middleware-Komponenten für die Realisierung verschiedener Authentifizierungsvarianten, sondern kann auch als Framework für die Implementierung eigener Middleware-Komponenten betrachtet werden. Dieser Abschnitt zeigt nach einem Überblick über ausgewählte Basisklassen anhand eines konkreten und praxisrelevanten Beispiels, wie Katana für solche Aufgaben genutzt werden kann. Anschließend folgen Informationen über passive Middleware-Komponenten sowie über die Kommunikation zwischen Anwendungscode und Middleware.

Überblick über Authentifizierungs-Middleware-Komponenten

Zur Unterstützung bei der Implementierung von Authentifizierungs-Middleware-Komponenten bietet Katana die abstrakten Basisklassen `AuthenticationOptions`, `AuthenticationHandler<TOptions>` und `AuthenticationMiddleware<TOptions>`.

`AuthenticationOptions` (Beispiel 8-31) dient als Basisklasse für Klassen, mit deren Objekten Authentifizierungs-Middleware-Komponenten konfiguriert werden. Ihre Eigenschaft `AuthenticationType` muss dem Anwendungscode bekannt sein, um mit der Middleware kommunizieren zu können. Ein Beispiel dafür findet sich im Abschnitt »Einsatz als passive Authentifizierungs-Middleware«. Die Eigenschaft `Description` verweist auf ein Objekt, das ebenfalls den `AuthenticationType` und eine Bezeichnung beinhaltet, die mitunter von der Anwendung angezeigt wird.

Dem `AuthenticationMode` kann der Wert `AuthenticationMode.Active` oder `AuthenticationMode.Passive` zugewiesen werden. Aktive Middleware-Komponenten führen bei jedem Seitenaufruf ohne Zutun des Entwicklers Authentifizierungslogik aus. Bei passiven Komponenten muss der Anwendungscode sie dazu explizit auffordern. Ein Beispiel für eine aktive Middleware ist die `CookieAuthenticationMiddleware`, die zur formularbasierten Authentifizierung zum Einsatz kommt: Greift der Benutzer auf eine Ressource zu, für die er nicht die nötigen Rechte aufweist, wird er ohne Zutun des Anwendungscodes zur Login-Maske umgeleitet. Ein Beispiel für passive Middleware-Komponenten sind jene zur Authentifizierung von Benutzern über externe Login-Provider. Diese werden erst aktiv, wenn sich der Benutzer dafür entscheidet, sich mit einem bestimmten Login-Provider anmelden zu wollen.

Beispiel 8-31: Die Klasse AuthenticationOptions aus der Assembly Microsoft.Owin.Security

```
// Assembly: Microsoft.Owin.Security
// Namespace: Microsoft.Owin.Security

public abstract class AuthenticationOptions
{
    protected AuthenticationOptions(string authenticationType);
    public string AuthenticationType { get; set; }
    public AuthenticationMode AuthenticationMode { get; set; }
    public AuthenticationDescription Description { get; set; }
}
```

Implementierungen von AuthenticationHandler<TOptions> sind das Herzstück einer Authentifizierungs-Middleware. TOptions ist beim Ableiten von dieser Basisklasse auf eine Subklasse von AuthenticationOptions festzulegen. AuthenticationHandler<TOptions> vererbt die Eigenschaft Options, die vom Typ dieser Klasse ist. Subklassen von AuthenticationHandler implementieren die gewünschte Authentifizierungslogik durch Überschreiben von geerbten Methoden. Informationen über diese Methoden finden sich in Tabelle 8-2. Dabei ist zu beachten, dass die Methode AuthenticateCoreAsync nur bei aktiven Middleware-Komponenten ohne Zutun des Entwicklers zur Ausführung gebracht wird. Bei passiven Komponenten wird diese Methode nur ausgeführt, wenn der Anwendungscode die Middleware dazu auffordert. Alle anderen Methoden werden unabhängig davon, ob es sich um eine aktive oder passive Komponente handelt, ohne Mitwirkung des Anwendungscodes angestoßen.

Tabelle 8-2: Virtuelle Methoden von AuthenticationHandler<TOptions>

Methode	Beschreibung
`protected virtual Task InitializeCoreAsync()`	Kann zum Initialisieren der Middleware überschrieben werden
`public virtual Task<bool> InvokeAsync()`	Die Standardimplementierung liefert `false`. Dies veranlasst die Middleware, an die nächste Middleware in der Kette zu delegieren. Am Ende dieser Kette wird für gewöhnlich an die Anwendung delegiert.
`protected abstract Task<AuthenticationTicket> AuthenticateCoreAsync()`	Wird für aktive Komponenten bei jedem Seitenaufruf vor dem Anwendungscode ausgeführt. Authentifiziert den Benutzer und liefert bei Erfolg ein `AuthenticationTicket` mit einer `ClaimsIdentity`, die den Benutzer beschreibt, und mit einem Objekt vom Typ `AuthenticationProperties`, welches weitere Informationen über das z.B. in Form eines Cookies auszustellende Token hat. War die Authentifizierung nicht erfolgreich, sollte ein `AuthenticationTicket`, dessen `ClaimsIdentity` auf null verweist, zurückgegeben werden.
`protected virtual async Task ApplyResponseCoreAsync()`	Kommt im Rahmen einer Anfrage nach Ausführung des Anwendungscodes zur Ausführung. Die Standardimplementierung ruft `ApplyResponseCoreAsync` und `ApplyResponseGrantAsync` auf.
`protected virtual Task ApplyResponseChallengeAsync()`	Sorgt dafür, dass dem Benutzer eine Aufforderung zur Authentifizierung gesendet wird, wenn dieser erfolglos versucht hat, auf eine Ressource zuzugreifen, für die er nicht die nötigen Rechte aufweist. Im einfachsten Fall hängt diese Methode den HTTP-Header `WWW-Authenticate` an die Antwortnachricht an. Dieser informiert den Aufrufer über unterstützte Authentifizierungsvarianten, wie zum Beispiel HTTP BASIC. Alternativ dazu könnte diese Methode den Benutzer auch auf eine Login-Seite umleiten.
`protected virtual Task ApplyResponseGrantAsync()`	Sorgt dafür, dass der Benutzer an- oder abgemeldet wird. Dies kann zum Beispiel durch das Ausstellen oder Verwerfen eines Cookies geschehen.
`protected virtual Task TeardownCoreAsync()`	Kann zum Durchführen von Aufräumarbeiten überschrieben werden

Die Klasse AuthenticationMiddleware<TOptions> ist eine Basisklasse für Authentifizierungs-Middleware-Komponenten. Sie erzeugt einen AuthenticationHandler<TOptions> über die zu überschreibende Methode CreateHandler und bringt seine Methoden zur Ausführung. Beim Ableiten von AuthenticationHandler<TOptions> ist TOptions auf das vom Handler verwendete AuthenticationOptions-Derivat festzulegen.

Benutzerdefinierte Implementierung von HTTP BASIC

Bei HTTP BASIC handelt es sich um eine sehr einfache und äußerst weit verbreitete Möglichkeit zur Authentifizierung des Aufrufers via HTTP. Dabei werden Benutzername und Passwort im Klartext im Rahmen des `Authorization`-Headers übertragen. Dies ist auch der Grund, warum HTTP BASIC in der Regel in Kombination mit SSL zum Einsatz kommt.

Zur Übertragung von Benutzername und Passwort fasst der Aufrufer diese beiden Informationen zu einer Zeichenkette zusammen und verwendet als Trennzeichen einen Doppelpunkt. Vor oder nach dem Doppelpunkt dürfen keine Leerzeichen eingefügt werden. Liegen zum Beispiel der Benutzername *max* und das Passwort *geheim* vor, bildet der Aufrufer die Zeichenkette `max:geheim`. Um Probleme mit Sonderzeichen zu vermeiden, wird diese Zeichenkette mit Base64 kodiert. Anschließend wird das Ergebnis dieser Kodierung wie folgt über den `Authorization`-Header übertragen:

```
Authorization: Basic bWF4OmdlaGVpbQ==
```

Bei `bWF4OmdlaGVpbQ==` handelt es sich hierbei um den Base64-kodierten String.

Für interaktive Webanwendungen ist HTTP BASIC weniger geeignet, da Browser für diese Spielart ein wenig attraktives und generisches Dialogfeld zur Eingabe von Benutzername und Passwort anzeigen. Andererseits eignet sich HTTP BASIC sehr gut für die Authentifizierung bei Services.

Während der Entwickler zwar IIS zur Realisierung von HTTP BASIC verwenden kann, werden dabei die standardmäßig übermittelten Credentials mit Windows-Konten abgeglichen. Möchte der Entwickler jedoch eine eigene Benutzerdatenbank verwenden oder HTTP BASIC auch in Self-Hosting-Szenarien einsetzen, gibt es hierfür keine Bordmittel.

Umsetzung einer Middleware für HTTP BASIC

Die Klasse `HttpBasicAuthenticationOptions`, die zum Konfigurieren der Middleware verwendet wird, erbt von `AuthenticationOptions` und delegiert an deren Konstruktor den Authentifizierungstyp `Basic` (Beispiel 8-32).

Daneben erhält die Klasse `HttpBasicAuthenticationOptions` eine Eigenschaft `OnValidateCredentials`, die auf eine Action verweist, die Benutzername und Passwort entgegennimmt und prüft, ob es einen Benutzer mit diesen Credentials gibt.

Die Klasse `HttpBasicAuthenticationHandler` (Beispiel 8-33) ist der Dreh- und Angelpunkt der hier diskutierten Implementierung. Sie erbt von der Basisklasse `AuthenticationHandler<TOptions>` und fixiert ihren Typparameter auf den Typ der zu verwendenden `Options`-Klasse. Dabei handelt es sich hier um die zuvor besprochene Klasse `HttpBasicAuthenticationOptions`.

Die Authentifizierungslogik findet in der zu überschreibenden Methode `AuthenticateCoreAsync` statt. Wie oben diskutiert, wird diese – sofern die `AuthenticationMiddleware` im aktiven Modus eingesetzt wird – bei jedem Seitenaufruf ausgeführt. Konnte diese Methode den aktuellen Benutzer authentifizieren, liefert sie ein `AuthenticationTicket` mit Informationen über diesen Benutzer zurück. Bei diesen Informationen handelt es sich um eine `ClaimsIdentity` sowie um ein Objekt vom Typ `AuthenticationProperties`. Konnte `AuthenticateCoreAsync` den Benutzer nicht authentifizieren, muss sie ein `AuthenticationTicket` zurückgeben, welches den Wert `null` für die hierdurch referenzierte Instanz von `IIdentity` aufweist. `ApplyResponseChallengeAsync` wird ausgeführt, um der HTTP-basierten Antwort Informationen über mögliche Authentifizierungsarten hinzuzufügen. Die hier gezeigte Implementierung prüft, ob dem Aufrufer der Zugriff auf die angeforderte Ressource (Seite) mangels Berechtigungen verweigert wurde. Dies wird durch den Status-Code 401 angezeigt. Ist dem so, weist ApplyResponseChallengeAsync den Aufrufer unter Verwendung des Headers WWW-Authenticate darauf hin, dass er sich mittels HTTP BASIC bei der Webanwendung anmelden kann, um ggf. die nötigen Rechte zu erhalten.

Die Klasse HttpBasicAuthenticationMiddleware (Beispiel 8-34), die von AuthenticationMiddleware erbt, erzeugt mit ihrer Methode CreateHandler den zuvor betrachteten HttpBasicAuthenticationHandler, den sie beim Aufruf via OWIN bzw. Katana zur Authentifizierung des Benutzers einsetzt.

Zum Registrieren der Middleware kommt – analog zu den von Katana bereitgestellten Middleware-Komponenten – eine Klasse HttpBasicAuthenticationExtensions (Beispiel 8-35) mit einer Erweiterungsmethode UseHttpBasic zum Einsatz. Diese übergibt den Typ der Middleware gemeinsam mit dem heranzuziehenden Options-Objekt an die Methode Use des AppBuilders. Würde der Konstruktor der Middleware weitere Parameter erwarten, müsste der Entwickler hierfür Werte am Ende der Parameterliste von Use angeben. Unter Verwendung von UseHttpBasic kann nun die HttpBasicAuthenticationMiddleware im Rahmen der Katana-Konfiguration registriert werden (Beispiel 8-36).

Um diese Implementierung zu testen, muss der Entwickler auf eine Ressource zugreifen, die nur für authentifizierte Benutzer zur Verfügung steht. Geschieht dies über einen Browser, wird dieser den Benutzer auffordern, Benutzername und Passwort zu erfassen, nachdem er den Statuscode 401 erhalten hat. Anschließend wird der Browser diese Informationen per HTTP BASIC an die angeforderte Ressource senden. Greift der Entwickler hingegen auf einen Service programmatisch zu, muss er einen entsprechenden Authorization-Header angeben. Beispiel 8-37 zeigt, wie der Entwickler diesen Header bei Einsatz des HttpClients übersenden kann. Alternativ dazu kann auch, wie weiter in Beispiel 8-8 gezeigt, die Klasse NetworkCredential gemeinsam mit dem WebRequestHandler verwendet werden.

Beispiel 8-32: AuthenticationOptions für benutzerdefinierte HTTP-BASIC-Implementierung

```
public class HttpBasicAuthenticationOptions : AuthenticationOptions
{
    public HttpBasicAuthenticationOptions(): base("Basic") { }

    public Func<string, string, bool> OnValidateCredentials { get; set; }
}
```

Beispiel 8-33: AuthenticationHandler für eigene HTTP-BASIC-Implementierung

```
public class HttpBasicAuthenticationHandler : AuthenticationHandler<HttpBasicAuthenticationOptions>
{

    private static string DecodeBase64(string header)
    {
        header = Encoding.UTF8.GetString(Convert.FromBase64String(header));
        return header;
    }

    private static string RemovePrefix(string str, string prefix)
    {
        if (str.StartsWith(prefix))
        {
            str = str.Substring(prefix.Length, str.Length - prefix.Length);
        }
```

```
    return str;
}

protected override Task InitializeCoreAsync()
{
    return base.InitializeCoreAsync();
}

protected override Task TeardownCoreAsync()
{
    return base.TeardownCoreAsync();
}

public override Task<bool> InvokeAsync()
{
    // Standard: false --> Weitermachen ...
    return base.InvokeAsync();
}

protected override Task<AuthenticationTicket> AuthenticateCoreAsync()
{

    var emptyTicket = new AuthenticationTicket(null, new AuthenticationProperties());

    var header = this.Request.Headers["Authorization"];

    if (string.IsNullOrEmpty(header) ||
            !header.Trim().ToLower().StartsWith("basic"))
    {
        return Task.FromResult(emptyTicket);
    }

    header = header.Trim();
    header = header.Substring(5); // Basic wegschneiden ...
    header = header.Trim();
    header = DecodeBase64(header);

    var index = header.IndexOf(':');
    if (index == -1)
    {
        return Task.FromResult(emptyTicket);
    }

    var user = header.Substring(0, index);
    var password = header.Substring(index + 1);

    if (Options.OnValidateCredentials != null)
    {
        if (!Options.OnValidateCredentials(user, password))
        {
            return Task.FromResult(emptyTicket);
        }
    }

    var identity = new ClaimsIdentity(Options.AuthenticationType);
    identity.AddClaim(new Claim(ClaimTypes.Name, user));
```

```
        // Weitere Claims ermitteln und setzen ...
        identity.AddClaim(new Claim(ClaimTypes.Role, "Admin"));

        var ticket = new AuthenticationTicket(identity, new AuthenticationProperties());

        return Task.FromResult(ticket);
    }

    protected override Task ApplyResponseGrantAsync()
    {
        // Mögliche Erweiterung:
        // Falls der Benutzer erfolgreich authentifiziert wurde, könnte an dieser Stelle
        // ein Cookie ausgestellt werden, um zu verhindern, dass die Authentifizierungslogik
        // nicht bei jedem weiteren Aufruf stattfinden muss.
        return base.ApplyResponseGrantAsync();
    }

    protected override async Task ApplyResponseChallengeAsync()
    {
        if (this.Response.StatusCode == 401)
        {
            Response.Headers.Add("WWW-Authenticate", new [] { "Basic" });
        }
    }
}
```

Beispiel 8-34: HttpBasicAuthenticationMiddleware für eigene HTTP-BASIC-Implementierung

```
class HttpBasicAuthenticationMiddleware : AuthenticationMiddleware<HttpBasicAuthenticationOptions>
{
    public HttpBasicAuthenticationMiddleware(OwinMiddleware next, HttpBasicAuthenticationOptions
options) : base(next, options)
    {
    }

    protected override AuthenticationHandler<HttpBasicAuthenticationOptions> CreateHandler()
    {
        return new HttpBasicAuthenticationHandler();
    }
}
```

Beispiel 8-35: Erweiterungsmethode zur Registrierung der Middleware für HTTP BASIC

```
public static class HttpBasicAuthenticationExtensions
{
    public static void UseHttpBasic(this IAppBuilder app, HttpBasicAuthenticationOptions options)
    {
        app.Use(typeof(HttpBasicAuthenticationMiddleware), options);
    }
}
```

Beispiel 8-36: Registrieren der Middleware für HTTP BASIC mit Erweiterungsmethode

```
app.UseHttpBasic(new HttpBasicAuthenticationOptions
{
    AuthenticationMode = AuthenticationMode.Active,
    OnValidateCredentials = (user, pwd) => {
        if (user == "max" && pwd == "geheim") return true;
```

```
            return false;
        }
    });
```

Beispiel 8-37: Hilfsmethode für BASE64-Kodierung

```
private static async Task CallService(string baseUrl)
{
    string credentials = EncodeBase64("max:geheim");
    var url = baseUrl + "/api/secure";

    var client = new HttpClient();

    client.DefaultRequestHeaders.Authorization = new AuthenticationHeaderValue("Basic", credentials);

    try
    {
        var response = await client.GetAsync(url);
        if (!response.IsSuccessStatusCode) throw new Exception("Anfrage war nicht erfolgreich!");
        var resultString = await response.Content.ReadAsStringAsync();
        Console.WriteLine(resultString);
    }
    catch (Exception e)
    {
        Console.WriteLine("Fehler: " + e.Message);
    }

}

private static string EncodeBase64(string unpwd)
{
    return Convert.ToBase64String(Encoding.UTF8.GetBytes(unpwd));
}
```

Einsatz als passive Authentifizierungs-Middleware

Würde der Entwickler die im letzten Schritt betrachtete Middleware als passive Middleware einsetzen, müsste der Anwendungscode die Middleware explizit anweisen, eine Authentifizierung durchzuführen. Auf diesem Weg können zum Beispiel Logiken geschaffen werden, die eine Authentifizierung nur bei Bedarf auslösen. Hierzu ruft der Entwickler, wie in Beispiel 8-38 gezeigt, die Methode `AuthenticateAsync` des `AuthenticationManager`-Objekts auf. Damit sich Middleware betroffen fühlt, ist als Argument ihr `AuthenticationType` zu übergeben. Das Ergebnis dieses Aufrufs ist eine Instanz von `AuthenticateResult`. Diese weist eine Eigenschaft `Identity` auf. Ihr Wert entspricht jenem Wert, den die Methode `AuthenticateCoreAsync` der Middleware im Rahmen des retournierten `AuthenticationTickets` angegeben hat. Die `AuthenticationProperties`, die ebenfalls im Rahmen des `AuthenticationTickets` anzugeben sind, finden sich in der Eigenschaft `Properties` der `AuthenticateResult`-Instanz wieder. Daneben bietet `AuthenticateResult` eine Eigenschaft `Description` vom Typ `AuthenticationDescription`. Diese entspricht der Eigenschaft `Description` des zum Konfigurieren der Middleware verwendeten `AuthenticationOptions`-Derivats.

Falls die Authentifizierung nicht erfolgreich war, liefert `AuthenticateAsync` den Wert `null`, selbst wenn `AuthenticateAsync` ein `AuthenticationTicket` zurückgegeben hat, dessen `Identity` `null` ist. Aus diesem Grund prüft das hier betrachtete Beispiel gegen `null`.

Beispiel 8-38: Anstoßen einer passiven Authentifizierungs-Middleware mit AuthenticateAsync

```
public async Task<string> GetUserName()
{
    var authenticationManager = Request.GetOwinContext().Authentication;
    var authResult = await authenticationManager.AuthenticateAsync("Basic");

    if (authResult == null || authResult.Identity == null)
        throw new HttpResponseException(HttpStatusCode.Unauthorized);

    return authResult.Identity.Name;
}
```

Kommunikation zwischen Anwendungscode und Middleware-Komponenten

Der Anwendungscode kann unter Verwendung des `AuthenticationManagers` mit den Handlern von Authentifizierungs-Middleware-Komponenten kommunizieren. Insbesondere gilt dies für die Methoden `AuthenticateCoreAsync`, `ApplyResponseGrantAsync` und `ApplyResponseChallengeAsync` (vgl. Tabelle 8-2). Um die Art der Kommunikation zwischen dem Anwendungscode und den hier genannten Methoden zu verstehen, muss man sich die damit einhergehende Aufrufreihenfolge vor Augen halten. Beschränkt man diese Betrachtung auf den Anwendungscode und eine einzige Middleware, gestaltet sich die Aufrufreihenfolge wie folgt:

1. `AuthenticateCoreAsync` (falls es sich um eine aktive Middleware handelt)
2. Anwendungscode
3. `ApplyResponseGrantAsync`
4. `ApplyResponseChallengeAsync`

Die Weitergabe von Informationen erfolgt entlang dieser Aufrufkette. `AuthenticateCoreAsync` gibt ein `AuthenticationTicket` zurück, welches vom Anwendungscode entgegengenommen werden kann. Um an die Informationen in diesem Ticket zu kommen, ruft der Anwendungscode, wie in Beispiel 8-38 gezeigt, die Methode `AuthenticateAsync` des `AuthenticationManagers` auf und übergibt dabei den `AuthenticationType` der jeweiligen Middleware-Komponente. Wird die Middleware im aktiven Modus ausgeführt, retourniert diese Methode jene Informationen, die `AuthenticateCoreAsync` zuvor ermittelt und retourniert hat. Wird die Middleware hingegen im passiven Modus ausgeführt, bringt der Aufruf von `AuthenticateAsync`, wie im Abschnitt »Einsatz als passive Authentifizierungs-Middleware« besprochen, die Methode `AuthenticateCoreAsync` im Handler zur Ausführung und gibt anschließend ebenfalls die von ihr ermittelten Informationen in Form einer Instanz von `AuthenticationResult` zurück.

Dieses `AuthenticationResult` stellt unter anderem über eine Eigenschaft die `IIdentity`-Instanz und die `AuthenticationProperties`-Instanz aus dem `AuthenticationTicket` zur Verfügung. Möchte die Methode `AuthenticateCoreAsync` dem Anwendungscode zusätzliche Informationen zukommen lassen, kann sie hierzu die Eigenschaft `Dictionary` der über das Ticket zurückgegebenen `AuthenticationProperties`-Instanz verwenden. Dabei handelt es sich um ein Objekt vom Typ `IDictionary<string,string>`.

```
var identity = new ClaimsIdentity(Options.AuthenticationType);
AuthenticationProperties prop = new AuthenticationProperties();
prop.Dictionary["WasStrongPassword"] = "true";
var ticket = new AuthenticationTicket(identity, prop);
return Task.FromResult(ticket);
```

Der Anwendungscode kann über die erhaltene AuthenticationProperties-Instanz darauf zugreifen:

```
var authenticationManager = Request.GetOwinContext().Authentication;
var authResult = await authenticationManager.AuthenticateAsync("Basic");
if (authResult != null)
{
    String wasStrongPassword = authResult.Properties.Dictionary["WasStrongPassword"]);
    [...]
}
```

Um die Methode ApplyResponseGrantAsync des Handlers aufzufordern, einen Benutzer anzumelden, ruft der Anwendungscode die Methode SignIn des AuthenticationManagers auf; um ApplyResponseGrantAsync aufzufordern, einen Benutzer abzumelden, verwendet der Anwendungscode SignOff. Um mit der Methode ApplyResponseChallengeAsync im Handler zu kommunizieren, verwendet der Anwendungscode die Methode Challenge des AuthenticationManagers. Beispiel 8-39 veranschaulicht die Verwendung dieser Methoden.

An SignOut und Challenge übergibt der Aufrufer den AuthenticationType der gewünschten Middleware-Komponenten. Um mehrere Middleware-Komponenten zu adressieren, kann er hier auch mehrere AuthenticationTypes übergeben. SignIn entnimmt stattdessen den AuthenticationType der gewünschten Middleware aus der übergebenen ClaimsIdentity, die die Identität des anzumeldenden Benutzers widerspiegelt. Hat der Benutzer mehrere Identitäten, kann der Aufrufer auch mehrere ClaimsIdentity-Instanzen anführen.

SignIn und Challenge nehmen auch eine Instanz von AuthenticationProperties entgegen. Über dessen Eigenschaft Dictionary kann der Anwendungscode diesen Methoden zusätzliche Informationen zukommen lassen.

Beispiel 8-39: Kommunikation mit nachgelagerten Methoden des AuthenticationManagers

```
var authenticationManager = Request.GetOwinContext().Authentication;
var p = new AuthenticationProperties();
p.Dictionary["info"] = "Some additional information";

authenticationManager.SignIn(p, new ClaimsIdentity("Basic"));
authenticationManager.SignOut("Basic");
authenticationManager.Challenge(p, "Basic");
```

Um in der Methode ApplyResponseGrantAsync des Handlers herauszufinden, ob der Anwendungscode die Methode SignIn aufgerufen hat, verwendet diese die Methode LookupSignIn der geerbten Eigenschaft Helper (Beispiel 8-40). An diese ist der eigene AuthenticationType zu übergeben. Gibt LookupSignIn den Wert null zurück, hat der Anwendungscode SignIn nicht aufgerufen. Ansonsten finden sich im auf diesem Weg erhaltenen AuthenticationResponseGrant die an SignIn übergebenen Informationen.

Ähnlich gestaltet es sich mit SignOut und der Methode LookupSignOut des geerbten Helpers: Liefert LookupSignOut den Wert null, hat der Anwendungscode die Methode SignOut nicht aufgerufen; Ansonsten finden sich im zurückgegebenen AuthenticationResponseRevoke die an SignOut übergebenen Infos, die sich auf die angegebenen AuthenticationTypes beschränken.

Im Gegensatz zu LookupSignIn erwartet LookupSignOut neben dem AuthenticationType auch den verwendeten AuthenticationMode.

Beispiel 8-40: Nachrichten vom Anwendungscode in ApplyResponseGrantAsync entgegennehmen

```
protected override async Task ApplyResponseGrantAsync()
{
    AuthenticationResponseGrant grant = base.Helper.LookupSignIn(base.Options.AuthenticationType);
    AuthenticationResponseRevoke revoke = base.Helper.LookupSignOut(
                                                base.Options.AuthenticationType,
                                                base.Options.AuthenticationMode);
    if (grant != null)
    {
        // SignIn requested
        if (grant.Properties.Dictionary.ContainsKey("info"))
        {
            var info = grant.Properties.Dictionary["info"];
            [...]
        }
        var identity = grant.Identity;
        var principal = grant.Principal;
        [...]
    }

    if (revoke != null)
    {
        // SignOut requested
        var authTypes = revoke.AuthenticationTypes;
        [...]
    }
}
```

Dasselbe Prinzip kann innerhalb der Methode `ApplyResponseChallengeAsync` des Handlers angewendet werden, um herauszufinden, ob der Anwendungscode `Challenge` aufgerufen hat. Hierzu bietet der geerbte Helper die Methode `LookupChallenge` an, die eine `AuthenticationResponseChallenge` zurückgibt (Beispiel 8-41). Um herauszufinden, ob der Anwendungscode die Methode `Challenge` aufgerufen hat, reicht es hier jedoch nicht, nur die `AuthenticationResponseChallenge` gegen `null` zu prüfen. Zusätzlich sollte auch ihre Eigenschaft `AuthenticationTypes` auf `null` geprüft werden.

Beispiel 8-41: Nachrichten vom Anwendungscode in ApplyResponseChallengeAsync entgegennehmen

```
protected override async Task ApplyResponseChallengeAsync()
{
    AuthenticationResponseChallenge challange = base.Helper.LookupChallenge(
                                                    base.Options.AuthenticationType,
                                                    base.Options.AuthenticationMode);
    if (challange != null && challange.AuthenticationTypes != null)
    {
        // Challenge requested
        if (challange.Properties != null && challange.Properties.Dictionary.ContainsKey("info"))
        {
            var info = challange.Properties.Dictionary["info"];
            Response.Write(info);
        }
        var authTypes = challange.AuthenticationTypes;

    }

    if (this.Response.StatusCode == 401)
    {
```

```
            Response.Headers.Add("WWW-Authenticate", new [] { "Basic" });
        }
    }
```

Ob die Methoden ApplyResponseGrantAsync und ApplyResponseChallengeAsync von sich aus aktiv werden, oder nur, wenn sie vom Anwendungscode dazu aufgefordert werden, ist ein Implementierungsdetail der Middleware. Denkbar ist auch eine Mischform. Im Übrigen kann nicht verhindert werden, dass Methoden, die nach dem Anwendungscode ausgeführt werden, unter Verwendung des Helpers an Informationen kommen, die für sie gar nicht bestimmt sind. So kann beispielsweise die Methode ApplyResponseChallengeAsync ohne Weiteres die Methoden LookupSignIn und LookupSignOut bemühen, um an die Informationen zu kommen, die eigentlich für ApplyResponseGrantAsync sind.

Kommunikation zwischen Authentifizierungs-Middleware-Komponenten

Die im letzten Abschnitt vorgestellten Mechanismen zur Kommunikation zwischen Anwendungscode und Authentifizierungs-Middleware-Komponenten können auch zur Kommunikation zwischen Authentifizierungs-Middleware-Komponenten verwendet werden. Den dazu benötigten AuthenticationManager erhalten die Handler-Implementierung über die geerbte Eigenschaft Context.

Um dies zu veranschaulichen, zeigt dieser Abschnitt eine Erweiterung der im Abschnitt »Umsetzung einer Middleware für HTTP BASIC« beschriebenen Middleware. Diese Erweiterung sieht vor, dass dem Aufrufer beim ersten Authentifizieren unter Verwendung der CookieAuthenticationMiddleware ein Cookie ausgestellt wird, sodass bei allen weiteren Aufrufen die übermittelten Credentials nicht erneut geprüft werden müssen. Dies bringt vor allem dann einen Performancegewinn, wenn zur Prüfung der Credentials Datenbankzugriffe notwendig sind.

Für dieses Szenario wird die in Beispiel 8-42 gezeigte Katana-Konfiguration herangezogen. Diese sieht vor, dass vor der HttpBasicAuthenticationMiddleware die CookieAuthenticationMiddleware registriert wird. Diese verwendet den AuthenticationType aus der Konstanten DefaultAuthenticationTypes.ApplicationCookie, läuft jedoch – im Gegensatz zu ihrer Verwendung bei formularbasierter Authentifizierung – im passiven Modus.

Beispiel 8-42: CookieAuthenticationMiddleware und eigene HttpBasicAuthenticationMiddleware registrieren

```
app.UseCookieAuthentication(new CookieAuthenticationOptions {
    AuthenticationType = DefaultAuthenticationTypes.ApplicationCookie,
    AuthenticationMode = AuthenticationMode.Passive
});

app.UseHttpBasic(new HttpBasicAuthenticationOptions
{
    AuthenticationMode = AuthenticationMode.Active,
    OnValidateCredentials = (user, pwd) => {
        if (user == "max" && pwd == "geheim") return true;
        return false;
    }
});
```

Die Reihenfolge, in der die beiden Middleware-Komponenten registriert werden, ist hier ausschlaggebend. Dadurch ergibt sich die folgende Aufrufreihenfolge bei Zugriffen auf die Webanwendung:

1. HttpBasicAuthenticationHandler: AuthenticateCoreAsync
2. Anwendungscode

3. HttpBasicAuthenticationHandler: ApplyResponseGrantAsync
4. HttpBasicAuthenticationHandler: ApplyResponseChallengeAsync
5. CookieAuthenticationHandler: ApplyResponseGrantAsync
6. CookieAuthenticationHandler: ApplyResponseChallengeAsync

Für Anfragen werden somit die Middleware-Komponenten in der Reihenfolge ihrer Registrierung durchlaufen; für die darauf folgenden Antworten erfolgt dies in umgekehrter Richtung. Die Methode AuthenticateCoreAsync des CookieAuthenticationHandler kommt in dieser Auflistung nicht vor, da sich die CookieAuthenticationMiddleware im passiven Modus befindet. Käme diese Middleware hingegen im aktiven Modus zum Einsatz, würde ihre Methode AuthenticateCoreAsync noch vor Punkt 1 zur Ausführung kommen.

Die Methode ApplyResponseGrantAsync des HttpBasicAuthenticationHandlers kann nun prüfen, ob ein Benutzer erfolgreich authentifiziert wurde (Beispiel 8-43). Dazu greift sie über die geerbte Eigenschaft Context.Authentication auf den AuthenticationManager zu. Wurde ein Benutzer authentifiziert, verweist die Eigenschaft User des AuthenticationManagers auf den Principal dieses Benutzers; ansonsten ist diese Eigenschaft null. Anschließend erzeugt ApplyResponseGrantAsync mit den Claims der ClaimsIdentity dieses Benutzers eine neue ClaimsIdentity. Dies ist notwendig, da eine ClaimsIdentity mit dem AuthenticationType der CookieAuthenticationMiddleware benötigt wird, damit sich diese dafür zuständig fühlt. Aus diesem Grund verwendet ApplyResponseGrantAsync hierzu auch den AuthenticationType aus der Konstante DefaultAuthenticationTypes.ApplicationCookie.

Danach übergibt ApplyResponseGrantAsync diese ClaimsIdentity an die Methode SignIn des AuthenticationManagers. Die Methode ApplyResponseGrantAsync des CookieAuthenticationHandlers, die in der oben dargestellten Aufrufreihenfolge später zur Ausführung kommt, wird diese ClaimsIdentity entgegennehmen und dafür ein Cookie ausstellen.

Beispiel 8-43: Nachfolgende AuthenticationMiddleware mittels SignIn zum Anmelden des Benutzers auffordern

```
protected override async Task ApplyResponseGrantAsync()
{

    if (Context.Authentication.User != null)
    {
        var sourceIdendity = Context.Authentication.User.Identity as ClaimsIdentity;
        if (sourceIdendity != null) {
            var claimsIdentity = new ClaimsIdentity(
              sourceIdendity.Claims, DefaultAuthenticationTypes.ApplicationCookie);
            Context.Authentication.SignIn(claimsIdentity);
        }
    }
}
```

Nun muss nur noch dafür gesorgt werden, dass bei jedem weiteren Aufruf geprüft wird, ob der Benutzer bereits ein Authentifizierungs-Cookie hat. Dazu kann die Methode AuthenticateCoreAsync des HttpBasicAuthenticationHandler erweitert werden, wie in Beispiel 8-44 gezeigt. Durch Aufruf der Methode AuthenticateAsync des AuthenticationManagers wird hier die passive CookieAuthenticationMiddleware dazu aufgefordert, den Benutzer anhand eines Cookies zu authentifizieren. Damit sich die CookieAuthenticationMiddleware auch angesprochen fühlt, ist ihr AuthenticationType an AuthenticateAsync zu übergeben.

Konnte der Benutzer nicht anhand eines Cookies authentifiziert werden, liefert `AuthenticateAsync` `null` und die bereits besprochene Logik zur Durchführung einer Authentifizierung mittels HTTP BASIC wird ausgeführt. Da diese Logik bereits im Abschnitt »Umsetzung einer Middleware für HTTP BASIC« beschrieben wurde, wird sie an dieser Stelle nur durch ein Auslassungszeichen angedeutet.

War die `CookieAuthenticationMiddleware` hingegen erfolgreich, gibt `AuthenticateAsync` ein `AuthenticationResult`, welches unter anderem ein *Identity*-Objekt bereitstellt, zurück. Mit den Claims dieser `Identity` erzeugt das hier betrachtete Beispiel eine neue `ClaimsIdentity`, die den `AuthenticationType` der `HttpBasicAuthenticationMiddleware` aufweist und liefert diese anschließend im Rahmen eines `AuthenticationTickets` zurück.

Beispiel 8-44: Informationen in AuthenticateCoreAsync entgegennehmen

```
protected override async Task<AuthenticationTicket> AuthenticateCoreAsync()
{
    var authResult = await Context.Authentication.AuthenticateAsync(
    DefaultAuthenticationTypes.ApplicationCookie);
    if (authResult != null)
    {
        var claimsIdentity =
          new ClaimsIdentity(
            authResult.Identity.Claims, this.Options.AuthenticationType);
        return new AuthenticationTicket(claimsIdentity, authResult.Properties);
    }
    [...]
}
```

Die hier betrachteten Überlegungen betreffen auch die Middleware-Komponenten, die Katana zur Authentifizierung über externe Login-Provider, wie Google oder Facebook, anbietet. Diese Middleware-Komponenten delegieren auch an eine passive `CookieAuthenticationMiddleware`, um den Benutzer mit den vom Login-Provider erhaltenen Informationen unter Verwendung eines Cookies anzumelden.

Single-Sign-On und weiterführende Szenarien mit OAuth 2.0, OpenID Connect und Katana

In der heutigen Welt sieht sich ein Webbenutzer mit zahlreichen Benutzerkonten konfrontiert. Dies legt den Wunsch nahe, sich mit nur einem oder zumindest wenigen Konten bei den Webangeboten der Wahl anmelden zu können. Darüber hinaus mehren sich Fälle, in denen ein Benutzer einen Teil seiner Zugriffsrechte an Dritte weitergeben möchte, ohne sein Passwort preiszugeben. Ein Beispiel hierfür stellen soziale Netzwerke dar, die die Möglichkeit bieten, das Adressbuch des Benutzers nach potenziellen Kontakten zu durchsuchen, die ebenfalls an diesem sozialen Netzwerk teilnehmen.

Eine Lösung für diese Anforderungen stellt der Einsatz von Sicherheits-Token dar. Ein Token kann mit einem Passierschein verglichen werden, bei dem der Aussteller bestätigt, dass er dem Inhaber gewisse (Zutritts-)Rechte einräumt. Damit das Ausstellen sowie die Handhabung von Token zwischen allen beteiligten Parteien reibungslos funktioniert, sind diese gut beraten, sich auf ein gemeinsames Protokoll zu einigen. Ein solches Protokoll, welches sich derzeit im Webbereich großer Beliebtheit erfreut, ist OAuth 2.0. Der darauf aufbauende Standard OpenID Connect regelt die Authentifizierung von Benutzern via OAuth 2.0.

OAuth 2.0

Die erste Version von OAuth wurde 2006 von Twitter und Ma.gnolia entwickelt. Das Ziel war es, Benutzern die Möglichkeit zu geben, einen Teil ihrer Rechte an Dritte weiterzugeben, ohne das eigene Passwort zu teilen. Somit können zum Beispiel Anwendungen das Recht erhalten, im Namen eines Twitter-Nutzers Nachrichten zu veröffentlichen oder abzurufen.

Mittlerweile wird OAuth bzw. dessen Nachfolger OAuth 2 von Größen wie Google, Facebook, Flickr, Microsoft, Salesforce.com oder Yahoo! eingesetzt. Dabei fällt auf, dass es zunehmend nicht nur zur Delegation von Rechten (Autorisierung), sondern auch für Single-Sign-On-Szenarien (Authentifizierung) eingesetzt wird. So können sich Benutzer zum Beispiel mit ihrem Google-Konto auch bei anderen Weblösungen anmelden. In diesem Fall erhält die betroffene Weblösung das Recht, auf die Profildaten des angemeldeten Google-Benutzers zuzugreifen. Auch andere der zuvor gelisteten Unternehmen bieten diese Möglichkeit.

Rollen

OAuth 2.0 sieht insgesamt vier Rollen vor, die miteinander interagieren: Ressourcenbesitzer (Resource Owner), Ressourcenserver (Resource Server), Client und Autorisierungsserver (Authorization Server). Der Ressourcenbesitzer ist der Besitzer einer Ressource, die über einen Ressourcenserver bereitgestellt wird. Andere Anwendungen, die in der Rolle des Clients auftreten, bekommen auf Wunsch des Ressourcenbesitzers vom Autorisierungsserver ein Zugriffs-Token (Access-Token) ausgestellt, welches sie zum Zugriff auf bestimmte Ressourcen berechtigt.

Per Definition weist der Autorisierungsserver zwei Endpunkte auf. Der Autorisierungsendpunkt kommt zum Einsatz, wenn sich der Benutzer beim Authentifizierungsserver anmeldet und die vom Client gewünschten Rechte an diesen delegiert. In den meisten Fällen wird der Autorisierungsendpunkt dazu eine Webseite mit einem entsprechenden Formular anbieten. Der Token-Endpunkt wird vom Client verwendet, um das gewünschte Token abzurufen.

Im Falle von Facebook handelt es sich sowohl um den Ressourcenserver als auch um den Autorisierungsserver. Der Ressourcenbesitzer ist hingegen ein Facebook-Benutzer. Die Rolle des Clients würde eine Drittanwendung einnehmen, die im Namen des Benutzers Nachrichten veröffentlichen möchte.

Access- und Refresh-Token

Aus Sicht des Clients handelt es sich beim Access-Token um einen beliebigen String. Wie der Authentifizierungsserver und der Ressourcenserver diesen String mit Informationen über die damit einhergehenden Berechtigungen verknüpfen, ist ein Implementierungsdetail. Beispielsweise könnte der Autorisierungsserver diese Informationen in verschlüsselter Form im Access-Token verstauen. Alternativ dazu könnte das Access-Token aber auch nur eine ID darstellen. In diesem Fall können der Autorisierungsserver und der Ressourcenserver die betroffenen Informationen unter Angabe dieser ID über eine Datenbankabfrage oder über einen Serviceaufruf in Erfahrung bringen.

In der Regel handelt es sich beim ausgestellten Access-Token um ein sogenanntes Bearer-Token (engl. für Überbringer-Token). Ein Bearer-Token ist nicht an bestimmte Nutzer gebunden sondern erlaubt jedem, der in seinem Besitz ist, die damit einhergehenden Rechte wahrzunehmen.

Neben dem Access-Token erhält der Client im Rahmen einer sogenannten Access-Token-Response Name/Wert-Paare, die Informationen über das Access-Token liefern. Dazu gehört beispielsweise die

Zeitspanne, in der das Token gültig ist oder der Aussteller des Tokens. Diese Werte sind vom Client zu überprüfen, bevor er das Token verwenden darf. In den meisten Fällen wird die Access-Token-Response als JSON-Objekt dargestellt:

```
{
        "access_token":"2YotnFZFEjr1zCsicMWpAA",
        "token_type":"bearer",
        "expires_in":3600,
        "refresh_token":"tGzv3JOkF0XG5Qx2TlKWIA",
}
```

In manchen Fällen erhält der Client neben dem Access-Token ein Refresh-Token. Damit kann er ein neues Access-Token anfordern, nachdem das erhaltene abgelaufen ist. Somit ist es möglich, den Gültigkeitszeitraum eines Access-Tokens auf eine sehr kurze Zeitspanne zu beschränken, damit Angreifer, die in den dessen Besitz kommen, sich nicht allzu lang daran erfreuen können.

Single-Sign-On mit OAuth 2 und OpenID Connect

Zur Realisierung von Single-Sign-On-Szenarien mittels OAuth 2 fordern Clients beim Autorisierungsserver ein Access-Token für den lesenden Zugriff auf die Profilinformationen des Benutzers an. Somit kann der Client herausfinden, um welchen Benutzer es sich handelt. Obwohl diese Vorgehensweise auf den ersten Blick auf der Hand liegt, bringt sie zwei Probleme mit sich:

1. Der Client kann das Token verwenden, um Services im Namen jedoch ohne Zustimmung des Benutzers aufzurufen.
2. Der Zugriff auf Profilinformationen ist nicht standardisiert und deswegen für jeden einzelnen Autorisierungsserver einzeln zu implementieren.

Das erste Problem tritt nicht auf, wenn eine Anwendung direkt vom Autorisierungsserver das Access-Token für den Zugriff auf die Profilinformationen bekommt, sondern erst, wenn eine Anwendung dieses Token an eine andere Anwendung weiterreicht, zum Beispiel an einen Service. Abbildung 8-9 zeigt solch ein Szenario: Anwendung 1 und Anwendung 2 verwenden denselben Autorisierungsserver zur Realisierung von Single-Sign-On. Dazu fordern beide Anwendungen beim Autorisierungsserver ein Token für den Zugriff auf das Profil des Benutzers an. Anwendung 1 gibt dieses Token an den Service weiter. Dieser Service führt daraufhin Aktionen im Namen des Benutzers durch. Das Problem liegt hierbei darin, dass der Service nicht prüfen kann, ob der Service-Aufruf überhaupt im Sinne dieses Benutzers ist. Der Benutzer hat ja streng genommen nur zugestimmt, dass der Besitzer des Tokens auf sein Profil zugreifen darf. Ignoriert der Service diesen Umstand, kann auch Anwendung 2, die in diesem Szenario als Angreifer auftritt, den Service veranlassen, Aktionen im Namen des Benutzers durchzuführen.

Dabei ist zu beachten, dass der Service in diesem Szenario nicht als Ressourcenserver auftritt. Wäre dem so, könnte der Service prüfen, ob der Service-Aufruf im Sinne des Benutzers ist. Stattdessen kommt hier jener Service, der die Profilinformationen des Benutzers zur Verfügung stellt, als Ressourcenserver zum Einsatz; bei Anwendung 1, Anwendung 2 sowie beim Service handelt es sich um Clients im Sinne von OAuth 2. Beim Autorisierungsserver und beim Ressourcenserver könnte es sich zum Beispiel um einen weit verbreiteten Identitätsanbieter, wie Google oder Facebook, handeln; bei den OAuth 2.0-Clients um Webangebote verschiedener Anbieter.

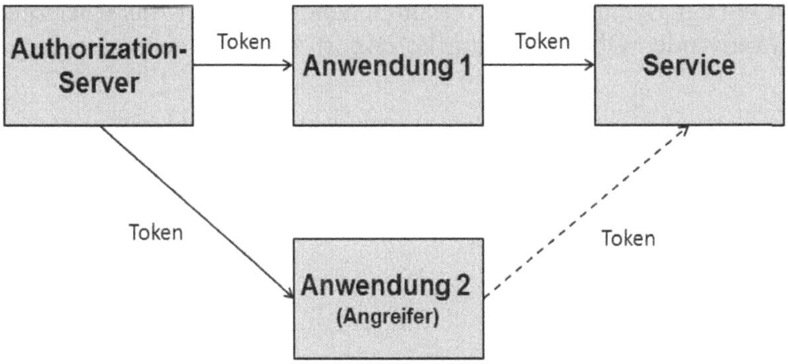

Abbildung 8-8: Eine Anwendung reicht ein Access-Token an einen Service weiter

Um das hier aufgezeigte Problem zu vermeiden, muss dem Service die Möglichkeit gegeben werden, zu prüfen, für welche Clients das Token ausgestellt wurde. Diese Clients werden als *Audience* bezeichnet. Da ein OAuth 2.0-basiertes Access-Token aus Sicht der Clients jedoch nur eine beliebige Zeichenkette ist, kann diese Information nicht direkt im Access-Token untergebracht werden. Aus diesem Grund bieten Identitätsanbieter, wie Google oder Facebook, Services an, die ein Access-Token entgegennehmen und die damit assoziierten Informationen, wie Benutzername aber auch die Audience des Tokens, zurückgeben.

Der Standard OpenID Connect, der eine Erweiterung zu OAuth 2.0 darstellt, löst dieses Problem auf andere Weise: Es lässt dem Client neben dem Access-Token ein weiteres Token, welches als Identitäts-Token bezeichnet wird, zukommen. Dieses beinhaltet neben der Audience auch Informationen über den Benutzer, wie zum Beispiel den Benutzernamen oder seine E-Mail-Adresse. Somit löst OpenID Connect beide eingangs aufgezeigten Probleme.

JSON-Web-Token

Beim durch OpenID Connect beschriebenen Identitäts-Token handelt es sich um ein JSON-Web-Token (JWT). Ein JWT beinhaltet unter anderem ein JSON-Objekt mit Claims. Dabei handelt es sich um Name/Wert-Paare, die ein Subjekt beschreiben, zum Beispiel einen Benutzer. Daneben existieren Claims, die Informationen über das Token selbst liefern, darunter den Zeitraum, indem das Token gültig ist, oder die Audience des Tokens. Dieses Claims-Set kann signiert und/oder verschlüsselt werden. Nachfolgend findet sich ein Beispiel für ein signiertes JWT. Es besteht aus drei BASE64-codierten Abschnitten, die durch einen Punkt getrennt werden. Zur besseren Lesbarkeit wurden in diesem Listing Zeilenumbrüche eingefügt und der zweite und dritte Teil unter Verwendung von Auslassungszeichen abgekürzt.

```
eyJ0eXAiOiJKV1QiLCJhbGciOiJSUzI1NiJ9
.
eyJuYmYiOjEz[...]BlbmlkIn0
.
Nt5pBRqGvDFn[...]1205awFjw
```

Der erste Teil beinhaltet ein JSON-Objekt, welches den Header des JWT repräsentiert, der zweite Teil das Claims-Set und der dritte Teil die Signatur. Der Header des betrachteten JWT gestaltet sich wie folgt:

```
{"typ":"JWT","alg":"RS256"}
```

Interessant ist hierbei die Eigenschaft `alg`, die den Algorithmus, der zur Erstellung der Signatur verwendet wurde, widerspiegelt. RS256 bedeutet, dass der Aussteller aus dem zu signierenden Claims-Set mit SHA-256 einen Hash-Wert errechnet und für diesen anschließend mit RSA eine digitale Signatur erstellt hat. Da es sich bei RSA um ein asymmetrisches Verfahren handelt, hat der Aussteller zum Signieren einen privaten Schlüssel verwendet. Ob die Signatur korrekt ist, kann nun jeder mit einem öffentlichen Schlüssel prüfen.

Das nachfolgende Listing zeigt das Claims-Set, welches sich im zweiten Teil des JWT befindet:

```
{
    "nbf":1388357979,
    "exp":1388444379,
    "aud":[
        "http://service",
        "http://partner-authsvc",
        "http://myClient"],
    "iss":"http://authsvc",
    "sub":"3ca4ccc8",
    "name":"Manfred Steyer",
    "role":"Manager",
    "company":"ACME"
}
```

Die Claims `nbf` (Not Before) und `exp` (Expiration Time), die einen UNIX-Timestamp (Sekunden seit 1. 1. 1970, 0 Uhr GMT) beinhalten, geben die Zeitspanne an, in der das Token gültig ist. Die Audience des Tokens findet sich im Claim `aud`. Es handelt sich dabei um ein JSON-Array mit den einzelnen Parteien, für die das Token ausgestellt wurde. Wird ein JWT nur für eine Partei ausgestellt, kann dieses Claim auch nur aus einem String mit dem Bezeichner dieser Partei bestehen. Der Aussteller des Tokens findet sich im Claim `iss` (Issuer) wieder und das Claim `sub` repräsentiert das Subjekt, welches durch das vorliegende Claims-Set beschrieben wird. Im betrachteten Fall handelt es sich hierbei um eine Benutzer-ID. Die restlichen Claims beinhalten den Namen (`name`), die Firma (`company`) und die Rolle (`role`) des beschriebenen Benutzers. Die ersten fünf Claims müssen laut dem zur Drucklegung dieses Buchs gültigen Draft zu OpenID Connect im JWT vorkommen.

Während sich Aussteller und Konsumenten von Claims bilateral auf die zu verwendenden Claim-Namen einigen können, macht es Sinn, zu prüfen, ob es für den gewünschten Zweck bereits offiziell definierte Namen gibt, um Kollisionen sowie Missverständnisse zu vermeiden. Eine gute erste Anlaufstelle dafür ist die OpenID Connect-Spezifikation (http://openid.net/connect). Darüber hinaus können auch öffentliche Bezeichner, zum Beispiel URLs, als Namen für Claims herangezogen werden.

Flows

OAuth 2 definiert verschiedene sogenannte Flows, die festlegen, wie die genannten Rollen miteinander interagieren, um dem Client ein Zugriffs-Token zukommen zu lassen. Darüber hinaus definiert die OAuth-2-Spezifikation die Möglichkeit, weitere Flows zur Unterstützung zusätzlicher Sicherheitsszenarien als Erweiterung zu OAuth 2.0 festzulegen. Die nachfolgenden Abschnitte gehen auf die vier durch die OAuth-2.0-Spezifikation beschriebenen Flows ein und diskutieren im Zuge dessen einige durch OpenID Connect definierte Erweiterungen.

Authorization Code Grant-Flow

Der Authorization Code Grant-Flow sieht vor, dass sich der Benutzer auf einer Webseite des Autorisierungsservers anmeldet. Somit hat der Client keine Möglichkeit, die vom Benutzer verwendeten Credentials, zum Beispiel Benutzername und Passwort, in Erfahrung zu bringen. Dieser Flow eignet sich für Webanwendungen, die den Benutzer auf die Login-Maske des Autorisierungsservers umleiten. Darüber hinaus können auch native Clients, wie Windows-Anwendungen oder Windows-Store-Apps, diesen Flow verwenden, indem sie ein Browserfenster mit der Login-Seite des Autorisierungsservers öffnen.

Abbildung 8-9 zeigt in Anlehnung an die OAuth 2-Spezifikation das Zusammenspiel zwischen den einzelnen Rollen bei Einsatz des Authorization Code Grant-Flows. Zunächst leitet der Client den User-Agent (Browser) auf die Login-Seite des Autorisierungsservers um (Schritt 1 in Abbildung 8-9). Dabei übergibt der Client jene ID, mit der er beim Autorisierungsserver registriert ist, sowie einen Umleitungs-URI. Der Umleitungs-URI ist in der Regel ein URL, an den der Autorisierungsserver den User-Agent nach erfolgter Anmeldung des Benutzers weiterleiten soll. Handelt es sich beim Client um eine Webanwendung, führt dieser URL zurück zu dieser Anwendung.

Native Clients können stattdessen einen URI, der sich auf `localhost` abstützt, oder einen speziellen URN verwenden. Ein solcher URN könnte den Autorisierungsserver veranlassen, eine Seite mit jenen Informationen zu rendern, die an den nativen Client zurückzumelden sind. Zeigt der Browser, der vom nativen Client geöffnet wurde, diese Seite an, übernimmt der native Client die für ihn relevanten Informationen aus dieser Seite und setzt den Flow fort. Google sieht für dieses Szenario den URN `urn:ietf:wg:oauth:2.0:oob` vor, wobei oob für Out-of-Band steht.

Neben der Client-ID und dem Umleitungs-URI kann der Client auch einen Parameter übergeben, der als Scope bezeichnet wird. Dieser repräsentiert die Rechte, die der Client vom Benutzer delegiert bekommen möchte. Per Definition besteht dieser Parameter aus einem oder mehreren durch Leerzeichen separierten Werten, die vom Autorisierungsserver vorgegeben und nachfolgend ebenfalls als Scopes bezeichnet werden. Fordert der Client keinen speziellen Scope an, kann der Autorisierungsserver einen Standard-Scope heranziehen. Google definiert zum Beispiel die Scopes `profile` und `email`. Ersterer repräsentiert das Recht, auf das Profil des Benutzers zuzugreifen, gewährt dem Client jedoch keinen Zugriff auf die von Google verifizierte E-Mail-Adresse des Benutzers. Dieses Privileg wird dem Client nur eingeräumt, wenn er vom Benutzer den Scope `email` delegiert bekommt. OpenID Connect definiert daneben den Scope `openid`. Dieser ist anzufordern, damit der Autorisierungsserver dem Client das durch OpenID Connect beschriebene Identitäts-Token ausstellt.

Nachdem sich der Benutzer beim Autorisierungsserver angemeldet (Schritt 2 in Abbildung 8-9) und dem Delegieren der angeforderten Rechte an den jeweiligen Client zugestimmt hat, leitet der Autorisierungsserver an den oben diskutierten Umleitungs-URI um. Im Zuge dessen übergibt er nicht, wie man nun erwarten könnte, das Access-Token, sondern lediglich einen Access-Code (Schritt 3 in Abbildung 8-9). Diesen Access-Code verwendet nun der Client, um direkt beim Autorisierungsserver das gewünschte Access-Token abzurufen (Schritt 4 und 5 in Abbildung 8-9). Dabei authentifiziert sich der Client beim Autorisierungsserver, sodass sichergestellt ist, dass nur jener Client, der die jeweiligen Rechte vom Benutzer delegiert bekommen hat, auch in den Besitz des Access-Tokens gelangt. Da diese Kommunikation ohne Zutun des Browsers abläuft, erhält der Ressourcenbesitzer weder Zugriff auf das Access-Token noch auf die Credentials des Clients.

Um zu verhindern, dass der Umleitungs-URI im Hoheitsbereich eines Angreifers liegt und diesem somit der Access-Code zugespielt wird, überprüfen Autorisierungsserver, ob der im ersten Schritt übergebene Umleitungs-URI beim Registrieren des Clients, dessen ID ebenfalls übergeben wird, passt. Per Definition hat der übergebene Umleitungs-URI dem registrierten Umleitungs-URI zu entsprechen. Eine Abweichung ist lediglich insofern erlaubt, als dass der übergebene Umleitungs-URI zusätzliche URL-Parameter aufweisen darf. Alternativ dazu besteht auch die Möglichkeit, dass der Client keinen

Umleitungs-URI übersendet. In diesem Fall verwendet der Autorisierungsserver jenen Umleitungs-URI, der beim Registrieren des Clients angegeben wurde.

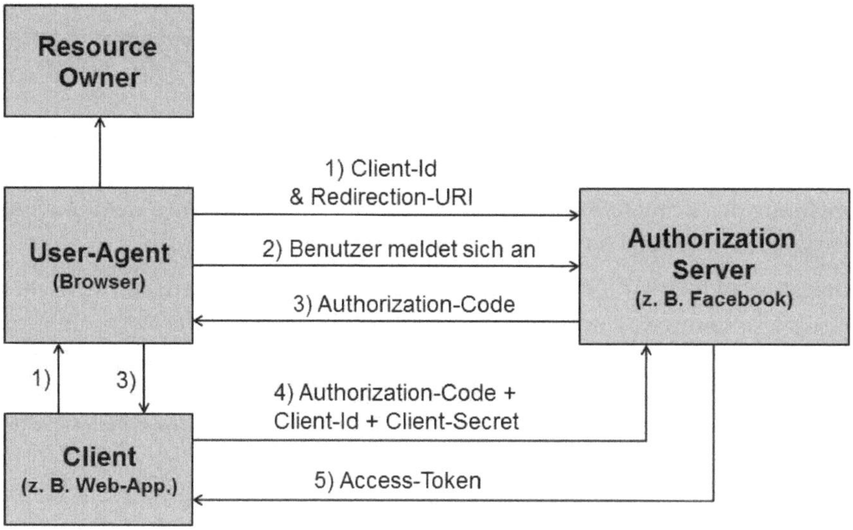

Abbildung 8-9: Schematische Darstellung des Authorization Code Grant-Flows

Neben den hier gezeigten Parametern existieren noch einige optionale. Darunter befindet sich ein Parameter `State`, der im ersten Schritt an den Autorisierungsserver übergeben werden kann. Dieser wird unverändert im dritten Schritt an den Client zurückgereicht. Diese Tatsache kann vom Client genutzt werden, um zustandsbezogene Informationen über die Aufrufe hinweg zu erhalten. Darüber hinaus dient dieser Mechanismus der Abwehr von Cross-Site-Request-Forgery-Attacken. Um solche Attacken abzuwehren, muss der Client prüfen, ob der in Schritt 3 erhaltene `State` einen speziellen Wert aufweist, der im ersten Schritt übergeben wurde. Solche Werte, die in der Kryptographie auch als Nonce bezeichnet werden, sind nach dem Zufallsprinzip zu erstellen, sodass Angreifer sie nicht vorhersehen können. Benötigt der Client den `State`-Parameter nicht zur Beibehaltung von zustandsbezogenen Informationen, kann dieser auch nur aus dem Nonce bestehen. Durch diese Prüfung wird sichergestellt, dass eine Antwort in Schritt 3 immer mit einer vorausgegangenen Anfrage in Schritt 1 korreliert.

Darüber hinaus geben OAuth 2.0 und OpenID Connect weitere Prüfungen vor, die der Client mit den erhaltenen Informationen durchzuführen hat, bevor er sie verwenden darf. Darunter fällt u.a. die Validierung des Ablaufdatums des Tokens sowie die Prüfung des Audience-Claims im Identitäts-Token. Im Detail können diese Prüfungen unter *http://oauth.net/2* und *http://openid.net/connect* nachgelesen werden.

Implicit Grant-Flow

Beim Implicit Grant-Flow handelt es sich um eine vereinfachte Variante des Authorization Code Grant-Flows. Durch diese Vereinfachung weist er weniger Sicherheitsmerkmale als der Authorization Code Grant-Flow auf. Der Implicit Grant-Flow ist für Clients vorgesehen, die nicht in der Lage sind, Client-Credentials (Client-ID und Clientsicherheit) geheimzuhalten. Ein Beispiel dafür ist ein JavaScript-Client, der im Browser ausgeführt wird und direkt via AJAX mit dem Autorisierungsserver kommuniziert. In diesem Fall ist der Clientquellcode für jeden einsehbar. Es wäre somit für jeden möglich, an die Client-Credentials zu gelangen. Aus diesem Grund macht in solchen Fällen der Einsatz des Authorization Code Grant-Flows, der eine Authentifizierung des Clients vorsieht, keinen Sinn.

Im Gegensatz zum Authorization Code Grant-Flow gibt beim Implicit Grant-Flow der Autorisierungsserver innerhalb des Hashes anstelle des Access-Codes das Access-Token an den Umleitungs-URI zurück. Auf diesem Weg übermittelt er auch weitere Informationen, wie zum Beispiel die Gültigkeitsdauer des Tokens, den Typ des Tokens oder den bei der Anfrage übergebenen `State`. Optional findet sich auch der Scope des Tokens im Hash wieder. Ein Beispiel für den Aufruf eines Umleitungs-URIs bei Verwendung des Implicit Grant-Flows findet sich nachfolgend:

https://example.org/cb#access_token=y48LraQAf7C0
&token_type=bearer&expires_in=1209600&state=xyz

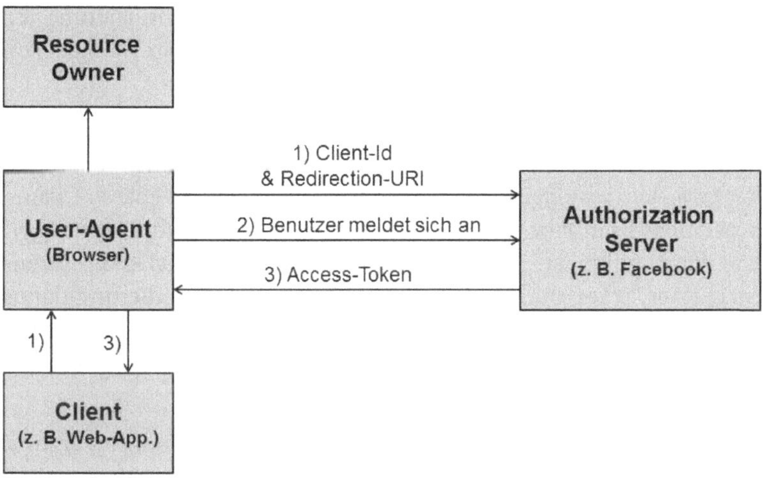

Abbildung 8-10: Schematische Darstellung des Implicit Grant-Flows

Da hier das Access-Token im Rahmen des URLs übergeben wird, können der Ressourcenbesitzer (Resource Owner) und andere Anwendungen darauf zugreifen. Somit ist es für Angreifer auch einfacher, an dieses Token zu kommen. Um dieses Problem einzudämmen, stellt der Autorisierungsserver beim Implicit Grant-Flow kein Refresh-Token aus.

Resource Owner Password Credentials Grant

Der Resource Owner Password Credentials Grant-Flow kommt zum Einsatz, wenn eine Vertrauensstellung zwischen dem Benutzer und dem Client herrscht, sodass der Benutzer dem Client seine Credentials für den Zugriff auf Ressourcenserver anvertraut. Dies ist unter anderem der Fall, wenn Autorisierungsserver, Ressourcenserver und der Client vom selben Anbieter stammen. Ein Beispiel dafür stellt die offizielle App von und für Facebook dar.

Beim Resource Owner Password Credentials Grant-Flow übergibt der Client die Credentials des Benutzers an den Autorisierungsserver. Clients, die in der Lage sind, Client-Credentials geheimzuhalten, haben auch die Möglichkeit, sich beim Autorisierungsserver zu authentifizieren. In der Payload der darauf folgenden Antwort verstaut der Autorisierungsserver das Access-Token sowie zusätzliche Informationen, wie das Ablaufdatum.

Client Credentials Grant

Beim Client Credentials Grant erhält der Client ein Access-Token, mit dem er in seinem eigenen Namen und nicht im Namen eines Benutzers, auf Ressourcenserver zugreifen kann. Im Zuge dieses Flows sendet der Client seine Credentials an den Autorisierungsserver und erhält daraufhin das gewünschte Token sowie die üblichen zusätzlichen Informationen über das Token.

Eine OAuth 2.0-Implementierung mit ASP.NET MVC 5 und ASP.NET Web API 2

Mittels Katana, der OWIN-Implementierung von Microsoft, die beim Einsatz von Visual Studio 2013 ohne Zutun des Entwicklers eingebunden wird, kann auf einfache Weise eine OAuth 2.0-Implementierung geschaffen werden. Katana bringt dazu eine Middleware für Autorisierungsserver sowie eine weitere für Ressourcenserver bzw. für solche Clients mit, die OAuth 2.0 für die Authentifizierung verwenden. Erstere nennt sich `OAuthAuthorizationServerMiddleware`; Letztere `OAuthBearerAuthenticationMiddleware`.

Zum Generieren des Access-Tokens verwendet die `OAuthAuthorizationServerMiddleware` ein `AuthenticationTicket`-Objekt. Dieses besteht aus einer `ClaimsIdentity` sowie aus einer `AuthenticationProperties`-Instanz, wobei die `ClaimsIdentity` den jeweiligen Benutzer mittels Name/Wert-Paare (Claims) beschreibt. Die `AuthenticationProperties`-Instanz beinhaltet weitere Informationen über das Token, wie zum Beispiel die Zeitspanne, in der es gültig ist. Die `OAuthAuthorizationServerMiddleware` serialisiert und verschlüsselt das `AuthenticationTicket` und wendet danach eine Base64-Kodierung darauf an. Danach zieht es das Ergebnis dieser Prozedur als Access-Token heran. Die Art der Serialisierung, Verschlüsselung und Kodierung wird durch ein sogenanntes Datenformat bestimmt. Mehr Informationen dazu finden sich weiter unten.

Die `OAuthBearerAuthenticationMiddleware` wird von Services verwendet, die den Benutzer aufgrund eines von der `OAuthAuthorizationServerMiddleware` ausgestellten Access-Tokens authentifizieren. Sie prüft bei jeder Anfrage, ob ein gültiges Access-Token übersendet wurde. Als gültig werden dabei jene Access-Token angesehen, die erfolgreich dekodiert, entschlüsselt und in das zugrunde liegende `AuthenticationTicket`-Objekt deserialisiert werden können. Damit das möglich ist, muss der Entwickler für die `OAuthBearerAuthenticationMiddleware` jenes Datenformat festlegen, das auch der Autorisierungsserver verwendet. Außerdem müssen dieselben Einstellungen für die Ver- bzw. Entschlüsselung festgelegt werden. Wenn der Entwickler, wie im folgenden ersten Beispiel, beide Middleware-Komponenten innerhalb derselben Anwendung nutzt, ist diese Anforderung durch das standardmäßig verwendete Datenformat erfüllt.

Nachdem die `OAuthBearerAuthenticationMiddleware` ein Token als gültig erkannt hat, stellt es das dem Token zugrunde liegende `AuthenticationTicket` wieder her und authentifiziert den durch dessen `ClaimsIdentity` beschriebenen Benutzer. Diese `ClaimsIdentity` kann in weiterer Folge über `Thread.CurrentPrincipal.Identity` bzw. `User.Identity` abgerufen werden.

Katana-Middleware-Komponenten für OAuth 2.0 registrieren

Beispiel 8-45 zeigt eine Katana-Konfiguration, die unter Verwendung der Erweiterungsmethode `UseOAuthBearerTokens` beide zuvor erwähnten Middleware-Komponenten registriert. Bei Verwendung der Vorlagen von Visual Studio 2013 bietet sich zur Platzierung der gezeigten Zeilen die Methode `ConfigureAuth` der Datei `App_Start\Startup.Auth.cs` an.

Die Eigenschaften `AuthorizeEndpointPath` und `TokenEndpointPath` geben die relativen Pfade des Autorisierungsendpunkts und des Token-Endpunkts an, die die Autorisierungsserverimplementierung der `OAuthAuthorizationServerMiddleware` anbietet. Die Eigenschaft `Provider` verweist auf eine Implementierung von `IOAuthAuthorizationServerProvider`, die die Ausstellung der Token regelt. Dieses Konzept wird in den folgenden Abschnitten noch näher besprochen.

`AuthorizationCodeProvider` und `RefreshTokenProvider` verweisen auf eine Implementierung von `IAuthenticationTokenProvider`. Die Aufgabe eines `AuthenticationTokenProviders` ist es, Token für eine spätere Verwendung vorzuhalten. Im Falle der Eigenschaft `AuthorizationCodeProvider` verwaltet der `AuthenticationTokenProvider` ein Access-Token, welches beim Authorization Code Grant-Flow bei der Bestätigung durch den Benutzer generiert, aber erst danach vom Client abgerufen wird. Die Eigenschaft `RefreshTokenProvider` zeigt hingegen auf einen `AuthenticationTokenProvider`, der Refesh-Token speichert. Dies ist nötig, damit der Autorisierungsserver zu einem späteren Zeitpunkt für ein übersendetes Refresh-Token erneut ein Access-Token ausstellen kann.

Zur Veranschaulichung der Funktionsweise von `AuthenticationTokenProvider` findet sich in Beispiel 8-46 eine einfache Implementierung, die die Token in einem statischen Dictionary speichert und einen einzigen hardcodierten Schlüssel verwendet, der als Refresh-Token oder Access-Code zum Einsatz kommt. Dies dient an dieser Stelle der Vereinfachung. In einer Implementierung für den Produktivbetrieb würde man stattdessen eine Datenbank verwenden und als Schlüssel zum Beispiel eine GUID heranziehen.

Mit `AllowInsecureHttp` legt der Entwickler fest, ob HTTP ohne Verschlüsselung für den Token- und Autorisierungsendpunkt sowie für den `RedirectionURI` verwendet werden darf. Setzt er diese Eigenschaft auf `false`, muss hierfür HTTPS zum Einsatz kommen.

Setzt der Entwickler `ApplicationCanDisplayErrors` auf `true`, liefert der Autorisierungsendpunkt im Fehlerfall eine sprechende Fehlermeldung zurück.

Beispiel 8-45: Konfiguration der Middleware-Komponenten für OAuth 2.0

```
app.UseCookieAuthentication(new CookieAuthenticationOptions
{
    AuthenticationType = DefaultAuthenticationTypes.ApplicationCookie,
    LoginPath = new PathString("/Account/Login")
});

app.UseExternalSignInCookie(DefaultAuthenticationTypes.ExternalCookie);

app.UseOAuthBearerTokens(new OAuthAuthorizationServerOptions
{
    AuthorizeEndpointPath = new PathString("/authorization"),
    TokenEndpointPath = new PathString("/token"),
    Provider = new CustomOAuthProvider(),
    AuthorizationCodeProvider = new SimpleAuthenticationTokenProvider(),
    RefreshTokenProvider = new SimpleAuthenticationTokenProvider(),
    AccessTokenExpireTimeSpan = TimeSpan.FromDays(14),
    AllowInsecureHttp = true,
    ApplicationCanDisplayErrors = true
});
```

Beispiel 8-46: Einfache AuthenticationTokenProvider-Implementierung

```
public class SimpleAuthenticationTokenProvider : AuthenticationTokenProvider
{
    private static Dictionary<string, string> keys = new Dictionary<string, string>();

    public override void Create(AuthenticationTokenCreateContext context)
    {
        string token = "ABCDEFG";
        keys[token] = context.SerializeTicket();
        context.SetToken(token);
    }

    public override void Receive(AuthenticationTokenReceiveContext context)
    {
        var token = keys[context.Token];
        if (!string.IsNullOrEmpty(token))
        {
            context.DeserializeTicket(token);
        }
    }

}
```

In Fällen, in denen der Autorisierungsserver und die einzelnen Ressourcenserver durch unterschiedliche Webanwendungen repräsentiert werden, ist jeweils nur eine der beiden Middleware-Komponenten zu registrieren. Zum Registrieren der `OAuthAuthorizationServerMiddleware` verwendet der Entwickler die Erweiterungsmethode `UseOAuthAuthorizationServer`; zum Registrieren der `OAuthBearerAuthenticationMiddleware` zieht er hingegen `UseOAuthBearerAuthentication` heran. Beispiel 8-47 demonstriert den Einsatz von `UseOAuthAuthorizationServer` bei Autorisierungsservern, Beispiel 8-48 den Einsatz von `UseOAuthBearerAuthentication` bei Ressourcenservern.

Beispiel 8-47: Registrieren der OAuthAuthorizationServerMiddleware

```
app.UseOAuthAuthorizationServer(new OAuthAuthorizationServerOptions {
    TokenEndpointPath = new PathString("/token"),
    AuthorizeEndpointPath = new PathString("/authorization"),
    Provider = new CustomOAuthProvider(),
    AccessTokenExpireTimeSpan = TimeSpan.FromDays(14),
    AllowInsecureHttp = true,
    ApplicationCanDisplayErrors = true,
    AuthorizationCodeProvider = new SimpleAuthenticationTokenProvider(),
    RefreshTokenProvider = new SimpleAuthenticationTokenProvider(),
});
```

Beispiel 8-48: Registrieren der OAuthBearerAuthenticationMiddleware

```
app.UseOAuthBearerAuthentication(new OAuthBearerAuthenticationOptions
{
    Provider = new SimpleOAuthBearerAuthenticationProvider(),
    AuthenticationType = "Bearer"
});
```

Datenformate

Das verwendete Datenformat bestimmt, wie die Middleware-Komponenten aus einem AuthenticationTicket ein Access-Token ableiten. Im Detail bedeutet das, dass das Datenformat festlegt, wie das AuthenticationTicket serialisiert bzw. deserialisiert, ver- bzw. entschlüsselt sowie kodiert bzw. dekodiert wird. Standardmäßig kommen eine binäre Serialisierung sowie eine Base64-Kodierung zum Einsatz. Zum Verschlüsseln kommt standardmäßig der Computerschlüssel des Servers zum Einsatz, sofern der Entwickler den Service in IIS hostet. Bei einem Self-Hosting verwenden die Middleware-Komponenten die Datenschutz-API von Windows, die eine Verschlüsselung anhand von Daten durchführt, die an den aktuellen Benutzer und an den aktuellen Rechner gebunden sind.

Damit in einem Szenario, bei dem der Autorisierungsserver und die einzelnen Ressourcenserver durch verschiedene Rechner repräsentiert werden, die Entschlüsselung beim Ressourcenserver funktioniert, muss beim Hosting in IIS derselbe Computerschlüssel auf sämtlichen Rechnern verwendet werden. Alternativ dazu kann ein benutzerdefiniertes Datenformat verwendet werden. Beim Self-Hosting ist dies notwendig, da Daten, die mit der Datenschutz-API verschlüsselt wurden, nur am selben Rechner unter Verwendung desselben Benutzerkontos wieder entschlüsselt werden können.

Zur Bereitstellung eines benutzerdefinierten Datenformats ist die Schnittstelle ISecureDataFormat<AuthenticationTicket> zu implementieren. Eine einfache Möglichkeit, an solch eine Implementierung zu gelangen, stellt die Verwendung der Klasse SecureDataFormat<AuthenticationTicket> dar. Ihr Konstruktor nimmt einen IDataSerializer<AuthenticationTicket> zum (De)Serialisieren von Tickets, einen IDataProtector zum Ver- bzw. Entschlüsseln sowie einen ITextEncoder zum (De)Kodieren entgegen. An diese Objekte delegiert das SecureDataFormat zur Bewerkstelligung der genannten Aufgaben.

Beispiel 8-49 zeigt eine einfache Implementierung von IDataProtector. Da es die übergebenen Daten nicht verschlüsselt, sondern nur zurückgibt, ist es nicht für den Produktiveinsatz geeignet, sondern dient lediglich der Demonstration. Der VerySimpleTicketSerializer in Beispiel 8-50 demonstriert, wie der Entwickler einen IDataSerializer implementieren kann. Dieses Beispiel kopiert die relevanten Daten aus dem Ticket in eine Instanz der Klasse OAuth2Token (Beispiel 8-51) und führt anschließend eine JSON-Serialisierung mit JSON.Net durch. Beispiel 8-52 zeigt, wie ein ITextFormatter implementiert werden kann. Im Rahmen dessen führt es eine Base64-Kodierung bzw. eine Base64-Dekodierung durch.

Beispiel 8-49: Ein einfacher IDataProtector

```
public class NullDataProtector : IDataProtector
{
    public byte[] Protect(byte[] userData)
    {
        return userData;
    }

    public byte[] Unprotect(byte[] protectedData)
    {
        return protectedData;
    }
}
```

Beispiel 8-50: Eine einfache IDataSerializer-Implementierung

```
public class VerySimpleTicketSerializer: IDataSerializer<AuthenticationTicket> {

    public AuthenticationTicket Deserialize(byte[] data)
    {

        var json = System.Text.UTF8Encoding.UTF8.GetString(data);
        var token = (OAuth2Token)JsonConvert.DeserializeObject<OAuth2Token>(json);

        var identity = new ClaimsIdentity("Bearer");
        identity.AddClaims(token.Claims.Select(c => new Claim(c.Key,c.Value)));

        var ticket = new AuthenticationTicket(identity, token.Properties);

        return ticket;
    }

    public byte[] Serialize(AuthenticationTicket model)
    {
        var token = new OAuth2Token();
        token.Properties = model.Properties;
        token.Claims = model.Identity.Claims.Select(c =>
                            new KeyValuePair<string, string>(c.Type, c.Value)).ToList();

        var settings = new JsonSerializerSettings();
        settings.ReferenceLoopHandling = ReferenceLoopHandling.Ignore;
        var json = JsonConvert.SerializeObject(token, settings);

        return System.Text.UTF8Encoding.UTF8.GetBytes(json);
    }
}
```

Beispiel 8-51: Klasse, welche ein OAuth-2.0-Access-Token repräsentiert

```
public class OAuth2Token
{
    public AuthenticationProperties Properties { get; set; }
    public List<KeyValuePair<string,string>> Claims { get; set; }
}
```

Beispiel 8-52: Eine einfache ITextEncoder-Implementierung

```
public class CustomTextEncoder : ITextEncoder
{

    public byte[] Decode(string text)
    {
        var result = Convert.FromBase64String(text);
        return result;
    }

    public string Encode(byte[] data)
    {
        var result = Convert.ToBase64String(data);
        return result;
    }
}
```

Damit die Katana-Middleware-Komponenten das gewünschte Datenformat heranziehen, ist dieses beim Registrieren der Komponenten an die Eigenschaft `AccessTokenFormat` zu übergeben (Beispiel 8-53). Diese Eigenschaft wird sowohl von `UseOAuthBearerTokens` als auch von `UseOAuthAuthorizationServer` und `UseOAuthBearerAuthentication` angeboten.

Beispiel 8-53: Festlegen eines eigenen Datenformats

```
app.UseOAuthBearerTokens(new OAuthAuthorizationServerOptions
{
    AuthorizeEndpointPath = new PathString("/authorization"),
    TokenEndpointPath = new PathString("/token"),
    Provider = new CustomOAuthProvider(),
    AuthorizationCodeProvider = new SimpleAuthenticationTokenProvider(),
    RefreshTokenProvider = new SimpleAuthenticationTokenProvider(),
    AccessTokenExpireTimeSpan = TimeSpan.FromDays(14),
    AllowInsecureHttp = true,
    ApplicationCanDisplayErrors = true
    AccessTokenFormat = new SecureDataFormat<AuthenticationTicket>(
                                    new VerySimpleTicketSerializer(),
                                    new NullDataProtector(),
                                    new CustomTextEncoder())

});
```

Einen OAuthAuthorizationServerProvider für den Resource Owner Password Credentials Grant implementieren

Zur Bereitstellung einer Implementierung von `IOAuthAuthorizationServerProvider` für den Resource Owner Password Credentials Grant wird in diesem Beispiel von der abstrakten Basisklasse `OAuthAuthorizationServerProvider` abgeleitet, die diese Schnittstelle realisiert (Beispiel 8-54). Somit müssen auch nur jene Methoden überschrieben werden, die im betrachteten Szenario von Interesse sind.

Beispiel 8-54: OAuthAuthorizationServerProvider-Implementierung

```
public class CustomOAuthProvider : OAuthAuthorizationServerProvider
{
    [...]
}
```

Um beim Resource Owner Password Credentials Grant die Credentials des Benutzers zu prüfen und daraufhin ein Token auszustellen, ruft die Katana-Middleware die Methode `GrantResourceOwnerCredentials` in Beispiel 8-55 auf. Dabei übergibt sie ein `Context`-Objekt mit den momentan zur Verfügung stehenden OAuth 2.0-relevanten Daten. Der übergebene Benutzername und das übergebene Passwort werden hier zur Vereinfachung gegen hardcodierte Werte geprüft. In einer Implementierung für den Produktiveinsatz würde man hier stattdessen gegen eine Datenbank mit Benutzerkonten prüfen. Dafür bietet sich zum Beispiel ASP.NET Identity an. War die Prüfung von Benutzername und Passwort nicht erfolgreich, übergibt das betrachtete Beispiel eine Fehlermeldung an das `Context`-Objekt zurück und verwendet dazu dessen Methode `SetError`. Die Methode `GrantResourceOwnerCredentials` wird daraufhin beendet. Der erste Parameter ist ein von der OAuth 2.0-Spezifikation vorgegebener String; der zweite Parameter repräsentiert eine frei zu wählende Beschreibung des aufgetretenen Problems.

Nach erfolgreicher Prüfung der Credentials des Benutzers erzeugt das Beispiel einen leerzeichenseparierten String, der den angeforderten Scope widerspiegelt. Dazu verkettet die Methode `GetScope` (Beispiel 8-56) die einzelnen Werte, die im Rahmen des Scopes übergeben wurden und über die Auflistung `Scope` des Kontexts bereitgestellt werden. Anschließend erzeugt `GrantResourceOwnerCredentials` eine Liste mit Claims, die den Benutzer näher beschreiben. Auch diese Informationen sind zur Vereinfachung hardcodiert hinterlegt. Unter Verwendung dieser Liste erzeugt die Methode `CreateTicket` der Hilfsklasse `TokenHelper` ein `AuthenticationTicket`, welches, wie oben beschrieben, die Basis für das Access-Token darstellt.

`CreateTicket` (Beispiel 8-57) erstellt eine `ClaimsIdentity` vom `AuthenticationType` `bearer`, der auch den Typ des Tokens repräsentiert. An diese `ClaimsIdentity` reicht `CreateTicket` die übergebenen Claims weiter. Daneben erzeugt die betrachtete Methode ein `Dictionary<string, string>`, welches jene Name/Wert-Paare aufnimmt, die im Rahmen der Access-Token-Response gemeinsam mit dem Access-Token zurückgegeben werden. Zu diesen Informationen gehören der Scope des Access-Tokens sowie der Benutzername des betroffenen Benutzers. Weitere Informationen werden später von der Katana-Middleware hinzugefügt.

Beispiel 8-55: Credentials des Benutzers prüfen

```
public override async Task GrantResourceOwnerCredentials
                    (OAuthGrantResourceOwnerCredentialsContext context)
{
        if (!(context.UserName == "max" && context.Password == "geheim"))
        {
            context.SetError("invalid_grant",
                            "Benutzername oder Kennwort ist falsch.");
            return;
        }

        var scopeString = GetScope(context);

        var claims = new List<Claim>();
        claims.Add(
             new Claim(ClaimsIdentity.DefaultNameClaimType, "Max Muster"));
        claims.Add(new Claim("sub", "4711"));
        claims.Add(new Claim("user_id", "4711"));
        claims.Add(new Claim("name", "Max Muster"));
        claims.Add(new Claim("Role", "Manager"));
        claims.Add(new Claim("Company", "ACME"));
        claims.Add(new Claim("aud", "http://service"));
        claims.Add(new Claim("aud", "http://partner-authsvc"));
        claims.Add(new Claim("aud", context.ClientId));
        claims.Add(new Claim("iss", "http://authsvc"));
        claims.Add(new Claim("scope", scopeString));

        var ticketHelper = new TokenHelper();
        AuthenticationTicket ticket = ticketHelper.CreateTicket(claims, scopeString);
        context.Validated(ticket);
}
```

Beispiel 8-56: Scope prüfen

```
private static string GetScope(OAuthGrantResourceOwnerCredentialsContext context)
{
```

```
    string scopeString = null;
    if (context.Scope != null && context.Scope.Any())
    {
        scopeString = context.Scope.Aggregate((a, b) => a + " " + b);
    }
    return scopeString;
}
```

Beispiel 8-57: Ticket ausstellen

```
public AuthenticationTicket CreateTicket(IEnumerable<Claim> claims, string scope = null)
{
    var claimsId = new ClaimsIdentity("Bearer");

    claimsId.AddClaims(claims);

    if (string.IsNullOrEmpty(scope)) scope = "default";

    IDictionary<string, string> data = new Dictionary<string, string> {
            { "userName", claimsId.Name },
            { "scope", scope}
        };
    var properties = new AuthenticationProperties(data);

    AuthenticationTicket ticket = new AuthenticationTicket(claimsId, properties);
    return ticket;
}
```

Um die Authentifizierung des Clients kümmert sich die Methode `ValidateClientAuthentication` (Beispiel 8-58), die innerhalb der `OAuthAuthorizationServerProvider`-Implementierung zu überschreiben ist. Sofern es sich um eine Spielart handelt, bei der Client-Credentials übergeben werden, was durch eine `null`-Prüfung gegen `context.ClientId` in Erfahrung gebracht werden kann, ermittelt diese Methode mit `TryGetFormCredentials` die Client-ID und das Client-Secret. Alternativ zu `TryGetFormCredentials` existiert auch eine Methode `TryGetBasicCredentials`, die prüft, ob über HTTP Basic Client-Credentials übertragen wurden und diese gegebenenfalls zurückgibt. Anschließend prüft `ValidateClientAuthentication` – zur Vereinfachung an dieser Stelle abermals hartcodiert – ob es sich um einen gültigen Client handelt. Ist dem so, zeigt sie dies durch Aufruf von `Validated` an. In Fällen, in denen die Client-Credentials nicht über `TryGetFormCredentials` oder `TryGetBasicCredentials` ermittelt werden, ist die Client-ID an `Validated` zu übergeben.

Beispiel 8-58: Client-Credentials überprüfen

```
public override Task ValidateClientAuthentication(OAuthValidateClientAuthenticationContext context)
{
    if (context.ClientId == null)
    {
        string clientId, clientSecret;
        context.TryGetFormCredentials(out clientId, out clientSecret);

        if (clientId == "myClient" && clientSecret == "geheim") {
            // Falls clientId NICHT über TryGetForm...
            // oder TryGetBasic... ermittelt wird, muss sie an Validated übergeben werden!
            context.Validated();
        }
```

```
    }

    return Task.FromResult<object>(null);
}
```

Die ebenfalls innerhalb der `OAuthAuthorizationServerProvider`-Implementierung zu überschreibende Methode `TokenEndpoint` kommt zur Ausführung, wenn sich der Client an den Token-Endpoint wendet, um ein Token abzuholen. Die in Beispiel 8-59 gezeigte Implementierung, die aus einer Projektvorlage von Visual Studio 2013 übernommen wurde, übergibt lediglich sämtliche Name/Wert-Paare aus `context.Properties.Dictionary` an `context.AdditionalResponseParameters`. Bei der ersten Auflistung handelt es sich um das Dictionary mit den Name/Wert-Paaren, welches in Beispiel 8-57 definiert wurde. Bei der zweiten Auflistung handelt es sich um jene, die die Katana-Middleware für den Aufbau der Access-Token-Response verwendet. Damit die in Beispiel 8-57 hinterlegten Informationen im Rahmen dieser Access-Token-Response zu finden sind, müssen sie umkopiert werden.

Beispiel 8-59: Access-Token-Response erzeugen

```
public override Task TokenEndpoint(OAuthTokenEndpointContext context)
{
    foreach (KeyValuePair<string, string> property in context.Properties.Dictionary)
    {
        context.AdditionalResponseParameters.Add(property.Key, property.Value);
    }

    return Task.FromResult<object>(null);
}
```

Den Resource Owner Password Credentials Grant testen

Zum Testen des soeben implementierten Resource Owner Password Credentials Grants kommt der in Beispiel 8-60 gezeigte `GutscheinController` zum Einsatz. Die Aufgabe seiner `Post`-Methode ist das Ausstellen von Gutscheinen. Um zu prüfen, ob der aktuell authentifizierte Benutzer die nötigen Rechte zum Ausstellen von Gutscheinen aufweist, greift die Methode auf seine Claims zu, die im Rahmen des Access-Tokens übertragen werden. Im betrachteten Fall prüft `Post` lediglich, ob der Benutzer einen Claim-Scope hat, sowie, ob dessen Wert den Scope voucher beinhaltet. Ist dem nicht so, wird eine Ausnahme ausgelöst. Ansonsten wird mit der Abarbeitung der Methode fortgefahren.

Beispiel 8-60: Identität des Benutzers innerhalb ActionMethode auswerten

```
public class GutscheinController : ApiController
{

    private static List<Gutschein> gutscheine = new List<Gutschein>();

    public Gutschein Post(decimal betrag)
    {

        var identity = User.Identity as ClaimsIdentity;
        var scopeClaim = identity.FindFirst("scope");
        var scopeArray = scopeClaim.Value.Split(' ');

       if (!scopeArray.Contains("voucher")) throw new HttpResponseException(HttpStatusCode.
Unauthorized);
```

```
            var gutschein = new Gutschein();
            gutschein.AusstellungsDatum = DateTime.Now;
            gutschein.Id = Guid.NewGuid().ToString();
            gutschein.Betrag = betrag;

            gutscheine.Add(gutschein);

            return gutschein;
        }
    }
```

Anstatt die Claims direkt in den jeweiligen Methoden zu prüfen, kann der Entwickler diese Aufgabe auch in Autorisierungsfilter auslagern. Beispiel 8-61 zeigt die Implementierung eines Autorisierungsfilters, in den die Prüfungen aus Beispiel 8-60 ausgelagert wurden. Ein Beispiel für die Anwendung dieses Filters findet sich in Beispiel 8-62. Mehr Informationen zu Filtern finden Sie in Kapitel 1 und 2.

Beispiel 8-61: Eigener AuthorizationFilterAttribute zur Prüfung der Berechtigungen des aktuellen Benutzers

```
public class ScopeAttribute : AuthorizationFilterAttribute
{
    private string scope;

    public ScopeAttribute(string scope)
    {
        this.scope = scope;
    }

    public override void OnAuthorization(System.Web.Http.Controllers.HttpActionContext actionContext)
    {
        var identity = System.Threading.Thread.CurrentPrincipal.Identity as ClaimsIdentity;
        var scopeClaim = identity.FindFirst("scope");
        var scopeArray = scopeClaim.Value.Split(' ');

        if (!scopeArray.Contains(this.scope))
            throw new HttpResponseException(HttpStatusCode.Unauthorized);


    }
}
```

Beispiel 8-62: Einsatz des eigenen AuthorizationFilterAttributs

```
[Scope("voucher")]
public Gutschein Get(string id)
{
    return gutscheine.FirstOrDefault(g => g.Id == id);
}
```

Um an ein Access-Token für den Zugriff auf den soeben gezeigten Service zu gelangen, sendet der Entwickler die in Beispiel 8-63 gezeigte Anfrage an den Autorisierungsserver. Als Verb verwendet er `POST`; die Nutzdaten überträgt er in Form von Name/Wert-Paaren entsprechend des Inhaltstyps (`Content-Typ`) `application/x-www-form-urlencoded`. Zur besseren Lesbarkeit wurde den Nutzdaten in Beispiel 8-63 eine Zeilenschaltung hinzugefügt. Der Parameter `grant_type=password` zeigt an, dass es sich hierbei um eine Anfrage im Rahmen des Resource Owner Password Credentials Grants handelt. Die Parameter `username` und `password` beziehen sich auf die Credentials des Benutzers; die Parameter `client_id` und `client_secret` auf die Credentails des Clients. Der Parameter `scope` gibt den gewünschten Scope an.

Beispiel 8-63: HTTP-Nachricht zum Anfordern eines Tokens via Resource Owner Password Credentials Grant

```
POST http://localhost:42344/token HTTP/1.1
Host: localhost:42344
Content-Type: application/x-www-form-urlencoded

grant_type=password&username=max&password=geheim
&client_id=myClient&client_secret=geheim&scope=voucher+otherStuff
```

War die Anfrage erfolgreich, antwortet der Autorisierungsserver mit einer Access-Token-Response, wie jener in Beispiel 8-64, bei der das Access-Token aus Gründen der Lesbarkeit unter Verwendung eines Auslassungszeichens abgekürzt wurde. Wie oben erwähnt, handelt es sich dabei um ein JSON-Objekt, welches unter anderem das Access-Token aber auch ein Refresh-Token beinhaltet.

Beispiel 8-64: Access-Token-Response

```
HTTP/1.1 200 OK
Content-Type: application/json;charset=UTF-8

{
    "access_token":"XPInY6Er[...]9PQMh3M",
    "token_type":"bearer",
    "expires_in":1209599,
    "refresh_token":"ABCDEFG",
    "userName":"Max Muster",
    ".issued":"Mon, 16 Dec 2013 18:28:19 GMT",
    ".expires":"Mon, 30 Dec 2013 18:28:19 GMT"
}
```

Das auf diese Weise erhaltene Access-Token wird anschließend bei Anfragen, die an Ressourcenserver gerichtet werden, im Rahmen des `Authorization`-Headers übersendet (Beispiel 8-65).

Beispiel 8-65: HTTP-Nachricht mit Access-Token

```
POST http://localhost:42344/api/gutschein?betrag=200 HTTP/1.1
Host: localhost:42344
Content-Type: application/x-www-form-urlencoded
Authorization: Bearer XPInY6Er[...]9PQMh3M
```

Beispiel 8-66 und Beispiel 8-67 demonstrieren, wie die soeben besprochenen Nachrichten unter Verwendung der Klasse `HttpClient` erzeugt und übersendet werden können. Beispiel 8-66 fordert das Access-Token an und gibt die vom Autorisierungsserver erhaltene Access-Token-Response als dynamisches Objekt zurück. Beispiel 8-67 ruft einen Service unter Verwendung des Access-Tokens auf, welches sich in der Eigenschaft access_token der Access-Token-Response befindet.

Beispiel 8-66: Access-Token via Resource Owner Password Credentials Grant anfordern

```
private async Task<dynamic> ResourceOwnerPasswordCredentialsGrant()
{

    var client = new HttpClient();

    var request = new HttpRequestMessage();
    request.Method = HttpMethod.Post;
    request.RequestUri = new Uri("http://localhost:42344/token");

    var payloadTemplate =
      "grant_type=password&username={0}&password={1}&client_id={2}&client_secret={3}&scope={4}";
```

```
    var payload = string.Format(
                        payloadTemplate,
                        Server.UrlDecode("max"),
                        Server.UrlDecode("geheim"),
                        Server.UrlDecode("myClient"),
                        Server.UrlDecode("geheim"),
                        Server.UrlDecode("voucher otherStuff"));

    request.Content = new StringContent(payload);

    var response = await client.SendAsync(request);

    if (!response.IsSuccessStatusCode) throw new HttpResponseException(HttpStatusCode.BadRequest);

    dynamic tokenResult = await response.Content.ReadAsAsync<JObject>();

    return tokenResult;
}
```

Beispiel 8-67: HTTP-Service mit Access-Token aufrufen

```
private async Task<Gutschein> CreateVoucher(string baseUrl, string accessToken)
{
    var client = new HttpClient();
    client.DefaultRequestHeaders.Authorization = new AuthenticationHeaderValue("Bearer", accessToken);

    var url = baseUrl + "/api/gutschein?betrag=200";

    var response = await client.PostAsync(url, new StringContent(""));
    if (!response.IsSuccessStatusCode) throw new Exception("Anfrage war nicht erfolgreich!");
    var gutschein = await response.Content.ReadAsAsync<Gutschein>();
    return gutschein;
}
```

Neues Access-Token mit Refresh-Token anfordern

Läuft das Access-Token ab, kann der Entwickler mit dem Refresh-Token, das sich innerhalb der Access-Token-Response befindet, ein weiteres Access-Token anfordern. Dazu sendet er via HTTP eine Nachricht, wie jene in Beispiel 8-67, an den Token-Endpunkt des Autorisierungsservers. Zur besseren Lesbarkeit wurde in diesem Listing innerhalb der Nutzdaten ein Zeilenumbruch eingefügt.

Als Verb kommt `POST` zum Einsatz; als `Content-Type` `application/x-www-form-urlencoded`. Der Parameter `grant_type=refresh_token` in den Nutzdaten gibt an, dass unter Angabe eines Refresh-Tokens ein neues Access-Token ausgestellt werden soll. Daneben finden sich das Refresh-Token sowie die Client-Credentials im Rahmen der Parameter innerhalb der Nutzdaten wieder.

Das Ergebnis einer solchen Anfrage ist eine erneute Access-Token-Response mit einem neuen Access-Token sowie mit einem neuen Refresh-Token.

Beispiel 8-68: HTTP-Nachricht zum Anfordern eines neuen Access-Tokens mit einem Refresh-Token

```
POST /token HTTP/1.1
Host: localhost:42344
Content-Type: application/x-www-form-urlencoded

grant_type=refresh_token&refresh_token=ABCDEFG
&client_id=myClient&client_secret=geheim
```

Beispiel 8-69 zeigt, wie der Entwickler diese Anfrage mit einer Instanz von `HttpClient` senden kann. Das Ergebnis der hier gezeigten Methode ist die erhaltene Access-Token-Response, die in Form eines dynamischen Objekts zurückgegeben wird.

Beispiel 8-69: Refresh-Token gegen neues Access-Token tauschen

```
private async Task<dynamic> Refresh(string baseUrl, string refreshToken)
{
    var client = new HttpClient();

    var url = baseUrl + "/token";

    var dataTemplate = "grant_type=refresh_token&refresh_token={0}&client_id={1}&client_secret={2}";
    var data = string.Format(
                        dataTemplate,
                        Url.Encode(refreshToken),
                        Url.Encode("myClient"),
                        Url.Encode("geheim"));

    var response = await client.PostAsync(url, new StringContent(data));
    if (!response.IsSuccessStatusCode) throw new Exception("Anfrage war nicht erfolgreich!");
    dynamic accessTokenResponse = await response.Content.ReadAsAsync<JObject>();

    return accessTokenResponse;
}
```

Via OpenID Connect ein Identitäts-Token ausstellen

Um den in den letzten Abschnitten besprochenen Autorisierungsserver um eine Implementierung von OpenID Connect zu erweitern, muss der Entwickler lediglich dafür sorgen, dass der Autorisierungsserver neben dem Access-Token ein Identitäts-Token ausstellt und dieses im Rahmen der Access-Token-Response zurückgibt.

Da es sich bei einem Identitäts-Token um ein JWT handelt, kann dafür der von Microsoft via NuGet bereitgestellte JWT-Handler herangezogen werden. Dieser findet sich im NuGet-Paket `System.IdentityModel.Tokens.Jwt`. Die Methode `BuildJwt` in Beispiel 8-70 zeigt, wie dieser zum Ausstellen eines Identitäts-Tokens herangezogen werden kann. Sie nimmt eine Auflistung mit jenen Claims entgegen, die in das Token aufzunehmen sind. Mit der Hilfsmethode `LoadCertByThumbprint` (Beispiel 8-71) lädt sie jenen privaten Schlüssel, der zum Signieren des Tokens heranzuziehen ist, aus dem Windows-Zertifikatspeicher. Damit der JWT-Handler diesen Schlüssel akzeptiert, muss er eine Stärke von mindestens 2048 Bit aufweisen. Unter Verwendung des Schlüssels erzeugt `BuildJwt` eine Instanz von `SigningCredentials`, die die zu verwendenden Kryptographiealgorithmen festlegt.

> Der Abschnitt »Digitale Zertifikate für Entwicklung ausstellen«, weiter vorne in diesem Kapitel erklärt, wie der Entwickler sich für Entwicklungszwecke eigene digitale Zertifikate erstellen und diese im Windows-Zertifikatspeicher ablegen kann.

Das Token selbst wird durch eine Instanz von `JwtSecurityToken` repräsentiert. Dieses nimmt die Claims, die `SigningCredentials` sowie eine Lebensdauer entgegen, die die Gültigkeitszeitspanne des Tokens bestimmt. Die Lebensdauer wurde im betrachteten Fall mit einem Tag sehr hoch gewählt. Dies ist zwar in Testszenarien sehr nützlich, im Produktivbetrieb würde man jedoch aus Sicherheitsgründen eine sehr viel kürzere Zeitspanne wählen.

Am Ende generiert der `JwtSecurityTokenHandler` aus dem `JwtSecurityToken` mittels `WriteToken` einen String, der das signierte JWT widerspiegelt. Diesen String liefert `BuildJwt` zurück.

Beispiel 8-70: JWT mit JwtSecurityHandler erstellen

```
private string BuildJwt(IEnumerable<Claim> claims)
{
    var handler = new JwtSecurityTokenHandler();

    var cert = LoadCertByThumbprint(OPEN_ID_CONNECT_CERT_TUMB_PRINT);
    var key = new X509AsymmetricSecurityKey(cert);

    var signingCredentials = new SigningCredentials(
                                key,
                                SecurityAlgorithms.RsaSha256Signature,
                                SecurityAlgorithms.Sha256Digest);

    var lifetime = new System.IdentityModel.Protocols.WSTrust.Lifetime(
                                DateTime.Now, DateTime.Now.AddDays(1))

    var token = new JwtSecurityToken(
                    claims: claims,
                    lifetime:lifetime,
                    signingCredentials: signingCredentials);


    var serializedToken = handler.WriteToken(token);

    return serializedToken;
}
```

Beispiel 8-71: Hilfs-Methode zum Laden eines Zertifikats aus dem Windows Certificate Store

```
private const string OPEN_ID_CONNECT_CERT_TUMB_PRINT =
                    "d4efb6bcebbad897bb2f4a9d9617716301fe6c9c";

private X509Certificate2 LoadCertByThumbprint(string thumbprint)
{
    X509Store store = null;
    X509Certificate2 cert = null;

    try
    {
        store = new X509Store(StoreName.My, StoreLocation.LocalMachine);
        store.Open(OpenFlags.ReadOnly);

        cert = store.Certificates.Find(
                    X509FindType.FindByThumbprint,
                    thumbprint,
                    false)[0];

    }
    finally
    {
        store.Close();
    }
```

```
        return cert;
    }
```

Damit der Autorisierungsserver ein mit `BuildJwt` ausgestelltes JWT auch im Rahmen der Access-Token-Response zurückgibt, ist noch die in Beispiel 8-57 gezeigte Hilfsmethode `CreateTicket` anzupassen. Das Ergebnis dieser Anpassung findet sich in Beispiel 8-72. `CreateTicket` prüft nun, ob der Client den Scope `openid` angefordert hat. Ist dem so, erzeugt es mit `CreateJwt` ein JWT und verstaut es im Dictionary `data` unter dem von OpenID Connect vorgegebenen Schlüssel `id_token`. Auf diesem Weg gelangt das Identitäts-Token in die Access-Token-Response.

Beispiel 8-72: JWT als Eigenschaft der Access-Token-Response hinterlegen

```
public AuthenticationTicket CreateTicket(IEnumerable<Claim> claims, string scope = null)
{
    var claimsId = new ClaimsIdentity("Bearer");

    claimsId.AddClaims(claims);

    if (string.IsNullOrEmpty(scope)) scope = "default";

    IDictionary<string, string> data = new Dictionary<string, string> {
            { "userName", claimsId.Name },
            { "scope", scope}
        };

    var scopeValues = scope.Split(' ');

    if (scopeValues.Contains("openid"))
    {
        data["id_token"] = BuildJwt(claimsId.Claims);
    }
    var properties = new AuthenticationProperties(data);

    AuthenticationTicket ticket = new AuthenticationTicket(claimsId, properties);
    return ticket;
}
```

Fordert der Client nun, zum Beispiel unter Verwendung des Resource Owner Password Credentials Grant, wie weiter oben gezeigt, ein Access Token unter Angabe des Claims `openid` an, gestaltet sich die empfangene Access-Token-Response wie in Beispiel 8-73.

Beispiel 8-73: Access-Token-Response mit JWT in Eigenschaft id_token

```
{
  "access_token": "eyJQcm9wZ[...]J9XXO=",
  "token_type": "bearer",
  "expires_in": 1209599,
  "refresh_token": "ABCDEFG",
  "userName": "ManfredSteyer",
  "scope": "voucher profile openid",
  "id_token": "eyJ0eXAiO[...]OSSvUg",
  ".issued": "Thu, 02 Jan 2014 20:10:00 GMT",
  ".expires": "Thu, 16 Jan 2014 20:10:00 GMT",
  "client_id": "myClient"
}
```

Serviceaufrufer mit einem über OpenID Connect ausgestellten JWT authentifizieren

Um eine Service-Anwendung zu veranlassen, Serviceaufrufer über ein JWT zu authentifzieren, welches zum Beispiel über OpenID Connect ausgestellt wurde, registriert der Entwickler die `OAuthBearerAuthenticationMiddleware` unter Verwendung der Erweiterungsmethode `UseJwtBearerAuthentication`. Diese Methode konfiguriert die `OAuthBearerAuthenticationMiddleware` unter Verwendung des Datenformats `JwtFormat`. Dieses Datenformat prüft die Signatur des eingehenden Tokens. Daneben prüft es, ob das Token von einem bestimmten zu konfigurierenden Aussteller für eine bestimmte zu konfigurierende Audience ausgestellt wurde. Hierzu greift `JwtFormat` auf den JWT-Handler von Microsoft zurück.

Zur Drucklegung dieses Buchs hatte der JWT-Handler einen Bug, der verhinderte, dass ein JWT mit mehreren Audience-Claims korrekt validiert wurde. Aus diesem Grund hat der Autor hierfür einen Patch geschrieben, der sich innerhalb des Quellcodes befindet, der diesem Text beiliegt. Beispiel 8-74 verwendet diesen Patch, indem anstatt `UseJwtBearerAuthentication` die Methode `UsePatchedJwtBearerAuthentication` herangezogen wird. Beide Methoden verwenden dieselben Parameter, weswegen die nachfolgende Beschreibung für beide Varianten gilt: Mit der Eigenschaft `AllowedAudiences` gibt Beispiel 8-74 ein Array von Audiences an. Das JWT wird in Hinblick auf die Audience als gültig erkannt, wenn es für eines dieser Audiences ausgestellt wurde. `IssuerSecurityTokenProviders` verweist daneben auf eine Auflistung mit `X509CertificateSecurityTokenProvider`-Objekten, wobei jedes dieser Objekte den Bezeichner eines Ausstellers (Autorisierungsservers) und dessen öffentliches Zertifikat aufnimmt. Das Token wird in Hinblick auf den Aussteller als gültig erkannt, wenn der Bezeichner eines der hier genannten Aussteller im Issuer-Claim (ISS-Claim) aufgeführt wird und wenn die Signatur unter Verwendung des dafür angegebenen Zertifikats validiert werden kann. Die Hilfsmethode `LoadCertByThumbprint`, die in Beispiel 8-74 zum Laden des Zertifikats aus dem Windows-Zertifikatspeicher verwendet wird, findet sich in Beispiel 8-71.

Beispiel 8-74: Registrierung der Middleware zum Validieren von eingehenden JWTs

```
const string OPEN_ID_CONNECT_CERT_TUMB_PRINT =
                          "d4efb6bcebbad897bb2f4a9d9617716301fe6c9c";

var cert = LoadCertByThumbprint(OPEN_ID_CONNECT_CERT_TUMB_PRINT);

app.UsePatchedJwtBearerAuthentication(new JwtBearerAuthenticationOptions
{
    AllowedAudiences = new[] { "http://service" },
    IssuerSecurityTokenProviders = new[] {
        new X509CertificateSecurityTokenProvider("http://authsvc", cert)
    }
});
```

Der Aufrufer eines Services hat nun sein vom Autorisierungsserver erhaltenes Identitäts-Token über den `Authorization`-Header zu übergeben, um erfolgreich authentifiziert zu werden (Beispiel 8-75, Beispiel 8-65). Nachdem dies geschehen ist, kann der Entwickler über die bekannten Eigenschaften `User.Identity` sowie `Thread.CurrentPrincipal.Identity` auf jene `ClaimsIdentity` zugreifen, die aus dem übersendeten Token hervorgeht.

Beispiel 8-75: HTTP-Aufruf mit JWT

```
GET http://localhost:60000/api/hotels HTTP/1.1
Host: localhost:60000
Content-Type: application/x-www-form-urlencoded
Authorization: Bearer eyJ0eXAiO[...]0SSvUg
```

Authorization Code Grant und Implicit Grant implementieren

Um den in den letzten Abschnitten besprochenen Autorisierungsserver um eine Unterstützung für den Authorization Code Grant und Implicit Grant zu erweitern, ist die Methode `ValidateClientRedirectUri` innerhalb der verwendeten `OAuthAuthorizationServerProvider`-Implementierung zu überschreiben (Beispiel 8-76). Ihre Aufgabe ist es, den beim Authorization Code Grant und beim Implicit Grant vom Client übergebenen Callback-URL zu validieren. War die Validierung erfolgreich, ist `context.Validated` aufzurufen.

Beispiel 8-76: Validierung der Redirect-URI des Clients

```
public override Task ValidateClientRedirectUri
                            (OAuthValidateClientRedirectUriContext context)
    {
        if (context.ClientId == "myClient" &&
                context.RedirectUri == "http://tempuri.org/callback")
        {
            context.Validated();
        }

        return Task.FromResult<object>(null);
    }
```

Daneben ist, zum Beispiel mittels ASP.NET MVC, ein Formular zu generieren, bei dem sich der Benutzer anmelden kann. Damit das Zusammenspiel mit der Katana-Middleware funktioniert, muss dieses Formular über den URL des konfigurierten Autorisierungsendpunkts (vgl. Beispiel 8-45) erreichbar sein. Dadurch wird erreicht, dass jeweils vor und nach der Ausführung der serverseitigen Logik dieses Formulars die Middleware die Gelegenheit bekommt, aktiv zu werden.

Beispiel 8-77 zeigt eine Action-Methode, an die solch ein Formular den erfassten Benutzernamen sowie das erfasste Passwort zurückgibt. Auch diese Action-Methode ist über den URL des Autorisierungsendpunkts erreichbar, kommt jedoch aufgrund der Verwendung des Attributs `HttpPost` nur zum Einsatz, wenn sich jemand via `POST` an diese Adresse wendet. Diese Methode validiert Benutzername und Passwort. Waren diese Angaben korrekt, erstellt sie eine Auflistung mit Claims für den Benutzer. Der angeforderte Scope wird aus dem URL-Parameter `scope` entnommen und dieser Auflistung auch als Claim hinzugefügt. Anschließend erzeugt die Methode aus dieser Auflistung unter Verwendung der bereits weiter oben diskutierten Hilfsmethode `CreateTicket` (siehe Beispiel 8-57) ein `AuthenticationTicket`, welches aus einer `ClaimsIdentity` und einer `AuthenticationProperties`-Instanz mit weiteren Informationen über das zu erzeugende Token besteht. Danach erfolgt die Kommunikation mit der Katana-Middleware. Hierzu wendet sich die betrachtete Action-Methode an das Objekt `this.HttpContext.GetOwinContext().Authentication` und ruft bei diesem die Methode `SignIn` auf. Dies veranlasst die Katana-Middleware, die nach der Ausführung der hier betrachteten Logik aktiv wird, den jeweiligen Flow fortzusetzen und das angeforderte Token aus den an `SignIn` übergebenen Informationen abzuleiten. Da das Fortsetzen des jeweiligen Flows mit einer Umleitung zum `RedirectionURI` startet, hat es keine Auswirkung, dass an dieser Stelle `null` retourniert wird. Wen dies stört, kann den Aufruf von SignIn auch in ein benutzerdefiniertes Action-Result (siehe Kapitel 9) auslagern und eine Instanz davon zurückgeben.

Beispiel 8-77: Benutzer anmelden und Claims für Token ausstellen

```
[HttpPost]
public ActionResult Index(string userName = null, string password = null)
{

    if (userName == "max" && password == "geheim")
    {
        // In diesem Beispiel werden sämtliche Scopes gewährt, die angefordert werden
        // In einer Implementierung für den Produktiveinsatz sollte geprüft werden,
        // ob der Benutzer die angeforderten Scopes an den Client delegieren darf.
        var scope = Request.QueryString["scope"];

        var claims = new List<Claim>();
        claims.Add(new Claim(ClaimsIdentity.DefaultNameClaimType, "Max Muster"));
        claims.Add(new Claim("sub", "Max Muster"));
        claims.Add(new Claim("user_id", "4711"));
        claims.Add(new Claim("Role", "Manager"));
        claims.Add(new Claim("Company", "ACME"));
        claims.Add(new Claim("aud", "http://service"));
        claims.Add(new Claim("aud", "http://partner-authsvc"));
        claims.Add(new Claim("aud", Request.QueryString["client_id"]));
        claims.Add(new Claim("iss", "http://authsvc"));
        claims.Add(new Claim("scope", scope));

        var ticketManager = new TokenHelper();
        var ticket = ticketManager.CreateTicket(claims, scope);

        var auth = this.HttpContext.GetOwinContext().Authentication;
        auth.SignIn(ticket.Properties, ticket.Identity);

        return null;
    }

    ViewBag.Message = "Ungültiger Benutzer";
    return View();

}
```

Weiterführende Überlegungen zur Authentifizierung des Benutzers beim Einsatz des Authorization Code Grants sowie Implicit Grants

Anstatt direkt die Benutzer-Credentials zu prüfen, erscheint es sinnvoll, dies von jenen Mechanismen, die ASP.NET bereitstellt, erledigen zu lassen. Dies hat den Vorteil, dass der Autorisierungsserver den Benutzer auf verschiedene Arten authentifizieren kann, also nicht nur durch Angabe von Benutzername und Passwort, sondern auch über ein externes Konto, dass er zum Beispiel bei Google, Twitter oder Facebook hat. Ein weiterer Vorteil ist, dass der Autorisierungsserver die Claims, die er von den anderen Autorisierungsservern erhält, auf ein einheitliches, für mehrere Anwendungen (eines Unternehmens) lesbares Format abbilden kann (Abbildung 8-11).

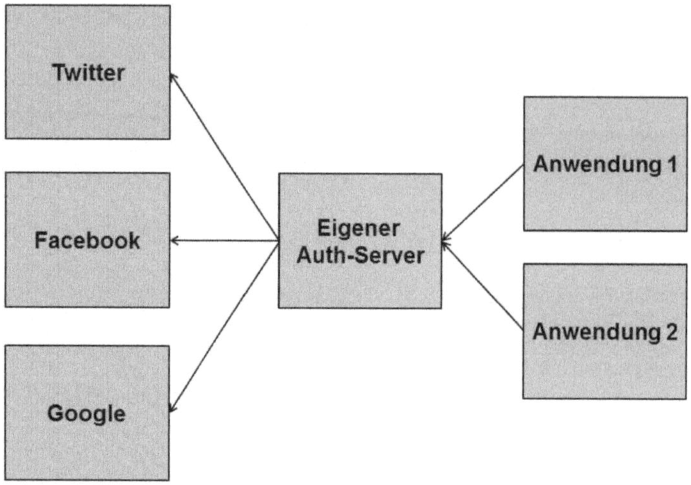

Abbildung 8-11: Autorisierungsserver, der an Autorisierungsserver delegiert

Um solch ein Szenario zu implementieren, könnte der Entwickler vom Autorisierungsendpunkt aus zum Account-Controller umleiten, der Teil der Visual Studio-Vorlage ist, und nach erfolgreicher Anmeldung unter Verwendung eines internen oder externen Kontos, den Benutzer mit einer weiteren Umleitung wieder zum Autorisierungsendpunkt senden, wo dann die Claims des gerade authentifizierten Benutzers zur weiteren Abarbeitung des Flows herangezogen werden. Die Beispiele, die diesem Text beiliegen, beinhalten eine derartige Implementierung.

Bei der Realisierung eines solchen Szenarios macht es Sinn, zu verhindern, dass der Benutzer manuell ein externes Konto zunächst auf ein Konto des eigenen Autorisierungsservers sowie in weiterer Folge auf ein Konto der Anwendung abbilden muss. Stattdessen könnte man diese Abbildung – die notwendig ist, weil der Benutzer im Rahmen einer Anwendung weitere Claims erhalten kann – so implementieren, dass sie zumindest an einer der beiden genannten Stellen ohne Zutun des Benutzers auskommt.

Access-Token über Authorization Code Grant anfordern

Um einen Authorization Code Grant anzustoßen, folgt der Client einer Umleitung zum Autorisierungsendpunkt des Autorisierungsservers. Dies kann zum Beispiel mit ASP.NET MVC unter Verwendung eines `RedirectResults` erfolgen. Die HTTP-Nachricht, die diese Umleitung bewirkt, findet sich in Beispiel 8-78, wobei zur besseren Lesbarkeit Zeilenumbrüche und Einrückungen hinzugefügt wurden. Der Parameter `response_type=code` leitet den Authorization Code Grant ein.

Beispiel 8-78: HTTP-Nachricht zum Anstoßen des Authorization Code Grants

```
HTTP/1.1 302 Found
Location: http://localhost:42344/authorization?
                                   response_type=code
                                    &client_id=myClient
                                    &state=xyz
                                    &redirect_uri=http://[…]/callback
                                    &scope=voucher%20profile%20openid
```

Nachdem sich der Benutzer angemeldet und einer Delegation der gewünschten Rechte an den Benutzer zugestimmt hat, veranlasst der Autorisierungsserver eine Umleitung zum Callback-URI. Dabei übergibt er den Access-Code sowie jenen `State`, den der Client beim Aufruf des Autorisierungsendpunkts angegeben hat (Beispiel 8-79). Der Client prüft nun, ob der `State` korrekt ist, um festzustellen, ob die erhaltene Antwort in Folge der ursprünglichen Umleitung auf den Autorisierungsendpunkt stattgefunden hat.

Beispiel 8-79: HTTP-Nachricht mit Access-Code für Client

```
HTTP/1.1 302 Found
Cache-Control: private
Location: http://[...]/callback?code=ABCDEFG&state=xyz
```

Den erhaltenen Access-Code kann der Client nun im Zuge einer direkten Kommunikation mit dem Token-Endpunkt des Autorisierungsservers gegen das gewünschte Access-Token eintauschen. Dazu sendet er dem Endpunkt via `POST` eine Nachricht, wie jene in Beispiel 8-80. Der Parameter `grant_type=authorization_code` deutet an, dass der Access-Code gegen ein Access-Token getauscht werden soll. Im Zuge dieser Anfrage hat sich der Client auch zu authentifizieren. Abgesehen vom Access-Code gibt er abermals den Callback-URI an.

Beispiel 8-80: HTTP-Nachricht zum Tauschen des Access-Codes gegen ein Access-Token

```
POST http://localhost:42344/token HTTP/1.1
Host: localhost:42344
Content-Type: application/x-www-form-urlencoded

grant_type=authorization_code
&code=ABCDEFG
&redirect_uri=http://[…]/callback
&client_id=myClient
&client_secret=geheim
```

In der darauffolgenden Antwort des Token-Endpunkts befindet sich eine Access-Token-Response mit dem Access-Token, einem Refresh-Token und, falls angefordert, einem Identitäts-Token. Die Methode `GetTokenFromAuthSvr` in Beispiel 8-82 zeigt, wie diese Anfrage mit dem `HttpClient` durchgeführt werden kann. Der Übergabeparameter code bezeichnet dabei den einzutauschenden Access-Code. Um ihre Aufgabe zu erfüllen, stützt sich `GetTokenFromAuthSvr` auf die Hilfsmethode in Beispiel 8-83.

Beispiel 8-81: HTTP-Nachricht mit Access-Token-Response

```
HTTP/1.1 200 OK
Content-Type: application/json;charset=UTF-8

{
  "access_token": "eyJQcm9wZ[...]J9XXO=",
  "token_type": "bearer",
  "expires_in": 1209599,
  "refresh_token": "ABCDEFG",
  "userName": "ManfredSteyer",
  "scope": "voucher profile openid",
  "id_token": "eyJ0eXAiO[...]OSSvUg",
  ".issued": "Thu, 02 Jan 2014 20:10:00 GMT",
  ".expires": "Thu, 16 Jan 2014 20:10:00 GMT",
  "client_id": "myClient"
}
```

Beispiel 8-82: Access-Code gegen Access-Token tauschen

```
private async Task<dynamic> GetTokenFromAuthSvr(string code)
{
    var client = new HttpClient();
    var request = CreateTokenRequest(code);
    var response = await client.SendAsync(request);

    if (response.StatusCode != System.Net.HttpStatusCode.OK)
    {
        throw new HttpException(
                    (int)System.Net.HttpStatusCode.InternalServerError,
                    "Error requesting token for code: " + response.ReasonPhrase);
    }

    dynamic responseData = await response.Content.ReadAsAsync<JObject>();

    return responseData;
}
```

Beispiel 8-83: HttpRequestMessage zum Tauschen eines Access-Codes gegen ein Access-Token erstellen

```
private HttpRequestMessage CreateTokenRequest(string code)
{
    var request = new HttpRequestMessage();
    request.Method = HttpMethod.Post;
    request.RequestUri = new Uri("http://localhost:42344/token");

    var payloadTemplate = "grant_type=authorization_code&code={0}&redirect_uri={1}&client_
id={2}&client_secret={3}";
    var payload = string.Format(
                        Server.UrlDecode(payloadTemplate),
                        Server.UrlDecode(code),
                        Server.UrlDecode(GetCallbackUrl()),
                        Server.UrlDecode("myClient"),
                        Server.UrlDecode("geheim"));

    request.Content = new StringContent(payload);
    return request;
}
```

Access-Token über Implicit Grant anfordern

Der Vollständigkeit halber wird an dieser Stelle auch gezeigt, wie der Client unter Verwendung des einfacheren, jedoch weniger sicheren Implicit Grants ein Token anfordern kann. Dazu leitet der Client zum Autorisierungsendpunkt des Autorisierungsservers um. Beispiel 8-84 zeigt die dazugehörige HTTP-Nachricht, wobei auch hier zur besseren Lesbarkeit Zeilenschaltungen und Einrückungen eingefügt wurden. Der Parameter response_type=token gibt an, dass der Client den Implicit Grant verwenden möchte.

Beispiel 8-84: HTTP-Nachricht zum Initiieren des Implicit Grants

```
HTTP/1.1 302 Found
Cache-Control: private
Location: http://localhost:42344/authorization?
                                    response_type=token
```

```
&client_id=myClient
&state=xyz
&scope=voucher
&redirect_uri=http://[...]/callback
```

Beispiel 8-85: HTTP-Nachricht zum Übertragen eines Access-Tokens zum Client beim Einsatz des Implicit Grants

```
HTTP/1.1 302 Found
Location: http://[...]/callback#access_token=y48LraQA[...]WfWb3z0
                                 &token_type=bearer
                                 &expires_in=1209600
                                 &state=xyz
```

Nachdem sich der Benutzer angemeldet und einer Delegation der gewünschten Rechte an den Benutzer zugestimmt hat, veranlasst der Autorisierungsserver eine Umleitung auf den Callback-URI. Dabei übergibt er im Hash (nach der Raute) die Access-Token-Response inklusive des Access-Tokens. Diesen Hash könnte nun ein JavaScript-Client parsen, um an das Access-Token zu kommen. Da der Implicit Grant als weniger sicher als der Authorization Code Grant angesehen wird, befindet sich im Hash kein Refresh-Token.

Katana-Middleware für Single-Sign-On über Authorization Code Grant und OpenID Connect realisieren

Nachdem in den letzten Abschnitten gezeigt wurde, wie man einen Autorisierungsserver mit Katana implementieren kann, zeigt dieser Abschnitt, wie man eine OWIN-Middleware mit Katana für Webclients zur Implementierung von Single-Sign-On unter Verwendung des Authorization Code Grant und OpenID Connect bereitstellen kann. Die hier beschriebene Beispielimplementierung lehnt sich an die bereits vorhandenen Implementierungen an, die ein Login zum Beispiel über Google oder Facebook erlauben, und kann somit auch vom Account-Controller, der Teil der Vorlage von Visual Studio ist, verwendet werden.

Der Erste Schritt bei der Implementierung einer solchen Middleware besteht darin, ein Derivat von `AuthenticationOptions`, mit dem die Middleware konfiguriert werden kann, bereitzustellen. Beispiel 8-86 zeigt solch ein Derivat. Der Konstruktor legt für den `AuthenticationMode` den Wert `Passive` fest, was zur Folge hat, dass die Middleware nur aktiv wird, wenn sie von der Anwendung dazu aufgefordert wird. Dies wird bei dieser Middleware der Fall sein, wenn der Benutzer auf eine Schaltfläche mit der Beschriftung *Login with MyAuthServer* klickt. `Description.Caption` beinhaltet eine Bezeichnung für die Art der Authentifizierung mit der hier beschriebenen Middleware. `Caption.AuthenticationType` beinhaltet eine interne Bezeichnung, die sich auch auf die Art der Authentifizierung bezieht. Die Eigenschaft `CallbackUrl` spiegelt den URL wieder, den die Middleware als Umleitungs-URI verwenden soll, und Scope ist eine Auflistung mit den anzufordernden Scopes. `ClientId` und `ClientSecret` repräsentieren die zu verwendenden Client-Credentials. Bei `OnAuthenticated` handelt es sich um einen Callback, der aufgerufen wird, wenn das Token vom Autorisierungsserver empfangen wurde. Über diesen Callback erhält die Anwendung bei Bedarf die empfangenen Token von der Middleware.

Interessant, aber auch auf den ersten Blick verwirrend, ist die Eigenschaft `SignInAsAuthenticationType`. Diese Eigenschaft erhält, wie weiter unten noch ausgeführt wird, einen `AuthenticationType`, der in der Regel von dem in `Caption.AuthenticationType` abweicht. Während `Caption.AuthenticationType` die konkrete Art der Authentifizierung angibt, zum Beispiel eine Authentifizierung über Google, Twitter, Facebook oder eben den hier beschriebenen benutzerdefinierten `MyAuthServer`, spiegelt `SignInAsAu-`

thenticationType jenen AuthenticationType wider, unter dessen Verwendung eine Authentifizierung erfolgen kann. Dabei wird es sich in den meisten Fällen um den AuthenticationType External handeln. Dieser veranlasst die passive CookieAuthenticationMiddleware, die mit der Erweiterungsmethode UseExternalSignInCookie registriert wird, ein Authentifizierungs-Cookie zu erzeugen. Damit bleibt der Benutzer authentifiziert, bis er das jeweilige externe Benutzerkonto auf ein internes abbildet. Durch diese Vorgehensweise müssen sich die einzelnen Middleware-Komponenten, die eine Authentifizierung mittels externer Identitätsanbieter anbieten, nicht mit dem Ausstellen eines Authentifizierungs-Cookies belasten.

Beispiel 8-86: AuthenticationOptions-Implementierung für eigene AuthenticationMiddleware

```
public class MyAuthServerAuthenticationOptions : AuthenticationOptions
{
    public MyAuthServerAuthenticationOptions(string authenticationType) : base(authenticationType)
    {
        this.AuthenticationMode =
                Microsoft.Owin.Security.AuthenticationMode.Passive;
        this.Description = new AuthenticationDescription();
        this.Description.Caption = "MyAuthServer";
        this.Description.AuthenticationType = "MyAuthServer";
        this.CallbackUrl = new PathString("/signin-MyAuthServer");
        this.Scope = new List<string>();

    }

    public MyAuthServerAuthenticationOptions(): this("MyAuthServer") { }

    public PathString CallbackUrl { get; set; }
    public List<string> Scope { get; set; }

    public string ClientId { get; set; }
    public string ClientSecret { get; set; }

    public Action<MyAuthServerAuthenticationResult>
                                    OnAuthenticated { get; set; }

    public string SignInAsAuthenticationType { get; set; }

}
```

Nachdem das AuthenticationOptions-Derivat zur Verfügung gestellt wurde, kann als Nächstes jene Komponente implementiert werden, die die gesamte Authentifizierungslogik beinhaltet. Dabei handelt es sich um eine Klasse, die von AuthenticationHandler<TOptions> ableitet, wobei TOptions vom Typ AuthenticationOptions sein muss und auf den Typ MyAuthServerAuthenticationOptions fixiert wird (Beispiel 8-87).

Beispiel 8-87: AuthenticationHandler für eigene AuthenticationMiddleware

```
public class MyAuthServerAuthenticationHandler :
            AuthenticationHandler<MyAuthServerAuthenticationOptions>
{
}
```

Nun gilt es, dieser Klasse Leben einzuhauchen. Dies geschieht durch das Überschreiben einzelner Methoden. Die zu überschreibende Methode ApplyResponseChallengeAsync (Beispiel 8-88) wird immer dann aufgerufen, wenn der Benutzer aufgefordert werden soll, sich zu authentifizieren. Da es sich hierbei um eine passive Middleware handelt, passiert dies nicht automatisch, sondern über einen Methodenaufruf innerhalb der Anwendung. Bei dieser Methode handelt es sich um die Methode `Challenge` des Authentifizierungsmanagers. An diese Methode sind zwei Parameter zu übergeben: Eine Instanz von `AuthenticationProperties`, die Informationen über die Art der Authentifzierung beinhaltet und ein `AuthenticationType` bzw. mehrere `AuthenticationTypes` in Form eines Strings bzw. String-Arrays. Die `AuthenticationTypes` werden verwendet, um die adressierte Middleware zu finden. Um die hier beschriebene Middleware mit einem Aufruf von `Challenge` zu adressieren, müsste als `AuthenticationType` der im Rahmen der Klasse `MyAuthServerAuthenticationOptions` hinterlegte Wert `MyAuthServer` angeführt werden. Wenig überraschend macht der `AccountController`, der Teil der Vorlage von Visual Studio ist, davon Gebrauch, wenn der Benutzer angegeben hat, sich mit einem bestimmten externen Identitätsanbieter authentifizieren zu wollen. Dies geschieht innerhalb der Action-Methode `ExternalLogin`, die ein `ChallengeResult` zurückgibt. Innerhalb des `ChallengeResults`, welches ebenfalls von der Projektvorlage angelegt wird, findet der Aufruf von `Challenge` statt.

Die erste Aufgabe von `ApplyResponseChallengeAsync` ist es, die Parameter, die beim Aufruf von `Challenge` im Anwendungscode übergeben wurden, in Erfahrung zu bringen. Dazu ruft sie die geerbte Hilfsmethode `Helper.LookupChallenge` auf und übergibt dabei ihren `AuthenticationType` sowie ihren `AuthenticationMode`, bei dem es sich nach wie vor um den Wert `Passive` handelt. Das Ergebnis ist ein Objekt vom Typ `AuthenticationResponseChallenge`, welches über seine Eigenschaft `Properties` Zugriff auf die gewünschten Eigenschaften gewährt. Diese Eigenschaften beinhalten einen `RedirectUri`. Bei diesem handelt es sich nicht um den Umleitungs-URI im Sinne von OAuth 2, sondern um jenen URL, an den die Middleware nach erfolgter Authentifizierung weiterleiten soll. Bei Verwendung des `AccountControllers` aus der Visual Studio-Vorlage führt dieser URL zu diesem Ziel zurück. Unter Verwendung des Basis-URLs der Anwendung, der über die Hilfsmethode `GetBaseUri` (Beispiel 8-89) in Erfahrung gebracht wird, erstellt die betrachtete Methode aus dem relativen `RedirectUri` einen absoluten URI. Außerdem erstellt sie einen Nonce und verstaut diesen sowie den `RedirectUri` für eine spätere Verwendung in jeweils einem Cookie. Anschließend stellt sie sicher, dass der Benutzer beim Konfigurieren der Middleware den Scope `openid` angegeben hat. Dieser ist notwendig, damit via OpenID Connect ein Identitäts-Token ausgestellt wird. Sämtliche Scopes werden zu einem leerzeichenseparierten String zusammengefügt. Anschließend erstellt die Methode `ApplyResponseChallengeAsync` jenen URL, der zum Autorisierungsendpunkt führt und stellt dabei sicher, dass die einzelnen Parameter URL-kodiert werden. Als Umleitungs-URI wird dabei der aus dem `Options`-Objekt herangezogen. Dass es keine Seite gibt, die hinter diesem URI steht, ist nicht weiter schlimm, zumal die Middleware bei jedem Seitenaufruf prüfen kann, ob genau dieser Umleitungs-URI angefordert wurde und daraufhin entsprechend tätig werden kann.

Zur Vereinfachung wurde der Basis-URL dieses Endpunkts hier hartcodiert. Bei einer Implementierung für den Produktiveinsatz würde man sie stattdessen im `Options`-Objekt unterbringen. Am Ende löst `ApplyResponseChallengeAsync` eine Umleitung zu diesem URL aus.

Beispiel 8-88: ApplyResponseChallengeAsync-Implementierung für eigene AuthenticationMiddleware

```
protected override async Task ApplyResponseChallengeAsync()
    {
        var authenticationResponseChallenge =
                                base.Helper.LookupChallenge(
                                            base.Options.AuthenticationType,
                                            base.Options.AuthenticationMode);
```

```
        if (authenticationResponseChallenge == null) return;

        var properties = authenticationResponseChallenge.Properties;

        var baseUri = GetBaseUri();
        var redirectUri = baseUri + properties.RedirectUri;

        var nonce = Guid.NewGuid().ToString();

        Response.Cookies.Append("nonce", nonce);
        Response.Cookies.Append("redirectUri", redirectUri);

        if (!Options.Scope.Contains("openid")) Options.Scope.Add("openid");
        var scopeString = Options.Scope.Aggregate((x, y) => x + " " + y);

        var urlTemplate = "http://localhost:42344/authorization?response_type=code&client_
id={0}&state={1}&redirect_uri={2}&scope={3}";

        var url = string.Format(
                            urlTemplate,
                            Uri.EscapeDataString(Options.ClientId),
                            Uri.EscapeDataString(nonce),
                            Uri.EscapeDataString(baseUri + Options.CallbackUrl.ToString()),
                            Uri.EscapeDataString(scopeString));

        Response.Redirect(url);

    }
```

Beispiel 8-89: Hilfs-Methode zum Ermitteln der Basis-URI

```
private string GetBaseUri()
{
    string baseUri = string.Concat(new object[]
        {
            base.Request.Scheme,
            Uri.SchemeDelimiter,
            base.Request.Host,
            base.Request.PathBase
        });

    return baseUri;
}
```

Zum Verarbeiten einer Antwort vom Autorisierungsserver wird die Methode `AuthenticateCoreAsync` überschrieben (Beispiel 8-90). Sie prüft zunächst, ob der vom Autorisierungsserver zurückgegebene `State` dem ursprünglich übersendeten sowie im Cookie `state` hinterlegten Wert entspricht. Dazu übergibt sie den `State`, den der Autorisierungsserver beim Aufruf des Umleitungs-URIs als URL-Parameter übergibt, an die Hilfsmethode `EnsureNonceIsValid` (Beispiel 8-91), die diesen Wert gegen den Wert des Cookies mit der Bezeichnung `state` prüft.

Anschließend kontaktiert sie unter Verwendung der Hilfsmethode `GettokenFromAuthSvr` (Beispiel 8-92) den Autorisierungsserver, um den ebenfalls als URL-Parameter erhaltenen Autorisierungscode gegen die gewünschte Access-Token-Response zu tauschen. Dazu stützt sie sich auf die Methode `CreateTokenRequest` (Beispiel 8-93) und retourniert die empfangene Access-Token-Response in Form einer Instanz von `MyAuthServerAuthenticationResult` (Beispiel 8-94).

Die empfangene Access-Token-Response gilt es nun zu prüfen. Die Prüfung im Hinblick auf OAuth 2. 0 übernimmt `ValidateOAuth2Result`. Diese Methode prüft, ob der richtige Client in der Response vorkommt, und ob das erhaltene Token gültig ist. Um die Prüfung des Identitäts-Tokens kümmert sich `EnsureJwtIsValid` (Beispiel 8-96). Diese Methode delegiert an die Methode `ValidateJwt` (Beispiel 8-97) der Hilfsklasse `TokenHelper`. Die Methode `ValidateJwt` verwendet den JWT-Handler aus dem NuGet-Paket `System.IdentityModel.Tokens.Jwt` zum Validieren des Tokens. Dazu validiert sie die Signatur des Tokens sowie den Issuer-Claim. Da der JWT-Handler zur Drucklegung dieses Buchs ein Problem beim Validieren von Token mit mehreren Audience-Claims aufwies, validiert `ValidateJwt` die Audience manuell. Da man das Validieren der Audience durch den Handler jedoch nicht einfach unterbinden kann, wird hier mit einem Workaround vorlieb genommen: Die Claim-Audience wird aus dem Token ausgelesen und dem Handler zum Vergleich mit der Claim-Audience im Token übergeben. Dass diese Prüfung immer von Erfolg gekrönt ist, liegt auf der Hand. Zur weiteren Absicherung könnten an dieser Stelle noch weitere Prüfungen stattfinden, die in den Spezifikationen von OAuth 2.0 und OpenID Connect beschrieben sind.

Nachdem sämtliche Prüfungen erfolgreich waren, ruft die Middleware die Callback-Methode `OnAuthenticated` auf, um die erhaltenen Token an die Anwendung weiterzureichen. Anschließend leitet `AuthenticateCoreAsync` aus dem JWT eine `ClaimsIdentity` ab. Dies geschieht durch Delegation an die Methode `CreateIdentity` (Beispiel 8-98). `CreateIdentity` legt fest, dass die `ClaimsIdentity` von dem `AuthenticationType` ist, der über das `Options`-Objekt festgelegt wurde. Der Standardwert ist `MyAuthServer`. Somit wird die Tatsache, dass die Authentifizierung über diesen Authentifizierungsserver erfolgt ist, für andere Codestellen sichtbar. Außerdem kümmert sich `CreateIdentity` darum, dass die `ClaimsIdentity` sowohl einen Claim mit einem Benutzernamen sowie einen weiteren Claim mit einer Benutzer-ID aufweist. Diese Informationen werden beim Einsatz von ASP.NET Identity benötigt.

Mit der von `CreateIdentity` erhaltenen `ClaimsIdentity` erzeugt `AuthenticateCoreAsync` ein `AuthenticationTicket`, welches zurückgegeben wird.

Beispiel 8-90: AuthenticateCoreAsync-Implementierung für eigene AuthenticationMiddleware

```
protected override async Task<AuthenticationTicket> AuthenticateCoreAsync()
{
    string code = Request.Query.Get("code");
    string state = Request.Query.Get("state");

    EnsureNonceIsValid(state);

    var authData = await GetTokenFromAuthSvr(code);
    ValidateOAuth2Result(authData);

    var jwt = authData.Jwt;
    EnsureJwtIsValid(jwt, expAud: "myClient");

    if (Options.OnAuthenticated != null) Options.OnAuthenticated(authData);

    var identity = CreateIdentity(jwt);
    var prop = new AuthenticationProperties();
    var ticket = new AuthenticationTicket(identity, prop);

    return ticket;
}
```

Beispiel 8-91: Hilfs-Methode zum Prüfen der Nonce

```
private void EnsureNonceIsValid(string state)
{
    var cookie = Request.Cookies["nonce"];

    if (cookie == null || cookie != state)
    {
        throw new HttpException((int)System.Net.HttpStatusCode.BadRequest, "wrong nonce");
    }
}
```

Beispiel 8-92: Access-Code gegen Access-Token tauschen

```
private async Task<MyAuthServerAuthenticationResult>
                                    GetTokenFromAuthSvr(string code)
{
    var client = new HttpClient();
    var request = CreateTokenRequest(code);
    var response = await client.SendAsync(request);

    if (response.StatusCode != System.Net.HttpStatusCode.OK)
    {
        throw new HttpException(
                    (int)System.Net.HttpStatusCode.InternalServerError,
                    "Error requesting token for code: " +
                                             response.ReasonPhrase);
    }

    dynamic responseData = await response.Content.ReadAsAsync<JObject>();

    return new MyAuthServerAuthenticationResult(responseData);
}
```

Beispiel 8-93: HttpRequestMessage zum Tauschen des Access-Codes erstellen

```
private HttpRequestMessage CreateTokenRequest(string code)
{
    var request = new HttpRequestMessage();
    request.Method = HttpMethod.Post;
    request.RequestUri = new Uri("http://localhost:42344/token");

    var baseUri = GetBaseUri();

    var payloadTemplate = "grant_type=authorization_code&code={0}&redirect_uri={1}&client_
id={2}&client_secret={3}";
    var payload = string.Format(
                        payloadTemplate,
                        Uri.EscapeDataString(code),
                        Uri.EscapeDataString(baseUri + Options.CallbackUrl.ToString()),
                        Uri.EscapeDataString(Options.ClientId),
                        Uri.EscapeDataString(Options.ClientSecret));

    request.Content = new StringContent(payload);
    return request;
}
```

Beispiel 8-94: Klasse zum Repräsentieren der Antwort des Authorization-Servers

```
public class MyAuthServerAuthenticationResult
{

    public MyAuthServerAuthenticationResult() { }

    public MyAuthServerAuthenticationResult(dynamic result)
    {
        this.OriginalResult = result;
        this.Expires = DateTime.Parse((string)result[".expires"]);
        this.Issued = DateTime.Parse((string)result[".issued"]);
        this.AccessToken = result.access_token;

        try
        {
            this.IdToken = result.id_token;
        }
        catch
        {
            this.IdToken = null;
        }

        this.RefreshToken = result.refresh_token;

        try
        {
            string scope = result.scope;
            this.Scope = scope.Split(' ').ToList();
        }
        catch
        {
            this.Scope = new List<string>();
        }

        this.UserName = result.userName;
        this.TokenType = result.token_type;
        this.ClientId = result.client_id;
    }

    private JwtSecurityToken _jwt;

    public JwtSecurityToken Jwt
    {
        get
        {
            if (this.IdToken == null) return null;
            if (_jwt == null) _jwt = new JwtSecurityToken(this.IdToken);
            return _jwt;
        }
    }

    public DateTime Expires { get; private set; }
    public DateTime Issued { get; private set; }
    public String AccessToken { get; private set; }
    public String ClientId { get; private set; }
    public String IdToken { get; private set; }
```

```
    public String RefreshToken { get; private set; }
    public IEnumerable<String> Scope { get; private set; }
    public String TokenType { get; private set; }
    public String UserName { get; private set; }
    public dynamic OriginalResult { get; private set; }
}
```

Beispiel 8-95: Hilfs-Methode zum Validieren der Access-Token-Response

```
private void ValidateOAuth2Result(MyAuthServerAuthenticationResult authData)
{
    if (authData.ClientId != Options.ClientId)
            throw new HttpException(
                        (int)HttpStatusCode.BadRequest,
                        "wrong client_id in response from auth-svr");

    if (DateTime.Now > authData.Expires
            || DateTime.Now < authData.Issued)
                    throw new HttpException(
                          (int)HttpStatusCode.BadRequest,
                          "token has been expired");
}
```

Beispiel 8-96: Hilfs-Methode zum Sicherstellen der Validität des JWT

```
private string EnsureJwtIsValid(JwtSecurityToken jwt, string expAud)
{
    var tokenHelper = new TokenHelper();
    string errorMessage;
    if (!tokenHelper.ValidateJwt(jwt, out errorMessage,
                                    expAud: expAud, expIss: "http://authsvc"))
    {
        throw new HttpException(
                        (int)System.Net.HttpStatusCode.InternalServerError,
                        "Error validating jwt: " + errorMessage);

    }
    return errorMessage;
}
```

Beispiel 8-97: Hilfs-Methode zum Validieren eines JWTs

```
public bool ValidateJwt(JwtSecurityToken token, out string errorMessage, string expAud = "http://
partner-authsvc", string expIss = "http://authsvc")
{

    //var token = new JwtSecurityToken(serializedToken);
    errorMessage = null;

    var handler = new JwtSecurityTokenHandler();

    var cert = LoadCertByThumbprint(OPEN_ID_CONNECT_CERT_TUMB_PRINT);

    if (!token.Audience.Contains(@"""" + expAud + @""""))
    {
        errorMessage = "wrong audience";
        return false;
    }
```

```
    var validationParams = new TokenValidationParameters()
    {
        AllowedAudience = token.Audience, // HACK, cause Validation does not respect that aud can be a
json-array "http://partner-authsvc",

        ValidIssuer = expIss,
        SigningToken = new X509SecurityToken(cert),
        //SaveBootstrapContext = false,
    };

    try
    {
        handler.ValidateToken(token, validationParams);
        return true;
    }
    catch (Exception e)
    {
        errorMessage = e.Message;
        return false;
    }
}
```

Beispiel 8-98: ClaimsIdentity aus JWT ableiten

```
private ClaimsIdentity CreateIdentity(JwtSecurityToken jwt)
{
    var identity = new ClaimsIdentity(this.Options.AuthenticationType);
    foreach (var c in jwt.Claims)
    {
        identity.AddClaim(new Claim(c.Type, c.Value));
    }

    var name = jwt.Claims.First(c => c.Type == "unique_name").Value;
    identity.AddClaim(new Claim(ClaimsIdentity.DefaultNameClaimType, name));

    var nameId = jwt.Claims.First(c => c.Type == "user_id").Value;
    var nameIdClaim = new Claim("http://schemas.xmlsoap.org/ws/2005/05/identity/claims/nameidentifier",
nameId, "", jwt.Issuer);
    // Issuer ist wichtig für Schlüssel, den ASP.NET Identity bildet (User X von Issuer Y)

    identity.AddClaim(nameIdClaim);
    return identity;
}
```

Die ebenfalls zu überschreibende Methode `InvokeAsync` (Beispiel 8-99) wird bei jedem Seitenaufruf zur Ausführung gebracht, selbst wenn es sich bei der Middleware um eine passive handelt. Die Implementierung in Beispiel 8-99 prüft, ob der Umleitungs-URI aufgerufen wurde. Ist dem so, handelt es sich bei diesem Aufruf um die Antwort des Autorisierungsservers. In diesem Fall bringt `InvokeAsync` die geerbte Methode `AuthenticateAsync` zur Ausführung. Diese delegiert an die vorhin besprochene Methode `AuthenticateCoreAsync` und liefert das von ihr erzeugte `AuthenticationTicket` zurück. Mit deren `ClaimsIdentity` erzeugt `InvokeAsync` eine neue `ClaimsIdentity`, die jedoch nicht den `AuthenticationType` `MyAuthServer` sondern jenen der Eigenschaft `Options.SignInAsAuthenticationType` erhält. Dieser ist, wie später noch gezeigt wird, standardmäßig `External`. Dies ist notwendig, damit sich die passive `CookieAuthenticationMiddleware` für externe Identitätsanbieter nach dem Aufruf von `SignIn` um diese `ClaimsIdentity` kümmert und ein Cookie anlegt, welches verwendet wird, bis der Benutzer für das damit repräsentierte externe Benutzerkonto ein internes anlegt.

Am Ende leitet InvokeAsync den Benutzer auf den in einem Cookie gespeicherten redirectUri um. Hierbei handelt es sich beim Einsatz des AccountControllers, der von der Visual-Studio-Vorlage erzeugt wird, um eine seiner Action-Methoden. Der Rückgabewert true bewirkt, dass Katana keine weiteren Authentifizierungs-Middleware-Komponenten im Zuge des aktuellen Seitenaufrufs mehr aufruft.

Beispiel 8-99: Anstoßen der eigenen Authentication-Logik

```
public override async Task<bool> InvokeAsync()
{
    if (this.Options.CallbackUrl != this.Request.Path) return false;

    AuthenticationTicket ticket;

    var url = Request.Cookies["redirectUri"];

    try
    {
        ticket = await AuthenticateAsync();

        var identity = new ClaimsIdentity(ticket.Identity.Claims, Options.SignInAsAuthenticationType);

        this.Context.Authentication.SignIn(ticket.Properties, identity);
    }
    catch (Exception e)
    {
        Trace.WriteLine(e.Message);
        url = WebUtilities.AddQueryString(url, "error", "access_denied");
    }

    Response.Redirect(url);

    return true;
}
```

Die eigentliche Middleware findet sich in Beispiel 8-100. Sie erbt von AuthenticationMiddleware und ist streng genommen nichts anderes als eine Factory für den zuvor besprochenen Handler. Dabei ist zu beachten, dass der Konstruktor die beiden gezeigten Parameter vom Typ OwinMiddleware sowie vom Typ der Options-Klasse aufweisen muss, und dass diese an den Basiskonstruktor zu delegieren sind. Daneben kann er noch weitere Parameter einfordern.

Beispiel 8-100: Eigene AuthenticationMiddleware

```
class MyAuthServerAuthenticationMiddleware :
   AuthenticationMiddleware<MyAuthServerAuthenticationOptions>
{
    public MyAuthServerAuthenticationMiddleware(OwinMiddleware next,
      MyAuthServerAuthenticationOptions options)
        : base(next, options)
    {
    }

    protected override AuthenticationHandler<MyAuthServerAuthenticationOptions> CreateHandler()
    {
        return new MyAuthServerAuthenticationHandler();
    }
}
```

Zu guter Letzt wird zum Registrieren der Middleware noch eine statische Klasse mit einer Erweiterungsmethode für den `IAppBuilder` bereitgestellt. Diese Erweiterungsmethode verbirgt die generische Art, die Katana zum Registrieren von Middleware-Komponenten vorsieht. Zusätzlich definiert sie, dass die Option `SignInAsAuthenticationType` auf den Wert von `app.GetDefaultSignInAsAuthenticationType()` gesetzt wird, sofern dafür noch kein Wert vergeben wurde. Falls die passive `CookieAuthenticationMiddleware` für externe Identitätsanbieter mit der Erweiterungsmethode `UseExternalSignInCookie` registriert wurde, handelt es sich dabei um den `AuthenticationType` `External`.

Zum Registrieren der Middleware verwendet `UseMyAuthServerAuthentication` die Methode `app.Use`. Der erste Parameter ist der Typ der Middleware; der zweite Parameter verweist auf das `Options`-Objekt und korreliert somit mit dem zweiten Parameter des Konstruktors der Middleware. Hätte der Konstruktor weitere Parameter, müssten dafür an `Use` auch entsprechende Parameter übergeben werden.

Beispiel 8-101: Erweiterungs-Methode zum Registrieren der eigenen AuthenticationMiddleware

```
public static class MyAuthServerAuthenticationExtensions {

    public static IAppBuilder UseMyAuthServerAuthentication(
            this IAppBuilder app, MyAuthServerAuthenticationOptions options) {

        if (string.IsNullOrEmpty(options.SignInAsAuthenticationType))
        {
            options.SignInAsAuthenticationType =
                        app.GetDefaultSignInAsAuthenticationType();
        }

        app.Use(typeof(MyAuthServerAuthenticationMiddleware), options);
        return app;
    }
}
```

Mit dieser Erweiterungsmethode kann der Entwickler nun die bereitgestellte Katana-Middleware registrieren (Beispiel 8-102). Bei Verwendung der Vorlagen von Visual Studio 2013 bietet sich zur Platzierung der gezeigten Zeilen die Methode `ConfigureAuth` der Datei `App_Start\Startup.Auth.cs` an. Das Beispiel in Beispiel 8-102 verwendet den Callback `OnAuthenticated` , um die erhaltene Access-Token-Response, die neben dem Access-Token auch das Refresh-Token sowie das Identitäts-Token beinhaltet, in einer Sitzungsvariablen abzulegen. Somit können später serverseitige Routinen, die sich auf Services abstützen, darauf zurückgreifen, um sich bei diesen Services zu authentifizieren.

Beispiel 8-102: Registrieren der eigenen AuthenticationMiddleware

```
app.UseMyAuthServerAuthentication(new MyAuthServerAuthenticationOptions
{
    Scope = new List<string> { "voucher", "profile", "openid" },
    ClientId = "myClient",
    ClientSecret = "geheim",
    OnAuthenticated = (MyAuthServerAuthenticationResult authResult) => {
        HttpContext
            .Current
            .Session["MyAuthServerAuthenticationResult"] = authResult;
    }
});
```

Federated Security mit dem JSON Web Token (JWT) Profile for OAuth 2.0 Client Authentication and Authorization Grants

In servicebasierten Umgebungen kommt es vor, dass Services im Namen des Benutzers auf Services in anderen Sicherheitsdomänen zugreifen müssen. Bei dieser anderen Sicherheitsdomäne kann es sich zum Beispiel um die Sicherheitsdomäne einer anderen Niederlassung oder eines Geschäftspartners handeln. Abbildung 8-11 visualisiert ein solches Szenario. Der Benutzer authentifiziert sich beim (Web-)Client via OAuth 2.0/OpenID Connect und der Client erhält auf diesem Weg Token für den Zugriff auf Service 1, der sich in der eigenen Sicherheitsdomäne befindet. Hierbei kann es sich zum Beispiel um ein JWT handeln, bei dem sowohl der Client als auch Service 1 als Audience genannt sind. Möchte nun Service 1 zum Erledigen einer Aufgabe für den Benutzer auf Service 2 in der benachbarten Sicherheitsdomäne zugreifen, muss er sich bei dieser authentifizieren. Hierfür existieren zwei einfache, jedoch auf den zweiten Blick unzulängliche Lösungen:

1. Service 1 verwendet beim Zugriff auf Service 2 einen Benutzernamen und ein Passwort, welches ihm die Summe aller Rechte, die Benutzer in der Sicherheitsdomäne von Service 1 haben können, zusichert. Service 1 ist dafür verantwortlich, nur jene Aktionen bei Service 2 anzustoßen, die für den jeweiligen Benutzer erlaubt sind. Service 2 authentifiziert Service 1 und nicht den aktuellen Benutzer.
2. Service 1 hat Zugriff auf eine Tabelle, in der er für jeden Benutzer Benutzername und Passwort zum Zugriff auf Service 2 findet. Damit kann Service 1 nur jene Aktionen bei Service 2 anfordern, die für den jeweiligen Benutzer erlaubt sind. Service 2 hat nun auch Kenntnis über den tatsächlichen Benutzer.

Während Variante 1 einfach zu implementieren ist, hat hier Service 2 keine Kenntnis über den tatsächlichen Benutzer noch darüber, ob für diesen die angeforderten Aktionen überhaupt ausgeführt werden dürfen. Bei Variante 2 herrschen diese Nachteile zwar nicht vor, jedoch geht diese Lösung mit einem erhöhten Wartungsaufwand für Benutzerkonten einher: Auf beiden Seiten müssen Benutzerkonten gepflegt werden und für Service 1 ist auch noch eine Zuweisungstabelle zu warten.

Eine bessere Lösung bietet das in Abbildung 8-12 gezeigte Konzept. Hier tauscht Service 1 das erhaltene Token beim Autorisierungsserver in der Sicherheitsdomäne von Service 2 gegen ein neues Token, mit dem er im Namen des Benutzers auf Service 2 zugreifen kann. Der Wartungsaufwand kann in diesem Fall durch das Festlegen von Regeln für die Transformation von Claims minimiert werden. Beispielsweise könnte festgelegt werden, dass sämtliche Mitarbeiter aus der Sicherheitsdomäne von Service 1, die in einer bestimmten Abteilung eine bestimmte Rolle innehaben, innerhalb einer bestimmten Zeitspanne in der Sicherheitsdomäne von Service 2 Zugriff auf sensible Daten bekommen. Es ist offensichtlich, dass solch eine Regel rascher eingerichtet werden kann, als zig Benutzerkonten für Benutzer der anderen Sicherheitsdomäne. Auch das Warten von Benutzerkonten für diese »fremden« Benutzer fällt weg. Damit dies funktioniert, muss unter anderem eine Vertrauensstellung zwischen dem Autorisierungsserver in der Domäne von Service 2 und dem Autorisierungsserver in der Domäne von Service 1 vorherrschen.

Das hier aufgezeigte Szenario macht nicht nur beim Vorherrschen verschiedener Sicherheitsdomänen Sinn. Im betrachteten Fall könnte dem Client zunächst nur ein Token für den Client selbst ausgestellt werden. Dieses Token könnte er bei Bedarf gegen ein Token für den Zugriff auf Service 1 tauschen. Somit wird sichergestellt, dass die mit einem Token einhergehenden Rechte zu einem Zeitpunkt so gering wie möglich sind und dass somit Angreifer, denen ein Token in die Hände fällt, damit auch so wenig wie möglich machen können. Was hier für Angreifer gilt, gilt auch für Fälle, in denen die Software eine Fehlfunktion aufweist.

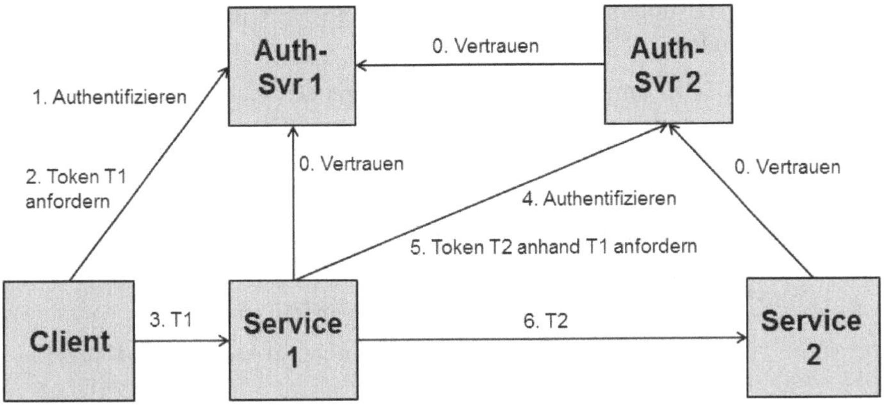

Abbildung 8-12: Verbundsicherheitsszenario

Die hier beschriebene Vorgehensweise zum Tauschen von Tokens wird für OAuth 2.0 unter anderem durch das JSON Web Token (JWT) Profile for OAuth 2.0 Client Authentication and Authorization Grants näher beschrieben. Dazu definiert es einen entsprechenden Flow als Erweiterung zu OAuth 2.0. Dieser Flow sieht vor, dass der Client ein JWT an den Autorisierungsserver übersendet. Dieser hat das JWT zu prüfen. Dazu gehört es, zu prüfen, ob das Token noch gültig ist, ob der Autorisierungsserver selbst als Audience genannt ist und ob das JWT von einem anderen Autorisierungsserver, zu dem eine Vertrauensstellung existiert, ausgestellt wurde. Letzteres kann bei einem signierten JWT durch das Prüfen der digitalen Signatur validiert werden. Zusätzlich muss der Autorisierungsserver, dem vertraut wird, als Issuer im Rahmen der Claims vorkommen. Außerdem muss der betroffene Benutzer als Subjekt im Rahmen der Claims genannt werden, damit später nachvollzogen werden kann, wer auf Ressourcen in der benachbarten Sicherheitsdomäne zugegriffen hat.

Implementierung des JWT Profile for OAuth 2.0 Client Authentication and Authorization Grants zur Realisierung von Verbundsicherheit

Die hier beschriebene Katana-Middleware bietet eine einfache Möglichkeit zur Implementierung von Flows, die eine Erweiterung zu OAuth 2.0 darstellen. Um solch eine Erweiterung bereitzustellen, ist bei der verwendeten `OAuthAuthorizationServerProvider`-Implementierung die Methode `GrantCustomExtension` zu überschreiben. Beispiel 8-103 zeigt, wie dies zur Umsetzung des diskutierten Flows zu bewerkstelligen ist. Zunächst prüft diese Implementierung, ob der Client einen unterstützten Grant-Typ angefordert hat. Für den hier besprochenen Flow wurde der Grant-Typ `urn:ietf:params:oauth:grant-type:jwt-bearer` festgelegt.

Anschließend greift die Implementierung auf den Parameter `assertion` zu. Dieser beinhaltet per Definition das zu tauschende Token. Die Validierung dieses Tokens erfolgt mit der bereits besprochenen Methode `ValidateJwt` der Hilfsklasse `TokenHelper` (Beispiel 8-97). Dabei wird verlangt, dass der Autorisierungsserver der zweiten Sicherheitsdomäne im Rahmen der Audience-Claims genannt wird und dass der Autorisierungsserver aus der ersten Sicherheitsdomäne der Aussteller des JWTs ist.

War diese Prüfung erfolgreich, erzeugt die betrachtete Implementierung eine Auflistung für Claims, die in das neue Token aufgenommen werden. Als Aussteller wird der Autorisierungsserver genannt; als Audience wird der Service in dieser Sicherheitsdomäne eingetragen. Darüber hinaus wird sowohl als autorisierte Partei (engl. Authorized Pary; AZP) sowie als Akteur der Client eingetragen, der das Token angefordert hat. Somit wird auf zwei unterschiedliche Arten dokumentiert, dass dieser Client im Namen des jeweiligen Benutzers handelt.

Die Methode `MapClaims` (Beispiel 8-104) kommt zum Einsatz, um aus den Claims des eingehenden Tokens Claims für das ausgehende abzuleiten. Dabei wird die Benutzer-ID aus dem Subjekt-Claim übernommen und zusätzlich wird ein Claim `Security-Level` mit dem Wert `C` vergeben, wenn der Benutzer aus einer bestimmten Firma kommt und dort eine bestimmte Rolle innehat.

Nachdem sämtliche Claims vorliegen, erzeugt die hier betrachtete Implementierung damit unter Verwendung der bereits besprochenen Methode `CreateTicket` (Beispiel 8-72) ein Ticket, welches an `Validated` übergeben wird, woraufhin die Katana-Middleware den Flow fortsetzt.

Beispiel 8-103: Implementierung des JWT Profile for OAuth 2.0 Client Authentication and Authorization Grants zur Realisierung von Verbundsicherheit

```
public override async Task GrantCustomExtension(
                                OAuthGrantCustomExtensionContext context)
{

    if (context.GrantType
            != "urn:ietf:params:oauth:grant-type:jwt-bearer") return;

    var tokenString = context.Parameters["assertion"];

    if (string.IsNullOrEmpty(tokenString))
    {
        context.SetError("invalid_request", "parameter assertion expected!");
        return;
    }

    var token = new JwtSecurityToken(tokenString);

    string errorMessage;
    var ticketManager = new TokenHelper();

    if (!ticketManager.ValidateJwt(token, out errorMessage,
                                    expAud: "http://partner-authsvc",
                                    expIss: "http://authsvc"))
    {
        context.SetError("invalid_grant", errorMessage);
        return;
    }

    var claims = new List<Claim>();

    claims.Add(new Claim("iss", "http://partner-authsvc"));
    claims.Add(new Claim("aud", "http://partner-service"));
    claims.Add(new Claim("azp", context.ClientId));
    claims.Add(new Claim("Akteur", context.ClientId));

    MapClaims(token, claims);

    var ticket = ticketManager.CreateTicket(claims, context.Parameters["scope"]);

    context.Validated(ticket);

}
```

Beispiel 8-104: Abbilden der eingehenden Claims auf ausgehende Claims

```
private static void MapClaims(JwtSecurityToken token, List<Claim> claims)
{
    var nameClaim = token.Claims.FirstOrDefault(c => c.Type == "sub");

    if (nameClaim != null)
    {
        claims.Add(new Claim(
                ClaimsIdentity.DefaultNameClaimType, nameClaim.Value));
        claims.Add(new Claim("sub", nameClaim.Value));
    }

    var companyClaim = token.Claims.FirstOrDefault(c => c.Type == "Company");
    var roleClaim = token.Claims.FirstOrDefault(c => c.Type == "Role");

    if (companyClaim != null
            && roleClaim != null
            && companyClaim.Value == "ACME"
            && roleClaim.Value == "Manager")
    {
        claims.Add(new Claim("Security-Level", "C"));
    }
}
```

Um unter Verwendung dieses Flows ein neues Token anzufordern, sendet der jeweilige Client eine Anfrage, wie jene in Beispiel 8-105 an den benachbarten Autorisierungsserver.

Beispiel 8-105: HTTP-Nachricht zum Anstoßen des implementierten Erweiterungs-Flows

```
POST /token HTTP/1.1
Content-Type: application/x-www-form-urlencoded
Host: localhost:42344

grant_type=urn%3Aietf%3Aparams%3Aoauth%3Agrant-type%3Ajwt-bearer&client_id=myClient&client_
secret=geheim&scope=openid&assertion=ey...
```

Beispiel 8-106 zeigt, wie solch eine Anfrage mit dem `HttpClient` versendet werden kann. Die hier gezeigte Methode nimmt als Parameter den URL des Autorisierungsservers sowie eine Instanz von `MyAuthServerAuthenticationResult` (Beispiel 8-94) entgegen. Letztere repräsentiert eine Access-Token-Response und beinhaltet das zu tauschende Identitäts-Token. Das Ergebnis dieser Methode ist ebenfalls ein `MyAuthServerAuthenticationResult`, das das neue Identitäts-Token beinhaltet.

Beispiel 8-106: Anstoßen des implementierten Erweiterungs-Flows

```
private async Task<MyAuthServerAuthenticationResult>
                        GetTokenForOtherSecurityDomain(
                            string baseUrl,
                            MyAuthServerAuthenticationResult authData)
{

    var client = new HttpClient();

    var url = baseUrl + "/token";
    var grantType = "urn:ietf:params:oauth:grant-type:jwt-bearer";
    var dataTemplate = "grant_type={0}&client_id={1}&client_secret={2}&scope=openid&assertion={3}";
    var data = string.Format(
                    dataTemplate,
```

```
                        Url.Encode(grantType),
                        Url.Encode("myClient"),
                        Url.Encode("geheim"),
                        Url.Encode(authData.IdToken));

    var response = await client.PostAsync(url, new StringContent(data));
    if (!response.IsSuccessStatusCode)
            throw new Exception("Anfrage war nicht erfolgreich!");
    dynamic result = await response.Content.ReadAsAsync<JObject>();
    var authResult = new MyAuthServerAuthenticationResult(result);
    return authResult;
}
```

Das auf diesem Weg erhaltene neue Identitäts-Token kann in weiterer Folge beim Zugriff auf den Service in der benachbarten Sicherheitsdomäne als Bearer-Token im Rahmen des `Authorization`-Headers angegeben werden (vgl. Beispiel 8-65).

Authentifizieren von JavaScript-Clients mit OAuth 2.0

Bis jetzt hat der vorliegende Text in erster Linie Webclients behandelt, die in der Lage waren, serverseitig Logiken, zum Beispiel unter Einsatz von ASP.NET MVC, auszuführen. Dieser Abschnitt wendet sich hingegen reinen JavaScript-Clients zu, die direkt – ohne serverseitiges Gegenstück – mit einem Autorisierungsserver kommunizieren. Die hier gezeigten Szenarien sind als weniger sicher anzusehen, als die, die serverseitige Logiken verwenden. Aus diesem Grund sind Letztere vorzuziehen.

JavaScript-Client mit Resource Owner Password Credentials Grant authentifizieren

In Fällen, in denen der Benutzer der Anwendung seinen Benutzernamen und sein Passwort anvertraut, kann ein JavaScript-Client den Resource Owner Password Credentials Grant verwenden, um den Benutzer zu authentifizieren. Dies setzt jedoch voraus, dass der JavaScript-Client auf den Autorisierungsserver zugreifen darf. Dies ist der Fall, wenn sowohl der JavaScript-Client als auch der Autorisierungsserver »dieselbe Herkunft« im Sinne der Same-Origin-Policy aufweisen oder wenn CORS-Anfragen Verwendung finden.

Beispiel 8-107 demonstriert, wie ein JavaScript-Client einen Resource Owner Password Credentials Grant starten kann. Dabei wird davon ausgegangen, dass die Access-Token-Response, die zur Vereinfachung in der globalen Variablen `authData` hinterlegt wird, auch den Benutzernamen beinhaltet. Weitere Informationen über den Benutzer könnten zum Beispiel durch Aufruf eines weiteren Services in Erfahrung gebracht werden. Die Vorlagen für ASP.NET Web API und Single Page Applications in Visual Studio bieten im Rahmen des `AccountControllers` eine solche Service-Operation unter dem URL */api/Account/UserInfo* an.

Ein Access-Token, welches ein JavaScript-Client auf diesem Weg erhält, kann, wie in Beispiel 8-108 gezeigt, für den Zugriff auf einen Service verwendet werden. Im Zuge dessen wird das Token als Bearer-Token im Rahmen des `Authorization`-Headers übergeben.

Beispiel 8-107: JavaScript-Funktion zum Anfordern eines Access-Tokens

```
var loginUrl = "/Token";

var authData = {
   access_token: null
};
```

```
function loginWithUserNameAndPassword(userName, password) {

    var data = {
        grant_type: "password",
        username: userName,
        password: password
    };

    $.ajax({
        url: loginUrl,
        type: "POST",
        data: data
    }).success(function (data) {
        authData = data;
        $("#spanLogInInfo").text("Benutzer " + data.userName + " erfolgreich angemeldet.");
    }).error(function (xhr, status, error) {
        alert("Fehler: " + status + " " + error);
    });

}
```

Beispiel 8-108: HTTP-Service unter Verwendung von Access-Token via JavaScript aufrufen

```
function getValuesFromService() {
    $.ajax({
        url: valuesServiceUrl,
        type: "GET",
        headers: {
            Authorization: "Bearer " + authData.access_token
        }
    }).success(function (data) {
        var values = "<ul>";
        $(data).each(function (i, str) {
            values += "<li>" + str + "</li>";
        });
        values += "</ul>";
        $("#divData").html(values);

    }).error(function (xhr, status, error) {
        alert("Fehler: " + status + " " + error);
    });
}
```

JavaScript-Client mit Implicit Grant authentifizieren

Möchte der Benutzer seine Credentials dem JavaScript-Client nicht direkt überlassen, kann dieser einen Implicit Grant starten. Dazu muss er lediglich, wie in Beispiel 8-84 gezeigt, eine Umleitung zum Autorisierungsserver veranlassen, und nach der erneuten Umleitung zum Client das Access-Token aus dem URL entnehmen. Hierbei steht dem Entwickler auch nicht die Same-Origin-Policy im Weg, da diese nicht für Umleitungen gilt.

Geschieht dies zum Beispiel direkt mit Identitätsanbietern wie Google oder Facebook, erhält der Client ein Access-Token für deren Sicherheitsdomäne. Für den Zugriff auf Services in der eigenen Sicherheitsdomäne müsste er somit das Token tauschen. Dies ist nicht notwendig, wenn der JavaScript-Client einen eigenen Autorisierungsserver auffordert, eine Authentifizierung über den gewünschten externen Identitätsanbieter durchzuführen. In diesem Fall tauscht bereits dieser Autorisierungsserver die Token. Alternativ dazu kann der eigene Autorisierungsserver auch aufgefordert werden, eine Authentifizierung gegen lokal gespeicherte Benutzerkonten vorzunehmen.

Da bei Verwendung der Vorlagen für ASP.NET Web API sowie Single Page Applications der `AccountController` in Kombination mit der Katana-Middleware für OAuth 2.0 diese Möglichkeiten anbietet und auch schon eine passende `OAuthAuthorizationServerProvider`-Implementierung mitbringt, muss der Entwickler für solch ein Szenario auch keine eigene OAuth 2.0-Implementierung schreiben. Genau genommen beinhalten diese Vorlagen auch schon einen JavaScript-Client, der auf *knockout.js* und jQuery basiert. Da dieser jedoch für den Einstieg etwas komplex ist, zeigt das in diesem Abschnitt präsentierte Beispiel die wichtigsten Schritte mit einer minimalen Codebasis auf.

Zur Vereinfachung kommen in diesem Fall die in Beispiel 8-109 gezeigten globalen Variablen zum Einsatz, wobei es dem Leser natürlich freigestellt ist, diese in einem Modul, Namensraum und/oder in einem Objekt zu verstauen.

Beispiel 8-109: Variablen für Implementierung des Implicit-Grants via JavaScript

```
var loginUrl = "/Token";
var valuesServiceUrl = "/api/values";
var loginWithGoogleUrl = "/api/Account/ExternalLogin?provider=Google&response_type=token&client_
id=self";
var userInfoUrl = "/api/Account/UserInfo";
var registerExternalUrl = "/api/Account/RegisterExternal ";


var authData = {
   access_token: null
};
```

Gestartet wird die Authentifizierung durch Aufruf der Funktion `logInWithGoogle` (Beispiel 8-110). Diese legt unter `currentUrl` den URL der aktuellen Seite ab. Dieser URL wird als Umleitungs-URI verwendet. Damit dies möglich ist, muss der Entwickler dafür sorgen, dass die `OAuthAuthorizationServerProvider`-Implementierung, die bei Verwendung der genannten Vorlagen im Ordner `Providers` zu finden ist, diesen URL akzeptiert. Dazu ist ggf. die Methode `ValidateClientRedirectUri` anzupassen. Als `State` legt `logInWithGoogle` mit der Hilfsfunktion `createState` (Beispiel 8-111) eine zufällige Zeichenkette fest. Der `State` wird auch im `localStorage` verstaut, damit er später, wenn der Autorisierungsserver den Benutzer wieder zu dieser Seite zurückbringt, zur Verfügung steht. Die Umleitung zum Autorisierungsserver bewerkstelligt `logInWithGoogle` durch Setzen der Eigenschaft `location.href`. Der URL, zu dem umgeleitet wird, beinhaltet den Namen des gewünschten externen Identitätsanbieters. An dieser Stelle wird mit Google vorliebgenommen. Damit dies funktioniert, muss die Katana-Middleware für Google registriert sein. Der `AccountController` bietet darüber hinaus auch einen Service an, der die Namen sämtlicher externer Identitätsanbieter wie Google, Facebook oder Twitter zurückgibt, für die eine Middleware registriert ist.

Beispiel 8-110: Login mit Google via JavaScript anfordern

```
function logInWithGoogle() {

    // !! callback-url erlauben
    var currentUrl = location.protocol + "//" + location.host + location.pathname;
```

```
    var state = createState();

    localStorage.setItem("state", state);

    var url = loginWithGoogleUrl
                + "&redirect_uri=" + encodeURIComponent(currentUrl)
                + "&state=" + state;

    location.href = url;
}
```

Beispiel 8-111: Hilfs-Funktion zum Erzeugen eines Nounces

```
function createState() {
    var text = "";
    var possible = "ABCDEFGHIJKLMNOPQRSTUVWXYZabcdefghijklmnopqrstuvwxyz0123456789";

    for (var i = 0; i < 20; i++)
        text += possible.charAt(Math.floor(Math.random() * possible.length));

    return text;
}
```

Die Funktion `loginIfAccessTokenPassed` (Beispiel 8-112), die bei jedem Aufruf der Seite zur Ausführung gebracht wird, parst mit der aus der Projektvorlage von Visual Studio übernommenen Hilfsfunktion `getFragment` (Beispiel 8-113) den Hash des aktuellen URLs. Auf diese Weise kann sie herausfinden, ob es sich beim aktuellen Seitenaufruf um eine Antwort des Autorisierungsservers handelt. Beinhaltet der Hash einen Parameter `state`, geht sie davon aus, dass dies der Fall ist. In diesem Fall prüft sie, ob der erwartete State zurückgegeben wurde und legt das erhaltene Access-Token im Objekt `authData` ab. Anschließend wird die Funktion `getUserData` aufgerufen, um unter Verwendung des Access-Tokens Informationen über den aktuellen Benutzer in Erfahrung zu bringen.

Beispiel 8-112: JavaScript-Funktion, welche Access-Token aus Hash entnimmt

```
$(function () {
    [...]

    loginIfAccessTokenPassed();
});

function loginIfAccessTokenPassed() {
    var fragment = getFragment();

    var expectedState = localStorage.getItem("state");

    if (!fragment.state) return;

    if (fragment.state != expectedState) {
        alert("unexpected state");
        return;
    }

    authData.access_token = fragment.access_token;

    getUserData();

}
```

Beispiel 8-113: Hilfe-Funktion, um Hash der aktuellen Url abzurufen

```
function getFragment() {
    if (window.location.hash.indexOf("#") === 0) {
        return parseQueryString(window.location.hash.substr(1));
    } else {
        return {};
    }
}
```

Beispiel 8-114: Query-String parsen mit JavaScript

```
function parseQueryString(queryString) {
    var data = {},
        pairs, pair, separatorIndex, escapedKey, escapedValue, key, value;

    if (queryString === null) {
        return data;
    }

    pairs = queryString.split("&");

    for (var i = 0; i < pairs.length; i++) {
        pair = pairs[i];
        separatorIndex = pair.indexOf("=");

        if (separatorIndex === -1) {
            escapedKey = pair;
            escapedValue = null;
        } else {
            escapedKey = pair.substr(0, separatorIndex);
            escapedValue = pair.substr(separatorIndex + 1);
        }

        key = decodeURIComponent(escapedKey);
        value = decodeURIComponent(escapedValue);

        data[key] = value;
    }

    return data;
}
```

Die Funktion `getUserData` (Beispiel 8-115) wendet sich via AJAX unter Angabe des Access-Tokens als Bearer-Token im `Authorization`-Header an jenen Service, den der `AccountController` zum Abrufen von Benutzerinformationen anbietet. Der auf diesem Weg erhaltene Benutzername wird im Objekt `authData` verstaut. Außerdem prüft die Funktion `getUserData`, ob dieser externe Benutzer bereits als lokaler Anwendungsbenutzer registriert wurde. Dazu greift sie auf `data.hasRegistered` zu. Wurde der Benutzer noch nicht registriert, ruft sie die Funktion `registerUser` auf.

Beispiel 8-115: Mit Access-Token Daten über Benutzer anfordern

```
function getUserData() {

    $.ajax({
        url: userInfoUrl,
        type: "GET",
        headers: {
```

```
            Authorization: "Bearer " + authData.access_token
        }
    }).success(function (data) {

        authData.userName = data.userName;
        var str = "Benutzer " + data.userName + " angemeldet!";
        $("#spanLogInWithGoogleInfo").html(str);

        if (!data.hasRegistered) {
            registerUser(data.userName);
        }

    }).error(function (xhr, status, error) {
        alert("Fehler: " + status + " " + error);
    });
```

Die Funktion `registerUser` (Beispiel 8-116) nimmt zur Vereinfachung an, dass der externe Benutzer für das lokale Benutzerkonto denselben Benutzernamen wie bei Google verwenden möchte. Dabei wird der Umstand ignoriert, dass solch ein Benutzer bereits existieren könnte. Bei einer umfangreicheren Implementierung sollte der Benutzer stattdessen zu einer Eingabe aufgefordert werden und diese Eingabe müsste auch validiert werden. Der `AccountController` der genannten Vorlagen von Visual Studio weist zu diesem Zweck einige Services auf, die die Möglichkeiten von ASP.NET Identity kapseln und direkt über JavaScript aufgerufen werden können.

Da ASP.NET Identity keine Leerzeichen in Benutzernamen erlaubt, werden solche mittels `replace` entfernt. Anschließend ruft die Funktion `registerUser` via AJAX jene Methode des `AccountControllers` auf, die sich um die Registrierung von Benutzern kümmert. Auch diese kapselt die Möglichkeiten von ASP.NET Identity, um einen neuen lokalen Benutzer anzulegen und diesen mit dem externen Google-Konto zu verknüpfen, über das die Anmeldung erfolgt ist.

Ist dies erfolgt, wird erneut die Funktion `logInWithGoogle` aufgerufen. Somit werden die letzten Schritte wiederholt. Da der Benutzer nun jedoch auch lokal registriert ist, bricht diese Aufrufkette nach dem erneuten Aufruf von `getUserData` ab.

Beispiel 8-116: Benutzer registrieren mit JavaScript

```
function registerUser(userName) {
    userName = userName.replace(/\s/, "");

    $.ajax({
        url: registerExternalUrl,
        type: "POST",
        headers: {
            Authorization: "Bearer " + authData.access_token
        },
        data: {
            userName: userName
        }
    }).success(function (data) {
        logInWithGoogle();
    }).error(function (xhr, status, error) {
        alert("Fehler: " + status + " " + error);
    });

}
```

Single-Sign-On mit WIF

Die letzten Abschnitte haben gezeigt, wie mit offenen Webstandards, wie OAuth 2.0 und OpenID Connect, Single-Sign-On-Szenarien unter Verwendung namhafter Websites wie Google, Facebook oder Twitter realisiert werden können. Dieser Abschnitt knüpft daran an, und zeigt, wie dieselbe Aufgabe unter Verwendung von Webdienststandards, die im Geschäftsumfeld anzutreffen sind, zu meistern ist.

Die Rede ist hierbei von Standards, wie WS-Federation oder SAML. WS-Federation findet unter anderem Verwendung, um Webbenutzer bei einer Webanwendung unter Verwendung eines Kontos anzumelden, das bei einem zentralen Identitätsanbieter vorliegt. Dazu wird der jeweilige Benutzer, ähnlich wie bei OAuth 2.0 oder OpenID Connect, zur Login-Maske eines STS (Security Token Services) des Identitätsanbieters umgeleitet. Nachdem sich der Benutzer dort angemeldet hat, wird er wieder zur Website zurückgeleitet. Im Zuge dessen erhält die Website ein Token mit Informationen über den Benutzer. Als Token-Format kommt dabei bei Einsatz von WS-Federation in der Regel das XML-Derivat SAML zum Einsatz.

Beispiele für STS sind Active Directory Federation Services oder Windows Azure Active Directory. Letzteres ist eine Lösung, die Microsoft in seiner Cloud-Umgebung Windows-Azure anbietet. Da hier der Aufwand für die Installation entfällt, bietet sich Windows Azure Active Directory auch zum Ausprobieren der hier besprochenen Möglichkeiten an. Informationen zum Einrichten von Windows Azure Active Directory finden sich in den umfangreichen Tutorials unter *www.windowsazure.com*.

Die nachfolgenden Abschnitte zeigen anhand eines Beispiels, wie mit diesen Standards eine offene Sicherheitsarchitektur mit den Mitteln von ASP.NET realisiert werden kann. Dabei wird auf die Windows Identity Foundation (WIF), die zur Unterstützung solcher Szenarien geschaffen wurde, zurückgegriffen. WIF ist seit .NET 4.5 ein integraler Bestandteil von .NET und bietet ein einheitliches Sicherheitsmodell, welches sich an den oben genannten Standards orientiert sowie offen für Erweiterungen ist.

Verweis auf STS einrichten

Um einen Verweis auf einen STS einzurichten, wählt der Entwickler beim Erzeugen eines neuen Webprojekts die Authentifizierungsvariante `Organisationskonten` aus (Abbildung 8-13). Danach gibt er im rechten Teil des Dialogfelds an, ob er eine Verbindung zu einem lokalen STS oder zu Azure Active Directory aufbauen möchte. Darüber hinaus erfasst er weitere Eckdaten für die Kommunikation mit dem gewünschten STS, wie den URL des WS-Federation-konformen Metadatendokuments oder den URI der Anwendung.

Um ein bestehendes Projekt für den Einsatz von WIF zu konfigurieren, sind in Visual Studio 2013 die nachfolgend beschriebenen Einstellungen manuell vorzunehmen. Ein Assistent in Form einer Visual-Studio-Erweiterung, wie das *Identity and Access-Tool* bei Visual Studio 2012, lag zur Drucklegung dieses Buchs leider nicht vor.

Bei einem Blick in die Datei `web.config` fällt nach dem Anlegen eines neuen Projekts mit der Authentifizierungsvariante `Organisationskonten` ein Konfigurationsabschnitt `system.identityModel` auf (Beispiel 8-117). Die darin zu findende `identityConfiguration` legt unter `audienceUris` fest, welche Audience-URIs im Token zur Identifikation des Empfängers angegeben werden dürfen. Somit wird verhindert, dass die Website ein Token akzeptiert, das eigentlich für jemand anderen – für eine andere Audience – ausgestellt wurde. Darüber hinaus gibt sie unter `trustedIssuers` die Fingerabdrücke jener Zertifikate an, mit denen der STS das Token signieren darf. Übersendete Token, die diese Eigenschaften nicht aufweisen, werden von WIF abgelehnt.

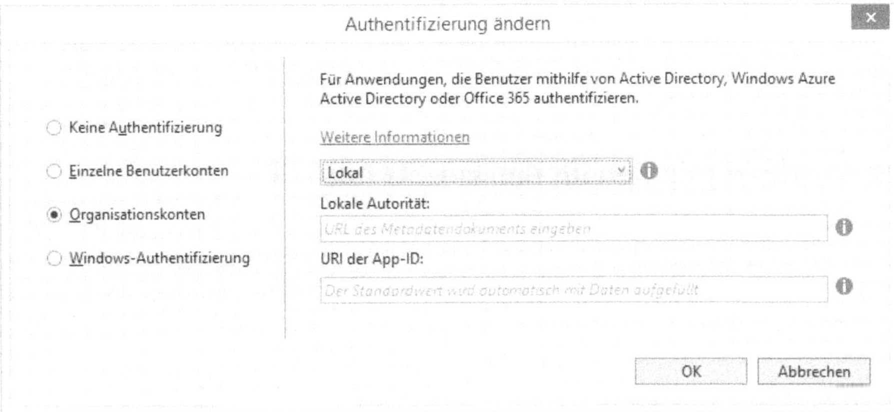

Abbildung 8-13: Auswahl eines STS

Die ebenfalls vom `Identity and Access-Tool` hinzugefügte Sektion `system.identityModel.services` definiert, wie die Webanwendung das benötigte Token erhält. Das Attribut `passiveRedirectEnabled` definiert, dass die sogenannte passive Variante zu verwenden ist, bei denen der Browser mit einem HTTP-Redirect auf den STS weitergeleitet wird. Nachdem er sich dort angemeldet hat, wird er samt Token wieder zur Webanwendung umgeleitet. Die Alternative dazu besteht darin, dass sich der Client direkt an den STS wendet, um ein Token zu beziehen und anschließend damit auf die Anwendung zugreift. Webbrowser sind im Gegensatz zu »echten« Clientanwendungen dazu nicht in der Lage, weswegen für Browseranwendungen generell diese passive Spielart zum Einsatz kommt. Das Attribut `issuer` legt den URL des STS fest; `reply` hingegen jenen URL innerhalb der Webanwendung, an den der Benutzer samt Token nach erfolgreicher Anmeldung beim STS umzuleiten ist.

Beispiel 8-117: WIF-Konfiguration

```
<system.identityModel>
  <identityConfiguration>
    <audienceUris>
      <add value="http://localhost:47343/" />
    </audienceUris>
    <issuerNameRegistry type="System.IdentityModel.Tokens.ConfigurationBasedIssuerNameRegistry, System.
IdentityModel, Version=4.0.0.0, Culture=neutral, PublicKeyToken=b77a5c561934e089">
      <trustedIssuers>
        <add thumbprint="9B74CB2F320F7AAFC156E1252270B1DC01EF40D0" name="LocalSTS" />
      </trustedIssuers>
    </issuerNameRegistry>
    <certificateValidation certificateValidationMode="None" />
  </identityConfiguration>
</system.identityModel>
<system.identityModel.services>
  <federationConfiguration>
    <cookieHandler requireSsl="false" />
    <wsFederation passiveRedirectEnabled="true" issuer="http://localhost:12049/wsFederationSTS/Issue"
```

```
realm="http://localhost:47343/" reply="http://localhost:47343/" requireHttps="false" />
  </federationConfiguration>
</system.identityModel.services>
```

Die konkret verwendete `IssuerNameRegistry` kann von der hier dargestellten Registry in der Praxis abweichen. Beispielsweise existiert seit einiger Zeit auch eine Implementierung einer `IssuerNameRegistry`, die die erlaubten Aussteller in einer Datenbank speichert. In diesem Fall werden die Fingerabdrücke der Zertifikate nicht direkt in der Konfiguration, sondern in der genannten Datenbank hinterlegt.

Konfigurieren von ASP.NET-Projekten für den Einsatz mit WIF

Beim Konfigurieren einer Website mit dem `Identity and Access`-Tool konfiguriert dieses auch ein paar IIS-Module, die sich um die Weiterleitung zum STS sowie um das Prüfen des zurückgesendeten Tokens kümmern. Um einen Konflikt mit der standardmäßig aktivierten Formularauthentifizierung zu verhindern, muss der Entwickler diese anschließend in der Datei `web.config` deaktivieren (siehe Beispiel 8-118)

Beispiel 8-118: Formularauthentifizierung deaktivieren

```
<system.webServer>
  <validation validateIntegratedModeConfiguration="false" />
  <modules runAllManagedModulesForAllRequests="true">
    <remove name="FormsAuthentication" />
    [...]
  </modules>
</system.webServer>
```

Daneben ist zu beachten, dass der HTML-Helper `@AntiForgeryToken`, der in ASP.NET MVC unter anderem im Zuge des Logins zum Einsatz kommt, im Falle der Claim-basierten Sicherheit einen eindeutigen Bezeichner für den angemeldeten Benutzer benötigt. Standardmäßig erwartet er dazu zwei Claims mit den Typen `http://schemas.xmlsoap.org/ws/2005/05/identity/claims/nameidentifier` sowie `http://schemas.microsoft.com/accesscontrolservice/2010/07/claims/identityprovider`. Sind diese Claims nicht vorhanden, löst `@AntiForgeryToken` eine Exception aus.

Aus diesem Grund muss der Entwickler dafür sorgen, dass diese beiden Claims übertragen werden, oder er muss einen anderen Claim angeben, der stattdessen als eindeutiger Bezeichner für den Benutzer heranzuziehen ist. Das nachfolgende Schnipsel zeigt, wie der Entwickler, zum Beispiel im Rahmen der Datei `global.asax`, angeben kann, dass die E-Mail-Adresse hierzu herangezogen werden soll.

```
AntiForgeryConfig.UniqueClaimTypeIdentifier = ClaimTypes.Email;
```

Welche Seiten Authentifizierung benötigen, wird dabei mit den üblichen Bordmitteln, wie dem Attribut `Authorize` unter ASP.NET MVC oder den entsprechenden Einstellungen in der Datei `web.config` (Beispiel 8-119) festgelegt.

Beispiel 8-119: Festlegen, dass unangemeldete Benutzer keinen Zugriff erhalten

```
<system.web>
  <authorization>
    <deny users="?" />
  </authorization>
</system.web>
```

Übermittelte Claims prüfen

Nachdem die Webanwendung zur Verwendung des STS konfiguriert wurde, soll diese nun erweitert werden, sodass sie die in den Token enthaltenen Claims zur Prüfung der Berechtigungen heranzieht. Dazu wird die Assembly `System.IdentityModel` eingebunden und eine Subklasse von `ClaimsAuthorizationManager` bereitgestellt (Beispiel 8-120).

Ein `ClaimsAuthorizationManager` hat die Aufgabe, zu prüfen, ob der aktuelle Benutzer aufgrund seiner Claims auf eine bestimmte Ressource zugreifen bzw. eine bestimmte Aktion anstoßen darf. Diese Prüfung kann in der zu überschreibenden Methode `CheckAccess` platziert werden, die jeweils vor der Ausführung einer Service-Operation aufgerufen wird. Lautet der Rückgabewert `true`, darf der aktuelle Benutzer die gewünschte Operation ausführen, ansonsten nicht.

Zur Prüfung übergibt WIF eine Instanz von `AuthorizationContext`. Diese beinhaltet Informationen über den aktuellen Benutzer (Eigenschaft `Principal`). Die angeforderte Seite wird dabei durch die Eigenschaft `Resource` der von WIF übergebenen `Context`-Instanz widergespiegelt. Die Art des Zugriffs (GET, POST etc.) kann hingegen über die Eigenschaft `Action` in Erfahrung gebracht werden.

Beispiel 8-120: Benutzerdefinierter ClaimsAuthorizationManager

```
public class CustomClaimsAuthorizationManager : ClaimsAuthorizationManager
{
    public override bool CheckAccess(AuthorizationContext context)
    {
        if (context.Resource.First().Value.EndsWith("/info")) {

            if (context.Principal
                       .FindAll("http://localhost/IsManager").Count() > 0) {
                return true;
            }
            return false;
        }

        return true;
    }

}
```

Damit der bereitgestellte `ClaimsAuthorizationManager` auch Verwendung findet, ist er über die Konfiguration bekannt zu machen. Dies erfolgt im Rahmen der zuvor betrachteten `identityConfiguration`. Hier wird der vollständige Name des `ClaimsAuthorizationManager` im üblichen Format `Namespaces.Klassename, Assemblyname` innerhalb eines `claimsAuthorizationManager`-Elements hinterlegt (Beispiel 8-121).

Beispiel 8-121: Registrieren eines ClaimsAuthorizationManagers

```
<system.identityModel>
  <identityConfiguration saveBootstrapContext="true" name="MyIdentityConfig">
    <claimsAuthorizationManager
          type="MyProject.CustomClaimsAuthorizationManager, MyAssembly" />
    [...]
  </identityConfiguration>
</system.identityModel>
```

Programmatisches Anfordern einer Anmeldung

Die statische Klasse `FederatedAuthentication` bietet unter anderem die Möglichkeit, eine Authentifizierung über den STS programmatisch anzufordern bzw. den Benutzer programmatisch abzumelden. Der ASP.NET MVC-basierte Controller in Beispiel 8-122 demonstriert dies.

Beispiel 8-122: Programmtisches An- und Abmelden eines Benutzers

```
[Authorize]
public class AccountController : Controller
{

    [AllowAnonymous]
    public ActionResult Login(string returnUrl)
    {

        if (!User.Identity.IsAuthenticated)
        {
            FederatedAuthentication.WSFederationAuthenticationModule.SignIn("");
            return new EmptyResult();
        }

        if (!string.IsNullOrEmpty(returnUrl))
        {
            return Redirect(returnUrl);
        }

        return Redirect("~/");

    }

    public ActionResult LogOff()
    {
        FederatedAuthentication.WSFederationAuthenticationModule.SignOut();
        return RedirectToAction("Index", "Home");
    }

}
```

Sitzungscookie für Claims erstellen

Eine weitere interessante Methode, die diese statische Klasse anbietet, ist `FederatedAuthentication.SessionAuthenticationModule.CreateSessionSecurityToken`. Damit lässt sich programmatisch ein Sitzungstoken erstellen, welches sich auf einen übergebenen Claims-Prinzipal abstützt. Dieser Prinzipal wird bei jedem erneuten Zugriff auf die Website wieder durch die eingesetzten IIS-Module hergestellt. Somit stehen er und die darin abgelegten Claims im Gegensatz zur klassischen Formularauthentifizierung, wo nur der Benutzername und seine Gruppenzuweisungen berücksichtigt werden, ständig zur Verfügung.

KAPITEL 9

ASP.NET MVC und ASP.NET Web API erweitern

Das von Webentwicklern wahrgenommene Verhalten von ASP.NET MVC und ASP.NET Web API ist häufig lediglich das Verhalten von standardmäßig verwendeten Komponenten, die durch benutzerdefinierte Implementierungen ersetzt werden können. Kennen Sie als Entwickler diese Komponenten (das hierfür notwendige Wissen wird in diesem Kapitel vermittelt), können Sie ASP.NET MVC sowie ASP.NET Web API an die eigenen Bedürfnisse anpassen. Auf diese Weise erhalten Sie auch ein besseres Verständnis für die Funktionsweise dieser Frameworks sowie für Erweiterungen von Drittanbietern.

ASP.NET MVC erweitern

Dieser Abschnitt zeigt, wie ASP.NET MVC erweitert werden kann. Die hier vorgestellten Komponenten entstammen dem Namensraum `System.Web.Mvc`. Diese Information ist essenziell, da viele dieser Komponenten in leicht veränderter Form auch von ASP.NET Web API genutzt werden. Diese Varianten, die dieselben Namen wie ihre MVC-Pendants tragen, finden sich jedoch im Namensraum `System.Web.Http`.

DependencyResolver

Seit Version 3 existiert eine zentrale Factory, bei der ASP.NET MVC sämtliche benötigten Komponenten anfordert. Diese Factory nennt sich `DependencyResolver`. Indem dieser `DependencyResolver` durch eine benutzerdefinierte Implementierung ausgetauscht wird, kann der Entwickler steuern, welche Implementierungen der Komponenten zum Einsatz kommen sollen. Darüber hinaus wird dieses Konzept in der Praxis häufig genutzt, um IoC-Container wie Unity oder Spring.Net einzubinden, welche sich um das Auflösen von Abhängigkeiten kümmern.

Da das Konzept von `DependencyResolver` jedoch erst seit Version 3 existiert, gibt es aus historischen Gründen für die meisten Komponenten noch eine weitere »traditionelle« Variante, mit der bestimmt werden kann, welche konkrete Implementierung einer Komponente heranzuziehen ist. Kann ASP.NET MVC die gewünschte Komponente nicht über den `DependencyResolver` ausfindig machen, verwendet es den traditionellen Weg.

Dieser Abschnitt zeigt, sofern verfügbar, für jede vorgestellte Komponente die Bereitstellung sowohl über den `DependencyResolver` als auch über den traditionellen Weg. Zuvor erfahren Sie jedoch, wie der `DependencyResolver` generell zu verwenden ist.

Bei einem `DependencyResolver` handelt es sich um eine Klasse, welche die Schnittstelle `System.Web.Mvc.IDependencyResolver` implementiert. Diese Schnittstelle gibt die folgenden Methoden vor:

- `object GetService(Type serviceType);`
- `IEnumerable<object> GetServices(Type serviceType);`

Erstere wird von ASP.NET MVC aufgerufen, wenn eine einzige Instanz einer Komponente benötigt wird. Letztere nutzt ASP.NET MVC, wenn mehrere Instanzen einer Komponente verwendet werden können. Beide Methoden nehmen den Typ der Schnittstelle bzw. der (Basis-)Klasse der gewünschten Komponente(n) entgegen.

Welche von diesen Methoden zum Einsatz kommt, hängt von der Art der Komponente ab. Auszuführende Controller fordert ASP.NET MVC zum Beispiel über die erste Variante an, da es pro Aufruf nur einen Controller anstoßen kann. Die Dokumentation spricht hierbei von einem einzelregistrierten Dienst (engl. singly registered service). Die möglichen View-Engines, wie `RazorViewEngine` oder `WebFormViewEngine`, ruft das Framework über `GetServices` ab, da mehrere View-Engines zur Laufzeit koexistieren können. In weiterer Folge iteriert ASP.NET MVC die auf diese Weise ermittelten View-Engines und verwendet die erste, welche signalisiert, dass sie die gewünschte View rendern kann. Hierbei ist von mehrfachregistrierten Diensten (engl. multiply registered services) die Rede.

Beispiel 9-1 zeigt eine benutzerdefinierte Implementierung von `DependencyResolver`. Sie verwaltet die zu erzeugenden Komponenten in zwei Dictionaries: Das eine bildet einen (Super-)Typ auf eine einzige Komponente ab und beherbergt somit einzelregistrierte Dienste. Das zweite bildet einen (Super-)Typ auf mehrere Komponenten ab, womit auch mehrfachregistrierte Dienste unterstützt werden. Die Methode `RegisterService` registriert einzelregistrierte Dienste; die Methode `AddService` registriert hingegen mehrfachregistrierte Dienste . Die beiden von Interface `IDependencyResolver` vorgegebenen Methoden `GetService` und `GetServices` liefern die in diesen `Dictionaries` hinterlegten Komponenten zurück.

Beispiel 9-1: Einfacher benutzerdefinierter DependencyResolver

```
class CustomDependencyResolver : IDependencyResolver
{
    private IDictionary<Type, object> singlyRegisteredServices
                                        = new Dictionary<Type, object>();
    private IDictionary<Type, List<object>> multiplyRegisteredServices
                                 = new Dictionary<Type, List<object>>();

    public object GetService(Type serviceType)
    {
        if (singlyRegisteredServices.ContainsKey(serviceType))
        {
            return singlyRegisteredServices[serviceType];
        }
        return null;
    }

    public IEnumerable<object> GetServices(Type serviceType)
    {
        if (multiplyRegisteredServices.ContainsKey(serviceType))
        {
            return multiplyRegisteredServices[serviceType];
        }
```

```
            return new List<object>();

        }

        public void RegisterService(Type serviceType, object service)
        {
            singlyRegisteredServices[serviceType] = service;
        }

        public void AddService(Type serviceType, object service)
        {
            List<object> services;
            if (multiplyRegisteredServices.ContainsKey(serviceType))
            {
                services = multiplyRegisteredServices[serviceType];
            }
            else
            {
                services = new List<object>();
                multiplyRegisteredServices[serviceType] = services;
            }

            services.Add(service);

        }
    }
```

Damit ASP.NET MVC diesen benutzerdefinierten `DependencyResolver` verwendet, muss der Entwickler ihn im Zuge des Starts der Webanwendung registrieren. Dazu bietet sich die Methode `Application_Start` in der Klasse `MvcApplication` an, die sich in der Datei `global.asax` befindet.

Beispiel 9-2 zeigt, wie der Entwickler diese Aufgabe bewerkstelligen kann. Es instanziiert den `CustomDependencyResolver` und registriert den `HomeController` als einzelregistrierten Dienst sowie die Klasse `RazorViewEngine`, welche für das Abarbeiten von Razor-Views verantwortlich ist, als mehrfachregistrierten Dienst. Damit diese Komponenten von ASP.NET MVC auch wiedergefunden werden, müssen sie unter Verwendung des zur Laufzeit verwendeten, in Form eines Typs vorliegenden Schlüssels hinterlegt werden. Für den `HomeController` wird der Typ des `HomeControllers` verwendet; für die `RazorViewEngine` der Typ `IViewEngine`. Anschließend registriert das betrachtete Beispiel den benutzerdefinierten `DependencyResolver` mit der statischen Methode `DependencyResolver.SetResolver`, sodass ASP.NET MVC künftig auf ihn zurückgreift.

Registriert der Entwickler keine `ViewEngine` beim `DependencyResolver`, liefert die Methode `GetServices` der hier vorgestellten Implementierung zur Laufzeit den Wert `null` an ASP.NET MVC zurück. Dies hätte zur Folge, dass ASP.NET MVC auf dem »traditionellen« Weg versuchen würde, die registrierten `ViewEngines` zu finden. Auf diesem Weg würde es dann die beiden standardmäßig verwendeten `ViewEngines` entdecken, nämlich die `RazorViewEngine` und die `WebFormViewEngine`.

Beispiel 9-2: Registrieren eines benutzerdefinierten DependencyResolver

```
var dr = new CustomDependencyResolver();
dr.RegisterService(typeof(HomeController), new HomeController());
dr.AddService(typeof(IViewEngine), new RazorViewEngine());

DependencyResolver.SetResolver(dr);
```

ModelBinder

ModelBinder ermitteln jene Werte, die ASP.NET MVC den Übergabeparametern von Action-Methoden zweist. Der Standardimplementierung der Modellbindung ist es zum Beispiel zu verdanken, dass bei einem Aufruf des URLs */hotel/find?minSterne=3* dem Parameter minSterne der angestoßenen Action-Methode der Wert 3 zugewiesen wird. Bei der Modellbindung handelt es sich um Implementierungen der Schnittstelle System.Web.Mvc.IModelBinder.

ModelBinder anpassen

Die Standardimplementierung der Modellbindung trägt den Namen DefaultModelBinder. Möchte man die Standardlogik lediglich erweitern, bietet es sich an, von dieser Klasse abzuleiten, anstatt IModelBinder komplett neu zu implementieren. Das Ergebnis eines solchen Vorhabens findet sich in Form der Klasse SimpleCustomModelBinder in Beispiel 9-3. Diese Klasse erbt von DefaultModelBinder und überschreibt die Methode BindModel. Diese Methode erhält von ASP.NET MVC zwei Parameter, aus denen hervorgeht, welcher Wert zu binden ist. Hierbei ist zu beachten, dass Framework-intern der Begriff Modell auch für Parameter sowie für Teile von Modellen verwendet wird.

Die betrachtete Methode informiert durch Einsatz der Eigenschaft ModelName der übergebenen BindingContext-Instanz über den Namen des zu bindenden Parameters; über ModelType bringt sie den Typ dieser Eigenschaft in Erfahrung. Handelt es sich um einen Parameter userName vom Typ string, gibt sie den Namen der Identität des aktuellen Principal-Objekts zurück, welches unter .NET per Definition Informationen über den aktuellen Benutzer beinhaltet. Dies veranlasst ASP.NET MVC dazu, dem jeweiligen Parameter den zurückgegebenen Namen zuzuweisen.

Handelt es sich hingegen um einen Parameter vom Typ IPrincipal, liefert BindModel den aktuellen Prinzipal. In allen anderen Fällen verwendet die betrachtete Methode die Logik der Standardimplementierung, indem sie unter Verwendung des Schlüsselworts base an diese weiterdelegiert.

Beispiel 9-3: Einfacher benutzerdefinierter ModelBinder

```
public class SimpleCustomModelBinder: DefaultModelBinder {

    public override object BindModel(
                ControllerContext controllerContext,
                ModelBindingContext bindingContext)
    {
        if (bindingContext.ModelName == "userName" &&
                            bindingContext.ModelType == typeof(string))
        {
            return Thread.CurrentPrincipal.Identity.Name;
        }

        if (bindingContext.ModelType == typeof(IPrincipal))
        {
            return Thread.CurrentPrincipal;
        }
        return base.BindModel(controllerContext, bindingContext);
    }
}
```

Validierende Modellbindung

Modellbindungen haben auch die Aufgabe, die übergebenen Werte vor dem Binden zu validieren. Das machen sie in der Regel nicht alleine, sondern mithilfe des Validierungsframeworks von ASP.NET MVC. Konnte ein Wert nicht erfolgreich validiert werden, muss die Modellbindung diesen Wert samt Fehlermeldung im aktuellen `ModelState` hinterlegen. Dies ermöglicht es der View, den fehlerhaften Wert nochmals anzuzeigen und den Benutzer aufzufordern, ihn zu korrigieren.

Um die Komplexität von Modellbindungsimplementierungen zu reduzieren, stützen sie sich auf sogenannte `ValueProvider`, welche sie mit den zur Verfügung stehenden Werten versorgen. Unter diesen Werten finden sich in erster Linie die beim Aufruf übermittelten Parameter wieder.

Eine Modellbindung, die all diese nicht gerade trivialen Aspekte demonstriert, findet sich in Beispiel 9-4. Der hier abgebildete `IntArrayModelBinder` hat die Aufgabe, Werte, die kommasepariert übergeben werden, an Integer-Arrays zu binden. Die einzelnen Werte des jeweiligen Integer-Arrays validiert er mit jenen Validatoren, die für das gesamte Array hinterlegt wurden.

Der erste Abschnitt der Methode `BindModel` im betrachteten Listing legt sich lediglich Objekte, die sie zur Durchführung der gestellten Aufgabe benötigt, zurecht. Dabei handelt es sich um:

- Den Namen des zu bindenden Models
- Den aktuellen *ValueProvider*, über den *ModelBinder* später die zu bindenden Werte bezieht
- Metadaten über das aktuelle Modell

Auch hier gilt es zu beachten, dass MVC-intern die Bezeichnung Modell auch für Parameter und Eigenschaften von Modellen verwendet wird. `BindModel` bringt über die Methode `GetValue` des `ValueProviders` den Wert des Modells in Erfahrung. Dieser wird als Instanz von `ValueProviderResult` repräsentiert. Damit die View später auf diesen Wert Zugriff hat, erzeugt sie damit eine Instanz von `ModelState` und verstaut diese im aktuellen `BindingContext` unter Verwendung der Methode `bindingContext.ModelState.Add`.

Danach wird der zu bindende Wert ermittelt. Dazu wandelt `BindModel` den Wert, der durch das `ValueProviderResult` repräsentiert wird, mittels `ConvertTo` in einen String um. Aus diesem erzeugt sie mittels `Split` ein Zeichenfolgenarray, welches sie in weiterer Folge in ein Integer-Array überführt. Tritt bei dieser Aufgabe ein Fehler auf, hinterlegt `BindModel` im aktuellen `ModelState` eine Fehlermeldung und verstaut die Zeichenfolgenrepräsentation des fehlerhaften Werts, die sie über `valueProviderResult.AttemptedValue` in Erfahrung bringt, in den Metadaten unter der Eigenschaft `Model`.

Konnte `BindModel` das gewünschte Integer-Array ohne Probleme erzeugen, validiert sie es unter Verwendung der benutzerdefinierten Hilfsmethode `Validate` und liefert das Integer-Array als zu bindenden Wert zurück.

Beispiel 9-4: Benutzerdefinierter ModelBinder für Integer-Arrays

```
public class IntArrayModelBinder: IModelBinder {

        public object BindModel(ControllerContext controllerContext,
                                ModelBindingContext bindingContext) {

            var name = bindingContext.ModelName;
            var valueProvider = bindingContext.ValueProvider;
            var metaData = bindingContext.ModelMetadata;
```

```
            var valueProviderResult = valueProvider.GetValue(name);
            var modelState = new ModelState { Value = valueProviderResult };
            bindingContext.ModelState.Add(name, modelState);

            var strValue = (string)
                              valueProviderResult.ConvertTo(typeof(string));
            var strArray = strValue.Split(',');
            var intArray = new int[strArray.Length];

            try {
                for (int i = 0; i < intArray.Length; i++)
                {
                    intArray[i] = Convert.ToInt32(strArray[i]);
                }
            } catch {
                modelState.Errors.Add("Ungültiger Wert");
                metaData.Model = valueProviderResult.AttemptedValue;
                return null;
            }
            Validate(controllerContext, metaData, modelState, intArray);
            return intArray;
        }
    }
```

Die Hilfsmethode `Validate` ermittelt alle für das zu bindende Modell definierten `Validatoren`. In der Regel werden diese in Form von Validierungsattributen mit dem Modell verknüpft. Dazu ruft `Validate` die Methode `GetValidators` der statischen Eigenschaft `ModelValidatorProviders.Providers` auf. Das betrachtete Beispiel validiert mit diesen `Validatoren` alle Werte des erzeugten `Int`-Arrays. Alle Fehlermeldungen, die die einzelnen `Validatoren` zurückliefern, verstaut sie in der Eigenschaft `Errors` des `modelStates`.

Beispiel 9-5: Hilfsmethode für Validierung durch ModelBinder

```
    private void Validate(
            ControllerContext controllerContext,
            ModelMetadata metaData,
            ModelState modelState,
            int[] intArray) {

            var validators = ModelValidatorProviders.Providers
                                .GetValidators(metaData, controllerContext);

            foreach (var validator in validators) {
                foreach (var item in intArray) {
                    var errors = validator.Validate(item);
                    foreach (var error in errors) {
                        modelState.Errors.Add(error.Message);
                    }
                }
            }
    }
```

ModelBinder auf traditionellem Weg registrieren

Zum Registrieren benutzerdefinierter Modellbindungen stehen mehrere Möglichkeiten zur Verfügung. Möchte der Entwickler, dass eine Modellbindung nur für ausgewählte Parameter zum Einsatz kommt, kann er diese mit dem Attribut ModelBinder annotieren und im Zuge dessen den Typ der gewünschten Modellbindung angeben. Im nachfolgenden Beispiel definiert der Entwickler auf diese Weise, dass ASP.NET MVC für das Binden des Parameters ary der Action-Methode Stuff den benutzerdefinierten IntArrayModelBinder heranzuziehen hat.

```
public ActionResult Stuff(
    [ModelBinder(typeof(IntArrayModelBinder))] int[] ary)  { … }
```

Um anzugeben, dass ASP.NET MVC eine Modellbindung generell zum Binden eines bestimmten Datentyps verwenden soll, verwendet der Entwickler die Konfigurationsmethode ModelBinders.Binders.Add, an welche er sowohl den Typ als auch die gewünschte Modellbindung übergibt:

```
ModelBinders.Binders.Add(
                    typeof(int[]), new IntArrayModelBinder());
```

Da Konfigurationseinstellungen beim Start der Webanwendung bekannt gegeben werden sollten, bietet es sich an, diese Methode innerhalb der Methode Application_Start, welche sich in der Klasse MvcApplication in der Datei global.asax befindet, aufzurufen.

In Fällen, in denen der Entwickler weder auf der Ebene der Action-Methode noch auf der Ebene des Typs eine Modellbindung registriert hat, stützt sich ASP.NET MVC auf eine registrierte Standardmodellbindung. Der Entwickler kann über die Eigenschaft ModelBinders.Binders.DefaultBinder angeben, welche Implementierung als Standardmodellbindung fungieren soll:

```
ModelBinders.Binders.DefaultBinder = new SimpleCustomModelBinder();
```

Tut er dies nicht, verweist diese Eigenschaft auf die Standardimplementierung DefaultModelBinder.

ModelBinder über DependencyResolver bereitstellen

Um ModelBinder über den DependencyResolver der Wahl bereitzustellen, muss der Entwickler diesen dazu bewegen, eine benutzerdefinierte Implementierung von IModelBinderProvider zurückzugeben, wenn das Framework die Methode GetServices mit dem Schlüssel typeof(IModelBinderProvider) aufruft. Die Tatsache, dass sich das Framework hierfür an GetServices und nicht an GetService wendet, weist darauf hin, dass mehrere IModelBinderProvider-Instanzen koexistieren können. Es handelt sich hierbei somit um mehrfachregistrierte Dienste.

Die Schnittstelle IModelBinderProvider gibt die folgende Methode vor:

```
IModelBinder GetBinder(Type modelType);
```

Das Framework nutzt diese Methode, um für eine Instanz des übergebenen Typs beim ModelBinderProvider einen ModelBinder abzurufen. Ist der ModelBinderProvider dazu nicht in der Lage, gibt er per Definition null zurück. Dies veranlasst das Framework, sich an den nächsten ModelBinderProvider zu wenden, sofern ein solcher existiert.

ValueProvider

Damit sich Modellbindungen nicht mit der Ermittlung der zu bindenden Werte belasten müssen, stützen sie sich in der Regel auf sogenannte ValueProvider. Dabei handelt es sich um Klassen, welche die Schnittstelle System.Web.Mvc.IValueProvider implementieren. Die standardmäßig von ASP.NET MVC verwendeten ValueProvider liefern zum Beispiel Werte, die sich im URL oder in den übersendeten Nutzdaten befinden. Möchte ein ModelBinder jenen Wert abrufen, der mit einem Parameter bzw. mit einer Modelleigenschaft assoziiert wird, durchläuft ASP.NET MVC sämtliche registrierten `ValueProvider`, bis einer angibt, den gewünschten Wert liefern zu können. Dies zeigt auch, dass die Reihenfolge, in denen die Value-Provider registriert werden, ausschlaggebend für das Verhalten zur Laufzeit ist.

Benutzerdefinierter ValueProvider

Beispiel 9-6 zeigt die Implementierung eines einfachen `ValueProvider`, der innerhalb der aktuellen Sitzung nach Werten sucht. Es zeigt die Klasse `SessionValueProvider`, die die Schnittstelle `IValueProvider` implementiert. Der Konstruktor erwartet eine Instanz von `HttpSessionStateBase`, welche Zugriff auf das aktuelle Sitzungsobjekt gewährt.

Um in Erfahrung zu bringen, ob der `ValueProvider` einen bestimmten Wert liefern kann, ruft ASP.NET MVC die implementierte Methode `ContainsPrefix` auf und übergibt den Namen des jeweiligen Werts als `prefix`. Dabei kann es sich sowohl um den Namen eines Parameters (z.B. `userName`) als auch um den Namen einer Eigenschaft einer erwarteten Klasse (z.B. `user.Address.Street`) handeln. Die betrachtete Implementierung prüft, ob innerhalb der Session ein Eintrag mit dem angefragten Namen existiert und liefert `true`, falls dem so ist bzw. `false`, falls kein entsprechender Eintrag gefunden wurde.

Wird eine solche Anfrage mit `true` beantwortet, wendet sich ASP.NET MVC an die Methode `GetValue`. Ihre Aufgabe besteht darin, den jeweiligen Wert zu liefern. In der betrachteten Implementierung nutzt sie dazu das Sitzungsobjekt und liefert den darin gefundenen Wert in Form einer Instanz von `ValueProviderResult` zurück.

Beispiel 9-6: Benutzerdefinierter ValueProvider für den Zugriff auf den Sitzungsstatus

```
public class SessionValueProvider: IValueProvider
{
    private HttpRequestBase request;
    private HttpSessionStateBase session;

    public SessionValueProvider(HttpSessionStateBase hss) {
        this.session = hss;
    }

    public bool ContainsPrefix(string prefix) {
        var found = (session[prefix] != null);
        return found;
    }

    public ValueProviderResult GetValue(string key) {
        var value = session[key];
        return new ValueProviderResult(value, null, null);
    }
}
```

ValueProvider mit ValueProviderFactories erzeugen

ASP.NET MVC erzeugt die einzelnen `ValueProvider` nicht direkt, sondern verwendet dazu Instanzen von `ValueProviderFactory`. Beispiel 9-7 zeigt die Implementierung einer einfachen `ValueProviderFactory` für den soeben diskutierten `SessionValueProvider`. Es handelt sich dabei um eine Klasse, welche zum einen von `ValueProviderFactory` erbt und zum anderen deren Methode `GetValueProvider` überschreibt. Beim Aufruf dieser Methode übergibt ASP.NET MVC Informationen über den aktuellen Aufruf in Form einer Instanz von `ControllerContext`. Die betrachtete Implementierung erzeugt eine neue

Instanz von SessionValueProvider und übergibt das aktuelle Sitzungsobjekt, welches über den controllerContext in Erfahrung gebracht wird, an deren Konstruktor. Anschließend gibt sie diese Instanz zurück.

Beispiel 9-7: ValueProviderFactory zur Bereitstellung benutzerdefinierter ValueProvider

```
public class SessionValueProviderFactory : ValueProviderFactory
{
    public override IValueProvider
                    GetValueProvider(ControllerContext controllerContext)
    {
        return new
                SessionValueProvider(controllerContext.HttpContext.Session);
    }
}
```

Damit ASP.NET MVC von einer ValueProviderFactory Gebrauch machen kann, muss der Entwickler diese registrieren. Dazu hinterlegt er eine Instanz der Factory in der statischen Auflistung ValueProviderFactories.Factories:

```
ValueProviderFactories.Factories.Add(new SessionValueProviderFactory());
```

Wie bereits erwähnt, ist die Reihenfolge, in der MVC die einzelnen ValueProvider heranzieht, ausschlaggebend. Diese Reihenfolge korreliert mit der Reihenfolge ihrer Factories innerhalb dieser Auflistung. Insofern kann es notwendig sein, die ValueProviderFactory der Wahl mit der Methode Insert an einer bestimmten Stelle innerhalb von ValueProviderFactories.Factories zu platzieren.

ValueProviderFactory über DependencyResolver bereitstellen

Der Entwickler kann ValueProviderFactory-Instanzen auch über den DependencyResolver bereitstellen. Dazu muss er diesen dazu bringen, immer dann, wenn das Framework die Methode GetServices aufruft und dabei als Parameter typeof(ValueProviderFactory) übergibt, die zur Verfügung stehenden ValueProviderFactory-Instanzen zurückzuliefern.

ModelValidatorProvider

Die Tatsache, dass Validierungsregeln für Modelle durch den Einsatz von Attributen, wie Required oder Range bereitgestellt werden können, ist wohlbekannt. Allerdings ist das lediglich die Standardimplementierung, die ASP.NET MVC bereitstellt. Dem Entwickler steht es frei, diese durch eine benutzerdefinierte Implementierung auszutauschen. Dazu muss er lediglich einen eigenen ModelValidatorProvider bereitstellen. Dabei handelt es sich um eine Klasse, welche von der Basisklasse ModelValidatorProvider erbt und die Aufgabe hat, für eine Eigenschaft eines Modells Validatoren zu liefern. Der Entwickler muss sich jedoch nicht für eine einzelne Implementierung entscheiden, sondern kann mehrere gleichzeitig einsetzen. In diesem Fall werden alle Validatoren herangezogen, die sämtliche ModelValidatorProvider für die zu validierende Eigenschaft liefern.

Benutzerdefinierter ModelValidatorProvider

Beispiel 9-8 zeigt eine einfache Implementierung eines benutzerdefinierten ModelValidatorProviders. Die Klasse erbt von ModelValidatorProvider und überschreibt die Methode GetValidator. Diese wird von ASP.NET MVC aufgerufen, wenn für eine Eigenschaft eines Models Validatoren in Erfahrung zu bringen sind. Die übergebene Instanz von ModelMetadata gibt Auskunft über die zu validierende Eigenschaft; der übergebene ControllerContext liefert Informationen zur aktuellen HTTP-Anfrage.

Zur Vereinfachung dieses Beispiels prüft die hier beschriebene Implementierung hartcodiert, ob der Aufruf für die Eigenschaft Vorname von PersonModel erfolgt. Ist dem so, wird eine Auflistung mit einem CustomStringLengthValidator zurückgeliefert.

Die Implementierung dieses benutzerdefinierten Validators findet sich in Beispiel 9-9. Es fällt auf, dass diese von der Basisklasse ModelValidator erbt und nicht wie die standardmäßig eingesetzten Validierungsattribute von ValidationAttribute. Der Grund hierfür besteht darin, dass die Validierungsattribute, auch wenn sie die Standardimplementierung darstellen, nur eine mögliche Spielart sind, Framework-intern kommt hingegen ein anderes, allgemeineres Objektmodell zum Einsatz. Ein Blick in den Quellcode von ASP.NET MVC verrät, dass die Validierungsattribute durch einen Wrapper[1] diesem Objektmodell zugänglich gemacht werden.

Die betrachtete Implementierung nimmt über den Konstruktor Eckdaten zur Validierung entgegen, darunter zwei benutzerdefinierte Werte sowie eine ModelMetadata-Instanz und den ControllerContext. Die letzten beiden reicht sie an die Basisimplementierung weiter. Die überschriebene Methode Validate hat die Aufgabe, die durch die an den Konstruktor übergebenen Metadaten beschriebene Eigenschaft zu validieren. Diese Metadaten können über die geerbte Eigenschaft Metadata eingesehen werden. Als Parameter container erhält Validate das Model mit der zu validierenden Eigenschaft. Die betrachtete Implementierung macht davon jedoch keinen Gebrauch, da sich der Wert der zu validierenden Eigenschaft auch in den Metadaten wiederfindet.

Das Ergebnis von Validate ist eine Auflistung mit ModelValidationResult-Instanzen, welche die entdeckten Validierungsfehler beschreiben. Konnte kein Validierungsfehler ausgemacht werden, wird eine leere Auflistung zurückgegeben.

Um eine clientseitige Validierung zu ermöglichen, überschreibt die betrachtete Implementierung neben Validate auch die Methode GetClientValidationRules. Das Ergebnis dieser Methode ist eine Auflistung mit ModelClientValidationRule-Instanzen, welche die nötigen Eckdaten für die Validierung mittels JavaScript liefert.

Beispiel 9-8: Benutzerdefinierter ModelValidatorProvider

```
public class CustomModelValidatorProvider : ModelValidatorProvider
{
    public override IEnumerable<ModelValidator> GetValidators(
                             ModelMetadata metadata, ControllerContext context)
    {
        var validators = new List<ModelValidator>();
        if (metadata.ContainerType == typeof(PersonModel) &&
                                     metadata.PropertyName == "Vorname")
        {
            validators.Add(new CustomStringLengthValidator
                                                 (metadata, context, 2, 3));
        }
        return validators;
    }
}
```

1 Kenner von GOF-Entwurfsmuster würden hierzu auch Adapter sagen

Beispiel 9-9: Benutzerdefinierter ModelValidator

```
public class CustomStringLengthValidator: ModelValidator
{
    public int MinLength { get; set; }
    public int MaxLength { get; set; }

    public CustomStringLengthValidator(
                        ModelMetadata metadata,
                        ControllerContext context,
                        int minLength,
                        int maxLength): base(metadata, context)
    {
        this.MinLength = minLength;
        this.MaxLength = maxLength;
    }

    public override IEnumerable<ModelValidationResult> Validate(
                                                    object container)
    {
        var result = new List<ModelValidationResult>();
        if (this.Metadata.Model == null) return result;

        var value = this.Metadata.Model.ToString();

        if (value.Length < MinLength || value.Length > MaxLength)
        {
            var propertyName = Metadata.PropertyName;
            var msg = string.Format(
                            "Muss zwischen {0} und {1} Zeichen lang sein",
                            MinLength, MaxLength);

            result.Add(new ModelValidationResult {
                                MemberName=propertyName, Message = msg });

        }

        return result;
    }

    public override IEnumerable<ModelClientValidationRule> GetClientValidationRules()
    {
        yield return new ModelClientValidationStringLengthRule(
                            "Muss zwischen {0} und {1} Zeichen lang sein",
                            MinLength, MaxLength);
    }
}
```

ModelValidationProvider auf traditionellem Weg bereitstellen

Damit ASP.NET MVC von einem benutzerdefinierten `ModelValidationProvider` Gebrauch macht, muss der Entwickler diesen beim Hochfahren der Anwendung registrieren. Dazu fügt er eine Instanz dieses Providers der statischen Auflistung `ModelValidatorProviders.Providers` hinzu:

```
ModelValidatorProviders.Providers.Add(new CustomModelValidatorProvider());
```

ModelValidationProvider über DependencyResolver bereitstellen

Um ModelValidationProvider-Instanzen über den DependencyResolver bereitzustellen, muss der Entwickler diesen dazu bewegen, immer dann, wenn dessen Methode GetServices aufgerufen und im Zuge dessen als Parameter typeof(ModelValidationProvider) übergeben wird, die zur Verfügung stehenden ModelValidationProvider-Instanzen zurückzugeben.

MetadataProvider

ASP.NET MVC versorgt seine Komponenten mit Metadaten über Modelle. Zu diesen Metadaten gehört zum Beispiel der Anzeigename oder die Information, ob es sich bei einer Eigenschaft um ein Pflichtfeld handelt. Diese Metadaten, welche beliebig erweiterbar sind, bringt ASP.NET unter Verwendung eines austauschbaren MetadateProvider-Objekts in Erfahrung. Dabei handelt es sich um eine Klasse, welche von der Basisklasse ModelMetadataProvider erbt.

Die Standardimplementierung, welche auf den Namen CachedDataAnnotationsModelMetadataProvider hört, bringt die Metadaten über Attribute, wie zum Beispiel Required und DisplayName, in Erfahrung. Da hierzu die Reflektion zum Einsatz kommt, fragt sie diese Attribute aus Performancegründen nur ein einziges Mal ab, woraufhin sie die daraus resultierenden Metadaten zwischenspeichert.

Die Basisklasse ModelMetadataProvider definiert drei Methoden, welche zu überschreiben sind:

- ```
  IEnumerable<ModelMetadata> GetMetadataForProperties(
                                  object container, Type containerType)
  ```
- ```
  ModelMetadata GetMetadataForProperty(
      Func<object> modelAccessor, Type containerType, string propertyName)
  ```
- ```
  ModelMetadata GetMetadataForType(
                              Func<object> modelAccessor, Type modelType)
  ```

GetMetadataForProperties liefert die Metadaten für sämtliche Eigenschaften eines Modells zurück. Die Modellinstanz übergibt der Aufrufer an den Parameter container, den Typ des Modells an den Parameter containerType.

GetMetadataForProperty bringt die Metadaten für eine einzige Eigenschaft eines Modells in Erfahrung. Der Aufrufer übergibt hier als ersten Parameter einen modelAccessor. Dabei handelt es sich um eine Funktion, die das gewünschte Modell als object liefert. Wird diese Funktion nicht aufgerufen, weil das Model gar nicht benötigt wird, bringt dies Performanceverbesserungen. An den Parameter containerType übergibt der Aufrufer den Typ des Models und an propertyName den Namen der Eigenschaft, für welche er Metadaten haben möchte.

GetMetadataForType liefert Metadaten zurück, die sich auf das Modell und nicht auf einzelne Eigenschaften des Modells beziehen. Auch diese Methode nimmt einen modelAccessor entgegen. Darüber hinaus erwartet sie innerhalb des zweiten Parameters den Typ des Modells.

Ein einfacher MetadataProvider

Beispiel 9-10 zeigt die Implementierung eines sehr einfachen MetadataProvider-Objekts. Es demonstriert, wie der Entwickler die Metadaten aus einer beliebigen Datenquelle laden kann. Zur Vereinfa-
  ```

chung liefert sie jedoch lediglich für jede angefragte Eigenschaft dieselben hartcodierten Metadaten zurück.

Dazu nutzt es die Hilfsmethode `BuildMetadata`. Diese simuliert im ersten Abschnitt das Laden von Metadaten, indem die Variablen `isRequired` und `DisplayName` direkt zugewiesen werden. Die Variable `isRequired` wird zur Demonstration auf `true` gesetzt und `DisplayName` erhält einen Namen, der auf dem Namen der Eigenschaft in der Modellklasse basiert und – ebenfalls aus Demonstrationsgründen – mit jeweils einem Sternchen am Beginn und am Ende »dekoriert« wird.

Daneben überschreibt die hier gezeigte Implementierung die drei zuvor besprochenen Methoden `GetMetadataForProperties`, `GetMetadataForProperty` und `GetMetadataForType`. Diese erzeugen für die jeweilige(n) Eigenschaft(en) bzw. für den jeweiligen Typ eine Instanz von `ModelMetadata` und übergeben diese an die Hilfsmethode `BuildMetadata`, welche die besprochenen Metadaten setzt.

Beispiel 9-10: Benutzerdefinierter ModelMetadataProvider

```
public class CustomMetadataProvider: ModelMetadataProvider {

    private void BuildMetadata(ModelMetadata metadata)
    {
        // 1. Informationen zu metadata "ermitteln"
        var isRequired = true;
        var displayName = "*" + metadata.PropertyName + "*";

        // 2. Ermittelte Informationen setzen
        metadata.IsRequired = isRequired;
        metadata.DisplayName = displayName;
    }

    public override IEnumerable<ModelMetadata>
            GetMetadataForProperties(object container, Type containerType)
    {
        var result = new List<ModelMetadata>();
        foreach (var p in containerType.GetProperties())
        {
            Func<object> acc = () => p.GetAccessors().First();
            var metadata = new ModelMetadata(
                                this, containerType, acc, p.PropertyType, p.Name);
            BuildMetadata(metadata);  // Hilfsmethode

            result.Add(metadata);
        }
        return result;
    }
public override ModelMetadata GetMetadataForProperty(
     Func<object> modelAccessor, Type containerType, string propertyName)
{
        var p = containerType.GetProperty(propertyName);
        var metadata = new ModelMetadata(this, containerType,
                                        modelAccessor, p.PropertyType, propertyName);
        BuildMetadata(metadata); // Hilfsmethode
        return metadata;
}
public override ModelMetadata GetMetadataForType(
                            Func<object> modelAccessor, Type modelType)
{
```

```
        var metadata = new ModelMetadata(
                                    this, null, modelAccessor, modelType, null);
        BuildMetadata(metadata);
        return metadata;
    }
}
```

MetadataProvider auf traditionellem Weg registrieren

Um einen benutzerdefinierten `ModelMetadataProvider` zu registrieren, weist der Entwickler die gewünschte Instanz beim Start der Webanwendung zur statischen Eigenschaft `ModelMetadataProviders.Current` zu:

```
ModelMetadataProviders.Current = new CustomMetadataProvider();
```

MetadataProvider über DependencyResolver bereitstellen

Um einen `MetadataProvider` über den `DependencyResolver` bereitzustellen, muss der Entwickler diesen dazu bewegen, immer dann, wenn das Framework dessen Methode `GetService` aufruft und dabei als Parameter `typeof(ModelMetadataProvider)` übergibt, die gewünschte Implementierung von `MetadataProvider` zurückzuliefern.

Benutzerdefinierte Metadaten

Häufig möchte man nicht auf der grünen Wiese starten, sondern bestehende Funktionalitäten lediglich erweitern. Aus diesem Grund zeigt dieser Abschnitt, wie der `DataAnnotationsModelMetadataProvider`, welcher Metadaten aus den bekannten Attributen bezieht, erweitert werden kann, sodass er auch Metadaten aus einem benutzerdefinierten Attribut ausliest. Bei diesem benutzerdefinierten Attribut handelt es sich in diesem Beispiel um das Attribut `ToolTipAttribute` (Beispiel 9-11) welches die Möglichkeit bietet, für ein Feld einen Infotext (`ToolTipText`) zu definieren. Die Anwendung dieses Attributs wird durch Beispiel 9-12 demonstriert. Die Implementierung des `ModelMetadataProvider` findet sich in Beispiel 9-13. Es handelt sich dabei um die Klasse `CustomDataAnnotationsModelMetadataProvider`, welche von `DataAnnotationsModelMetadataProvider` ableitet.

Die Logik zum Platzieren benutzerdefinierter Metadaten befindet sich in der überschriebenen Methode `CreateMetadata`, welche von `DataAnnotationsModelMetadataProvider` bereitgestellt wird. Diese Methode erhält unter anderem den Parameter `attributes`. Es handelt sich dabei um eine Auflistung mit sämtlichen Attributen jener Eigenschaft, für die der Aufrufer Metadaten anfordert.

Die betrachtete Implementierung delegiert zunächst an die Basisimplementierung weiter und erhält auf diesem Wege eine Instanz von `ModelMetadata` für die angefragte Eigenschaft. Anschließend prüft sie, ob die Eigenschaft mit einem `ToolTipAttribute` annotiert wurde. Falls dem so ist, entnimmt sie aus der Eigenschaft `ToolTipText` die hinterlegte Information und erzeugt damit einen Eintrag im Dictionary `AdditionalValues` der `ModelMetadata`-Instanz. Alternativ dazu könnte der Entwickler an dieser Stelle auch eine Subklasse von `ModelMetadata` erzeugen, welche eine eigene Eigenschaft für den Infotext beinhaltet.

Anschließend können andere Komponenten auf den Infotext zugreifen und ihn zur Erledigung ihrer Aufgaben verwenden. Der nächste Abschnitt zeigt zum Beispiel einen `ViewHelper`, welcher einen `acronym`-Tag, welcher beim Mouse-Over den Infotext anzeigt, rendert.

Beispiel 9-11: Benutzerdefiniertes Attribut

```
public class ToolTipAttribute: Attribute
{
    public ToolTipAttribute(string toolTipText)
    {
        this.ToolTipText = toolTipText;
    }
    public string ToolTipText { get; set; }
}
```

Beispiel 9-12: Anwendung des benutzerdefinierten ToolTipAttribute

```
public class Address {

    [Required]
    [ToolTip("Beispiel: Musterstrasse 17/3")]
    public string Strasse { get; set; }

     [...]
}
```

Beispiel 9-13: Benutzerdefinierter DataAnnotationsModelMetadataProvider

```
public class CustomDataAnnotationsModelMetadataProvider :
                                    DataAnnotationsModelMetadataProvider
{
    protected override ModelMetadata CreateMetadata(
          IEnumerable<Attribute> attributes, Type containerType,
          Func<object> modelAccessor, Type modelType, string propertyName)
    {
        var metadata = base.CreateMetadata(attributes, containerType,
                                     modelAccessor, modelType, propertyName);
        var attr = attributes.OfType<ToolTipAttribute>().FirstOrDefault();
        if (attr != null)
        {
            metadata.AdditionalValues.Add("tooltiptext", attr.ToolTipText);
        }

        return metadata;
    }
}
```

Performanceverbesserung durch das Zwischenspeichern von Metadaten

Der Umstand, dass für die im letzten Abschnitt betrachtete Implementierung die Basisklasse `DataAnnotationsModelMetadataProvider` verwendet wurde, führt dazu, dass immer dann, wenn ASP.NET MVC Metadaten anfordert, diese mittels der Reflektion ermittelt werden. Das hat den Vorteil, dass der Entwickler somit die Metadaten in Abhängigkeit vom aktuellen Zustand der jeweiligen Instanz variieren kann. Der Nachteil liegt in einem erhöhten Performancebedarf.

Diesen Nachteil kann der Entwickler umgehen, indem er stattdessen von `CachedDataAnnotationsModelMetadataProvider` ableitet. Diese Klasse gibt zwei zu überschreibende Methoden vor: `CreateMetadataPrototype` und `CreateMetadataFromPrototype`. `CreateMetadataFromPrototype` erzeugt für eine gewünschte Eigenschaft eine Instanz von `CachedDataAnnotationsModelMetadata`, welche zwischengespeichert wird.

Fordert der Aufrufer Metadaten an, kommt die Methode `CreateMetadataFromPrototype` zur Ausführung. Diese nimmt die zwischengespeicherten Metadaten entgegen und hat darüber hinaus die Möglichkeit, diese Daten um ausgewählte Metadaten zu ergänzen, die abhängig von der aktuellen Modellinstanz zu ermitteln sind.

View-Helper

Für immer wiederkehrende Aufgaben beim Rendern von Views stellt ASP.NET MVC einige View-Helper zur Verfügung. Der View-Helper `@Html.LabelFor` unterstützt den Entwickler zum Beispiel beim Rendern eines Beschriftungsfelds; `@Html.EditorFor` greift ihm beim Erstellen von Feldern zum Editieren von Werten unter die Arme. Bei `Html` handelt es sich hier um eine Eigenschaft vom Typ `HtmlHelper<T>`, welche standardmäßig jede View aufweist und die mit dem Modelltyp typisiert wird. Bei `LabelFor` und `EditorFor` handelt es sich um Erweiterungsmethoden.

View-Helper bereitstellen

Um einen eigenen View-Helper zu erstellen, muss der Entwickler somit nur eine weitere Erweiterungsmethode für `HtmlHelper<T>` bereitstellen. Zur Demonstration beinhaltet Beispiel 9-14 eine solche Erweiterungsmethode, welche den Namen `LabelWithToolTipFor` trägt. Sie hat die Aufgabe, ein Beschriftungsfeld zu rendern und dieses mit einem `ToolTipText` zu versehen. Bezogen wird dieser über die Metadatenerweiterung, welche im vorangegangenen Abschnitt beschrieben wurde.

Die Methode nimmt den zu erweiternden `HtmlHelper` sowie einen Lambda-Ausdruck in Form von `Expression<T>` entgegen. Die Ausnahme (engl. expression) bildet das Modell auf jene Eigenschaft ab, für die das Beschriftungsfeld zu erzeugen ist. Wollte der Aufrufer zum Beispiel ein Beschriftungsfeld für die Modelleigenschaft `Name` rendern, würde er den Lambda-Ausdruck `m => m.Name` übergeben, wobei `m` ein frei wählbarer Name ist, der das Modell repräsentiert.

Laut Signatur liefert `LabelWithToolTipFor` eine Instanz von `IHtmlString` zurück. Diese Schnittstelle repräsentiert eine Zeichenfolge, die bereits HTML-kodiert ist und somit nicht mehr von der View-Engine kodiert werden muss. Dies ist notwendig, da Helper in der Regel HTML-Fragmente rendern, die 1:1 in die View zu übernehmen sind.

Die betrachtete Implementierung delegiert zunächst an die bekannte Methode `LabelFor`, um das HTML-Markup für ein Beschriftungsfeld zu erhalten. `LabelFor` gibt dieses in Form eines `IHtmlString`-Objekts zurück. Der Aufruf von `ToHtmlString` wandelt es in eine HTML-kodierte Zeichenfolge um. Anschließend ermittelt die betrachtete Implementierung die Metadaten für das gewünschte Feld durch Aufruf der Methode `ModelMetadata.FromLambdaExpression`, an welche sie zum einen den Lambda-Ausdruck sowie zum anderen das aktuelle `ViewData`-Objekt übergibt.

Letzteres wird aus einer öffentlichen Eigenschaft des erweiterten `HtmlHelpers` übernommen und beinhaltet jene Informationen, die die Action-Methode an die View weiterreicht, allen voran das Modell. Dieser Aufruf fördert eine Instanz von `ModelMetadata`, welche die jeweilige Modelleigenschaft näher beschreibt, zu Tage. Falls das Dictionary `AdditionalValues` den benutzerdefinierten Eintrag `tooltiptext` beinhaltet, wird dieser für die Erzeugung eines `acronym`-Tags herangezogen, welcher das Beschriftungsfeld ummantelt. Dieses Tag wird anschließend als `HtmlString` zurückgegeben. Konnte dieser Metadateneintrag nicht gefunden werden, liefert die Implementierung das Beschriftungsfeld direkt zurück.

Beispiel 9-14: Benutzerdefinierter Html-Helper

```
public static class ToolTipHelper
{
        public static IHtmlString LabelWithToolTipFor<Model, Property>(
                         this HtmlHelper<Model> html,
                         Expression<Func<Model, Property>> expr)
        {
            var label = LabelExtensions.LabelFor(html, expr);
            var str = label.ToHtmlString();
            var metadata = ModelMetadata.FromLambdaExpression(
              expr, html.ViewData);

            if (metadata.AdditionalValues.ContainsKey("tooltiptext"))
            {
                str = @"<acronym title="""
                        + metadata.AdditionalValues["tooltiptext"]
                        + @""">" + str + "</acronym>";
                return new HtmlString(str);
            }
            return label;
        }
}
```

Benutzerdefinierte View-Helper aufrufen

Damit ein benutzerdefinierter View-Helper innerhalb einer View aufgerufen werden kann, muss sich dieser in einem Namensraum befinden, den die View importiert. Um dies zu erreichen, existieren zwei Möglichkeiten: Eine einfache und eine saubere. Die einfache Variante besteht darin, den View-Helper innerhalb eines Namensraums zu platzieren, den Views standardmäßig importieren, z.B. `System.Web.Mvc.Html`. Der Nachteil dieser einfach zu realisierenden Vorgehensweise ist offensichtlich: Der Entwickler verwendet einen fremden Namensraum. Die saubere Lösung besteht darin, einen benutzerdefinierten Namensraum zu verwenden und die Views anzuweisen, auch diesen zu importieren. Dies kann der Entwickler durch das Erweitern der Datei `web.config` im Verzeichnis `Views` bewerkstelligen. Diese Datei beinhaltet einen Abschnitt `system.web.webPages.razor`, welcher innerhalb des Elements `pages/namespaces` jene Namensräume listet, die standardmäßig von sämtlichen Views zu importieren sind. Diese Auflistung kann um die benutzerdefinierten Namensräume, welche View-Helper beherbergen, erweitert werden. Im betrachteten Beispiel wurde am Ende zum Beispiel der Namensraum `System.ItVisions.Helper` ergänzt.

Beispiel 9-15: Konfiguration der einzubindenden Namensräume

```
<system.web.webPages.razor>

  [...]

  <pages pageBaseType="System.Web.Mvc.WebViewPage">
    <namespaces>
      <add namespace="System.Web.Mvc" />
      <add namespace="System.Web.Mvc.Ajax" />
      <add namespace="System.Web.Mvc.Html" />
      <add namespace="System.Web.Optimization"/>
      <add namespace="System.Web.Routing" />
      <add namespace="System.ItVisions.Helper" />
```

```
    </namespaces>
  </pages>
</system.web.webPages.razor>
```

Nachdem sichergestellt wurde, dass die View der Wahl den Namensraum mit dem View-Helper importiert, kann der Entwickler diesen innerhalb der View zur Ausführung bringen:

```
@Html.LabelWithToolTipFor(model => model.Strasse)
```

Mit View-Helper auf Modell zugreifen

Die letzten Abschnitte haben lediglich gezeigt, wie Sie innerhalb eines View-Helpers auf die Metadaten einer Eigenschaft zugreifen können. Dieser Abschnitt präsentiert ein weiteres Beispiel, aus dem hervorgeht, wie Sie auch auf die Eigenschaft selbst zugreifen können. Bei diesem Beispiel handelt es sich um einen View-Helper, der mit den Daten einer Auflistung das HTML-Markup einer Aufzählungsliste (unsortierte Liste; engl. unordered list; `<ul>…</ul>`) rendert. Der Aufruf dieses Helpers soll wie folgt erfolgen:

```
@Html.UnorderedList(m => m.ProductNames)
```

Ein beispielhaftes Ergebnis dieses Aufrufs findet sich in Beispiel 9-16.

Beispiel 9-16: HTML-Markup für eine Auflistung

```
<ul>
    <li>Produkt 1</li>
    <li>Produkt 2</li>
    <li>Produkt 3</li>
    <li>Produkt 4</li>
</ul>
```

Beispiel 9-17 zeigt die Implementierung des View-Helpers. Wie bei dem in den letzten Abschnitten präsentierten View-Helper handelt es sich auch hierbei um eine Erweiterungsmethode für `HtmlHelper<T>`, welche den Verweis auf eine Eigenschaft in Form eines Lambda-Ausdrucks entgegennimmt und das gerenderte Markup in Form einer Instanz von `IHtmlString` zurückgibt.

Die Implementierung ermittelt ebenfalls durch Aufruf der Methode `ModelMetadata.FromLambdaExpression` die Metadaten für die angegebene Eigenschaft. Neu ist hier jedoch, dass anschließend über `metadata.Model` auf den Wert dieser Eigenschaft zugegriffen wird. Wie so oft, ist auch hier das Wort `Model` irreführend, da es lediglich einen Teil des Modells beschreibt, nämlich die jeweilige Eigenschaft. Der Helper castet diese Eigenschaft nach `IEnumerable<object>` und iteriert diese Auflistung anschließend. Dabei baut er die gewünschte Aufzählungsliste auf. Das resultierende Markup liefert er schlussendlich in Form eines `HtmlString` zurück.

Beispiel 9-17: Benutzerdefinierter Html-Helper

```
public static class ListHelper
{
        public static IHtmlString UnorderedList<Model, Property>(
                    this HtmlHelper<Model> html,
                    Expression<Func<Model, Property>> expr) {

            var metadata = ModelMetadata.FromLambdaExpression(
                                            expr, html.ViewData);

            if (metadata == null || metadata.Model == null)
```

```
                                return new HtmlString("");

            var entries = metadata.Model as IEnumerable<object>;

            if (entries == null) return new HtmlString("");
            var buffer = new StringBuilder();

            buffer.Append("<ul>\n");
            foreach (var obj in entries)
            {
                buffer.AppendFormat("    <li>{0}</li>\n", obj.ToString());
            }
            buffer.Append("</ul>\n");

            return new HtmlString(buffer.ToString());
        }
    }
```

Basisklasse für Razor-Views ändern

Es ist zwar nicht offensichtlich, aber Razor-Views werden bei ihrer ersten Verwendung (wie übrigens die im Umfeld von ASP.NET MVC nicht mehr zeitgemäßen ASPX-Views auch) in eine Klasse umgewandelt um kompiliert. Somit können alle weiteren Aufrufe rascher erfolgen.

Bei diesen generierten Klassen handelt es sich um Derivate von `System.Web.Mvc.WebViewPage<T>`, welche unter anderem über ihre Eigenschaft `Html` die bekannten Html-Helper anbieten. Der Typparameter `T` repräsentiert den Typ des Modells.

Der Entwickler kann angeben, dass Views stattdessen von einer benutzerdefinierten Basisklasse erben sollen. Einzige Voraussetzung für diese Basisklasse ist, dass sie ebenfalls – direkt oder indirekt – von `System.Web.Mvc.WebViewPage<T>` erbt. Auf diesem Weg kann der Entwickler allen Views zusätzliche Eigenschaften und Methoden spendieren.

Um diese Möglichkeit zu demonstrieren, beinhaltet Beispiel 9-18 eine Klasse `CustomWebViewPage<T>`, welche von `WebViewPage<T>` erbt und diese um eine Methode `SayHello` ergänzt. `SayHello` nimmt einen Namen entgegen und gibt eine Instanz von `IHtmlString` zurück. Wie bereits weiter oben beschrieben, repräsentiert `IHtmlString` einen HTML-kodierten String, der 1:1 ohne weitere Kodierung in die View übernommen werden soll.

Beispiel 9-18: Benutzerdefinierte Basisklasse für Views

```
public abstract class CustomWebViewPage<T>: WebViewPage<T>
{
    public IHtmlString SayHello(string name = "World")
    {
        var str = "Hello " + name + "!";
        return new HtmlString(str);
    }
}
```

Um festzulegen, dass diese Klasse künftig die Basisklasse für sämtliche Views darstellen soll, hinterlegt der Entwickler ihren vollständigen Namen innerhalb der Datei `web.config`, welche sich im Verzeichnis `Views` befindet, im Attribut `pageBaseType` des Elements `system.web.webPages.razor/pages`. Sie können dies anhand von Beispiel 9-19 nachvollziehen.

Beispiel 9-19: Konfiguration einer benutzerdefinierten Basisklasse für Views

```
<system.web.webPages.razor>
  [...]
  <pages pageBaseType="ExtendingMVC.Razor.CustomWebViewPage">
    <namespaces>
      <add namespace="System.Web.Mvc" />
      <add namespace="System.Web.Mvc.Ajax" />
      <add namespace="System.Web.Mvc.Html" />
      <add namespace="System.Web.Optimization"/>
      <add namespace="System.Web.Routing" />
      <add namespace="System.itvisions.helper" />
    </namespaces>
  </pages>
</system.web.webPages.razor>
```

Anschließend kann der Entwickler die Methode SayHello direkt in allen Views aufrufen:

```
@this.SayHello("Manfred")
@SayHello("Manfred") // this kann natürlich auch weggelassen werden
```

Möchte der Entwickler hingegen nur ausgewählte Views von einer benutzerdefinierten Basisklasse erben lassen, kann er dies am Beginn dieser View durch die Angabe einer Inherits-Klausel angeben:

```
@Inherits Namespace.CustomViewPage
```

Action-Methoden mit ActionMethodSelectorAttribut auswählen

ASP.NET MVC muss von einem URL eindeutig auf die aufzurufende Action-Methode schließen können. Dazu wird unter anderem Routing eingesetzt. Existieren mehrere mögliche Action-Methoden für einen URL, muss der Entwickler diese Auswahl durch Einsatz von ActionMethodSelectorAttributen auf eine einzige Methode einschränken. Tut er dies nicht, mahnt ASP.NET MVC ihn mit einer Ausnahme ab.

Bekannte ActionMethodSelectorAttribute sind zum Beispiel HttpGet und HttpPost: Wird eine Action-Methode mit HttpPost annotiert, zieht sie ASP.NET MVC nur dann heran, wenn der Aufruf über das HTTP-Verb POST erfolgt. Somit kann der Entwickler zwei gleichnamige Methoden anbieten: Eine für den GET- und eine für den POST-Fall.

Benutzerdefinierte ActionMethodSelectorAttribut-Implementierungen bereitstellen

Durch Ableiten von der Basisklasse ActionMethodSelectorAttribute kann der Entwickler auch eigene Regeln zur Auswahl einer Action-Methode bereitstellen. Zur Demonstration beinhaltet Beispiel 9-20 ein MobileOnlyAttribute, welches der Entwickler verwenden kann, um anzuzeigen, dass die damit annotierte Action-Methode nur dann zur Ausführung kommen soll, wenn der Benutzer einen mobilen Browser verwendet. Die hier gezeigte Klasse erbt von ActionMethodSelectorAttribut und überschreibt die Methode IsValidForRequest. Diese erhält von ASP.NET MVC Informationen über den aktuellen Aufruf. Dabei handelt es sich um eine ControllerContext-Instanz sowie um Informationen über die annotierte Methode in Form einer MethodInfo-Instanz.

Über die Eigenschaft HttpContext bringt IsValidForRequest das Request-Objekt, welches die aktuelle Anfrage repräsentiert, in Erfahrung. Dieses wird verwendet, um herauszufinden, ob der HTTP-Kopfzeileneintrag User-Agent den Teilstring mobile beinhaltet. Ist dem so, wird davon ausgegangen, dass es sich beim verwendeten Browser um einen mobilen handelt. Da in diesem Fall ASP.NET MVC die annotierte Methode zur Ausführung bringen soll, liefert sie true. In allen anderen Fällen gibt sie false zurück.

Beispiel 9-20: Benutzerdefiniertes ActionMethodSelectorAttribute

```
public class MobileOnlyAttribute: ActionMethodSelectorAttribute
{
    public override bool IsValidForRequest(
                            ControllerContext controllerContext,
                            System.Reflection.MethodInfo methodInfo)
    {
        var request = controllerContext.HttpContext.Request;
        var userAgent = request.Headers["User-Agent"];

        if (string.IsNullOrEmpty(userAgent)) return false;
        if (userAgent.ToLower().Contains("mobile")) return true;
        return false;
    }
}
```

ActionMethodSelectorAttribute anwenden

Beispiel 9-21 demonstriert, wie das im letzten Abschnitt beschriebene MobileOnly-Attribut eingesetzt werden kann. Es beinhaltet zwei Action-Methoden eines Controllers. Beide weisen denselben Namen auf, doch die zweite Überladung wurde zusätzlich mit MobileOnly annotiert. Verwendet der Aufrufer nun einen URL, wie zum Beispiel /controller/data, welcher auf eine Action-Methode mit dem Namen data verweist, erkennt ASP.NET MVC, dass prinzipiell beide Methode damit gemeint sein könnten. Aus diesem Grund erkundigt sich ASP.NET MVC, ob die mit dem MobileOnly-Attribut annotierte Methode mit dem aktuellen Aufruf korreliert. Wird diese Frage bejaht, kommt die zweite Überladung zur Ausführung. Wird diese Frage verneint, bleibt lediglich die erste Überladung übrig. Da für diese kein ActionMethodSelectorAttribute vorliegt, kommt sie zur Ausführung.

Würden alle in Frage kommenden Methoden ein ActionMethodSelectorAttribute aufweisen, das zu einer Verneinung der Anfrage führte, oder würden mehrere Methoden ein solches Attribut aufweisen, welches eine Bestätigung der Anfrage zur Folge hätte, käme es zu einer Ausnahme, da in diesem Fall ASP.NET MVC den URL nicht eindeutig auf eine Action-Methode abbilden könnte.

Beispiel 9-21: Einsatz eines benutzerdefinierten ActionMethodSelectorAttributes

```
public ActionResult Data()
{
    return Content("Standard-Data");
}

[MobileOnly]
public ActionResult Data(int width, int height)
{
    return Content("Mobile-Data");
}
```

ActionNameSelectorAttribute

ASP.NET MVC entnimmt den Namen der gewünschten Aktion unter Verwendung von Routen dem aktuellen URL. Alternativ dazu kann dieser Name auch mit einer Route fix verdrahtet sein. Dieser Action-Name wird verwendet, um innerhalb des adressierten Controllers eine Action-Methode auszuwählen. Standardmäßig wird jene Action-Methode gewählt, die denselben Namen wie die angefragte Action hat. Beispielsweise wird bei Verwendung der Standard-Route aus dem URL `/myController/myAction` der Action-Name `myAction` abgeleitet und daraufhin wird auch die Action-Methode mit dem Namen `myAction` angestoßen.

Das muss aber nicht so sein! Über ein benutzerdefiniertes `ActionNameSelectorAttribute` kann der Entwickler eine beliebige Action-Methode mit einem Action-Namen assoziieren. Dies kann zum Beispiel nützlich sein, wenn ein Formular mehrere Submit-Schaltflächen beinhaltet, die unterschiedliche Action-Methoden anstoßen sollen. Da beim Absenden eines Formulars unabhängig von der verwendeten Submit-Schaltfläche die Formulardaten an jenen URL gesendet werden, der im `form`-Tag platziert wurde, kann der Entwickler einem `ActionNameSelectorAttribute` die Entscheidung überlassen, welche Action-Methode nun tatsächlich aufzurufen ist. Dazu kann dieses Attribut in Erfahrung bringen, auf welche Submit-Schaltfläche geklickt wurde, sodass es abhängig davon eine Entscheidung treffen kann.

Beispiel 9-22 zeigt einen Auszug aus einem Controller, welcher ein benutzerdefiniertes `SubmitButtonActionNameSelectorAttribute` für die beschriebene Aufgabenstellung heranzieht. Dieses nimmt zwei Eigenschaften entgegen: `ActionName` und `ButtonName`. `ActionName` repräsentiert jene Aktion, welche durch das HTML-Formular adressiert wird; `ButtonName` den Namen der Schaltfläche, die die annotierte Action-Methode zur Ausführung bringen soll.

Beispiel 9-22: Einsatz eines benutzerdefinierten ActionNameSelectorAttribute

```
[SubmitButtonActionNameSelectorAttribute(
    ActionName = "MultiSubmitButtonDemo", ButtonName = "btnSave")]
public ActionResult Save()
{
    return Content("Save");
}

[SubmitButtonActionNameSelectorAttribute(
    ActionName = "MultiSubmitButtonDemo", ButtonName = "btnDelete")]
public ActionResult Delete()
{
    return Content("Delete");
}
```

Um solch ein `ActionNameSelectorAttribute` für ASP.NET MVC bereitzustellen, leitet der Entwickler von `ActionNameSelectorAttribute` ab und überschreibt die Methode `IsValidName` (Beispiel 9-23). ASP.NET MVC ruft diese Methode auf, um herauszufinden, ob die annotierte Action-Methode für die aktuelle HTTP-Anfrage in Frage kommt. Liefert sie true, geht ASP.NET MVC davon aus, dass die Action-Methode zur Ausführung kommen soll. Damit `IsValidName` diese Entscheidung treffen kann, übergibt ASP.NET MVC Informationen über die aktuelle Anfrage, darunter den aktuellen `ControllerContext`, der zum Beispiel den Zugriff auf das aktuelle `Request`-Objekt ermöglicht. Der übergebene Parameter `Action` beinhaltet den Namen der adressierten Action.

Die hier betrachtete Implementierung prüft, ob jene Aktion, die durch das Attribut repräsentiert wird, zur Ausführung kommen soll. Daneben prüft sie, ob ein Parameter mit dem Namen jener Schaltfläche vorliegt, für die das Attribut verantwortlich ist. In diesem Fall wird davon ausgegangen, dass der Benutzer auf die Schaltfläche geklickt hat. Treffen beide Bedingungen zu, liefert die betrachtete Implementierung `true`, ansonsten `false`.

Beispiel 9-23: Benutzerdefiniertes ActionNameSelectorAttribute

```
public class SubmitButtonActionNameSelectorAttribute : ActionNameSelectorAttribute
{
    public String ButtonName { get; set; }
    public String ActionName { get; set; }

    public override bool IsValidName(ControllerContext controllerContext,
                                     string actionName, System.Reflection.MethodInfo methodInfo)
    {
        var request = controllerContext.HttpContext.Request;
        var nameMatches = (actionName.ToLower() == ActionName.ToLower());
        var buttonWasPushed = (!string.IsNullOrEmpty(request.Form[ButtonName]));

        if (nameMatches && buttonWasPushed) return true;
        return false;
    }
}
```

Controller mit ControllerFactory auswählen

Ebenso wie der Action-Name wird auch der Name des Controllers dem aktuellen URL bzw. der Route entnommen. Um für diesen Namen eine Instanz eines Controllers zu erhalten, delegiert ASP.NET MVC standardmäßig an eine `ControllerFactory`. Die Standardimplementierung, welche wie gewohnt versucht, einen Controller mit dem gegebenen Namen und der Endung `Controller` zu instanziieren (z. B. `CustomerController` für `/customer`), nennt sich `DefaultControllerFactory`.

Benutzerdefinierte ControllerFactory

Um eine eigene `ControllerFactory` bereitzustellen, die auf eine benutzerdefinierte Weise die Controllernamen aus dem URL bzw. aus der Route auf einen Controller abbildet und diesen ggf. mit weiteren benötigten Objekten über Konstruktorargumente bzw. Eigenschaften versorgt, erstellt der Entwickler eine Klasse, die die Schnittstelle `IControllerFactory` realisiert.

Ein einfaches Beispiel für solch eine `ControllerFactory` findet sich in Beispiel 9-24. Die hier gezeigte Klasse implementiert die von `IControllerFactory` vorgegebene Methode `CreateController`, welche ASP.NET MVC aufruft, um für einen Controllernamen ein Controllerobjekt zu erhalten. Übergeben wird dabei der `RequestContext` mit Informationen über die aktuelle HTTP-Anfrage sowie der Controllername. Die betrachtete Implementierung gibt zu Demonstrationszwecken für den Controllernamen `Home` und für `Start` den `HomeController` zurück. Andere Controller können von dieser beispielhaften Implementierung nicht erzeugt werden. Deswegen liefert sie in allen anderen Fällen `null`.

`IControllerFactory` gibt noch weitere Methoden vor, die von der betrachteten Implementierung nicht genutzt werden, darunter `GetControllerSessionBehavior` und `ReleaseController`. Erstere wird aufgerufen, wenn ASP.NET MVC wissen möchte, ob der aktuelle Controller den Sitzungsstatus unterstützt; letztere, wenn ASP.NET MVC vorhat, die Controllerinstanz nicht mehr zu verwenden. Sie könnte beispielsweise für Aufräumaufgaben genutzt werden.

Beispiel 9-24: Benutzerdefinierte IControllerFactory

```
public class CustomControllerFactory: IControllerFactory
{
    public IController CreateController(
                            RequestContext requestContext,
                            string controllerName)
    {
        if (controllerName == "Home") return new HomeController();
        if (controllerName == "Start") return new HomeController();
        return null;
    }

    public SessionStateBehavior GetControllerSessionBehavior(
                                    RequestContext requestContext,
                                    string controllerName)
    {
        return SessionStateBehavior.Default;
    }

    public void ReleaseController(IController controller)
    {
    }
}
```

ControllerFactory auf traditionellem Weg registrieren

Damit ASP.NET MVC eine benutzerdefinierte Controller Factory heranzieht, muss der Entwickler sie im Zuge des Hochfahrens der Webanwendung registrieren. Dazu übergibt er die gewünschte Instanz an die Methode `SetControllerFactory` der statischen Eigenschaft `ControllerBuilder.Current`:

```
ControllerBuilder.Current.SetControllerFactory(new CustomControllerFactory());
```

ControllerFactory und DependencyResolver

Derzeit existiert keine Möglichkeit, um die ControllerFactory über den `DependencyResolver` anzufordern. Allerdings existiert seit Version 3 neben der `ControllerFactory` die Schnittstelle `IControllerActivator`. Komponenten, welche diese Schnittstelle implementieren, übernehmen die Aufgabe, Controller zu instanziieren. Im Zuge dessen kann der `ControllerActivator` zum Beispiel auch Abhängigkeiten an den Konstruktor des Controllers übergeben. Die Aufgabe, Controllernamen auf die Controllertypen abzubilden, verbleibt bei der `ControllerFactory`. Diese sollten jedoch zur Instanziierung des gewählten Controllertyps an `ControllerActivator` delegieren. Die Standardimplementierung, `DefaultControllerFactory`, macht dies auch.

Die Schnittstelle `IControllerActivator` gibt die folgende Methode vor:

```
IController Create(RequestContext requestContext, Type controllerType);
```

Sie nimmt den gewünschten Controllertyp sowie Informationen über den aktuellen Aufruf in Form einer `RequestContext`-Instanz entgegen und liefert eine Instanz des angeforderten Typs zurück.

Um den gewünschten `ControllerActivator` über `DependencyResolver` bereitzustellen, muss der Entwickler diesen dazu bewegen, den `ControllerActivator` beim Aufruf von `GetService` zurückzugeben, sofern der Aufrufer als Parameter `typeof(IControllerActivator)` übergibt.

Kann das Framework über den `DependencyResolver` keinen `ControllerActivator` abrufen, versucht es, den gewünschten Controller direkt vom `DependencyResolver` zu erhalten, indem es den Typ des Controllers an `GetService` übergibt.

View-Engine

Neben den beiden View-Engines, die mit ASP.NET MVC ausgeliefert werden, kann der Entwickler auch noch weitere, benutzerdefinierte erstellen. Dieser Abschnitt zeigt, wie dies bewerkstelligt werden kann.

Benutzerdefinierte Pfade für Views mit benutzerdefinierter View-Engine

Beispiel 9-25 zeigt eine benutzerdefinierte View-Engine, die von der `RazorViewEngine` ableitet und die Art und Weise ändert, wie nach Views gesucht wird. Dazu muss man wissen, dass `RazorViewEngine` mehrere Auflistungen mit Pfaden verwendet, in denen nach Views gesucht wird. Diese Pfade verwenden bis zu drei Platzhalter: `{0}` steht für den Viewnamen, `{1}` für den Controllernamen und `{2}` für den Namen der Area. Das Array `ViewLocationFormats` beinhaltet zum Beispiel sämtliche Pfade, in denen nach klassischen Views gesucht wird, wenn Areas nicht verwendet wird.

Das Array `AreaViewLocationFormats` beinhaltet jene Pfade, die hingegen beim Einsatz von Areas heranzuziehen sind. Für die Suche nach partiellen Views existieren ebenfalls zwei Arrays. Die Pfade in `PartialViewLocationFormats` werden berücksichtigt, wenn partielle Views zu suchen sind und keine Areas verwendet werden; `AreaPartialViewLocationFormats` wird verwendet, um partielle Views innerhalb einer Area zu suchen.

Die folgenden Pfade, die jedem ASP.NET MVC-Entwickler bekannt erscheinen dürften, finden sich innerhalb von `ViewLocationFormats` sowie `PartialViewLocationFormats`:

- `"~/Views/{1}/{0}.cshtml"`
- `"~/Views/{1}/{0}.vbhtml"`
- `"~/Views/Shared/{0}.cshtml"`
- `"~/Views/Shared/{0}.vbhtml"`

Innerhalb von `AreaViewLocationFormats` und `AreaPartialViewLocationFormats` sind hingegen diese Pfade zu finden:

- `"~/Areas/{2}/Views/{1}/{0}.cshtml"`
- `"~/Areas/{2}/Views/{1}/{0}.vbhtml"`
- `"~/Areas/{2}/Views/Shared/{0}.cshtml"`
- `"~/Areas/{2}/Views/Shared/{0}.vbhtml"`

Um andere Pfade zu verwenden, reicht es, diese Arrays im Konstruktor entsprechend abzuändern. Die betrachtete Implementierung in Beispiel 9-25 fügt zum Beispiel zum Array `PartialViewLocationFormats` zwei Einträge hinzu (genau genommen wird das Array durch ein anderes ersetzt, welches zusätzlich zwei weitere Einträge aufweist).

Noch mehr Kontrolle über die zu verwendende View erhält der Entwickler, indem er die Methoden `FindPartialView` und/oder `FindView` überschreibt. Das betrachtete Beispiel fügt zum Beispiel auf diese Weise eine benutzerdefinierte Logik zum Finden der gewünschten View zur Methode `FindView` hinzu:

Falls jemand eine View mit dem Namen `Index` anfordert und nicht angemeldet ist, leitet diese Logik ASP.NET MVC auf die View `~/Views/Anonymous/Index.cshtml` um, sofern diese existiert. Dazu wird eine Instanz vom Typ `IView` mit der geerbten Methode `CreateView` erzeugt und in Form einer `ViewEngineResult`-Instanz zurückgegeben. In allen anderen Fällen wird an die Implementierung der Basisklasse delegiert. Diese liefert ebenfalls ein `ViewEngineResult` mit einer Instanz vom Typ `IView`, welche die jeweilige View repräsentiert, sofern diese gefunden wurde. Konnte diese nicht gefunden werden, liefert die Basisimplementierung ein `ViewEngineResult` zurück, das lediglich alle durchsuchten Pfade aufweist. Damit wird angezeigt, dass die aktuelle View-Engine die gewünschte View nicht liefern kann.

Beispiel 9-25: Benutzerdefinierte RazorViewEngine

```
public class CustomRazorEngine: RazorViewEngine
{
    public CustomRazorEngine(): base()
    {
        var locations = this.PartialViewLocationFormats.ToList();

        locations.Add("~/Views/Navigation/{0}.cshtml");
        locations.Add("~/Views/Navigation/{0}.vbhtml");

        this.PartialViewLocationFormats = locations.ToArray();
    }

    public override ViewEngineResult FindPartialView(ControllerContext controllerContext, string
partialViewName, bool useCache)
    {
        return base.FindPartialView(controllerContext, partialViewName, useCache);
    }

    public override ViewEngineResult FindView(ControllerContext controllerContext, string viewName,
string masterName, bool useCache)
    {
        var user = controllerContext.HttpContext.User;
        if (viewName == "Index" && !user.Identity.IsAuthenticated)
        {
            var viewPath = "~/Views/Anonymous/Index.cshtml";
            var masterPath = masterName;

            if (this.VirtualPathProvider.FileExists(viewPath))
            {
                var view = CreateView(controllerContext, viewPath, masterPath);
                return new ViewEngineResult(view, this);
            }
        }
        return base.FindView(controllerContext, viewName, masterName, useCache);

    }
}
```

View-Engine auf traditionellem Weg registrieren

Um eine benutzerdefinierte View-Engine zu registrieren, fügt der Entwickler eine Instanz dieser Implementierung zur statischen Auflistung `ViewEngines.Engines` hinzu:

```
ViewEngines.Engines.Add(new ViewEngineDemo());
```

Daraus kann man schließen, dass mehrere View-Engines nebeneinander existieren können. Um die zu einem Aufruf passende View zu finden, iteriert ASP.NET MVC diese Auflistung und ruft nach und nach bei den einzelnen View-Engines `FindView` auf. Die View der ersten View-Engine, für die dieser Methodenaufruf ein `ViewEngineResult` zurückgibt, das tatsächlich eine View beinhaltet, wird von ASP.NET MVC verwendet.

View-Engine über DependencyResolver bereitstellen

Der Entwickler kann über den `DependencyResolver` die zur Verfügung stehenden View-Engines bereitstellen. Dazu muss er diesen dazu bringen, die zur Verfügung stehenden `ViewEngine`-Instanzen zurückzugeben, wenn das Framework die `GetService`-Methode des Resolvers aufruft und als Parameter `typeof(IViewEngine)` übergibt.

Seit Version 3 bietet ASP.NET MVC ergänzend dazu die Schnittstelle `IViewPageActivator`. Komponenten, welche diese Schnittstelle implementieren, haben die Aufgabe, View-Klassen, die von einer View-Engine erstellt wurden, zu instanziieren.

Die beiden in ASP.NET MVC beinhalteten `ViewEngine`-Implementierungen delegieren an den `ViewPageActivator`, sodass der Entwickler diesen nutzen kann, um benutzerdefinierte Logiken im Zuge des Instanziierens von Views ausführen zu lassen. Zum Beispiel könnte er Abhängigkeiten an den Konstruktor des Controllers oder an dessen Eigenschaften übergeben.

Um einen benutzerdefinierten `ViewPageActivator` über den `DependencyResolver` zur Verfügung zu stellen, muss der Entwickler den Resolver dazu bringen, den gewünschten `ViewPageActivator` bei Aufruf der Methode `GetService` zurückzugeben, wenn der Aufrufer `typeof(IViewPageActivator)` übergibt.

Benutzerdefiniertes Rendering mit benutzerdefinierter View-Engine

Auch wenn es nur sehr selten bis gar nie notwendig ist, zeigt dieser Abschnitt der Vollständigkeit halber, wie eine eigene, äußerst einfache View-Engine erzeugt werden kann, die Views auf eine benutzerdefinierte Weise rendert. Die Klasse in Beispiel 9-26 implementiert dazu die Schnittstelle `IViewEngine`. Die von dieser Schnittstelle vorgegebene Methode `FindPartialView` liefert eine Instanz von `ViewEngineResult` zurück. Diese beinhaltet jedoch keine Instanz von `IView`, sondern nur eine leere Liste. Damit zeigt die Methode an, dass die View-Engine die angeforderte View nicht liefern kann. Bei einer Implementierung für den Produktivbetrieb sollte die angegebene Liste jene Pfade beinhalten, die vergebens nach dieser View durchsucht wurden.

`FindView` gibt hingegen ein `ViewEngineResult` mit einer View zurück, sofern eine View mit dem Namen `__DEBUG__` angefordert wurde. Diese View ist vom Typ `CustomView`. Dabei handelt es sich um eine benutzerdefinierte Implementierung der Schnittstelle `IView` (Beispiel 9-27).

Die von `IView` vorgegebene Methode `Render` nimmt zwei Parameter entgegen: Einen `ViewContext` sowie einen `TextWriter`. Der `ViewContext` beinhaltet Informationen über den aktuellen Aufruf sowie Informationen über das anzuzeigende Modell. Der `TextWriter` wird hingegen von der View verwendet, um sich zu rendern.

Die betrachtete Implementierung ermittelt über den `ViewContext` das aktuelle `Response`-Objekt und setzt den HTTP-Kopfzeileneintrag `Content-Type`. Darüber hinaus ruft die View über den `ViewContext` das von der vorgelagerten Action-Methode zurückgegebene Model ab und iteriert dessen Eigenschaft mittels Reflektion. Im Zuge dessen schreibt sie die Namen der Eigenschaften und deren Werte in den TextWriter, sodass diese Informationen direkt zum Aufrufer gesendet werden.

Beispiel 9-26: Benutzerdefinierte Implementierung von IViewEngine

```
public class ViewEngineDemo: IViewEngine
{
    public ViewEngineResult FindPartialView(
                              ControllerContext controllerContext,
                              string partialViewName,
                              bool useCache)
    {
        return new ViewEngineResult(new List<string>());
    }

    public ViewEngineResult FindView(
                              ControllerContext controllerContext,
                              string viewName,
                              string masterName,
                              bool useCache)
    {
        if (viewName == "__DEBUG__") {
            var view = new CustomView();
            return new ViewEngineResult(view, this);
        }
        return new ViewEngineResult(new List<string>());
    }

    public void ReleaseView(ControllerContext controllerContext, IView view)
    {
    }
}
```

Beispiel 9-27: Benutzerdefinierte Implementierung von IView

```
public class CustomView: IView
{
    public void Render(ViewContext viewContext, System.IO.TextWriter writer)
    {
        var response = viewContext.HttpContext.Response;
        response.ContentType = "text/plain";

        var model = viewContext.ViewData.Model;
        foreach (var p in model.GetType().GetProperties())
        {
            writer.WriteLine("{0}: {1}", p.Name, p.GetValue(model, null));
        }
    }
}
```

Benutzerdefiniertes ActionResult

Eine der einfachsten Erweiterungen stellt das Bereitstellen benutzerdefinierter ActionResult-Implementierungen dar. Dazu muss eine Klasse lediglich von der abstrakten Basisklasse ActionResult erben und deren Methode ExecuteResult überschreiben. Innerhalb dieser Methode erhält man über einen übergebenen ControllerContext unter anderem Zugriff auf die aktuelle Anfrage sowie auch auf die

Antwort – Letzteres über eine Instanz von HttpResponseBase. Diese können Sie nach Belieben verwenden, um Daten an den Browser zu senden.

Beispiel 9-28 zeigt eine einfache ActionResult-Implementierung. Sie nimmt über den Konstruktor ein Modell eines beliebigen Typs entgegen. Innerhalb von ExecuteResult legt sie den Inhaltstyp der Antwort auf text/xml fest und verwendet daraufhin den XmlSerializer, um die Modellinstanz nach XML zu sterilisieren. Das Ergebnis dieser Serialisierung leitet sie an Response.OutputStream weiter, was dazu führt, dass die XML-Daten auf direktem Wege zum Browser gesendet werden.

Beispiel 9-28: Benutzerdefiniertes ActionResult

```
public class XmlActionResult: ActionResult
{
    private object model;

    public XmlActionResult(object model)
    {
        this.model = model;
    }

    public override void ExecuteResult(ControllerContext context)
    {
        var response = context.HttpContext.Response;
        response.ContentType = "text/xml";

        var serializer = new XmlSerializer(model.GetType());
        serializer.Serialize(response.OutputStream, model);
    }
}
```

ASP.NET Web API erweitern

Ähnlich wie ASP.NET MVC kann auch ASP.NET Web API erweitert bzw. angepasst werden, indem der Entwickler benutzerdefinierte Implementierungen von Komponenten bereitstellt. Die Registrierung dieser Komponenten erfolgt hier jedoch ausnahmslos über den DependencyResolver. Dabei handelt es sich jedoch nicht um denselben DependencyResolver, den auch ASP.NET MVC verwendet. Vielmehr bringt ASP.NET Web API seinen eigenen DependencyResolver mit.

Dies trifft auch auf andere Komponenten zu, welche zwar denselben Namen und dieselbe prinzipielle Funktionsweise wie ihre MVC-Gegenstücke aufweisen jedoch im Detail etwas für ASP.NET Web API angepasst wurden. Um diese gleichnamigen Elemente unterscheiden zu können, befinden sie sich in unterschiedlichen Namensräumen. Während ASP.NET MVC den Namensraum System.Web.Mvc nutzt, zieht ASP.NET Web API die Komponenten aus dem Namensraum System.Web.Http heran.

Abhängigkeiten auflösen mit benutzerdefiniertem DependencyResolver

Sämtliche benötigten Komponenten, wie Controller oder Validierungsattribute, fordert ASP.NET Web API bei einem globalen DependencyResolver an. Indem Sie diesen DependencyResolver gegen eine eigene Implementierung austauschen, können Sie bestimmen, wie diese Komponenten instanziiert werden. Sie können sie außerdem auf benutzerdefinierte Weise konfigurieren sowie bei Bedarf austauschen.

Darüber hinaus können auf diese Weise IoC-Container, wie *Spring.Net* oder *Microsoft Unity* (*http://unity.codeplex.com*) eingebunden werden.

Beispiel 9-29 zeigt ein einfaches Beispiel für einen benutzerdefinierten `DependencyResolver`. Es handelt sich dabei um eine Klasse, die die Schnittstelle `IDependencyResolver` implementiert. Zum Anfordern von Komponenten stützt sich ASP.NET Web API auf die beiden Resolvermethoden `GetService` und `GetServices`. Erstere ruft sie immer dann auf, wenn genau eine Instanz einer gegebenen Schnittstelle benötigt wird; Letztere, wenn sie mit mehreren Instanzen eines Typs umgehen kann.

Zur Demonstration prüft die Implementierung von `GetService`, ob eine Instanz von `ValuesController` angefordert wurde. Ist dem so, erzeugt sie eine neue Instanz und parametrisiert sie mit Initialwerten. Anschließend liefert sie diese Instanz zurück. Andere Typen werden vom betrachteten Beispiel nicht unterstützt.

Die Schnittstelle `DependencyResolver` gibt auch die Methode `BeginScope` sowie `Dispose` vor. `BeginScope` liefert einen `DependencyResolver`, der einen neuen Wertebereich repräsentiert und für einen Typ immer dieselbe Instanz zurückliefert. Mit `Dispose` wird solch ein Wertebereich geschlossen.

Beispiel 9-29: Benutzerdefinierter DependencyResolver

```
public class CustomDependencyResolver : IDependencyResolver
{
    public IDependencyScope BeginScope()
    {
        return this;
    }

    public object GetService(Type serviceType)
    {
        if (serviceType == typeof(ValuesController))
        {
            var initData = new List<string> { "A", "B", "C" };
            var controller = new ValuesController(initData);
            return controller;
        }
        return null;
    }

    public IEnumerable<object> GetServices(Type serviceType)
    {
        return Enumerable.Empty<object>();
    }

    public void Dispose()
    {

    }
}
```

Um einen benutzerdefinierten `DependencyResolver` zu registrieren, kann der Entwickler innerhalb der Methode `WebApiConfig.Register` das nachfolgende Schnipsel heranziehen:

```
config.DependencyResolver = new CustomDependencyResolver();
```

Methodenparameter auf benutzerdefinierte Weise mit HttpParameterBinding binden

Standardmäßig übernimmt ASP.NET Web API die Parameter für Operationen entweder aus dem URL oder aus den Nutzdaten der übersendeten HTTP-Nachricht. Um alternative Datenquellen hierfür zur Verfügung zu stellen, kann der Entwickler benutzerdefinierte Parameterbindungen bereitstellen. Dazu implementiert er eine Klasse, welche von `HttpParameterBinding` ableitet.

Die Logik zum Ermitteln des jeweiligen Werts hinterlegt er in der zu überschreibenden Methode `ExecuteBindingAsync`. Diese erhält beim Aufruf Informationen über die aktuelle Anfrage sowie über den zu bindenden Parameter. Ihre Aufgabe ist es, unter Verwendung der geerbten Methode `SetValue` den Wert für diesen Parameter zu definieren.

Beispiel 9-30 und Beispiel 9-31 zeigen jeweils ein Beispiel für eine solche Implementierung. Jene in Beispiel 9-30 bindet den aktuellen Benutzernamen an den vom Framework angezeigten Parameter; jene in Beispiel 9-31 das aktuelle Prinzipalobjekt, welches den aktuellen Benutzer repräsentiert. Dazu rufen beide Listings die Methode `SetValue` auf und übergeben als ersten Parameter den übergebenen `actionContext` sowie als zweiten Parameter den zu bindenden Wert.

Als Rückgabewert erwartet die asynchrone Methode `ExecuteBindingAsync` einen Task. Da zur Erledigung der gestellten Aufgabe im betrachteten Fall jedoch kein Task abgespalten werden muss, legen sich beide Implementierungen eine Instanz von `TaskCompletionSource` zurecht. Darüber ermitteln sie einen Task, der vorgibt, bereits fertig ausgeführt worden zu sein und der den Rückgabewert `null` mit sich bringt. Diesen Task liefern die beiden Implementierungen zurück.

Beispiel 9-30: HttpParameterBinding für die Zuweisung des Benutzernamens

```
public class UserNameParameterBinding : HttpParameterBinding
{
    public UserNameParameterBinding(HttpParameterDescriptor desc)
        : base(desc)
    {
    }
    public override System.Threading.Tasks.Task ExecuteBindingAsync(System.Web.Http.Metadata.
ModelMetadataProvider metadataProvider, HttpActionContext actionContext, System.Threading.
CancellationToken cancellationToken)
    {
        SetValue(actionContext, Thread.CurrentPrincipal.Identity.Name);

        var tcs = new TaskCompletionSource<object>();
        tcs.SetResult(null);
        return tcs.Task;

    }
}
```

Beispiel 9-31: HttpParameterBinding für die Zuweisung des aktuellen Prinzipals

```
public class PrincipalParameterBinding : HttpParameterBinding
{
    public PrincipalParameterBinding(HttpParameterDescriptor desc)
        : base(desc)
    {
    }
```

```
    public override System.Threading.Tasks.Task ExecuteBindingAsync(System.Web.Http.Metadata.
ModelMetadataProvider metadataProvider, HttpActionContext actionContext, System.Threading.
CancellationToken cancellationToken)
    {
        SetValue(actionContext, Thread.CurrentPrincipal);

        var tcs = new TaskCompletionSource<object>();
        tcs.SetResult(null);
        return tcs.Task;
    }
}
```

Neben den beiden Implementierungen von `HttpParameterBinding` muss der Entwickler auch einen Mechanismus bereitstellen, welcher entscheidet, wann welches `HttpParameterBinding` zum Einsatz kommen soll. Dazu definiert er eine `ParameterBindingRule` (siehe Beispiel 9-32). Dabei handelt es sich um eine Methode, welche einen `HttpParameterDescriptor` zurückgibt. Dieser `HttpParameterDescriptor` nimmt einen Parameter der angestoßenen Operation entgegen, und liefert dafür ein `HttpParameterBinding` zurück.

Kann die Methode für den jeweiligen Parameter kein `HttpParameterBinding` liefern, gibt sie per Definition `null` zurück. Dies veranlasst ASP.NET Web API zur Laufzeit sich an die nächsten registrierten `ParameterBindingRule` zu wenden, sofern eine solche existiert.

Beispiel 9-32: ParameterBindingRule zur Auswahl eines benutzerdefinierten HttpParameterBinding

```
public class PrincipalParameterBindingRule
{
    // Zum Testen auth in web.config aktivieren, z.B. mit <authentication mode="Windows" />
    public static HttpParameterBinding GetRule(HttpParameterDescriptor descriptor)
    {
        if (descriptor.ParameterName == "userName" && descriptor.ParameterType == typeof(string))
        {
            return new UserNameParameterBinding(descriptor);
        }
        else if (descriptor.ParameterType == typeof(IPrincipal))
        {
            return new PrincipalParameterBinding(descriptor);
        }

        return null;
    }
}
```

Eine `ParameterBindingRule` wird bei ASP.NET Web API registriert, indem der Entwickler einen darauf verweisenden Delegaten in der Auflistung `ParameterBindingRules` des Konfigurationsobjekts verstaut:

```
config.ParameterBindingRules.Insert(0,
   PrincipalParameterBindingRule.GetRule);
```

Da ASP.NET Web API für jeden zu bindenden Parameter die registrierten `ParameterBindingRules` sukzessive nach einer `ParameterBinding` abfragt, ist die Reihenfolge, in der die `ParameterBindingRules` in dieser Auflistung platziert werden, ausschlaggebend.

Beispiel 9-33 zeigt einen `ApiController`, mit dem die hier beschriebene Implementierung getestet werden kann. Beim Aufruf via GET sind die Parameter `a` und `b` über den URL zu übergeben. Die Parameter userName und p werden hingegen durch die diskutierten ParameterBindings bestückt. Damit dieses Beispiel erfolgreich getestet werden kann, sollte das Projekt für die Verwendung der Windows-Authentifizierung konfiguriert und der anonyme Zugriff über IIS unterbunden werden. Darüber hinaus bietet es sich an, diese Implementierung über einen Browser zu testen, da sich in diesem Fall der Entwickler nicht mit der korrekten Übergabe der Anmeldeinformationen über die HTTP-Kopfzeile kümmern muss.

Beispiel 9-33: ApiController zum Testen der benutzerdefinierten Parameterbindungen

```
public class HttpParameterBindingSampleController : ApiController
{
    public string Get(int a, int b, string userName, IPrincipal p)
    {
        return "*" + userName + "*";
    }
}
```

Neben dem HttpParameterBinding-Objekt, das das Binden von Parametern auf sehr einfache Weise erlaubt, unterstützt ASP.NET Web API noch weitere von ASP.NET MVC bekannte Konzepte, die sich auf die Arbeit mit Modellen beziehen: ModelBinder, ValueProvider, ModelValidatorProvider, MetadataProvider. Diese Komponenten funktionieren vom Prinzip her genauso, wie ihre MVC-Gegenstücke, welche weiter oben beschrieben wurden. Die Signaturen ihrer Methoden variieren jedoch von Fall zu Fall. Beispiele dazu finden sich im Quellcode, der für das vorliegende Buch heruntergeladen werden kann.

Zusätzliche Assemblies mit AssembliesResolver laden

Standardmäßig durchsucht ASP.NET Web API lediglich die aktuelle Assembly nach ApiController-Implementierungen. Ein Trick, der zur Umgehung dieser Einschränkung bereits in Kapitel 2 beschrieben wurde, besteht darin, die Controller aus eingebundenen Assemblies mittels typeof (ControllerName) zu laden.

Eine elegantere Möglichkeit zur Lösung dieses Problems besteht in der Nutzung eines AssembliesResolver-Objekts. Dazu implementiert der Entwickler die Schnittstelle IAssembliesResolver. Alternativ dazu kann natürlich auch von einer bestehenden Implementierung abgeleitet werden.

Das Beispiel in Beispiel 9-34 beschreitet letzteren Weg und leitet von der Standardimplementierung DefaultAssembliesResolver ab, um deren Möglichkeiten zu erweitern. Möchte ASP.NET Web API die zu durchsuchenden Assemblies ermitteln, ruft sie beim registrierten AssembliesResolver die Methode GetAssemblies auf. Das betrachtete Beispiel delegiert zunächst an die Basisimplementierung, um deren Funktionalität zu erhalten. Anschließend lädt sie eine benutzerdefinierte Assembly und gibt die ermittelten Assemblies in Form einer List<Assembly> an ASP.NET Web API zurück.

Beispiel 9-34: Benutzerdefinierter AssembliesResolver

```
public class CustomAssembliesResolver : DefaultAssembliesResolver
{
    public override ICollection<System.Reflection.Assembly> GetAssemblies()
    {
        IEnumerable<Assembly> baseAssemblies = base.GetAssemblies();
        var assemblies = new List<Assembly>(baseAssemblies);

        const string path = @"[…]\ControllerLib.dll";
```

```
            Assembly controllerLibraryAssembly = Assembly.LoadFrom(path);
            assemblies.Add(controllerLibraryAssembly);

            return assemblies;
        }
    }
```

Damit ASP.NET Web API den benutzerdefinierten AssembliesResolver heranzieht, muss er in der Methode WebApiConfig.Register registriert werden. Das nachfolgende Schnipsel demonstriert diese Aufgabe:

```
var assemblyResolver = new CustomAssembliesResolver();
config.Services.Replace(typeof(IAssembliesResolver), assemblyResolver);
```

Service-Operationen über HttpActionSelector auswählen

Um herauszufinden, welche Methode eines ApiController-Objekts für den aktuellen Aufruf herangezogen werden soll, konsultiert ASP.NET Web API eine Instanz von IHttpActionSelector. An deren Methode SelectAction übergibt sie Informationen zum aktuellen Aufruf sowie zum adressierten ApiController. Diese Methode hat die Aufgabe, eine Methode auszuwählen und eine Beschreibung dieser Methode in Form einer Instanz von HttpActionDescriptor an ASP.NET Web API zurückzuliefern.

Das Beispiel in Beispiel 9-35 beinhaltet einen HttpActionDescriptor, der von der Standardimplementierung ApiControllerActionSelector ableitet, die ihrerseits IHttpActionDescriptor implementiert. Es implementiert eine Unterstützung für den HTTP-Kopfzeileneintrag X-HTTP-Method-Override. Dieser wird verwendet, wenn das gewünschte HTTP-Verb nicht verwendet werden kann, zum Beispiel weil der Webserver Anfragen mit bestimmten Verben, wie DELETE, abblockt. In diesem Fall verwendet der Aufrufer POST und übermittelt das eigentlich zu verwendende Verb über X-HTTP-Method-Override.

Hierzu prüft die betrachtete Implementierung, ob dieser Kopfzeileneintrag existiert. Falls ja, ändert sie die Eigenschaft Method der aktuellen Anfrage dahingehend ab. Anschließend ruft sie die Basisimplementierung auf, die das ggf. abgeänderte Verb verwendet, um die auszuführende Methode zu ermitteln.

Beispiel 9-35: Benutzerdefinierter IHttpActionSelector

```
public class CustomActionSelector : ApiControllerActionSelector
{
    public override HttpActionDescriptor SelectAction(HttpControllerContext controllerContext)
    {
        const string X_HTTP_METHOD_OVERRIDE = "X-HTTP-Method-Override";
        var request = controllerContext.Request;

        if (request.Headers.Contains(X_HTTP_METHOD_OVERRIDE))
        {
            request.Method = new HttpMethod(request.Headers.GetValues(X_HTTP_METHOD_OVERRIDE).First());
        }

        return base.SelectAction(controllerContext);
    }
}
```

Zum Registrieren eines benutzerdefinierten HttpActionSelectors bei der aktuellen Konfiguration kann der Entwickler das nachfolgende Schnipsel verwenden:

```
config.Services.Replace(typeof(IHttpActionSelector),
                                new CustomActionSelector());
```

Controller über HttpControllerSelector auswählen

Der HttpControllerSelector zeichnet sich verantwortlich für die Auswahl eines Controllers im Zuge einer Anfrage. Hierbei handelt es sich um eine Implementierung der Schnittstelle IHttpControllerSelector. Diese gibt die folgenden Methoden vor:

- IDictionary<string, HttpControllerDescriptor> GetControllerMapping();
- HttpControllerDescriptor SelectController(HttpRequestMessage request);

GetControllerMapping liefert ein Dictionary, welches die dem URL entnommenen Namen von Controllern auf Instanzen von HttpControllerDescriptor abbildet, die unter anderem den Typ der jeweiligen Controllerklasse beinhalten. SelectController wird bei jeder HTTP-Anfrage aufgerufen, um den HttpControllerDescriptor des für diese Anfrage heranzuziehenden Controllers zu ermitteln. ASP.NET Web API übergibt im Zuge dessen eine Instanz von HttpRequestMessage, welche die aktuelle Anfrage repräsentiert.

Beispiel 9-36 zeigt die Implementierung eines benutzerdefinierten HttpControllerSelectors. Anstatt die Schnittstelle IHttpControllerSelector von Grund auf zu implementieren, erbt er von der Standardimplementierung DefaultHttpControllerSelector. Er hat die Aufgabe, den Aufrufer auf einen Mock (eine für Testzwecke entwickelte Dummy-Implementierung einer Komponente) des über den URL adressierten Controllers umzuleiten, wenn dieser den benutzerdefinierten HTTP-Kopfzeileneintrag X-Debug mit dem Wert Mock übergibt. Die Namen der Mock-Implementierungen von Controllerklassen enden in diesem Beispiel nicht auf Controller sondern auf MockController.

Um diese Aufgabe zu bewältigen, ruft die betrachtete Implementierung im Konstruktor die von der Schnittstelle vorgegebene Methode GetControllerMapping auf und legt deren Ergebnis in der Member variablen cache ab. Somit werden die zur Verfügung stehenden Controller auf die gewohnte Weise ermittelt und zwischengespeichert.

Die Implementierung von SelectController prüft, ob der Kopfzeileneintrag X-Debug mit dem Wert Mock übergeben wurde. Ist dem so, hängt sie an den Namen des Controllers die Endung Mock an. Dabei ist zu beachten, dass die intern verwendeten Controllernamen im Gegensatz zu den Klassen, welche die Controller implementieren, nicht auf Controller enden. Sie werden vom Framework zwar aus dem Namen der Controllerklasse abgeleitet, dieses entfernt jedoch für den internen Gebrauch die Endung Controller. Anschließend durchsucht die betrachtete Implementierung die Membervariable cache nach einem Controller mit diesem Namen. Wird sie fündig, liefert sie die auf diese Weise ermittelte HttpControllerDescriptor-Instanz zurück. Ansonsten löst sie eine Ausnahme aus.

Beispiel 9-36: Benutzerdefinierter HttpControllerSelector

```
public class CustomHttpControllerSelector : DefaultHttpControllerSelector
{
    HttpConfiguration configuration;
    Dictionary<string, HttpControllerDescriptor> cache;
```

```
    public CustomHttpControllerSelector(HttpConfiguration configuration): base(configuration) {
        this.configuration = configuration;

        cache = GetControllerMapping();
    }

    public override System.Web.Http.Controllers.HttpControllerDescriptor SelectController(System.Net.
Http.HttpRequestMessage request)
    {
        if (request.Headers.Contains("X-Debug") && request.Headers.First(h => h.Key == "X-Debug").
Value.First() == "Mock")
        {
            var controllerName = base.GetControllerName(request) + "Mock";
            controllerName = controllerName.ToLower();
            if (!cache.ContainsKey(controllerName)) throw new HttpResponseException(HttpStatusCode.
BadRequest);
            var controllerDescriptor = cache[controllerName];
            return controllerDescriptor;
        }
        return base.SelectController(request);
    }
}
```

Um ASP.NET Web API einen benutzerdefinierten `HttpControllerSelector` bekannt zu machen, registriert ihn der Benutzer beim `DependencyResolver` unter Verwendung des Schlüssels `typeof(IHttpControllerSelector)`:

```
config.Services.Replace(typeof(IHttpControllerSelector), new CustomHttpControllerSelector(config));
```

Testbare Systeme mit Dependency-Injection

Die Muster MVC und Dependency-Injection haben das Ziel, die Flexibilität und Testbarkeit von Applikationen zu steigern. MVC sieht dazu die Trennung unterschiedlicher Aspekte vor. Dependency Injection erleichtert das Austauschen und vor allem Testen von Abhängigkeiten. Richtig eingesetzt ergänzen sich diese beiden Muster gegenseitig und führen zu einer hochwertigeren Softwarearchitektur. Dieses Kapitel zeigt, wie solch eine Architektur mit ASP.NET MVC und Unity, dem Dependency-Injectionsframework aus dem Hause Microsoft, geschaffen werden kann.

Fallbeispiel ohne Dependency-Injection

Um den Sinn hinter Dependency-Injectionen zu erläutern, soll zunächst eine Implementierung gezeigt werden, welche ohne dieses Muster auskommt. Im Abschnitt »Fallbeispiel mit Dependency-Injection« wird anschließend gezeigt, wie diese Implementierung durch die Verwendung von Dependency-Injectionen wartbarer und vor allem testbarer gestaltet werden kann.

Implementierung mit ASP.NET MVC

Um den Nutzen des Zusammenspiels der beiden Muster zu demonstrieren, soll zunächst eine simple Webanwendung, welche (vorerst) lediglich dem MVC-Muster folgt, inspiziert werden. Diese Applikation bietet die Möglichkeit einer Kundensuche. Dazu werden zunächst Suchkriterien erfasst (Abbildung 10-1). Ist diese Suche erfolglos, so wird nochmals die Suchmaske angezeigt – jedoch mit einem entsprechenden Hinweis.

Falls die Suche mehrere Datensätze liefert, werden diese aufgelistet (Abbildung 10-2). Für jeden Datensatz kann anschließend eine Detailansicht (Abbildung 10-3) angefordert werden. Liefert die Suche genau einen einzigen Datensatz, so wird für diesen direkt die Detailansicht präsentiert – die Auflistung dieses Datensatzes analog zur Auflistung in Abbildung 10-2 wird in diesem Fall also übersprungen.

Beispiel 10-1 zeigt die für diese Suche zuständige Action-Methode des entsprechenden Controllers. Dabei ist zu beachten, dass der Rückgabewert vom Typ `ActionResult` ist. Instanzen dieser Klasse teilen dem Framework z.B. mit, welche View angezeigt werden soll und welches Modell an diese View weitergereicht werden soll. An die Methode werden die erfassten Suchparameter (vgl. Abbildung 10-1) übergeben.

Anschließend bedient sie sich eines CustomerDAO-Objeks, um die Suchabfrage anzustoßen. Das Ergebnis ist ein List<Customer>-Objekt. Die Anzahl der gefundenen Datensätze bestimmt die weitere Vorgehensweise. Eine leere Ergebnismenge führt zur Verwendung der View Index sowie eines IndexModel-Objekts; eine Ergebnismenge mit einem einzigen Eintrag zur Verwendung von Detail und DetailModel und bei einer Ergebnismenge mit mehreren Einträgen werden SearchResult und SearchResultModel herangezogen.

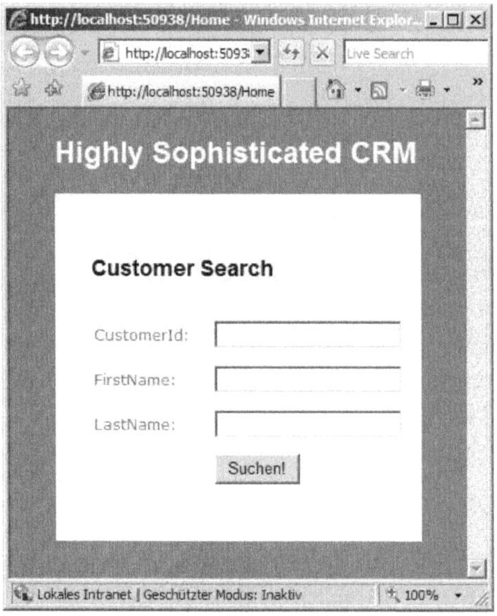

Abbildung 10-1: Suchmaske der Beispielapplikation

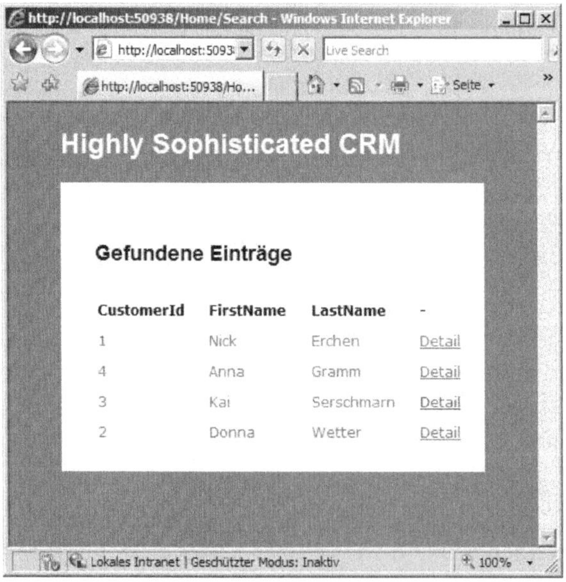

Abbildung 10-2: Auflistung der gefundenen Kunden

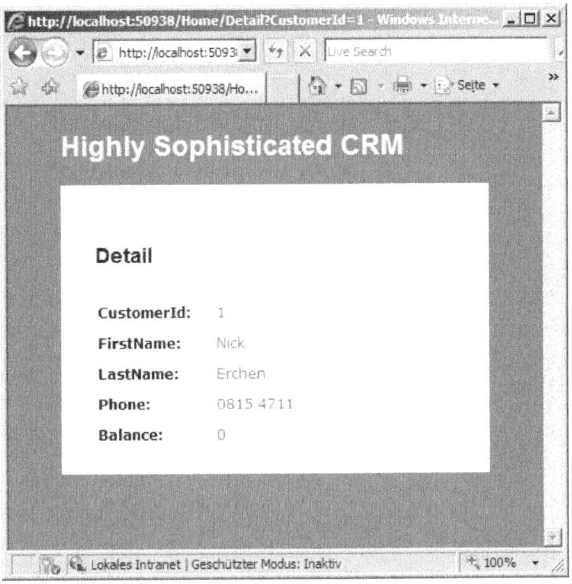

Abbildung 10-3: Detailansicht eines Kunden

Beispiel 10-1: Action-Methode für Kundensuche

```
public ActionResult Search(String customerId, String firstName, String lastName)
{
    int? customerIdasInt;
    CustomerDAO dao = new CustomerDAO();
    List<Customer> customers;

    customerIdasInt = ParseInt(customerId);

    customers = dao.FindCustomersBy(customerIdasInt, firstName, lastName);

    if (customers.Count == 0)
    {
        IndexModel model;
        model = new IndexModel();
        model.message = "Es wurden keine Einträge gefunden!";
        return View("Index", model);
    }
    else if (customers.Count == 1)
    {
        Customer foundCustomer;
        foundCustomer = customers[0];

        DetailModel model;
        model = new DetailModel();
        model.customer = foundCustomer;
        model.accountBalance = dao.CalcAccountBalanceFor(foundCustomer.CustomerId);

        return View("Detail", model);
    }
    else
    {
```

```
            SearchResultModel model;
            model = new SearchResultModel();
            model.customers = customers;
            return View("SearchResult", model);

        }
    }
```

Komponententests (engl. Unit Tests)

Die Tatsache, dass die Action-Methode alle vom Framework benötigen Daten, wie z.B. den Namen der View oder das Modell, zurückliefert, erleichtert die Testprozedur ungemein. Der Controller kann prinzipiell sogar ohne MVC-Framework getestet werden. Dies wird durch den Testfall in Beispiel 10-2 demonstriert. Dieser Testfall prüft, ob bei einer Suche mit einem einzigen Ergebnis direkt zur Detailansicht umgeleitet wird sowie, ob im Zuge dessen das erwartete Modell weitergereicht wird. Dazu werden Variablen mit den Eingangsdaten und den erwünschten Ergebnissen definiert.

Die Variable `expectedViewName` beinhaltet z.B. den Namen der erwarteten View; `expectedModelType` den Typ des erwarteten Modells. Nach dem Aufruf der zu testenden Methode wird das Ergebnis vom Typ `ActionResult` nach `ViewResult` gecastet. Anschließend wird geprüft, ob dieses `ViewResult` sowie das im `ViewResult` enthaltene Modell die erwarteten Werte aufweist.

Beispiel 10-2: Testmethode

```
[TestMethod()]
public void SearchTest()
{
    ViewResult result;

    string customerId = "";
    string firstName = "";
    string lastName = "Erchen";

    string expectedViewName = "Detail";
    Type expectedModelType = typeof(DetailModel);
    decimal expectedAccountBalance = 0;
    string expectedLastName = "Erchen";

    HomeController target = new HomeController();

    result = (ViewResult)target.Search(customerId, firstName, lastName);

    Assert.AreEqual(expectedViewName, result.ViewName);
    Assert.IsInstanceOfType(result.ViewData.Model, expectedModelType);

    DetailModel model = (DetailModel)result.ViewData.Model;

    Assert.AreEqual(expectedAccountBalance, model.accountBalance);
    Assert.AreEqual(expectedLastName, model.customer.LastName);
}
```

Diskussion der betrachteten Lösung

Die vorgestellte Lösung bringt jene Vorteile mit sich, welche von ASP.NET MVC versprochen werden: Zum einen herrscht eine klare Trennung zwischen Präsentation und Logik. Dies erleichtert die Wiederverwendung und ermöglicht (prinzipiell) die Weiterentwicklung dieser beiden Schichten durch verschiedene Personen. Zum anderen kann die Logik des Controllers, wie mittels Beispiel 10-2 demonstriert wurde, relativ einfach getestet sowie testautomatisiert werden.

Ein Nachteil der diskutierten Lösung ist die Tatsache, dass der Controller direkt vom verwendeten Data Access Object (DAO) abhängig ist. Das DAO kann somit zum einen nicht flexibel ausgetauscht werden – zumindest nicht ohne Änderung von bestehenden Codestrecken. Zum anderen – und dieser Punkt ist aus Sicht des Autors viel gravierender – kann der Controller nicht für sich allein getestet werden.

Ein Test des Controllers geht immer mit einem indirekten Test des DAOs einher. Ferner muss beachtet werden, dass der Ausgang der Tests von den Testdaten in der Datenbank abhängig ist. Der Test in Beispiel 10-2 geht bspw. davon aus, dass es nur einen einzigen Kunden mit dem Nachnamen `Erchen` gibt. Dies hat zur Folge, dass die Testdatenbank sorgfältig gewartet und zu Beginn eines Tests in einen wohldefinierten Ausgangszustand, z.B. durch Einspielen von SQL-Skripts oder eines Backups, versetzt werden muss.

Das Dependency-Injectionsmuster schlägt genau in diese Kerben. Die Abhängigkeiten, wie z.B. das DAO im betrachteten Fall, werden über den Konstruktor oder über Properties zugewiesen – man spricht in diesem Zusammenhang von injizieren. Diese Abhängigkeiten müssen jedoch nicht manuell zugewiesen werden. Die Zuweisung erfolgt automatisiert durch ein Framework. Dieses ermittelt über die Konfiguration, welche Abhängigkeiten zu welcher Komponente zugewiesen werden sollen.

Allein durch Modifikation der Konfiguration können somit Abhängigkeiten ausgetauscht werden. Dies ermöglicht z.B. den Austausch von `SqlServerDAO` durch `OracleDAO`, sofern diese beiden Typen mit jenem der von der Komponente benötigten Abhängigkeit kompatibel sind. In der Regel wird dies erreicht, indem die Komponente gegen eine Schnittstelle programmiert wird und die Abhängigkeiten dieser Schnittstelle implementiert. Im Zuge von Komponententests könnte somit auch eine Dummy-Implementierung des benötigten DAOs, welche lediglich die für diesen Test benötigten Daten zurückliefert, zugewiesen werden.

Fallbeispiel mit Dependency-Injection

Nachdem die in diesem Kapitel verwendete Beispielimplementierung nun besprochen wurde, wird in diesem Abschnitt gezeigt, wie durch den zusätzlichen Einsatz von Dependency-Injectionen die Wartbarkeit sowie Testbarkeit gesteigert werden kann.

Implementierung der Webanwendung

Nun wird die vorgestellte Implementierung erweitert. Dabei wird vom Dependency-Injectionsmuster Gebrauch gemacht. Dazu wird an dieser Stelle Unity verwendet. Dies ist das frei verfügbare Dependency-Injectionsframework von Microsoft, welches über NuGet bezogen werden kann.

Dem DAO wird eine Schnittstelle spendiert (Beispiel 10-3), und der Controller wird um einen Konstruktor erweitert, welcher eine Implementierung dieser Schnittstelle entgegennimmt. Wie Beispiel 10-4 zeigt, verwendet nun die Action-Methode das auf diesem Wege zugewiesene DAO.

Da Unity die gewünschte Implementierung dieses DAOs automatisch zuweisen soll, muss der Entwickler auch die dafür nötigen Informationen bereitstellen. Dies erfolgt über eine neue Methode namens `CreateContainer`, welche innerhalb der Klasse `MvcApplication` in der Datei `global.asax` eingerichtet wird. Diese Methode kümmert sich um das Instanziieren und Konfigurieren einer `UnityContainer`-Instanz (Beispiel 10-5).

Die Klasse `UnityContainer` ist der Dreh- und Angelpunkt von Unity. Bei ihr registriert der Entwickler Komponenten und sie ist auch die zentrale Anlaufstelle, wenn es darum geht, Komponenten zu erzeugen und im Zuge dessen Abhängigkeiten aufzulösen. Die betrachtete Methode zeigt auch, dass Unity sehr leichtgewichtig konzipiert ist: Der Entwickler muss den Container lediglich wissen lassen, dass immer dann, wenn eine Instanz von `ICustomerDAO` benötigt wird, die konkrete Implementierung `CustomerDAO` heranzuziehen ist.

> Der Entwickler kann beim Registrieren von Typen auch einen Namen hinterlegen, um zum Beispiel mehrere Implementierungen von `ICustomerDAO` zu konfigurieren. In diesem Fall müssten jedoch auch die Komponenten, deren Abhängigkeiten Unity auflösen soll, diesen Namen, z.B. unter Verwendung von Attributen, angeben.

Wird nun bei Unity eine Instanz des Controllers angefordert, so wird eine Instanz von `CustomerDAO` sowie eine Instanz des Controllers erzeugt. Der Controllerinstanz wird über den Konstruktor das DAO zugewiesen. Anschließend wird der Controller an den Aufrufer zurückgegeben – der Aufrufer bekommt somit von der »Verdrahtung« zwischen der angeforderten Komponente und ihren Abhängigkeiten nicht das Geringste mit.

Beispiel 10-3: Schnittstelle für CustomerDAO

```
public interface ICustomerDAO
{
    List<Customer> FindCustomersBy(
            int? customerId, string firstName, string lastName);

    [...]
}
```

Beispiel 10-4: HomeController, der ein DAO als Konstruktorargument erwartet

```
public class HomeController : Controller
{
    private ICustomerDAO dao;

    public HomeController(ICustomerDAO dao)
    {
        this.dao = dao;
    }

    public ActionResult Search(String customerId, String firstName, String lastName)
    {

        int? customerIdasInt;
```

```
        List<Customer> customers;

        customerIdasInt = ParseInt(customerId);

        customers = dao.FindCustomersBy(customerIdasInt, firstName, lastName);

        if (customers.Count == 0)
        {
            IndexModel model;
            model = new IndexModel();
            model.message = "Es wurden keine Einträge gefunden!";
            return View("Index", model);
        }
        else if (customers.Count == 1)
        {
            Customer foundCustomer;
            foundCustomer = customers[0];

            DetailModel model;
            model = new DetailModel();
            model.customer = foundCustomer;
    [...]

            return View("Detail", model);
        }
        else
        {
            SearchResultModel model;
            model = new SearchResultModel();
            model.customers = customers;
            return View("SearchResult", model);

        }
    }
[...]
}
```

Beispiel 10-5: Unity konfigurieren

```
public class MvcApplication : System.Web.HttpApplication
{
    [...]
    private IUnityContainer CreateContainer()
    {
        var container = new UnityContainer();
        container.RegisterType<ICustomerDAO, CustomerDAO>();

        return container;
    }
}
```

Brückenschlag zwischen ASP.NET MVC und Unity

Nun muss noch ASP.NET MVC dazu gebracht werden, den Controller (und am besten auch sämtliche anderen Komponenten) bei Unity anzufordern, anstatt zu versuchen, ihn selbst zu instanziieren. Letzteres würde im Falle des Controllers nicht glücklich enden, zumal der Controller nun als Konstruktorargument ein DAO erwartet und MVC dieses nicht liefern kann.

Um dies zu bewerkstelligen, wird ein `DependencyResolver` (vgl. Kapitel 9), welcher an den `UnityContainer` delegiert, eingerichtet (Beispiel 10-6). Diese Klasse, welche den Namen `UnityDependencyResolver` trägt, nimmt den `UnityContainer` über den Konstruktor entgegen.

Die Implementierung von `GetService` prüft, ob es sich bei der angefragten Komponente um eine nicht-abstrakte Klasse handelt. Ist dem so, kann Unity die Klasse instanziieren, auch wenn sie nicht konfiguriert wurde, und im Zuge dessen jene Abhängigkeiten auflösen, die der Entwickler in der Konfiguration spezifiziert hat. Dies ist in erster Linie für die Instanziierung von Controllern notwendig, da ASP.NET MVC hierzu den konkreten Typ des Controllers an `GetService` übergibt und als Antwort die heranzuziehende Instanz erwartet.

Hat das Framework an `GetService` einen abstrakten Typ übergeben, zum Beispiel den einer abstrakten Klasse oder einer Schnittstelle, prüft sie, ob Unity aufgrund der vorliegenden Konfigurationsdaten eine Instanz dafür erstellen kann. Ist Unity dazu nicht in der Lage, wird `null` zurückgegeben und dem Framework somit angezeigt, dass es die gewünschten Komponenten nicht über den `DependencyResolver` erhalten kann. Ansonsten wird die Komponente mit der Methode `Resolve` der `UnityContainer`-Instanz erzeugt und zurückgegeben.

Die Methode `GetServices` geht analog dazu vor: Kann Unity Instanzen für den übergebenen Typ erzeugen, weist die Methode Unity an, dies zu tun und liefert diese Instanzen anschließend zurück. Ansonsten zeigt sie durch die Rückgabe einer leeren Liste an, dass der `DependencyResolver` nicht in der Lage ist, Instanzen der gewünschten Komponente zu liefern.

Beispiel 10-6: DependencyResolver für Unity

```
public class UnityDependencyResolver: IDependencyResolver
{
    private IUnityContainer container;

    public UnityDependencyResolver(IUnityContainer container)
    {
        this.container = container;
    }

    public object GetService(Type serviceType)
    {
        if (serviceType.IsClass && !serviceType.IsAbstract)
        {
                return container.Resolve(serviceType);
        }

        if (!container.IsRegistered(serviceType)) return null;
        var obj = container.Resolve(serviceType);
        return obj;
    }

    public IEnumerable<object> GetServices(Type serviceType)
    {
        if (!container.IsRegistered(serviceType)) return new List<object>();
        var objs = container.ResolveAll(serviceType);
        return objs;
```

```
        }
    }
```

Um den UnityDependencyResolver beim Start der Webanwendung zu registrieren, erweitert der Entwickler die Methode Application_Start der Klasse MvcApplication in der Datei global.asax, indem er mit der zuvor eingeführten Methode CreateContainer eine konfigurierte Instanz des UnityContainers erzeugt. Diese übergibt er an den Konstruktor von UnityDependencyResolver und diesen wiederum registriert er unter Verwendung der statischen Methode DependencyResolver.SetResolver.

Somit wendet sich ASP.NET MVC ab sofort immer dann, wenn eine Komponente benötigt wird, an diesen DependencyResolver und dieser delegiert an den UnityContainer, welcher sich um das Auflösen von Abhängigkeiten kümmert.

Beispiel 10-7: Registrierung einer Instanz von UnityDependencyResolver

```
public class MvcApplication : System.Web.HttpApplication
{
        private IUnityContainer CreateContainer()
        {
            var container = new UnityContainer();
            container.RegisterType<ICustomerDAO, CustomerDAO>();

            return container;
        }

        protected void Application_Start()
        {
            [...]

            var container = CreateContainer();
            DependencyResolver.SetResolver(new UnityDependencyResolver(container));
        }
}
```

Testen

Durch die Integration von Unity können Abhängigkeiten einfach(er) über die Konfiguration ausgetauscht werden. Es wird aber auch die Testbarkeit der Applikation erhöht. Für bestimmte Tests können nun eigene Unity-Konfigurationen herangezogen werden. Alternativ dazu kann jeder Test eine Dummy-Implementierung der Abhängigkeiten verwenden. Im betrachteten Fall wäre dies zum Beispiel eine Dummy-Implementierung der DAO-Schnittstelle, welche genau die für den Test benötigten Daten zurückliefert.

Beispiel 10-8 demonstriert dies unter Verwendung des Mocking-Frameworks NMock3, welches über NuGet bezogen werden kann. NMock bietet die Möglichkeit zur Erzeugung von Attrappen (Mock-Objekten), welche an der Stelle der eigentlichen Komponenten für Testzwecke verwendet werden können. Diese Möglichkeit wird genutzt, um für das DAO eine Attrappe zu erstellen.

Zunächst werden, wie in Beispiel 10-2, die zu verwendenden Eingangsdaten sowie die erwarteten Ergebnisse definiert. Anschließend wird jenes List<Customer>-Objekt erzeugt, welches von der Attrappe des DAOs zurückgeliefert werden soll – ein List<Customer>-Objekt mit einem bestimmten

Kunden. Danach wird eine Attrappe für das DAO bei NMock angefordert sowie festgelegt, dass ein Aufruf der Methode `FindCustomersBy` mit bestimmten Parametern bei dieser Attrappe erwartet wird.

Ferner wird festgelegt, dass diese Methode das zuvor erzeugte `List<Customer>`-Objekt zurückliefern soll. Im Anschluss daran wird der zu testende Controller manuell erzeugt, die Attrappe über den Konstruktor zugewiesen, und die Tests werden durchgeführt. Am Ende wird geprüft, ob alle für die Attrappe erwarteten Methodenaufrufe auch stattgefunden haben.

Auf diese Art und Weise könnte nun für jeden Test eine eigene Attrappe erzeugt werden. Einige Tests werden zum Beispiel eine Attrappe benötigen, welche mehrere Kunden zurückliefert; andere wiederum eine Attrappe, welche eine leere Ergebnismenge liefert. Diese Tests können nun unabhängig von der Datenzugriffsschicht ausgeführt werden. Ferner sind diese nicht mehr von bestimmten Konstellationen in der Testdatenbank abhängig.

Beispiel 10-8: Testen bei Injektion eines Mock-Objekts

```
[TestMethod()]
public void SearchTest()
{
    // Input
    string customerId = "1";
    int customerIdAsInt = 1;
    string firstName = "";
    string lastName = "";


    // Erwartete Ergebnisse
    string expectedViewName = "Detail";
    Type expectedModelType = typeof(DetailModel);
    decimal expectedAccountBalance = 0;
    string expectedLastName = "Erchen";


    // DAO-Ergebnis erzeugen
    Customer fakedCustomer = new Customer();
    fakedCustomer.CustomerId = 1;
    fakedCustomer.FirstName = "Nick";
    fakedCustomer.LastName = "Erchen";

    List<Customer> fakedResult = new List<Customer>();
    fakedResult.Add(fakedCustomer);


    // DAO-Mock-Objekt erzeugen
    var mocks = new MockFactory();
    var mock = mocks.CreateMock<ICustomerDAO>();
    mock.Expects
        .One.MethodWith(dao =>
                dao.FindCustomersBy(customerIdAsInt, firstName, lastName))
        .Will(Return.Value(fakedResult));
    var daoMock = mock.MockObject;

    […]

    // HomeController manuell erzeugen und Abhängigkeit (=Mock) zuweisen …
    HomeController target = new HomeController(daoMock);
```

```
        // Tests durchführen
        ViewResult result;
        result = (ViewResult)target.Search(customerId, firstName, lastName);

        Assert.AreEqual(expectedViewName, result.ViewName);
        Assert.IsInstanceOfType(result.ViewData.Model, expectedModelType);

        DetailModel model = (DetailModel)result.ViewData.Model;

        Assert.AreEqual(expectedAccountBalance, model.accountBalance);
        Assert.AreEqual(expectedLastName, model.customer.LastName);

        mocks.VerifyAllExpectationsHaveBeenMet();

    }
```

Zusammenfassung und Fazit

Wie in diesem Kapitel gezeigt wurde, stellt die Kombination der MVC- und Dependency-Injectionsmuster ein mächtiges Gespann dar. Durch den Einsatz dieser Muster kann sowohl die Wartbarkeit als auch die Wiederverwendbarkeit und Testbarkeit einer Applikation erhöht werden. Zudem können lästige Abhängigkeiten zu Testdatenbanken vermieden werden.

Wie alles im Leben hat auch dieser Architekturansatz seinen Preis, denn »mehr Architektur« bedeutet erfahrungsgemäß auch »mehr Aufwand«. Bei großen Applikationen zahlt sich dieser Mehraufwand aus der Sicht der Autoren jedoch alle mal aus. Hier stellt die Investition in die Architektur zwar kurzfristig einen Aufwand dar; langfristig jedoch – vor dem Hintergrund der Aspekte Wartbarkeit, Wiederverwendbarkeit und Testbarkeit – einen Gewinn.

Index

B

C

D

E

F

G

H

I

J

K

L

M

N

O

P

Q

R

S

T

U

V

W

X

Z